KB261411

한국 언어학 연구와 한국어 교육

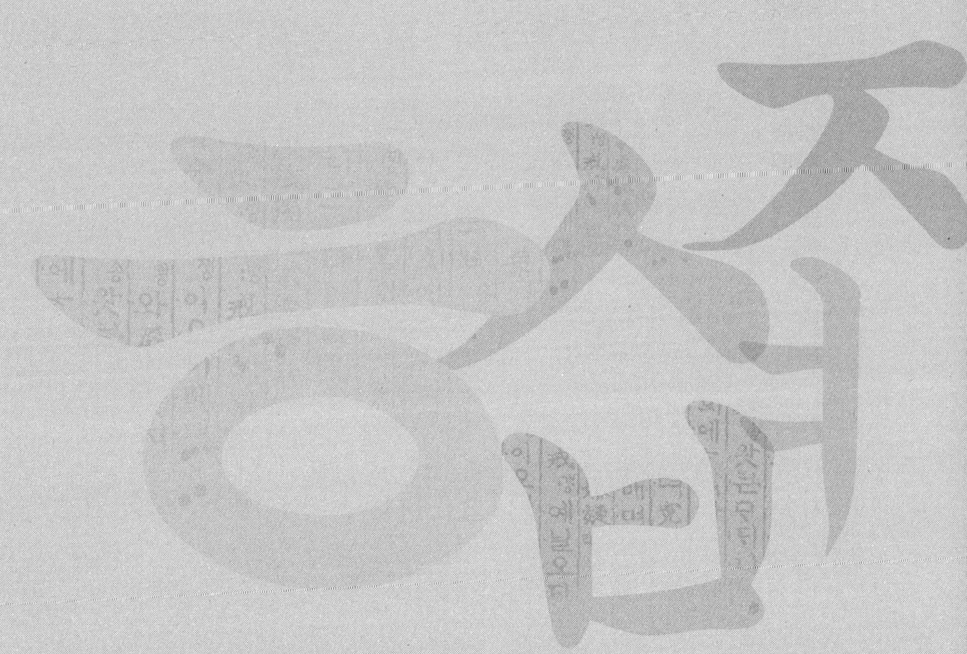

한국 언어학 연구와 한국어 교육

발행　　2015년 4월 20일 1쇄
지은이　　강은국 외

펴낸이　　박민우
기획팀　　송인성, 김선명, 박민하
편집팀　　박우진, 박영숙, 김영주, 김정아, 최미라
관리팀　　임선희, 정철호, 김성언, 라영일, 권주련

펴낸곳　　(주)도서출판 하우
주소　　서울시 중랑구 망우로68길 48
전화　　(02)922-7090
팩스　　(02)922-7092
홈페이지　http://www.hawoo.co.kr
e-mail　　hawoo@hawoo.co.kr
등록번호　제306-2004-22호

ISBN 979-11-954545-7-0 93710

값 27,000원

한국 언어학 연구와 한국어 교육

강은국 외

도서출판 夏雨 株式會社

간 행 사

    2015년은 강은국 교수께서 대학교에서 교수로 봉직한 지 40주년이 되는 해입니다. 그리고 선생님이 가족과 함께 상해탄에 새로 삶의 터전을 잡은 지 20년이 되는 해입니다. 선생님의 대학 교직 생활은 전후 20년으로 나누어 볼 수 있습니다. 전반기 20년은 주로 연변대학에서 모국어로서의 조선어 교육에 종사했으며, 후반기 20년은 복단대학에서 외국어로서의 한국어 교육에 종사하였습니다. 오늘날 선생님은 중국 강남땅에서 한국어 밭을 개척하고 한글의 꽃을 피운 선구자로 우뚝 서 있습니다.

    강은국 선생님은 학문이 교육 실천을 위해 연구되어야 함을 항상 강조하셨고 또 이를 실천에 옮겼습니다. 연변대학과 복단대학을 넘나들면서 대학 내에서는 학과장, 학부장, 부학장, 연구소장 등 중요 보직을 맡았고, 대학 밖에서는 중국조선어학회 상무이사, 중국한국(조선)어교육연구학회 부회장, 회장 그리고 교육부 대학 외국어전공교육 지도위원, 교육부 외국어전공 4, 8급시험 전문가 소조 비통용어종 전문가 소조 부조장, 교육부 한국어전공 4, 8급시험 총괄 책임자 등 중임을 맡으면서 교육 현장을 한시도 떠난 적이 없었습니다.

    선생님은 대학 내외의 업무를 성실히 수행하면서도 학문연구에서 괄목할 만한 업적을 남겼습니다. 한국 언어학 연구에서는『한국어 접미사 원류 고』,『조선어 접미사의 통시적 연구』,『남북한의 문법연구』,『조선어 문형연구』,『조선어의 민족적 특성』등 11권의 저서와 80여 편의 논문을 발표했습니다. 외국어로서의 한국어 교육 분야에서는 21세기 대학교 한국어전공교재 시리즈 편집장을 직접 맡으시고『초급한국어』,『중급한국어』,『한국어읽기』,『비즈니스한국어』등 10권의 교과서와『신편 한중사전』을 펴내기도 했습니다.

    그동안 쌓은 학문 업적이 인정을 받아 선생님은 중국에서는 ‘국가우수교육성과 2등상’, ‘길림성우수교육성과 1등상’, ‘와룡학술상’ 등을 수상했습니다. 한국에서는 한국어와 한글 그리고 한국문화 세계화에 기여한 공적을 인정받아 2012년 10월 9일

한글날에 '대한민국 문화포장'을 수상하였고, 2013년에는 '동숭학술상'을 수상하였습니다. 선생님은 천성이 직설적이고 대쪽 같으면서도 은근히 깊은 정을 간직하고 있는 참다운 교육자로서 복단대학의 '명강의교수상[敎學名師獎]', '우수대학원생지도교수상', 상해시의 '육재상[育才獎]' 등을 수상하는 영예도 안고 있습니다.

오로지 교수와 학문에만 몰두함으로써 선생님은 후학들의 귀감이 되고 있습니다. 선생님의 대학 교직 40주년을 축하하여, 그간의 학덕과 인품을 오래 기리기 위하여 제자와 동료들은 선생님의 간곡한 만류에도 불구하고 뜻을 모아『한국 언어학 연구와 한국어 교육』을 펴내게 되었습니다. 여기에 수록된 39편의 주옥같은 글들은 그 내용에 따라 제1부는 일반언어학 연구, 제2부는 한국어 어휘·문법 연구, 제3부는 언어 대조·대비 연구, 제4부는 한국어 교육 연구로 나누어 엮었습니다. 여기에 실린 글들은 모두 필자 자신이 추려낸 옥고들인 만큼 분야별 연구에서는 하나의 주춧돌이 될 것이며, 한국 언어학 연구와 한국어 교육 연구를 접목하는 거멀못이 될 것을 확신하는 바입니다.

끝으로 이번 기념 논문집 출간을 디딤돌로 강은국 선생님의 즐거운 여생과 함께 평생 학문을 하신 선생님의 학덕이 더 널리 전해지기를 바랍니다. 아울러 바쁘심에도 옥고를 보내 주신 모든 필자들과 흔쾌하게 출판을 맡아 주신 도서출판 하우 박민우 사장께 깊이 감사드립니다.

2015년 5월

강은국 교수 대학 교직 40주년 기념 논문집 간행위원회

간행위원장: 강보유

간행위원: 윤여탁, 김기석, 김영수, 강용택, 전영근, 왕단,
강영, 곽일성, 최혜령

학술의 경지

유은종

오르고 보면 별것도 아닌데
왜 이다지도 어렵고 고달프냐
오르고 보면 별것도 아닌데
왜 이렇게 격동되고 눈물이 나냐

학술로 살아온 인생에
학술밖에 모르는 인생인데
고생살이 왜 하냐 했더니
바로 오늘이었구나
오늘의 보람, 오늘의 행복이었구나

콧구멍만 한 오두막집에서
카드랑 펼쳐놓고
학자들의 견해를 정리하던 그때가
두부모 끓여놓고 네 한잔 내 한산에
밤을 패며 옳거니 그르거니 쟁론하던 그때가
학술이었구나 토론의 자리였구나
미래를 꿈꾸고 미래에로 도약하는
아니, 오늘에 이르고 오늘에 오르는
금다리였구나
이상의 날개였구나

고난에 찌들리고
고생살이에 허덕여도
묵묵히, 말이 없이
고생은 자기가
행복은 남에게
눈물로 반죽하며
한생을 살았다

인간이 인간이라면
사람이 사람이라면
피눈물로 얼룩진 과거를
뉘 모르랴 내가 안다

학술이 무엇이길래
경지가 얼마나 높기에
숨차게 달리기만 하느냐
그때마다 아내는 언제나 동반자였다
아량과 용서를 베푸는
현모양처였다

두메산골 백두언저리에서
안도사람으로 너도 살고 나도 살았지
백두의 젖줄기 물고 뼈를 굳혔지
그것이 무엇인가 했더니
백두정기였구나
민족의 맥박과 민족의 정신이
살아숨쉬는 백두정기였구나
바로 그것이 우리에게
용기를 주고 희망봉에 오르게 했다
바로 그것이 있었기에
영광에 차넘치고
이상의 경지, 학술의 경지로
날아올랐다
바로 그것이
학술로 치켜든 봉화였다
횃불이었다

자, 가자, 살아나가자, 그 영예로 살자, 그 정기로 살자.
끊임없는 학술의 우물을 파며, 학술의 꽃을 후대에게 피우며
백두의 흰머리 팔팔 날리며
학술로 살자, 사랑으로 살자,
여유롭게 살자, 굳세게 살자.

강은국 친구의 동숭학술상 수상의 기쁨을 안고
2013년 11월

한국 언어학 연구와 한국어 교육

차례

제1부 일반언어학 연구

제2부 한국어 어휘·문법 연구

제3부 언어 대조·대비 연구

제4부 한국어 교육 연구

한국어 어휘체계에 관한 연구

강은국 (복단대학교)

1. 어휘론 연구에서의 가장 기초적인 연구
- 어휘체계에 관한 연구

어휘론 연구에서 가장 중요한 부분으로 되는 것은 어휘체계에 관한 연구이다. 그것은 그 어떤 학문(혹은 과학) 연구를 물론하고 체계에 관한 연구가 가장 기초적인 연구로 되기 때문이다.

이와 관련하여 김광해(1993:108)에서도 "어떤 과학이든지 그 연구의 대상이 되는 事象을 분류, 정리하는 일은 그 분야의 가장 기초적인 연구가 된다. 특히 어휘론에서는 수많은 어휘소들이 연구의 대상이 되므로 이를 상호간의 공통점과 차이점에 근거하여 적절히 구분하고 분류하는 작업을 통하여 정리 배열함으로써 수많은 어휘소들을 서로 식별하는 일에 기여하고자 하는 연구를 수행할 수 있다. 이러한 작업을 거쳐서 비로소 어휘 집합의 체계는 그 전모를 드러내게 된다."라고 지적한 바 있다.

이렇게 어휘체계에 관한 연구는 어휘론 연구에서 가장 기초적인 연구로 그 어느 분야의 연구보다 더 중요시되어야 할 부분으로 된다. 그럼에도 불구하고 우리말 연구의 경우에는 어휘론 연구에 관심을 갖고 있는 학자가 얼마 되지 않은데다가 어휘라는 이 언어적 단위가 상대적으로 폐쇄된 음운이나 문법 등 언어 단위에 비해 수십만을 헤아리는 너무나도 방대한 단어들의 집합으로 이루어진 언어적 단위여서 그 체계를 정확히 파악하기 어려운 등 여러 가지 원인으로 우리말 어휘체계는 아직까지도 그 전모를 드러내지 못하고 있다.

이와 같은 사정을 고려하여 여기서는 주로 어휘체계에 관한 남과 북의 연구 성과를 검토하면서 나름대로의 기준을 세우고 우리말 어휘체계를 새롭게 정립해 보고자 한다.

2. 한국어 어휘체계에 대한 선행연구

2.1. 한국어 어휘론 연구 개관

어휘체계는 보통 어휘와 관련된 제반 문제를 체계적으로 연구하는 어휘론에서 다루는 분야이기에 무엇보다 먼저 한국어 어휘론 연구의 역사에 대해 개괄적으로 살펴볼 필요가 있다.

한국어에서 어휘에 대한 연구는 일반 언어학의 연구 역사와 더불어 100여 년의 시간이 흘러왔다. 그러나 어휘와 관련된 연구는 언어학의 기타 분과의 경우(예컨대 '음운론'이나 '문법론')와는 달리 처음부터 체계적인 연구로 시작된 것이 아니라 개별 어휘 부류에 대한 연구로부터 시작되었다.

한국어의 경우 어휘론이 언어학의 독자적인 분과로 자리매김하고 이에 대한 체계적인 연구가 진행된 역사는 60여 년 남짓하다.[1] 아래 남과 북을 갈라 그 연구 역사를 간략하게 살펴보기로 한다.

남에서의 어휘론 연구 역사와 관련해 김광해(1993:37)에서는 "우리나라에서 국어학이라는 커다란 연구 분야 속에 '어휘론'이라는 영역이 본격적으로 자리잡을 수 있도록 하는 한편 어휘에 관한 연구의 필요성을 부각시킨 것은 沈在箕(1982) 『국어 어휘론』의 출간으로부터 비롯된다. 이로 말미암아 국어학의 다른 하위 영역들과 나란히 어휘론이라는 이름의 학문 분야가 성립할 수 있다는 가능성과 지평이 제시되었다."라고 하면서 남의 경우에는 지난 세기 80년대 초에 이르러서야 어휘론이 언어학의 한 독자적인 분야로 자리 잡기 시작했다고 지적하고 있다.

그런데 심재기(1982:10)에서는 "1955년, 李熙昇의 『國語學槪說』이 상재되자 비로소 語彙論이라는 연구 분야가 확립되었고, 거기에서 어떤 내용을 어떻게 가르치며, 또 연구할 것인가 하는 윤곽을 제시하기에 이르렀다."라고 하면서 그 시기를 50년대까지 더 거슬러 올라갈 수 있다고 지적하고 있다.

어휘론이 언어학의 독자적인 한 영역으로 자리 잡은 시기를 지난 세기 80년대 초로 보든 50년대로 보든 어휘론 연구는 문법론 연구에 비해 훨씬 뒤늦게

---

1) 여기서 우선 명확히 해 둘 것은 우리가 말하는 '어휘론 연구', '문법론 연구' 등이 지칭하는 바는 개별적인 어휘, 또는 개별적인 문법 형태나 문법 항목에 대한 연구를 가리키는 것이 아니라 언어학의 한 독자적인 분야로서의 '어휘론'이나 '문법론'에 대한 체계적인 연구를 가리킨다는 것이다. 따라서 개별적인 어휘를 대상으로 행해지는 연구는 '어휘를 대상으로 하는 연구' 또는 '어휘 연구'라는 용어로 구별하기로 한다. '어휘를 대상으로 하는 연구'는 김광해(1993:36)에서 지적한 것처럼 "국어학 연구에 있어서 어휘를 대상으로 하는 연구는 역사적으로 그 전통을 살펴보고자 한다면 조선 시대에까지 거슬러 올라가야만 할 정도로 짧지 않은 역사를 가지고 있으며", "실로 방대하고 다양한 영역에 걸쳐서 연구물들이 쏟아져 나오고 있는 분야이다."

시작되었을 뿐만 아니라 그 성과 역시 문법론에 비할 바가 못 된다.

어휘론의 연구 성과에 대해 심재기 외(2011) '머리말'에서는 "'국어어휘론'이란 이름의 학문 분야가 국어학의 한 갈래로 자리 잡은 지 어느새 반세기의 세월을 넘겼다. 그러나 그 동안 '국어 어휘론'이란 제목을 붙인 연구 서적이 간행된 것은 겨우 열손가락을 꼽을 정도로 한산하였다. 음운, 형태, 통사, 문법 등 국어학의 다른 분야가 엄청난 분량의 연구 업적을 내놓는 동안 어휘를 연구하는 사람들은 무엇을 하였던 것일까?"라고 한탄하고 있다.

그럼 아래 李熙昇(1955)의 『國語學槪說』 이후에 어떤 '어휘론' 전문 서적들이 간행되었는가를 살펴보기로 하자.

이희승(1955) 이후 어휘론을 언어학의 독자적인 분과로 다룬 저서가 지난 세기 50년대에는 더 발견되지 않으며, 60-70년대에도 전혀 보이지 않는다. 그 이유는 아마 심재기(1982:11)에서 지적한 것처럼 "1960년대와 1970년대에 걸쳐 미국으로부터 유입되어 온 變形生成文法은 은연중 국어학의 연구 경향을 統辭論에 치중하게 하여 語彙論은 상대적으로 위축되는 형편"에 있었기 때문이 아닌가 생각한다.

그후 80년대에 이르러서야 심재기(1982)의 『國語語彙論』이 간행되면서 '어휘론'이 김광해(1993)에서 지적한 것처럼 진정한 의미에서 언어학의 한 분야로 등장하게 된다. 그러나 이 분야에 대한 관심을 보인 학자도 얼마 되지 않고 '어휘론'을 체계적으로 다룬 전문 저서도 이 외는 더 발견되지 않는다.

김광해(1993:37)에 따르면 '어휘론'이 언어학의 한 분야로 본격적인 논의가 진행되기 시작한 것은 1990년 겨울 국어학회 제17회 공동연구회 이후부터이다.[2] 이를 계기로 김종택(1992)의 『국어 어휘론』과 김광해(1993)의 『국어 어휘론 개설』이란 두 권의 '어휘론' 연구와 관련된 전문 저서가 출간되기에 이른다.

2000년대에 이르러서는 심재기(2000)의 『國語 語彙論 新講』, 김종학(2001)의 『韓國語基礎語彙論』, 심재기 외(2011)의 『국어 어휘론 개설』 등이 더 출간되었다.

이상에서 볼 수 있는 바와 같이 남에서의 어휘론 연구는 언어학의 기타 분과의 연구에 비해 훨씬 뒤늦게 시작되었을 뿐만 아니라 연구 업적도 얼마 되지 않는다.[3]

---

2) 김광해(1993:37)에서는 "'어휘론'이라는 학문 분야에 대한 언어학의 체계에 입각한 본격적인 논의가 1990년 겨울에 국어학회 제17회 공동연구회에서 '국어 어휘 연구의 현황과 문제점'이라는 주제 하에 이루어짐으로써 어휘론의 재인식과 정립을 위하여 커다란 전기를 마련하였다." 라고 지적하고 있다.

3) 물론 이 외에 이을환, 이용주(1964), 김민수(1981), 김종택 외(1983), 양태식(1984), 임지룡(1992), 윤평현(2008) 등의 『국어의미론』과 홍사만(1985)의 『국어 어휘의미론 연구』 등이 출

북에서의 어휘론에 대한 연구는 남의 경우보다도 더 뒤떨어지고 있다. 어휘론이 언어학의 독자적인 분야로 자리 잡은 것은 60년대 초부터라고 해야 할 것이다.

김영황 외(1996:163)에서는 "이 시기 어휘의미론과 관련하여 종합적으로 서술한 것은 단행본으로 발행된 『현대조선어(1)』[4]이다. 『현대조선어(1)』은 이 시기에 이룩된 성과들에 기초하여 어휘의미론의 기초개념들을 정립하고 종합체계화한 최초의 저술이다."라고 지적하고 있다.

이에 따르면 북의 경우에는 60년대 초에 이르러서야 어휘론이 언어학의 독자적인 분과로 자리매김하고 체계적인 연구가 시작되었는데 그 연구 업적도 남의 경우와 마찬가지로 얼마 되지 않는다.

『현대조선어(1)』이 출간된 이후로 간행된 어휘론 관련 저서들로는 60년대에는 김수경 외(1964)의 『조선어 어휘론 및 어음론』, 70년대에는 전경옥(1975)의 『문화어어휘론』, 80년대에는 최완호 외(1980)의 『조선어어휘론연구』, 김일성종합대학 조선어학강좌(1981)의 『문화어어휘론』, 90년대에는 김길성(1992)의 『조선어어휘론(류학생용)』, 2000년대에는 최완호(2005)의 『조선어어휘론』 등이 출간되었는데 이 중에서 『문화어어휘론』과 김수경 외(1964)의 『조선어 어휘론 및 어음론』은 『현대조선어(1)』을 책 이름만 바꾸어 재판한 것이니 다섯 권 정도의 어휘론 전문 저서가 출간된 것으로 볼 수 있다.

이상의 고찰에서 볼 수 있는 바와 같이 한국어 어휘론에 대한 체계적인 연구는 언어학의 기타 분과들에 비하여 훨씬 뒤떨어져 있을 뿐만 아니라 그 연구 성과 또한 정말 한산하기 그지없다.

2.2. 어휘체계와 관련된 연구

그럼 이제부터는 지금까지 출간된 위의 저서들에서 어휘체계에 대해 어떻게 다루고 있는가를 살펴보기로 하자.

김광해(1993:108)에서는 "어휘 체계의 연구는 주로 그 방대한 어휘 집합을 적절한 기준에 의하여 분류해 내는 일을 중심으로 전개 된다."라고 지적한 바 있다. 이리하여 여기서는 주로 남과 북의 학자들이 어떤 분류 기준에 따라 어휘 분류를

간되기는 했지만 우선 의미론의 연구 영역은 어휘의 분야를 훨씬 초월해서 통사 내지는 텍스트 분야에까지 미치는 언어학의 한 분야이며 또 '의미론' 그 자체가 지양하는 목표가 '의미'의 부분이기에 어휘론과 관련을 지을 경우에도 어휘의 의미에 대한 연구에만 한정되어 있기에 어휘론을 체계적으로 다른 연구로 볼 수 없다는 입장에서 제외하였다.

4) 김수경 외(1961)의 『현대조선어(1)』은 서론과 어휘론 및 어음론 세 부분으로 구성되었는데 '어휘론' 부분은 김수경과 김금석의 공동 집필로 되어 있다.

진행하고 있는가를 살펴보기로 한다.

남에서 출간된 저서들에서 어휘의 분류 기준을 보다 명확히 제시하고 있는 저서들로는 김광해(1993)와 이희승(1955)이다.[5]

김광해(1993:108)에서는 "어휘는 기준을 정하기에 따라 여러 가지 방법으로 분류하는 일이 가능하다. 국어의 전 어휘를 분류하는 작업은 그 분류의 기준을 설정하기에 따라 다양하게 전개될 수 있다. 그 중에서도 현재까지 작업이 수행되어 왔거나 수행될 가능성이 큰 것으로는 '어종에 의한 분류, 문법 기능에 의한 분류, 어휘소의 의미에 의한 분류' 등을 들 수 있다."라고 하면서 어휘를 세 가지 기준에 의해 분류하고 있다.

이희승(1955:206)에서는 "單語의 種類는 여러 가지 角度로부터 이것을 分類할 수 있을 것이다. 그러나 지금은 煩雜한 細分을 避하고 가장 常識的인 標準에 依하여 그 主要한 種類를 몇가지 列擧하여 보려 한다."라고 하면서 系統上 分類, 構成上 分類, 槪念上 分類, 時代的 分類, 地域的 分類, 社會的 分類, 語法上 分類, 部門的 分類 등 여덟 가지의 분류 기준에 따라 어휘를 분류하고 있다.

북의 경우, 어휘 분류 기준을 비교적 명확히 제시한 저서들로는 최완호 외(1980), 김길성(1992), 최완호(2005), 김수경 외(1961), 김일성종합대학교 조선어학강좌(1981) 등이 있다.

최완호 외(1980:17—50)에서는 어휘구성의 갈래를 우선 '어휘의 구조와 변화발전의 측면에서 본 갈래', '어휘의 쓰임의 측면에서 본 갈래', '어휘의 표현성의 측면에서 본 갈래' 등으로 크게 분류한 다음 '어휘의 구조와 변화발전의 측면에서 본 갈래'는 다시 '기원의 측면'에서 고유어휘, 한자어휘, 외래어어휘로 하위분류하고, '어휘의 변화발전의 측면'에서 새말과 낡은 말로 하위분류하고 있다. '어휘의 쓰임의 측면에서 본 갈래'는 다시 '쓰이는 분야와 정도에 따라' 일반어, 학술용어, 늘 쓰는 말로 하위분류하고, '쓰이는 류형에 따라' 입말어휘와 글말어휘로 하위분류하고, '쓰이는 지역의 범위에 따라' 표준어휘와 방언어휘로 하위분류하고 있다. '어휘의 표현성의 측면에서 본 갈래'에서는 일반적인 어휘와 구별되는 표현적인 어휘부류를 설정하고 이 표현적인 어휘를 '뜻 기능에 따라' 감정정서적빛갈을 가진 표현적어휘, 높은 형상성을 가진 표현적어휘, 두드러지고 뚜렷한 뜻내용을 가진 표현적어휘로 하위분류하고 '형태구조에 따라' 단어로 된 표현적어휘, 단어결합으로 된 표현적어휘, 문장으로 된

---

5) 김종택(1992)에서도 제4장이 '어휘 체계론'으로 되어 있지만 주요하게는 의미장의 이론에 입각하여 어휘의 의미 체계를 중심으로 다루면서 제3절에 '분류어휘집의 어휘체계 – 千字文·類合·訓蒙字會의 대비–'를 다루고 있기에 다른 학자들이 다룬 어휘체계와는 다르다고 판단하면서 여기서는 제외하였다.

표현적어휘로 하위분류하고 있다.

김길성(1992:47)에서는 "어휘구성안에 들어 있는 단어들은 몇가지 각도에서 이러저러한 갈래로 나눌수 있다. 즉 기원의 측면에서 고유어, 한자어, 외래어로, 사용분야의 측면에서 일반용어와 학술용어로, 사용범위의 측면에서 방언과 통용어로, 어휘구성의 변화발전의 측면에서 새말과 낡은말로, 문체론적측면에서 입말어휘와 글말어휘로 나눌수 있다. 어휘구성의 한 갈래인 성구는 그 중요성으로 보아 따로 한개장에서 취급한다."라고 그 분류 기준과 그 분류에 대해 개괄적으로 설명하고 있다.

최완호(2005:16-32)에서는 크게 '범위에 따르는 어휘의 구분'과 '실질적의미의 단어부류와 기본어휘'로 나눈 다음 '범위에 따르는 어휘의 구분'에서는 '일정한 민족어의 범위', '일정한 시대의 범위', '일정한 지역의 범위', '언어개체의 어휘' 등 4가지 기준에서 다시 하위분류를 진행하고 '실질적의미의 단어부류와 기본어휘'는 '실질적의미의 자립적단어부류에 속하는 어휘'와 '기본어휘'로 하위분류하여 고찰할 수 있다고 했다.

김수경 외(1961)에서는 어휘의 분류 기준에 대해 전문적인 논의는 진행하지 않았지만 그 분류는 '기원의 측면', '사용 범위의 측면', '표현-문체론적 측면', '적극적 및 소극적 어휘의 측면'으로 갈라 진행하고 있다.

김일성종합대학 조선어학강좌(1981)에서도 어휘 분류 기준에 대한 논의는 따로 하지 않고 직접 분류에 들어갔는데 단어체계를 크게 '단어들의 의미적갈래'와 '단어들의 어휘적갈래'로 분류하고 '단어들의 의미적갈래'는 다시 뜻같은말, 뜻반대말, 소리같은말로 하위분류하고, '단어들의 어휘적갈래'는 기원의 측면에서 고유어, 한자어, 외래어로 나누고, 어휘구성의 변화발전의 측면에서 새말과 낡은말로 나누고, 쓰이는 정도에 따라 늘 쓰는 말을 설정하고, 사용분야와 관련하여 일반어와 학술용어로 하위분류하고 있다.

지금까지 출간된 어휘론 저서들에서 '어휘체계론'을 단독 장절로 설정하여 다룬 저서는 이 몇 권에 불과하다.

물론 기타의 어휘론 저서들에서 위의 학자들이 '어휘체계론'에서 다룬 어휘 부류들을 전혀 언급하지 않은 것은 아니나 그 서술체계는 각양각색이다.

예를 들면 거의 모든 저서들에서 '고유어, 한자어, 외래어'를 다루고는 있지만, 이희승(1955)나 김광해(1993) 등에서는 '어휘의 체계-어종(계통)'에 의한 분류에서 다루고 있으나 심재기(1982)과 김종택(1992)에서는 '어휘자료론'에서 다루고 있고 최완호(2005) 등에서는 단독 장절을 설정하여 다루고 있다.

또 예를 들면 '표준어와 방언'도 이희승(1955), 최완호 외(1980)에서는 '어휘의 체계-지역적 분류'에서 다루고 있지만 김광해(1993)에서는 '어휘의 위상적 변이'에서 다루고 있고 김수경 외(1961)과 김길성(1992)에서는 '사용 범위에 따른 분류'에서 다루고 있다.

'신어나 유행어'와 관련된 어휘 부류는 이희승(1955)에서와 같이 '시대적 분류'에서 다루기도 하고, 심재기 외(2011)에서와 같이 '사회적 분류'에서 다루기도 하며, 김광해(1993)에서와 같이 '어휘의 팽창'에서 다루기도 하고, 최완호 외(1980)에서와 같이 '어휘의 변화발전의 측면'에서 다루기도 한다.

지금까지의 고찰에서 볼 수 있는 바와 같이 남과 북에서의 어휘 분류의 기준은 학자에 따라 각이하게 설정되어 있기에 우리말 어휘체계는 아직까지 그 전모를 드러내지 못하고 있다. 물론 어휘 분류의 기준 설정은 그 연구 목적과 시각의 차이에 따라 어느 정도의 자의성, 또는 수의성은 허용되나 그 어떤 학문이든지 다른 분야의 학문과 구별되는 자체의 고유한 체계를 갖고 있다는 사실을 인정할 때, 어휘 분류의 기준 설정이 결코 자의적, 또는 수의적일 수는 없다. 문제는 우리가 아직까지 수십만을 헤아리는 어휘가 체계적인 집합을 이룰 수 있는 그 질서를 옳게 파악하지 못하고 있다는 것이다.

그러므로 어휘체계에 대한 연구에서는 어휘 분류기준을 옳게 세우는 것이 무엇보다 중요한 과업으로 나서게 된다.

3. 한국어 어휘 분류기준과 그 체계

3.1. 어휘와 어휘체계

한국어 어휘체계를 옳게 밝히기 위해서는 어휘론에서 논의되는 어휘와 어휘체계의 상호 관계에 대해 우선 명확히 해둘 필요가 있다.

김광해(1993:107-108)에서는 "어휘론에서 사용되는 체계(system)라는 술어는 구조(structure)에 상대되는 개념으로서 Firth에 의하면, 구조라는 것은 언어의 가로 관계(syntagmatic relation)를 나타내는 술어임에 반하여, 체계라는 술어는 교환이 가능한 단위(unit)들의 세로 관계의 가치(parabingmatic value)를 나타내는 것이다. Firth의 이론을 바탕으로 하여 이를 발전시킨 Halliday에 의하면 체계라는 것은 그가 설정한 네 개의 범주, 즉 '類와 체계, 단위와 구조'의 하나에 해당하는 것으로 어휘가 개방 집합(open set)임에 반하여 그것으로 이루어진 체계라는 것은 폐쇄 선택(closed choice)의 문제에 해당하는 것이라고 생각한다. 여기서 사용하고 있는 체계라는 술어도 이러한 생각에 바탕을 두는 것이다. 어휘 집합 전체는 특별한 기준을 가지지 않은 상태에서 관찰할 적에는 기본적으로 개방 집합이지만, 그것의 구성이나 사용 장면을 몇 가지의 한정된 기준에 따라 살펴보면 체계를 파악해 내는 일이 가능하다. 따라서 어휘의 체계에 관한 연구는 적절한 기준을 가지고 어휘 자료를 분류하는 작업을 통하여 수행된다."라고 지적한 바 있다.

어휘체계와 관련하여 김종택(1992:163)에서도 "어휘의 수는 음운과는 달리 그 수가 엄청나기 때문에 이들을 체계화하는 작업은 음운을 체계화하는 것보다 훨씬 어려울 수밖에 없다. 그렇다고 해서 인간의 사물에 대한 인식 체계라고 할 수 있는 어휘들의 분포가 결코 무질서한 것이 아님은 의심할 여지가 없다. 어휘 지도 면에서 보더라도 그 많은 어휘를 무질서한 상태로 둔 채 체계화하지 않는다고 하면 수많은 어휘를 도저히 효과적으로 지도할 수가 없을 것이다. 그래서 우리 선조들은 어휘를 효과적으로 가르치기 위해서 나름대로의 기준을 세우고 그에 따라 부문별로 어휘를 묶은 분류어휘집을 편찬하게 되었던 것이다."(1992:163)라고 지적한 바 있다.

어휘체계와 관련하여 북의 학자들은 '어휘체계'라는 용어 대신 '어휘구성'이란 용어를 사용하고 있는데 최완호 외(1980:16)에서는 "어휘구성을 이루고있는 모든 어휘들은 아무런 련관도 없이 따로따로 떨어져있는것이 아니라 일정한 질서속에 놓이면서 서로 작용하고 영향을 미치며 서로 의존하고 대립하는 련관관계를 맺고있다. 이러한 호상관계속에 있는 모든 어휘와 어휘표현은 총체적으로 어휘구성을 이루면서 일정한 부류로 묶이여진다."라고 설명하고 있다.

그리고 최완호(2005:16)에서는 "어휘가 단순히 단어의 집합체를 이룬것이라면 어휘구성은 일정한 구성체를 이루고있는 어휘를 내세워서 이른 측면, 례컨대 조선어의 어휘구성은 고유어휘와 한자어휘, 외래어의 3가지로 이루어져있다고 하는것 같은 경우 또는 조선어의 어휘구성 등 일정한 구성체를 이룬 어휘를 넘두에 두면서 표현하는것 같은데서 그 사용의 차이를 찾아볼수 있을것이라고 본다."라고 '어휘'와 '어휘구성'의 상호 관계에 대해 설명하고 있다.

이상의 고찰에서 우리는 '어휘'가 집합의 개념으로 단어들의 무리를 가리킨다고 할 때, 이 '집합'은 산재해 있는 개개의 단어들의 무질서한 '개방집합'으로서만 존재하는 것이 아니라 일정한 질서, 또는 기준에 따라 몇 개의 부류로 나뉠 수도 있는 '폐쇄집합'으로도 존재한다는 것을 알 수 있다. 예를 들면 수십만을 헤아리는 우리말 어휘들은 특별한 기준을 세우지 않고 관찰할 때에는 개개의 단어들의 무질서한 개방집합으로 존재하지만 기원의 측면에서, 즉 출신 성분을 기준으로 고찰할 경우에는 이 수십만을 헤아리는 단어들이 '고유어', '한자어', '외래어', '혼종어'라는 어휘부류로 질서정연하게 분류될 수 있다. 따라서 어휘론에서 논의되는 '어휘'는 개방집합으로서의 단어들의 무리를 지칭하고, '어휘체계'는 폐쇄집합으로서의 단어들의 무리를 지칭하는데 '어휘체계론'의 주 관심사는 후자이다. 다시 말하면 '어휘체계론'에서는 수십만을 헤아리는 방대한 단어들을 적절한 기준에 따라 유형별로 분류하여 체계화하는 것을 주 과업으로 삼게 된다.

물론 어휘라는 이 언어적 단위가 상대적으로 폐쇄된 음운이나 문법 등 언어 단위에 비해 수십만을 헤아리는 너무나도 방대한 단어들의 집합으로 이루어진 언어적 단위여서 그 체계를 정확히 파악하기 어려운 것만은 사실이다. 그러나 집합의 개념으로서 어휘가 산재해 있는 개개의 단어들의 무질서한 개방집합으로서만 존재하는 것이 아니라 일정한 질서, 또는 기준에 따라 몇 개의 부류로 나뉠 수도 있는 폐쇄적인 집합으로도 존재한다는 사실을 인정할 때, 수십만을 헤아리는 방대한 단어들을 몇 개의 부류로 묶어주는 그 질서, 또는 기준만 잘 파악한다면 어휘체계도 음운체계나 문법체계처럼 질서정연한 모습을 드러내게 될 것이다.

3.2. 어휘 분류기준과 그 체계

그럼 이제부터는 한국어 어휘 분류기준과 그 체계에 대해 좀 더 구체적으로 논의해 보기로 한다.

그런데 지금의 시점에서 어느 한 개인의 능력으로 어휘 분류기준을 새롭게 책정하고 그 기준에 따라 수십만을 헤아리는 어휘를 체계적으로 분류한다는 것은 거의 불가능한 일임을 지금까지의 연구 결과가 잘 입증해 주고 있다.

이러한 사정을 감안할 때 먼저 어떤 가설적인 분류기준을 세우기보다는 지금까지의 연구 저서들에서 많은 학자들이 다루고 있는 각이한 어휘 부류들을 분석 정리하면서 그것들을 일정한 공성에 따라 몇 개의 보다 큰 유형으로 묶어주는 작업을 진행하는 것이 보다 더 현실적이고 실현 가능한 작업으로 될 것이다.

이리하여 여기서는 이미 출간된 남과 북의 어휘론 저서들에서 비교적 많이 다루고 있는 각이한 어휘부류에 대해 분석 정리하면서 우리말 어휘체계에 대해 정립해 보기로 한다.

첫째, '고유어, 한자어, 외래어, 혼종어'

이 부류의 어휘들 중에서 '고유어, 한자어, 외래어' 세 부류의 어휘에 대해서는 거의 모든 학자들이 '계통상 분류'(이희승 1955), '기원에 따른 어휘의 분류'(김수경 외 1961, 최완호 외 1980, 김길성 1992 등), '어종에 따른 어휘의 분류'(김광해 1993), '일정한 민족어의 범위에 따른 분류'(최완호 2005) 등 각이한 명칭으로 그 분류 기준을 명명하고는 있지만 모두가 "그것의 기원, 즉 출신 성분 같은 것에 근거하여 분류"(김광해, 1993:109)하고 있다는 공통성을 갖고 있다. 이리하여 이 부류의 어휘는 '기원(혹은 어종)에 따른 어휘 부류'로 묶일 수 있을 것이다.

그런데 우리말 어휘들 가운데는 기원의 측면에서 분류할 때, 위의 세 부류 어휘의 그 어디에도 속하지 못하는 어휘들이 있다. 예를 들면 "행복하다(幸福-), 오퍼상(offer商), 맨손체조(-體操)" 등의 어휘들은 '한자어+고유어', '외래어+한자어', '고유어+한자어' 등의 구조로 구성되었기에 위에서 설정한 고유어, 한자어, 외래어 그 어디에도 소속될 수 없다. 이런 부류의 어휘들에 대해 김종택(1992)와 심재기 외(2011)에서는 '혼종어'[6]란 독자적인 한 부류로 설정하고 있다. 김종택(1992:124)에서는 "혼종어란 고유어와 한자어 혹은 고유어와 외래어, 혹은 한자어 등이 둘 이상 모여 이루어진 경우를 이르는 것이다."라고 그 개념을 정립하고 있고, 심재기 외(2011:75)에서는 "고유어와 한자어, 한자어와 외래어 등 서로 다른 어종의 언어 요소가 결합하여 만들어진 단어를 혼종어(hyrid)라 한다."라고 그 개념을 정립하고 있다.

우리말 어휘는 기원의 측면에서 분류할 때, 고유어 언어요소와 한자어 또는 외래어 언어요소가 서로 결합되어 이루어진 어휘, 한자어 언어요소와 외래어 언어요소가 결합되어 이루어진 어휘 부류가 엄연히 존재하고 있다. 그러므로 기원에 따라 어휘를 분류할 경우에는 고유어, 한자어, 외래어 외에 '혼종어'란 어휘 부류가 더 설정되어야 할 것이다.

'혼종어' 문제가 기원에 따른 어휘 부류에서 중요한 문제의 하나로 논의되어야 할 필요성은 우선, 연구에 따르면 이 혼종어가 양적으로도 외래어의 배도 넘는 분포를 보이고 있으며[7], 다음으로 이런 '혼종어'들이 시대가 발전하면 할수록 더 빠른 속도로 증대되고 있기 때문이다.

둘째, '표준어와 방언, 전문어(학술용어), 은어

이 부류의 어휘들 가운데서 표준어와 방언에 대해서는 거의 모든 저서들에서 어휘의 지역적 부류로 다루고 있다. 단 김광해(1993)에서만은 '어휘소의 위상적 변이'로 다루고 있다. 그러나 김광해(1993:143)에서도 "어휘소의 위상적 변이는 다시 지리적 요인에 의한 변이와 비지리적 요인에 의한 변이로 구별된다. 지리적 요인에 의한 변이에는 방언 어휘가 소속되며, 비지리적 요인에 의한 변이는 각종

---

6) 이른바 '혼종어'를 일부 학자들은 '섞임말'이란 용어로 다루기도 한다.

7) 이런 연구 결과를 보여 줄 수 있는 자료로는 김종택(1992)의 119쪽과 124쪽에서 제시한 어종에 의한 어휘 분류 도표, 그리고 김광해(1993)의 113쪽에서 제시한 어휘의 어종별 분류 도표 등을 들 수 있을 것이다.

사회적 집단에서 사용되는 변이형들이 있다."라고 하면서 방언을 '지리적 요인에 의한 위상적 변이'로 다루고 있는 바 결과적으로는 '어휘의 지역적 부류'로 보는 견해와 일치하다고 할 수 있다.

그런데 여기서 우리가 명확히 해 두어야 할 것은 언어가 인간 사회와 직결되는 사회적 현상이기에 이 경우의 '지역'은 순수한 '자연 지리'를 뜻하는 것이 아니라 '사회적 지리'를 뜻한다는 것이다. 따라서 방언을 '어휘의 지역적 변이'로 그 개념을 정립할 경우에도 부동한 지역 사회 성원이 사용하는 어휘 부류로 인식하게 된다.

다음, '전문어(직업어, 학술용어)'와 '은어'에 대해서는 김광해(1993)과 최완호 (2005)를 제외한[8] 기타의 저서들에서는 모두 사용 범위의 측면에서 분류되는 어휘의 부류, 즉 '어휘의 사회적 부류'로 다루고 있다.

이상을 종합 정리하면 이 부류의 어휘들은 어휘를 사용하는 사회 성원, 즉 어떤 지역, 직업, 업종, 분야 등의 사회성원에 의해 사용되는 어휘냐에 따라 분류되는 어휘의 부류라는 공통성을 갖고 있다. 즉 표준어는 민족 성원 전체가 사용하는 어휘이지만 방언은 일정한 지역 성원들만 사용하는 어휘이며, 전문어(학술용어)는 일정한 학술 분야의 사회 성원만이 사용하는 어휘이고, 은어는 일정한 비밀집단 성원이 사용하는 어휘로서 모두가 어휘를 사용하는 사회 성원의 측면에서 분류되는 어휘 부류라는 점에서는 다를 바가 없다. 이리하여 이 부류의 어휘는 '사회적 측면에 따른 부류'로 묶일 수 있을 것이다.

셋째, '고어, 신어, 유행어'

이 부류의 어휘들에 대해 이희승(1955)와 최완호(2005)에서는 '어휘의 시대적 분류'로 다루고 있지만 최완호 외(1980), 김일성종합대학 조선어학강좌(1981), 김길성(1992)에서는 '변화발전의 측면에서 본 어휘 부류'로 다루고 있다. 그리고 김광해(1993)에서는 이 세 부류의 어휘들 가운데서 '신어'와 '유행어'만을 따로 '어휘의 팽창'에서 다루고 있다. 그런데 '어휘의 팽창'이란 것도 결국은 어휘의 변화발전과 직결되는 문제이기에 김광해(1993)도 이 부류의 어휘를 '변화발전의 측면에서 본 어휘 부류'로 다루고 있다고 할 수 있을 것이다.

그렇다면 이 부류의 어휘들은 어떤 기준에 의해 분류되는 어휘체계로 보아야 하는가? 우리는 이 부류의 어휘들은 '어휘의 시대적 부류'로 다루어야 마땅하다고 생각한다. 물론 이 부류의 어휘들이 어휘의 변화 발전과 관계되기에 어휘의 변화 발전에서 다루지 못한다는 것은 아니다. 그러나 어휘의 변화 발전은 어휘체계와는

---

8) 김광해(1993)에서는 '전문어'를 '어휘의 팽창'에서 다루고 있고, 최완호(2005)에서는 '은어'를 '우리 말 문화어어휘구성의 가꾸기'란 장절에서 "낡은 사회의 어휘흔적을 가셔야 할 어휘"의 한 부류로 처리하고 있다.

서로 다른 질서에서 논의되는 개념으로서 어휘 분류의 기준으로는 되지 못한다. 그것은 무엇보다 어휘의 변화 발전을 기준으로 할 경우, '신어'와 '유행어'는 모두 새롭게 생겨난 어휘로서 '어휘소의 팽창' 또는 '어휘소의 증가'와 관련되기에 서로 다른 어휘 부류로 분류될 수 없으며 보다 더 중요하게는 이른바 '부류'라는 것이 "서로 구별되는 특성에 따라 나뉜 갈래"를 의미한다고 할 때, '신어'나 '유행어'라는 어휘 부류도 마땅히 그것과 구별되는 특성을 가진 다른 한 '부류'의 어휘, 다시 말하면 이 '신어'나 '유행어'가 생기기 전의 어휘, 즉 '기존의 어휘'를 상대로 설정되는 어휘의 부류로 특징지어지는데 '신어'나 '유행어' 그리고 이것들과 상대되는 이 '기존의 어휘' 부류는 어휘를 시대적인 측면, 즉 그 어휘가 어느 시대의 산물인가 하는 시대적 범위에서 분류할 때만이 그 설정이 가능한 것이다. 어휘를 변화발전의 측면에서 고찰할 경우에는 '신어'나 '유행어'와 상대되는 '기존의 어휘'도 '의미소의 팽창' 또는 '의미소의 증가' 그리고 '의미소의 축소' 등에 의해 부단히 변화 발전한다. 그러므로 이 부류의 어휘들은 '시대적 측면에 따른 어휘 부류'로 분류하는 것이 가장 타당할 것이다.

넷째, '유의어(동의어), 반의어, 동음이의어, 다의어'

이 부류의 어휘들 가운데서 '유의어(동의어)'와 '반의어'에 대해서는 비록 학자에 따라 '어휘의미론'에서 다루기도 하고(심재기 1982, 2000; 김종택 1992), '어휘소(어휘) 간의 의미 관계'에서 다루기도 하며(김광해 1993, 김일성종합대학 조선어학강좌 1981, 심재기 외 2011), 단독 장절을 설정하여 다루기도 하지만(김수경 외 1961, 김길성 1992) 모두 의미의 관계를 중심으로 설정되는 어휘 부류로 처리하고 있다.

그런데 '동음이의어'와 '다의어'에 대한 처리는 그 사정이 좀 다르다. '동음이의어'에 대해서는 거의 모든 저서들에서 '어휘의 의미적 부류'로 처리하고 있지만 김광해(1993)에서만은 '어휘의 의미적 부류'에서 제외되어야 한다고 주장하고 있고 '다의어'에 대해서는 김종택(1992)와 심재기 외(2011)에서는 어휘의 의미적 부류로 다루고 있지만 김광해(1993)에서는 어휘의 의미적 부류에서 제외되어야 한다고 주장하고 있다.(기타의 저서들에서는 전문적인 논의를 전개하지 않았다.)

김광해(1993:200)에서는 "위에서 확보된 전제에 따르면, 동음이의(homonymy) 현상은 두 개 이상의 어휘소들이 우연히 같은 음운이기 때문에 맺어지는 관계에 불과하다는 점에서 의미 관계가 아니며, 다의(polysemy)현상 같은 것은 단일한 어휘소 하나에 관련되는 의미 현상의 하나라는 점에서 '어휘소 간의 의미 관계'를 논하는 자리에서는 제외되어야 함이 마땅하다는 점을 주장할 수가 있게 되는 것이다."라고 주장하고 있는데 이런 주장은 그대로 받아들이기에는 여러 가지 문제가 있다.

김광해(1993)에서는 '동음이의 관계'를 '의미 관계'의 논의에서 제외해야 한다는 주장하고 있는데 이 '동음이의 관계'는 첫째, 김광해(1993)의 '의미 관계' 이론에 따르더라도[9] 동일한 어휘소 간의 '의미 관계'가 아니라 서로 다른 의미소 간의 '의미 관계'에 의해 맺어지는 관계이며, 둘째, "동음어는 언어 기호의 자의성으로 말미암아 자연스럽게 생겨나기도 하지만, 다의어의 의미 분화, 음운의 변화 결과, 외래어의 증가 등과 같은 언어의 이차적 특성이 원인이 되어 발생하기도 한다."(심재기 외(2011:208-209) 그러므로 '동음이의 현상'은 단순한 음운의 우연한 일치에 의해 맺어지는 관계로 볼 수 없으며, 셋째, 보다 더 중요한 것은 '동의 관계'는 서로 다른 '기호'(또는 '어휘소')가 같거나 유사한 '개념'(또는 '의미')을 나타내기에 성립되는 '의미 관계'라고 할 경우, 반대로 서로 다른 '개념'(또는 '의미')을 같거나 유사한 '기호(또는 '어휘소')로 나타내는[10] '동음이의 관계'는 무엇 때문에 어휘소의 '의미 관계로 볼 수 없느냐 하는 것이다. 이러한 이유로 우리는 '동음이의 관계'도 어휘소 간의 '의미 관계'를 논하는 자리에서 논의되어야 한다고 본다.

다음 '다의 관계' 문제인데 '다의 관계'도 어휘의 '의미 관계'를 심재기 외(2011)에서처럼 동일한 단어에 결부된 의미들 사이에서도 성립될 수 있다는 입장에서 볼 경우[11], 심재기(1982)의 분석법에 따라 어휘의 '의미 관계'에서 다루는 것이 보다 타당하리라 생각된다.

그런데 여기서 한 가지 더 언급할 것은 이 '다의 관계'에 의해 설정되는

---

9) 김광해(1993:199)에서는 이른바 '의미 관계'에 대해 "요컨대, 어휘소 L_1과 L_2가 의미상으로 관계를 맺고 있다는 것은 결국 그 하위 요소의 하나들인 기호 S_1과 S_2가 관계를 맺고 있거나, 또는 개념 C_1과 C_2가 관계를 맺고 있거나, 지시대상(사물) R_1과 R_2가 관계를 맺고 있기 때문에 나타나는 현상이라고 볼 수가 있게 되는 것이다."라고 설명하고 있다.

10) 우리가 여기서 '같거나 유사한 기호'라는 개념을 사용하게 되는 것은 동음이의어에는 '말(言)-말(馬)-말(斗)'과 같이 발음도 같고 표기도 같은 것들과 '낫(鎌)-낮(晝)-낯(臉)'과 같이 발음은 같지만 표기가 좀 다른 것들이 있다는 사정을 고려해서이다.

11) 심재기 외(2011:181)에서는 "의미 관계는 서로 다른 단어들이 지니는 의미들 사이에서 성립하는 것이 원칙이지만, 다른 한편으로는 동일한 단어에 결부된 의미들 사이에서도 성립할 수 있다. 곧 한 단어가 중심 의미와 여기에 결부될 수 있는 다수의 파생 의미를 거느리게 될 때, 그 중심 의미와 파생 의미 사이의 관계를 '관계 속성'으로 이해할 수 있으며, 더 나아가 이들 사이의 유연성(有緣性) 상실이나 결여도 '관계 속성'으로 이해할 수 있다. 이와 같이 동일 형식의 단어가 지니는 의미들이 중심 의미와 파생 의미의 관계로 파악된다면 이들은 '다의 관계(多義關係)'로 이해되며, 이들 의미들이 유연성을 상실하거나 아예 어원적으로 무관하다면 이들은 '동음이의 관계(同音異義關係)로 이해된다."라고 지적하고 있다.

'다의어'라는 것도 실제상에서는 '단의어'를 상대로 성립되는 개념이라는 것이다. 우리가 만약 문제를 이렇게 이해한다고 할 때, 만약 어떤 두 어휘소가 '하의 관계'를 맺고 있다 할 경우, 이 '하의 관계'에 의해 설정되는 '하의어'라는 어휘 부류도 '상의어'라는 어휘 부류를 상대로 성립되는 개념으로서 그 전제는 우리가 '상의-하의'라는 분석 기준을 먼저 정했기 때문에 이런 분석이 가능한 것이지 본래 이 두 어휘가 이런 관계만을 맺고 있는 것은 아니라는 것이다. 예를 들어 일부 학자들은 '먹다'와 '처먹다'의 관계를 '먹다'는 '상위어'로, '처먹다'는 '하위어'로 분석하기도 하는데[12], 실은 '먹다'와 '처먹다'가 '상의-하의' 관계로만 분석될 수 있는 것이 아니라 '평어-비어'의 관계로도 분석될 수 있다. 또 예를 들어 '아버님'과 '아비'의 경우, 이것들을 '동의 관계'로 분석할 것이냐 아니면 '공대어-비어'의 관계로 분석할 것이냐는 전적으로 그 분석의 기준을 어떻게 설정하느냐에 의해 결정되는 것이다. 즉 그 분석의 기준을 무엇으로 정하느냐에 따라 결과도 달라진다는 것이다. 같은 도리로 우리가 만약 먼저 '다의-단의'라는 표준을 정하고 두 어휘소를 분석한다면 이 두 어휘소가 '다의 관계'를 맺고 있다는 분석도 가능할 것이다. 그렇다면 '하의 관계' 등은 어휘소 간의 '의미 관계'에서 논의될 수 있는데 '다의 관계'만은 꼭 제외되어야 한다는 이유는 성립될 수 없는 것이 아닌가?

다섯째, '공대어와 평어와 하대어, 금기어와 완곡어'

이 부류의 어휘들 중에서 '공대어, 평어, 하대어' 등은 학자에 따라 '어휘소의 화용적 변이'에서 다루기도 하고(김광해 1993), '대우법(어휘적 대우)'에서 다루기도 하며(김종택 1992; 심재기 외 2011), '언어예절'에서 다루기도 하지만(최완호 2005) 모두 이 부류의 어휘들은 '대인 관계', 즉 화자와 청자 사이의 관계에 따라 설정되는 어휘 부류로 다루고 있다. 그러므로 이 부류의 어휘는 '화용적 측면에 따른 어휘 부류'로 묶일 수 있을 것이다.

그런데 '금기어와 완곡어'에 대한 처리는 그 사정이 좀 다른 바, 남에서 출간된 저서들에서는 '금기어'와 '완곡어'를 어휘의 화용론적 부류의 하나로 전문적인 논의를 진행하고 있지만 북에서 출간된 저서들에서는 이 부류의 어휘를 독자적인 한 부류로 다루지 않고 있는데 비록 '금기'가 인간의 원시신앙으로부터 기원된 것이기에 '금기'의 변화 발전은 사회의 진보에 의해 크게 좌우될 수 있는 것만은 사실이나 "애초에는 종교적 원인에 의해 禁忌가 발생하였으나 그것이 점차 사회적 인간관계에까지 확대되면서 사회적·윤리적인 이유에 의해서도 발생하게 되었기에"(심재기, 1982:260) 그 어떤 인간 사회에든 '금기'의 대상은 존재하기

---

12) 이와 관련된 구체적인 논의는 심재기 외(2011:184)를 참조.

마련이며 따라서 '금기'의 언어적 표현도 불가피하게 존재하게 된다. 그러므로 이 부류의 어휘도 마땅히 어휘 독자적인 한 부류로 다루어져야 할 것이다.

'금기어'와 '완곡어'를 마땅히 어휘의 화용론적 부류로 다루어야 한다고 할 때 앞으로 좀 더 논의되어야 할 문제는 '완곡어'와 '공대어'의 한계를 어떻게 명확히 긋느냐 하는 것이다. 김광해(1993)에서는 금기어와 완곡어의 한 예로 '죽다/사망하다, 세상을 뜨다, 최후를 마치다, 영면하다, 작고하다, 운명하다' 등을 들고 있고 심재기(1982)에서는 '금기어'와 '완곡어'의 예로 '조상이나 손위 어른의 본명' 대신 '家親', '慈堂', '春府丈' 등을 들고 있는데, 이는 본질적으로 '완곡어'의 개념을 어떻게 정립하느냐와 관계되는 문제로서 '완곡어'를 '금기어'와 상대되는 개념으로 이해할 경우에는 '사망하다, 세상을 뜨다, 최후를 마치다, 영면하다, 작고하다, 운명하다'나 '家親', '慈堂', '春府丈'등은 '완곡어'로 될 수 없을 것이다. 그것은 이런 어휘들이 '완곡어'로 되기 위해서는 이들과 상대되는 '죽다' 등이 '금기어'로 되어야 할 것이나 사실은 그렇지 못하기 때문이다. '금기어'란 "한 언어 공동체 내에서 사용하기를 꺼리는 말"을 가리키는데 이 '죽다'를 우리 민족 언어 공동체 내에서 사용하기를 꺼리는 말이라고 주장할 사람은 아무도 없지 않은가?

여섯째, '관용어, 속담'

이 부류의 어휘와 관련해서는 많은 저서들에서 '어휘의미론' 혹은 단독 장절을 설정해 다루면서 이 부류의 어휘들은 구조적인 측면에서 다른 부류의 어휘들이 하나의 단어로 구성된 것과는 달리 둘 또는 그 이상의 단어들로 구성되었다는 공통성을 갖고 있다고 지적하고 있다.

그런데 김광해(1993)과 최완호 외(1980)에서는 '어휘소의 화용적 변이' 혹은 '표현성의 측면에서 본 갈래'로 다루고 있다.

김광해(1993:162)에서는 "이들을 어휘소의 화용적 변이로 처리할 수 있는 이유는 이들이 역시 표현 효과라는 수단 상황과 관련되기 때문이다. 즉 숙어(idiom)나 속담 같은 관용 표현들은 같은 내용을 어떻게 하면 더 효과적으로 표현할 수 있느냐 하는 동기를 가지고 발생하는 것이기 때문인 것이다."라고 주장하고 있다.

최완호 외(1980:48-50)에서는 '성구'는 '단어결합으로 된 표현적어휘'에서 다루고, '속담'은 '문장구조로 된 표현적어휘'에서 다루고 있다.

물론 이 부류의 어휘들이 김광해(1993)에서 지적한 것처럼 "표현 효과라는 수단 상황과 관련"되는 것만은 사실이나 '표현 효과'를 기준으로 해서는 '숙어, 속담'이 '공대어와 하대어', 또는 '속어', '완곡어' 등과는 서로 다른 부류의 어휘로 분류될 수 없다. 그러므로 김광해(1993:162)에서도 "이러한 관용 표현, 즉 숙어나 속담은 몇 개의 단어들이 결합되어 특수한 의미를 나타내는 것으로서 전통적으로 한 개의 어휘소와 동일한 가치를 가지는 것으로 수용되어 왔다."라고 이 부류의 어휘는 구조적인 측면에서 다른 부류의 어휘들과 구별되는 특성을 갖고 있다고 시인하고 있다. 이리하여 이 부류의 어휘는 '구조적 측면에 따른 부류'로 묶일 수 있을 것이다.

일곱째, '구두어와 서사어'

이 부류의 어휘는 학자에 따라 '쓰임의 유형에 따른 어휘의 분류'로 다루기도 하고(최완호 외 1980), '어휘의 표현 문체론적 부류'로 다루기도 하는데(김수경 외 1961, 김길성 1992) 이것들은 모두 문체, 즉 서사어에서 주로 쓰이느냐 아니면 구두어에서 주로 쓰이느냐 하는 측면에서 분류되는 어휘 부류라는 점에서는 다를 바가 없다. 이리하여 이 부류의 어휘는 '문체적 측면에 따른 어휘 부류'로 묶일 수 있을 것이다.

여덟째, '명사, 대명사, 수사, 동사, 형용사, 관형사, 부사, 감탄사' 등

이 부류의 어휘는 모든 학자들이 공인하는 바와 같이 '문법적 특성에 따른 어휘 부류'로서 어휘론에서 다룰 수도 있지만 지금까지는 '형태론'에서 아주 상세히 다루고 있기에 어휘론에서는 따로 언급하지 않는 것이 상례로 되고 있다.

아홉째, '단일어, 복합어'

이 부류의 어휘는 일부 학자들이 '어휘 형성론'(이희승 1955 등)에서 다루거나, '단어 조성'(김길성 1992 등) 등에서 다루고 있는데 어휘를 '단어들의 집합체'로 인정할 경우, 이른바 '단일어, 합성어' 문제는 엄격한 의미에서 '단어 형성'과 관계되는 문제이지 '어휘 형성'과 관계되는 문제로 보기는 어렵다. 그리고 오늘날 '조어론'이 이미 독자적인 언어학의 한 연구 분야로 자리 잡았다는 사정을 고려할 때, 이 부분의 내용은 '조어론'에서 언급하는 것이 더 바람직할 것이다.

이상에서 논의된 내용들을 종합 정리하면 한국어 어휘는 '기원의 측면', '사회적 측면', '시대적 측면', '의미적 측면', '화용적 측면', '구조적 측면', '문체적 측면' 등을 기준으로 몇 개의 부동한 유형으로 나뉠 수 있을 것이다.

이제 이런 분류 기준에 따라 분류되는 한국어의 어휘체계를 하나의 도표로 그려 보이면 다음과 같이 될 것이다.

[표] 한국어의 어휘체계

어휘 분류 기준	어휘 체계
기원의 측면에 따른 분류 (어휘의 기원적 부류)	고유어 한자어 외래어 혼종어
사회적 측면에 따른 분류 (어휘의 사회적 부류)	방언 전문어(학술용어) 은어
시대적 측면에 따른 분류 (어휘의 시대적 부류)	고어 신어 유행어
의미적 측면에 따른 분류 (어휘의 의미적 부류)	유의어(동의어) 반의어 동음이의어 다의어
화용적 측면에 따른 분류 (어휘의 화용적 부류)	공대어, 평어, 하대어 금기어와 완곡어
구조적 측면에 따른 분류 (어휘의 구조적 부류)	관용어(숙어) 속담
문체적 측면에 따른 분류 (어휘의 문체적 부류)	구두어 서사어

참고문헌

김광해(1993), 『국어 어휘론 개설』, 집문당.

김종택(1992), 『국어 어휘론』, 탑출판사.

심재기 외(2011), 『국어 어휘론 개설』, 지식과 교양.

심재기(1982), 『國語語彙論』, 집문당.

심재기(2000), 『國語語彙論新講』, 태학사.

이희승(1955), 『國語學概說』, 민중서관.

김길성(1992), 『조선어 어휘론』, 김일성종합대학 출판사.

김수경 외(1962), 『현대조선어 1』, 교육 도서 출판사.

김일성종합대학조선어학강좌(1981), 『문화어어휘론』, 김일성종합대학 출판사.

최완호 외(1980), 『조선어 어휘론 연구』, 과학. 백과사전출판사.

최완호(2005), 『조선어어휘론』, 사회과학출판사.

| **강은국(姜銀國)**

복단대학교 외문학원 조선어문학부

上海市邯鄲路220號 復旦大學外文學院

전자우편: ygjiang8@fudan.edu.cn

제1부. 일반언어학 연구

共時的 언어기술과 通時性의 몇 문제

송철의 (서울대학교)

1. 통시적 언어 변화와 공시적 언어기술의 어려움

　언어를 共時的으로 기술하려다 보면 어떤 것들은 분석도 용이하고 설명도 쉽게 할 수 있는데, 어떤 것들은 분석은 되지만 설명이 잘 안 되거나 때로는 분석조차도 용이하지 않은 예들이 있다.

　먼저 전자의 예를 하나 들어 보자. '해돋이'같은 경우, 우리는 이것을 쉽게 '해', '돋-', '-이'로 분석할 수 있다. 그리고 '해'와 '돋-'과 '-이'가 각각 어떤 의미, 어떤 기능을 가지고 있는지 알며 또한 이들 세 요소가 결합한 '해돋이'라는 단어가 어떤 기능과 어떤 의미를 가지는지도 안다. 뿐만 아니라 '해돋이'가 [해도지]로 발음되는데 왜 그렇게 발음되는지도 안다. 이런 예들을 우리는 공시적으로 설명 가능하다고 하며 투명하다고 하기도 한다. '눈웃음, 높이뛰기, 어른스럽-, 돌다리, 바닷가'등도 모두 투명한 예들이다.

　그러나 언어에 이런 투명한 예들만 있는 것은 아니다. 불투명한 예들도 있는 것이다. '엿보-'같은 경우를 보자. 이것을 우리는 쉽게 '엿'과 '보-'로 분석할 수 있고, 그 중 '보-'에 대해서는 이것이 동사 어간이고 의미는 '視'라는 것을 쉽게 파악할 수 있다. 그러나 '엿'에 대해서는 이것이 접두사인지, 부사인지, 동사 어간인지 잘 알지 못한다. 따라서 '엿보-'는 현대한국어에서 분석은 가능하나 그 구조가 불투명한 예에 해당한다. '좁쌀' 같은 경우도 '조+ㅂ+쌀'로 분석했을 때 '조'와 '쌀'은 우리가 쉽게 이해할 수 있는 요소이지만 'ㅂ'은 현대한국어의 공시적인 지식으로는 이해하기 어려운 요소이다. 따라서 '좁쌀'도 그 구조가 불투명한 예에 해당한다. '설거지, 그믐' 같은 예들은 분석이 가능한지조차 불투명하다. '늘'이라는 의미를 가지는 부사 '밤낮'은 형태상으로는 그 구조가 투명한데, '밤'과 '낮'의 의미로부터 '늘'이라는 의미가 도출되지 않아서 의미상으로는 불투명하다. '고집을 부려 구태여'라는 의미를 가지는 부사 '굳이'도 형태상으로는 그 구조가 투명한데, 형용사 '굳-'과 부사파생접미사 '-이'로부터 '고집을 부려 구태여'라는 의미가 도출되지 않으므로 의미상으로는 불투명하다.

언어에 이러한 불투명한 예들이 있게 되는 것은 언어가 歷史的(通時的)으로 변화를 겪기 때문이다. 언어도 시간의 흐름에 따라 변화를 겪는데, 그 변화가 모든 層位의 모든 경우에 일률적으로 일어나는 것이 아니라서 공시적으로 기술하기가 어려운 불투명한 경우들이 생겨나게 되는 것이다.

본고에서는 주로 형태론의 범위 내에서 공시적 기술을 어렵게 하는 그러한 통시적인 문제 몇 가지를 다루어 보고자 한다. '化石' 및 '化石化'를 중점적으로 다루면서 '語彙化', '單一語化', '單語化'에 대해서도 간략하게 언급해 보고자 한다. 필자는 이미 '어휘화'에 대해서는 송철의(1992)에서, '화석' 및 '화석화'에 대해서는 송철의(1993)에서 자세히 논의한 바 있는데, 본고에서는 그 두 논문의 내용을 바탕으로 하면서, 그 이후에 이루어진 논의들을 참조하여 해당 문제들을 재조명해 보고자 한다.

2. 化石, 化石化, 化石形

앞에서 언급한 바와 같이 '엿보-'에 포함되어 있는 '엿'이나 '좁쌀'에 포함되어 있는 'ㅂ'은 현대한국어의 지식으로는 설명하기 어려운 존재이다. 그러나 통시적으로 관찰해 보면 그 정체를 알 수 있다. '엿보-'의 '엿'은 원래 형태가 '엿-'이었고, '窺'의 의미를 가지던 동사어간이었다. 그런데 이 '엿-'이 死語化하면서 '엿보-, 엿듣-'에만 그 흔적을 남긴 것이다.

'좁쌀'[粟米]은 잘 알려진 바와 같이 '조ᄡᆞᆯ'로 소급하는 것인데(조(粟)+ᄡᆞᆯ(米) → 조ᄡᆞᆯ[1]), '좁쌀'에서의 'ㅂ'은 'ᄡᆞᆯ'이 '쌀'로 발달하면서(ᄡᆞᆯ>쌀), 즉 어두자음군 'ㅄ'이 경음 'ㅆ'으로 발달하면서 'ᄡᆞᆯ'의 어두음 'ㅂ'이 선행요소 '조'의 종성 위치로 옮아 가 남아 있는 것이다.[2]

'갈치'는 '刀魚'를 뜻하는데, 현대한국어의 지식으로는 '갈=刀'라는 사실을 이해하기 어렵다. '刀'에 해당되는 현대한국어 단어는 '칼'이기 때문이다. 그러나

---

1) 누른 조ᄡᆞᆯ(黃粱米, 구급간이방 二 59a)

2) '좁쌀'과 같은 예를 몇 개 더 들어 보면 다음과 같다.
  멥쌀 (메- + ᄡᆞᆯ → 메ᄡᆞᆯ > 멥쌀)
  볍씨 (벼[禾] + ᄡᅵ[種] → 벼ᄡᅵ > 볍씨)
  입짝 (이 + ᄧᅡᆨ(隻) → 이ᄧᅡᆨ > 입짝)

현대한국어의 '칼'이라는 단어가 '갈ㅎ'로부터 발달한 것이라는 통시적 사실을 알고 나면 '갈치'가 '刀魚'라는 사실을 쉽게 이해할 수 있다. 그리고 '갈치'라는 단어 속에는 '칼[刀]'의 원래 모습('갈ㅎ')이 남아 있다는 것을 알 수 있다(어간말음 'ㅎ'은 사라졌지만). 그러니까 이 경우에는 해당 단어가 사라진 것은 아니고 형태 변화를 겪었는데, 그 변화를 겪기 전의 모습이 파생어 속에 남아 있게 된 것이다.

'그믐[晦]'과 같은 단어는 현대한국어에서 분석이 가능한지조차 판단하기 어려운데, 이 단어는 기원적으로는 동사어간 '그믈-'에[3] 명사파생 접미사 '-음'이 결합되어 형성된 파생어(파생명사)이었다. 그런데 '그믈-'이라는 동사가 死語化했기 때문에 '그믐'을 현대한국어에서 공시적으로 이해하기는 어렵게 된 것이다. 다른 한편으로 말하자면 '그믈-'이라는 동사는 사어화했지만, '그믐'이라는 파생어 속에 그 흔적을 남긴 것('그므'라는 형태로 남아 있는 것)이라고 할 수 있는 것이다. 이처럼 어떤 언어 요소가 통시적으로 변화를 겪으면서 어딘가에 변화를 입기 전의 모습이나 그 변화와 관련된 흔적을 남긴 것을 '化石'이라고 한다.

이 화석이라는 용어는 잘 아는 바와 같이 지질학에서 빌려온 것이다. 그런데 지질학에서 말하는 생물의 화석과 언어학에서 말하는 언어의 화석은 기본적인 개념은 같지만 차이점도 없지 않다. 생물의 화석은 지층 속에 묻혀 있는데 반해서 언어의 화석은 공시태 속에 노출되어 있다는 점에서 차이가 있는 것이다.[4] 이런 점에서 본다면 화석이란 '공시태 속에 남아 있는 통시태적인 요소'(송철의 1993: 368)라고도 할 수 있을 것이다.

화석의 개념은 장윤희(2010)에서도 정밀하게 검토된 바 있다. 거기에서는 언어의 '화석'을 '공시적인 복합형식 속에 남아 있는 과거 언어의 흔적' 정도로 정의할 수 있을 것이라고 하면서 화석이란 공시적으로도 분석은 될 수 있는 것이라야 한다고 하였다. 기원적으로는 복합형식이었다 하더라도 공시적으로 단일형식(단일어)으로 인식되는 것은 언어의 공시적 기술에서 아무런 문제도 야기하지 않으므로 공시적으로 단일형식으로 인식되는 언어형식 속에 들어 있는 과거 언어 상태의 흔적은 굳이 화석이라고 할 필요가 없다는 것이다. 그들은 공시적으로 분석되지도 않거니와 공시적 기술에 기여하는 바도 없기 때문이라는 것이다. 예컨대 '밉-'은 기원적으로 동사어간 '믜-'에 형용사파생 접미사 '-ㅂ-'이

---

3) '그믈다'는 '(달이) 다 기울다[(月)盡]' 정도의 의미를 가지는 동사였다.
　　그 두리 그믈거든(月盡, 태산집요 64a)

4) 이 점은 Lee Ki-Moon(1992)에서 이미 언급한 것이다.

결합하여 형성된 파생어인데(믜- + -ㅂ- → 믭-), 동사 '믜-'가 사어화한 데다가 형용사파생 접미사 '-ㅂ-'도 생산성을 잃어버렸고 '믭- > 밉-'과 같은 형태 변화도 겪었기 때문에, 현대한국어에서 이 '밉-'은 단일어간으로 인식된다. 따라서 단일어로 인식되는 '밉-'과 같은 단어에 있어서는 화석이라는 개념이 전혀 필요없다는 것이다.

화석이 단순히 공시적인 언어 기술을 위한 보조적인 개념이기만 한 것이라면 이러한 주장도 일리가 있다고 할 수 있다. 그러나 필자의 생각은 조금 다르다. 화석이라는 개념이 단순히 공시적 언어 기술을 위한 보조적인 개념이기만 한 것은 아니라고 생각하기 때문이다. 화석이란 언어의 변화와 관련된 개념으로서 그 나름대로의 독자성을 가지는 개념이다. 공시적 기술에 기여하느냐 못하느냐는 화석의 본질적인 개념과는 관련이 없는 사항이다. 따라서 필자는 공시적으로 단일형식으로 인식되는 언어요소일지라도 그것이 원래는 복합형식이었고, 그 속에 과거의 언어변화의 어떤 흔적을 가지고 있다면 그것은 화석으로 보는 것이 마땅하다고 생각한다. '믜-'라는 동사는 완전히 사라지고 '밉-'에만 그 흔적을 남기고 있는 셈인데, '밉-'이 현대한국어에서 공시적으로 분석이 되지 않는다는 이유로 '밉-' 속에 들어 있는 '미-(<믜-)'를 화석이라고 볼 수 없다는 것은 납득하기 어렵다. 공시적으로 분석이 가능한 화석을 可視的 화석(표면적으로 드러난 화석)이라고 한다면 공시적으로 분석이 가능하지 않은 화석(단일형식으로 인식되는 언어형식 속에 들어 있는 화석)은 非可視的 화석(표면적으로 드러나지 않는 화석)이라고 할 수 있을 것이다.

이상의 논의를 통해서 언어가 통시적으로 변화하는 과정에서 여러 가지 유형의 화석을 남기게 된다는 사실을 알 수 있었는데, 언어의 어떤 요소가 화석으로 남게 되는 현상은 '化石化'라고 할 수 있을 것이다. 화석이 결과적인 개념이라면 화석화는 과정적인 개념이라 할 수 있겠다. 위에서 보았던 '엿보-'에서의 '엿'은 동사 '엳-'이 화석화하여 남아 있는 것이고, '갈치'에서의 '갈'은 '칼'의 과거형태 '갈ㅎ'이 화석화하여 남아 있는 것이다. 그리고 '엿'이나 '갈'은 현대한국어에서 발견되는 언어의 화석이다.

한편 '엿보-'에서 '엿'만을, '갈치'에서 '갈'만을 화석이라고 한다면 이들 화석을 포함하고 있는 '엿보-'나 '갈치'는 무엇이라고 불러야 할 것인가 하는 문제가 남는다. 우리는 이들을 '化石形'이라 부르고자 한다. 화석형이란 화석을 포함하고 있는 언어형식이라는 의미이다. 화석은 화석형 속에 들어 있는데, 화석은 공시태일 수 없지만, 그 화석을 담고 있는 화석형은 공시태이다.

화석이란 위에서 말한 바와 같이 언어의 통시적 변화 과정에서 예외적으로 남겨진 것이기 때문에 공시적로는 설명되지 않으며 이해하기도 어렵다. 그런데도 불구하고 언어의 화석을 공시적으로 설명하려 든다면 그것은 억지 설명에 불과하거나 언어 사실을 왜곡시키는 결과를 초래하게 될 것이다. 따라서 언어를 공시적으로 기술하거나 설명할 때에 언어에도 화석이라는 존재가 있다는 사실을 염두에 둘 필요가 있다. 이들 화석은 통시적 정보를 활용해야만 합리적으로 설명될 수 있다. 그렇기 때문에 이들 언어의 화석은 언어의 공시적 기술이나 설명에 때로는 통시적 정보가 필요하다는 사실을 말해 주는 존재이기도 하다.

3. 化石의 유형

부분적이긴 하지만 언어의 화석을 몇 가지 유형(종류)으로 분류해 본 최초의 업적은 이승재(1992)일 것이다. 이승재(1992:59-62)에서는 '음운의 화석'과 구별되는 '형태의 화석'이라는 개념을 제시하면서 형태의 화석을 형식이 중시되는 '형식화석', 의미가 중시되는 '의미화석', 기능이 중시되는 '기능화석'의 세 가지로 분류하였다. 이러한 이승재(1992)의 화석의 분류를 수용하면서, 언어학에서의 화석의 개념을 재검토하고 화석의 분류를 좀더 전면적으로 시도해 본 것이 송철의(1993)이다.[5]

송철의(1993)에서는 먼저 언어의 화석을 단위화석과 규칙화석으로 분류하였다. 단위화석은 다시 음운화석, 형태소화석, 단어화석으로[6] 분류하였다. 음운화석은 다시 형식화석과 흔적화석으로 분류하였고, 형태소화석과 단어화석은 형식화석, 의미화석, 기능화석으로 각각 분류하였다. 형태소와 단어는 형식, 의미, 기능을 가지고 있는 바, 그 각각과 관련된 화석이 있을 수 있다고 보았기 때문이다. 이 부분은 이승재(1992)의 분류를 수용한 것이다. 규칙화석은 음운규칙 화석과 형태규칙 화석으로 분류하였다. 이상의 내용을 간단히 도표로 제시해 보면 다음과 같다.[7]

---

5) 송철의(1993)의 화석의 분류에 대한 비판적인 고찰이 장윤희(2010)에서 이루어진 바 있다.

6) 송철의(1993)에서는 용언어간을 단어에 포함시키기 어렵다는 점을 들어 '단어화석'이라는 용어 대신에 '어휘화석'이라는 용어를 사용하기도 하였으나, 송철의(1993)을 송철의(2008)에 재수록하면서는 용언어간의 화석도 단어화석이라 보고서 '어휘화석'이라는 용어는 폐기하였다.

7) 이선웅(2012:116)에서 이러한 내용이 도표로 제시된 바 있다.

단위화석	음운화석	형식화석
		흔적화석
	형태소화석	형식화석
		의미화석
		기능화석
	단어화석	형식화석
		의미화석
		기능화석
규칙화석	음운규칙화석	
	형태규칙화석	

음운화석 중 형식화석의 예로서는 앞에서 언급한 바 있는 '좁쌀'에서의 'ㅂ'을 들 수 있다. 이 'ㅂ'은 '쌀'(米)의 원래 형태인 '쌀'이 가지고 있던 'ㅂ'계어두자음군[8] 'ㅳ'의 'ㅂ'이 화석으로 남은 예이기 때문이다. '볍씨, 입짝, 접짝' 등에도 음운화석 'ㅂ'이 들어 있다.

음운화석 중 흔적화석의 예로서는 '함께'에서의 'ㅁ'을 들 수 있다. '함께'는 중세한국어의 '흔쁴'에 소급하는 것인데, 이것이 16세기에 '홈쁴'로 되었다가 현대한국어로 오면서 '함께'로 변화한 것이다(이기문 1977:59). 그런데 이 과정에서 '흔쁴'의 'ㄴ'이 'ㅁ'으로 변화한 것은 '흔'의 'ㄴ'이 '쁴'의 'ㅂ'에 同化된 것이라고 볼 수밖에 없다. 따라서 '함께'에서의 'ㅁ'은 '쁴'가 가지고 있던 어두자음군의 첫 자음인 'ㅂ'의 흔적이라고 할 수 있다. 바꾸어서 말하자면 '함께'에서의 'ㅁ'은 이 단어 안에 'ㅂ'이 있었다는 것을 말해 주는 흔적이라고 할 수 있는 것이다. '이맘때'의 받침 'ㅁ'도 '함께'의 'ㅁ'과 동일한 성격의 흔적화석이다. '이만쁴'가 '이맘때'로 변화된 것이기 때문이다.[9] 공시적으로는 '이만+때'가 '이맘때'로 되는('ㄴ'이 'ㅁ'으로 변하는) 이유를 설명할 수 없다.

형태소화석이란 문법형태소와 관련된 화석을 말한다. 단일어 동사 어간이나 단일어 형용사 어간도 엄밀히 말하자면 형태소화석에 속하겠으나, 필자는 이들이 어휘적 의미를 가진다는 점에서 단어화석에 가깝다고 보아 이들을 단어화석으로 간주한다.

형태소화석 중 형식화석의 예로서는 '누구'의 '구'를 들 수 있다. 이 '구'는

---

8) 현대한국어에는 어두자음군을 가지는 단어가 없으나 중세한국어에서는 두자음군을 가지는 단어가 다수 있었다. 쌀(米), 삐(種), 뜻(意), 짝(隻), 쁘다(浮), 쓰다(苦), 쁘다(鹹) 등.

9) 음운화석 중 흔적화석에 대하여 권경근(2005:296)과 장윤희(2010:57)에서는 부정적인 견해를 피력하였다.

'-고'로 소급하는 것으로서 원래는 명사에 결합하는 의문어미였는데[10], '누[誰]'와 결합하여 어간으로 재구조화됨으로써 의문어미의 기능은 잃어버린 채 형식만 남아 있게 된 것이다. 중세한국어에서 이 '-고'는 의문어미로서 분명한 기능을 가지던 형태소였는데, '누구'에서는 그런 기능을 잃어버린 채 형식만 남아 있으므로 형식화석임에 틀림없다.

형태소화석을 이론적으로는 형식화석, 의미화석, 기능화석으로 분류해 볼 수 있으나, 여기서의 형태소는 문법형태소를 의미하므로 의미화석과 기능화석을 구분하기는 쉽지 않다. 문법형태소의 경우에는 기능이 곧 의미라고도 할 수 있기 때문이다. 이 점은 장윤희(2010)에서 적절히 지적된 바 있다.[11] 여기서는 일단 형태소화석 중 의미화석은 그 설정을 보류해 두고 기능화석만 언급해 보기로 하겠다.

형태소화석 중 기능화석의 예로는 '-리다'가 가지고 있는 '상대 높임의 기능'을 들 수 있을 것이다. 이는 장윤희(2010:60)에서 제시한 것인데, '-리다'가 상대 높임의 기능을 가지는 것은 '-리다'의 선대형이 '-리ㅇ다'이기 때문이다. '-리ㅇ다'의 '-ㅇ-'는 상대 높임의 기능을 가졌던 것인데, 형태는 사라졌지만 (-리ㅇ다 > -리이다 > -리다) 기능은 남아 있는 것이다.

단어화석이란 단어의 자격을 가지는 어떤 언어요소가 화석화한 것을 말한다. 앞에서 언급한 바와 같이 한국어에서 동사나 형용사의 어간은 단어의 자격을 가지지 못하지만, 여기서는 동사나 형용사 어간이 화석화한 경우, 그것을 단어화석으로 간주한다.

단어화석 중 형식화석의 예로서는 '갈치'에서의 '갈'을 들 수 있다. '갈치'에서의 '갈'은 기능이나 의미가 문제가 되는 것이 아니라 형식이 문제가 된다는 점에서 형식화석이라 할 수 있다. 여기서 '갈'이 화석으로 간주되는 것은 기능의 변화나 의미의 변화에 기인한 것이 아니라 형식의 변화에 기인한 것이기 때문이다. '고뿔(감기)'의 '고'는 '코[鼻]'의 원래 형태가 '고ㅎ'였음을 보여 주는 형식화석이다.

단어화석 중 기능화석의 대표적인 예로서는 '새롭-'의 '새'를 들 수 있다. '새롭-'에서의 '새'는 관형사가 아니라 명사라고 보아야 하는데, 이는 중세한국어 시기의 '새'의 명사적 기능이 화석으로 남은 것이다. '새'가 현대한국어에서는 관형사로만 기능하지만 중세한국어에서는 관형사로도 기능하고 명사로도 기능하였다.

---

10) 네 스승이 <u>누고</u>(석보상절 二十三 41b)

11) 장윤희(2010:60-61)에서는 형태소화석의 하위부류로 의미화석이나 기능화석을 정할 필요 가 없다고 하였다.

그러니까 '새롭-'은 '새'가 명사로도 기능하던 시기에 그 명사로서의 '새'와 접미사 '-롭-'이 결합하여 형성된 파생어인 것이다(송철의 1983:61-62, 1992:39-40). '-롭-'은 주로 명사와 결합하는 접미사이지 관형사와 결합하는 접미사는 아니었다. '새롭-'에서의 '새'는 현재의 공시태 속에서도 독자적인 기능을 수행하는 살아 있는 요소이기는 하다. 그러나 그것이 가지고 있던 명사적 기능은 사라져 버렸다. 오직 '새롭-' 속에 그 명사적 기능의 흔적을 남기고 있을 뿐이다. 따라서 '새롭-'에서는 '새'의 명사적 기능만이 화석인 셈이다. 한때 '새롭-'을 관형사 '새'에 접미사 '-롭-'이 결합되어 형성된 형용사라고 기술하는 경우가 있었는데, 이는 통시적 변화 사실을 고려하지 않은 잘못된 기술이었다.

'맏이'에서의 '맏'도 기능화석의 예라 할 수 있다. '맏'이 현대한국어에서는 명사적 기능을 잃어버리고 접두사처럼 기능하지만 기원적으로는 명사였고 바로 그러한 명사로서의 '맏'의 기능이 '맏이'에는 남아 있기 때문이다. 그러니까 '맏이'는 '맏'(원래의 형태는 '몯'이었다)이 명사이던 시기에 형성된 것으로서 '명사+접미사'의 구성을 갖는 것이었던 것이다. 이 '맏이'에 대해서도 현대적 관점에서 접두사와 접미사가 결합하여 형성된 명사(접두사+접미사 → 명사)라고 기술하는 경우가 있었는데, 이것 역시 잘못된 것이다. 단어형성에서 접두사와 접미사가 결합하여 새로운 단어를 형성하는 일이란 있기 어려운 것이다.

단어화석 중 의미화석의 예를 찾기는 쉽지 않은 듯한데, 이에 해당하는 예로서는 우선 '어리석-'에서의 '어리-'를 들 수 있지 않을까 한다. 잘 알려진 바와 같이 '어리-'는 원래 '愚'를 뜻하던 형용사였는데 오늘날은 '幼'를 뜻하는 형용사로 의미가 변화되었다. 그런데 '어리석-'에서는 '愚'의 의미가 남아 있다고 할 수 있다. 이는 '어리-'가 '愚'라는 의미를 가졌었다는 것을 보여 주는 의미의 화석이라고 할 수 있지 않을까 한다.

필자는 '더운 밥, 더운 물'에서의 '덥-'도 의미화석이라고 본 바 있는데(송철의 1993), 그 이유는 다음과 같다. 현대한국어에서의 '덥-'의 일반적인 의미는 '暑'이고 이에 대한 반의어는 '춥-'[寒]이다. 그러나 '더운 밥, 더운 물'에서의 '덥-'의 의미는 '溫'이라고 보아야 할 것이고, 이에 대한 반의어는 '더운 밥/찬 밥, 더운 물/찬 물'에서 볼 수 있는 바와 같이 '차-'[冷]이다. 이런 점에서 볼 때 '덥-'은 본래 '暑'의 의미와 '溫'의 의미를 다 가지고 있었다고 할 수 있다. 그러나 현대한국어에서의 '덥-'은 일반적으로 '暑'의 의미로 쓰이고 '溫'의 의미로는 잘 쓰이지 않는다. '밥이 덥다, 물이 덥다'보다는 '밥이 따뜻하다(뜨겁다), 물이 따뜻하다(뜨겁다)'가 더 자연스럽다는 사실이 이를 잘 증명해 준다. '덥-'이 가지고 있던 '溫'의 의미는 '따뜻하다'가 대신하게 된 것이다. 그러니까 '덥-'

은 '曙'의 의미와 '溫'의 의미를 다 가지고 있었는데 '따뜻하다'가 '溫'의 의미를 대신하게 됨에 따라 '溫'의 의미는 '따뜻하다'에 넘겨 주고 '曙'의 의미로만 쓰이게 되어 의미의 축소를 경험하게 된 셈이다. 다만 그러는 과정에서 '더운 밥, 더운 물'과 같은 관용구에 '溫'의 의미로도 쓰였던 흔적을 남긴 것이다. 따라서 '더운 밥, 더운 물'에서의 '덥-'은 '덥-'이 '溫'의 의미도 가졌었다는 것을 보여 주는 의미화석이라고 보았던 것이다. 그런데 장윤희(2010)에서 이에 대한 날카로운 비판이 있었다. 이것은 의미의 축소일 뿐이지 의미의 화석은 아니라는 것이다. 상당히 일리 있는 지적이라고 여겨진다. 따라서 단어화석 중 의미화석에 대해서는 그 존재 여부를 좀 더 천착해 보아야 할 듯하다. 다만 '덥-'이 현대한국어에서 '溫'의 의미를 가지고 온전하게 쓰이지는 않으므로 의미의 화석을 폐기하지는 않기로 한다.

여기서 단어의 화석과 관련하여 한 가지 유의할 것은 단어화석이 모두 이상에서 논의한 형식화석, 기능화석, 의미화석 중의 하나에 반드시 속하게 되는 것은 아니라는 사실이다. 예컨대 '엿보-'에서의 '엿-(염-)'이나 '애타-'에서의 '애'와 같은 예들은 형식, 기능, 의미가 모두 남아 있으므로 이런 예들에 대해서는 형식화석이니 기능화석이니 하는 것을 논의하는 것 자체가 무의미하다. 이런 예들에 대해서는 단어화석이라고 하는 것으로 충분하다.

한편, 언어의 변화는 언어의 형식과 관련해서만 일어나는 것이 아니라 언어의 규칙과 관련해서도 일어난다. 즉 과거에 존재했던 어떤 규칙이 사라질 수도 있고 과거에 없던 규칙이 새로이 생겨날 수도 있는 것이다. 따라서 언어의 화석에는 규칙과 관련된 화석도 있을 수 있다.[12] '감싸-, 굶주리-, 돌보-, 설익-, 여닫-, 검붉-, 굳세-' 등이 그 대표적인 예일 것이다. 현대한국어에서는 용언 어간과 어간이 결합하여 합성어를 형성하는 규칙이 존재하지 않지만 한국어가 과거에는 그러한 합성어형성 규칙을 가지고 있었음을 이들은 보여 주고 있기 때문이다. 즉, 이들은 형태규칙(합성어형성 규칙)의 화석을 가지고 있는 화석형들인 것이다.[13]

형태규칙의 화석이 있다면 당연히 음운규칙의 화석도 있을 수 있겠다. '가느다

---

12) 장윤희(2010)에서는 화석의 종류로 규칙화석을 설정하기는 어려워 보인다고 하였으나, 이는 화석을 지나치게 가시적인 것으로만 한정하려 한 데서 비롯된 생각이 아닌가 한다.

13) 이선영(2006)에서는 용언 어간끼리 결합하는 합성어형성 규칙이 현대한국어에서도 아직은 생산성이 있다고 하였다. 만약 그렇다면 용언 어간끼리의 합성어형성 규칙은 아직 화석화하지 않은 것이 된다. 이에 대해서는 좀 더 깊이 있는 천착이 필요할 듯하다. 본고에서는 용언 어간끼리의 합성어형성 규칙이 현대한국어에서는 사라졌다는 한국어학계의 일반적인 통념을 따랐다.

랗-, 여닫-, 바느질' 등이 이와 관련되는 예들이 될 수 있다. 이들에서 나타나고 있는 'ㄷ'이나 'ㅈ' 앞에서의 'ㄹ'탈락이 공시적인 음운규칙으로는 인정될 수 없기 때문이다. '놀더니, 놀던, 놀지, 놀자'에서 볼 수 있는 것처럼 현대한국어에서는 'ㄷ'이나 'ㅈ' 앞에서 'ㄹ'이 탈락하지 않는다. 그러나 과거에는 'ㄷ'이나 'ㅈ' 앞에서도 'ㄹ'이 탈락했었다.[14] 따라서 이들은 'ㄷ' 이나 'ㅈ' 앞에서 'ㄹ'을 탈락시키던 음운규칙의 화석을 가지고 있는 화석형들이라 할 수 있다.

이상에서 논의한 화석의 유형 외에 이현희(2005)에서는 '통사론적 화석'을 새롭게 언급하였다. "보아하니 이 고장 분은 아니신 것 같은데 어디서 오셨습니까?"에서의 '보아하니'가 그런 예 중의 하나이다. 이 '보아하니'는 현대한국어에서 하나의 부사처럼 쓰이지만 원래는 '보- + -아 + 하-'의 구성을 갖는 통사적 구성체였다. 그리고 이것은 '-아/어 하-'가 현대한국어에서는 형용사 어간과만 결합하지만(좋아 하-, 기뻐 하-, 슬퍼 하-) 과거에는 동사 어간과도 결합했었음을 보여 주는 화석형이다. 이런 예들은 공시적 언어 속에 문장 차원, 혹은 통사 차원의 화석도 있을 수 있음을 보여 주는 것이라고 할 수 있겠다.

4. 語彙化, 化石化, 單一語化, 單語化

최근 한국어형태론에서 語彙化라는 용어가 논란의 대상이 되어 왔다. 처음에 이 어휘화라는 용어는 어떤 파생어나 합성어가 공시적인 규칙으로 설명될 수 없게 되었을 때, 이들을 설명하기 위하여 사용되었다. 즉 어떤 파생어나 합성어가 분석은 가능하나 공시적으로 형성된다고 볼 수는 없는 상태에 이른 것을 의미하는 것이었다.[15] 좀 더 부연하여 설명하자면 합성어나 파생어는 그 형성과정에서 음운론적, 형태론적, 의미론적 현상들을 야기하게 되는데, 그 중 어느 한 부분이라도 설명할 수 없게 되는 상태에 이른 것을 의미하였던

---

14) 'ㄷ, ㅈ' 앞에서 'ㄹ'이 탈락하던 활용상의 예를 하나씩 들어 보면 다음과 같다.

ㅂ람이 부지(불- + -지) 아니면(風不來, 박통사신석언해三 3b)

혼자 어미와 사더니(살- + 더니) (獨與母居, 번역소학九 20a)

15) 이러한 의미의 어휘화에 대한 논의는 Bauer(1983), 김성규(1987), 송철의(1992) 참조. 송철의(1992)는 파생어에 국한하여 논의하기는 하였으나 어휘화의 개념과 종류에 대하여 자세히 논의하였다.

것이다.[16] 파생어나 합성어는 일단 형성되고 나면 각각 독자적인 단어의 자격을 가지기 때문에 그들의 구성요소들과는 상관없이 독자적으로 변화를 겪을 수도 있고, 그들의 구성요소들이 겪는 변화를 거부할 수도 있다. 또는 어떤 파생어나 합성어를 형성했던 단어형성 규칙이 소멸했는데도 그 규칙에 의해 형성된 파생어나 합성어는 그대로 남아 있을 수도 있다. 이런 여러 요인들 때문에 어휘화라는 현상이 나타나게 되는데, 이들 요인들 역시 모두 통시적인 변화와 관련된다.

앞에서 예를 들었던 '좁쌀'의 경우, 그 속에는 '조'와 '쌀'이라는 두 개의 명사가 들어 있으므로, 이것을 합성어(합성명사)라고 보는 데에는 별 문제가 없다. 그러나 이것은 공시적으로 형성될 수 있는 합성어는 아니다. 그 속에 들어 있는 'ㅂ'을 공시적으로는 설명할 수 없기 때문이다. '무덤[墓]' 같은 경우는 '묻-'[埋]과 '-엄'으로 분석되기는 하나 '-엄'이라는 접미사가 현대한국어에서는 완전히 생산성을 잃어버렸기 때문에 공시적으로 형성될 수 있는 파생어(파생명사)는 아니다. 이처럼 분석은 가능하나 공시적으로 형성된다고 볼 수 없는 합성어나 파생어를 어휘화했다고 한다. 그러니까 '좁쌀'은 어휘화한 합성어요, '무덤'은 어휘화한 파생어인 것이다. '오솔길' 같은 경우는 '오솔'이 사어화했기 때문에 어휘화한 합성어이고, '고뿔' 같은 경우는 현대한국어의 '코'와 '불'로부터 형성될 수 없는 합성어이기 때문에 어휘화한 합성어이다. 서론에서 언급했던 '굳이'는 '굳-'과 부사파생 접미사 '-이'로부터 그 의미가 도출되지 않아서 어휘화한 파생어이다. '굳이'는 파생어형성이 이루어진 이후에 독자적인 의미의 변화를 겪은 것으로 보인다. '그믐'은 어기 '그믈-'이 사어화해서 어휘화한 파생어이다.

그런데 이들 어휘화한 예들 중에는 화석을 가지고 있는 예들이 있어 주목된다. '좁쌀'의 'ㅂ', '고뿔'의 '고', '그믐'의 '그ㅁ-(그믈)'는 앞에서 논의한 바와 같이 모두 화석들이다. 이들은 어휘화가 화석 혹은 화석화와 밀접한 관계가 있음을 말해 준다. 따라서 우리는 여기서 어휘화와 화석화가 어떤 관계인가를 논의할 필요가 있음을 느낀다.

이 문제를 논의하기 위해서 먼저 화석의 개념을 상기해 보도록 하자. 우리는 2장에서 화석이란 '어떤 언어 요소가 통시적으로 변화를 겪으면서 어딘가에 변화를 입기 전의 모습이나 그 변화와 관련된 흔적을 남긴 것'이라고 정의한 바 있다. 이러한 정의를 염두에 두고 볼 때, '좁쌀'에서 '조'나 '쌀'은 화석이라고 할 수

---

16) 그리하여 어휘화에는 음운론적 어휘화, 형태론적 어휘화, 의미론적 어휘화가 있게 되는 것이다. 이에 대한 설명은 송철의(1992:31~56) 참조.

없다. 이들이 어떤 변화가 있기 전의 모습을 보여 준다든가, 어떤 변화의 흔적을 보여 주는 것은 아니기 때문이다. 그러나 'ㅂ'은 사정이 다르다. 'ㅂ'계어두자음군이 사라지면서 그 흔적으로 남은 것일 뿐이기 때문이다. 따라서 우리는 '좁쌀'에서 'ㅂ'만을 화석으로 보고자 한다.

이렇게 본다면 화석화와 어휘화가 어느 정도 구별될 수 있을 것이다. '좁쌀'에서의 'ㅂ'은 'ㅂ'계어두자음군의 'ㅂ'이 화석화한 것이라고 할 수는 있어도 'ㅂ'계어두자음군의 'ㅂ'이 어휘화한 것이라고 할 수는 없을 것이며, '좁쌀'에 대해서는 이것이 어휘화한 합성어라고 할 수는 있어도 이것이 화석화한 합성어라고 할 수는 없을 것이기 때문이다.

이를 좀 더 분명히 하기 위해서 構成要素(constituent)와 構成體(constitute) 라는 용어를 도입해 보기로 하자. '그믐'에서 '그믐' 자체는 구성체이고, 이를 분석해서 나오는 '그믈-'과 '-음'은 구성요소이다. 이 구성요소 중 '그믈-'은 공시태 속에서 독자적으로는 존재하지 않는 요소이다. 따라서 '그믈-'은 '그믐' 속에 화석화하여 남아있는 셈이다. 우리는 화석화한 當體는 '그믐'이 아니라 '그믈-'이라고 보고자 하는 것이다. 한편, '그믐'은 그 語基인 '그믈-'이 공시적으로 존재하지 않으므로 어휘화한 파생어라 할 수 있다. 이상의 예를 통해서 화석화는 구성요소와 관련되는 개념이라면 어휘화는 구성체와 관련된 개념이라는 것을 알 수 있겠다. 그러니까 '語彙化'란 어떤 구성체가 공시적 규칙에 의해서 형성될 수 없는 상태에 이르게 되는 현상을 의미하는 것이요, '化石化'란 어떤 구성체의 구성요소가 독자적으로는 변화를 입었지만 구성체 속에서는 변화를 입기 전의 상태를 유지하고 있거나 그 흔적를 남기는 현상을 의미하는 것이라고 할 수 있겠다.

그런데 어떤 구성체의 구성요소가 화석화하게 되면 그 구성체는 더 이상 공시적인 규칙에 의해서 형성될 수 없는 것이 되기 때문에 자연히 어휘화할 수밖에 없다. 화석화와 어휘화를 구별한다 하더라도 이들 사이에 밀접한 관련이 있음을 부인할 수 없는 것은 이 때문이다. 화석은 어휘화한 구성체 속에 남아있게 마련이다. 화석을 가지고 있는 구성체는 어휘화한 것이라고 보아도 무방할 것이다. 그러나 그 逆은 성립하지 않는다. 즉 어휘화한 구성체라고 해서 반드시 화석을 가지고 있는 것은 아니라는 것이다. 예컨대 '굳이'의 경우, '굳-'과 '-이'의 의미로부터 '굳이'의 의미가 도출되지 않으므로 이것도 어휘화한 것이라고 볼 수밖에 없는데, '굳-'과 '-이'가 사라졌다든가, 이들이 의미의 변화를 입어서 이들로부터 '굳이'의 의미가 도출될 수 없는 것은 아니므로 '굳이'에서의 '굳-'이나 '-이'를 화석이라고 볼 수는 없다. 그러니까 '굳이'는 어휘화한 구성체이기는 하나

그 속에 화석을 가지고 있지는 않은 것이다.

앞에서 어휘화와 화석화의 차이점을 설명하였는데, 어휘화의 개념과 관련하여 두 가지 문제가 제기되었다.[17] 그 하나는 여기서의 어휘화는 'lexicalization'의 번역어인데, 이 lexicalization을 어휘화라 하지 말고 '單一語化'라고 하자는 것이다.[18] 그러나 필자는 영어 용어와는 상관없이 어휘화와 단일어화를 구별할 필요가 있다고 생각한다. 분석은 가능하나 공시적으로 형성된다고 볼 수 없는 합성어나 파생어에 대하여는 어휘화라는 용어를 사용하고, 기원적으로는 복합형식이었으나 공시적으로는 단일형식으로 인식되는(형태론적 차원에서는 분석조차 되지 않는) 언어형식들에 대해서는 단일어화라는 용어를 사용하자는 것이 필자의 주장이다. 이처럼 어휘화와 단일어화를 구별한다면, 앞서 논의한 예들 중 '좁쌀, 엿보-, 오솔길, 굳이, 무덤' 등은 어휘화한 예에 해당하고 '밉-, 누구' 등은 단일어화한 예들에 해당한다. 필자로서는 '좁쌀, 엿보-, 오솔길' 등을 단일어라고 할 수는 없다고 생각한다. 따라서 이런 예들에 대하여 단일어화라는 용어를 사용할 수는 없다는 것이 필자의 생각인 것이다. 단일어화가 이루어진 대표적인 예를 두어 개 더 들어 본다면 '가위, 기와' 같은 예를 들 수 있다. 잘 알려진 것처럼 '가위'는 'ᄀᆞᆯ개(ᄀᆞᆯ-+ -개)'에서 발달한 것이고 '기와'는 '*딜새(딜 + 새)'에서 발달한 것인데, 현대한국어에서 이들은 완전히 분석 불가능한 단일어가 되어 버렸다.

또 하나의 문제는 어휘화를 '어휘부 밖의 어떤 요소(대개는 통사적 구성)가 어휘부에 등재되는 현상'을 뜻하는 것으로 보려는 견해(박진호 1994)가 있다는 것이다. 그러나 이런 현상에 대해서는 '단어화'라는 용어가 쓰인 바 있으므로(김창섭 1996, 최형용 2003, 이상욱 2004) 필자는 이런 경우에 대해서는 '단어화'라는 용어를 사용하는 것이 타당하다고 본다.[19] '단숨에, 대대로'와 같은 부사나, '싸구려'

---

17) 이선웅(2012:108~118)에서 '어휘화, 단일어화, 화석화' 등의 개념에 대한 검토가 이루어진 바 있다. 이선웅(2012:113)에서는 '복합어가 단일어로 변하는 현상'을 단일어화'로, '어휘부 밖의 요소가 어휘부 안의 요소로 되는 현상'을 '어휘화'로 부르자고 제안하였다.

18) 이현희(1992)에서 이러한 제안을 한 바 있다. 그런데 이현희(1992)에서 '단일어화'라고 하자고 한 대상은 '서럿-'(설엊- <설겆-)과 같이 공시적으로는 분석조차도 어려운 예여서, 본고에서 말하는 어휘화 전체를 단일어화라고 하자고 한 것인지, 공시적으로는 분석조차 되지 않는 대상에 대해서만 단일어화한 것이라고 하자는 것인지는 분명치 않다. '오솔길' 같은 경우까지를 단일어화한 것으로 보지는 않았을 듯하다.

19) 김창섭(1996:25)에서는 '단어화'를 폭넓은 개념으로 사용하였다. 즉 단어 아닌 어떤 요소가 단어로 되는 현상을 모두 포괄하는 용어로 사용하였다. 접사가 단어가 된다든지(그 사람은 굉장한 꾼이야), 句가 단어가 된다든지(스승의 날), 활용형이 독자적인 단어가 된다든지(싸구려)

같은 명사, '젊은이, 뜬소문' 같은 합성명사는 형태론 내에서의 단어형성으로 만들어진 단어들이라고 할 수 없다. 이들은 형태부 밖에서 만들어진 다음 하나의 단어로 굳어진 것이라고 해야 할 것이다. '단숨에, 대대로'는 곡용형이 하나의 독립된 단어로 굳어진 것이며, '싸구려'는 활용형이 하나의 독립된 단어로 굳어진 것이고, '젊은이, 뜬소문'은 명사구 구성이 하나의 단어로 굳어진 것이다. 이처럼 독립적인 단어가 아니던 어떤 요소가 하나의 독립적인 단어로 되는 현상을 '단어화'라고 하는 것은 조금도 어색하거나 이상할 것이 없다고 생각된다.

5. 언어의 공시적 기술과 통시적 정보 활용의 필요성

언어를 공시적으로 기술하려다 보면 쉽게 설명하기 어려운 예들이 나타난다. 이들은 대부분 통시적 변화와 관련된 것들이다. 언어의 변화가 늘 일률적으로 해당되는 모든 경우에 다 일어나는 것은 아니어서 공시적인 언어(공시태) 속에는 공시적으로 설명하기 어려운 언어 변화의 잔재, 혹은 흔적들이 있게 되는 것이다. 본고에서는 그러한 예들 중, 언어의 '화석'을 중점적으로 고찰하면서 아울러 화석화, 어휘화, 단일어화, 단어화가 각각 어떻게 다른 개념들인가를 검토하여 보았다. 이러한 개념들은 언어의 공시적인 기술에서 통시적인 정보가 필요함을 보여 주는 것들이라고 할 수 있다. 이러한 개념들과 관련된 예들은 통시적 정보를 고려해야만 합리적인 설명이 가능하므로 굳이 공시적인 기술을 하려고 무리할 필요는 없다고 하겠다.

본론에서 논의된 내용을 요약하면 다음과 같다.

먼저 화석이란 '어떤 언어 요소가 통시적으로 변화를 겪으면서 어딘가에 변화를 입기 전의 모습이나 그 변화와 관련된 흔적을 남긴 것'이라 정의하였다. 그리고 '어떤 언어 요소가 화석으로 남게 되는 현상'을 '화석화'라 하였으며 '화석을 포함하고 있는(담고 있는) 언어 요소'를 '화석형'이라 하였다. 화석형은 기원적으로는 모두 복합형식이었겠으나 공시적으로는 단일형식일 수도 있다고 보았다. 화석은 통시태이지만 화석형은 공시태라는 사실도 지적하였다.

화석의 유형으로는 먼저 단위화석과 규칙화석이 있다고 보았다. 단위화석에는 음운화석, 형태소화석, 단어화석이 있는데, 음운화석에는 다시 형식화석('좁쌀'의

하는 현상들을 모두 단어화라고 하였다.

'ㅂ')과 흔적화석('함께, 이맘때'의 'ㅁ')이 있으며, 형태소화석에는 다시 형식화석('누구'의 '구')과 기능화석('-리다' 속에 들어 있는 '상대 높임의 기능')이 있다고 보았다. 여기서 형태소화석이란 문법형태소와 관련된 화석이기 때문에 형태소화석에는 의미화석이 따로 있기 어렵다고 보았다. 단어화석에는 형식화석('갈치'의 '갈', '고뿔'의 '고'), 기능화석('새롭-'의 '새', '많이'의 '많'), 의미화석('어리석-'의 '어리-')이 있다고 보았다. 그리고 통사론적 화석으로서 '보아하니' 같은 예 속에 들어 있는 화석을 들 수 있다고 하였다. '보아하니' 속에는 동사 어간에도 '-아/어 하-'가 결합되었던 흔적이 남아 있다. 따라서 이것은 통사규칙의 화석이라 할 만한 것이다. 이상에서 논의한 화석의 유형을 도표로 정리해 보면 다음과 같다.

단위화석	음운화석	형식화석
		흔적화석
	형태소화석	형식화석
		기능화석
	단어화석	형식화석
		의미화석
		기능화석
규칙화석	음운규칙화석	
	형태규칙화석	
	통사규칙화석	

　화석, 화석화와 관련하여 어휘화, 단일어화, 단어화 등의 개념이 문제가 되어왔는데, 이들에 대하여 본고에서는 다음과 같이 개념을 정리하였다. 이들과 대비해 볼 수 있도록 '화석화'의 개념은 다시 한 번 더 제시한다.

　화석화: 어떤 언어 요소가 통시적 변화 과정에서 화석으로 남게 되는 현상. 구성체 속의 구성요소와 관련되는 개념이다. 공시적으로 단일형식으로 인식된다 하더라도 그것이 기원적으로 복합형식이었다면 그 속에 화석이 있을 수 있다고 본다.

　어휘화: 어떤 복합적인 언어형식(합성어나 파생어)이 통시적인 변화로 인하여 분석은 가능하지만 공시적으로 형성된다고는 볼 수 없게 되는 현상. 구성체와 관련되는 개념이다.

　단일어화: 어떤 복합적인 언어형식이 통시적으로 변화를 입어서 공시적으로는 분석조차 할 수 없게 되는 현상.

단어화: 형태부 밖에서 형성된 어떤 언어형식이 하나의 단어로 굳어지는 현상.

참고문헌

곽충구(1984), 「체언어간말 舌端子音의 마찰음화에 대하여」, 『국어국문학』 91, 국어국문학회, 1-22.

권경근(2005), 「현대국어의 음운론적 역사성」, 『국어학』 45, 국어학회, 289-311.

김성규(1987), 「어휘소 설정과 음운현상」, 『국어연구』 77, 서울대학교 국어연구회.

김성규(1989), 「활용에 있어서의 화석형」, 『주시경학보』 3, 주시경연구소, 159-165.

김창섭(1996), 「국어의 단어형성과 단어구조 연구」, 서울:태학사.

박진호(1994), 「통사적 결합 관계와 논항구조」, 『국어연구』 123, 서울대학교 국어연구회.

송철의(1977), 「파생어형성과 음운현상」, 『국어연구』 38, 서울대학교 국어연구회.

송철의(1983), 「파생어형성과 통시성의 문제」, 『국어학』 12, 국어학회, 47-72.

송철의(1992), 「국어의 파생어형성 연구」, 서울:태학사.

송철의(1993), 「언어 변화와 언어의 화석」, 『국어사 자료와 국어학의 연구』(안병희 선생 회갑기념논총), 서울:문학과지성사, 352-370.

송철의(2008), 『한국어 형태음운론적 연구』, 파주:태학사.

송철의(2012), 「공시적 언어기술과 언어의 화석」, 제3회 범 주강삼각주지역 한국어교육 국제 학술회의 기조발표 논문.

송하진(1991), 「국어 복합동사의 어휘론적 특성」, 『김영배선생회갑기념논총』, 서울:경운출판사, 289-310.

심재기(1982), 『국어어휘론』, 서울:집문당.

안병희(1959), 「15세기 국어의 활용어간에 대한 형태론적 연구」, 『국어연구』 7, 서울대학교 국어연구회. (1978년 탑출판사에서 재간행).

안병희·이광호(1990), 『중세국어문법론』, 서울:학연사.

이기문(1955), 「어두자음군의 생성 및 발달에 대하여」, 『진단학보』 17, 진단학회, 187-258.

이기문(1968), 「계림유사의 재검토」, 『동아문화』 8, 서울대학교 동아문화연구소, 205-248.

이기문(1972), 『국어사개설』(개정판/초판 1961), 서울:탑출판사.

이기문(1977), 『국어음운사연구』(재판/초판 1972), 서울:탑출판사.

이기문(1991), 『국어어휘사연구』, 서울:동아출판사.

이병근(1976), 「파생어형성과 'i'역행동화규칙들」, 『진단학보』 42, 진단학회, 99-112.

이병근(1981), 「유음탈락의 음운론과 형태론」, 『한글』 173·174, 한글학회, 223-246.

이상욱(2004), 「'-음', '-기' 명사형의 단어화에 대한 연구」, 『국어연구』 173, 서울대학교 국어연구회.

이선영(2006), 『국어 어간복합어 연구』, 파주:태학사.

이선웅(2012), 『한국어 문법론의 개념어 연구』, 서울:도서출판 월인.

이승재(1992), 「융합형의 형태분석과 형태의 화석」, 『주시경학보』 10, 주시경연구소, 59-80.

이진호(2002), 「화석화된 활용형에 대하여」, 『국어국문학』 130, 국어국문학회, 27-57.
이현희(1992), 「국어 어휘사 연구의 흐름」, 『국어학연구백년사 II』, 서울:일조각.
이현희(2005), 「현대국어의 화석과 그 역사적 해석」, 『국어학』 45, 국어학회, 275-288.
장윤희(2005), 「현대국어 문법 요소와 통시적 정보」, 『국어학』 45, 국어학회, 313-336.
장윤희(2010), 「언어 화석의 확인과 공시적 처리 방안」, 『한국어학』 48, 한국어학회, 45-76.
정한데로(2012), 「어휘 변화의 세 방향: '보-'를 중심으로」, 『형태론』 14-1, 형태론편집위원회,
    25-52.
최형용(2003), 『국어 단어의 형태와 통사』, 파주:태학사.
한국정신문화연구원 편(1991), 『한국민족문화대백과사전』 권25.
Anttila, R.(1972), *An Introduction to Historical and Comparative Linguistics*, New
    York:Macmillan.
Bauer, L.(1983), *English Word-formation*. Cambridge: Cambridge University Press.
Bynon, T.(1977), *Historical Linguistics*. Cambridge: Cambridge University Press.
Hock, H.H.(1986), *Principles of Historical Linguistics*. Berlin: Mouton de Gruyter.
Lee, Ki-Moon(1992), Remarks on the Study of Word Formation. *SICOL'92 Proceedings*.
    (*Linguistics in the Morning Calm 3*. Seoul: Hanshin Publishing Com.,1995에
    再收錄)
Lyons, J.(1977), *Semantics 1, 2*. Cambridge: Cambridge University Press.

※ 이 논문은 송철의(2012)를 대폭 수정·보완한 것임.

송철의(宋喆儀)
서울대학교 인문대학 국어국문학과
서울 관악구 관악로 1, 151-742
전자우편: mysong@snu.ac.kr

語彙意味의 홀론(holon)的 意味屬性 研究

崔尙鎭 (경희대학교)

1. 語彙意味의 兩面性

한 語彙는 자립성을 가진 單語로 쓰이기도 하고 文章을 만드는 構成要素[1]로서 쓰이기도 한다. 동일한 어휘지만 單語와 文章構成素로의 의미는 서로 다른 의미속성[2]을 지니게 된다. 이 논문은 이러한 어휘의미의 兩面的 意味屬性을 홀론(holon)이라는 패러다임[3]을 도입하여 분석해 보고자 쓰인 것이다.

辭典에서 보는 바와 같이 한 語彙로서의 單語意味[4]는 단어 內部에 한 개 혹은 그 이상의 의미를 가지는 반면, 文章 속 단어인 文章構成素의 意味는 문장 속 다른 單語와의 相互關係에 의한 문맥상의 單一意味를 갖게 된다. 이렇게 같은 어휘라 할지라도 單語意味로 쓰였을 때와 文脈意味로 쓰였을 때의 意味的 質量[5]은 사뭇 다르다.

홀론이란 어떤 개체가 全體와 部分이라는 두 가지 屬性을 동시에 가진다는 관점으로, 동일한 어휘가 서로 다른 單語意味와 文脈意味를 가지는 兩面性을 분석하는 데 매우 적합한 방법론이다.

기존의 어휘의미에 대한 연구는 주로 단어의 多義語, 類義語, 反意語, 上下位語 등 意味關係 연구와 辭典意味와 관련한 코퍼스 관련 연구, 意味成分 分析, 意味場 分析 등이 주류를 이루고 있다. 그런데 기존의 연구는 의미의 兩面的 屬性을 고려

---

1) Sentence constituent. 문장구성요소 이 논문에서는 '文章構成素'라 지칭하고자 한다.

2) Semantic property. 語彙意味가 지니고 있는 여러 語彙意味論的 性格을 포괄하는 용어로 여기서는 單語와 文章構成素의 語彙意味論的 特性으로 규정하고자 한다.

3) 일종의 假說的 理論을 도입한 것이므로 '패러다임'이라는 용어를 사용하였다.

4) 語彙意味는 Lexical meaning, 單語意味는 Word meaning, 文脈意味는 Context meaning.

5) 單語意味와 文脈意味의 語彙意味論的 差異를 지칭한 용어.

하지 않은 채 분석되고 있다. 한 어휘가 단어의미와 문맥의미를 지니고 있다는 것에 대해서는 익히 알려진 사실이지만 동일한 어휘를 單語意味와 文脈意味로 나누어 분석한 예는 없는 것 같다. 기존의 연구는 대개 단어의미 중심으로 연구되어 온 것이며, 문맥의미를 고려한 분석은 그 연구 성과가 미미해 보인다.

單語와 文章構成素의 의미속성을 종합적으로 살피기 위해서는 각각 意味素의 屬性, 內包와 外延의 屬性, 意味成分의 屬性을 分析하는 것이 필수적이다. 이 논문에서는 첫째, 홀론의 이론적 배경과 성격을 알아보고, 이 홀론적 방법이 어휘의미의 意味屬性 分析에 어떻게 도입 적용되는가를 제시하고 둘째, 홀론적 관점에서 單語와 文章構成素의 意味素는 각각 어떤 차별성을 가지고 있는지를 분석하고 셋째, 홀론적 관점에서 單語와 文章構成素의 內包와 外延은 어떻게 다르게 분석되는지를 살피고 넷째, 單語와 文章構成素의 意味成分은 각각 어떻게 분석되는가를 고찰하고자 한다. 이 연구의 궁극적인 목적은 모든 語彙意味 分析[6]은 이 兩面的 意味屬性이 고려되어 분석되어야 올바른 의미 분석이 될 것이라는 것을 간접적으로 제시코자 함이다.

2. 語彙意味의 홀론(holon)的 性格

홀론은 아서 케슬러(A. Koestler)가 만든 용어[7]로 그리스어인 홀로스(holos; 全體)와 온(on; 部分, 粒子)의 합성어다. 즉, 홀론이란 部分이면서 동시에 全體라는 뜻이다.[8] 모든 有機體 또는 組織化된 시스템 내에서 한 個體는 部分과 全體라는 야누스적인 兩面性을 가지고 있으며 相互 有機的인 關係를 맺고 있다는 것이 홀론(holon)의 기본 개념이다.

예컨대 細胞는 생물을 이루는 기본 단위로 집의 벽돌과 같은 것이다. 그러나 세포는 단순히 고립된 부분이 아니다. 세포는 그 자신이 獨立된 하나의 個體이자 全體이다. 즉, 세포는 내부의 小機關에 대해서는 部分이다. 그러나 생물에서 떼어낸 세포를 배양액에 담가두면 혼자서도 살아간다. 생물체 안에 있을 때는 部分에 지나

---

6) 유의어, 반의어, 다의어 등의 의미 분석도 單語意味的 次元이 아닌 文脈意味的 次元에서도 다뤄져야 한다고 본다.

7) Arthur Koestler(1979), *Janus*, Vintage Books, A Division of Random House, New York, 최효선 역(1993), 『야누스』, 범양사, p.40 참조.

8) 金容雲·金容國(2000), 『프랙탈과 카오스의 世界』, 우성, p.277.

지 않지만 홀로 떨어져 나올 때는 全體로서 自立해 나간다. 이렇게 부분과 전체의 二重性을 갖고 있는 존재가 홀론이다.[9] 케슬러에 의하면 홀론에서의 部分[10]이 전달하는 의미는 그 자체로는 自律的인 存在라고 할 수 없는 斷片的이고 不完全한 것이라 하고, 全體란 더 이상 설명이 필요하지 않은 그 자체로서 完全한 것[11]으로 본다. 또한 홀론은 全體가 部分의 總和 以上이며 그 全體로서의 屬性은 그 部分들의 屬性보다 훨씬 복잡하다는 사실이다.[12] 이러한 위계구도의 각 구성 요소들은 各個의 차원에서 그 고유한 권리를 지닌 亞全體[13], 즉 홀론이라는 것이다. 그것은 自己規制的인 裝置를 갖추고 상당한 정도의 自律性 혹은 自己 統制力을 누리고 있는 安定되고 統合的인 構造로 되어 있으며[14] 홀론은 全體로서의 獨立的인 性質과 部分으로서의 隷屬的인 性質을 동시에 가지고 있다.[15]

이상에서 살펴본 바에 따라 홀론적 관점에서 部分과 全體의 성격을 종합하면, 부분은 전체 안에서 隷屬性, 依存性, 固定性을 가지며, 전체는 獨立性, 自律性, 流動性을 가진다.

이러한 홀론적 관점을 單語와 文章構成素의 의미론적 성격에 적용해 보자. 예컨대

    (1) 가. 단어로서의 '꽃'[16]
        ① 꽃식물의 생식기관.
        ② 젊고 아름다운 여자의 비유.
        ③ 가장 중심이 되는 일을 일컫는 말.
        ④ 홍역, 마마 등에 의해 살갗에 붉게 돋아나는 것.

---

9) 金容雲·金容國(2000), 앞의 책, p.277.

10) 부분은 part, 조각은 piece.

11) 최효선 역(1993), 앞의 책, p.40.

12) 위의 책, p.39.

13) 살아있는 有機體나 社會組織을 구성하는 홀론은 우리가 경험해 온 바와 같이 야누스적 實在다. 야누스의 보다 높은 단계를 향하고 있는 얼굴은 더 큰 體系에 예속된 部分의 홀론이고, 보다 낮은 단계를 향하고 있는 얼굴은 고유의 권한을 가진 準自律的인 全體의 모습을 나타낸다. 케슬러는 모든 홀론은 두 가지 相反되는 傾向 혹은 可能態를 소유하고 있음을 의미한다고 하고, 보다 큰 全體와 部分으로서 기능하는 統合 傾向과 個體의 自律性을 보유하는 自己主張 傾向으로 살필 수 있다고 보고 있다.

14) 최효선 역(1993), 앞의 책, p.41.

15) 위의 책, p.48.

16) 한글학회(1991), 『우리말큰사전』, 어문각.

　나. 문장구성소로서의 '꽃'

　　① 이 꽃은 진달래다.

　　② 저 사람은 늘 꽃 속에 파묻혀 산다.

　　③ 이 가수는 오늘 행사의 꽃이다.

　　④ 자고 난 아이의 볼에 하나둘 꽃이 번지기 시작했다.

　(1가)는 單語로서의 '꽃'으로 사전에는 '꽃'의 낱말 뜻이 ①~④로 제시되어 있다. (1가)의 '꽃'은 다양한 의미를 단어의 내부 속에 가지고 있는 하나의 완결된 語彙意味體다. 홀론적 관점에서 볼 때 단어로서의 '꽃'은 그 자체가 全體다. 단어로서의 '꽃'은 스스로 獨立的이고 多義的인 전체의 의미속성을 지닌다. 그러나 단어 '꽃'은 필연적으로 문장 속에서 쓰이게 되므로 그 의미는 未分化的이며 流動的인 內部構造를 갖는다.

　반면에, (1나)는 文章構成素로서의 '꽃'이다. (1나 ①)의 '꽃'은 '진달래'라는 物理的 實體, (나, ②)의 '꽃'은 '여성'이라는 抽象的 比喩體, (1나 ③)의 '꽃'은 '핵심'이라는 觀念的 抽象體, (나 ④)는 '붉은 반점'을 나타내는 生理的 實體를 나타낸다. 즉, (나)의 '꽃'들은 같은 文章構成素지만 동일한 의미가 아니다. (1나)에 예시된 각각 '꽃'은 文脈[17] 속에서 다른 文章構成素와의 개념적 관계에 따라서 의미적 영향과 제약을 받아 고유한 單一意味를 갖는다. 文章構成素는 문맥에 필요한 한 가지 의미만을 취하게 되므로 單語와 달리 多義的이지 않고 單義的이다. 각각 문장 속의 (1 나)의 '꽃'은 동일하나 개념은 다 다르므로 서로 置換될 수 없다. 홀론적 관점으로 볼 때, 각각의 文章은 의미적으로 하나의 완결된 意味體이며 문장 속의 '꽃'은 文章을 구성하는 部分의 意味屬性을 가진다. '꽃'은 전체에 의한 부분의 의미를 갖는다.

　(2) 가. 영수가 걸어서 학교에 간다.

　　　나. 영수가 차를 타고 학교에 간다.

　(2가)와 (2나)의 '영수'는 같은 行爲者이지만 관계하는 事件은 다르다. (2가)의 영수는 '걷는 행위'를 하는 사건을 지니며, (2나)는 '타는 행위'를 하는 사건을 지니고 있다. 文章構成素로서의 고유명사 '영수'는 다른 구성요소의 槪念的 相互關係에 의한 사건상의 제약을 받고 있다.

---

17) 千時權·金宗澤(1981), 『國語意味論』, 螢雪出版社, pp.60~62.

(3) 가. 나는 슬픔의 눈물을 흘렸다.

나. 나는 기쁨의 눈물을 흘렸다.

(3가, 나)를 보면 행위 주체인 '나'가 눈물 흘리는 행위는 동일하지만, 그 感情 狀態는 정반대 개념이다. '슬픔'과 '기쁨'이라는 文章構成素가 '눈물'의 意味를 制約하고 있다. 문장 속의 의미관계는 한 낱말의 의미적 성질에만 의존하는 것이 아니고 文脈依存的[18]인 것이다. '저 사람은 말이 많다.'라고 하면 말(言)인지 말(馬)인지 그 뜻하는지 알 수 없으나 '목장의 여러 말 가운데 저 사람의 말이 많다'라는 文脈 속에서는 뜻이 분명해진다. 김봉주(1988)는 영어의 'go'의 의미는 '가다'인데 이것은 한 지점에서 다른 지점으로 옮겨 멀어지는 행위 일반을 추상한 개념이다. 그것은 애초 같은 언어사회에서 符號로 정해진 후 오랜 전통을 가지고 전수된 온 社會的 所産으로, 모든 '가는' 행위의 種概念들을 대표하는 類로서 標準的이고 多義性을 지니고 있어 여러 가지 文脈的 意味로 쓰이는 성질을 가진 상징기호이다. 그런데 이 단어가 일단 어떤 文章에 쓰이면 그것은 抽象에서 具體로 특수한 현실적 의미를 띠고 나타난다[19]고 했다.

부분의 의미속성을 가지는 文章構成素는 전체의 의미속성을 가진 문장이라는 전체 속에서 다른 文章構成素의 개념을 동시에 공유하고 있는 것이다. 따라서 文章構成素는 문맥[20] 속에서 다른 구성소와의 개념상의 생산적 상호관계가 이루어지면 새로운 의미로 전이되거나 확장되기도 한다.[21]

홀론에 대하여 문장 분석을 예로 들어 설명한 물리학자 金容雲·金容國(2000)의 견해를 들어보자. 언어의 자기조직에서도 단어를 홀론의 입장에서 보면 단어가 文章 내에 들어가 있지 않은 때는 여러 가지 의미를 가지고 있지만 어떤 문장 속에 들어가면 그 문장의 意味에 맞게 單語의 意味로 규정되어 버린다. 즉, 單語도 홀론처

---

18) M, Lynne Murphy(2003), *Semantic Relation and the Lexicon*, Cambridge University Press, 임지룡, 윤희수 역(2008), 『의미관계와 어휘사전』, 박이정출판사, p.22.

19) 김봉주(1988), 『개념학』, 한신문화사, p.85.

20) D. A. Cruse(1986), *Lexical Semantics*, Cambridge Univ Press, 임지룡 · 윤희수 역(1989), 『어휘의미론』, 경북대출판부, p.21. '단어의 의미는 그것의 문맥적 관계에 의해 구성된다'고 말할 수 있다. [D. A. Cruse(1986), 앞의 책, p.103] "각각의 무한수의 문맥적 관계로 구성되어 있지만 동시에 통일된 전체를 구성한다."는 언급 및 "한 문장 내의 모든 단어는 다른 모든 단어와 또한 인접한 문장들 내의 단어들과도 의미적으로 상호 작용한다."(p.124)는 언급 참고.

21) 관용어, 융합합성어 등이 그 예다.

럼 全體와 部分이라는 二重性을 갖고 있는 것이다.[22]
　하나의 단어는 여러 가지 의미를 가지고 있다. 즉, 流動性(自由)이 있는 것이다. 하지만 문장의 경우, 각 단어는 전체 문장의 의미에 맞게 오직 하나의 의미만을 선택되고 나머지는 없어진다. 그 예를 다음 英文으로 번역해 보자.

　　(4) Time flies like an arrow.

　이것은 '시간은 화살처럼 날아간다.'라고 번역한다. 그러나 번역을 할 때 각 단어를 사전에서 찾아보면 각 단어는 다음과 같이, 적어도 두 개 이상의 의미를 가지고 있다.

　　(5) 'time': 시간, 때, 시기
　　　　'fly': 날다, 파리, 기민한
　　　　'like': 좋아하다 ~와 같은
　　　　'an': 하나의, 약간의
　　　　'arrow': 화살, 화살표

　(5)의 단어가 모여서 하나의 문장을 구성하면 오직 하나의 의미만이 선택된다. 그 選擇의 기준은 全體 文章의 意味에 맞아야 한다는 것이다. 만일 이 문장을 다음과 같이 번역한다면 이상하다고 생각될 것이다. 즉 '시간 파리들은 화살을 좋아한다.' 이 번역은 일반적으로 받아들여지지 않는다.[23] 낱낱의 단어는 일반적으로 한 가지 의미만이 아니라 두세 개의 의미를 가질 수 있는 자유가 허용되지만, 이들이 모여서 文章이라는 全體를 構成하면 全體의 秩序, 즉 文章의 意味를 따르게 된다. 이것이 文章 안에서 이루어지는 單語들의 自己組織이다.[24] 이러한 분석은 어휘의 홀론적 성격을 매우 的確하게 보여준다.
　케슬러는 한 音素, 形態素, 單語, 句는 言語의 홀론이며[25] 다양한 단계—음소, 형태소, 단어, 문장—의 각각의 實在는 그 部分들과 聯關된 全體이고 한 단계 위의

---

22)　金容雲·金容國(2000), 앞의 책, p.278.

23)　물론 이러한 번역이 불가능한 것은 아니다. 다만, 이렇게 번역한다면 앞의 '시간은 화살처럼 날아간다.'라는 번역은 배제된다는 점에서 하나의 해석만이 가능하다.

24)　金容雲·金容國(2000), 앞의 책, p.266.

25)　최효선 역(1993), 앞의 책, p.51.

보다 複雜한 實在에 隷屬된 部分이다. 예를 들면 /man/이라는 형태소는 menace, mental, mention, mentor 같은 여러 가지 단어에 쓰일 수 있는 언어 홀론인데, 그들이 나타내는 특유한 의미는 그 보다 높은 단계인 문맥에 따라 결정된다.[26] '음소는 아무런 의미도 가지고 있지 않으며 단지 형태소의 단계에서만 해석될 수 있고, 또 단어는 문맥에서, 문장은 보다 광범위한 준거틀에서 의미를 취하지 않으면 안 되기 때문이다.'[27]라 하여 言語單位도 홀론적으로 分析할 수 있는 가능성을 제시하였다.

김봉주(1988)는 言語的 意味는 文字的 意味와 文脈的 意味로 대별[28]된다고 하고 文字的 意味는 抽象的, 多數的, 符號的, 獨立的, 一般的, 代表的, 標準的, 一次的, 含意的이다. 文脈的 意味는 상황적 의미 같은 것으로 具體的, 單一的, 依存的, 特殊的, 心理的, 改新的, 明示的이다. 때문에 그를 문장적 의미, 이차적 의미, 사용적 의미 주변적 의미, 생성적 의미 등으로 불리운다[29]고 했다. 김봉주의 이 견해는 특성만 나열하고 구체적인 분석이 없어 아쉽지만, 單語意味의 홀론적 성격을 間接的으로나마 잘 규정하고 있다. 울맨[30]은 어휘의미를 규정하여 符號的, 潛在的, 社會的, 固定的이라고 했다. 固定的이라는 울맨의 견해는 아마도 通念的 意味를 염두에 두고 한 견해일 것이다. 그러나 한 단어의 語彙意味는 固定될 수 없다. 그 쓰임에 따라서 그 어휘의미는 얼마든지 添加되고 擴大 혹은 縮小될 수 있다.

그러므로 單語 혹은 文章은 의미적으로 완결된 의미체로서 全體의 意味屬性을 지니며, 文章構成素는 전체에 예속된 部分의 意味屬性을 지닌다. 單語는 의미적으로 自立性을 가진 의미범주를 가지고 내부 속에 여럿의 의미를 가지게 되므로 自律的이며 多義的이며 流動的이며 의미를 未分化的으로 가지고 있는 全體[31]다. 반면 文章構成素는 다른 文章構成素와 意味的 相互關係를 통해 문맥에 필요한 의미만을 취하게 되므로 依存的이며 單一하고 固定的이며 分化的이다.

單語와 文章構成素의 관계는 다음과 같이 나타낼 수 있다.

---

26) 최효선 역(1993), 앞의 책, p.49.

27) 위의 책, p.249.

28) 김봉주(1988), 앞의 책, p.84.

29) 위의 책, p.85.

30) 위의 책, p.85.

31) 千時權·金宗澤(1981), 앞의 책, pp.63~65.

$$(6)\ WM = [s_1, s_2, s_3... s_n]$$
$$wm = S[w_1]$$
$$SM = S[w_1, w_2, w_3... w_n]$$

　　　(WM = 단어의미　wm = 문장구성소의 의미

　　　 SM = 문장의미　w = 문장구성소　s = 의미소[32])

　이 홀론적 관점은 서구의 個體論的 分析 方法과 동양의 全體論的 分析 方法이 통합된 방법론적 틀로서 個體論과 全體論의 분석상 문제점을 보완할 수 있는 새로운 방법론으로서 개척되어야 할 것으로 보인다.

3. 單語와 文章構成素의 意味素

　意味素란 '일정한 言語形式이 가지는 意味의 最小單位'[33]다. 한 어휘는 쓰임에 따라 하나 혹은 그 이상의 意味素를 가지게 되는데, 홀론적 관점에서 보면 單語와 文章構成素의 意味素의 分布[34] 상태에서도 큰 차이를 보인다. 명사 '길'을 예로 들면,

　　(7) 가. 단어: '길'의 의미소

　　　　　　　(공간, 거리, 과정, 방향, 도리, 방법, 처지, 등등)

　　　　나. 문장구성소: '길'

　　　　　　① 이 길은 매우 넓다.

　　　　　　② 부산은 먼 길이다.

　　　　　　③ 오는 길에 친구를 만났다.

　　　　　　④ 우리 모두 승리의 길로 나가자.

　　　　　　⑤ 너를 만나러 오는 길이다.

　　　　　　⑥ 묵묵히 군인의 길을 간다.

　　　　　　⑦ 그 길밖에는 도리가 없다.

---

32) 자세한 사항은 崔尙鎭(2010), 「普通名詞 外延의 意味成分 分析」, 『語文研究』 148, 한국어문교육연구회 p.10 참고.

33) 千時權·金宗澤(1981), 앞의 책, p.115.

34) 위의 책, p.117에서는 '의소를 설정하려면 그 형태소가 여러 문맥 속에서 쓰여진 경우의 단어의 분포상태부터 널리 조사하지 않으면 안 된다.'라고 보았다.

⑧ 나이가 들어도 배움의 길은 끝이 없다. 등등

(7가)의 단어 '길'은 하나의 독립된 어휘체로서 전체의 의미속성을 지닌다. 단어 '길'은 (7가)에서 보는 바와 같이 여럿의 意味素를 가지고 있다. 단어 '길'의 내부에는 하나의 독립된 의미범주 속에 여러 意味素들이 未分化的으로 얽혀 의미뭉치를 이루고 있다. 사전은 단어의 意味와 用法 등을 풀이한 어휘목록집으로 한 단어가 가지는 意味素 分布狀態를 알 수 있는 정보를 제공한다. 사전에서 언급된 한 단어의 意味素들은 여러 용례를 통해 頻度가 잦은 使用意味[35]로부터 분류 제시된 것이다. 사전적 의미는 고정된 것이 아니라 通念的 意味의 用例集으로 쓰이므로 얼마든지 意味素가 擴張될 수 있다.[36] 단어 '길'은 그 쓰임에 따라 무한한 의미를 지니는 流動的 意味可能體인 것이다.

반면, (7나)의 文章構成素 '길'은 文章에 隷屬된 어휘체로서 部分의 의미속성을 지닌다. (7나 ①~⑧)은 동일한 文章構成素이지만 각기 다른 개념을 지닌 意味素를 가지고 있다. 이 文章構成素들은 각각 다른 문장의 다른 구성소와의 의미적 관계를 맺고 일정한 文脈을 형성하여 문장의미에 필요한 單一 意味素만을 취하게 된다. 千時權·金宗澤(1981:117)의 置換吟味法에 따르면, 동일한 形態素 속에 이처럼 많은 單意들이 文脈에 따라 달리 분포되고 있는데 文章構成素 속의 意味素들은 서로 개념적으로 置換될 수 없다[37]고 보았다. 전체의 의미속성을 지닌 단어 '길'은 다의소적이나 부분의 의미속성을 지닌 文章構成素 '길'은 單意素的이다.

(8) 가. 단어: 영희, 행복, 불행
　　　　나. 문장구성소
　　　　　영희는 행복하다.
　　　　　영희는 불행하다.

(8가)의 단어 '영희'는 固有名詞, '행복'과 '불행'은 抽象名詞다. '영희'는 특정한 인물을 지칭하고, '행복'과 '불행'은 각각 고유한 意味素를 지닌 全體의 의미속성을 지닌 단어다. (8나)의 文章構成素 '영희', '행복', '불행'은 文章 속에서 部分의 의미속성

---

35) 코퍼스적 방법으로 제작한 辭典.

36) 김봉주(1988), 앞의 책, p.85.

37) 千時權·金宗澤(1981), 앞의 책, p.118. 김종택은 '길'이라는 語素 내부의 異意들을 '觀念群'으로 보고, 이 중에서 [道路]라는 意味素를 '代表觀念'으로 보고 있다.

을 지닌다. 동일한 인물이지만 前者의 영희는 행복이라는 意味素性과 관계하여 행복한 사람의 의미를 갖고, 後者의 영희는 불행이라는 意味素性과 관계하여 불행한 사람의 의미를 갖는다.

部分의 의미속성을 지닌 文章構成素의 意味素는 槪念素[38]상의 차이에서도 분명히 들어난다.

(9) 문장구성소: '가다'
　　가. 철수가 학교에 가다.
　　나. 영희가 학교에 가다.
　　다. 돌이가 하늘로 가다.

(9가) '가다'는 '철수'가 행동주로서 '학교에 가는 사람'은 '철수'이고, (9나)는 '영희'가 행동주로서 '학교에 가는 사람'은 '영희'이다. (9다)는 '돌이'가 행동주로서 '죽은 사람'은 '돌이'다. (9가, 나, 다)는 'GO'라는 같은 意味素를 지녔지만 각각의 槪念素는 다르다.[39]

(10) 가. 저 사람은 김철수다.
　　　나. 극장에 사람들이 많다.

(10가)의 '사람'은 '김철수'라는 特定한 사람을 지칭하는 반면, (10나)는 不特定 多數의 사람을 지칭한다. (10가, 나)의 '사람'의 量的 槪念素가 다르다.

(11) 가. 저 사람은 천천히 걷는다.
　　　나. 저 사람은 빨리 걷는다.

(11가)의 사람은 천천히 걷고 (11나)의 사람은 빨리 걷는다. 동사의 수식 정도에 따라서 각각의 행위적 개념소가 다르게 보인다.

(12) 가. 이 책은 재미있다.

---

38) 김봉주(1988), 앞의 책, p.63에서는 念素(concepeme)라는 개념을 설정하고, '여러 대상에서 공통징표만을 추상하여 얻어진 일반상념(관념)의 최소단위'로 정의하였다. 여기서는 '槪念素'라는 용어를 사용하기로 한다.

39) (9가, 나)와 (9다)는 동음이의어라는 견해가 있다.

나. 이 책은 두껍다.[40]

(12가, 나)의 文章構成素 '책'은 일종의 多面語인데, (12가)는 '내용', (12나)는 '형태'의 槪念素性을 지닌다. 多面語는 인지의미론적으로 특정 문맥에서 개념소상의 차이로 분석되는 것이 타당하다.

접사나 어미 등 폐쇄부류도 文章構成素의 部分의 의미속성을 가지고 있다. 예를 들어 접미사 '-잡이'를 보자.

(13) 가. 이 문은 손잡이가 뻑뻑하다.

나. 이 책은 수험생의 길잡이가 된다.

다. 이 사람은 서부의 총잡이다.

(13가)의 '-잡이'는 物理的 事物, (13나)는 抽象的 觀念, (13다)는 物理的 人物의 意味素性을 갖는다. 접사 '-잡이'도 각각 다른 構成素와의 槪念的 相互關係에 의한 제약을 받아 단일한 意味素를 가진다. 개방부류와 달리, 파생접사는 獨立된 全體인 單語가 갖는 의미속성은 없고 文章構成素로서 部分의 의미속성만을 지닌다 하겠다.

(14) 가. 그 여자는 얼굴이 예쁘다.

나. 그 여자는 얼굴도 예쁘다.

다. 그 여자는 얼굴만 예쁘다.

(14)의 조사 '-이, -도, -만'은 폐쇄부류의 文章構成素이지만 文章 全體의 意味를 制約하는 部分의 의미속성을 지니고 있다.

그러므로 全體的 意味屬性을 지닌 單語의 意味素는 단어의 내부 속에 여럿의 意味素를 지니고 있으나, 部分的 意味屬性을 지닌 文章構成素의 意味素는 單一하다. 단어의 意味素는 未分化 構造로 이루어져 있는 意味可能體인 반면, 文章構成素의 意味素는 文脈 속에서 다른 文章構成素와 마치 인디라(Indra)網[41]과 같은 관계를 가진 固定的이고 分化的인 單一 意味素性를 지닌다.

---

40) 임지룡(1997), 『인지의미론』, 탑출판사, p.227 참조.

41) 佛敎의 華嚴經에 나오는 '多中一, 一中多'의 개념으로 한 구슬이 모든 森羅萬象을 품고 있다는 세계관이다. 文章構成素는 마치 인드라망의 구슬처럼 모든 全體의 意味를 품고 있다고 본다.

4. 單語와 文章構成素의 內包와 外延

일정한 指示物이 존재하는 名詞의 內包와 外延은 意味屬性을 分析하는 데 반드시 언급해야 할 연구 대상인데, 홀론적 관점에서 單語와 文章構成素의 의미속성은 內包와 外延에 있어서도 사뭇 다르게 분석된다. 예컨대

(15) 단어로서의 보통명사 내포와 외연
　　보통명사 '사람'
　　　内포: '사람의 모든 공통적 속성'
　　　외연: '모든 사람들의 총합 지시체'

(15)의 보통명사 '사람'의 外延은 세상에 존재하는 모든 人類의 總合을 지칭한다. 성별, 연령에 관계없는 모든 사람, 현재 과거 미래 시공간 속의 모든 헤아릴 수 없이 사람을 지칭하고 있는 막연한 지시체다. 보통명사의 外延은 多數的이고 總合的인 個體 槪念이다. 한편 '사람'의 內包는 일반적인 모든 사람의 屬性 槪念을 나타낸다.

그런데 지금까지 이루어진 보통명사 '사람'의 內包와 外延에 대한 분석은 單語와 文章構成素의 意味屬性을 고려하지 않은 채 분석한 것이다. 즉, 이러한 분석은 '사람'이 지니는 基本意味 혹은 核心意味를 대상으로 분석한 것이다. 다음 예를 보자.

(16) 문장구성소로서의 보통명사 '사람'
　　가. 사람은 사회적 동물이다.
　　나. 이 사람은 우리 어머니다.
　　다. 이 고장은 사람이 잘 되어 나온다.
　　라. 정약용은 역사적 사람이다.

(16가)의 '사람'의 內包와 外延은 (15)에 대한 분석과 일치한다. 반면에, (16나)의 外延은 '나의 어머니'라는 單一體이며 內包는 '나의(우리) 어머니'가 갖는 特定한 한 인물(어머니)의 屬性을 나타낸다. 또 (16다)의 外延은 '출중한 인물'의 指示體, 內包는 '출중한 인물의 속성'을 나타내며, (16라)의 外延은 '정약용'이라는 單一體, 內包는 '정약용이라는 인물의 역사적 속성'을 나타낸다. 각각의 文章構成素 '사람'은 다른 構成素와 槪念的으로 結合하여 보다 具體的이고 單一한 內包的 意味屬性과 外延的 意味屬性을 갖게 되는 것이다.

(17) 가. 단어로서의 '어머니'

　　나. 문장구성소의 '어머니'

　　　① 우리 어머니가 집에 계시다.

　　　② 많은 어머니들이 강당에 있다.

　(17가) 單語로서의 '어머니'의 外延은 '추상적 개념의 집합체'이나 (17나)의 文章構成素로서의 '어머니'의 外延은 '내 어머니'로서 固有名詞 外延과 마찬가지로 具體的 概念의 單一 指示體이다. 單語에는 '내 어머니'라는 指示對象 X가 없으나, 文章構成素에서는 指示對象 X가 존재한다. 이렇게 文章構成素로서의 보통명사는 때로 固有名詞와 같은 外延을 가지게 된다. 單語 外延 指示體의 의미범주가 無限性을 지니고 있다고 가정한다면, 文章構成素로서의 單語의 外延 指示體의 의미범주는 有限性을 가진다. 이렇게 동일한 단어라 할지라도 全體로서의 單語意味과 文章構成素로서의 文脈意味는 그 意味的 質量에서 本質的으로 다르다.[42] 김봉주(1988: 103)에서도 "가령 <man>이 하나의 고도로 추상된 개념이지만, 그것이 쓰일 때 또는 쓰인 곳에서는 그 <man>은 이미 추상적인 것이 아니고, 구체적인 것을 지시하게 된다. The man is a fool이라고 하면 어떤 특정인, He is a man이라고 하면 특정인은 아니지만, <man>보다는 구체적인 어떤 특정인(들)을, John is my man은 나에게 소속된 사람 등, <man> 때보다는 그 外延이 축소된다. 그것은 <man>이라는 개념에 <the>, <a>, <my> 등이 덧붙여져서 그렇기도 하거니와 기타의 문장적 요소(상황)가 가세하여 <man>을 제한하기 때문이다."라고 했다.

(18) 가. 보통명사 단어 '산'

　　나. 문장구성소 '산'

　　　① 산은 산이요 물은 물이다.

　　　② 저 산은 단풍으로 붉게 물들었다.

　　　③ 저 산은 지리산이다.

　(18가) 보통명사 단어 '산'의 內包는 '산이 가지는 일반적인 여러 속성들', 外延은 '세상의 모든 산들의 총합'이다. 반면 (18나)의 文章構成素 '산'은 文脈에 따라서 內包와 外延이 다르게 나타난다. (18나, ①)의 '산'은 (18가)의 內包와 外延과 같으나, (18나, ②)에서 內包는 '단풍의 속성을 지닌 산', 外延은 '모든 단풍든 산들의 총

---

42) 崔尙鎭(2010), 앞의 論文, p.13.

합'으로 內包와 外延의 의미속성이 달라진다. (18나, ③)에서 '산'의 內包는 '지리산'이라는 특정한 속성', 外延은 '지리산'이라는 單一體다. 즉, 한 단어가 文章構成素로 사용되었을 때에는 그 外延的 性質이 다르게 나타난다.

    (19) 가. 고유명사 단어 '이광수'
        나. 문장구성소 '이광수'
            ① 이광수는 최초의 현대소설을 쓴 작가다.
            ② 이광수가 마라톤을 하고 있다.
            ③ 이광수의 작은 액자가 걸려 있다.

    (19가) 고유명사 單語로서 '이광수'의 內包는 '이광수라는 특정한 사람의 속성', 外延은 '이광수라는 인물 단일 지시체'이다. 그러나 단어 '이광수'는 '이광수'라는 이름을 가지는 여럿의 '이광수'가 존재하므로 內包가 '특정한 사람의 속성'이라도 볼 수 없는 '막연한 개념의 속성'을 가리킨다. 外延도 특정한 사람이 아닌 '이광수라는 이름을 가진 여러 사람의 집합'을 말하는 것이 타당하다. 고유명사이지만 보통명사와 다름이 없다. 반면 (19나) 文章構成素로서의 '이광수'는 具體的인 對象을 지시하고 있다. (19나, ①)에서 '이광수'의 內包는 '역사적 사실로서의 속성', 外延은 '역사적 단일 인물인 이광수'로 보다 具體的인 指示體로 나타나며, (19나, ②)의 內包는 '이광수라는 이름을 지닌 특정한 사람들의 속성', 外延은 '이광수라는 이름을 지닌 사람들의 총합'이다. (19나, ③)의 內包는 '액자라는 사물의 속성', 外延은 '이광수라는 사람의 얼굴이 담긴 액자 그 자체'이다. 이 예는 文章構成素의 部分的 意味屬性이 文脈 속에서 고유명사의 의미영역이 '人物'에서 '事物'로 바뀌기도 한다는 것을 보여 준다.

    派生接辭 '이'의 경우도 內包와 外延을 가진다고 볼 수 있는데[43] 형태소로서의 '－이'는 內包와 外延을 가지지 않으나, 文章構成素로서의 '－이'는 가능하다. 예컨대

    (20) 가. 형태소(접사): '－이'
            ① (몇몇 형용사, 동사 어간 뒤에 붙어)명사를 만드는 접미사.
            ② (몇몇 명사와 동사 어간의 결합형 뒤에 붙어)'사람', '사물', '일'의 뜻을 더하고 명사를 만드는 접미사.
            ③ (몇몇 명사, 어근, 의성·의태어 뒤에 붙어)'사람' 또는 '사물'의 뜻을 더하

---

43) 崔尙鎭(2011), 「派生接辭의 '－이'의 意味成分 分析」, 『語文研究』 152, 한국어문교육연구회 p.47.

고 명사를 만드는 접미사.
　나. 문장구성소: '–이'
　　① 먹이들이 들판에 널려 있다.
　　② 호랑이는 동물이다.
　　③ 젊은이는 야망을 가져야 한다.

(20나 ①)에서 文章構成素의 內包는 '짐승들 먹이감의 속성', 外延은 '짐승들 먹이의 총합'이다. (20나 ②)에서 內包는 '호랑이의 개체 속성', 外延은 '호랑이라는 지시체들의 총합'이다. (20나 ③)의 內包는 '청년의 속성', 外延은 '청년들의 총합'이다. 이렇게 파생접사 '–이'의 內包와 外延은 다른 概念的 關係에 의해 派生語의 意味가 형성되면서 성립된다.

(21) 가. 단어 '책'
　　나. 문장구성소 '책'
　　　① 책이 있다.
　　　② 책이 두 권이다.
　　　③ 책이 여러 종류이다.
　　　④ 책이 도서관에 많다.
　　　⑤ 책은 마음이다.

(21가)는 單語로서의 보통명사 '책'이다. '책'의 內包는 '책이 지니는 속성들', 外延은 '모든 책들의 총합'으로 막연하고 무한한 수량 개념이다. 반면에, (21나)에서 文章構成素의 外延은 '책'의 서로 다른 수량 개념을 알 수 있다. 즉, (21나 ①)은 (21가)와 마찬가지로 막연한 수량 개념이지만, (21나 ②)에 쓰인 文章構成素 '책'의 外延은 2개의 有限的 個體다. (21나 ③)의 外延은 의미범주가 정해지지 않지만 有限的 數이고, (21나 ④)는 도서관이라는 의미범주가 정해진 有限數이다. 한편 (21나 ⑤)는 비유적 표현으로 外延 自體를 알 수 없는 內包的 統合體이다. 이렇게 文章構成素는 다른 構成素와의 前後 文脈의 흐름에 따라 外延이 결정된다.[44]

요컨대, 單語로서의 內包와 外延은 全體의 意味屬性을 지닌 基本意味의 總合的인 個體屬性과 個體集合으로 나타나며, 文章構成素의 內包와 外延은 部分的 意味

---

44) 崔尙鎭(2010), 앞의 論文, p.27. 數量資質은 각각 [+Unit], [+Sum], [+Multi], [+Unity]로 분석할 수 있다.

屬性을 지닌 각각 個別的이고 具體的인 個體屬性 혹은 일정한 의미범주 안에서의 個體集合을 나타낸다.

5. 單語와 文章構成素의 意味成分

한 語彙意味의 內部는 意味成分을 통해 더 세밀하게 分解해 볼 수 있다. 의미성분 분석은 어휘의미의 內部構造를 살피는 방법론으로 單語와 文章構成素의 意味屬性을 분석하는 데 긴요한 접근방법이다. 한 어휘의미는 여러 개의 意味成分으로 이루어져 있는데, 홀론적 관점에서 본다면 單語와 文章構成素의 意味成分 分析도 각기 다르게 나타난다.

> (22) 단어 '어머니'의 성분분석
>   어머니 = [+KINSHIP], [+ADULT], [+FEMALE]

(22)는 단어 '어머니'의 일반적인 成分定義(componential definition)다. 그런데 이러한 성분정의는 '어머니'라는 全體意味의 成分定義가 아니다. 단어 '어머니'는 單語 內部에 여럿의 의미를 가진 全體的 意味屬性을 지닌 어휘체다. 單語는 의미속성상 意味 自體가 可變的이고 未分化되어 있으므로 사실상 意味成分 分析이 不可能하다. (22)와 같은 成分分析은 주로 單語의 普遍的이고 通念的인 意味[45]를 지닌 基本意味[46]를 바탕으로 한 성분분석으로서, 單語와 文章構成素로서 서로 다른 意味屬性을 갖는다는 점을 고려하지 않은 분석이다.

그렇다면 文章構成素로서의 의미성분을 살펴보자.

> (23) 문장구성소: 어머니
>   가. 이 분은 우리 어머니다.
>   나. 이 분은 고아들의 어머니다.
>   다. 이 분은 발명의 어머니다.

---

45) J. B. Carroll(1964), *Language and Thought Englewood Cliffs*, N. J. Prentice-hall. p.187. '단어의 의미는 사회적으로 표준화된 개념'이라고 했다.

46) 혹은 核心意味, 中心意味, 代表意味.

(24) 가. [+KINSHIP], [+ADULT], [+FEMALE]

　　　나. [−KINSHIP], [+ADULT], [+FEMALE]

　　　다. [+ROOT], [+START], [+ORIGIN], [+SOURCE]

(23가~다)의 文章構成素 '어머니'의 성분정의는 각각 (24가~다)로 분석할 수 있다. (23) 文章構成素 '어머니'는 각각 部分의 意味屬性을 가진 固定的이고 單一한 意味를 지니게 되므로 意味成分을 分析을 할 수 있는 必要充分條件을 갖추고 있다. 즉, 의미속성상 單語의 의미성분 분석은 不可能하지만, 文章構成素의 의미성분 분석은 可能하다고 본다.

(25) 가. 어머니 = [+KINSHIP], [+ADULT], [+FEMALE]

　　　나. 아버지 = [+KINSHIP], [+ADULT], [−FEMALE]

(25가, 나)에는 [+KINSHIP], [+ADULT]라는 공통적 성분이 있고, [±FE-MALE]이라는 시차적 성분이 있다. 그러나 (24다)와 비교해 보면 이러한 공통적 성분과 시차적 성분이 성립되지 않는다는 것을 알 수 있다. 한 어휘가 文脈 內에서 文章構成素로서 具體的인 意味를 획득할 때라야 의미성분의 공유 정도를 판단할 수 있다. 기존의 성분분석은 通念에 따라 임의로 설정한 基本意味에 대한 특성 비교일 뿐이다. 사물 자체의 특성을 나타내는 分類的 成分과 사물 간의 관계를 나타내는 關係的 成分[47]도 部分의 의미속성을 지닌 文章構成素로서 쓰였을 때 가능한 분석방법이다.

의미성분에는 補助的 成分과 剩餘的 成分이 있는데,

(26) 가. 단어 '곰'

　　　나. 문장구성소 '곰'

　　　저 사람은 곰이다.

(26가) '곰'의 의미성분은 [+ANIMAL]이지만 (26나)의 '곰'은 [+HUMAN]이다. 기존의 분석은 (26나)가 (26가)로 成分轉移가 된 剩餘的 成分(redundant component)으로 분석하고 있다. 成分轉移 역시 文章構成素로서 쓰였을 때 가능한 분석이다.

---

47) 임지룡(1992), 『국어의미론』, 탑출판사, p.61.

派生語의 의미성분 분석도 마찬가지다. 단어로서의 파생어 '하루살이'는 두 가지 다른 의미를 지니고 있어 의미성분이 무엇인지를 알 수 없다. 그러나 文章構成素로서의 '하루살이'는 그 의미성분이 분명히 드러난다.

> (27) 가. 단어로서의 파생어: 하루살이
> 　　　나. 문장구성소로서의 파생어: 하루살이
> 　　　　① 저 사람은 하루살이 인생이다.
> 　　　　② 저 곤충은 하루살이이다.

　(27나 ①)의 '하루살이'의 성분정의는 [+ABSTRACT], [+LIVE], [+DAY], [+ONE]로 나타나며 (27나 ②)의 '하루살이'의 성분정의는 [+ENTITY], [+ANIMAL], [+INSECT]로 분석된다. 이처럼 파생어 역시 문장 속에서 쓰였을 때 비로소 그 의미성분이 확인된다.

　(27나 ①)의 [+ABSTRACT]와 (27나 ②)의 [+ENTITY]는 意味領域(semantic domain)을 보여 주는 성분정의[48]다. 이것은 동일한 어휘이지만 쓰임에 따라서 의미영역이 다르게 나타난다는 것을 알 수 있다.

　그러므로 全體의 意味屬性을 지닌 單語는 意味成分과 意味領域을 규정할 수 없으며, 部分의 意味屬性을 지닌 文章構成素로 쓰였을 때 비로소 고유한 意味成分과 意味領域을 갖는다고 하겠다.

6. 語彙意味의 部分과 全體

　한 語彙의 意味屬性은 홀로 自立해 쓰였을 때의 單語와 文章 속의 文章構成素로 쓰였을 때로 나누어 살필 수 있다. 홀론적 관점에서 볼 때, 單語는 단어 內部에 여럿의 의미를 담은 完結된 語彙體로서 全體의 意味屬性을 지니는 반면, 文章構成素는 文章 속의 다른 構成素와의 相互關係에 의한 單一意味를 가지는 部分的 意味屬性을 지닌다고 본다.

---

48) E. A. Nida(1975), *Componential Analysis of Meaning*, Cambridge University Press, 조항범 역(1991), 『의미분석론』, 탑출판사, p.183.

單語는 의미적으로 自立性을 가진 意味範疇를 가지고 內部 속에 여럿의 의미를 가지므로 自律的이며 多義的이며 流動的이며 意味를 未分化的으로 가지고 있는 全體다. 반면 文章構成素는 다른 文章 構成素의 意味的 相互關係를 통해 文脈에 필요한 意味만을 취하게 되므로 依存的이며 單一하고 固定的이며 分化的이다.

全體的 意味屬性을 지닌 單語의 意味素는 단어의 內部에 여럿의 意味素를 지니고 있으나, 部分的 意味屬性을 지닌 文章構成素의 意味素는 單一하다. 단어의 意味素는 未分化 構造로 이루어져 있는 意味可能體인 반면, 文章構成素의 意味素는 文脈 속에서 다른 文章構成素와 마치 인디라網과 같은 관계를 가진 固定的이고 分化的인 單一 意味素性를 지닌다.

單語로서의 內包와 外延은 全體의 意味屬性을 지닌 基本意味의 總合的인 個體屬性과 個體集合으로 나타나며, 文章構成素의 內包와 外延은 部分的 意味屬性을 지닌 각각 個別的이고 具體的인 個體屬性 혹은 일정한 意味範疇 안에서의 個體集合을 나타내고 있다.

全體의 意味屬性을 지닌 單語는 意味成分과 意味領域을 규정지을 수 없으며, 部分의 意味屬性을 지닌 文章構成素로 쓰였을 때 비로소 固有한 意味成分과 意味領域을 갖는다.

참고문헌

김봉주(1988), 『개념학』, 한신문화사.

김석득(1992), 『우리말 형태론 말본론』, 탑출판사.

김수중, 박동현, 유원준 공역(1994), 『중국문화의 시스템론적 해석』, 천지.

金容雲·金容國(2000), 『프랙탈과 카오스의 世界』, 우성.

문장수(2004), 『의미와 진리』, 경북대 출판부.

박창근(1997), 『시스템학』, 서울, ㈜ 범양사 출판부.

염선모(1984), 「의미의 성분분석에 대하여」, 『유창균박사 회갑기념논문집』, 경북대, 377–391.

신용국(2003), 『인드라망의 세계: 유기체 세계, 인식자로서의 인간』, 하늘북.

신현정(2000), 『개념과 범주화』, 민음사.

윤평현(2008), 『국어의미론』, 역락.

이승명(1981), 「의미관계와 범주」, 『한글』 173·174호, 한글학회, 545–558.

임지룡(1992), 『국어의미론』, 탑출판사.

임지룡(1997), 『인지의미론』, 탑출판사.

차준경(2004), 「사건 명사의 의미 전이」, 『한국어 의미학』 15, 한국어의미학회, 249–272.

千時權·金宗澤(1981), 『國語意味論』, 螢雪出版社.

최경봉(1996), 「명사의 의미 분류에 대하여」, 『한국어학』 4, 한국어학회, 11–45.

崔尙鎭(2010), 「普通名詞 外延의 意味成分 硏究」, 『語文硏究』 148, 韓國語文敎育硏究會, 7-34.
崔尙鎭(2011), 「派生接辭의 '-이'의 意味成分 分析」, 『語文硏究』 152, 한국어문교육연구회, 31-56.
Aronoff, M.(1976), *Word-formation in generative grammar*, The MIT Press.
Bauer, L.(1983), *English Word-formation*, Cambridge University Press.
Chafe(1970), *Meaning and the structure of language*, Chicago University Press.
Carroll, J. B.(1964), *Language and Thought Englewood Cliffs*, N. J. Prentice-hall.
Cruse. D. A.(1986), *Lexical Semantics*, Cambridge Univ. Press, 임지룡·윤희수 역(1989), 『어휘의미론』, 경북대출판부.
Foder, J & Lepore, E.(1992), *Holism*, Blackwell Inc.
Koestler, Arthur(1979), *Janus*, Vintage Books, A Division of Random House, New York, 최효선 역(1993), 『야누스』, 범양사.
Leech, G. N.(1981), *Semantics*, Harmondworth: Penguin.
Lyons. J.(1977), *Semantics 1. 2*, Cambridge University Press.
Löbner, S.(2002), *Semantics*, Oxford University Press.
Murphy, M, Lynne(2003), *Semantic Relation and the Lexicon*, Cambridge University Press, 임지룡·윤희수 역(2008), 『의미관계와 어휘사전』, 박이정출판사.
Matthews, P. H.(1974), *Morphology*, Cambridge University Press.
Margolis, E. & Laurence, S.(1998), *Concepts core Reading*, The MIT Press.
Nida, E. A.(1949), *Morphology*, Michigan University Press.
Nida. E. A.(1975), *Componential Analysis of Meaning*, Cambridge University Press, 조항범 역(1991), 『의미분석론』, 탑출판사.
Talmy, L.(2000), *Toward a Cognitive Semantics vol. I*, The MIT Press.
Wierzbicka, A(1996), *Semantics*, Oxford University Press.
Williams, E.(1981), On the notions lexically related and Head of a word, *Linguistic Inquiry 12*, MIT Press.

※ 이 논문은 한국어문교육연구회에서 간행한 『語文硏究』 160호(2013년 12월)에 수록된 논문임.

최상진(崔尙鎭)
慶熙大學校 文科大學 國語國文學科
서울 동대문구 회기동 1번지
전자우편: sjch@khu.ac.kr

북한 「조선말규범집」의 2010년 개정과 그 의미

최호철 (고려대학교)

1. 북한 어문 규정의 일곱 번째 개정

남북한 어문 규정의 근간이 된 것은 1933년의 「한글 맞춤법 통일안」인데, 이는 민간단체인 조선어학회에서 순전히 조선 사람의 힘을 모아 만든 것으로서 종래의 표음주의를 성문화한 조선총독부의 '普通學校用 諺文綴字法'(1912)에서 형태주의로 전환한 조선총독부의 '諺文綴字法'(1930)에 비해 형태주의적 어원 표시의 규정이 더욱 철저하다.

「한글 맞춤법 통일안」은 분단 이전에 세 번의 개정이 이루어졌는데, 개정의 중심 내용은 사이시옷 표기와 의존적인 단어의 띄어쓰기 문제이다. 세 차례 개정의 결과 사이시옷 표기는 앞말에 받침이 없는 경우에만 ㅅ을 앞말의 받침으로 표기하도록 하였고, 의존적인 단어는 띄어 쓰는 것으로 낙착이 되었다.[1]

분단 이후 남한은 1988년에 한 번의 개정이 이루어졌는데, 북한은 띄어쓰기 규정에 한한 개정을 포함하여 총 일곱 번의 개정이 이루어졌다. 북한의 첫 번째 개정은 1950년 4월의 「조선어 신철자법」이고, 두 번째 개정은 1954년 9월의 「조선어 철자법」이며, 세 번째 개정은 1966년 6월의 「조선말규범집」이고, 네 번째 개정은 1988년 2월의 「조선말규범집」이다. 그리고 다섯 번째 개정은 2000년의 「조선말 띄여쓰기규범」이고, 여섯 번째 개정은 2003년의 「띄여쓰기규정」이며,

---

[1] 1937년 3월 1일의 제1차 개정은 「사정한 조선어 표준말」(1936. 10. 28)에 따라 '부록 표준어'의 제7, 8항의 표준말 어휘 전부를 삭제하는 동시에 각 항의 용어와 어례들을 사정한 표준말로써 적절히 수정·정리한 것이고, 1940년 6월 15일의 제2차 개정은 제19항의 '후'를 '추'로 바꾸고, 제30항의 사이시옷을 중간에 모두 쓰도록 하였으며, 제29항의 문구를 수정하고, '부록' 부호를 증보·수정한 것이며(갖후다→갖추다, 맞후다→맞추다, 뒷간→뒤ㅅ간, 움집→움ㅅ집), 1946년 9월 8일의 제3차 개정은 제30항을 이전대로 환원시키고, 보조 용언과 의존 명사는 모두 띄어 쓰도록 한 것이다(뒤ㅅ간→뒷간, 움ㅅ집→움집).

일곱 번째 개정은 2010년의 「조선말규범집」(초판 발행 10월 9일, 2판 발행 12월 23일)이다.

어문 규정의 개정 빈도를 보면 분단 이후 한 번의 개정이 이루어진 남한에 비해 북한은 일곱 번의 개정이 이루어졌다. 남한의 개정은 「한글맞춤법 통일안」 이후 반세기가 지난 시점에서 이루어진 것으로서 그간의 언어 변화와 규정에 따른 서사 생활의 정착화를 감안할 때 개정의 당위성이 충분히 인정된다고 하겠다.[2] 그런데 그동안 북한에서 일곱 번의(띄어쓰기 규정 포함) 개정이 이루어진 것을 단순히 언어 변화와 규정에 따른 서사 생활의 정착화로만 설명하기에는 충분하지 않다.

이러한 측면에서 북한에서 어떠한 이유로 이렇게 개정할 수밖에 없었는가를 살피는 것은 남북한 통일 어문 규정의 작성을 위해 반드시 필요하다고 하겠다.[3] 이 글에서는 2010년의 개정 내용과 그 의미에 대하여 중점적으로 살필 것인데, 이는 이전에 이루어진 개정의 연속선상에서 기술되어야 할 성질이므로 홍종선·최호철(1998), 최호철(2002, 2004, 2007)을 바탕으로 2010년 이전의 개정 내용과 배경에 대해서도 간략히 논의하며(제2장), 2010년의 개정 내용은 아직 소개되지 않았으므로 그 개정 내용을 구체적으로 기술하고 그 의미를 논의하고자 한다(제3장).

2. 2010년 이전 북한 어문 규정의 개정 내용과 배경

「한글 맞춤법 통일안」의 불철저한 형태주의 표기를 비판함으로써 이루어진 「조선어 신철자법」은 이론적인 측면에서 다소 일관성을 갖는 것이었지만 현실적인

---

2) 남한의 개정은 1970년 초에 시작하여 1988년에 마무리되었는데, 그 중심된 내용은 현재에 와서 불필요한 규정을 정비하고(빨내, 놀앟다, 북방, 긔차), 규정의 미비점을 보완하며(자모 순서의 규정, 한자음의 두음 법칙에 관한 규정), 실용상 준수되지 않은 규정을 현실화한 것(ㅂ불규칙, 종결형 어미 '-오', 접미사 '-이', 사이시옷·준말의 표기, 띄어쓰기)이다(최호철 1988:34 각주 3).

3) 남북한 공동의 「겨레말큰사전」 편찬 작업에서 논의되는 표기나 발음에 대한 내용은 오로지 「겨레말큰사전」에 한정하여 적용되는 것이고, 이 글에서 말하는 남북한 통일 어문 규정 작성은 남한과 북한이 각기 대내적으로 시행하고 있는 규범을 하나로 통일하는 것으로서 진자와 후자는 목적과 성격에서 차이가 있으므로 이 둘을 구별할 필요가 있다. 따라서 「겨레말큰사전」 편찬 작업에서 논의되는 내용은 '겨레말큰사전 남북공동편찬사업회' 홈페이지(http://www.gyeoremal.or.kr)를 참고하는 것으로 미루고 이 글에서는 후자와 관련해서만 논의할 것이다.

사용에서 많은 문제점을 안고 있었다. 따라서 원점에서 다시 시작하다시피 하여 이루어진 「조선어 철자법」이 북한 철자법의 전범이 되었다. 이후 수차례의 개정이 이루어졌는데, 세 번째 개정(1966)의 경우는 이전의 철자법에 대폭적인 손질을 가하여 전체적인 체제를 바꾸고, 내용면에서 세밀한 규정과 자세한 설명을 두었으며, 네 번째 개정(1988)의 경우는 정밀하게 다듬어 내용을 보완하는 정도이다. 그러는 가운데에서도 자모의 규정과 한자어의 'ㄴ, ㄹ' 두음 표기 및 사이시옷 표기의 폐기는 일관되게 유지되고 있다. 그 후 다섯 번째 개정(2000), 여섯 번째 개정(2003)의 경우는 띄어쓰기에 한정되는데 전자는 22개 항목을 9개 항목으로 간략화한 것이며, 후자는 이를 다시 6개 항목으로 조정한 것이다.

2.1. 조선어 신철자법(1950): 형태주의 표기의 강화

「조선어 신철자법」은 「한글 맞춤법 통일안」의 불철저한 형태주의 표기에 대한 비판·검토와 한자 철폐 및 문자 개혁(풀어서 가로쓰기)을 전제한 것으로 '조선어문 연구회'에서 김두봉의 새로운 견해를 토대로 하여 만든 것이다. 따라서 이는 철자법상 형태주의 원칙을 더욱 강화한 것이 되었다. 그런데 이 철자법은 6·25 동란으로 제대로 실시되지 못했기 때문에 전반적인 서사 생활은 실제로 1954년에 개정된 「조선어철자법」 이후부터 달라졌다고 할 수 있다.

첫 번째 개정인 「조선어 신철자법」에서는 자모의 수에서 종래의 24자에 'ㄲ, ㄸ, ㅃ, ㅆ, ㅉ, ㅐ, ㅔ, ㅒ, ㅖ, ㅚ, ㅟ, ㅢ' 등 12자와 새 자모인 'ㄷ(ㄹ의 맨 위 가로획을 늘인 것), ㄹ(ㄹ의 왼쪽 위를 막은 것), ㅿ, ㆆ, ㅇ(ㅇ의 아래에 세로획을 더한 것), 1(아라비아 숫자와 같음)' 등 6자를 추가하여 총 42자로 규정하였다.[4] 겹글자 'ㅘ, ㅝ, ㅙ, ㅞ'가 글자의 수에서 빠진 것은 풀어쓰기를 염두에 두고 이들을 'ㅇㅏ, ㅇㅓ, ㅇㅐ, ㅇㅔ'와 같이 적음으로써 자음과 모음이 결합된 음절로 보기 때문이다. 또한 자음의 명칭은 '기윽, 니은, 디읃, …, 시읏, …, 끼윾, … 씨읐, …' 식으로 일원화하였고, 편의상의 명칭으로 '그, 느, 드, …, 스, …, ㄲ, … 쓰, …' 등을 허용하였다. 그리고 자모의 순서는 'ㄱ, ㄴ, ㄷ, …, ㅍ, ㅎ' 다음에 'ㄲ, ㄸ, ㅃ, ㅆ, ㅉ, ㄷ, ㄹ, ㅿ, ㆆ, ㅇ, 1'를 두고 이어서 'ㅏ, ㅑ, …, ㅡ, ㅣ' 다음에 'ㅐ, ㅔ, ㅒ, ㅖ, ㅚ, ㅟ, ㅢ'를 두었다.

---

4) 새 자모는 조선어의 어음 조직과 형태 구조를 깊이 성찰한 결과 생긴 조선어의 표기에 반드시 필요한 문자라고 하면서 그 이점으로 의미와 표기의 완전한 통일, 음운뿐 아니라 성음의 이치에도 부합, 소리가 비슷하고 뜻이 다른 단어의 표기상 구별, 외국어의 근사음 표기 가능 등 네 가지를 들었다(김민수 편 1991:103 재인용).

새 자모 'ㄷ'는 ㄹ 불규칙 용언의 어간 말음 표기를 위하여, 'ㄸ'는 설측음 표기를 위하여, 'ㅿ'는 ㄷ 불규칙 용언의 어간 말음 표기를 위하여, 'ㆆ'는 ㅅ 불규칙 용언의 어간 말음 표기를 위하여, 'ㅸ'는 ㅂ 불규칙 용언의 어간 말음 표기를 위하여, 'ㅣ'는 반모음 'ㅣ'로 바뀌는 'ㅣ' 모음의 표기를 위하여 고안된 것으로서 이는 단어의 표기에서 그 형태를 밝히되 언제나 같게 적는다는 형태주의 원칙을 더욱 충실히 적용하여 활용형의 표기가 달라지는 것을 인정하지 않기 때문이다.

이러한 원칙은 다른 경우에서도 그대로 적용되었는데, 이에 해당하는 것으로는 모음이나 자음이 탈락되는 'ㅜ, ㅡ, ㅎ' 불규칙 용언의 일부 활용형에서 이들 모음이나 자음을 그대로 표기한 것, 사잇소리 현상이 나타나는 단어에서 사이시옷 대신에 두 형태 사이에 이른바 사이표(')를 사용한 것, 한자어 두음에 'ㄴ, ㄹ'의 표기를 인정한 것, '거뭇거뭇, 불긋불긋, 무덤, 주검, 마감' 등을 '검웃검웃, 붉웃붉웃, 묻엄, 죽엄, 막암' 등으로 적은 것, '아지, 웅'의 표기를 '목아지, 박아지, 집웅' 등으로 적은 것, '브'의 표기를 '깃브다, 낫브다, 믿브다, 밧브다' 등으로 적은 것, '앟, 엏'의 표기를 '감앟다, 검엏다, 놀앟다, 눌엏다, 밝앟다, 벍엏다' 등으로 적은 것, '업'의 표기를 '간질업다, 믿업다, 부들업다, 시끌업다' 등으로 적은 것, '달걀, 쇠고기'를 '닭알(발음은 [달갈]), 소고기'로 적은 것 등이다. 그런데 어미 어를 '하-' 뒤에서뿐만 아니라 'ㅣ, ㅐ, ㅔ, ㅚ, ㅟ, ㅢ' 뒤에서도 '여'로 표기한 것이나 한자음의 'ㅖ' 모음인 '몌, 폐'를 '메, 페'로 표기한 것은 전체적인 형태주의 표기 원칙을 따르지 않고 있다.

2.2. 조선어 철자법(1954): 인위적이고 지나친 형태주의 표기 폐기

「조선어 철자법」에서 큰 변개는 이전의 새 자모 6개가 전면 폐기되고 일부 파생어 어근의 형태를 밝혀 표기한 것들이 이전의 「한글 맞춤법 통일안」의 규정으로 회귀한 것이다. 이는 지나친 형태주의의 표기와 새 자모에 대한 비판에서 말미암은 것인데, 새 자모의 제창은 마르의 언어학을 교조적으로 수용하고 형태를 꼭 같게 하기 위하여 도식적으로 인위적인 조작을 한 것으로서 몰주체성의 발현이라 하여 김두봉을 숙청하기에 이르렀다(김민수 편 1991:109 재인용).

두 번째 개정인 「조선어 철자법」에서는 외래어의 표기 부분을 삭제하여 '조선어 외래어 표기법'(1956)으로 분리하였으며, 총칙에 '띄여쓰기, 표준어, 가로쓰기' 규정의 세 항목을 추가하였다(3. 문장에서 단어는 원칙적으로 띄여 쓴다. 4. 표준어는 조선 인민 사이에 사용되는 공통성이 가장 많은 현대어 가운데서 이를 정한다. 5. 모든 문서는 왼쪽으로부터 오른쪽으로 가로 쓰는 것을 원칙으로 삼는다.).

자모의 수에서 새 자모 6자를 폐기하고 'ㅘ, ㅝ, ㅙ, ㅞ'를 추가하여 총 40자로 규정하였으며, 자음의 명칭은 'ㄲ읎, …, ㅆ읐, …' 식을 '된기윽, …, 된시읏, …' 식으로 수정하였다. 그리고 불규칙 용언의 표기, 'ㅅ, ㅁ, ㅁ'의 표기, 'ㅏ지, ㅇ'의 표기, 'ㅂ'의 표기, 'ㄿ, ㄾ'의 표기, 'ㅂ'의 표기는 「한글 맞춤법 통일안」으로 회귀하였다. 또한 준말 표기에서 '가ㅎ다/가타, 다정ㅎ다/다정타, 정결ㅎ다/정결타'와 같이 복수 표기를 인정하였으며, '구태어, 도리어, 드디어, 헤어지다, 헤엄치다' 등은 어미 어를 '여'로 적는 뜻에 따라 '구태여, 도리여, 드디여, 헤여지다, 헤염치다' 등으로 표기하였다.

띄어쓰기에서는 이전에 비해 붙여 쓰는 범위가 조금 넓어졌으며, 문장 부호에서 이전에 빠진 '풀이표'가 살아나고 부호의 명칭이 달리 나타나게 되었는데, 특이한 것은 인용부호 " ", ' '을 각각 ≪ ≫, < >으로 바꾼 것이다. 구개음화와 유음화 및 설측음화에 대한 것을 '제6장 표준 발음법 및 표준어와 관련된 철자법'에 모음으로써 이전의 「조선어 신철자법」과 그 체제를 달리하였다. 이로써 북한에서는 발음법이 철자법과 구분되기 시작하였다.

2.3. 조선말규범집(1966): 표기와 어휘 규범의 구분·통합

「조선말규범집」은 하나의 단일한 규정으로 된 '철자법'을 독립적인 네 부문으로 세분함으로써 명칭을 '철자법'에서 '규범집'으로 바꾸었는데, 이는 성격상 표기법과 이질적인 발음법을 아우르기 위한 것이었으며, 내용에서 '띄여쓰기, 문장부호법, 표준발음법'을 각립함으로써 각기 총칙과 세칙을 두어 규정이 구체화되었는데, '맞춤법'에서는 사이표(')가 폐기되고, '띄여쓰기'에서는 붙여 쓰는 방향으로 조정되었다. 따라서 이는 전체적인 체제의 조정과 각립한 부문의 구체적인 규정 작성으로 그 개정의 필요성이 인정되게 되었다.

세 번째 개정인 「조선말규범집」에서는 준말 표기에서 복수로 인정하던 것을 '가타, 다정타, 정결타' 형식만 인정하였으며, 사이시옷 대신 사용하던 절음 부호(')를 삭제하고, '나팔(喇叭), 나사(螺絲), 남색(藍色), 노(櫓), 유리(琉璃)' 등과 같이 한자어 두음 표기에서 예외를 인정하였다.

띄어쓰기는 총칙에서 "단어를 단위로 하여 띄여쓰는것을 원칙으로 한다. 그러나 자모를 음절단위로 묶어쓰는 특성을 고려하여 특수한 어휘부류는 붙여쓰기로 한다."로 규정하여 붙여 쓰는 방향으로 대폭 수정하였다. 이에 따라 '작은물병아리, 나도국수나무, 꿩의다리아재비'와 같은 특수한 어휘 부류를 붙여 쓰도록 하였으며,

불완전 명사와 보조 용언은 윗말에 붙여 쓰도록 하였다. 또한 수를 우리 글로 적을 경우에는 '만, 억, 조' 등의 단위에서 띄어 쓰고, 단위만을 우리 글로 적을 때에는 '천, 만, 억, 조' 등의 단위에서 띄어 쓰도록 하였다. 특히 어미 '아, 어, 여'가 붙는 동사나 형용사가 다른 동사나 형용사와 직접 어울려서 동작, 상태 등을 나타내는 것은 붙여 쓰도록 하였으며(돌아가다, 일어나다, 받아물다, 떠받다, 떠오르다, 퍼붓다, 젊어가다, 견디여나다, 버티여내다, 쓸어버리다, 물어보다, 가르쳐주다, 웃어쌓다), '아, 어, 여'가 아닌 다른 어미 뒤에서도 보조적으로 쓰인 동사나 형용사는 붙여 쓰도록 하였다(읽고있다, 읽는가싶다, 읽을가보다, 읽고싶다, 쓰다나니, 오고말고).

문장 부호로 줄임표(…), 밑점(...), 숨김표(○○), 같음표("), 물결표(~) 등을 추가하였다.

2.4. 조선말규범집(1988): 조정·보완

네 번째 개정인 「조선말규범집」에서는 이전의 규정과 내용상 크게 달라진 점은 없는데, 일부 용어가 고유어로 대체되고(어간→말줄기, 합성어→합친말, 접(두/미)사→(앞/뒤)붙이, 어근→말뿌리, 한자어→한자말, 의문표→물음표, 감탄표→느낌표), 전체적인 틀에서 '내려쓰기'를 신설함으로써 이전의 4부 체제가 5부 체제로 달라졌다. ㅇ의 편의상의 명칭을 '으'에서 '응'으로 바꾸었는데 이는 모음 'ㅡ'의 명칭과 같아지는 것을 피하기 위해서이다. 사이시옷의 표기를 동철이음의 일부 단어에서 인정하였으며(샛별, 빗바람), 띄어쓰기는 띄어 쓰는 방향으로 일부 조절하였다. 문장 부호로 숨김표에 '×××, □□□'을 추가하였으며, '표준발음법'을 '문화어발음법'으로 바꾸었다.

2.5. 조선말 띄여쓰기규범(2000): 규정의 간략화와 보조용언의 띄어쓰기

다섯 번째 개정인 「조선말 띄여쓰기규범」에서는 형식적인 면에서 전체 22개 항목이 9개 조항으로 줄어든 것이 하나의 다른 특성이고, 내용적인 면에서 보조 용언을 띄어 쓴다는 것이 또 다른 특성이다. 이는 "지난날 규범이 매 품사별로 띄여쓰기를 규정하면서 너무 세부화하여 복잡성을 가져 오게 했다면 이번 규범은 총괄적으로 총칙과 1항, 2항에서 지적한바와 같이 토가 오는 경우와 서로 다른 품사들사이는 띄여쓰는것을 원칙으로 한것"이라 하였다.

이에 따라 동사, 형용사의 어미 '아, 어, 여' 뒤와 '고' 뒤에 오는 동사를 조사나 어미가가 붙은 단어의 띄어쓰기 규정에 의하여 띄어 쓰게 하였다(남아 있다, 누워 있다, 놓여 있다, 먹고 있다, 가고 있다, 일하고 있다, 공부하고 있다, 들어 오다, 찾아 오다, 가져 오다, 전개되여 오다, 젊어 가다, 들고 가다, 다져 가다, 물어 보다, 먹어 보다, 타죽고야 말다, 만나 보아 알고 있다, 들어 가 집어 올리다, 넘쳐 수행하다, 앞당겨 수행하다, 가면서 말하다, 앉아서 쉬다, 꿩 구워 먹은 자리, 개밥에 도토리신세). 그러나 모든 학술용어는 조사나 어미가 있어도 붙여 쓰도록 하였다.

2.6. 띄여쓰기규정(2003): 조정·보완

여섯 번째 개정인 「띄여쓰기규정」에서는 2000년 띄어쓰기 규범의 제1항과 제2항을 합쳐 1항으로 하고, 제3항과 제8항은 2항으로 합치고, 제5항과 제6항은 3항으로 합쳐 전체 6항으로 조정하였다.

2.7. 2010년 이전 북한 어문 규정의 개정 의미

이상에서 살펴보았듯이 북한에서 이루어진 어문 규정의 개정은 크게 철자법 시기와 규범집 시기로 구분할 수 있는데, 전자는 하나의 단일한 규정에서 단어 형태의 표기를 중심으로 삼고 발음법, 띄어쓰기, 문장부호를 부수적으로 다룬 것이라면, 후자는 단어 형태의 표기와 같은 비중으로 띄어쓰기, 문장부호법, 발음법을 다룬 것이라 할 수 있으므로 1966년의 「조선말규범집」의 개정은 커다란 전화점이 될 수 있다.

철자법 시기에 이루어진 두 번의 개정은 형태주의 표기의 정도와 관련된 것인데, 1950년의 「조선어 신철자법」은 철저한 형태주의 표기를 규정하고 있다는 점에서 개정의 전환점이 될 수 있으며, 1954년의 「조선어 철자법」은 인위적이고 지나친 형태주의 표기를 지양한다는 점에서 또한 개정의 전환점이 될 수 있다고 판단된다.

규범집 시기에 이루어진 1988년과 2003년의 개정은 직전의 규정을 조정 보완한 것이므로 개정의 커다란 전환점으로 삼기에는 어려움이 있으나, 2000년의 개정은 복잡하고 세부적인 규정을 간략화하고 보조용언을 띄어 쓰도록 규정한 점에서 개정의 전환점이 될 수 있다고 생각한다.

결국 북한에서 이루어진 1950년, 1954년, 1966년, 2000년의 어문 규정 개정은 각기 자체의 필요성이 충분히 인정되지만, 전자의 둘은 형태주의 표기의 정도에서 왔다 갔다 한 것이므로 「한글 맞춤법 통일안」 이후의 명실상부한 개정은 형태주의 표기를 좀 강화한 1954년의 「조선어 철자법」, 전체적인 체제를 조정하고 각립한 네 부문의 규정을 구체화한 1966년의 「조선말규범집」, 띄어쓰기를 간략화하고 보조용언을 띄어 쓰도록 한 2000년의 「조선말 띄여쓰기규범」이라 할 수 있다.

3. 북한 「조선말규범집」의 2010년 개정 내용과 의미

「조선말규범집」은 2010년에 들어 개정이 이루어졌는데, 초판은 2010년 10월 9일에 나왔고, 2판은 2010년 12월 23일에 나왔다. 초판은 보지 못하였으므로 이 글에서 다루는 것은 2판의 내용임을 밝혀 둔다. 여기에서 2010년의 「조선말규범집」을 살핌에 있어 크게 형식적인 측면과 내용적인 측면으로 나누어 고찰할 터인데, 형식적인 측면은 이전의 규정과 비교하여 결과적으로 표기나 발음의 변동을 초래하지 않는 조항의 문구나 예시 항목 또는 조항 번호를 조정하는 것이고, 내용적인 측면은 조항을 삭제·추가하거나 수정하여 결과적으로 표기나 발음의 변동을 초래하는 실질적인 변개이다. 따라서 형식적인 측면은 개정의 범위나 그 폭을 가늠할 수 있도록 전체의 해당 항목을 보일 것이며, 내용적인 측면은 각 조항에 따라 구체적으로 논의할 것이다.

3.1. 형식적인 측면

이는 조항의 문구를 조정한 것, 예시 항목을 삭제·추가·교체하거나 배열을 조정한 것, 조항 번호를 조정한 것 등인데, 이에 대한 내용을 정리하면 아래와 같다.

> 1) 조항의 문구를 조정한 곳
> ㄱ. 맞춤법: 4항.
> ㄴ. 문장부호법: 총칙, 2항 2), 2항 3), 5항 3), 5항 4), 6항 붙임, 7항 2), 8항, 11항 2), 12항, 14항.
> ㄷ. 문화어발음법: 2항 붙임 2), 9항 1), 9항 3), 9항 4)5)6)7), 12~14항, 16~18항, 20항, 22~24항.
> 2) 예시 항목을 삭제·추가·교체하거나 배열을 조정한 곳
> ㄱ. 맞춤법: 2항, 6항, 8항, 10항 3), 11항 1), 11항 붙임, 11항 2), 12항 1), 13항 본항, 13항 붙임, 18항, 19항 2), 23항 1)(1), 23항 1)(3), 23항 2)(1), 23항 2)(3), 26항, 27항.
> ㄴ. 띄여쓰기: 1~6항.
> ㄷ. 문장부호법: 1항, 2항 2), 2항 3), 3항, 5항 3), 5항 4), 5항 5), 6항 1), 8항, 9항 3), 9항 6), 11항 2)3), 12항, 13항 1), 14항 3), 16항 붙임, 17항, 18항 1), 19항 2).
> ㄹ. 문화어발음법: 1항, 2항, 2항 붙임 2), 3항, 9항 3)7), 12~14항, 16항, 17항,

21항, 22항 1), 23항, 24항, 29항, 31항 붙임.

3) 조항 번호를 조정한 곳
ㄱ. 문장부호법: 5~20항, 5항 7), 9항 6).
ㄴ. 문화어발음법: 7~31항.

3.2. 내용적인 측면

이는 '맞춤법, 띄어쓰기, 문장부호법, 문화어발음법' 네 부문에 걸쳐 개정이 이루어졌는데, 문장부호와 발음법에서 가장 많은 개정이 이루어졌다. 그리고 1988년의 「조선말규범집」 이후 별도로 독립해 있어 소홀히 여겨졌던 2003년의 「띄어쓰기 규정」이 2010년의 「조선말규범집」으로 한데 묶임으로써 1988년의 복잡한 띄어쓰기 규정이 공식적으로 폐기되는 효과를 갖게 되었다.

3.2.1. 맞춤법

3.2.1.1. 제1항 자음 글자에 대한 편의상의 다른 명칭에서 'ㅇ'의 이름 '응'을 '으'로 바꾸었다.

<1988>
자음글자의 이름은 각각 다음과 같이 부를수도 있다.
(그) (느) (드) (르) (므) (브) (스) (응) (즈) (츠) (크) (트) (프) (흐) (ㄲ) (ㄸ) (ㅃ)
(쓰) (쯔)

<2010>
자음글자의 이름은 각각 다음과 같이 부를수도 있다.
(그) (느) (드) (르) (므) (브) (스) (으) (즈) (츠) (크) (트) (프) (흐) (ㄲ) (ㄸ) (ㅃ)
(쓰) (쯔)

자음 글자의 명칭 '기윽, 니은, 디읃, 리을, …' 식에 대한 편의상의 다른 명칭 '그, 느, 드, 르, …' 식은 1950년 규정에서부터 시작되었다. 그런데 1988년 규정에서 자음 글자 'ㅇ'의 편의상의 명칭 '으'를 '응'으로 바꾸었는데, 이는 모음 글자 'ㅡ'의 명칭 '으'와의 혼동을 피하기 위해서였다(최정후·김성근 2005:171). 그런데 2010년 규정에서 이를 다시 '으'로 되돌린 것은 '응'이 초성으로 쓰일 때의 음가를 기준으로 명명한 '그, 느, 드, 르, …' 식과 일치하지 않기 때문에 모음 글자 'ㅡ'의 명칭 '으'와 같아짐에도 불구하고 논리적 타당성을 우선시하여 바로잡은 것이라 하겠다.

3.2.1.2. 제15항의 '암, 수'가 붙은 말의 표기에 대한 조문을 제14항의 예외 조문 자리에 두고, 제14항의 예외 조문을 제15항으로 합쳤으며, 사이시옷 표기에 대한 제15항 붙임을 삭제하였다.

<1988>
제14항. 합친말은 매개 말뿌리의 본래형태를 각각 밝혀 적는것을 원칙으로 한다.
　례: 1) 걷잡다, 낮보다, 눈웃음, 돋보다, 물오리, 밤알, 손아귀, 철없다, 꽃철, 끝나다
　　　2) 값있다. 겉늙다, 몇날, 빛나다, 칼날, 팥알, 흙내
그러나 오늘날 말뿌리가 뚜렷하지 않은것은 그 본래형태를 밝혀 적지 않는다.
　례: 며칠, 부랴부랴, 오라버니, 이틀, 이태
제15항. 합친말을 이룰적에 ≪ㅂ≫이 덧나거나 순한소리가 거센소리로 바뀌여 나는것은 덧나고 바뀌여나는대로 적는다.
　례: 마파람, 살코기, 수캐, 수퇘지, 좁쌀, 휘파람, 안팎
　[붙임] 소리같은 말인 다음의 고유어들은 혼동을 피하기 위하여 아래와 같이 적는다.
　례: 샛별 — 새 별(새로운 별)
　　　빗바람(비가 오면서 부는 바람)
　　　비바람(비와 바람)

<2010>
제14항. 합친말은 매개 말뿌리의 본래형태를 각각 밝혀 적는것을 원칙으로 한다.
　례1: 1) 걷잡다, 낮보다, 눈웃음, 돋보다, 물오리, 밤알, 손아귀, 철없다, 꽃철, 끝나다
　례2: 2) 값있다, 겉늙다, 몇날, 빛나다, 칼날, 팥알, 흙내
≪암, 수≫와 결합되는 동물의 이름이나 대상은 거센소리로 적지 않고 형태를 그대로 밝혀 적는다.
　례: 수돼지, 암돼지, 수개, 암개, 수기와, 암기와
제15항. 합친말에서 오늘날 말뿌리가 뚜렷하지 않은것은 그 형태를 밝혀 적지 않는다.
　례: － 며칠, 부랴부랴, 오라버니, 이틀, 이태
　　　－ 마파람, 휘파람, 좁쌀, 안팎

‘암, 수’가 붙은 단어와 같이 거센소리로 나는 일부 단어에 대하여 소리대로 표기하지 않고 기본 형태를 적은 것은 형태주의 표기 원칙에 더욱 충실하려는 데에서 말미암은 것으로 판단된다. 그런데 이렇게 개정된 표기는 이미 2000년 「조선말 띄여쓰기규범」의 ‘자료-2’에서 제시되었고, 그것은 2006년 「조선말대사전」(수정판)에 반영된 것으로서 2010년 개정은 그에 대한 근거 조항을 둔 것이라 하겠다. 그러나 사이시옷 표기 폐기로 말미암아 예사소리 표기와 된소리 발음의 불일치 현상이 존재한 상황에 예사소리 표기와 거센소리 발음의 불일치가 더 추가되어 표기와 발음의 불일치 현상이 더 늘어나는 결과를 초래하였다(강가[강까], 내가[내까], 수개[수캐], 암돼지[암퇘지]).

그리고 사잇소리에 대한 표기로서 분단 이전 규정의 ㅅ을 1950년 규정에서 절음부호(’)로 바꾸고 1966년 규정에서는 이마저도 없애 버렸다. 이것 역시 형태주의 표기 원칙에 충실하려는 것이었는데, 1988년 규정에서는 일부 동철이음어에 대하여 ㅅ을 제한하여 사용토록 하였다. 그런데 사이시옷 표기에 대해서는 원칙적으로 그 표기를 하지 않은 대전제하에 그 예외가 되는 것을 제15항의 붙임만으로는 해결할 수 없는 성질이므로 이와 같이 조항으로 명시하는 방법을 버리고 단어 개별적인 현상으로 넘기게 된 것이라고 판단된다. 따라서 사이시옷을 표기하게 된 단어들에 대해서는 그렇게 적을 근거를 규정으로 명시하지 않음으로써 사이시옷의 표기 여부에 대한 논란은 규정의 차원이 아니라 별도의 다른 차원에서 해결하고자 하려는 의도가 있는 것으로 판단된다. 이는 남북한의 사이시옷 표기에 대한 통일 문제를 논함에 있어 규정에 얽매이지 않고 융통성 있게 대처할 수 있는 길을 열어 둔 것이라고 할 수 있다.

3.2.2. 띄여쓰기

제4항에 붙임을 추가하였다.

<2003>
4항. 수사는 《백, 천, 만, 억, 조》단위로 띄여쓰며 수사뒤에 오는 단위명사와 일부 단어는 붙여쓴다.
례:
○ 3조 2억 8천만
○ 7만 8천 6백 20
○ 닭알 3알, 살림집 두동, 학습장 5권
○ 70평생, 60나이, 20여성상, 3년세월

○ 서른살가량, 20명정도, 10⁰C이하, 150%

<2010>

제4항. 수사는 백, 천, 만, 억, 조단위로 띄여쓰며 수사뒤에 오는 단위명사와 일부
  단어는 붙여쓴다.

  례: - 3조 2억 8천만

  - 7만 8천 6백 20

  - 닭알 3알, 살림집 두동, 학습장 5권

  - 70평생, 60나이, 20여성상, 3년세월

  - 서른살가량, 20명정도, 10⁰C이하, 150%

【붙임】 수량수자는 옹근수인 경우 왼쪽으로 가면서, 소수인 경우 오른쪽으로
  가면서 세단위씩 띄여쓴다.

  례: 1 000 000 000(10억)

  0.002 321 67

그러나 대상화된 단어이거나 고유명사인 경우 붙여쓴다.

  례: 1211고지, 3000t급배

세 자리마다 반점(,)을 찍는 것이 명문화된 것은 1988년 규정 5항 1)에서인데, 2010년 규정에서 '붙임'으로 반점(,) 대신 띄어 쓰도록 분명히 한 것은 반점(,)을 찍는 것이 띄어쓰기에 해당하는 것이 아니라 문장부호에 해당하는 사항이므로 반점을 찍는 규정 대신에 띄어 쓰는 규정으로 바꾼 것이라 하겠다. 이는 해당 부문과 그 내용을 일치시키고, 소수점 이하가 세 자리 이상일 때에는 소수점(.)으로 인하여 혼란이 생기는 문제를 없앨 수는 있으나(1,234.567,89와 1 234.567 89 비교), 일상적인 서사 생활과 관련한 어문 규범에서 다루어야 할 성질이 아니므로 굳이 어문 규범의 조항으로 설정할 필요는 없겠다.

3.2.3. 문장부호법

3.2.3.1. 점(.)에 관한 제2항 2)에 [참고]를 추가하였는데, 이는 2항 2)의 본 규정(약자나 줄임말 표시)에 대한 예외를 분명히 명시한 것이라 하겠다.

<1988>

(2) 략자나 달과 날의 수자가 합쳐져 ≪명사화≫되였거나 그뒤에 자립적인 단어가
  올 때에는 그 말마디의 사이에 친다.

> 례: — ≪ㅌ.ㄷ≫
>   — 4.25 축구팀
>   민족최대의 명절 4.15
>   9.9절
>   — 레. 브. 똘스또이

<2010>

2) 략자나 달과 날의 수자가 합쳐서 명사화되였거나 그뒤에 자립적인 단어가 올 때에는 그 말마디의 사이에 친다.

> 례: — ≪ㅌ.ㄷ≫
>   — 4.25 축구팀
>   민족최대의 명절 4.15
>   9.9절

[참고] 과학기술부문에서 생겨나는 준말사이에는 점을 치지 않는다.

> 례: DNA(데핵산)
>   DVD(디브이디)

3.2.3.2. 두점(:)에 관한 제3항 2)를 다른 차원의 내용으로 수정하였는데, 이는 쌍점(:)의 사용 범위를 문장 단위에서 어구 단위로 제한한 것이라 하겠다.

<1988>

2) 한 문장이 대체로 끝나면서 뒤에 오는 말들이 앞문장을 다시 설명하거나 보충할 때 그 앞문장의 끝에 칠수 있다.

> 례: ○ 장내는 바야흐로 흥성거렸다: 손님들이 밀려들고 아이들이 뛰놀고 풍악소리가 들리고 하면서…
>   ○ 우리 공장에서는 여러가지 제품들을 만들고있다: 옷장, 책장, 걸상, 신발장, 밥상 등

<2010>

2) 맞세우는 관계를 표시하거나 단계로 됨을 나타낼 때 친다.

> 례: — 배합비률은 1:2로 섞는다.
>   두만강:청천강(두만강팀:청천강팀)
>   — 10:10(10시 10분)

3.2.3.3. 반두점(;)에 관한 제4항을 삭제하였는데, 이는 사용 범위를 어구 단위로 제한한 두점(:)과 마찬가지로 우리글 사용에서 그 필요성을 인정하지 않는 것이라 하겠다.

<1988>
제4항. 앞 문장안에 이미 반점(,)으로 구분된 말이 여러개 잇달아있고 다음에 다른 측면에서의 말이 련달아 올 때 더 크게 묶어지는 단위를 구분하기 위하여 칠수 있다.

례: ― 상점에는 무우, 배추, 시금치, 쑥갓 등과 같은 남새; 물고기, 미역, 젓갈 등과 같은 갖가지 수산물; 그리고 여러가지 과실들이 차있었다.
― 공장에서는 종업원들의 기술기능수준을 높이는데 많은 힘을 돌렸다. 로동자들의 기술적 자질, 생산장성, 공장의 발전전망 등을 고려하여 이 사업을 계획성있게 끌고나갔으며; 직종, 소질, 작업조건 등을 잘 타산하여 양성반을 조직하여 운영하였으며; 기능이 높고 낮은 로동자들을 잘 배합하여 개별전습을 잘하도록 하였다.

3.2.3.4. 반점(,)에 관한 제5항 3)에 [참고]를 추가하였는데, 이는 두 단어가 한 문장 성분을 이루는 경우에는 사용하지 말 것을 규정한 것이라 하겠다.

<1988>
3) 죽 들어 말한 단어들사이를 갈라주기 위하여 친다.
례: ― 도시와 농촌에서, 일터와 마을에서, 학교와 가정에서 생활은 약동하고있다.
― 우리는 영화에서 높은 혁명성, 당성, 계급성, 인민성의 본보기를 충분히 받아안았다.

<2010>
3) 문장속에서 같은 성분들사이를 갈라주거나 죽 들어 말한 단어들사이를 갈라주기 위해 친다.
례: ― 도시와 농촌에서, 일터와 마을에서, 학교와 가정에서 생활은 약동하고있다.
― 우리는 영화에서 높은 혁명성, 당성, 계급성, 인민성의 본보기를 충분히 받아안았다.
― 과수원에는 사과, 배, 복숭아 등 과일들이 대단히 많다.
[참고] 반의어적, 대구적관계에서의 렬거는 반점을 치지 않는다.

례: - 앉든가 가든가 해라.
　　- 가는가 마는가 하는 문제
　　- 가느냐 마느냐 빨리 결정하자.
　　- 갈가 말가 하는 태도

3.2.3.5. 반점(,)에 관한 제5항 6)8)9)를 삭제하였는데, 이는 시각적인 효과에 초점을 두어 규정했던 것을 문맥으로 해결할 수 있어서 삭제한 것이라 하겠다.

<1988>
　6) 동격어뒤에도 칠수 있다.
　　례: 영광스러운 우리 조국, 조선민주주의인민공화국.
　8) 하나의 피규정어에 동시에 관계하는 두개이상의 규정어가 잇달을 때 그것들을 구분하기 위하여 친다.
　　례: — 한데 뭉친, 아무도 꺾을수 없는 우리 인민의 힘
　　　　— 인민들이 살기 좋은, 번영하는 새 조선을 건설하기 위하여 투쟁하였다.
　9) 문장에서 단어들의 관계가 섞갈릴수 있을 경우에는 그것을 구분하기 위하여 찍는다.
　　례: — 세계 혁명적 인민들은, 새 세계대전을 일으키고 인류에게 헤아릴수 없는 참화를 들씌우며 새로 독립한 나라들을 내부로부터 와해시키고 책동하는 미제국주의를 반대하여 견결히 싸워나가야 한다.
　　　　— 그는 재빨리, 달리는 차를 잡아탔다.
　　　　— 인민들의 정성이 깃든, 사랑의 위문품을 가득 실어왔다.

3.2.3.6. 풀이표(—)에 관한 제9항 4)5)를 삭제하였는데, 이는 문맥으로 해결할 수 있고 맞서거나 대응하는 경우에는 두점(:)으로 대체할 수 있어서 삭제한 것이라 하겠다.

<1988>
　4) 제시어의 뒤에 칠수 있다.
　　례: 우리 생활—그것은 곧 예술이다.
　5) 서로 맞서거나 대응하는 관계를 나타낼 때 칠수 있다.
　　례: 공대—의대 축구경기

3.2.3.7. 줄임표를 세 종류로 구분하였는데, 이렇게 줄임표(…)의 사용을 구체적으로 구분하여 명시한 것은 줄인 부분의 크기를 나타내고자 한 것으로 판단된다. 이는 줄어진 부분의 크기를 짐작할 수 있도록 한 점에서 그 효용성이 충분히 인정된다고 하겠다. 그리고 2)의 항목을 삭제한 대신 문장부호 말미에 보충항에 연결점(……)을 두어 줄임표와 구분하고 있다.

<1988>

제10항. 줄임표(…)

1) 문장 또는 문장안의 일부 말마디가 줄어진것을 나타내기 위하여 그 줄어진 부분에 석점을 찍는다.

　레: ― ≪…갑문건설에서 또다시 조선사람의 본때를 보입시다.≫

　　　― 그때 박동무가 있기는 했습니다만…

【붙임】인용하는 글에서 번호 한개, 단어 하나, 문장이나 단락 하나, 표현의 일부를 줄여도 석점(…)으로 표시하는것을 원칙으로 한다.

2) 제목이나 차례의 뒤에 보충하는 설명을 붙일 때 칠수 있다. 이때의 점의 수는 제한이 없다.

　레: ― 머리글··················편집위원회

　≪우리 말 강좌≫······언어학연구소

　학계소식··············편집부

<2010>

제9항. 줄임표(…, ……, ………)

1) 단락이나 그보다 큰 단위가 줄었을 때에는 석점자리 세개 ≪………≫를 친다.

2) 문장이 줄었을 때에는 석점자리 두개 ≪……≫를 친다.

3) 단어나 문장의 일부 말마디가 줄었을 때 줄어진 부분에 석점 ≪…≫을 친다.

3.2.3.8. 쌍괄호와 꺾쇠괄호(( ), [ ])에 관한 제13항 3) 붙임을 삭제하였는데, 이는 대괄호([ ])의 지나친 사용을 제한한 것으로 판단된다.

<1988>

【붙임】꺾쇠괄호는 여러가지 형태로 쓸수 있다.

　레: [ ], { }, …

3.2.3.9. 규정의 마지막 조항인 제19항 다음에 아래의 보충 내용을 추가하였다.

<2010>
보충항들은 다음과 같다.
1) 빗선(/)
빗선은 짝을 이루거나 몫을 표시할 때 친다.
 례: 가/이, 는/은

  1kg/3명분, 200J/100g
2) 겹부호 (?!, !!, !?, ?? …)
문예작품의 글과 같이 형상성을 가진 문장에서 감정, 정서를 구체적으로 표시할 때
친다.
 례: ≪대장동무, 서두르지 않아도 됩니다. 이제 곧 승용차가 올겁니다.≫
  ≪승용차요?!≫(의문과 감탄)
3) 련결점(……)
제목이나 차례의 뒤에 보충하는 설명을 붙일 때 공백을 련결하기 위하여 칠수 있다.
 례: 제1장. 모음의 발음……………………………………1
4) 내려쓰는 글에서의 부호사용법
① 점(.)과 반점(,)은 가로쓸 때와 같이 치되 오른편에 치우쳐 찍는다.
 례: 어   사
      서   과
             ,
      가   배
      자
      .   등

② 물음표, 느낌표, 풀이표, 줄임표, 이음표, 물결표는 가로쓸 때와 같이 치되
  내려쓰는 글의 가운데에 친다.

례: ≪뭐? 백두산!≫

≪야, 백두산이 보인다!≫

평양ー신의주

≪어제 온다고 하던데…≫

맑스ー레닌주의

3~4번 먹는다.

③ 인용표, 거듭인용표, 쌍괄호는 가로쓸 때와 같이 치되 내려쓰는 글의 머리부와 끝부분에 친다.

례: 인공지구위성≪광명성2≫호

≪다시 한번 평양속도를 창조≫

≪오늘호∧로동신문∨소개≫

내가 난 해（2001년）에

④ 두점(:)은 줄임표(…)와의 혼돈을 피하기 위하여 글줄과 가로방향(‥)으로 친다.

례: 주원료‥사탕, 우유

이들 항목 중 내려쓰는 글의 부호 사용법은 1988년 규정에서 '가로쓸 때의 규칙을 그대로 적용한다.'로 된 것을 2010년 규정에서 '가로쓸 때의 규칙을 기본적으로 적용한다.'로 수정함으로써 너무 강력한 '그대로'의 표현을 '기본적으로'로 바꾸어 이에 대한 융통성을 부여한 것으로 보이며, 이 규정에 따라 보충항에서 구체적으로 명문화한 것이라 하겠다.

3.2.4. 문화어발음법

3.2.4.1. 모음 'ㅢ'의 발음에 관한 제2항 붙임 1)을 분명히 하였는데, 이는 '[ㅣ]와 비슷하게'와 같은 모호한 표현을 분명히 함과 동시에 두 가지 발음을 공식적으로 인정한 것이라 하겠다(남한 규정 5항 참조).

<1988>

【붙임】

1) 된소리자음과 결합될 때와 단어의 가운데나 끝에 있는 ≪ㅢ≫는 [ㅣ]와 비슷하게 발음함을 허용한다.

    례: ― 띄우다[띠우다], 씌우다[씨우다]

    　　― 결의문[겨리문], 회의실[회이실], 정의[정이], 의의[의이]

<2010>

【붙임】

1) 자음과 결합될 때와 단어의 가운데나 끝에 있는 ≪ㅢ≫는 [ㅣ]로 발음함을 허용한다.

    례: ― 희망[희망/히망], 띄우다[띠우다], 씌우다[씨우다]

    　　― 결의문[겨릐문/겨리문], 정의[정이], 의의[의이], 회의[회의/회이]

3.2.4.2. 'ㄹ' 발음에 관한 제5항의 말미에 예외 조문을 추가하였다.

<1988>

제5항. ≪ㄹ≫은 모든 모음앞에서 ≪ㄹ≫로 발음하는것을 원칙으로 한다.

    례: 라지오, 려관, 론문, 루각, 리론, 레루, 요광로

<2010>

제5항. ≪ㄹ≫은 모든 모음앞에서 ≪ㄹ≫로 발음하는것을 원칙으로 한다.

    례: 라지오, 려관, 론문, 루각, 리론, 레루, 요광로
    그러나 한자말에서 ≪렬, 률≫은 편의상 모음뒤에서는 [열]과 [율]로,
    ≪ㄹ≫을 제외한 자음뒤에서는 [녈], [뉼]로 발음한다.
    례: − 대렬[대열], 규률[규율]
          − 선렬[선녈], 정렬[정녈], 선률[선뉼]

이는 'ㄹ'을 표기대로 발음하는 것에 대한 어려움 또는 어색함을 해소하기 위하여 '렬, 률' 한자음에 대하여 표기대로의 발음을 폐기하고 'ㄹ'이 탈락하거나 'ㄴ'으로 변한 발음을 인정한 것으로 판단된다. 이 또한 표기와 발음의 불일치가 늘어나는 경우에 해당한다(남한 맞춤법 규정 11항 참조).

그런데 3.2.4.3.에서 보듯이 'ㄴ' 두음 발음에 관한 제6항은 삭제하였지만 ㄹ 두음에 관한 제5항을 삭제하지 않고 그대로 두고 예외 조문을 추가한 것으로 보아 아직도 북한에서 한자어 'ㄹ' 두음이나 '렬, 률' 발음에 대한 발음이 자연스러운 것이 아님을 반증한 것이라 하겠다.

3.2.4.3. 'ㄴ' 발음에 관한 제6항을 삭제하였다.

    <1988>
    제6항. ≪ㄴ≫은 모든 모음앞에서 ≪ㄴ≫으로 발음하는것을 원칙으로 한다.
      례: 남녀, 냠냠, 녀사, 뇨소, 뉴톤, 니탄, 당뇨병

이는 1950년 규정 이후 굳어진 한자어 두음 표기 'ㄴ'에 대하여 표기대로 발음하는 현실을 반영하여 특별히 규정할 필요가 없다고 생각하여 삭제한 것이라 하겠다.

3.2.4.4. 받침의 발음에 관한 제9항에 예외 조문을 추가하였는데, 이는 1966년 규정 10항 '붙임'에 명시되었으나, 1988년 규정에서 삭제되었다가 2010년 규정에서 다시 살아난 것이다. 이는 국어의 일반적인 발음 규칙이 적용되지 않은 예외적인 사항이다.

    <1966>
    제10항. 모음으로 시작한 토나 접미사의 앞에 있는 받침은 그 모음에 이어서
        발음한다.

례: 먹이―[머기]	부엌에―[부어케]
깎으니―[까끄니]	받으면―[바드면]
밭에―[바테]	옷을―[오슬]
잊었다―[이젇따]	꽃이―[꼬치]
입에―[이베]	잎을―[이플]
손으로―[소느로]	몸에―[모메]
발을―[바를]	깊이―[기피]
삼발이―[삼바리]	

【붙임】

(1) 그러나 부름을 나타내는 토 ≪아≫앞에 있는 ≪ㅅ≫받침은 [ㄷ]로 발음한다.

　례: 나의 벗아―[버다]

(2) 받침 ≪ㄷ, ㅌ≫뒤에 모음 ≪ㅣ≫가 오는 경우의 발음은 제23항의 규정을 따른다.

제11항. 한자어에서 모음앞에 있는 받침은 그 모음에 이어서 발음한다.

　례:　　1) 국영―[구경]　　　　　금요일―[그묘일]

　　　　　　일요일―[이료일]　　　절약―[저략]

　　　　2) 3.1(삼일)―[사밀]

　　　　　5.15(팔일오)―[파리로]

　　　　　6.25(륙이오)―[류기오]

<1988>

제10항. 모음앞에 있는 받침은 그 모음에 이어서 발음한다.

　례: ― 높이[노피], 삼발이[삼바리], 깎아치기[까까치기], 깎음[까끔]

　　　― 몸에[모메], 뭍에[무테], 조국은[조구근], 조선아[조서나], 꽃을[꼬츨], 입으로[이브로]

　　　― 받았다[바닫따], 밭았다[바탇따], 잊었다[이젇따], 있었다[이썯따]

　　　― 8.18[팔일팔→파릴팔], 6.25[륙이오→류기오], 3.14[삼일사→사밀사]

제11항. 모음앞에 있는 둘받침은 왼쪽받침을 받침소리로 내고 오른쪽받침은 뒤의 모음에 이어서 발음한다.

　례: 넋을[넉슬], 닭이[달기], 돐을[돌슬], 맑은[말근], 밟아[발바], 젊음[절믐], 훑어[훌터], 없으니[업스니], 없음[업슴], 읊어[을퍼]

<2010>

제9항. 모음앞에 있는 받침은 뒤소리마디의 첫소리로 이어서 발음한다.

1) 모음으로 시작되는 토나 뒤붙이앞에 있는 받침은 이어서 발음한다. 둘받침의
   경우에는 왼쪽받침을 받침소리로, 오른쪽받침을 뒤모음의 첫소리로 발음한다.
   례: — 높이[노피], 삼발이[삼바리]
       — 몸에[모메], 밭으로[바트로], 꽃을[꼬츨]
       — 젖어서[저저서], 갔었다[가썰따], 씻으며[씨스며]
       — 닭을[달글], 곬이[골시], 값에[갑세]
       — 맑은[말근], 밟아[발바], 읊어[을퍼], 젊은이[절므니]
       그러나 부름을 나타내는 토 ≪-아≫앞에서 받침은 끊어서 발음한다.
   례: 벗아[벋아→버다], 꽃아[꼳아→꼬다]
2) 한자말에서 모음앞에 놓이는 받침은 모두 이어서 발음한다.
   례: — 검열[거멸], 답안[다반], 국영[구경], 월요일[워료일]
       — 8.15[파리로], 3.14[사밀싸]

3.2.4.5. 제12항의 '맛있다, 멋있다'의 발음에 관한 조문을 제10항 붙임에 복수
발음을 인정하는 조문으로 두었는데, 이는 국어의 일반적인 발음 규칙에 맞는
발음을 살리기 위한 것이라 하겠다.

<1988>
제12항. 홑모음 ≪아, 어, 오, 우, 애, 외≫로 시작한 고유어말뿌리의 앞에 있는 받침
        ≪ㄳ, ㄹㄱ, ㅋ, ㄲ≫은 [ㄱ]으로, ≪ㅅ, ㅈ, ㅊ, ㅌ≫은 [ㄷ]으로, ≪ㅄ, ㅍ≫은
        ≪ㅂ≫으로 각각 끊어서 발음한다.
   례: — 넋없다[넉업따→너겁따], 부엌안[부억안→부어간],
         안팎일[안팍일→안파길]
       — 옷안[온안→오단], 첫애기[첟애기→처대기],
         젖어머니[젇어머니→저더머니], 닻올림[닫올림→다돌림]
       — 값있는[갑인는→가빈는], 무릎우[무릅우→무르부]
   그러나 ≪맛있다≫, ≪멋있다≫만은 이어내기로 발음한다.
   례: 맛있다[마싣따], 멋있다[머싣따]

<2010>
제10항. 모음 ≪아, 어, 오, 우, 애, 외≫로 시작한 고유어말뿌리 앞에 있는 받침은
        끊어서 발음한다.
   례: — 부엌안[부억안→부어간], 넋없다[넉업따→너겁따]

— 옷안[온안→오단], 첫애기[첟애기→처대기],

젖어머니[젇어머니→저더머니], 닻올림[닫올림→다돌림]

— 무릎우[무릅우→무르부]

【붙임】

≪있다≫앞에 오는 받침들도 끊어서 발음한다.

례: 값있는[갑인는→가빈는]

그러나 ≪맛있다≫, ≪멋있다≫는 이어내여 발음함을 허용한다.

례: 맛있다[마싣따/마딛따], 멋있게[머싣께/머딛께]

'맛있다, 멋있다'의 발음에 대하여는 1988년 규정에서 국어의 일반적인 발음 규칙이 적용되지 않은 발음 '맛있다[마싣따], 멋있다[머싣따]'만을 인정하였으나, 2010년 규정에서는 국어의 일반적인 발음 규칙이 적용되는 '맛있다[마딛따], 멋있게[머딛께]'와 함께 '맛있다[마싣따], 멋있게[머싣께]'의 발음도 허용하여 두 가지 발음을 인정하고 있다(남한 규정 15항 참조). 그런데 예시에서 원칙적인 발음을 뒤에 둔 것은 조정되어야 할 것이다(2항 예시, 희망[희망/히망], 회의[회의/회이] 참조).

3.2.4.6. 된소리 발음에 관한 제6장에 새로운 조문을 추가하였는데, 이는 국어의 일반적인 발음 규칙으로서 당연한 것이지만, 된소리로 발음되는 경우를 규정으로 망라하기 위한 것이라 하겠다.

<2010>

제12항. [ㄱ, ㄷ, ㅂ]으로 나는 받침소리 뒤에 오는 순한소리는 된소리로 발음한다.

례: — 국밥[국빱], 맏사위[맏싸위], 곱돌[곱똘]

— 흙밥[흑빱], 꽃밭[꼳빧], 없다[업따], 밟끼[밥끼]

3.2.4.7. 된소리 발음에 관한 제14항 붙임을 삭제하였는데, 이는 표기대로 발음하는 것이 당연한 것이므로 특별히 조항으로 삼을 필요가 없다고 생각하여 삭제한 것이라 하겠다.

<1988>

【붙임】그러나 사역 또는 피동의 뜻을 나타내는 상토 ≪기≫일적에는 된소리로 발음하지 않는다.

례: 감기다[감기다], 남기다[남기다], 신기다[신기다], 안기다[안기다]

3.2.4.8. 받침 'ㄴ'의 발음에 관한 제24항의 예외 조문을 삭제하였는데, 이는 이런 경우의 발음을 단어 개별적인 사안으로 처리하겠다는 뜻으로 판단된다.

<1988>
그러나 일부 굳어진 단어인 경우에는 그 ≪ㄴ≫을 [ㄹ]로 발음한다.
례: 곤난[골란], 한나산[할라산]

3.2.4.9. 닮기 현상의 발음에 관한 제8장에 아래의 조문을 추가하였는데, 이는 제5항 'ㄹ' 발음 규정 ≪ㄹ≫은 모든 모음앞에서 ≪ㄹ≫로 발음하는것을 원칙으로 한다.'만으로는 해결될 수 없는 부분을 보충한 것이라 하겠다(남한 규정 19항 참조).

<2010>
제24항. 받침소리 [ㅁ, ㅇ]뒤에서 ≪ㄹ≫은 [ㄴ]으로 발음한다.
례: 법령[범녕], 목란[몽난], 백로주[뱅노주]
그러나 모음 ≪ㅑ, ㅕ, ㅛ, ㅠ≫의 앞에서는 [ㄴ] 또는 [ㄹ]로 발음할수도 있다.
례: － 식량[싱냥/싱량], 협력[혐녁/혐력]
　　 － 식료[싱뇨/싱료], 청류벽[청뉴벽청류벽]

3.2.4.10. 닮기 현상의 발음에 관한 제25항을 삭제하였는데, 이는 국어의 일반적인 발음 규칙에 따르거나 표기대로 발음하는 것이 당연한 것이므로 일부러 다른 발음을 보일 필요가 없다고 생각하여 삭제한 것이라 하겠다.

<1988>
제25항. 이상과 같은 닮기현상밖의 모든 ≪영향관계≫를 원칙적으로 인정하지
　　　　않는다.

례:	(옳음)	(그름)
－ 밥그릇	[밥그른]	[박끄른]
밭관개	[받관개]	[박꽌개]
엿보다	[엳보다]	[엽뽀다]
－ 안기다	[안기다]	[앙기다]

온갖	[온갇]	[옹갇]
감기	[감기]	[강기]
— 선바위	[선바위]	[섬바위]
전보	[전보]	[점보]
— 잡히다	[자피다]	[재피다]
녹이다	[노기다]	[뇌기다]
먹이다	[머기다]	[메기다]

3.2.4.11. 사잇소리에 관한 제9장에 '암, 수'가 앞에 놓인 단어의 발음을 규정한 조문을 새로 추가하였다.

<2010>
제26항. ≪암, 수≫가 들어가 만들어진 단어의 발음은 다음과 한다.
1) 뒤형태부의 첫소리가 ≪ㄱ, ㄷ, ㅂ, ㅈ≫인 경우는 [ㅋ, ㅌ, ㅍ, ㅊ]의 거센소리로
   발음한다.
   례: — 암돼지[암퇘지], 수강아지[수캉아지], 수병아리[수평아리]
       — 암기와[암키와], 수돌쩌귀[수톨쩌귀]
2) 그밖의 겨우 앞형태부가 ≪수≫이면 사이소리를 끼워 발음한다.
   례: — 수사자[숟사자→수싸자], 수소[숟소→수쏘]
       — 수나비[숟나비→순나비], 수오리[숟오리→수도리]

'암, 수'가 들어간 단어에서 다음에 오는 단어의 기본 형태를 유지하는 차원에서 표기하도록 맞춤법을 수정함으로써 표기대로 발음되지 않은 사항에 대한 불가결한 규정으로 판단된다. 이 또한 표기와 발음의 불일치가 늘어나는 경우에 해당하는데, 이는 이미 2006년 「조선말대사전」(수정판)에 반영된 것으로서 2010년 개정은 그에 대한 근거 조항을 둔 것이라 하겠다. 이는 '암, 수'의 형태를 근거로 이와 관련한 모든 단어의 일정한 발음을 유도할 수 있으므로 조항으로 명시하여도 문제가 될 것이 없다고 하겠다.

3.3. 2010년 북한 어문 규정의 개정 의미

이상에서 살펴보았듯이 개정한 2010년 북한 어문 규정에서 내용적으로 달라진 부분은 크게 '암/수'가 붙은 단어의 표기에 대한 규정, 사이시옷의 표기에 대한

규정, 수사의 띄어쓰기에 대한 규정, 문장 부호 '점, 두점, 줄임표, 반두점, 반점, 풀이표, 괄호'에 대한 규정, 내려쓰기에 대한 규정, 'ㄹ 두음, 맛있다/멋있다, 벗아, '암/수'가 붙은 단어에 대한 규정 등인데, '암/수'가 붙은 단어의 발음에 관한 규정은 그런 단어의 발음이 이전과 달라진 것이 아니라 표기를 바꿈으로써 야기되는 문제를 해결하기 위하여 불가피하게 추가된 부분이라 하겠다.

'암/수'가 붙은 단어의 표기에 대한 규정의 추가와 사이시옷의 표기에 대한 규정의 삭제는 형태주의 표기 원칙을 철저히 적용한 것이고, 수사의 띄어쓰기, 문장 부호 '점, 두점, 줄임표', 내려쓰기에 대한 것은 규정을 간소화한 것이며, 문장 부호 '반두점, 반점, 풀이표, 괄호'에 대한 것은 규정을 정밀화한 것이고, 'ㄹ 두음, 맛있다/멋있다, 벗아'의 발음에 대한 규정은 현실 발음을 수용한 것이다.

이 가운데에서 수사의 띄어쓰기, 문장 부호 '점, 두점, 줄임표', 내려쓰기에 대한 것과 문장 부호 '반두점, 반점, 풀이표, 괄호'에 대한 것은 각각의 규정을 간소화하고 정밀화한 것이므로 실질적인 내용의 변화에서는 크게 달라진 것이 아니라고 할 수 있지만, 나머지 '암/수'가 붙은 단어의 표기에 대한 규정과 사이시옷의 표기에 대한 규정 및 'ㄹ 두음, 맛있다/멋있다, 벗아'의 발음에 대한 규정은 새로운 내용을 추가하거나 기존의 규정을 삭제한 것이므로 이에 대해서는 그러한 배경에 대한 의미를 생각해 보지 않을 수 없다.

'암, 수'가 붙은 단어에 대하여 소리대로 표기하지 않고 뒷말의 기본 형태를 밝혀 적도록 한 것은 1950년 철자법에서 천명한 형태주의 표기 원칙에 더욱 충실하려는 데에서 그 외연이 확장된 것이라 할 수 있다. 이는 북한의 맞춤법 총칙에 명시된 "단어에서 뜻을 가지는 매개 부분을 언제나 같게 적는 원칙을 기본으로 하면서 일부 경우 소리나는대로 적거나 관습을 따르는 것을 허용"하는 것에 따라 표기 형태와 실제 발음 중에서 형태를 우선시한 것이다. 따라서 북한은 ㄹ 발음에 대한 규정을 바꿀 수는 있어도 그 표기 형태를 바꾸기는 어려울 것이며, 사이시옷 표기에 대한 규정에서도 역시 마찬가지라 하겠다.

이러한 맥락에서 보면 2010년 북한의 어문 규정의 개정은 표기의 측면에서는 형태주의 원칙의 적용을 확대한 반면 발음의 측면에서는 현실 발음을 수용한 것이라 할 수 있다. 이는 표기의 보수성과 발음의 유연성에 대한 의식이 크게 작용한 것이라고 할 수 있다. 이에 따르면 남북한 어문 규범의 통일 논의에서 북한은 형태주의 표기 원칙을 충실히 적용한 표기를 달리 바꾸는 것에 대해서는 이를 쉽게 수용하지 않을 것으로 판단된다. 따라서 2010년 북한 어문 규정 개정의 의미는 이전의 규정 내용과 달라진 것에 있는 것이 아니라 북한 독자적이든 남북한 합의이든 이후에 어문 규범의 개정이 이루어질 경우에 북한이 취할 수 있는 태도를 보여 준 것에 있다고 하겠다.

4. 표기의 보수성과 발음의 유연성을 반영한 북한 어문 규정

북한의 2010년 『조선말규범집』의 개정 내용을 일견하여 볼 때, 맞춤법에서는 형태주의 표기 원칙에 더욱 충실함으로써 논리적 타당성을 부여하려 하였으며, 띄어쓰기에서는 1988년의 복잡한 규정을 간략화한 2003년의 규정이 규범집으로 한데 묶이지 않음으로써 소홀히 여기게 된 것을 명실상부하게 공식화한 계기가 되었다. 그리고 문장 부호에서 일부 부호는 그 사용을 제한하고 일부 부호는 그 사용을 구체화하였으며, 발음법에서는 형태를 밝히는 표기가 늘어남에 따라 표기와 불일치한 발음에 관한 조항이 명문화되었고 일부 단어는 두 가지 발음을 인정하게 되었다. 그리고 맞춤법과 발음법에서 규정으로 일관되게 처리할 수 없는 조항을 아예 삭제함으로써 단어 개별적인 사안으로 미루는 부분이 생기게 되었다.

결과적으로 2010년 북한의 어문 규정의 개정은 표기의 보수성과 발음의 유연성에 대한 의식이 크게 작용한 것이라고 할 수 있다. 따라서 2010년 북한 어문 규정 개정의 의미는 이후의 어문 규범 개정에서 북한이 취할 수 있는 태도를 보여 준 것에 있다고 하겠다.

참고문헌

김민수 편(1991), 『북한의 조선어 연구사 2: 실용분야』, 서울: 녹진.
북한 국어사정위원회(1988), 『조선말규범집』, 평양: 사회과학출판사.
북한 국어사정위원회(2000), 「조선말 띄여쓰기규범」.
북한 국어사정위원회(2003), 「띄여쓰기규정」.
북한 사회과학원 언어학연구소(2006), 『조선말대사전』(증보판), 평양: 사회과학출판사.
북한 국어사정위원회(2010), 「조선말규범집」(2판).
최정후·김성근(2005), 『조선어규범변천사』(조선어학전서 46), 평양: 사회과학출판사.
최호철(1988), 「북한의 맞춤법」, 『국어생활』 15.
최호철(2002), 「남북한 통일 표준 발음법 시안」 김민수 편, 『남북의 언어 어떻게 통일할 것인가』, 서울: 국학자료원.
최호철(2004), 「남북 띄어쓰기 규범 통일에 대하여」, 『한국어학』 25.
최호철(2007), 「남북 문장 부호의 통일에 대하여」, 『국제고려학』(국제고려학회) 11.
홍종선·최호철(1998), 「남북 언어 통일 방안 연구」, (문화관광부 연구 보고서).

* 이 논문은 2012년 『어문논집』(민족어문학회) 제65집에 실린 것을 손질하여 다시 게재한 것임.

최호철(崔鎬哲)

고려대학교 문과대학 국어국문학과
서울 성북구 안암동
전자우편: hocherl@korea.ac.kr

朝鮮時代 漢文·吏讀文·諺文의 位相과 相互間 飜譯에 관한 몇 考察

李賢熙 (서울대학교)

1. 雅·俗의 二項對立的인 언어·문자생활

이 글[1]은 조선시대의 대표적인 세 문체인 한문, 이두문, 언문의 위상과 그 상호간 번역양상을 개관하기 위하여 마련되었다. 잘 알려져 있다시피, 세계 문명의 발생지는 정치·문화의 중심부였으며 그 주변부의 여러 민족을 거느리는 입장에 있었다. 그 중심부와 주변부는 모든 면에서 普遍性과 地域性의 二項對立的인 관계를 가지고 있었다. 이는 정치적인 상황 외에, 언어생활과 문자생활에서도 두드러지게 나타났다. 그리스·로마 문명을 이어받은 중세유럽에서는 라틴어가 普遍語의 역할을 하였으며 이는 '神聖語'요 '眞理語'로서(Anderson 1983) 通俗語인 유럽諸國의 地域語에 대해 지배적인 위치에 있었다. 이러한 상황은 中華文明圈에서도 동일하게 나타났다. 文書語로서의 '漢文' 또는 '文言'과 隣近諸國의 口頭語로서의 지역어가, 그리고 우리의 관심사인 한국어 역시 雅·俗의 이항대립적인 관계를 가지고 있었던 것이다.

한국에서는 일찍부터 지리적으로 문명의 주변부에 있음을 명확히 인식하고 있었으며 언어적으로 문명 중심부의 언어와 다른 언어를 사용하고 있음을 명확히 인식하고 있었다. '東國, 東方'으로 대표되는 지리적인 상대적 표현은 그러한 周邊部性을 단적으로 드러낸다. '方言·鄕語·國語'[2] 등으로 대표되는 언어적인

---

1) 이 글은 필자가 작성하고 있는 「조선시대의 어문관과 문자생활의 몇 양상: 근대한국어 시기 언어·문자관 연구의 槪觀을 위하여」의 일부에 해당한다. 中國 复旦大学 姜銀國 교수의 정년퇴임을 기념하는 논문집에 이 원고를 싣게 됨을 매우 영광스럽게 생각한다. 강 교수께서 이 글을 읽으시고 '一粲'하시기 바라 마지않는다.

2) '國語'가 우리가 이미 잘 아는 바의 절대적인 개념을 가지는 것으로 사용되는 것은 당연하지만, 그 외에 상대적인 개념을 가지는 것으로도 사용되기도 한다는 점은 약간의 설명이 필요할 것이다. '이제 우리 聖上이 [중략] 親히 입겿 一定ᄒ시고 儒臣 韓繼禧를 命ᄒ샤 國語로 飜譯ᄒ시고

상대적 표현도 그러한 周邊部性을 잘 보인다. 이러한 지리적 · 언어적 상대성은 그 雅 · 俗의 두 존재가 결코 동일화될 수 없음을 전제로 하고 있었다. 특히 언어의 차원에서 '同語'는 원리적으로 불가능하기 때문에 '通語'가 대단히 중요한 지위를 차지하게 된 것이다. 그러나 보편문어의 글자인 漢字로 씌어지는 글은, 즉 文書語로서의 普遍文語는 노력만 하면 동일화시킬 수 있는 것이었다. '通文'의 수준뿐만 아니라 노력만 하면 한 걸음 더 나아가 '同文'의 수준까지 가능하였던 것이다. 漢字音을 自國音化하여 소화 · 수용한 韓國, 日本, 越南에서는 漢字音, 漢文, 自國語 사이에서 발생하는 雅 · 俗의 문제를 인식하고 그 모순을 극복하기 위하여 오랜 기간 동안 치열한 노력을 기울이게 되었다. 특히 한문만으로 자국어를 기록한 것이 아니라 그와 다른 방법으로도 자국어를 기록할 수 있게 된 상황에서는(특히 자국문자를 창제해 낸 조선에서는) 이 雅 · 俗의 문제가 近現代가 될 때까지 끊임없이 각축을 벌이고 갈등을 일으키게 된 것이다.

우리는 조선시대의 문자생활이 漢文과 諺文의 이원적인 대립관계로만 파악되어서는 안 된다는 견해를 여기서 피력하려고 한다. 차자표기의 代表走者였던 吏讀文도 함께 포함시켜 그들 상호간의 관계를 살펴야 함을 강조하기 위하여 이 글이 작성되는 것이다.

2. 조선시대 漢文 · 吏讀文 · 諺文의 位相

먼저 ≪訓民正音≫ 解例의 <鄭麟趾序>의 일부를 살펴보기로 한다.

우리 동방은 예악과 문물이 거의 중국에 버금가나, 단지 말은 그와 같지 않아 글을 배우는 사람은 그 뜻이 통하기 어려움을 근심하고, 옥을 다스리는 사람은 그 곡절이

(今我聖上이 [중략] 親定口訣ᄒ시고 命儒臣韓繼禧ᄒ샤 譯以國語ᄒ시고)'(≪金剛經諺解≫, <孝寧大君跋>, 2)나 '고유어음[國語]에서는 溪母가 많이 쓰이지만, 한자음에서는 '夬'음 하나뿐이니, 이는 더욱 우스운 일이다.(國語多用溪母, 而字音則獨夬之一音而已, 此尤可笑者也。)'(≪東國正韻≫, <申叔舟序>)의 '國語'가 절대적인 개념을 가지고 있는 것이라고 한다면, '上以本國語音, 與華語雖殊, 其牙舌脣齒喉淸濁高下, 未嘗不與中國同, 列國皆有國音之文, 以記國語, 獨我國無之, 御製諺文字母二十八字.'(≪保閑齋集≫ 권11, 姜希孟 撰 <行狀>)나 '四詩의 악보를 정하니 風 · 雅 · 頌을 악장에 맞게 하였고, 세 나라 역사의 잘못을 바로잡으니 遼 · 金 · 元의 國語를 번역하였다.(四詩定譜, 叶風雅頌於樂章, 三史{科}訛, 譯遼、金、元之國語.)'[≪正祖實錄≫ 권51, 23년(1799) 5월 27일]의 '國語'는 상대적인 개념을 가진다고 할 것인바, "본국어, 자국어"의 의미를 가지는 것으로 파악하여야 할 것이다.

통하기 어려움을 병되게 여겼다. 옛날 신라의 설총이 비로소 이두를 만들어 관부와 백성 사이에서 지금까지 행해 온다. 그러나 한자를 빌려 쓰니 혹은 꺽꺽하고 혹은 막혀서 비루하고 근거 없을뿐더러 말의 사이에 이르러서도 1/10,000도 도달할 수 없었다.(吾東方禮樂文章, 侔擬華夏. 但方言俚語, 不與之同. 學書者患其旨趣(去)之難曉, 治(平)獄者病其曲折之難通. 昔新羅薛聰, 始作吏讀(去), 官府民間, 至今行之. 然皆假字而用, 或澁或窒. 非但鄙陋無稽而已, 至於言語之間, 則不能達其萬一焉.)

조선이 문화적으로는 중국과 대등하나, 언어는 달라 學問·刑政面에서 어려움이 있다는 것이다. 吏讀를 통하여 그 어려움을 풀 수도 있으나 비루하고 꺽꺽하여 意思의 1/10,000도 제대로 전달할 수 없다고 하여 새 문자의 필요성을 강조하고 있다.

그에 비하여 崔萬理 등의 甲子上疏文에서는 이두의 효용성을 강조하고 있어 큰 차이를 보인다. 다음은 그 상소문의 세 번째와 네 번째 조목들이다. 장황하지만 그 全文을 다 들기로 한다.

a. 一. 신라 薛聰의 吏讀는 비록 야비한 俚言이오나, 모두 중국에서 통행하는 글자를 빌려 語助에 사용하였기에, 원래 문자(=한자)와 서로 분리된 것이 아니므로, 비록 胥吏나 僕隷의 무리에 이르기까지라도 반드시 익히려 하면, 먼저 몇 가지 글을 읽어서 대강 문자(한자)를 알게 된 연후라야 이두를 쓰게 되옵는데, 이두를 쓰는 자는 모름지기 문자(한자)에 의거하여야 능히 의사를 통하게 되기 때문에, 이두로 인하여 문자(한자)를 알게 되는 자가 자못 많사오니, 또한 학문을 흥기시키는 데에 한 도움이 되었습니다. 만약 우리나라가 원래부터 문자를 알지 못하여 結繩하는 세대라면 우선 諺文을 빌려서 한때의 사용에 이바지하는 것은 오히려 가할 것입니다. 그래도 바른 의논을 고집하는 자는 반드시 말하기를, '언문을 시행하여 임시방편을 하는 것보다는 차라리 더디고 느릴지라도 중국에서 통용하는 문자를 습득하여 길고 오랜 계책을 삼는 것만 같지 못하다.'고 할 것입니다. 하물며 이두는 시행한 지 수천 년이나 되어 簿書나 期會 등의 일에 防礙됨이 없사온데, 어찌 예로부터 시행하던 폐단 없는 글을 고쳐서 따로 야비하고 상스러운 무익한 글자를 창조하시나이까. 만약에 언문을 시행하오면 구실아치 된 자가 오로지 언문만을 습득하고 학문하는 문자를 돌보지 않아서 吏員이 둘로 나뉘어질 것이옵니다. 진실로 구실아치 된 자가 언문을 배워 통달한다면, 後進이 모두 이러한 것을 보고 생각하기를, 27자의 언문으로도 족히 세상에 立身할 수 있다고 할 것이오니, 무엇 때문에 苦心勞思하여 性理의 학문을 궁리하려 하겠습니까. 이렇게 되오면 수십 년 후에는 문자(한자)를

아는 자가 반드시 적어져서, 비록 언문으로써 능히 吏事를 집행한다 할지라도, 성현의 문자(문헌)를 알지 못하고 배우지 않아서 담을 대하는 것처럼 사리의 옳고 그름에 어두울 것이오니, 언문에만 능숙한들 장차 무엇에 쓸 것이옵니까. 우리나라에서 오래 쌓아 내려온 右文의 교화가 점차로 땅을 쓸어버린 듯이 없어질까 두렵습니다. 전에는 이두가 비록 문자(한자) 밖의 것이 아닐지라도 유식한 사람은 오히려 야비하게 여겨 吏文으로써 바꾸려고 생각하였는데, 더욱이 언문은 문자(한자)와 조금도 관련됨이 없고 오로지 시골의 상말을 쓴 것입니다. 가령 언문이 前朝 때부터 있었다 하여도 오늘의 문명한 정치에 變魯至道하려는 뜻으로서 오히려 그대로 물려받을 수 있겠습니까. 반드시 고쳐 새롭게 하자고 의논하는 자가 있을 것으로서 이는 환하게 알 수 있는 이치이옵니다. 옛 것을 싫어하고 새 것을 좋아하는 것은 고금에 통한 우환이온데, 이번의 언문은 새롭고 기이한 한 가지 技藝에 지나지 못한 것으로서, 학문에 방해됨이 있고 정치에 유익함이 없으므로, 아무리 되풀이하여 생각하여도 그 옳은 것을 볼 수 없사옵니다.(一. 新羅薛聰吏讀, 雖爲鄙俚, 然皆借中國通行之字, 施於語助, 與文字元不相離, 故雖至胥吏僕隷之徒, 必欲習之. 先讀數書, 粗知文字, 然後乃用吏讀. 用吏讀者, 須憑文字, 乃能達意, 故因吏讀而知文字者頗多, 亦興學之一助也. 若我國, 元不知文字, 如結繩之世, 則姑借諺文, 以資一時之用猶可, 而執正議者必曰: "與其行諺文以姑息, 不若寧遲緩, 而習中國通行之文字, 以爲久長之計也." 而況吏讀行之數千年, 而簿書期會等事, 無有防礙者, 何用改舊行無弊之文, 別創鄙諺無益之字乎? 若行諺文, 則爲吏者專習諺文, 不顧學問文字, 吏員岐而爲二. 苟爲吏者以諺文而宦達, 則後進皆見其如此也, 以爲: "二十七字諺文, 足以立身於世, 何須苦心勞思, 窮性理之學哉?" 如此則數十年之後, 知文字者必少. 雖能以諺文而施於吏事, 不知聖賢之文字, 則不學墻面, 昧於事理之是非, 徒工於諺文, 將何用哉? 我國家積累右文之化, 恐漸至掃地矣. 前此吏讀, 雖不外於文字, 有識者尙且鄙之, 思欲以吏文易之, 而況諺文與文字, 暫不干涉, 專用委巷俚語者乎? 借使諺文自前朝有之, 以今日文明之治, 變魯至道之意, 尙肯因循而襲之乎? 必有更張之議者, 此灼然可知之理也. 厭舊喜新, 古今通患, 今此諺文不過新奇一藝耳, 於學有損, 於治無益, 反覆籌之, 未見其可也.) [≪세종실록≫ 권103, 26년(1444), 2월 20일] [밑줄: 인용자. 이하 마찬가지임]

b. 一. 만일에 말하기를, '刑殺에 대한 獄辭 같은 것을 吏讀文字(이두로 작성한 문서)로 쓴다면, 文理를 알지 못하는 어리석은 백성이 한 글자의 착오로 혹 원통함을 당할 수도 있겠으나, 이제 언문으로 그 말을 있는 그대로 써서 읽어 듣게 하면, 비록 지극히 어리석은 사람일지라도 모두 다 쉽게 알아들어서 억울함을 품을 자가 없을 것이라.' 하오나, 예로부터 중국은 말과 글이 같아도 獄訟 사이에 冤枉한 것이

심히 많습니다. 가령 우리나라로 말하더라도 옥에 갇혀 있는 죄수로서 이두를 해득하는 자가 친히 招辭를 읽고서 허위인 줄을 알면서도 매를 견디지 못하여 그릇 항복하는 자가 많사오니, 이는 초사의 글 뜻을 알지 못하여 원통함을 당하는 것이 아님이 명백합니다. 만일 그러하오면 비록 언문을 쓴다 할지라도 무엇이 이와 다르겠습니까. 이것은 刑獄의 공평하고 공평하지 못함이 獄吏의 어떠하냐에 있고, <u>말과 글자의 같고 같지 않음</u>에 있지 않은 것을 알 수 있으니, 언문으로써 옥사를 공평하게 한다는 것은 신 등은 그 옳은 줄을 알 수 없사옵니다.(一, 若曰如刑殺獄辭, 以吏讀文字書之, 則不知文理之愚民, 一字之差, 容或致冤. 今以諺文直書其言, 讀使聽之, 則雖至愚之人, 悉皆易曉而無抱屈者, 然自古中國言與文同, 獄訟之間, 冤枉甚多. 借以我國言之, 獄囚之解吏讀者, 親讀招辭, 知其誣而不勝棰楚, 多有枉服者, 是非不知招辭之文意而被冤也明矣. 若然則雖用諺文, 何異於此? 是知刑獄之平不平, 在於獄吏之如何, 而不在於言與文之同不同也. 欲以諺文而平獄辭, 臣等未見其可也.)
[≪세종실록≫ 권103, 26년(1444), 2월 20일]

이 상소문의 세 번째 조목인 위의 (a)에서는 새 문자인 언문이 불필요할 뿐만 아니라 吏讀가 興學에 도움이 됨을 강조하고 있다. 여기서 이두에 의한 문자생활이 '官'[벼슬아치, 品官]에 의해서가 아니라 '吏'[구실아치, 吏屬]에 의해 이루어짐을 언급하고 있다는 점에 주목할 필요가 있다. 이 상소문의 네 번째 조목 (b)에서는 '吏'에 의해 작성되는 이두문 대신 諺文으로 招辭를 써서 '民'[百姓]등을 포함한 죄수가 그 뜻을 알 수 있다 하더라도 그것은 부차적인 것일 뿐이고 刑獄의 공평함은 獄吏가 어떠하냐에 달려 있다고 하여 언문에 대한 부정적 견해를 보이고 있다. 그런데 이 네 번째 조목 (b)에서는 언문의 성격을 '말과 글자가 같음(言與文之同)'에 관련짓고 있음이 주목된다. 즉, 諺文이 言文一致를 실현할 수 있는 문자임을, 다시 말하자면 '直書其言'할 수 있는 문자임[3]을 언문창제반대론자들인 崔萬理, 辛碩祖 등도 1444년 2월 시점에서 다 잘 알고 있었음을 말하는 것이다.

여기서 우리는 중세한국어 시기에서의 문자생활을 다음과 같이 정리해 볼 수 있

---

3) '이제 언문으로 그 말을 있는 그대로 써서 읽어 듣게 하면(今以諺文直書其言)'의 '있는 그대로 쓰-(直書)'라는 표현에 주목할 필요가 있다는 것이다. 이것은 일상의 口語를 있는 그대로 쓴다는 것을 의미한다. 여기서 우리는 한국어학계에서 난해한 용어 가운데 하나로 꼽고 있는 '直解'를 떠올리게 된다. 이미 拙稿(2013)에서 언급된 바 있듯이, '直解'는 神聖語이자 眞理語(sacred language; truth language)인 한문을 通俗語(vernacular language; vulgar language)인 백화문이나 이두문으로 번역한다는 의미로 귀납될 수 있다.

을 것이다. 훈민정음 창제 이전에는 언문일치가 되지 않는 한문과 이두문이 일상의 문자생활에서 雅·俗의 이원적인 대립체계를 보이고 있었다.[4] 훈민정음이 창제된 이후에는 한문과 언문이 雅·俗의 대립을 보였는데, 관점에 따라서 吏讀文은 박쥐같은 존재가 되어 한편으로는 諺文쪽에 속하기도 하고 다른 한편으로는 漢文쪽에 편입되기도 하였다.[5] 특히 근대한국어 시기에는 이두문이 '眞文' 또는 '眞書'에 속하기도 하여 이른바 傳令의 전달 체계에서 輪示 및 榜示를 위해 보이던 '眞諺翻謄'의 '眞(書)'에 한문 외에 이두문이 암묵적으로 포함되기도 하였다.[6] 그런가 하면, 草梁의 倭館을 중심으로 하여 조선의 譯官과 對馬島의 通詞 사이에 주고받던 실무문서 속에는 원래적 의미의 언문[7]과 이두문이 포함되어 있기도 하였다. 이때 그들 사이에서 '諺文'이라 칭해지던 대상은 원래적 의미의 언문(한글문장·문서) 외에 이두문도 포함되어 있었는데 그러한 예가 ≪分類紀事大綱≫ 속에 남아 있다고 한다(이훈 2011:168~170; 허지은 2012:50). 말하자면, 그들 사이에 언급되던 '諺文'은 "한문이 아닌 문장들, 즉 원래적 의미의 언문이나 이두문"을 의미하였다는 것이다. 鄕札은 이미 사용되지 않고 있으니 말할 필요가 없지만, 口訣은 한문 해석상 보조적

---

4) 그 외에, 事大文書에 사용되던 吏文(주로 承文院에서 작성)과 譯語(외국어, 특히 중국어) 및 漢語文, 즉 白話文(주로 司譯院에서 작성) 등도 있었으나 그것들은 매우 특수한 상황에서 사용되던 것들이었다. 물론, 倭語·女眞語·蒙古語 등과 그것을 적은 글들도 특수한 상황에서 사용되던 것들이었다. 새 문자인 훈민정음(언문)의 제작목적이 이두문을 대체하기 위한 것이라는 견해는 南豊鉉(1978, 1980)에서 이미 펼쳐진 바 있다. 그러나 그 외에 '便民', 즉 "백성을 편안하게 하"기 위함도 그 제작목적에 포함되어야 할 것이다. 즉, 吏와 民의 문자생활이 다 대상 속에 들어가야 한다는 것이다. 세종 임금이 최만리등의 상소문을 보고서 한 말, "너희들이 이르기를, '음을 사용하고 글자를 합한 것이 모두 옛 글에 위반된다.' 하였는데, 薛聰의 吏讀도 역시 음이 다르지 않느냐. 또 이두를 제작한 본뜻이 백성을 편안하게 하려 함이 아니하겠느냐. 만일 그것이 백성을 편안하게 한 것이라면 이제의 언문은 백성을 편안하게 하려 한 것이다. 너희들이 설총은 옳다 하면서 君上의 하는 일은 그르다 하는 것은 무엇이냐.(汝等云: '用音合字, 盡反於古. 薛聰吏讀, 亦非異音乎? 且吏讀制作之本意, 無乃爲其便民乎? 如其便民也, 則今之諺文, 亦不爲便民乎? 汝等以薛聰爲是, 而非其君上之事, 何哉?)"[≪세종실록≫ 26년(1444) 2월 20일]도 이에 참조될 것이다.

5) 조선 중기 이후의 '官 – 吏 – 民'으로 된 신분질서를 연상시킨다(물론, 官보다 상위인 신분과 民보다 하위인 신분도 존재하였다). '吏'는 지배계층인 '官吏'에 묶여 들어가기도 하고, 피지배계층인 '吏民'에 묶여 들어가기도 하여, 신분상 박쥐같은 존재였었다고 할 것이다.

6) 구체적인 예는 다음 章에서 다루어진다.

7) '諺文'이 "한글이라는 문자체계"를 가리키기도 하고, "그것으로써 작성한 문장이나 문서"를 가리키기도 하는 重義性을 보였다는 사실은 잘 알려져 있다. 물론 '國文'도 그와 꼭같이 중의성을 보였다.

으로 들어가는 附屬文字[8]로서 大文인 한문에 종속적·부속적인 존재이므로 그것에
이두문의 이두처럼 독립성을 주기는 어려울 것이다. 그러므로 조선시대 차자표기의
대표적인 존재는 이두가 된다. 요컨대, 한문과 언문이 대립적이었고, 그 중간 위치의
것이 이두문으로 대표되는 차자표기 문장이었다고 할 것이다.

　이제 우리는 朝鮮王朝實錄의 "是月, 上親制諺文二十八字. 其字倣古篆,
分爲初中終聲, 合之然後, 乃成字, 凡于文字及本國俚語, 皆可得而書, 字雖簡而要,
轉換無窮, 是謂訓民正音."[≪세종실록≫ 권102, 25년(1443) 12월]이라는 記事에서,
맨 처음으로 훈민정음 창제를 언급하는데도 불구하고 '上親制諺文二十八字 [중략]
是謂訓民正音.'[9]에서처럼 먼저 언문을 내세우고 나중에 '훈민정음'을 언급하여
'임금이 친히 언문 28자를 만드셨다. [중략] 이를 일러 훈민정음이라 한다.'고 한
까닭을 한 번 더 되새김질해 볼 수 있다. 즉, 글자인 '諺文'은 "한자가 아닌 글자"를
의미하고, 문장인 '諺文'은 "한문이 아닌 문장"을 의미하였기 때문에 '임금이 漢字가
아닌 글자 28자를 만드셨다. [중략] 이를 일러 훈민정음이라 한다.'고 한 것은
아닐지 되새겨 볼 필요가 있다는 것이다.

　보편문자인 漢字는 보통 '文字' 또는 '字'로만 표현되어도 전혀 문제될 것이
없었다. 그 원래의 所屬을 강조하기 위해서 '漢字'라고 적기도 하였다.[10] 文·字·詩
등 문자생활과 관련된 것들은 그 앞에 원래의 소속을 표시하는 '漢'을 붙이지
않아도 그 대상이 무엇인지 쉽게 이해되었다. 보편적·세계적 요소들이었기
때문이다. 그러나 漢人·漢語·漢音 등은 절대로 '漢'을 떼어서는 성립될 수 없었다.
보편적·세계적 요소들이 아니었기 때문이다.

　여기서 '漢文'이라는 용어에 대하여 一言해 두고자 한다. 한자로 적힌 문장(文言,
古代漢語)을 가리키는 말로서 '漢文'은 한국에서 19세기 이전에 거의 사용되지
않았다. 필자는 1876년 <丙子修護條規> 이전에 '漢文'이라는 단어가 사용된
예로는 ≪成宗實錄≫의 다음 기록 둘만 찾을 수 있었다.

---

8) '附屬文字'의 '文字'는 [문짜]가 아니라 [문자]의 음상을 가진다. [문짜]가 "글자"의 의미를 가짐
　에 비해, [문자]는 "단어 이상의 단위, 즉 成語, 문장, 텍스트" 등의 의미를 가진다.

9) 임홍빈(2013:15-16, 19)에서는 '是謂正音'이라 옮겨 적어(鄭麟趾 서문의 '名曰訓民正音'도 '名
　曰正音'이라 옮겨 적으면서) 이 두 곳의 '正音'이 문자의 이름이나 책자의 이름인 것이 아니라
　世宗의 '例義'를 가리키는 것으로 파악하였는데, 그 지시대상의 파악도 재고의 여지가 있거니
　와 '正音'이라 한 것은 대단히 큰 착오라 할 것이다.

10) '漢字'는 이미 조선 초기에도 사용되었다. '漢字로 몬져 그를 밍글오 그를 곧 因ᄒᆞ야 正音으
　로 밍글씨 곧 因ᄒᆞ다 ᄒᆞ니라'(≪月印釋譜≫ 권1, <釋譜詳節序>, 6)라는 夾註文이 그 쓰임새
　의 한 예를 보인다.

a. 吏曹·禮曹·承文院에 전교하기를, "나이가 젊고 총명한 文臣을 골라서 吏文을
전업으로 삼게 하여, ≪至正條格≫ 가운데 글의 뜻이 분명치 못한 것은 뽑아서
기록해 두었다가 북경에 가는 행차 때마다 습독관으로 하여금 따라가서
질문하여 漢文으로 번역해 오도록 하라." 하였다.(傳于吏曹、禮曹、承文院曰:
"揀擇年少聰敏文臣, 使之專業吏文. 如≪至正條格≫內文義未曉處抄錄, 每赴京之行,
令習讀官從行質正, 譯以漢文而來.") [≪성종실록≫ 권97, 9년(1478) 1월 3일]

b. 一. 지금 간택된 인원은 北京에 갈 때마다 읽은 吏文 중에서 文義가 통하지
않는 곳에 대해서는, 중국 조정에 아뢰는 啓本, 榜文과 관부에서 서로 통용하는
文字(문서)의 體格 가운데 무엇이든 도움이 될 수 있는 문서를 널리 읽고 보아서
닥치는 대로 익히며 그 이해하기 어려운 곳은 구절마다 질정하여 익숙하게 통할 수
있도록 기할 것이며, 漢文으로 번역하여 하나하나 써서 아뢰고, 다음 번에 吏文을
고강할 때 위의 항목의 吏文도 아울러 강론하고, 즉시 등사하여 습독하게 하소서.(一.
今揀擇人員, 每赴京時, 所讀吏文內文義未曉處, 中朝奏啓本·榜文·官府相通文字體格,
一應可倣文書廣行聞見, 隨得隨習, 其難解處, 逐節質正, 期於通慣, 飜以漢文,
一一開寫以啓, 後次吏文考講時竝講論, 上項吏文, 須卽謄寫, 亦令習讀.)
[≪성종실록≫ 권98, 9년(1478) 11월 13일]

여기서 우리는 이 '漢文'(漢나라, 즉 중국의 古典文語)가 외교문서인 吏文과
대비되어 있음에 주목할 필요가 있다. 위 인용문들은 일종의 通俗語에 해당하는
吏文 가운데 분명하지 못하거나 어려운 곳을 神聖語인 '漢文'으로 번역하는, 이른바
漢譯을 행할 필요성이 있음을 강조하고 있는 대목인 것이다.[11]

그러다가 1876년의 <丙子修護條規>에서는 '이후에 양국 사이에 오가는
공문은, 일본은 자기 나라 글을 쓰되 지금부터 10년 동안은 漢文으로 번역한
것 1본을 별도로 구비한다. 조선은 眞文을 쓴다.(第三款. 嗣後兩國徃來公文,
日本用其國文, 自今十年間, 別具譯漢文一本, 朝鮮用眞文.)'고 규정하였다. 여기서
"the classical Chinese"나 "the literary Sinitic"의 의미를 가지는 동일한 대상이
일본과 관련하여서는 '漢文'이라 칭해지고 조선과 관련하여서는 '眞文'이라 칭해져

---

11) 그런데 '漢文'이 '漢語와 吏文'의 복합개념으로 사용된 예도 있다. '司譯院 提調 偰長壽 등이
글월을 올려서 말하였다: [중략] 一. 교수의 정원은 3인으로 하되, 그 가운데 한어와 이문[漢
文]을 2명으로 하고, 몽고어를 1명으로 하여 후하게 봉급을 줄 것입니다. 생도의 정수는 (한
어 및 이문과 몽고어로) 나누어서 공부하게 하고 그 성적을 考査하여 상과 벌을 주게 하되, 상
벌은 교수들에게도 미치게 해야 할 것입니다. [하략](司譯院提調偰長壽等上書言: 一. 額設敎
授三員內, 漢文二員, 蒙古一員, 優給祿俸. 生徒額數, 分肄習業, 考其勤慢, 以憑賞罰, 幷及敎授
之官.)'[≪태조실록≫ 권6, 3年(1394) 11월 19일]의 '漢文'이 그것이다.

있어 묘한 대조를 보이는 것이다.[12] 대체로 '眞文'보다 '眞書'라는 표현이 더 널리 사용되었다.

1894년 甲午更張이 이루어진 후 勅令 제1호로 나온 <公文式>은 조선에서의 문체를 크게 변화시키는 데 일정한 역할을 하였다. 제14조에 '法律勅令, 總以國文爲本. 漢文附譯, 或混用國漢文.'[13]이라 하여 國文·漢文·國漢文이라는 용어가 공식적으로 새로이 사용되었다. 1894년 12월 12일에는 이른바 <洪範 14條>가 <大君主 展謁 宗廟誓告文>(한문), <대군주게셔 죵묘에 젼알ㅎ시고 밍셔ㅎ야 고ㅎ신 글월>(국문), <大君主게셔 宗廟에 展謁ㅎ시고 誓告ㅎ신 文>(국한문)의 세 문체로 작성되어 宗廟에 告해졌다.

이 무렵의 사정은 黃玹(1855~1910)의 다음 기록이 잘 알려 준다.

이때 서울의 관보 및 각도의 移文은 眞諺을 섞어 문장을 만들었다. 그것은 일본의 文法(글 쓰는 법)을 본받은 것이다. 우리나라 말[方言]에 옛날부터 華文(=한문)을 眞書라고 하고 訓民正音을 諺文이라고 하였으므로 이를 통칭하여 眞諺이라고 하였는데, 갑오경장 이후로 신시대의 업무에 종사한 사람들은 언문을 國文이라 칭하고, 진서는 외국 것으로 생각하여 漢文이라 칭하였다. 이에 '國漢文'이라는 세 글자가 우리나라 말을 이루면서 '眞諺'이라는 명칭은 사라지고 말았다. 이때 경솔한 사람들은 한문을 폐지하여야 한다는 여론을 일으켰으나 그들의 세력이 저지되어 그 여론은 중지되었다.(是時, 京中官報及外道文移, 皆眞諺相錯, 以綴字句, 盖效日本文法也, 我國方言, 古稱華文曰眞書, 稱訓民正音曰諺文, 故統稱眞諺, 及甲午(高宗三十一年)後,

---

12) 池內(2011:57)에서는 1763~1764년 通信使行(癸未使行) 당시에 일본측에서도 都首譯이었던 崔鶴齡의 일본어 실력에 懷疑를 품고 구두로 전달하는 동시에 상당 부분을 문서화하거나 심지어 漢文으로 작성하여 전달하는 일을 병행하였음을 밝히고 있다["右御口上, 御応対之趣事 長ク, 上々官言語拙候故, 若申違·申落等有之候而ハ如何ニ付, 真文ニ而爲認候由ニ而, 監物より 来候付, 左ニ記置.[밑줄: 引用者]"(慶應義塾大学 所蔵 対馬藩政史料, ≪宝暦信使記録 下向大 坂ニ而中官崔天宗を通詞鈴木伝蔵殺害一件御供方記録≫)]. 여기서도 '한문'에 해당하는 말로 '眞文'이 사용되어 있다. 조선의 역관과 일본의 通詞들 사이에는 일본에서는 전혀 사용되지 않는 '眞書' 내지 '眞文'이라는 표현('假名' 또는 '假字'에 대비되는 '眞名'이나 '眞字'는 사용되었다.)이 '漢文'에 해당하는 것으로 묵계되어 있었음을 말한다. 이에 대하여는 李賢熙·福井玲 (2013)에서도 부분적으로 언급된 바 있다.

13) 그런데 1894년 11월 21일에 공포된 칙령 제1호는 한문으로 작성되었지만, 이듬해 5월 8일에 공포된 칙령 제86호에 가서는 국한문으로 작성되었다. <公文式 第一章 頒布式> 제9조는 '法 律命令은 다 國文으로써 本을 삼고 漢譯을 附ㅎ며 혹 國漢文을 混用홈'으로 되어 있는 것이 다. 이것은 칙령 제1호에서 국문을 본위로 한다 하였으나 실제 문자생활에서는 국한문이 대 세를 이루었음을 말한다.

趨時務者, 盛推諺文曰國文, 別眞書以外之曰漢文, 於是國漢文三字, 遂成方言, 而眞諺之稱泯焉, 其狂佻者, 倡漢文當廢之論, 然勢格而止.) (黃玹, ≪梅泉野錄≫ 卷之二, <高宗三十一年甲午>, <七. 國漢文混用>)

'眞書'는 보편문어였기 때문에 문제가 없었으나, 그를 대체한 '漢文'은 外國인 중국의 문장이라고 인식되어 붙여진 명칭이기 때문에 보편성을 잃고 지역성을 띠고 말았다는 것이다. '眞諺'이라는 명칭은 사라지고 '國漢文'이라는 세 글자가 그것을 대신하게 되었다는 말도 그와 관련이 있다.

3. 漢文·吏讀文·諺文의 독특한 쓰임새 엿보기

이 章에서는 근대한국어 시기의 문자생활을 한문, 언문, 이두문의 세 문체와 관련하여 살펴보되, 지금까지 한 자리에 모아 거론된 적이 없는 특별한 사항 몇몇 가지를 여기에 끄집어내어 集成해 봄으로써 그 시기 어문생활의 일면을 엿보기로 한다.

먼저 편지글을 살펴본다. 일상생활에서 양반계층은 주로 한문을 사용하였다. 그러나 조선 후기라 해도 아직 한문 사용이 쉽게, 그리고 자유롭게 이루어지지 못하였다. 古文을 중시하는 文體反正을 꾀하기도 하였던 正祖 임금마저도 簡札에서는 잘 생각나지 않는 표현일 경우 한글로 쓴 일이 있었다. 老論 辟派의 지도자이자 政敵이었던 沈煥之(1730~1802)에게 준 御札에서 정조는 두 군데에서 한글을 사용하고 있다(安大會 2009:168–169).

a. 近日僻類爲뒤죽박죽之時, 有時有此無限之曉曉, 也是不妨, 可以領會耶? (1797년 4월 11일자)

b. 以人也之만조爲言, 計不得已, 以錦伯言之矣. 豈不過矣矣乎? (1799년 11월 15일자)[14]

---

14) 이 문장들은 "지금처럼 벽파 무리들이 '뒤죽박죽'되었을 때는 종종 이처럼 근기 없는 소문 이 있다 해도 무방하다. 이해할 수 있겠는가?", "그런데 그 사람이 '만조'하다고 말하므로 부 득이 충청도 관찰사[李泰永]로 하라고 말했다. 어찌 지나치지 않은가?"의 의미를 가진다(安 大會 2009:168).

정조 임금이 '뒤죽박죽'과 '만조'[15]에 해당하는 한자어가 생각나지 않아 한글로 쓴 것이다.[16] 의도치 않게 결국은 국한문체 간찰이 된 셈이다. 편지글은 주로 한문간찰(=간찰)이거나 언문간찰(=언간)이거나 하였다. 그 받는 대상이 누구인가에 따라 문체가 결정된 것이다. 한문간찰과 언문간찰은 널리 잘 알려져 있기 때문에 여기에 구태여 그 예를 들지 않는다.[17] 그러나 여기서 우리는 학계에 잘 알려져 있지 않은 國漢文體 簡札과 吏讀文簡札을 더 살펴보기로 한다.

國漢文體의 간찰이 對日本外交實務先에서 작성된 일들이 있음이 이미 보고된 바 있다. 長正統(1978)에서 1798년 11월에 있었던 이른바 易地通信의 協定과 관련하여, 對馬島 通詞 小田幾五郎(1754~1831)에게 조선의 譯官들이 보내었던 비밀서한 8통이 보고된 바 있고, 이훈(2011:187-188)에서 ≪分類紀事大綱≫에 들어 있는 국한문체의 書翰 내지 실무문서 2통이 언급된 바 있는 것이다.

a. 公의 편지의도 ᄒᆞ온 말슴이어니와 大抵 이 公幹이 우리 三人 中 訓導로 이서야 ᄒᆞ오니 그리 되오면 兩 國 大事가 어늬 지경 될 줄 모르고 우리 三人이 狼貝(狽)之境을 당ᄒᆞ올 거시니 엇지ᄒᆞ면 죳ᄉᆞ올지 伯玉公의 말슴 듯ᄌᆞ오니 쟝릭 근심을 싱각ᄒᆞ셔 깁히 議論ᄒᆞ신 말슴이 잇는가 시부오니 부딕 私情를 보지 말고 伯玉公의 편지ᄉᆞ연을 施行ᄒᆞ오쇼셔 [중략] 申十月 二十四日 華彦 崔僉知 (長正統 1978:97)

b. 覺

一 我國 前後에 업난 凶逆이 亡命逃走 冒入館中ᄒᆞ여 狂言凶說이 無數ᄒᆞ오니 驚駭치얀 업ᄉᆞ오며 昨日 京奇 왓습기로 함끠 書 몰ᄒᆞ오니 보옵시면 아오시련이와 아마도 그 餘黨인가 보오니 恕諒ᄒᆞ오시믈 千萬 伏望ᄒᆞ나이다

　　　　丙申 十一月 十五日　　　　　　　　訓導 聖五 李同知 印

　　　　　　　　　　　　　　　　　　　　別差 子述 玄僉知 印

館司 尊公 (≪分類紀事大綱≫ 18, <南必善一件>, 丙申(1836) 11월 15일) (이훈 2011:187-188)

이 편지들은 다 국한문체의 편지들이다. 이와 같은 성격을 가지는 편지들의

---

15) '만조'는 "얼굴이나 모습이 초라하고 잔망함"의 의미를 가진다.

16) 정조는 어찰에서 俗談의 漢譯表現이나 吏讀를 사용하기도 하였다(安大會 2009:163-171).

17) 한문간찰의 현황 및 연구사는 박대현(2010)과 배미정(2012)가 특히 참조되고, 언간의 현황 및 연구사는 황문환(2010)이 특히 참조된다.

최근에 무더기로 발굴되어 나왔다. 岸田(2011, 2012)에 의해 발굴·보고되고, 鄭丞惠(2012a, b)에서 정밀하게 그 역사적 연원이 탐색된 근 100여 통의 편지들이 있다. 이것들도 조선의 역관들이 小田幾五郎에게 보낸 편지들이 대부분인 바, 역시 국한문체로 되어 있다.

다음 편지는 戊午年(1798) 11월 19일에 朴士正이 小田幾五郎에게 보낸 편지이다.

小田幾五郎 公前 入納

相別已經累月ᄒ오니 섭々ᄒ온 ᄆ음은 一般이오며 此時 至寒의 公候 連爲 平安ᄒ신 일 아읍고져 젹ᄉ오며 僕은 上來 後 連ᄒ여 汨々 無暇히 지닉읍다가 요ᄉ이 독감으로 알코 지닉더니 數日부터 젹이 낫ᄉ오니 多幸ᄒ오며 므슴 긔별이나 즉시 아니ᄒ리잇가마ᄂ 아직 丁寧ᄒ온 分付을 아니ᄒ시기로 못ᄒ여습거니와 大抵ᄂ 죠곰도 넘녀 업ᄉ오니 그리 아오시며 쇼계이 보고 도와 쾌ᄒ긔 이를 아읍고 ᄒ려 ᄒ읍기로 훈도 公이 다 알고 가오니 드러 보시면 아오시려니와 今月 內로ᄂ 迷子을 專委ᄒ여 보닉올 거시니 이 ᄉ상을 黙會ᄒ시고 잠간 기두리게 ᄒ쇼셔 如許 事狀을 館守게와 使者게 홀새 萬無一慮ᄒ읍고 終歸於順成ᄒ올 거시니 그리 아오쇼셔 事係重大ᄒ읍기로 公議가 循同치 못ᄒ오와 아직 쳔연ᄒ읍ᄂ 일이오니 次々 周旋도 ᄒ읍고 시방은 거의 順便이 되오니 그리 아오쇼셔 此外多少ᄂ 都在於訓導面患如此 不多及

　　　戊午 十一月 十九日 士正 朴僉知 [印]

그런데 岸田(2012)에 의하면, 이 편지에 대한 일본어 번역문이 현재 한국의 國史編纂委員會에 소장되어 있는 <對馬宗家文書>에 들어 있다고 한다.

小田幾五郎方へ遺候

書狀の和解

戊午 十一月 十九日 士正 朴僉知 印

相別已經累月　御残多き心は双方　御同然に御座候　此時至寒　公候　連爲平安の儀　承度　致書載候　僕　上來後　連て　汨々無暇に相暮罷有候処　近比　瘧病数々相煩候処　漸く 数日前より 少々宛　快方 に御坐候間　御気遣被下間敷候　都度〻　御左右申遺度存 候 得共　未た丁寧の分付無之候故　細々不申遺候得共　大抵御用向少も気遣　無御坐候間 　左様御心得可被下候 書契の事も　すつは＊りと済切候[上?] 手筋の通　送り下しに相成可 申候　委細は 訓導　能々存居　此度下来に付御聞可被成下候 今月中にも相極り候に付迷 子をも差下し　委舗可申述候間　暫時　御待可被成候如許事狀を館守様　御使者の方々

へも話申可被下候　萬無一慮して終歸於順成候間　左樣思召可被下候　事係重大候故
公議 循同不致所より　及延引候得共　追々致周旋　漸昨今順便に相成候故　左樣思召可
被下候　此外多少の事は 都在於訓導面患　如此不多及
右の通に御座候　以上
十二月三日　小田幾五郎
　　　　　吉松右介

조선의 譯官이 對馬島 通詞에게 국한문체의 편지를 보냈다는 점이 놀라울 뿐
아니라, 국한문체가 일상의 문자생활에서 사용되었음이 오래되었음을 알 수 있게
한다.[18]

岸田(2012)에 따르면, 이미 安田(1963)에서 지적한 바 있듯이 京都大學 文學部
所藏의 ≪韓牘集要≫는 薩摩의 苗代川에 전래해 온 朝鮮語學書로서 한글 편지를
모아 두고 있는데 그것들도 다 국한문체의 편지들이라고 한다.

凡百 物貨가 兩國事 相違{샹의}ㅎ오니 홀 일 업습거니와 天下 凡事가 利하기도 미양
되는 일 아니오 不利ㅎ기도 미양 되는 일 아니라 互相 循環{슌환}ㅎ옵거든 엇지 一時
不利ㅎ다 ㅎ고 買賣 全體을 브려 念盧치 아니ㅎ시니 此時을 當하여 我國衆人이
倚恃{의시}ㅎ옵기을 公一人쑌이오니 아모려나 凡事를 便宜{편의}로 ㅎ셔 人心을
鎭定{진졍}ㅎ고 買賣를 扶支{부지}ㅎ게 ㅎ시믈 千萬 브라옵닉 (≪韓牘集要≫ 20b~21a)

≪韓牘集要≫에 들어 있는 이 편지들은 ≪隣語大方≫의 내용과 들어맞는
편지들이라서 매우 흥미로운 양상을 드러낸다고 한다.

惣ての物貨の価が以前と比ますれば　相違致まして　気の毒な事では御座れども　天下の事
が都て利する事が不断有もので御座りませぬ　互に相循環致すもので御座れば　何しに一
時に不利なとて　買売の全体を捨て御心をよせられませぬか　我々中頼まするは 其元斗で
御座るにより　何卒萬事を便誼になされまして　人の心の定まする樣になされて　買売の取
続まする樣になさる儀を　御頼申まする
凡百 物貨 갑시 曾前과 비겨 보오면 相違ㅎ오니 ㄱ이 업습거니와 天下 凡事가 利도
미양 되는 일 아니라 互相循環ㅎ여 가옵거든 얻지 一時 不利타 ㅎ고 買賣 全體를 브려
念盧치 아니ㅎ시리잇가 우리 大都ㅣ 倚恃ㅎ기는 公쑌이오니 아모려나 凡事를 便宜로

---

18) 개화기의 국문·한문·국한문 문제를 다룬 많은 논저들이 국한문체가 개화기에 새로이 등장
　　한 문체라는 서술을 하고 있다. 국한문체의 역사적 연원을 너무 짧게 잡은 것이라 생각된다.

ᄒᆞ셔 人心을 鎭定케 ᄒᆞ고 買賣를 부지ᄒᆞ게 ᄒᆞ심을 ᄇᆞ라ᄋᆞᆸ닉 (≪隣語大方≫ 朝鮮刊本 4: 15a)

아무튼 이러한 사례들을 통하여 우리는 국한문체 편지의 연원이 매우 뿌리깊음을 알 수 있는 것이다.

吏讀文簡札은 극히 드물게 보인다. 密陽 朴氏가 세조 14년(1468) 10월 26일에 아들 佔畢齋 金宗直(1431~1492)에게 보낸 간찰과 夏山 曺氏가 같은 해 11월 17일에 남편 김종직에게 보낸 간찰 등이 그것이다. 김종직의 모친과 부인이 다 이두문 간찰을 썼음이 흥미롭다. 이것은 한글의 보급과 관련하여 생각해 봄직하다. 이 이두문간찰들은 역설적으로 15세기 중반에는 지방에까지(여기서는 경상도에까지) 한글의 보급이 활발하게 이루어지지 않았음을 말하는 것이다. 여기서는 朴盛鍾 (2006:821-826)과 전경목(2010:89-91)에 기대어 <金宗直母朴氏簡札>을 간략하게 살펴본다.

校理寄 平書　　　　　　　　　　『印』謹封
　　此間未審
安否分別次記官仲倫持來書內乃知
　　安否遙喜ヽヽ此處因
　　念時無恙爲在果今月十一日鍾伊鞋四足甫ㅅ天益
　　波池綿紬二疋乙逢賊玆故波池天益未及准備月
　　村卄三日新官迎逢從馬付送爲如乎[19]推尋捧上爲可未前
　　如祝安樂從仕只此

　　戊子十月二十六日母朴　　　氏『圖署』
　　千同氏孫鳳山木棉已還本

매우 자연스러운 이두문으로 되어 있다. 朴盛鍾(2006:822-825)은 현대어로,

---

19) 이 이두문간찰은 嶺南大學校 民族文化研究所 編, 『嶺南古文書集成(I)』(영남대학교출판부, 1992)의 142면에 영인되어 있다(부인의 이두문간찰은 144면에 영인되어 있다). 그런데 이 부분은 먼저 썼던 것이 지워지고 새로운 내용이 덧씌워져 있다. 필자는 '新官'이 아니라 '新良'으로 판독하여 '새라', 즉 "새로, 새로이"의 의미를 가지는 부사로 파악히고자 한다. 이 부분은 '新官迎逢從馬付送爲如乎'가 아니라 '迎逢從馬新良付送爲如乎'로 정리해야 할 것으로 판단된다. '從馬'의 '從'도 다른 글자로 판독해야 할 가능성이 있어 보이나, 필자는 다른 代案을 찾지 못하였다.

校理에게 부치는 平書　　　　　　　　　　　　　　　　　　　　　　삼가 봉함

요즈음 [너의] 安否를 살피지 못해 걱정하던 때에, 記官인 仲倫이가 가져온 글월의
내용으로써 이에 [너의] 安否를 알게 되니 매우 기쁘고 기쁘다. 이곳은 [너의] 念慮로
말미암아 그간 걱정이 없었는데, 이 달 11일 종이로 만든 신 네 켤레, 가을用 철릭과
바지, 명주 두 필을 도둑을 맞았다. 이런 까닭에 바지와 철릭은 준비하지 못했다.
月村에서 23일에 新官을 맞이한 逢從馬로 부쳐 보낸다 하니, 찾아서 받을 수 있을
것이다. 전에 없이, 편하고 즐겁게 벼슬살이하기를 기원하며 이만 줄인다.
戊子年 10월 26일 어미 朴氏
[追伸] 千同氏의 孫子인 鳳山이 무명을 이미 본래대로 돌려주었다.

라고 번역하였다. 전경목(2010:91)에서는 '月村卄三日 新官迎逢從馬付送爲如乎
推尋捧上爲可'를 "월촌에서 23일에 (새로 부임하는) 신관 사또를 맞이하기 위해
(출발하는 인편에) 따라가는 말에 (실어) 보내니 추심하여 받아볼 수 있을
것이다."로 수정하여 번역하고, '千同氏孫鳳山 木棉已還本'의 '鳳山'을 인명이
아니라 '봉산의 수령'을 지칭한 것일 가능성이 매우 높을 것으로 파악하였다.
그렇다면 필자는 '孫'도 손자가 아니라 鳳山員의 姓이라고 파악하여야 할 것으로
생각한다. 그 외에, '鍾伊'는 '종이'[紙][20]가 아니라 人名으로 파악하여 '鍾伊鞋'는
"종이의 신발"로 해석해야 할 것이며, '甫羅'는 '가을용'이 아니라 "보라색"의 의미로
해석해야 할 것이다. 물론 이 '甫羅'는 몽고어 차용어[21]이다.

이제 편지글에서 벗어나 다른 장르의 글을 더 살펴보기로 한다. 조선에서
임금에게 보고되던 문서 양식인 狀啓는 이두문으로 작성되는 것이 원칙이었다.
그런데 諺文狀啓·諺書狀啓 내지 諺啓라고 부를 수 있는 장계가 최근에 발굴되어
학계에 소개된 바 있다. 黃文煥(2013)에서 ≪太上皇傳位文蹟≫에 실려 있는
李亨元의 언문장계가 보고되었다.

　　a. 동지부수 니형원이 상고 인편을 사 어더 언문으로써 의쥬부윤의게 브친 편지 등본
　　봄 치위 졸연이 긴ᄒ니 틱의 졍휘 만승ᄒ나 ᄃᆡᄂᆞᆫ 지월 념팔일의 황셩의 득달할야
　　표주를 졍납ᄒᆞᆫ즉 녜뷔 젼의 비겨 일즉 온 연고를 뭇거늘 딕답ᄒᆞᆯ딕 임의 병진의 졍ᄉᆞ
　　도라보내ᄂᆞᆫ 일을 아라시매 미리 드러와 뼈 국왕의 년결ᄒᆞ오신 졍셩을 표ᄒᆞ노라

---

20) "紙"를 의미하는 15세기의 명사는 '죠희'였다.

21) 몽고어 'boro'에서 鷹名의 하나인 '보라'가 고려어에 차용되어 들어왔고, 그 가슴털의 색깔을
　　의미하기 위해 鷹名 '보라'가 色名으로 전용되어 고려어에 쓰이게 되었다.

호온즉 녜부시랑 쳘븨 되답호여 글오되 올흐니 맛당이 일노써 황샹끠 엿주오리라
호옵더니 납월 초칠일 동가홀 째의 스신이 지영호온즉 황샹이 국왕이 평안호시믈
뭇주온 후 주로 : 수찬호고 납월 넘팔일의 진하스 일힝이 무스히 셔울 니르러 표주를
드리온즉 넘구일의 명호야 진하 삼스신을 후원 별뎐의 입시호여 호여곰 희주 노름을
보고 수찬호고 또 산호 사긴 구슬과 슈줌치와 금과 은으로 디어 민든 복녹주 원보를
느리워 호여곰 국왕끠 드리라 호고 동지 진하 냥 스신을 명호여 연죵 잔치를 진참호게
호고 원됴의 슈 : [주고 밧닷 말]대례 슌히 일워 일긔 쳥명호고 초스일 쳔수연홀
째의 두 스힝 졍부스로 호여곰 년한을 거리끼디 말고 진참호라 호고 금단과 긔완을
샹스호미 심히 만코 또 어졔시 각각 혼 쟝을 주는디라 태샹황이 긔휘 강건호야
됴곰도 권근혼 의시 업고 신황뎨는 올히 나히 삼십뉵 셴디 뇽안이 화평쇄락호야
태샹황과 혹효호고 쳔수연의 시좌홀 째와 주광각 셰효연과 원명원 거동홀 째의
태샹황 황옥 뒤히 비힝홀 제 텬주 위의를 그초디 아니호여 비죵관 모양 굿고 대쇼
졍스를 다 태샹황 쳐분을 드러 인효혼 셩문이 심히 쟈〃호니 만힝혼디라 틱슨즉
내여 보내디 아니호고 스힝 회편의 슌히 브칠 일존 문셔가 초뉵일의 임의 녜부의
느렷다 호디 아직 어더 보디 못호엿는디라 져주관 뎡스현이 삼디졀을 합호여 아오를
일과 셩졀 표 규식 일을 주시 안 후 가히 나갈고로 졍문홀 디경의 니르러시디 금일
명일의 오히려 결단이 업고 동지스 션닌즉 틱스 슌히 브치는 문젹을 본 후 아모됴록
쥬션호여 몬져 내여 보낼 계규를 호디 아직 문젹을 보디 못호여 듀야의 민울호나
틱셔 슌히 브치기는 과연 분명타 호고 황후 칙봉은 초스일 쳔수연 파혼 후의 즉시
힝녜혼디라 뎡스현과 밋 동지스 션닌는 보야흐로 금명간의 나가기로 계교호나 아직
진젹히 모르고 쇼식을 셔르 통티 못호미 심히 답〃호더니 무춤 칙문 사름이 이셔
딤수리를 언약호야 황셩의 니르러 온 재 잇는고로 <u>의쥬 쟝스로 호여곰 제 스〃 편디</u>
<u>모양으로 졍치를 주어 글을 브치디 오히려 부침홀가 넘녀호야 언문으로써 편디호니</u>
<u>만일 즉시 득달호거든 즉시 번역호여 써 젼달홈이 다힝혼디라</u> 보야흐로 닉일 아츰
잔치 참예호기를 위호여 와 원명원의 잇는고로 아직 대략을 보호니 회환인즉 넘후의
이실 듯호다 병진 원월 초구일 뎨 형원 비

b. 의쥬 쟝스 스〃 편디의 글오디 졍월 초일〃의 신황샹이 등극호고 초스일의
일품으로브터 셔인신지 니르히 칠십 이샹은 쳔수연의 진참호고 미양 혼 사름의게
지픵이 호나와 은픵 호나흘 샹스호니 픽등이 은이 삼십 냥이오 더 샹 주는 비단을
느리오고 신황샹이 됴션을 권우호미 도로혀 젼일의셔 더호니 극히 희힝혼디라
져주관은 십이일 간의 맛당히 발힝홀 거시오 동지 스힝은 이십이삼일 간의 가히
발힝홀 거시오 진하스는 이십뉵칠일 간의 가히 발힝홀 듯호고 등극 반틱인즉 진하스
드러온 나라흔 다 슌히 브치고 그 나마 모든 나라힌즉 맛당이 틱스를 보낸다

ᄒᆞᄂᆞᆫ디라

c. 의쥬부윤이 졍원의 브친 편디

복유 일닉의 직공이 만승가복위챠소라 즉금 구련셩 슌검ᄒᆞᄂᆞᆫ 사ᄅᆞᆷ이 와 북경 머므ᄂᆞᆫ 의쥬 쟝ᄉᆞ의 ᄉᆞ셔ᄅᆞᆯ 젼ᄒᆞ거ᄂᆞᆯ 써혀 본즉 동지부ᄉᆞ의 뎨의게 브친 언문 편디라 일ᄒᆡᆼ이 무ᄉᆞᄒᆞ고 틱ᄒᆡᆼ도 ᄯᅩ 슌히 브치기로 졍ᄒᆞ다 ᄒᆞ니 만ᄒᆡᆼᄒᆞᆫ디라 션닉ᄅᆞᆯ 고디ᄒᆞᆯ ᄯᅢᄅᆞᆯ 당ᄒᆞ여 이 쇼식을 어드니 구을려 들리미 급ᄒᆞ야 별노 ᄆᆞᆯ 잘 ᄐᆞᄂᆞᆫ 비지ᄅᆞᆯ 뎡ᄒᆞ여 ᄒᆞ여곰 셩화로 올나가라 ᄒᆞ니 다ᄒᆡᆼ이 번등ᄒᆞᆫ 쟈로써 입계ᄒᆞ고 언문 편딘즉 인ᄒᆞ야 부ᄉᆞ의 본집의 뎐ᄒᆞ미 엇더ᄒᆞ뇨 의쥬 쟝ᄉᆞ의 ᄉᆞᄉᆞ 편디가 ᄯᅩ 왓ᄂᆞᆫ디 가히 드럼즉ᄒᆞᆫ 셜홰 잇ᄂᆞᆫ고로 ᄯᅩᄒᆞᆫ 벗겨 올리노라 져즈관이 ᄯᅩᄒᆞᆫ 맛당이 명지명의 도강ᄒᆞᆯ 둣ᄒᆞ매 ᄇᆞ야흐로 이리 기ᄃᆞ리노라 병진 원월 입오일 야 오경 뎨 진현 비

앞의 논문에 의하면, 機密維持를 위해[22] 순국문으로 작성하여 보내었는데 조선에 들어온 후 義州府尹 沈晉賢에 의해 이두문으로 번역되어 중앙정부에 보고되었다고 한다. 이것이 嚆矢가 되어 그 이후에도 언문장계가 고종 연간에 이르기까지 여러 차례 씌어졌다. 그것은 ≪承政院日記≫, ≪日省錄≫, ≪備邊司謄錄≫ 등의 역사기록에서 확인된다. 물론 언문장계가 있었다는 기록만 있고 그 내용은 남아 있지 않다.

위 冬至副使 李亨元의 순국문체 글과 관련이 있는 記事는 ≪日省錄≫의 정조 20년(1796) 1월 27일자에 실려 있다.

綱:冬至副使李亨元以嘉慶皇帝授受禮成登極皇勅順付謝恩使回還事諺書馳報于義州府尹該府尹翻謄以聞

目:亨元書曰冬至使一行至月念八日達皇城納表咨則禮部問比前早來之由答以聞丙辰歸政之報預爲入來云則禮部侍郎鐵保曰是矣當奏皇上云臘月初七日動駕時使臣柢迎則皇上問國王平安臘月念八日進賀使一行無事到京進表咨念九日命進賀三使臣入侍後苑別殿看戲

---

22) 언문장계 내에는 '기밀유지'와 관련된 언급이 없고 단지 '의쥬 쟝ᄉᆞ로 ᄒᆞ여곰 제 ᄉᆞ: 편디 모양으로 졍치ᄅᆞᆯ 주어 글을 브치디 <u>오히려 부침홀가 넘녀ᄒᆞ야</u> 언문으로써 편디ᄒᆞ니 만일 즉시 득달ᄒᆞ거든 즉시 번역ᄒᆞ여 써 젼달홈이 다ᄒᆡᆼᄒᆞ디라'라(≪일성록≫에는 '使灣商周旋, 以渠私書樣給情債付書, 而猶慮浮沈, 書以諺字, 卽爲翻謄以爲轉達.'이라) 하여 '부침이 염려되어' 언문으로 쓴다고 하고 있다. 이곳의 '부침(浮沈)'은 "편지가 받아 볼 사람에게 이르지 못하고 도중에서 없어짐"의 의미를 가진다. 뒤에서 살펴볼 박지원의 글에서도 '가장 염려되는 일은 이 따위 문서가 불행히 유실된 채 저들에게 남겨진다면 그 피해가 과연 어떠하겠는가.(所可慮者, 此等文書, 不幸闒失遺落彼中, 其爲患害, 當復如何.)'라 하여 유사한 생각을 담고 있다. 물론 '부침'에 대한 염려는 결국 기밀유지를 위한 것이 될 것이다.

賜饌下珊瑚朝珠繡囊金銀鑄成福祿字元寶使之納于國王命冬至進賀兩使臣進參年終宴
元朝授受禮成日氣淸朗初八日千叟宴時兩使行正副使勿拘年限使之進參錦緞奇玩賞賜甚
多又賜御製詩文各一張太上皇康健無倦勤之意新皇帝今年三十六歲龍顏和平洒落酷肖太
上皇千叟宴及紫光閣歲初宴圓明園動駕時陪太上皇黃屋後而不備天子威儀有若陪從官貌
樣大小政令皆聽太上皇處分仁孝之聲聞藉甚勅使則不爲出送使行回還便順付事文書初六
日已下禮部云而姑未得見齎咨官鄭思賢以三大節合竝事及聖節表規式事詳知後可以出去
故呈文禮部姑未得決冬至使先來見勅使順付文跡發送計料今明間鄭思賢及冬至使先來似
可出去而雖未見文跡順付則分明云皇后册封初四日千叟宴罷後卽爲行禮適有柵門人爲約
車卜來到皇城者故<u>使灣商周旋以渠私書樣給情債付書而猶慮浮沈書以諺字卽爲翻謄以爲
轉達</u>方爲參宴在圓明園姑報大略回還則似在念後云云灣商私書曰正月初一日新皇上登極
初四日自一品至庶人七十以上進參千叟宴每一人賞賜掛杖一枝銀牌一箇而牌重銀三十兩
加下賞緞新皇上之眷遇朝鮮有倍於前日齎咨官十一二日間當發行冬至使行二十三日間可以
發行進賀使二十六七日間可以發行登極頒勅則進賀使入來之國皆順付其餘諸國則當送勅
使云云○灣尹抵政院書伏惟日來僉在公萬勝伏慰且溯卽者九連城巡檢人來傳留燕灣商私
書拆見則乃冬至副使抵弟諺札也一行無事勅行亦以順付爲定萬幸當此若企先來之時得此
信息轉聞爲急別定善騎陪持使之星火上去幸<u>以翻謄者入啓</u>諺書則仍傳副使本第如何灣商
私書又來到而亦有可聞說話亦謄上耳齎咨官當於明再明渡江方此企待元月卄五夜

두 문체의 글을 比較·對照하여 분석하는 작업은 다음 기회로 넘기고자 한다.
단지, 이미 燕巖 朴趾源(1737~1805)이 諺書狀啓의 필요성을 역설한 바 있음을
지적해 두고자 한다.

北京 사람 下流 중에 글자를 아는 자가 매우 드물었다. 소위 筆帖式 序班에는 남방의
가난한 집 아들이 많았는데, 얼굴이 초라하고 야위어서 하나도 풍후한 자가 없었으며,
비록 봉급을 받기는 하나 극히 적어서 만리 객지에서 생계가 쓸쓸하고, 가난하고
군색한 기색이 얼굴에 나타났었다. 우리 사행이 갈 때면 서책이나 필묵의 매매는 모두
서반패가 이를 주장하여 그 사이에서 장쾌[駔儈]의 노릇을 하여 그 남은 이문을
먹었다. 그리고 역관들이 그 사이의 비밀을 알려고 들면, 반드시 서반을 통해야 하므로
이들이 크게 거짓말을 퍼뜨리되, 일부러 신기하게 꾸며서 모두 괴괴망측하여 역관들의
남은 돈을 골려 먹는다. 時政을 물으면 아름다운 업적은 숨기고 나쁜 것들만을 꾸며서
天災와 時變과 人妖와 物怪 따위에도 역대에 없던 일을 모았으며, 심지어 변새의
침략과 백성들의 원망에 이르기까지 한때 소란한 형상의 표현이 극도에 달하여, 마치
나라 망하는 재화가 조석에 박두한 듯이 장황하게 과장 기록하여 역관에게 주면,

역관은 이것을 사신에게 바친다. 서장관이 이를 정리하여, 듣고 본 중에 가장 믿을 만한 사실이라 하여 別單에 써서 임금께 아뢴다. 그 거짓이 이러하였으며 임금께 아뢰는 말씀이 얼마나 근엄한 일이기에, 어찌 함부로 돈만 허비하여 허황하고 맹랑한 말들을 사서 反命의 자료를 삼으랴. 사신이 자주 드나든 지 백 년이 되도록 겨우 이러하였을 뿐이었다. 가장 염려되는 일은 이 따위 문서가 불행히 유실된 채 저들에게 남겨진다면 그 피해가 과연 어떠하겠는가. 이번 熱河에 오가는 일로 말한다면 모두 目擊한 일이어서 가장 사실적인 기록이었지만, 그렇다 해서 먼저 보내 드린 狀啓 끝에 붙여 아뢴 한두 가지의 事件에는 時諱에 저촉될 만한 것이 없지 않은즉, 압록강을 건너기 전에는 줄곧 걱정으로 날을 보내곤 하였다. 내 생각에는 저들의 정세에 대해서 虛實을 논할 것 없이, 장계 끝에 붙여 아뢰는 글은 모두 諺書로 써서 장계가 도착되는 대로 政院에서 다시 번역하여 올림이 좋을 듯싶다.(北京卑流, 解字者甚鮮, 所謂筆帖式序班, 多是南方庹人子. 顔貌憔悴尖削, 無一庬厚者, 雖有廩食, 極爲凉薄, 萬里羈旅, 生理蕭條, 艱難貧窘之色, 達於面目, 使行時書冊筆墨賣買, 皆序班輩主, 居間爲駔儈, 以食剩利. 且譯輩欲得此中秘事, 則因序班求知. 故此輩大爲謊說, 其言務爲新奇, 皆怔怔罔測, 以賺譯輩賸銀. 時政則隱沒善績, 粧撰粃政, 天災時變, 人妖物怪, 集歷代所無之事, 至於荒徼侵叛, 百性愁怨, 極一時騷擾之狀, 有若危亡之禍, 迫在朝夕, 張皇列錄, 以授譯輩. 譯輩以呈使臣, 則書狀揀擇去就. 作爲聞見事件, 別單書啓, 其不誠若此. 告君之辭, 何等謹嚴, 而豈可浪費銀貨. 買得虛荒孟浪之說, 以爲反命之資耶. 使价頻繁, 百年如此. 所可慮者, 此等文書, 不幸闕失遺落彼中, 其爲患害, 當復如何. 雖以今番熱河往來言之, 事皆目擊, 雖最爲實錄, 然先來狀啓附奏一二事件. 不無忌諱, 則渡江之前, 無非飮氷之日也. 愚意彼中消息, 無論虛實, 附奏先來者, 皆以諺書狀啓, 到政院, 翻謄上達爲妙耳.) (朴趾源, ≪燕巖集≫ 卷14, 別集, ≪熱河日記≫, <口外異聞>, <別單>)

앞의 ≪일성록≫ 기사와 위 인용문에 쓰인 '翻謄'은 다 "번역하여 베끼다"의 의미를 가진다.[23] 외국에 나간 使臣團들은 浮沈에 대한 우려와 기밀유지의 필요성 때문에 이와 같이 언문장계로 임금께 보고해야겠다는 생각을 많이 가지고 있었던 듯하다. 그런데 李賢熙·福井玲(2013)에서도 이미 살핀 바 있지만, 제11차 通信使行이었던 癸未·甲申使行(1763~1764년)의 二房書記[24] 元重擧

---

23) '翻謄'은 重義性을 가져서 ①"번역하고 베낌"의 의미와 ②"베낌"의 두 가지 의미를 가진다. ①은 두 가지 행위를, ②는 한 가지 행위를 뜻한다는 점이 특이하다.

24) 二房書記는 副使를 보좌하는 서기이다.

(1719~1790)가 기록하였던 ≪乘槎錄≫에는 狀啓를 眞書로 써서 보내어야 한다는 독특한 견해가 들어 있다.

狀啓를 密封하여 보내니 이는 傳命을 한 다음에 있는 儀禮였다. 서울에 편지를 보내는데 예로부터 중간에 저들이 열어 볼 것을 염려하여 使相이 일행에게 諺文으로 편지를 써서 보내도록 했었다. 그러나 저들이 우리의 諺文을 익혔다면 우리가 우리말을 아는 사람으로 하여금 보도록 하는 것과 다르지 않다. 그러므로 諺文도 또한 저들의 눈을 가릴 수 있는 방법은 아닌 것이다. 오직 편지는 그 말을 쓸 때 眞書로 써서 보내는 것이 마땅할 것 같다. (≪乘槎錄≫, 1764년 2월 28일)

일반적으로 이두문으로 보내던 것을 언문으로도 하지 말고 한문으로 대신 보내자는 제안인데 기밀유지를 위해서라면, 편지를 언문으로 쓰지 않고 眞書(=漢文)로 쓰기보다는 차라리 吏讀文으로 쓰는 편이 훨씬 더 나을 것이다.

조선시대에 文書受發 과정에서 널리 행해졌던 '眞諺翻謄'이나 '兩書翻謄'을 여기서 다시 한 번 거론하고자 한다. 이 용어들은 아래의 인용문에서처럼 한문과 언문의 두 가지 문체로 기록하여 유포함을 뜻한다.

a. 열 줄 륜음을 우헤 쓰옵고 아래로 아홉 가지 졀목을 <u>진셔와 언문으로 쓰옵고 번역ㅎ야</u> 오부와 팔도에 두루 베프와(凡九條眞諺飜謄。以丁酉字印。頒于五部八道。) (자휼전칙 5)

b. 이 젼령 쯧을 <u>진언으로 번등ㅎ야</u> 동사벽과 통흔 거리의 부쳐 우부우부로 ㅎ야곰 다음을 알고 허물을 멸이 ㅎ게 ㅎ며 거힝형지을 □져 치보ㅎ야라 (미도민속관 소장, 젼영)

여기서의 '진언'(眞諺)은 진서(=한문)와 언문인바, 진서가 主가 되고 언문은 從이 된다. 그런데 언문은 진서를 압축하여 拔萃譯한 모습을 취한다. '진셔와 언문으로 쓰옵고 번역ㅎ야'와 '진언으로 번등ㅎ야'는 "한문과 언문으로 (쓰고) 베껴"의 의미를 가진다. 조선시대의 '飜譯' 또는 '번역', '飜', '譯' 등은 ①우리가 잘 알고 있는 "translation"의 의미, ②"音注(annotation of sounds)"의 의미, ③"謄寫(copy)"의 의미 등의 용법을 가지는 重義性을 보이고 있었다(李賢熙 2013). 말하자면, 위 인용문에서의 '번역ㅎ-'는 ③의 의미를 가지는 것이다. '翻謄'도 중의적임은 이미 앞에서 언급한 바 있다.

그런데 '眞諺翻謄'이라고는 하지만 '眞'에 해당하는 것이 한문이 아니라 이두문으로 된 것들이 많다. 엄밀히는 '吏諺翻謄'이라고 할 만한 예들도 존재하는 것이다.

傳令串左方憲執綱各洞大小民人

卽到, 巡甘內, 官屬之蠹橫, 民瘼之蝟興, 莫近日若, 而最爲甚者吏逋也, 邸債也, 奸吏亂類欠逋公錢殆同常事出用邸債, 看作技倆, 侵徵族戚, 遊離踵至, 從今以往吏逋與京營邸債之稱, 以族戚侵徵民間者, 切勿擧論亦爲有, 故玆以眞諺翻謄, 令飭本坊大小民人處, 一一知委後, 揭付通衢壁上, 常時警目, 宜當向事.

辛卯五月二十九日

刑吏朴始恒
二十里
未時

官 (押)

슈감 닉에 관속과 난류가 공젼을 흠포ᄒ며 져치을 쓰고 족쳑을 침증ᄒ난 폐 업게 ᄒ라 (官印) (서울대학교 규장각 편, ≪古文書≫ 六, <傳令>, 295)

下端에 위치해 있는, '翻謄된 諺文'은 그 위에 위치해 있는 이두문을 압축하여 번역해 놓은 것이다. 이미 앞 절에서 언급한 바 있거니와, 한글 창제 이후의 이두문은 '眞書'의 영역 속에 포함되기도 하고 '諺文'의 영역 속에 포함되기도 하는, 박쥐같은 존재라고 언급한 바 있음을 상기해 볼 수 있을 것이다.

다음은 동학란 때의 榜文이다.

榜

挽近匪徒恣橫以後, 或有被勒隨從者, 又有脅從奔走者, 可謂無處不然, 而況此江景之素稱大處乎, 本陣亦 有入聞者, 所以路由而擬其安堵也, 無罪者少勿疑惧, 各里中, 若有聽使於匪輩, 有所作梗亂悖者, 各自該里, 摘發捉納, 以懲後戒是矣, 如或拘於顔私, 掩護□過是如可, 有所別岐入廉, 則並只該頭洞任, 當施一體之律, 這這無諱爲旀, 兵丁輩如或有作拏於村閭民家者, 亦自本洞, 結縛捉納, 以爲懲一勵百之地宜當事.

그닉 비류빅가 곳곳지 ᄌᆞ횡ᄒ여 억지로 즙핀 사람도 잇스며 혹 조와 단니는 놈도 잇스니 강경이는 딕쳐라 딕진이 드른 말도 잇고 안도도 시기며 죄도 샬키기로 드러왓스니 죄 업는 스름들은 조곰도 의심ᄒ고 두려워 말며 동닉즁 비류놈들의 식이여 단니며 작경ᄒᆫ 놈 잇거든 동닉로셔 안ᄉ 두지 말고 져져히 잡아 밧치되 엄익ᄒ면 두동임거지 그 률을 쓸 거시니 조심ᄒ여 소기지 말며 병정이 동닉 민가의 드러가 죽패ᄒᆞ는 놈 잇거든

곳 결박ㅎ여 드리면 별반 엄치ㅎ리라 [國史編纂委員會(1959), ≪東學亂記錄≫ 下, <宣諭榜文>]

역시 '眞諺翻謄'이 이두문—언문의 짝으로 되어 있다. 지금까지 학계에서 이 '眞諺翻謄'에 한문—언문의 짝 외에 이두문—언문의 짝도 있었음을 간과해 왔다는 점을 여기에 지적해 두고자 한다. 그런데 淸나라 때의 詔勅은 隣近諸國에 보내어질 때, 그 지역어의 번역문을 뒤에 달고 있었는바, 조선에서 '眞諺翻謄'된 傳令이 그와 유사한 형식을 취함(이상규 2011:788)은 우연의 소치가 아닐 것으로 판단된다. 청나라 때 증보되어 간행된 ≪華夷譯語≫의 뒷부분은 그러한 사례들로 가득 채워져 있어 그 유사성을 쉽게 확인할 수 있다. 결국 '청나라의 문서언어—각 지역어의 언어'의 대립짝을 가진 詔勅과 '眞書—諺文'의 대립짝을 가진 傳令들은 그 구성요소들이 다 雅・俗의 대립관계를 보인 것이라 할 수 있는 것이다.

왕왕 '吏文'이 두 종류가 있었음을 잊고서 외교문서인 事大文書에 쓰인 문체의 글만을 지칭하는 것을 보게 된다. 그러한 중요한 문체 외에도, '吏文'이 일반 행정문서에 쓰인 吏讀文을 가리키기도 하였음을 잊어서는 안 된다. 正祖 임금의 다음 글은 두 종류의 '吏文'에 대한 명확한 언급을 하고 있어 큰 참조가 된다.

사대부들이 律文을 읽지 않아 실로 識者들의 비웃음거리가 되고 있을 뿐만 아니라, 吏文으로 말하자면 그 관부의 공사 문서에 관계되어 긴요하기가 經傳의 諺解나 句讀와 다름이 없다. 그런데 근래의 습속이 모두들 제대로 이를 살피지 않기 때문에 심지어는 암행어사 장계의 句語에 이르기까지 이렇게 말이 되지 않는 吏讀가 있어서 原書를 두루 살펴보니 아예 비슷하지도 않았다. 대체로 이문은 弘儒侯 薛聰으로부터 비롯되어 그 뒤로 勘定을 하여 金石처럼 바꾸지 못할 법으로 삼았는데, 이와 같이 서투르다니 어찌 말이 되는가. 유사당상 가운데 이조판서가 잘 알아서 ≪吏文≫ 1책을 전부 謄寫하되 讀音과 解釋을 갖추어 印出하여 서울 各司의 송사를 다루는 아문 및 제도의 감영에 나누어 주도록 하라. 이에 대해 또 말해 둘 것이 있다. 事大文書에 쓰는 吏文은 비록 나라 안에서 쓰는 이문과는 다르지만, 제정한 법의 뜻이 과연 어떠한가. 그 程選한 책자는 승문원 參下官의 九處講과 6월과 12월 都目政事의 政府講에 쓸 뿐만 아니라, 臨殿하여 試題할 때에 頭辭와 結語는 거기에서 각기 외워 쓰도록 하였고, 또 문신 가운데 새로 出身한 자에 대해서는 30세 이전의 科는 의당 漢學殿講을 주도록 되어 있으며, 그 외는 모두 吏文製述을 주되 한결같이 專經殿講과 봄가을에 제술하는 규정과 같게 하였는데, 십수 년 이래로 전부 팽개쳐 출신한 문신마저 한학과 이문이 어떻게 생긴 것인지조차 알지 못하니, 예를 아끼는 뜻이 진실로 이와 같단 말인가. 승문원과 사역원으로 하여금 전례를 살펴 草記하되 규식대로 抄啓함으로써 舊典을 밝히는 일을 알게 하라. ○'欽惟'와 '伏遇'라는 말의 소중함과 頭辭와 結辭에서 호칭하는 말의 막중함은 모두 과연 얼마나 지극히 존경해야 할 문구인가. 그러므로 결코 의자에 앉아 글제를 부르거나 땅에 앉아서 試券을 써서는 안 될 것이다. 대체로 吏文製述의 처음 규식은 오로지 程式의 規度를 위한 것이었는데, 지금 만약 존경해야 할 부분을 쓰지 말라고 하면, 과거 시험의 변려문으로 심상히 試取하는 것과 무엇이 다르겠는가. 좌상의 논의에 따라 시행을 하되, 시관은 이미 講試官을 겸하였으니 마땅히 그대로 머무르고 단지 제술에 응시하는 사람들로 하여금 빈청에 나가 기다렸다가 글제를 받은 뒤에 각기 궐내의 公廨에서 지어 바치도록 하라. 이후로는 이것을 전례로 삼고 이어 예조 판서로 하여금 이러한 뜻을 알고서 즉시 儀注에서 옳게 바로잡도록 하라.(士大夫之不讀律文, 實爲識者之譏笑爺除良, <u>至於吏文,</u> <u>其爲關緊於官府公私文書, 無異於經傳之諺讀,</u> 而近俗皆不致察乙仍于, 甚至繡啓句語. 有此不成話頭之吏讀, 遍考原書, 初不近似. 大抵吏文, 昉自弘儒侯薛聰. 伊後勘定, 作爲金石不易之典, 則如是魯莽, 豈成說乎. 有司堂上中吏判知悉, 全謄吏文一冊, 具音釋印出, 分給京各司聽訟衙門及諸道營閫. <u>因此而又有提飭者, 事大之吏文,</u> <u>雖異於國中之吏文.</u> 制置法意, 果何如. 其程選冊子, 不但用於承文參下之九處講, 六臘貶坐之政府講而已, 臨殿試題也. 頭辭結語, 渠各誦書, 而又於文臣之新出身者, 三十以前科, 應付漢學殿講, 其外幷付吏文製述, 一如專經殿講春秋製述之規, 而十數年來, 全然抛置. 出身之文臣, 不知漢學與吏文之爲何許物事, 愛禮之義, 固如是乎. 令槐院譯院, 考例草記, 如式抄啓, 以爲修明舊典之地事, 使之知悉爲良如敎. ○欽惟與伏遇句語之所重, 頭辭及結辭, 稱號之莫重, 俱果何等至尊敬處, 則決不可坐椅而呼題, 席地而書券. 大抵吏文製述之刱式, 專爲程式規度, 今若勿書尊敬處, 則與功令儷文之尋常試取何異乎. 依左相議施行, 而試官則旣兼講試官, 當仍留只令應製人出待賓廳受題後, 各於闕內公廨, 使之製進, 此後以爲例, 仍令禮判知此意, 卽爲釐正於儀注.) [≪弘齋全書≫ 권47, 乙卯(1795년), <判>, <判湖南暗行御史李羲甲書啓[附註. 吏文製述定式敎]>]

정조 임금 자신이 두 종류 '吏文'의 중요성을 언급하면서 '實爲識者之譏笑爺除良', '而近俗皆不致察乙仍于', '使之知悉爲良如敎' 등과 같이 군데군데 이두를 섞은 문장을 전개하고 있음을 볼 수 있다. 원래 이두문이라는 것이 한문에 語助 부분을 이두로 보충해 넣은 문장, 즉 일종의 기형적 한문(變格漢文)이기 때문에

위 문장은 기본적으로 이두문의 성격을 띤다고 할 것이다.[25] 임금이 事大文書인 吏文과 行政文書인 吏(讀)文의 중요성을 다 강조하면서 스스로 그 글을 이두문으로 작성하였음이 매우 흥미롭다. 우리는 앞에서 정조 임금이 기본적으로 한문으로 된 御札에서 간혹 한글, 吏讀, 俗談·俗語의 漢譯表現을 끼워 넣기도 하였음을 살펴본 바 있다.

4. 漢文·吏讀文·諺文의 相互間 飜譯

조선시대에는 이두문이 언문으로 번역되어 나오는 일이 없지 않았다.[26] 이미 16세기에 大文인 한문 원문이 附屬文字인 이두문과 언문으로 번역되어 主-從의 모습을 보인 일이 있거니와, 조선 후기에 들어서는 한문 텍스트 속에 들어 있는 公文書의 이두문들이 언문으로 번역되어 들어가 있기도 하였다.

다음은 ≪牛馬羊猪染疫病治療方≫(1541)의 앞부분이다.

本草

治牛馬時疫病 獺肉及屎 煮汁 停冷灌之

　　牛果 馬矣 交相傳染病乙 治療爲乎矣 獺肉[汝古里古其 너고리 고기]是乃
　　獺糞[汝古里叱同 너고리 똥]是乃 煎煮待冷爲良 牛馬口良中 灌注爲乎事
　　쇠며 무리며 서르 뎐염ᄒ얏ᄂᆞᆫ 병을 고툐ᄃᆡ 너고리 고기나 너고리 똥이나 므레 글혀
　　그 즙을 머믈워 ᄎᆞ거든 이베 브으라 (1)

≪證類本草≫에서 베풀어진, 마소의 전염병 치료방을 서술해 놓은 것이다. 한문 문장 ‘治牛馬時疫病 獺肉及屎 煮汁 停冷灌之’는 大文에 해당한다. 구결이 달려 있지 않음이 주목된다. 구결의 매개 없이도 한문의 번역이 가능하였음을 잘 보인다. 한 글자를 낮추어 기록한 ‘牛果 馬矣 交相傳染病乙 治療爲乎矣 獺肉[汝古里古其 너고리 고기]是乃 獺糞[汝古里叱同 너고리 똥]是乃 煎煮待冷爲良 牛馬口良中 灌注爲乎事’는 이두문으로서 앞 한문에 대한 번역문에 해당하는바, 大文인 한문에

---

25) 이런 식으로 이해할 때, 白話文과 외교문서 吏文도 기본적으로는 漢文인데 군데군데 口語 내지 俗語가 끼어 들어간 기형적 한문(變格漢文)이라고 할 수 있을 것이다.

26) 이런 사실은 최근 들어 박성종(2011), 이화숙(2009) 등에서 자세하게 언급된 바 있다.

대비하여서는 번역문이자 주석문의 성격을 띤다. '쉬며 무리며 서롤 뎐염ᄒ얏ᄂᆞᆫ 병을 고툐ᄃᆡ 너고리 고기나 너고릐 ᄯᅩ이나 므레 글혀 그 즙을 머믈워 츠거든 이베 브으라'는 한문에 대한 언해문의 성격을 띠며 역시 대문인 한문에 대한 주석문의 성격을 띤다. 즉, 이두 번역문과 언해문은 한문 원문에 대한 附屬文字에 해당하는 것이다. 하나의 원문에 대한 두 가지 문체의 번역문이 나란히 실려 있는 특이한 예이다.[27] 여기서의 이두 번역문은 한글 창제 이전의 ≪大明律直解≫[28](1395)나 ≪養蠶經驗撮要≫(1415)의 이두 번역문을 연상시킨다.

다음은 이두문이 언문으로 번역되어 있는 사례를 살펴본다. 이화숙(2009)에 기대어 다음 예들을 가져오기로 한다. 각각의 앞의 것은 ≪慈慶殿進爵整禮儀軌≫(1827)의 이두문이고, 각각의 뒤의 것은 ≪ᄌᆞ경뎐진쟉졍례의궤≫의 언문 번역문이다.

    a. 令曰依爲之事 下敎是置 令旨內辭意 奉審 (≪慈慶殿進爵整禮儀軌≫, 卷二, 移文, 5)
    – 령왈 의위지ᄉᆞ 령하니시두 령지ᄂᆡ스의롤 봉심 (≪ᄌᆞ경뎐진쟉졍례의궤≫ 2: 36)
    b. 一儀軌時 所用印信一顆 以禮曹所在 取用爲白齊 (≪慈慶殿進爵整禮儀軌≫, 卷二, 達辭, 2) – 일은 의궤홀 [illegible]походᅢ의 ᄡᅳᄂᆞᆫ 바 인신 일과을 례조의 잇ᄂᆞᆫ 바로 취용ᄒᆞᄉᆞᆯ제 (≪ᄌᆞ경뎐진쟉졍례의궤≫ 2: 36)
    c. 令曰初九日 爲之事 令下爲有置 相考施行事 (≪慈慶殿進爵整禮儀軌≫, 卷二, 來關, 6) – 령왈 초구일 위지ᄉᆞ 령하ᄒᆞ얏두 샹고시ᄒᆡᆼᄉᆞ라 (≪ᄌᆞ경뎐진쟉졍례의궤≫ 2: 36)

차자표기로 된 이두문과 짝지워지지 않고 독립되어 존재하는 언문표기 이두문은 그 사례가 이미 많이 보고된 바 있다(이상규 2011 등). 徐文重(1634~1709)의 한문본

---

27) 그러나 이 문헌의 서문은 이두문으로만 되어 있다. 16세기의 ≪農書撮要≫도 원래는 ≪大明律直解≫처럼 [한문-[이두문-언해문]]의 구조를 가졌을 것이지만, 지금은 金安國의 언해문이 삭제된 채 전해지고 있다고 한다(박성종 2011).

28) ≪直解小學≫, ≪直解童子習≫, ≪孝經直解≫, ≪大學直解≫ 등에 들어 있는 '直解'는 文語인 한문을 口語인 백화문으로 번역하거나 해설한다는 의미를 가진다(梁伍鎭 2010:357~375). 그에 비하여, ≪大明律直解≫의 '直解'는 한문을 이두문으로 번역한다는 의미를 가진다. 결국, 이 '直解'는 神聖語(sacred language; truth language)인 한문을 通俗語(vernacular language; vulgar language)인 백화문이나 이두문으로 번역한다는 의미로 귀납될 수 있을 것이다[伊藤英人(이토 히데토) 2011:22~23; 拙稿 2013]. 우리가 흔히 ≪大明律直解≫라 부르는 문헌의 서명은 '大明律'이지만 후대에 '대명률직해'라 불린 것이다. 이 문헌의 <金祗識語>에 '逐字直解'라는 표현이 나오기 때문에 한문과 그 이두 번역문이 主-從의 구조를 이루는 이 문헌을 한문으로만 되어 있는 원래의 ≪大明律≫과 구분하기 위하여 '대명률직해' 또는 '직해 대명률'이라 불러도 큰 흠은 되지 않으리라 생각된다.

≪朝野記聞≫ 속에 들어 있는 차자표기의 이두문도 필사번역본 ≪됴야긔문≫에는 언문으로 번역되어 있다(이화숙 2009:160).

여기서 우리는 한문·이두문·언문 상호간의 번역 과정을 생각해 보기로 한다. 한문을 언문으로 번역하는 과정을 표현하는 용어로는 '諺解'[29]가 가장 널리 쓰였다. 한문을 이두문으로 번역하는 과정은 '吏釋'이라 하였다. 그 사례를 박성종(2011: 36)에서 살필 수 있다. 16세기에 편찬된 ≪農書撮要≫의 <新刊農書撮要序>에,

> 是書, 舊有吏釋, 監司金公安國, 深體國家務農桑之意, 幷蠹書皆益以諺譯, 命吾府, 鋟梓以廣.

이라 한 기록이 나온다는 것이다. '吏釋'과 '諺譯'이 대비되어 있다. 우리가 흔히 漢譯[30]이라 불러 오는 행위를 표현한 용어로는 '眞翻'이라 한 기록이 있어 특기해 둔다.

> 右我外王考妣遺事略也. 歲己巳, 先妣年七十有一矣. 自二月寢疾, 跨夏漸劇,

---

29) 그 외, 諺釋·諺譯·諺繹·諺飜 등등이 사용되었다. 물론, 백화문을 언문으로 번역하는 일도 언해라 불렸음은 잘 알려져 있는 바와 같다. 이 가운데 諺釋과 諺解는 조선시대에 널리 쓰이던 것이었다. 그런데 諺釋은 諺文이라는 문자로써 번역한다는 의미뿐 아니라 조선어 口語로써 번역한다는 의미['每讀好文辭, 輒諺釋而聞之.'(洪直弼, ≪梅山先生文集≫ 권40, <衍齋李公墓誌銘>); '每歲四季, 會昆弟及家衆, 獻壽兩親, 長幼貴賤, 咸以序列, 倣柳仲塗朔望, 訓讀, 諺釋以聽之.'(洪直弼, ≪梅山先生文集≫ 권41, <存齋魏公墓誌銘>)]도 있음을 잊어서는 안 될 것이다. '諺釋한 것을 듣는다.'는 것은 이 경우의 언석이 말로 소리내어 번역한다는 것을 의미하는 것이라 생각되기 때문이다.

30) 조선시대에는 '漢譯'이 주로 蒙譯·倭譯·淸譯에 대비되는 "중국어 역관"의 의미로 사용되었다. 그러다가 갑오경장이 되면서 "한문이나 중국어로 번역함"의 의미로도 사용되기에 이르렀다. '第九條, 法律命令은 다 國文으로써 本을 삼고 漢譯을 附ᄒ며 或國、漢文을 混用홈.'(≪고종실록≫ 권33, 32년(1895) 5월 8일]의 '漢譯'이 대표적이다. ≪세종실록≫에 '漢譯'이 "중국어 역관"의 의미가 아닌 용법으로 쓰인 예가 있으나 "언문을 한문이나 중국어로 번역함"의 의미로 사용된 것이 아니라 그 역의 의미로 사용된 것인 듯하다. '又令鑄字所印漢譯諸書, 使摠制元閔生、判承文院事曹崇德進讀, 一聽便記, 謂近臣曰: "予學漢譯, 無他, 與朝廷使臣相接之時, 預知其言, 則其對辭庶幾早圖耳.")'[≪세종실록≫ 권22, 5년(1423) 12월 23일]. 고전번역원의 번역문은 '또 鑄字所로 하여금 漢語를 번역한 여러 서적을 인쇄하게 하고, 총제 원민생과 판승문원사 조숭덕으로 하여금 읽어 올리도록 하여, 한 번 들으시면 문득 기억하고는 근신에게 이르기를, "내가 한어의 譯書를 배우는 것은 다른 것이 아니다. 명나라의 사신과 서로 접할 때에, 미리 그 말을 알면 그 대답할 말을 빨리 생각하여 준비할 수 있기 때문이다."로 되어 있어 명확하지 않은 구석이 엿보인다. 그래서 이 글에서는 조선시대에 행해진 한역에 대하여는 '眞翻'이라는 말을 사용하기로 한다.

<u>以諺書草此</u>, 托于不肖爲<u>眞翻</u>, 是年九月, 竟見背, 嗚呼痛矣. 庚午, 辛未兩歲,
行先祖考妣,先考妣,伯兄伯嫂三世六位緬禮. 仍又蒐撫三世遺事, 間又立伯兄後,
事故多端, 未能<u>翻謄</u>. 去月晦, 披閱文字, 得先妣遺墨, 迄今六年, 手澤如新, 垂淚罔極,
遺命之遷延未行, 不孝大矣. 謹以<u>眞翻</u>如右, 甲戌九月十二日, 不肖子某泣血謹書.(姜至德,
≪靜一堂遺稿≫, <題跋>, <書外王考妣遺事後[代夫子作]>)

에서 찾아볼 수 있으나 널리 쓰인 것은 아니었다. 위 인용문은 어머님이 71세에
언문으로 草한 것을 강지덕에게 '眞翻'해 달라고 부탁하였는데, 집안에 연속적으로
불행한 일이 생겨 어머님 생전에 '翻謄'하지 못하다가 6년이 지나서야 겨우 '眞翻'할
수 있었다는 내용을 담고 있다.

이제 우리는 '諺解'·'吏釋'·'眞飜'이라는 용어를 사용하여, 조선어가 관여하는
번역의 과정을,

> (1) 한문 → 이두문 (吏釋)
> (2) 한문 → 언문 (諺解)
> (3) 이두문 → 언문 (언문화 과정[31])

의 셋을 雅에서 俗으로 가는 과정이었다고 정리하고,

> (4) 언문 → 이두문 (吏文化 과정[32])
> (5) 언문 → 한문 (眞翻)
> (6) 이두문 → 한문 (變格漢文의 正格漢文化 과정[33])

의 셋을 俗에서 雅로 가는 과정이었다고 정리해 볼 수 있을 것이다. 여기에 백화
문과 외교문서 吏文까지 넣어서 살피면 경우의 수는 훨씬 더 많아지게 될 것이다.[34]

---

31) 이화숙(2009)에서는 '언해'라 하였으나 그것은 적당하지 않은 명칭이다. 앞으로 적절한 용어
   를 마련할 필요가 있어 보인다.

32) 앞서 살펴본 바 있듯이 李亨元의 諺文狀啓가 의주부윤에 의해 吏(讀)文狀啓로 번역된 사례
   를 들 수 있을 것이다. 역시 앞으로 적절한 용어를 마련할 필요가 있을 것이다,

33) 이두문으로 된 장계가 당대에 실록에 수록되거나 후대에 문집에 수록될 경우 正格漢文으로
   손질되기도 하였다. 구체적인 사례는 심경호(2012: 권1:217-220)을 참조하기 바란다.

34) 백화소설을 언문소설로 언해하는 과정과 백화소설을 한문소설로 眞翻하는 과정, 한문소설
   을 백화문으로 直解하는 과정 등은 이미 학계에 보고되어 있다. 최만리등의 甲子上疏文에는

이에 대한 구체적인 고찰은 다음 기회를 기다리기로 한다.

조선시대의 소설류는 한문소설·백화소설·언문소설 등이 공존하였는데, 이들 상호간에는 번역의 과정이 끼어들기도 하였다. 우리는 洪羲福(1794~1859)의 <第一奇諺序>를 통하여 그 일단을 짐작해 볼 수 있을 것이다.

[전략] 그 즁 쇼셜이란 명식이 잇셔 처음은 스긔에 샌진 말과 초야의 젼흐는 길을 거두어 모화 니니 혹 닐으되 야시라 흐더니 그 후 문쟝흐고 닐 업는 션비 필묵을 희롱흐고 문쯔를 허비흐야 헛말을 늘여 니고 거즛 닐을 실다히 흐야 보는 사름으로 흐야곰 쳔연이 미드며 진졍으로 맛드려 보기를 요구흐니 일노죠츠 쇼셜이 셩힝흐야 근일에 우심흐니 즁국 션비는 글 닑어 과거를 닐우지 못흐면 일노써 뜻을 부쳐 문학을 즈랑흐고 가계 빈궁흐면 일노써 싱이흐야 겨즈의 미ː흐니 이러므로 쳔방빅기와 긔담괴셜이 아니 미츤 비 업는지라. [중략] 니 일즉 실학흐야 과업을 닐우지 못흐고 훤당을 뫼셔 한가흔 쎄 만흐므로 세간의 젼파흐는 바 언문쇼셜을 거의 다 열남흐니 대져 삼국지 셔유긔 슈호지 녈국지 셔쥬연의로부터 녁대연의에 뉴는 임의 진셔로 번역흔 빈니 말숨을 고쳐 보기의 쉽기를 취흘 쑨이요 그 스실은 흔ː지여니와 그 밧 뉴시삼대록 미소명힝 조시삼대록 츙효명감녹 옥원지합 님화졍연 구리공츙녈긔 곽쟝양문록 화산션계록 명힝졍의록 옥닌몽 벽허담 완월회밍 명쥬보월빙 모든 쇼셜이 슈샴십 죵의 권질이 호대흐야 혹 빅 권이 넘으며 쇼불하 슈십 권에 니르고 그 남아 십여 권 슈삼 권식 되는 뉴 또 스오십 죵의 지느니 심지어 슉향젼 풍운젼의 뉴 가항의 쳔흔 말과 하류의 느즌 글시로 판본에 긔간흐야 시상에 미미흐니 이로 긔록지 못흐거니와 대쳬 그 지은 뜻과 베푼 말을 볼진디 대동쇼이흐야 사름의 셩명을 고쳐시나 스실은 흡스흐고 션악이 니도흐ᄂ 계교는 흔ː지라 [중략] 우연이 근셰 즁국 션비 지은 바 쇼셜을 보더니 그 말이 죡히 사름의게 유익흐고 그 뜻이 부디 셰상을 씬닷과져 흐야 시속쇼셜의 투를 버셔 느고 별노히 의스를 베퍼 경셔와 스긔를 인증흐고 긔문벽셔를 샹고흐야 신션의 허무흔 바를 말흐되 곳ː이 빙게 잇고 외국에 긔괴흔 바를 말흐되 낫ː치 니역리 이셔 경셔를 의논흐면 의리를 분셕흐고 스긔를 문답흐면 시비를

행정문서 이두문을 외교문서 이문의 문체로 번역해야 할 필요성이 언급되어 있다['전에는 이두가 비록 문자(한자) 밖의 것이 아닐지라도 유식한 사람은 오히려 야비하게 여겨 吏文으로써 바꾸려고 생각하였는데(前此吏讀, 雖不外於文字, 有識者尙且鄙之, 思欲以吏文易之,)'(≪세종실록≫ 권103, 26년(1444), 2월 20일]. '吏曹에서 아뢰기를, "吏科와 承蔭出身의 爵牒을 封하거나 贈職하는 따위의 文牒에는 모두 吏文을 사용하는데, 오로지 東班·西班 5품 이하의 告身에서만 吏讀를 옛날 그대로 사용하니, 심히 비루합니다. 청컨대 이제부터 吏文을 사용하소서." 하니, 그대로 따랐다.(吏曹啓: "吏科及承蔭出身, 封贈爵牒等項文牒, 皆用吏文, 獨於東西班五品以下告身, 襲用吏讀, 甚爲鄙俚. 請自今用吏文." 從之.)' [≪세조실록≫ 3년(1457) 7월 13일]도 그러한 사례를 보인다. 이러한 사실에 대하여는 다음 기회에 더 구체적으로 살피기로 한다.

질정ᄒ야 천문지리와 의약복셔로 잡기방슐에 니르히 각ː 그 묘를 말ᄒ고 법을 붉히니 이 진짓 쇼셜에 대방가요 박남ᄒ기의 읏듬이라. 그 지은 사름의 뜻인즉 평싱에 빅호고 아ᄂ 빅 이구치 너르고 깁것마ᄂ 마ᄎᆷ늬 뜻을 닐우지 못ᄒ야 쓰일 곳이 업ᄂ지라. 이에 홀 일 업셔 부인녀즈의 일홈을 빌고 뜻을 부쳐 필경은 쓸 딕 업스믈 붉히미라 이에 그 번거ᄒᆫ 바를 덜고 간략ᄒᆫ 곳을 보틱며 풍쇽에 갓지 아닌 곳과 언어의 다른 곳을 곤치고 윤식ᄒ야 언문으로 번역ᄒ야 졔일기언 第一奇諺이라 ᄒ니 사름이 그 뜻을 뭇거늘 딕답ᄒ야 왈, 진셔쇼셜 즁 삼국지를 니르러 졔일긔셔라 ᄒ믹 나ᄂ 일노써 언문쇼셜 즁 졔일긔담인 고로 특별이 졔일긔언이라 ᄒ노라.

≪第一奇諺≫은 1835년에 번역이 이루어졌는데. 부제가 '鏡花新翻'으로 되어 있다. 중국에서 1828년경에 간행된 백화소설 ≪鏡花緣≫을 조선에서 새로 옮긴 번역물이라는 뜻을 담고 있다. 홍희복 자신이 백화소설이나 한문소설들을 諺稗(언문소설)로 번역하였을 뿐 아니라, '대져 삼국지 셔유긔 슈호지 녈국지 셔쥬연의로부터 녁대연의에 뉴ᄂ 임의 진셔로 번역ᄒᆫ 비니'라 하여 이미 백화소설들을 한문소설로도 번역하였음을 말하고 있어 주목된다. 그 실물이 전해지지 않음이 아쉽기만 하다.[35] 또한, 홍희복은 '그 밧 뉴시삼대록 미소명힝 조시삼대록 츙효명감녹 옥원직합 님화정연 구리공츙녈긔 곽쟝양문록 화산션계록 명힝졍의록 옥닌몽 벽허담 완월회밍 명쥬보월빙 모든 쇼셜이 슈샴십 죵의 권질이 호대ᄒ야 혹 빅 권이 넘으며 쇼불하 슈십 권에 니르고 그 남아 십여 권 슈삼 권식 되ᄂ 뉘 쏘 스오십 죵의 지느니 심지어 슉향젼 풍운젼의 뉘 가항의 쳔ᄒᆫ 말과 하류의 ᄂ즌 글시로 판본에 긔간ᄒ야 시상에 미미ᄒ니 이로 긔록지 못ᄒ거니와'라 하여, 이른바 '錄冊'과 '傳冊'[36]을 구분하여 전자가 상대적으로 雅쪽에 속하고 후자가 상대적으로 俗쪽에 속하는 것으로 파악하고 있는 듯하여 흥미롭다.

愼獨齋 金集(1574~1655)이 남긴 ≪愼獨齋手澤本傳奇集≫에 한문소설 <王慶龍傳>이 轉寫되어 있다고 하는데, 이 작품은 중국의 백화소설 ≪警世通言≫에 들어 있는 <玉堂春落難逢夫>를 번안한 작품이라고 한다. 원전인 백화소설이 傳奇體 한문소설로 재구성되었고, 이 한문 텍스트에서 다시 17세기의 언문소설 <왕경룡전>이 파생되어 나왔다는 점이 매우 특이하다면 특이하다고 할 수 있다(權赫來 2004:7). 金萬重(1637~1692)의 <사씨남정기>는 원래 언문소설이었는데 그 從孫

---

35) 諺稗인 ≪第一奇諺≫도 정규복 교수에 의해 발굴되기까지에는 많은 세월이 흘러야만 하였다.

36) 언패의 제목이 'X錄'으로 된 것(예컨대, <壬辰錄>)은 '錄冊'이라고 불리고, 'X傳'으로 된 것 (예컨대, <洪吉童傳>)은 '傳冊'이라고 불렸는데, 時俗에서는 그들이 雅·俗의 대립관계에 있 는 것으로 파악하였다.

子 金春澤(1670~1717)에 의해 한문소설인 《翻諺南征記》[37]로 번역되고 그것이 다시 여항에서 별개의 언문소설로 재번역되어 통용되었다고 한다. 그런가 하면, 명나라 瞿佑(1347~1433)의 傳奇體 한문소설 《剪燈新話》[38]는 조선에 들어와 明宗代에 垂胡子 林芑(?~1592)에 의해 集釋이 덧붙여져 《剪燈新話句解》로 재탄생하여 조선 말기까지 내내 大人氣作으로 수많은 판본이 간행되어 나왔을뿐더러 20세기 초에는 懸吐까지 된 새로운 판본이 나올 정도였다(김영진 2012 참조). 그런데 《전등신화구해》가 科擧準備用 및 吏文學習用으로 吏胥들 간에 칭송이 드높았다는 사실[39]은 구절마다 주석이 달린 句解가 '吏文'이었기 때문에 그러하였다는 말이 된다. 知樞 林芑는 서얼로서 漢吏學官·吏文學官을 거치면서 중국을 6번이나 다녀올 정도로 吏文에 능하였다. 《전등신화구해》에서 吏胥들의 관심대상이 된 吏文은 행정문서인 이두문이 아니라 외교문서인 이문이었을 것으로 판단된다. 이에 대하여는 앞으로 실제로 句解에 대한 구체적인 검토를 통하여 밝혀내어야 할 것이다.

5. 한문·이두문·언문의 위상과 그 상호간 번역 양상을 위하여

이 글에서는 조선시대의 문자생활을 점검하되, 한문, 이두문, 언문의 위상과 그 독특한 쓰임새, 그들 상호간 번역양상 등에 초점을 맞추어 논의를 전개하였다. 이

---

37) 이곳의 '翻諺'은 현대어에서 사용되는 '漢譯'의 의미로 사용되어 있어 매우 특이하다. 이 '翻諺'은 대개 '諺解'와 동일한 의미로 사용되던 것이었다. 앞에서 우리는 '漢譯'도 현대어에서와는 다른 용법을 보인다는 점을 지적한 바 있다. 앞으로 이 용어들이 역사자료에서 사용되는 양상을 더욱 면밀히 파악해 보아야 필요가 있어 보인다는 점을 언급하는 것으로 만족하기로 한다.

38) '傳奇'는 唐의 裴鉶이 지은 《傳奇》에서 기인하는바, '전등신화'는 "등불의 심지를 잘라 가며 밤새 읽을 정도로 새로운 이야기"라는 의미를 가진다.

39) '임기가 《전등신화》에 주석을 달자 이서들이 모두 그것을 학습하였다.(林芑註剪燈餘話, 而吏胥皆學之.)'(成大中, 《青城雜記》 권4, <醒言>), '그 문사가 다 속되고 가벼워 알기 쉽고 본받기 쉬워 우리나라 이서들은 그것을 반드시 읽었다.(其文詞皆鄙俚淺弱, 易知而易效, 故我東吏胥必讀之.)'(李鈺, 《薄庭叢書》 권28, <鳳城文餘>), '여항에서 《전등신화》를 가장 사랑하였는데, 이문에 도움이 되었기 때문이다.(閭巷最愛《剪燈新話》, 以其有助於吏文也.)'(柳得恭, 《京都雜誌》 권1, <詩文>), '지금 여항의 이서들이 오로지 익히는 것은 《전등신화》 한 책인데 이를 읽으면 이문에 능숙하여지기 때문이다. 이는 刀筆吏(문서를 다루는 하급관리)의 숙습으로 志氣가 이미 그 속에 얽매였으니 굳이 책할 필요가 뭐 있겠는가.(今閭巷里胥輩所專習者, 有《剪燈新話》一書. 以爲讀此, 則嫺於吏文云, 斯爲刀筆之熟習. 志氣已梏於其中, 則何必苛責也.)'(李圭景, 《五洲衍文長箋散稿》 권47, <剪燈新話辨證說>) 등의 기록이 참조된다.

글에서 논의된 바를 요약하면 다음과 같다.

(a) 훈민정음 창제 이전에는 한문과 이두문이 雅·俗의 이항대립적 관계를 가졌으나, 훈민정음 창제 이후에는 한문과 언문이 雅·俗의 대립을 이루었는데 이두문은 경우에 따라 한문쪽에 편입되기도 하고 언문쪽에 편입되기도 하는 특이성을 보였다. 즉, 이두문은 雅쪽에 속하기도 하고, 俗쪽에 속하기도 하는 박쥐같은 존재였다.

(b) 한문간찰과 언문간찰은 그동안 많이 논의되어 왔기 때문에, 이 글에서는 특히 國漢文體 간찰과 吏讀文簡札을 집중적으로 조명해 보았다. 전자는 조선의 譯官과 일본의 通詞 사이에 주고받은 편지글에서 많이 나타났다. 후자는 점필재 김종직의 모친과 부인이 김종직에게 보낸 편지를 거론하였는데, 이 부인네들이 쓴 이두문간찰은 1468년 시점에는 언문이 지방에까지 보급되지 못한 하나의 증좌로 판단되었다.

(c) 諺文狀啓의 사례를 살피고 그와 관련된 당대의 논의를 엿보았다. '浮沈의 염려'와 '기밀의 유지'를 위해, 외국으로 나간 사신들이 先來 편에 조선의 조정으로 보낸 장계가 언문으로 작성되었다.

(d) '眞諺翻謄'과 관련하여 이두문이 '眞(書)'에 속하는 傳令들을 살필 수 있었다.

(e) 한문·이두문·언문 상호간의 번역양상에 대하여 살폈다. 그 과정에서 널리 사용되던 '諺解' 외에, '吏釋', '眞翻' 등의 용어를 발굴해 낼 수 있었다. 그 번역양상은,

    (1) 한문 → 이두문 (吏釋)
    (2) 한문 → 언문 (諺解)
    (3) 이두문 → 언문 (諺文化 과정)

의 셋을 雅에서 俗으로 가는 과정이었다고 정리하고,

    (4) 언문 → 이두문 (吏文化 과정)
    (5) 언문 → 한문 (眞翻)

    (6) 이두문 → 한문 (變格漢文의 正格漢文化 과정)

의 셋을 俗에서 雅로 가는 과정이었다고 정리할 수 있었다.

    이러한 주제로 논의될 사항은 아직 많이 남아 있다. 특히 백화문과 외교문서 吏文의 문체도 함께 고찰하여 좀더 그 논의의 폭을 넓힐 필요가 있을 것이다. 이 글이 그러한 폭넓고 속깊은 논의를 위한 자그마한 디딤돌 역할이나마 할 수 있기를 기대한다.

참고문헌

권영민(1999), 『서사양식과 담론의 근대성』, 서울: 서울대학교출판부.

權赫來(2004), 「조선조 한문소설 국역본의 존재 양상과 번역문학의 성격에 대한 시론」, 『東洋學』 36, 단국대학교 동양학 연구소, 1-25.

김봉좌(2013), 「조선후기 傳令의 한글 번역과 대민 유포」, 『한국문화』 61, 규장각한국학연구원, 279-299.

김영진(2012), 「朝鮮刊 剪燈新話句解 諸本研究(1): 異本對比 및 系列化를 중심으로」, 『어문논집』 65, 민족어문학회, 287-314.

김하라(2012), 「통원(通園) 유만주(兪晚柱)의 한글 사용에 대한 일고(一考)」, 『국문학연구』 26, 국문학회, 199-243.

南豊鉉(1978), 「訓民正音과 借字表記法과의 關係」, 『國文學論集』 9, 단국대학교 국어국문학과, 3-26.

南豊鉉(1980), 「訓民正音의 當初目的과 그 意義」, 『東洋學』 10, 단국대학교 동양학연구소, 365-372.

박대현(2010), 「漢文書札의 格式과 用語 研究」, 영남대학교 대학원 박사학위논문.

朴盛鍾(2006), 『朝鮮初期 古文書 吏讀文 譯註』, 서울: 서울대학교출판부.

박성종(2008), 「李兆年의 鷹鶻方에 나타난 吏讀文 作品에 대하여」, 『국어국문학』 148, 국어국문학회, 5-37.

박성종(2011), 「조선 전기 이두 번역문의 문체와 어휘」, 『한국어학』 53, 한국어학회, 29-59.

배미정(2012), 「한문서간 연구의 현황과 과제: 조선시대 한문서간 연구사를 중심으로」, 『大東漢文學』 36, 113-137.

성균관대학교 동아시아학술원(2009), 『정조어찰첩(正祖御札帖)』, 서울: 성균관대학교 출판부.

송호근(2011), 『인민의 태생: 공론장의 구조 변동』, 서울: 민음사.

심경호(2012), 『한국 한문기초학사』 1·2·3, 파주: 태학사.

安大會(2009), 「御札帖으로 본 正祖의 인간적 면모」, 『大東文化研究』 66, 성균관대학교 대동문화연구원, 145-174

梁伍鎭(2010), 『漢學書 研究』, 서울: 박문사.

이상규(2011), 『한글 고문서 연구』, 서울: 도서출판 경진.

李鉉祐(1993), 「李鈺 『俚諺』의 研究」, 성균관대학교 대학원 석사학위논문.

李賢熙(2012), 「단어 ‘한글’ 및 ‘문자’와 음운론적인 정보」, 『2012년 훈민정음학회 국내학술대회 발표논문집: 훈민정음과 오늘』, 사단법인 훈민정음학회.

李賢熙(2013), 「현대 이전의 ‘飜譯’과 ‘諺解’에 대한 몇 고찰」, 『한국어문학과 번역』, 서울대학교 한국어문학연구소 제2회 국제학술대회 발표논문집, 1-12.

李賢熙·福井玲(2013), 「≪海槎日記≫ 속의 소로분과 그 飜譯文에 대한 한 研究」, 『近世東アジアの外國語教育とその背景(근세 동아시아의 외국어 교육과 그 배경)』, 譯學書學會 第5回 國際學術會議 발표문.

이화숙(2009), 「조선시대 한글 의궤의 국어학적 연구: ≪조경뎐진쟉졍례의궤≫와 ≪덩니의궤≫를 중심으로」, 대구 가톨릭대학교 대학원 박사학위논문.

이 훈(2011), 『외교문서로 본 조선과 일본의 의사소통』, 서울: 景仁文化社.

임형택(2002), 『한국문학사의 논리와 체계』, 파주: ㈜ 창작과비평사.

임형택·한기형·류준필·이혜령(2008), 『흔들리는 언어들: 언어의 근대와 국민국가』, 서울: 성균관대학교 출판부.

임홍빈(2013), 「正音 創制와 관련된 몇 가지 問題」, 2013년 훈민정음학회 제2회 전국학술대회 발표논문집, 1-39.

전경목(2010), 「이두가 포함되어 있는 고문서 번역상의 몇 가지 문제점」, 『고전번역연구』 1, 한국고전번역학회, 61-95.

鄭丞惠(2012a), 「朝鮮通事가 남긴 對馬島의 한글편지에 대하여」, 『어문논집』 65, 민족어문학회, 219-250.

鄭丞惠(2012b), 「한글 簡札을 통해 본 近世 譯官의 對日外交에 대하여」, 『大東漢文學』 37, 대동한문학회, 89-124.

조동일(1999), 『하나이면서 여럿인 동아시아문학』, 서울: 지식산업사.

조동일(2010), 『동아시아문명론』, 서울: 지식산업사.

조성산(2009), 「18세기 후반~19세기 전반 조선 지식인의 語文 인식 경향」, 『한국문화』 47, 서울대학교 규장각한국학연구소, 177-202.

허지은(2012), 『왜관의 조선어통사와 정보유통』, 서울: 景仁文化社.

황문환(2010), 「조선시대 언간 자료의 현황과 특성」, 『국어사연구』 10, 국어사학회, 73-131.

黃文煥(2013), 「(韓中間) 對外機密 維持를 위한 諺簡 實用의 한 事例: 冬至副使 李亨元이 義州府尹 沈晉賢에게 부친 諺簡」, 『近世東アジアの外國語教育とその背景(근세 동아시아의 외국어 교육과 그 배경)』, 譯學書學會 第5回 國際學術會議 발표문.

池內敏(2011), 「癸未信使の通譯たち·ノート」, 『동아시아문화연구』 49, 한양대학교 동아시아문화연구소, 45~63.

伊藤英人(이토 히데토)(2011), 「조선시대 近世中國語 ‘飜譯’에 대한 고찰 및 그 전망」, 『동아시아 시대의 한국어·한국문화 연구의 동향과 전망』, 제2회 한국 언어·문화 국제학술대회, 22-35.

長正統(1978), 「倭學譯官書簡よりみた易地行聘交渉」, 『史淵』 115, 九州大學 文學部, 95-131.

岸田文隆(2011), 「對馬島宗家文庫ハングル書簡類>について」, ユーラシア言語研究コンソーシアム年次總會(6科研合同研究會) 發表資料, 大阪大學.

岸田文隆(2012), 「対馬宗家文庫のハングル書簡について」, 『近世日本と倭館 · 朝鮮: 研究の現在と展望』 發表資料.

安田章(1963), 「隣語大方解題」, 京都大學 文學部 國語學國文學研究室 編, 『隣語大方』, 京都大學 國文學會, 1-42.

山内民博(2007), 「朝鮮後期鄕村社會と文字 · 文書: 傳令と所志類をてがかりに」, 『韓國朝鮮の文化と社會』 6, 韓国 · 朝鮮文化研究会, 22-59.

Anderson, Benedict. 1983. *Imagined Communities: Reflections on the Origin and Spread of Nationalism*. London: Verso. [윤형숙 역(1991), 『민족주의의 기원과 전파』, 파주: 나남.]

※ 이 논문은 이현희, 김한결, 김민지, 이상훈, 백채원, 이영경 공저의 『근대 한국어 시기의 언어관 · 문자관 연구』(소명출판, 2014)에 수록된 「제1장 개관」(이현희 집필)의 일부 내용을 정리한 것임.

이현희(李賢熙)

서울대학교 인문대학 국어국문학과
서울 관악구 관악로 1, 151-748
전자우편: hhlee@snu.ac.kr

'구결'에 반영된 한문 이해와 번역 관련 연구

김영수 (연변대학교)

1. 구결의 형태

"구결"은 우리 민족의 고유한 문화유산으로서 민족 언어의 발전과 중한번역에 중요한 역할을 하였다. 이 "구결"이란 용어는 1462년에 간행한 《능엄경언해》의 발문에서 처음으로 쓰이었는바 이 책의 해석에 의하면 구결은 음독으로 되는 한문의 원문에 우리말의 조사나 어미를 첨가한 것이다. 띄어쓰기를 하지 않은 고대 한문의 원문에 이 구결형태가 있음으로 하여 우리 민족은 한문에 대한 이해와 중한 번역에 커다란 도움을 받았다. 따라서 본고에서는 구결의 형태, 구결과 원문인 한문의 관계, 구결과 역문인 한국어의 관계 등을 고찰, 분석하고자 한다.

《훈민정음언해》,《석보상절》(서),《불경언해》,《유경언해》 등의 원문에 모두 구결형태가 붙어 있는데 유형별로 보면 아래와 같은 형태들이 있다.

첫째, 조사나 어미의 겹침 형태들이 있다. 이 유형에는 조사나 어미가 단독으로 쓰이는 경우와 겹치여 쓰이는 경우가 있는데 중세에 쓰이던 대부분 조사와 어미가 보편적으로 구결에 쓰이고 있다.

둘째, 동사 "ᄒᆞ다"의 어근 "ᄒᆞ–"와 조사, 어미의 결합형들이 다양하게 구결에 쓰이고 있다. 그 형태들로는 "ᄒᆞᆫ, ᄒᆞ야, ᄒᆞ고, ᄒᆞ며, ᄒᆞ면, 홀식, 홀씨, ᄒᆞ샤, 호ᄃᆡ, 호미, ᄒᆞ라, ᄒᆞ니, ᄒᆞ샨, ᄒᆞ샤ᄃᆡ, ᄒᆞ야도, ᄒᆞ노니, ᄒᆞ니라, ᄒᆞᅀᄫᅡ, ᄒᆞᇷ고, ᄒᆞ거든, ᄒᆞ시나, ᄒᆞ다니, ᄒᆞ고서, ᄒᆞ야ᅀᅡ, ᄒᆞ도다, ᄒᆞ다가, ᄒᆞ시며, 홀시라, ᄒᆞᅀᅩᆂ와, ᄒᆞ야시ᄂᆞᆯ, ᄒᆞᅀᆞᆸ보니, ᄒᆞ리어늘, 홀시니라, ᄒᆞᅀᆞᆸ오ᄃᆡ, 게 ᄒᆞ야, 호려 ᄒᆞ야, 케 ᄒᆞ야, 케 ᄒᆞ라, 케 ᄒᆞ야시ᄂᆞᆯ, ᄒᆞ시ᄂᆞ니이다, ᄒᆞ리이다, ᄒᆞ시게 ᄒᆞ야 " 등이 있다.

셋째, "이"(ㅣ)[2]와 어미의 결합형들이 구결에 쓰이고 있는데 그러한 형태들로는

---

1) 한자 "口訣"의 음독자이지만 한어 "口訣"의 개념과는 완전히 다른 의미로 쓰이는 학술용어이다.

2) "ㅣ"는 중세한국어에서 주격의 문법적 의미를 나타낸다.

"이니, 이며, 이고, 이오, 이라, 이삭, 인댄, 이시며, 이어든, 이로다, 이시고, 이리고, 이라도, 이러시니, 이시니라" 등이 있다.

넷째, "이-"와 "ᄒᆞ-"의 결합형들이 있는데 여기에는 "이라 ᄒᆞ고", "이라 ᄒᆞ니", "이라 ᄒᆞ야", "이라 ᄒᆞᄂᆞᆫ", "이라 ᄒᆞ며", "이라 ᄒᆞ니라" 등과 같은 형태들이 있다.

2. 구결과 원문 한문의 관계

위에서 열거한 구결형태들은 한문의 원문 속에 들어가야만 그 기능을 발휘하게 되는데 원문의 구조와는 관계없이 다만 독자들에게 원문을 단락 지어 주고 그 문법적 관계를 정확히 파악하게 하는 기능을 수행한다.

    예: 學問之道ᄂᆞᆫ 無他ㅣ라 求其放心而已矣니라(맹자언해 11권 20장)

여기에서 구결로 되는 "ᄂᆞᆫ", "ㅣ라", "니라"를 빼면 "學問之道無他求其放心而已矣"와 같은 문장형식이 되는데 이것이 바로 원문이다. 이 원문은 자체의 구조와 문법적 의미를 가지고 있지만 다 붙여 쓰고 있기 때문에 단어와 단어, 문장성분과 문장성분의 관계를 이해하기가 어렵게 되어 있다. 여기에 구결형태들이 예문처럼 들어감으로써 그 구조문법적 관계가 어떻게 되어 있는가가 밝혀지게 된다.

구결을 원문 속에 삽입하여 구조문법적 관계를 밝히려면 우선 원문에 대한 정확한 이해가 있어야 하고 원문의 일정한 자리에 해당한 구결형태를 넣어야 한다. 원문에 구결이 붙은 위치들을 보면 문장성분과 문장성분의 사이, 구와 구의 사이, 복합문에서의 단일문과 단일문 사이 그리고 문장 끝이라고 할 수 있다.

    예: 人이 少則慕父母ᄒᆞ다가 知好色則慕少艾ᄒᆞ고 有妻子則慕妻子ᄒᆞ고 仕則慕君ᄒᆞ고 不得於君則熱中이니 大孝ᄂᆞᆫ 終身慕父母ᄒᆞᄂᆞ니 五十而慕者를 予於大舜애見之矣로라
    (맹자언해 9권 3장)

예문에서 구결형태 "이"와 "ᄂᆞᆫ"은 주어에 붙은 것이고 "ᄒᆞ다가"와 "ᄒᆞᄂᆞ니"는 단어결합에 붙은 것이며 "ᄒᆞ고", "이니"는 복합문의 단일문과 단일문 사이에 붙은 것이고 "를"은 목적어에 붙은 것이며 "애"는 부사어에 붙은 것이고 "로라"는 문장의 끝에 붙은 것이다.

여기에서 무엇보다 명확한 것은 한국어에서 쓰이는 조사와 어미가 한문원문에 삽입된 구결형태와 같은 성격으로서 당시의 문인들이 한문에 대한 이해가 한문을

모어로 하는 중국사람 못지 않게 잘 안다는 것을 볼 수 있다.

다음으로 구결과 한문의 원문사이에는 일정한 대응법칙이 있다. 즉 어떤 경우에 어떤 구결형태가 붙는가 하는 데는 내재적인 법칙이 있다는 것이다. 이 내재적인 법칙에 대해 대체적으로 원문의 주어에 "이 "(ㅣ)가 붙고 목적어에 대격조사 "을/를"(을/를)이 붙으며 부사어에 여격조사 "에"(애/예)가 붙고 서술어에 "ᄒᆞ"와 이러저러한 어미의 결합이 붙으며 문장 끝에 종결어미들이 붙는다는 것은 상식적으로도 알 수 있는 것이지만 그밖에 원문과 구결의 내재적 연결이 어떻게 되어 있는가에 대해서는 지금까지 별반 심도 있는 연구가 진행되지 못하고 있다. 아래에 부분적 구결형태와 원문의 대응관계를 고찰하면서 한문에 대한 당시 사람들의 인식을 살펴보기로 한다.

1) 구결과 원문 허사의 관계

한문에서 허사는 문장 속에서 주로 단어와 단어, 문장성분과 문장성분사이의 문법적 관계를 표시하는 보조적 품사로서 구결과 직접 연결되고 있다. 즉 구결에 쓰이는 조사와 어미들은 원문 허사의 문법적 의미에 의해 선택된다. 아래에 한문에서 늘 쓰이는 상용허사들과 구결의 대응관계를 보기로 한다.

　　"於"
　　예: ① 露者ᄂᆞᆫ 於同生基예 見已의 行元也ㅣ라(능엄경 10)
　　　　② 於此애 妄立神我ᄒᆞ야(능엄경 10)
　　　　③ 於一切法에 圓滿ᄒᆞ야(금강경 서 5장)
　　　　④ 是故로 六祖大師ㅣ 於五祖애 傳衣付法之際예(금강경후서 6장)

예문들을 보면 "於"를 중심으로 한 단어결합 뒤에 다 구결형태 "에"(애, 예)[3]를 달고 있다. 이것은 "於"가 ①과 ②에서처럼 행동이 진행되는 장소를 나타낼 때와 ③과 ④에서처럼 행동이 미치는 대상을 나타낼 때 다 구결형태 "에"와 대응된다는 것을 보여 주고 있다. 여기서 "애 "와 "예"는 "에"와 같은 의미의 변이형태들이다.

　　"則"
　　예: ① 但以自己性智慧로 照破諸妄ᄒᆞ면 則曉然自見ᄒᆞ리니(금강경후서 6장)
　　　　② 迷ᄒᆞ면 則佛이 是衆生이오 悟ᄒᆞ면 則衆生이 是佛이라(금강경 20장)

---

3) 중세한국어에서 "에"는 음성모음 뒤에, "애"는 양성모음 뒤에, "예"는 중성모음 "ㅣ" 뒤에 붙는다.

③ 是人은 則能超衆生濁ᄒ리니(능엄경 10)

④ 則我는 得無邊ᄒ고 彼는 但有邊矣로다(능엄경 10)

"則"은 예 ①과 ②에서는 가정의 문법적 의미로 쓰이었고 ③과 ④에서는 판단의 문법적 의미로 쓰이었다. "則"의 서로 다른 문맥적 의미에 따라 "則"으로 이루어진 단어결합에 대하여 ①과 ②에서는 구결 "ᄒ면"을 달았고 ③과 ④에서는 "은"(는)을 달았다.

"以"
예: ① 以行與事로 示之而已矣라 ᄒ노라(맹자언해 9권 14장)

② 予將以斯道로 覺斯民也ㅣ니(맹자언해 9권 22장)

③ 如來ㅣ 以般若波羅蜜法으로 護念諸菩薩이라(금강경 8장)

④ 以東方虛空으로 爲譬喩ᄒ실ᄉᆡ(금강경 26장)

"以"는 각이한 문맥 속에서 다 후행단어들을 도구적 의미로 되게 하고 있는데 구결에서는 "以"의 이 문법적 의미에 따라 구결형태 "로/으로"를 달았다.

"與", "及"
예: ① 言與者는 佛이 與比丘와 同住金剛般若無相道場하실ᄉᆡ(금강경 3장)

② 一切諸佛와 及阿耨多羅三藐三菩提法이(금강경 47장)

예문에서 보면 "比丘"와 "諸佛"뒤에 다 구결형태 "와"를 달고 있는데 이것은 바로 연사 "與"와 "及"의 문법적 의미에 비추어 단 것이다.

"使", "雖", "也"
예: ① 天子ㅣ 使吏로 治其國而納其貢稅焉ᄒ니(맹자언해 9권 9장)

② 雖未通其各命由緖ᄒ나 見同生基의 猶如野馬ᄒ야(능엄경 10)

③ 言乞食者는 表如來ㅣ 能下心於一切衆生也ㅣ라(금강경 4장)

예문 ①에서 구결형태 "로"는 원문의 "使"의 "시킴형"의 문법적 의미에 비추어 단 것이고 ②에서의 "ᄒ나"는 "雖"의 양보적 의미에 비추어 단 것이며 ③의 "ㅣ라"는 "也"의 종결의 문법적 의미에 따라 붙인 것이다.

2) 구결과 원문구조의 관계

구결은 원문의 허사와 밀접한 관계가 있을 뿐 아니라 원문의 구조와도 밀접한 관계가 있다. 기실 구결형태는 원문의 허사, 구조에 의해 선정되는데 허사가 구조가운데 있고 구조 또한 많은 경우에 허사에 의해 문법적 관계를 표시하는 만큼 허사와 구조는 서로 떨어질 수 없는 연결체인 것이다. 다만 여기서는 서술의 편의를 위해 나누었을 따름이다.

아래에 원문의 각이한 구조들이 구결에서 어떤 형태로 표현되는가를 보기로 한다.

첫째, 주어와 서술어 사이에 구결형태 "이", "ㅣ", "은/는", "은/는" 등이 붙는다.

예: ① 咸丘蒙이 問曰語云(맹자언해 9권 9장)

② 此ㅣ 所謂妄正遍知라(능엄경 10)

③ 夫金剛經者ᄂ 無相ᄋᆞ로 爲宗ᄒᆞ시고(금강경 서 1장)

예문에서 "咸丘蒙", "此", "夫金剛經者"는 각기 주어에 속하고 뒤의 부분들이 서술어에 속하는데 언해본들을 보면 이 사이에 보편적으로 주격조사나 제시의 문법적 의미를 나타내는 조사가 붙고 있다.

둘째, 동사나 동사구가 방식 부사어로 되거나 뒤 절의 원인으로 되거나 원인을 나타내는 병렬로 될 때에는 구결에 흔히 "ᄒᆞ야"가 붙는다.

예: ① 令以此義로 自覺覺他ᄒᆞ야 永斷妄元ᄒᆞ야 齊歸正果也ㅣ시니라(능엄경 10)

② 四者ᄂ 合掌ᄒᆞ야 瞻仰尊嚴ᄒᆞᅀᆞ와 目不暫舍ㅣ오(금경경6장)

③ 夢想이 鎖亡ᄒᆞ야 寤寐ㅣ 常一故로 稱正知奢摩他ㅣ라 ᄒᆞ시고(능엄경 10)

④ 於是예 不能決擇ᄒᆞ야 矯亂其語ᄒᆞ니라(능엄경 10)

⑤ 一者ᄂ 是人이 心計生元이 流用不息ᄒᆞ야 計過未者ᄒᆞ야 名爲有邊이라 ᄒᆞ고
　　(능엄경 10)

예문의 ①과 ②의 "自覺覺他", "永斷妄元", "合掌"은 각기 뒤구의 방식으로 되어 있고 ③과 ④의 "鎖亡"과 "不能決擇"는 각기 뒤의 결과의 원인으로 되어 있으며 ⑤에서는 "流用不息"과 "計過未者"가 뒤의 "名爲有邊"과 원인적 병렬로 되어 있다. 이와 같이 원인과 방식을 나타내거나 원인적 병렬로 될 경우 원문의 구결에 "ᄒᆞ야"를 삽입하는데 존경을 표시할 때에는 "ᄒᆞ야" 대신 "ᄒᆞ셔"를 쓰기도 한다.

셋째, 명사구가 병렬될 때에는 구결형태 "이고"(ㅣ고)가 붙고 동사구가 병렬될 때에는 "ᄒ고", "ᄒ며"가 붙는다.

> 예: ① 身滅은 卽欲界人天二處也ㅣ오[4] 欲盡은 初禪也ㅣ오 苦盡은 二禪也ㅣ오 極樂은 三禪이오 極舍ᄂᆫ 四禪과 及無色也ㅣ니(능엄경 10)
>
> ② 四者ᄂᆫ 是人이 知想陰이 盡ᄒ고 見行陰이 流ᄒ야 行陰의 常流를 計爲常性ᄒ고 色受想等이 今已滅盡을 名爲無常홀시라(능엄경 10)
>
> ③ 異神安民樂ᄒ며 境靜祚固ᄒ며 時泰而歲有ᄒ며 福臻而災消ᄒ노니(석보상절 서)

예문 ①은 명사구로 된 병렬로서 뒤에 구결형태 "ㅣ오"(이고)가 붙었는데 어떤 경우에는 "이며"를 붙일 때도 있다. 예 ②와 ③은 다 동사구로서 뒤에 구결형태 "ᄒ고"와 "ᄒ며"가 붙고 있다.

넷째, 복합문사이에서 의미적 련결에 따라 상응한 구결형태가 붙는다.

> 예: ① 萬章이 問曰舜이 往于田ᄒ샤 号泣于旻天ᄒ시니 何爲其号泣也ㅣ잇고
> (맹자언해 9권 1장)

이 예는 복합문인데 "萬章問曰舜往于田号泣于旻天"과 "何爲其号泣也"가 조건적 관계로 맞물리여 그 사이에 구결 "ᄒ시니"를 달고 있다. 이와 같이 조건적 관계로 맞물릴 때에는 "ᄒ시니"외에 문맥에 따라 "이면", "ᄒ면", "ᄒ니", "ᄒ거든", "이어든" 등 구결이 붙는다.

> ② 世之學佛者ㅣ 鮮有知出處始終ᄒᄂ니 雖欲知者ㅣ라도 亦不過八相而止ᄒᄂ니라
> (석보상절 서)

이것은 확대복합문으로서 1차적으로는 "世之學佛者鮮有知出處始終"과 "雖欲知者亦不過八相而止"로 갈라지는데 그 사이가 조건적 관계로 되어 있기 때문에 "ᄒᄂ니"를 삽입하였고 2차적으로는 "世之學佛者"와 "鮮有知出處始終", "雖欲知者"와 "亦不過八相而止"가 맞물리는데 전자는 주어와 서술어의 관계로서 주격조사 "ㅣ"를 삽입하였고 후자는 양보적 관계로서 "ㅣ라도"를 삽입하였다. 양보적 관계를 나타날 때

---

4) 원형은 "ㅣ고"이다. 중세한국어에서 "ㅣ" 뒤에 오는 자음 "ㄱ"이 탈락하는 현상으로 "ㅣ오"형이 된 것이다.

에는 문맥에 따라 "ㅣ라도" 외에 "이라도", "ᄒᆞ야도" 등 구결이 붙는다.

③ 是人이 墜入四顚倒見호ᄃᆡ 一分은 無常이오 一分은 常論이리라(능엄경 10)

이 예에서 1차적으로 나뉘는 것은 "是人墜入四顚倒見"과 "一分無常一分常論"인데 뒤부분이 앞부분에 대한 자세한 설명으로 되어 있어 그 사이에 "호ᄃᆡ"를 삽입하였다 하여 이와 같은 경우에 쓰이는 구결은 "호ᄃᆡ"외에 "ᄒᆞ샤ᄃᆡ", "ᄒᆞᄃᆡ" 등이 있다. 이 예에서 2차적으로 맞물리는 것은 "一分無常"과 "一分常論"인데 병렬적으로 맞물리어 "이오"(이고)를 삽입하고 있다.

④ 給孤獨者ᄂᆞᆫ 須達長者之異名이오 園者ᄂᆞᆫ 本屬須達ᄒᆞᆯᄉᆡ 故로 言給孤獨園이니라
   (금강경 2장)

예문에서 1차적으로 "給孤獨者須達長者之異名園者本屬須達"과 "故言給孤獨園"이 인과관계로 맞물리어 구결 "ᄒᆞᆯᄉᆡ"를 넣었는데 이와 같이 인과관계에 삽입하는 구결로는 또 "ᄒᆞᆯᄊᆡ", "ᄒᆞ니" 등이 있다. 그 다음으로는 "給孤獨者須達長者之異名"과 "園者本屬須達"이 병렬관계로 되어 있기 때문에 병렬을 표시하는 "이오"(이고)를 삽입하였고 "給孤獨者"와 "須達長者之異名", "園者"와 "本屬須達"은 각기 주어와 서술어로 연결되므로 각기 "ᄂᆞᆫ"을 넣고 있다.

⑤ 由今之道ᄒᆞ야 無變今之俗이면 雖與之天下ㅣ라도 不能一朝居也ㅣ니라(맹자언해
   12권 20장)

예 ⑤에서 1차적으로 나뉘는 부분은 "由今之道無變今之俗"과 "雖與之天下不能一朝居也"인데 앞절이 뒤절의 가정으로 되므로 "이면"을 넣었고 그 다음으로 맞물리는 성분은 "由今之道"와 "無變今之俗", "雖與之天下"와 "不能一朝居也"인데 전자는 뒤구의 방식으로 되기 때문에 "ᄒᆞ야"를 삽입하였고 후자는 서로 양보적 관계로 맞물리기 때문에 "ㅣ라도"를 붙이었다.

3) 구결의 단계적 차이와 원문구조의 관계

예: ① 遂以一陰으로 爲半生半滅이라 ᄒᆞ야 而內根外器ㅣ 一切皆然이라 ᄒᆞ야 以生으로 爲有邊ᄒᆞ고 滅로 爲無邊ᄒᆞ니라(능엄경 10)

예문에서 구결 "이라 ᄒ야 "는 구결에 일정한 단계적 차이가 있다는 것을 말하여 준다. 구결의 이 차이는 원문의 구조와 밀접히 관련되는데 만약 원문이 각기 "遂以一陰 爲半生半滅", "內根外器 一切皆然"으로 끊는 단일구조의 문장이라면 거기에 달린 구결도 "이라"로 종결될 수 있지만 그렇지 않고 예문에서처럼 "遂以一陰 爲半生半滅"과 "內根外器 一切皆然"이 큰 문장속의 구성성분으로 되어 다른 구와 의미적 연결을 맺게 되기 때문에 그 구들과의 의미적 연결에 의해 "ᄒ야"가 덧붙어 "이라 ᄒ야"와 같은 형태가 된 것이다. 여기서 "이라"는 낮은 단계의 구결이고 "이라 ᄒ야 "가 높은 단계의 구결이다.

② 前에 旁計諸法이 後有ㅣ라 ᄒ고 此애 旁計諸法이 後無ㅣ라 ᄒ니라(능엄경 10)

이 예문에서도 "ㅣ라"는 각기 "後有"와 "後無"에 대한 구결이고 "ㅣ라 ᄒ고"의 "ᄒ고"는 복합문사이의 의미적 연결을 반영하는 구결이며 "ㅣ라 ᄒ니라 "의 "ᄒ니라"는 옹근 문장의 종결범주를 반영하는 구결로 된다.

구결과 원문과의 이와 같은 연결을 통해 당시 사람들이 한문에 대하여 단어의 뜻풀이만 한 것이 아니라 한문의 문장성분, 문장성분과 문장성분의 관계, 단일문과 복합문에 대해서도 정확한 인식이 있었으며 그 시기에 벌써 구조적 분석방법을 적용하였다는 것을 엿볼 수 있다.

3. 구결과 역문 한국어의 관계

구결과 역문인 한국어의 관계를 이해하자면 먼저 한문에 대한 두 가지 독법, 즉 음독(音讀)과 훈독(訓讀)의 관계부터 밝혀야 한다.

정음자가 창제되기 전에 이미 한자를 차용한 우리 민족은 한자를 받아들임에 있어서 어떤 경우에는 한자의 음을 차용하였고 어떤 경우에는 한자의 뜻을 차용하였는데 이 과정에 한자에 대한 두 가지 독법이 형성되었다. 그중 하나는 음독하는 방법이고 다른 하나는 훈독하는 방법인데 음독은 한문의 구절에 구결을 달고 한자의 한국어음을 따서 읽는 독법이고 훈독은 한문의 뜻을 번역하여 읽는 독법이다.

이 두 독법은 원문인 한문을 읽히게 하는데 필요한 수법으로서 음독은 한자의 음과 문맥을 정확히 이해하는 데 필수적인 것이고 훈독은 원문의 뜻을 정확히 파악하는 데 필수적인 것으로 되고 있다. 따라서 이 두 독법은 서로 보충하는 관계를 가지고 있다.

음독과 훈독의 이와 같은 관계는 결국 구결과 번역의 관계로 된다고 할 수 있다. 왜냐하면 구결은 음독의 표현형태이고 번역은 훈독의 계승으로 되기 때문이다. 따라서 구결은 번역의 이해단계이고 번역은 그 이해의 표현형태로 되는 것이다.

구결과 번역의 이와 같은 관계는 청음자가 창제된 후의 언해본들에 직관적으로 반영되어 있다.

예: ① 上애 勸流通ᄒ시고 此애 勸誦持ᄒ시니라(능엄경 10)
  역문: 우희 流通을 勸ᄒ시고 이에 誦持를 勸ᄒ시니라
  ② 分位ㅣ 有四ᄒ니 謂三際分位와 見聞分位와 彼我分位와 生滅分位라(능엄경 10)
  역문: 分位 네히 잇ᄂ니 三際分位와 見聞分位와 彼我分位와 生滅分位왜[5]라

예문들을 보면 ①에서는 원문의 "上"만 "우"로 번역하였고 ②에서는 "有四"만 "네히 잇ᄂ니"로 번역하고 나머지 어휘들은 다 원문처럼 한자를 그대로 적은 데서 원문과 역문이 구경 어느 것이 원문이고 어느 것이 역문인가를 혼돈하기 쉬울 정도로 비슷하다. 특히 원문의 구결형태와 역문의 조사, 어미는 기본상 일치하다. 부분적으로 차이 나는 이를테면 역문에서 "희", "왜"는 조선어의 문법현상과 관련되는 표기로서 실지로는 그와 대응되는 구결과 같은 문법적 의미를 표시하고 있다. 구결과 역문에서의 조사, 어미의 일치는 역문이 구결과 똑같이 원문을 이해하고 옮기었다는 것을 말하여 주는데 구결을 이해라고 한다면 역문은 그 표현이라고 할수 있다.

③ 何所不明ᄒ야 再此詢問고(능엄경 10)
  역문: 블기디 몯ᄒ야 다시 이에 묻는다
④ 色身이 雖大ᄒ나 內心이 量小ᄒ면 不名大身이오 內心이 量大ᄒ야사
  方名大身이리라(금강경 61장)
  역문: 色身이 비록 크나 안ᄆᄋ미 量이 져그면 큰 모미라 일훔 몯ᄒ리오 안ᄆᄋ미
  量이 커사 바르서 일후미 큰 모미리라

이 두 예문의 역문은 앞의 예문과 다른 특징을 보이고 있는데 "色身"과 "量"을 내놓고는 다 고유어휘로 원문의 단어들을 번역하여 진정 번역문이라는 느낌을 주고 있다. 하지만 조사, 어미의 표현은 원문에 달린 구결과 일치하고 있다. 그 대응관계

---

5) "왜"는 구격 "와"와 주격 "ㅣ"의 결합형태이다.

를 보면 ③에서는 구결의 "ᄒ야"가 역문에서도 "ᄒ야"로 되고 구결의 물음형 "고"가 역문에서 "ㄴ다"로 되고 있는데 중세어에서는 "고"와 "ㄴ다"가 다 물음을 나타내고 있기 때문에 결국은 같은 의미의 서로 다른 표현이라고 할 수 있으며 ④에서도 구결과 역문의 조사, 어미가 꼭 같게 대응되고 있다. 구결형태와 역문의 조사, 어미들은 이와 같이 일치할 때도 있고 또 일치하지 않을 때도 있다.

⑤ 前엔 依心ᄒ야 觀ᄒ고 此앤 依土ᄒ야 觀ᄒ야 種種遍計ᄒ니 一法이 旣邪ᄒ야 萬法이 皆倒矣로다(능엄경)

역문: 알퓐 ᄆᅀᆞᄆᆞᆯ 브터 보고 이엔 土를 브터 보아 種種周遍히 혜니 ᄒ법이 ᄒ마 邪ᄒ야 萬法이 다 갓ㄱ도다

⑥ 惟耳도 亦然ᄒ니 至於聲ᄂᆞ이라 天下ㅣ 期於師曠ᄒᄂ니 是ᄂᆞ 天下之耳ㅣ 相似也ᆯ시니라(맹자언해 11권 12장)

역문: 오직 耳도 ᄯᅩᄒ 그러ᄒ니 聲에 至ᄒ야ᄂᆞ 天下ㅣ 師曠의게 期ᄒᄂ니 이ᄂᆞ 천하읫 耳 서르 ᄀᆞᆮᄐᆞᆯ씨니라

예 ⑤에서 원문의 "依心ᄒ야"와 "依土ᄒ야"가 역문에서 각기 "ᄆᅀᆞᄆᆞᆯ 브터"와 "土를 브터"로 되어 구결과 역문의 조사, 어미가 달리 표현되었고 예 ⑥에서는 원문에는 구결이 "ᄂᆞ이라"로 되어 있는데 역문에서는 "ᄒ야ᄂᆞ"로 되어 문장구성이 완전히 달라지고 있다. 이러한 차이는 구결이 필경 원문에 구결형태를 단 형태로서 역문언어의 표현관습에 어울리지 않을 수 있지만 역문은 반드시 역문언어의 표현관습에 어울리게 원문에 대한 이해를 표현하여야 하는 데서 생긴 차이이다. 다시 말하여 구결에 대한 이해를 역문언어의 표현에 맞게 하는 데는 다양한 형식이 있을 수 있어 구결과 같게 할 수도 있고 또 달리 표현할 수도 있으므로 이와 같은 차이는 이상할 것이 없다. 다만 여기에서 보다 깊이 확인할 수 있는 것은 구결은 원문에 대한 이해의 반영이며 역문은 그 이해를 역문의 표현관습에 맞게 표현한 형태라는 것이다.

이상 구결과 역문의 관계를 놓고 볼 때 구결을 이해라고 한다면 역문은 그 표현이며 구결을 초기단계의 번역이라면 역문은 그 완성품이라고 할 수 있다.

참고문헌

(1) 『훈민정음』(희방사판본 1568년판각. 사회과학출판사 1966년에 출판한 『월인석보』에
    실린 것)

(2) 「석보상절 서」(1459년 출판. 1966년 사회과학출판사에서 출판한 『월인석보』에 실린 것)

(3) 『릉엄경 권십』("간경도감" 1462년 목판본의 영인본)

(4) 『금강경』("간경도감" 1464년 안심사판 중간본을 1955년에 북경에서 영인한 것)

(5) 『맹자언해 9, 10, 11, 12』(교정청 1601년)

※ 이 논문은 「朝鲜语口诀标注研究」라는 제목으로 『民族语文』 2014년 제2호에 실려 있음.

김영수(金永壽)

중국 연변대학교 조선-한국학학원
길림성 연길시 공원가 977호
전자우편: yj1956111@hanmail.net

디지털 언어 소통 시대와 화법

임칠성 (전남대학교)

1. 서론

고대 그리스 시대부터 언어 교육은 화법 교육으로부터 시작되었다. 그럼에도 불구하고 Ong(1986, 이기우·임명진역 1997)에 따르면, 연설 중심의 수사학의 발달, 중세의 라틴어 학문, 인쇄술의 발달로 인해 언어 교육이 문어 교육으로 그 중심을 바꾸었고, 화법 교육마저 미리 잘 짜인 내용을 전달하는 연설 중심의 화법을 중시하게 되었다. 연설은 문어로 짜진 사고를 음성을 통해 효과적으로 전달하는 화법 유형이므로 궁극적으로 문어적 사고에 바탕을 둔 화법이라고 할 수 있다. 이런 연설 중심의 화법 교육이 현대에 이르기까지 계속되다가 1970년대에 이르러 화법의 관심이 연설에서 대인의사소통으로 변화하게 되었고, 자연히 화법 교육도 공적 연설 중심에서 대화나 소집단 의사소통 중심으로 변하게 되었다.

연설 중심의 화법이 대화 중심의 화법으로 바뀌면서 화법의 중심 목적도 변화를 겪게 되었다. 연설의 초점이 언어적 의미의 효과적인 전달에 있었다면 대화와 소집단 의사소통에서는 언어적 의미와 함께 말하기를 통한 관계의 형성과 유지 및 발전에도 관심을 가지게 되었다. 화법의 본래 목적이 단순히 사고의 전달에 그치는 것이 아니라 말을 통해 참여자들이 삶을 공유해 가는 과정이라는 인식을 하게 된 것이다. 그리고 인지심리학의 영향으로 의미에 대한 개념도 변하였다. 의미를 이미 짜진 것이 아니라 참여자가 협력적으로 구성해 가는 것으로 인식하여 의미의 역동적 과정을 중시하게 된 것이다.

이제는 디지털언어, 즉 0과 1로 구두 언어, 문자 언어, 그림과 동영상이 복합된 언어가 지배적인 소통의 언어로 등장하고 있다. 디지털언어의 등장은 매체만 변화시키는 것이 아니라 고등 사고, 인간관계, 집단의 성격, 문화 등 언어와 관련된 제반 상황들을 본질적인 차원에서부터 변화시키고 있다. 이런 변화의 충격은 구어가 문어로 바뀌었던 것보다 더 크게 다가오고 있다. 그리고 디지털언어는 '시공간의 압축'

을 통해 지구촌의 글로벌화[1]를 촉진하여 인간의 일상 삶에 대 변혁을 요구하고 있다. 언어 관련 상황들의 변화와 글로벌화로 인한 일상 삶의 변화는 화법 연구에도 대 변혁을 요구하고 있다.

화법과 관련된 제반 상황들은 어떻게 변화해 갈 것인가? 디지털이 소통의 중심 매체가 되고 있는 글로벌 시대의 화법은 어떠할 것인가? 이런 변화에 따라 화법은 어떤 모습으로 변화할 것이고, 그래서 화법 교육은 어떠해야 하는가? 이 글은 이런 질문들에 대한 소견이다. 이 글은 디지털언어 소통으로 대변되는 디지털 사회의 화법 환경이 어떻게 변할 것인지를 언어적 사고 양식의 변화의 측면, 소통 구조의 변화 측면, 소통 태도의 변화 측면에서 다루는 것을 목적으로 한다. 변화의 범위가 워낙 광범위하기 때문에 이 글에서는 변화의 제반을 다루지 못하고 각 측면에서 두드러진 한두 가지를 화법 교육의 측면에서 정리하고자 한다.

2. 디지털 언어 소통 시대의 사고

의미 소통의 매체 측면에서 인류의 역사를 살펴볼 때 인류는 문자가 없었던 구술 문화의 시대를 거쳐 문자의 발명과 인쇄물의 발명에 의한 문자 문화 시대에 살고 있다. 이제는 소리, 문자, 그림, 동영상 등이 복합적으로 나타나는 디지털언어가 의미 소통의 중심이 되는 디지털문화 시대, Ong(1986, 이기우·임명진역 1997)의 지적처럼 2차적 구술성의 시대가 되고 있다. 이 시대에는 문자 문화 시대의 핵이었던 '책은 숲으로부터 인공지능들의 땅으로 가는 길 위에 놓인 과도기적 단계'(Vilem Flusser, 1992, 윤종석 옮김 1998:74)에 놓이게 되어, 도서관이 사라지고 '도서관들과는 다른 그리고 더 나은 인공적인 기억저장소들이 존재하게 될 것이다. 지금까지는 도서관들에서 보존되어졌던 것이 이러한 새로운 기억저장소[2]들로 옮겨질 것'(Vilem Flusser, 1992, 윤종석 옮김 1998:171)이다. 어떠한 경로이든 문자 문화를

---

1) 글로벌화(globalization)는 아직 완성되지 않은 개념으로서, 2007년 발간된 글로벌화 백과사전에서는 이를 국제적인 상호의존을 가리키는 국제화(internationalization), 자유롭고 개방적인 국제 시장의 창출을 의미하는 자유화(Liberalization), 서구화, 미국화, 맥도날드화로 대변되는 문화적인 보편화(Universalization), 총체적인 하나의 지구를 의미하는 행성화(Planetarization) 등의 의미로 쓰이고 있다(원진숙 외 2010:16).

2) CD나 DVD와 같은 디지털 저장소를 의미함. CD와 DVD는 문자로 된 글만 저장하는 것이 아니라 이미지, 동영상 등을 통해 상황 자체를 저장하게 될 것이라는 점에서 기존의 글과는 다른 차원의 저장소가 된다. 각주는 논문의 필자가 첨가함.

대표하는 문서와 책은 그 영향력이 크게 쇠퇴할 것이다.[3]

　　문자에 대해 메타적으로 사유하는 문자, 즉 메타문자는[4] 본의 아니게 우리가 글쓰기의 몰락을 기대해야만 한다는 결론에 도달하였다. -- 여러 다양한 지평들로부터 출발하여 결국 이러한 결론으로 수렴되는 근거들이 있다. 서로 결합되어 있는 근거들은 다음과 같이 요약될 수 있다 : 즉 어떤 새로운 의식이 형성 중에 있다. 그 의식은, 자기 스스로를 표현하고 전달하기 위해서, 비-문자숫자적 코드를 발전시켜 왔고, 그것은 글쓰기의 몸짓을 하나의 부조리한 행위로 간주하면서, 글쓰기가 이제 자신을 그러한 부조리한 행위로부터 해방시켜야 한다는 것이다(Vilem Flusser, 1992, 윤종석 옮김 1998:170).

　　의미 소통의 매체가 변한다는 것은 단순히 매체의 변화에 그치지 않는다. 인간이 언어로 사고하기 때문에 언어(의미 소통의 매체)가 어떤 종류인가에 따라 사고의 양식이 변화한다. 그리고 사고 양식의 변화는 곧 소통 내용과 방법의 변화라는 결과로 나타난다.[5]

　　디지털언어 문화의 시대가 되면서 우리가 주변에서 관찰하고 경험하듯이 사고의 양식이 문자 문화의 시대와 판이하게 달라지고 있으며, 이런 변화는 가속화되고 심화되고 있다. 디지털 문화 시대의 사고 양식을 현재의 변화를 중심으로 몇 가지로 예견할 수 있다.

　　첫째, 디지털언어는 복합적으로 의미를 생산할 뿐만 아니라 인간에게 복합적으로 의미를 수용할 수 있는 능력을 신장시키고 있다. 이런 능력 신장에 힘입어 새로운 세대 사이에서는 멀티태스킹(multitasking)이 의미 수용의 한 방식으로 자리매김하고 있다. 디지털언어는 잔류 여유 사고(이창덕 외 2000:125)를 음악을 보거나

---

3) 글쓰기 위력의 쇠퇴는 문자의 권력이 디지털의 권력으로 이동한다는 것을 의미하기도 한다. 문자에 의한 위력을 한 마디로 표현하는 것이 '펜의 권력'이다. 이 권력이 '서양문화라는 형태로 현실화되고 있는 사실, 그리고 이러한 의미에서 펜들의 권력의 장이 우리 사회의 하부구조로 지칭될 수 있다'(Vilem Flusser, 1992/윤종석 옮김, 1998:231)는 사실에 비추어 볼 때 매체에 의한 힘은 문화의 기반이 되어 왔다. 그런데 이런 펜의 권력이 이제는 트위터의 권력, 인터넷 게시판의 권력, UCC의 권력 등으로 이동한다고 할 수 있다. 신문에 의한 여론보다는 인터넷에 의한 여론, 이제는 트위터에 의한 여론이 점점 더 중요한 가치를 지녀 가고 있다. 실제로 우리가 목도하듯이 디지털 언어가 일종의 문화로 자리를 잡고 있다.

4) 의미 소통의 매개체로서의 문자의 성격에 대한 이해를 의미한다. 각주는 논문의 필자가 첨가함.

5) 임칠성(2009)에서는 구술에 의한 사고양식과 문자에 의한 사고양식이 어떤 차이를 드러내는지 정리하였다.

텔레비전을 보는 등 다른 활동에 사용할 수 있게 한다는 것이다.

동시적으로 주어지는 수용은 주어지는 내용들이 서로 연관이 있는 내용일 수도 있고 서로 연관이 없는 내용일 수도 있다. 예를 들어, 서로 관련된 사건에 대한 텔레비전 영상을 관련된 글을 보면서 보고 들을 수 있다. 자막이 있는 텔레비전 시청의 경우이다. 서로 연관이 없는 경우는 요즘 유행하는 음악을 들으면서 수학 공부를 하거나 약속에 대한 대화를 하는 경우이다. 효과적인 소통을 위해 전자의 경우에는 복합적 사고가 필요하지만 후자의 경우는 선택적 사고가 필요하다.

둘째, 사고의 양식이 단편화되고 있다. 단편성은 디지털언어 사고의 대표적인 특징이라 할 수 있다.[6] 대학생들이나 중등학교 학생들의 디지털언어 소통의 예를 살펴보면 단편적인 사고의 필요성을 쉽게 알 수 있다. 컴퓨터 채팅, 휴대폰 문자, 댓글 등의 소통 구조는 깊은 사고를 허용하지 않는다. 즉각 대응하는 것이 매우 중요하기 때문이다. 따라서 매우 짧은 시간에 사고를 해야 하고, 이런 사고의 경험이 쌓이면서 사고는 단편화의 길로 가고 있다. 즉각적인 사고는 단편적인 사고의 성격을 띨 수밖에 없다.

최근 세계적으로 열풍이 불고 있는 트위터(Twitter)라는 소통 방식은 이런 현상을 심화시키며 가속화시키고 있다. 트위터란 단문 메시지 서비스(SMS)나 전자 우편을 통해 '트윗'(Twit)이라 불리는 한글 70자 이내의 문자를 웹을 통하여 수많은 사람들과 소통하는 것을 가리킨다. 70자란 한글 워드로 작성하면 두 줄이 채 안 된다. 버락 오바마 대통령을 비롯하여 우리나라에서도 수많은 정치인들을 비롯한 유명 인사들이나 혹은 개인들이 이 소통을 하고 있으며, 그 수는 급격하게 늘어나고 있다.[7] 누구나 예견하듯이 아이패드(iPad)나 스마트폰(Smartphone)과 트위터의

---

6) 어른: 네 꿈이 무어야?
　 학생: 모의고사에서 성적 올리는 거요.
　 어른: 당장의 목표가 아니라 미래의 꿈이 무엇이냐고?
　 학생: 아직 생각 안 해 봤는데요.
　 문자 문화의 세대에게 이런 학생들은 답답하다. 이런 학생들은 MP3를 귀에 꼽고 공부를 해야 공부가 잘 된다고 한다. 어떤 점이 어떻게 도움이 되느냐고 물으면, 혹은 왜 좋으냐고 물으면 답은 한결같다. 그냥요. 한 단락의 글은 잘 쓰지만 한편의 글은 제대로 쓰지 못한다. 이런 학생들에게 문자 문화 세대는 '사고력이 부족하다.'고 한다. 그런데 이들과 이야기해보면 그것이 그들의 사고방식이다. 짧고 자극적으로[cool] 사고한다. 이런 점을 문자 문화 세대들이 '왜 그런지' 이해하기 어렵다.

7) 트윗(tweet)이란 말은 영어로 '짹짹(작은 새가 우는 소리)'이라는 의미를 담고 있다. 그러므로 '트위터'라는 말은 '짧게 재잘거리다'라는 말로도 표현이 가능하다. 즉 기존의 장문의 글을 쓸 수 있던 블로깅 서비스와는 별도로 단문만을 전용으로 이용하는 서비스이다. 더불어 단문만을 이용함으로써 이동 통신으로도 사용이 편리하다는 장점을 살렸다. 트윗을 140 영문 글자

결합은 대화의 소통 방식에 대변혁을 초래할 것이다.

　의미 소통 매체의 변화에 따라 사고 양식이 변화한 것은 구술 문화가 문자 문화로 이행했을 때도 마찬가지였다. 구술 문화 시대에서 문자 문화 시대로 오면서 목소리나 비언어적 소통과 같은 구두 소통의 역동성이 쇠퇴해지고, 대신 단절된 문자 기호에 의한 소통이 강화됨에 따라 지식이 개인의 주관적인 삶에서 객관적인 대상물이 되었다. 언어가 생동력을 잃게 된 것이다(이창덕 외 2010:31-32). 또 구술 문화에서는 인간의 기억력에 주로 의존하여 소통하였기 때문에 '일리아드오디세이'와 같은 웅장한 장편의 서사시를 암송할 만한 기억력을 가졌지만 문자 문화 시대로 오면서 그 기억력이 쇠퇴하게 되었다. 그런데 이제는 디지털 문화 시대로 가면서 인간들은 멀티태스킹의 능력을 갖게 되었지만 사고는 단편화되어 가고 있다. 사고의 단편화는 트위터를 통한 단문 의사소통이나 문자 메시지와 같은 소통에서도 드러나지만 요즘 학생들의 사고가 단순화되어 깊이가 없어진 것에서도 드러난다. 학생들은 '왜, 그래서'라는 질문에 깊이 있게 사고하여 답하지 못한다. 또 한 단락은 잘 구성하거나 짧은 말은 재치 있게 하지만 단락을 유기적으로 연결하여 전체 글을 작성하거나 긴 담론을 하는 능력은 매우 떨어진다. 이는 작문이나 화법 능력의 문제가 아니라 디지털을 매개로 하는 사고에 따라 사고방식이 변화한 것에 의한 것이라 할 수 있다.

　사고의 즉시성에 의한 단편성은 의미의 의미를 변하게 하고 있다. 이제는 존재물이 지니는 상징적 의미보다는 존재 그것 자체가 의미를 지녀 가고 있다. 현재(문자 문화)처럼 지식에 의한 판단으로 가치를 부여하는 의미의 의미가 퇴색해지고 있는 것이다. 예를 들어, 단체복에 어떤 이미지를 그려 넣을 때 현재는 그 이미지의 '상징적' 혹은 지식에 의해 판단해서 해석이 될 수 있는 의미가 중요하지만 디지털 문화 세대는 그냥 보기 좋으면 그것이 의미이다. 그냥 좋으면 되는 것이다. 삶이란 무엇인지에 대해 '왜'라는 의문을 가져야 하는지에 대해, 미래의 삶에 왜 고민해야 하는지에 대해 의문을 제기한다. 그래서 아무 의미 없어 보이는 UCC를 제작해서 소통하기도 한다.

　셋째, 비판적 문식력을 통한 정보의 선택적 접근 능력이 중요한 의미를 지니고 있다. 첫째와 둘째의 변화는 실현 양상과 관련된 변화이고, 셋째 변화는 요구되는 능력과 관련되는 변화이다.[8] 디지털 매체의 특성은 대용량의 신속한 유통이다. 그런

　(Character)로 제한한 점 또한 이것 때문이다. 미국의 SMS는 160 글자로 한정되어 있는데, 여기서 나머지 20 글자는 사용자 아이디가 입력될 공백인 셈이다.<인터넷 위키백과사전 http://ko.wikipedia.org/>

8) 발표에 대한 토론자이신 이재기 교수가 첫째, 둘째와 셋째의 층위가 다르다는 깨달음을 주었다.

데 대용량의 정보는 그 자체로 혹은 사용자의 필요의 정도에 따라 각양각색의 질적인 차이로 소통된다. 그래서 디지털언어 소통 참여자들은 자신의 필요에 따라 대용량의 정보를 비판적으로, 그것도 빠른 시간 안에 비판하여 선택하여야 한다.

화법뿐만 아니라 독서에서도 미래 사회가 요구하는 핵심적인 사고 중 하나가 비판적 문식력이라는 지적을 하고 있다. 최미숙 외(2008:190)에서는 읽기와 읽기 교육의 과거, 현재, 미래를 개관하면서 고대와 중세는 인격 수양을 위한 읽기가 주조를 이루고, 근대와 현대는 읽기 능력 향상을 위한 읽기 교육이 주조를 이루었다면 근래와 미래는 문식적 사회와 비판력이 주조를 이룰 것이라고 밝히고 있다.

읽기 능력의 개념이 개인의 인지 능력을 뜻하는 것을 넘어서 사회생활을 누리는 사회적 능력으로 심화됨. 글이 문자언어에서 다매체화되고, 이해의 양상이 의미의 해석을 넘어 맥락에 대한 민감성과 비판의식을 요구함. 읽기 교육은 개인만이 아니라 사회적 차원의 목표를 고려해야 하며, 변화된 환경을 수용해야 함.

그런데 디지털언어의 비판적 문식성은 문자에 대한 비판적 문식성과 몇 가지 면에서 차별화된다. 디지털언어 소통에서는 정보의 유형이 일차원적이고 탈맥락적인 문자적 정보에서 다차원적이고 상황맥락적인 디지털 정보로 변하고, 또 참여자들이 대부분 즉각적으로 비판적 사고를 작동시켜 판단해야 하기 때문이다.

그런데 우리는 실제로 글쓰기의 몰락과 더불어 비판적인 능력도 잃어버리게 될 것이라고 염려하고 있다. 이와 같은 모티프가 정당한지 아닌지의 여부를 떠나 (계속 글쓰기에 대한 우리의 앙가주망이 이성적이냐의 여부, 그리고 비판이 글쓰기와 결합되어 있느냐의 여부, 또는 비판이 도대체 바람직한 사고방식이냐의 여부와는 상관없이), 그 모티프는 여기에서 사유들을 위한 하나의 새로운 단초로 연결될 수 있기에 충분하다. 이제는 우리의 사유가 더 이상 글쓰기의 몸짓으로부터가 아니라, 씌어진 글의 구체적인 현실로부터 출발해야 할 것 같다(Vilem Flusser 1992, 윤종석 옮김, 1998:171).

이러한 사고의 변화에 화법 교육도 적극적으로 대처하여야 한다. 교육은 학문의 본질을 기초로 하되 시대상황적 요구를 적극 반영하여야 하기 때문이다.[9] 교육의 기

---

9) 그럼에도 불구하고 우리 국어교육은 언어중심성 때문에 현실의 요구를 제대로 반영하지 못하고 있다. 2007년 개정 교육과정을 위해 교육과정평가원에서 학부모를 대상으로 실시한 설문 조사는 국어 교육에서 강조되어야 할 내용으로 '토의토론하기'에 59.0%(1위), '발표하기'에 47.6%(3위), '설득하는 말하기'에 26.4%(6위), '면접에 응답하기'에 15.7% (10%)라는 결과를

초가 되는 화법학 자체도 기실 시대상황적 요구를 반영하여 학문의 방향과 내용이 영향을 받을 수밖에 없다. 디지털 매체의 변화에 의한 세 가지 성격은 이미 학생들에게 일상화되고 있지만 우리 교육은 여전히 '언어중심주의(logocentrism)'[10]를 벗어나지 못하고 근대적인 모습을 보이고 있다. 언어중심적인 교육은 그 본질상 문어중심적인 교육이 될 수밖에 없다. 디지털언어로 화법 교육을 하더라도 미디어 교육이 소통이 아니라 언어적 의미에 초점을 맞추면 결국 언어중심주의와 같은 길을 걷게 될 것이다(정현선 2007:15). 언어중심적인 전통은 문어에 의한 철학만이 순수 학문이고 나머지는 응용 학문이라고 생각했던 18세기 이래(Karlfried Knapp and Gerd Antos 2008:i) 계속되어 온 현상이라고 할 수 있다.[11] 이런 전통은 인간 중심적 교육보다는 학문 중심적 교육을 초래했다. 이제는 비판을 통한 참여 활동이 핵심이 되어 의미(언어의 내적 구조) 자체가 아니라 인간에 의한 의미의 소통(언어의 사용)에 초점을 둔 교육이 되어야 한다.

교육 내용도 역동적으로 변해야 한다. 단편적인 사고에 의한 의미 소통을 구체적인 교육의 대상에 포함하여야 한다. 즉시적인 소통 현상을 '문법 파괴 현상'으로만 교육할 것이 아니라 소통의 효과적인 방식을 모색할 수 있도록 교육하여야 한다. 또 단편적인 사고로 인한 소통의 내용을 진중하거나 사려 깊지 못하다고만 단정할 것이 아니라 단편적인 디지털 구조물을 효과적으로 소통할 수 있는 방법, 그리고 나아가 이런 소통을 통해 사고력을 신장시킬 수 있는 방법을 모색하여야 한다. 수많은 정보들을 일괄하여 재빨리 판단할 수 있는 능력과 그 판단을 내 생각과 연결하여 표현할 수 있는 능력을 신장시켜야 한다. 비판적 문식 능력을 강화하되 그 대상을 문어 차원에서 벗어나 동시적으로 주어지는 다차원적인 정보까지 확대하여야 한다.

보였다. 학생들도 학교 국어 교육에서 강조해야 할 점에 대해 '발표하거나 토의토론을 하는 것'에 22.0%(1위)의 응답을 보였다.

10) 박인기(2009:4)에서는 우리 국어 교육이 내용에 대한 자극을 학문 범주에서만 받았고, 언어나 문학의 '현상' 범주에서 자극받을 생각을 하지 않아 전통적으로 문자 중심에 치우쳐 있다는 점을 지적하고, 언어중심주의적인 국어교육의 작용태를 네 가지로 정리하고 있다.
  첫째, 국어교육의 권역 안에서 '소통현상(능력)'과 언어현상(능력)'이 괴리되는 모습이 나타났다.
  둘째, 순 언어만을 국어교육의 내용 질료로서 우선 배치하는 성향이 강하게 나타났다.
  셋째, 경계역이 뚜렷한(배타적인) 학문 논리가 국어교육의 연구개발 논리로 재생산되었다.
  넷째, 국어교과의 생태 환경(문화, 미디어, 테크놀로지)에 대한 적응과 진화에 유연하지 못했다.

11) '응용 학문'이라는 표현이 1751년 스웨덴의 화학자 Wallerius에 의해 처음 소개된 이후 최근까지 (순수) 철학을 제외한 학문들은 대부분 응용 학문이다.(Karlfried Knapp and Gerd Antos, 2008:i)

Ong이 디지털언어 소통을 이차적 구술성이라 지칭한 것에 보듯이, 디지털언어 소통은 문어 소통보다는 구어 소통과 훨씬 가깝다. 구두 소통은 음성 언어적 의사소통보다는 비언어적 의사소통의 역동성이 의미의 소통에서 중요한 역할을 한다. 비언어적 의사소통이 의미 수용과 생산에서 매우 큰 비중을 차지한다(이창덕 외 2010:129). 더구나 디지털언어의 소통은 역동적으로 입체화되고 있다. 의미의 수용과 생산이 문어 중심에서 복합 양식의 구어 중심으로 넘어가게 되면 다양한 비언어적 의사소통이 의미 수용과 생산에서 중요한 변인으로 떠오를 것이다. 예를 들어, 텔레비전의 '탐구생활'이라는 드라마는 현실을 반영한 언어 표현과 특이한 어조 때문에 높은 시청률을 올렸다.[12]

의사소통이 입체화되면 맥락에 대한 교육이 강화되어야 한다. 맥락이 의미 파악에 매우 중요한 변수로 떠오르게 될 것이고, 또 의미의 수용과 생산에 관여하는 변인들이 복잡해지고 다양해질 것이다. 따라서 입체적인 의미 수용과 생산 능력, 의미의 수용과 생산에서 맥락을 고려할 수 있는 능력이 중요하게 될 것이다.

교육의 환경도 변해야 한다. 인터넷을 활용한 다자간 의사소통을 연습할 수 있는 환경이 조성되어야 한다.

3. 디지털 언어 소통의 구조

화법의 구조를 크게 대인 의사소통(interpersonal communication), 집단 의사소통(group communication), 대중 의사소통(mass communication)으로 유형화할 수 있다. 대인 의사소통이란 사적인 대화를 포함하여, 특정한 목적을 위해 모인 집단의 성격이 반영되지 않은 대화들을 말한다. 일상 대화나 면담이나 좌담 등과 같은 것들이 이에 속한다. 집단 의사소통이란 집단의 특성이 반영되는 화법으로서 토의, 토론, 협상 등이 이에 속한다. 한덕웅 외(2005:256)에서는 집단과 집합체(collectivities)를 구분하여, 집단을 '구성원들이 서로 잘 알고 있으며, 서로 강한 영향력을 미치고, 다양하게 상호작용이 이루어지며, 구성원들이 동일한 집단에 포함된다고 인식하는 두 사람 이상의 집합체'로 정의하고 있다. 대중

---

12) '탐구생활'이 반언어나 비언어 코드가 소거된 매우 건조한 내용 전달이 특징이므로 비언어적 의사소통의 역할을 중요시 하지 않는 모습이라는 지적(논문 심사자의 의견)이 있었다. 그러나 반언어 코드를 소거한 것은 의도적인 것이고, 이런 의도가 새로운 반언어 코드를 창출했다고 생각한다.

의사소통은 대중의 특성이 반영된 화법으로서 연설 등이 속한다.

디지털언어 소통은 대인관계와 집단과 대중의 성격을 변화시켜 새로운 소통의 구조를 새롭게 변화시키고 있다. 새로운 대인관계의 구조는 만남의 방식이 기존의 구조와 다르다. 디지털언어 소통으로 인해 세 가지 종류의 인간관계들이 존재하고 있다. 첫째, 물리적 인간관계이다. 둘째, 사이버 인간관계이다. 셋째, 물리적 인간관계와 사이버 인간관계가 통합된 관계이다. 물리적 인간관계는 물리적 공간에서 면 대 면으로 만나서 이루는 관계이다. 사이버 인관관계는 사이버 공간에서 만남을 생성하고 유지하고 발전시키거나 쇠퇴시키는 관계이다. 통합된 관계는 물리적 만남이 사이버 만남을 동반하거나 혹은 사이버 만남이 물리적 만남으로 발전하여 두 공간에서 모두 만나는 관계이다. 디지털 소통으로 인해 순수한 물리적인 면 대 면 관계는 점점 줄어들고 대신 사이버 관계나 물리적 관계와 사이버 관계가 혼합된 관계들이 늘어나고 있다.

사이버 관계는 예전의 물리적 관계와 매우 다른 관계이다. 사이버 관계에 있는 사람들은 물리적인 공간에서 면 대 면의 관계를 유지하는 것이 아니라 대부분 사이버에서 관계를 맺고 소통을 한다. 개인 블로그(blog)[13]를 통한 소통, 트위터 활동, 싸이월드(Cyworld)[14]를 통한 소통 등이 그것들이다. 이들에게는 나름대로 질서와 규칙을 갖춘 소통 구조와 방식이 존재한다. 예를 들어, 인터넷 채팅의 언어와 그 소

---

13) 블로그(Blog 혹은 Web log)란 Web(웹)과 Log(로그; 기록)를 합친 낱말로, 스스로가 가진 느낌이나 품어오던 생각, 알리고 싶은 견해나 주장 같은 것을 웹에다 일기(로그; 기록)처럼 차곡차곡 적어 올려서, 다른 사람도 보고 읽을 수 있게끔 열어 놓은 글모음이다. 보통 시간의 순서대로 가장 최근의 글부터 보인다. 그러나 글쓴 시간을 수정할 수 있는 블로그의 경우에는 시간을 고쳐 글 순서를 바꿀 수 있다. 여러 사람이 쓸 수 있는 게시판(BBS)과는 달리 한 사람 혹은 몇몇 소수의 사람만이 글을 올릴 수 있다. 이렇게 블로그를 소유해 관리하는 사람을 블로거라고 한다. 블로그는 개인적이면서도 때에 따라서는 기존의 어떤 대형 미디어에 못지않은 힘을 인터넷을 통해 발휘할 수 있기 때문에 '1인 미디어'라고도 부른다.<위키백과>

14) 싸이월드(Cyworld)는 SK텔레콤의 자회사인 SK커뮤니케이션즈가 운영하는 대한민국의 인터넷커뮤니티 사이트이다. 흔히 싸이라고 줄여 말하기도 하는데, 이는 사이버(cyber)를 뜻하지만 사이, 곧 관계를 뜻하기도 한다. 또, 미국의 페이스북, 마이스페이스와 영국의 베보와 같은 개인 가상 공간이다. (중략) 회원들 사이의 온라인오프라인 친분으로 형성된 실명의 일촌 관계를 바탕으로, 개인의 일상이나 사진, 음악 등을 미니홈피 서비스를 통해 서로 공유할 수 있게끔 구성되어 있다. 개인용 컴퓨터와 휴대전화에서 쓰이는 네이트온 메신저, SK텔레콤 휴대전화와 연동되어 많은 사용자를 보유하고 있다. 싸이월드에서는 친한 사용자끼리 일촌 관계를 맺는다. 일촌 관계는 한 사용자가 다른 사용자에게 일촌 관계를 맺어줄 것을 요청하는 쪽지를 보내 그것을 상대방이 받아들이면 이뤄진다. 일촌 사이에서는 다른 사람에게 숨겨진 미니홈피 게시물을 볼 수 있고, 사람들끼리 연락처 등 개인정보를 주고받을 수 있다. 다시 말해, 싸이월드의 소셜 네트워크의 기반이 되는 것이 일촌이다.<위키백과>

통 구조는 기존의 언어 규범으로 보면 일탈이고 파괴이고 그래서 끊임없이 그 잘못을 지적하고 있지만 나름의 규칙과 자율성을 가지고 생명력을 가지고 발전해 가고 있다. 이제는 채팅만이 아니라 각 사이버의 추상적 집단들 사이에서도 소통하는 언어 양식이 존재하고 있다. 문자 메시지의 소통이 그러하고, 블로그 소통이 그러하고, 싸이월드 소통이 그러하고, 트위터 소통 등이 그러하다. 신기술의 발달로 인해 새로운 소통의 구조가 계속 등장하여 나름의 규칙을 가지고 변화하고 있다.

새로운 세대들이 사이버 관계를 맺게 되는 원인을 자기를 드러내고자 하는 욕구, 타인의 삶을 엿보고자 하는 욕구, 타인들이 자신들의 말에 댓글을 통해 말을 걸어오는 것을 통한 자기 존재감의 확인 등으로 설명을 하고 있으니, 전문화되고 세분화된 인간관계 속에서 소외받은 이들이나 이런 관계에 피곤한 이들이 사이버 관계로 쉽게 빠져들 수밖에 없다. 따라서 이러한 사이버 관계는 점차 늘어나고 있다. 인터넷에는 셀 수 없을 정도의 사적인 만남들이 존재하고 있다. 현재 우리나라에서 트위터 활동을 하는 인구가 60만 가량 되고 이 중에는 상당수가 트위터홀릭(twiterholic) 증세[15]를 보이고 있다. 이들은 물리적 관계와는 다른 대화 구조를 통해 자신들의 관계를 생성, 유지, 발전 혹은 쇠퇴시킨다.

사이버와 물리적 관계가 혼합한 경우란 블로그, 싸이월드, 트위터 등을 통해 시작된 만남이 물리적 관계를 동반하는 경우나 물리적 관계가 버디버디(buddybuddy) 등 채팅 사이트를 통한 소통을 동반하는 경우 등을 가리키는 것으로 동일한 대상을 물리적인 공간과 사이버 공간에서 함께 만나는 것을 의미한다. 동일한 대상이지만 이들이 물리적 공간에서 소통하는 방식과 사이버 공간에서 소통하는 구조와 방식이 서로 다르다.

사이버 소통의 구조 가운데 물리적 관계와 크게 다른 구조는 평범한 개인의 표현(대화)이 대중의 심리를 움직여 물리적 힘을 과시하게 하고, 심지어 정책을 수정하게 할 수도 있다는 것이다. 평범한 개인의 표현이 사회적 이슈화가 된 사례는 쉽게 찾아볼 수 있다. 2005년 1월에 있었던 서귀포시 부실 도시락 사건이 대표적인 사례이다. 한 네티즌이 사이버 공간에서 초라한 결식아동 도시락의 사진을 제시하면서 이 문제를 제기하자(개인의 말 걸기) 이 소통에 참여한 수많은 국민들이 분노를 표출하여(대중의 말대꾸하기) 사이버 서명 운동을 펼쳤다. 그래서 급기야 열흘도 안 되어 정치권이 이에 반응하여 개선 정책을 세웠다. 이는 인터넷의 소통 구조가 전달자와 수신자 간의 이분법적이지 않고 쌍방향 소통 및 상호작용적 소통 구조

---

15) 청소년들이 핸드폰이 없으면 불안해하듯이, 트위터 활동을 하지 않으면 불안 증세를 보이는 현상.

로 이루어졌기 때문이고(최현섭 외 2007:307), 인터넷 소통이 인터넷으로 한 개인이 어떤 정보이든지 대화를 시도할 수 있고 이 대화에 누구나 언제든지 응할 수 있는 소통의 구조를 갖추고 있기 때문이다.

물리적 공간에서 대중과 집단은 구분된다. 그러나 사이버 소통에서는 이들을 쉽게 구분하기 어렵다. 물리적 공간에서 집단은 특정한 가치와 목적을 공유한다는 특성과 함께 참여자의 규모를 일정하게 규제한다는 특성이 있지만 참여와 탈퇴가 가변적인 사이버 공간에서 참여자의 규모로 집단과 대중을 구분할 수 없기 때문이다. 또 물리적 집단에서 집단은 상당 기간 동안 지속한다는 특징이 있지만 사이버 공간의 공동체는 쉽게 사라지고 쉽게 등장한다. 사이버 공동체는 대중의 성격과 집단의 성격을 공유하고 있다. 사이버 공동체는 구성원들이 서로에 대해 잘 파악하기 어려운 익명성에 가까운 성격이 강하다. 그래서 이 글에서는 이들 무리를 '사이버 대중'이라 부르기로 한다.[16]

이제는 지리적 배경을 바탕으로 한 물리적 공동체 대신 사이버 공간을 바탕으로 하는 사이버 공동체가 삶의 중심으로 떠오르고 있다. 사회 구조의 변화와 의사소통 방식의 변화는 전혀 다른 새로운 공동체를 만들어내고 있다. 우리 사회가 농경 집단 등 지리나 삶의 동일성을 배경으로 하는 일차적이고 물리적인 공동체에서 대학생 집단 등 공동의 이익을 배경으로 한 이차적인 사회적 공동체를 거쳐 추상적인 신뢰를 통한 추상적인 상상의 공동체를 형성해 가고 있는 것이다. 예를 들어, 유럽이 EU라는 하나의 공동체로 묶인 것 등과 같이 추상적 신뢰를 바탕으로 하나의 집단을 형성하고 이 집단은 독특한 문화적 공동체를 형성하고 있는데, 이것이 가능한 것은 디지털 소통이 있었기 때문이다. 디지털이라는 소통 매체가 이러한 공동체의 결속력과 그 위상을 점점 강화해 나가고 있는 현상은 우리 주변에서도 쉽게 볼 수 있다. 우리는 월드컵 응원, 촛불 시위, 대통령 선거 등을 통해 사이버 대중의 위력을 실감한 바 있다.[17]

이들 사이버 대중은 몇 가지 특징을 지니고 있다. 첫째, 자율적 공동체이다. 원자적이고 개별적인 존재들이 자율적으로 집단을 구성한다. 그래서 참여자들은 그 대중에 참여하는 것에 자기만족을 누린다. 둘째, 유연한 공동체이다. 구성원들의 참여

---

16) 사이버 대중은 촛불 시위나 4대강 살리기 사업 반대 모임과 같이 특정한 목적을 위해 존재하는 공동체와 '개똥녀 사건'의 경우처럼 일반 대중과 같이 특정 목적을 지니지 않은 구성체로 나뉠 수 있다.

17) 이들 대중의 특징이 '사회 문제의 적극적 참여(Participation)와 열정(Passion)과 잠재된 힘(Potential Power), 사회 구조의 변화(Paradigm-shift)'를 추구하는 것으로 강조되면서 이들을 이른바 'P세대'라고 부르기도 한다.

와 탈퇴가 자유스럽다. 남녀노소나 국적을 가리지 않고 누구든 쉽게 가입하고 쉽게 탈퇴할 수 있다. 또 한 사람이 여러 공동체에 동시에 속해 있어서 여러 공동체의 특성에 따라 만나게 된다. 이들의 만남은 물리적 공간의 만남과 성격이 다르기 때문에 '만남'에 대한 의미가 변해가고 있다. 셋째, 비교적 비지속적인 공동체이다. 물리적 집단과 달리 사이버 대중은 강한 존재에 대한 구속력을 가지지 못한다. 특별한 목적이 생기면 한꺼번에 모였다가 그 목적이 사회적 관심을 잃어가게 되면 쉽사리 사라져버리거나 활동이 뜸해지거나 해체하게 된다. 넷째, 수평적 관계의 공동체이다. 남녀노소나 국적을 가리지 않고 참여하고 나름의 조직을 구성하지만 참여자들 사이에 계급이 존재하지 않는다. 참여자들의 관계는 수평적이다. 누구나 동등한 자격으로 의견을 개진하고 토론 활동에 참여한다. 그래서 물리적 집단에서 의사 결정을 위해 사용하는 회의와 같은 형식의 토의가 없다. 누군가 제안을 하면 많은 사람들이 그 제안에 대해 의견을 제시하고 그래서 자율적으로 의견을 결정해 간다. 다섯째, 감성적 공동체이다. 참여자들은 논리적이고 비판적인 사고보다는 감성적인 자극에 민감하여 정서적인 분위기에 쉽게 휩싸인다. 이는 구성원들이 원자화되고 개별화되어 있기 때문에 모든 판단과 결정을 혼자서 해야 하기 때문이라고 생각한다. 여섯째, 정보원(source)이 인터넷과 같은 사이버 공간이다. 사람에게서 정보를 얻던, 예를 들어 길을 모를 때 사람에게 물었던 시대에서 디지털에서 길을 확인하는 시대가 된다. 이런 시대에서 효과적인 설득이라는 개념이나 방법, 효과적인 설명의 개념이나 방법이 문자성 시대와 달라질 수밖에 없다. 물리적 집단으로서 가족이나 사회집단의 유대감에 대한 변화가 초래할 수 있고, 따라서 대화의 양상도 바뀔 것이다.

화법의 소통 구조로서 사이버 공간의 집단과 대중만 변하는 것이 아니라 글로벌화에 따라 물리적 공간의 집단과 대중도 변화하고 있다. 우선 가족 집단이 변화하고 있다. 가족 내 부모 역할의 변화로 인해 가족 내 상호작용과 의사소통 양식이 크게 변하고 있는 것이다. Rosanna Wong Yick-Ming(1995, Klaus Schwab ed., 1995, 장대환 감역 1996:42-43)[18]은 미래 사회에는 부모들이 생활수준 향상을 위해 더욱 많은 돈을 벌어야 하기 때문에 예전 가족이 담당했던 기능을 할 수 없게 될 것이라고 예견한다. 자녀들이 책임 있는 시민으로 성장하는 데 예전처럼 도움을 줄 수 없게 되고, 부모가 집으로 돌아오더라도 아이들과 효과적인 대화를 할 수 없

---

18) Klaus Schwab ed.,(1995, 장대환 감역 1996)은 세계 석학 103명이 21세기 변화를 예측하여 제시한 것들을 모아 놓았다. Klaus Schwab은 당시 유엔 사무총장 직속기구인 유엔 고위감독위원회 위원으로, 세계경제포럼 의장이었다.

게 된다는 것이다.[19] 세계적으로 시장이 '가족 내부와 가족 사이에 나타나는 사회적 상호작용을 변질시키는 – 사실상 그것은 번번이 가족의 상호작용을 약화시킨다. – 상품 획득, 즉 다양하고 유혹적인 소비재를 제공하고' 있기 때문에 아이들은 '부모와 일상적이 접촉이 없는 어린아이들은 돈과 물질적인 상품 획득을 최고의 가치가 되는 정신적 진공 상태 속에서 성장'하게 될 것이라는 것이 되고, 이러한 예견은 앞으로 자녀에 대한 가족 내 의사소통 교육이 제 역할을 하지 못하고 이를 공교육을 통한 교육으로 대체하게 될 것이므로 학교의 화법 교육이 중요하게 될 것임을 예측하게 해 준다. 그래서 그는 '유엔이나 다양한 기구들뿐만 아니라 여러 지도자, 정부, 조직들은 가족생활에 대한 교육과 세대간 커뮤니케이션 프로그램을 지원해야 한다'(같은 책, 44쪽)고 주장하고 있다.

가족 구조의 변화와 함께 사회가 다문화 사회로 변해 가고 있다. 국토연구원이 밝힌 바(2009년 9월 3일 연합뉴스)에 따르면 2050년에는 우리나라 인구의 10%가 외국인이 될 것이라고 한다. 그렇게 되면 한국어라는 단일 언어는 수많은 혼종들로 뒤섞이게 될 것이다. 그리고 한국어 소통 방식도 다양하게 변해 여러 모양의 '중간 화법'들이 존재하게 될 것이다. 이런 상황에서 단일 민족, 단일 언어, 단일 혈통을 강조하여 하나의 가치와 하나의 소통 방식을 가장 가치 있는 것으로 여기게 되면 Karl Popper가 말하는 '열린사회의 적'들이 될 것이다(Paulo Freire 2003:3–5). 의 비판적 교육론에 근거하여 언어 소통의 방식은 혼종의 존재를 인정하고 이런 인정을 바탕으로 소통 능력을 신장시켜야 할 필요성이 대두되고 있다. 다문화사회로 변화하는 것은 문명사적인 흐름인 글로벌화의 결과로서 자연스러운 현상이다. 교통과 통신 기술의 발달에 힘입어 인류의 사회적인 시간의 거리가 획기적으로 단축된 것이다(원진숙 외 2010:13–14).

다음으로 사회가 노령화되어 가고 있다. 현재 노령 인구가 20% 정도를 차지하지만 2020년이 되면 거의 1/3에 이르게 되고 점점 경제 성장은 둔화될 것이기 때문에 생존 차원에서 세대간 갈등이 증폭될 것이다(Esko Aho 1995, Klaus Schwab ed., 1995, 장대환 감역 1996:144). 그래서 세대 간 갈등 해결을 위한 대화가 사회 문제를 해결하는 데 중요한 의미를 지니게 될 것이다.

집단과 사회의 구조 변화는 집단 간 의사소통의 문제가 발생하게 될 것이다. 세대 간 의사소통이나 지역 간 의사소통, 남녀 간 의사소통의 문제뿐만 아니라, 나라

---

19) 가령 텔레비전은 가족간의 대화와 온 가족이 어울리는 오락을 대신하고 있다. 비슷하게, 세탁기를 사용하면서부터 여자들은 공동우물가에서 오순도순 이야기를 나누지 못한다. 젊은이들은 광고를 통해 끊임없이 새로운 기술과 생활방식에 대해 알게 된다.(로잔나 윙 익밍, 1995, Klaus Schwab ed., 1995, 장대환 감역 1996:43)

와 같은 물리적 공동체들이 사이버 공간을 통해 특정 사이트를 공격하는 것이 점차 확대되어 추상적 공동체로서의 사이버 집단들 사이에 소통 장애가 문제될 것이고, 또 이들 장애를 해결할 수 있는 능력 있는 중재자들이 협상 전문가와 같이 등장하게 될 것이다.

또 집단 간 의사소통에서도 문제 해결력이 중요한 위상을 차지해 가고 있다. 이 능력은 세계화로 치달으면서 국가 간 협상 등 대규모 다자 간 협상이 국가 이익을 위해 중요한 가치를 발하는 것에서 확인할 수 있다. 또 추상적 집단으로 가면서 논리적 설득과 함께 감성적인 자극에 의한 설득이 중요한 역할을 하고 있다. 유머 화법이 성공의 지름길이라고 하는 것이나, 선거에서 이미지가 중요한 표의 원천이 되는 것이 그러한 예이다. 경청이 중요한 사회적 이슈로 떠오르는 것도 이와 무관하지 않다.

그래서 기존의 오륜이 개인과 개인의 관계에 관한 질서였듯이 이제는 개인 간 관계는 물론 집단 간 관계를 포함하는 집단 오륜을 필요로 하고 있다. 즉 부자, 군신, 부부, 장유, 친구와 같이 가족 내 관계, 집단 내 관계, 집단 간 관계, 사회(문화) 내 관계, 사회(문화) 간 관계의 질서가 필요하게 되고 있다. 가족 내 관계는 사적 관계로 확장되고 나머지는 공적 관계의 중심을 이룰 것이다.

그런데 이런 모든 관계의 핵심은 협력에 의한 자기 이익 창출이 될 것이고, 바람직한 협력을 위해서는 상호 인정과 존중에 의한 배려, 즉 상생의 관계가 될 것이다. Patrick Glynn(1995, Klaus Schwab ed., 1995, 장대환 감역 1996)이 지적하듯이 지식이 집단화되고 여러 사람들이 협조적인 노력을 통해서만 지식을 구축하는 것이 가능해졌기 때문에 '위계질서, 경쟁, 공격이라는 낡은 규칙에 따라 처신하는 개인, 조직, 정치체제는 점점 더 큰 압박을 받는 반면, 평화와 협력이라는 새로운 힘에 따라 일하는 사람들은 큰 재원을 끌어들이게 될 것'이다(같은 책, 67쪽). 다문화 사회가 되면서 다른 사람들을 받아들이고 다른 사람들과 협력할 수 있는 체제를 구축하는 협력적인 관계들을 모색하게 될 것이다.

집단 내에서는 위계적 질서보다는 역할에 따른 의사소통이 활성화되고 있다. 집단 내 의사소통을 효과적으로 이끌어 주어진 과제를 해결할 수 있는 구성원이 능력자로 인정받기 때문이다. 따라서 협력적인 의사소통을 통한 문제 해결 능력이 중요한 자질로 부상하게 되고 있으며, 집단 내 역할에 따라 의사소통을 할 수 있는 능력이 중요한 가치를 지녀 가고 있다.

집단 의사소통이 강조될수록 한편으로 행복한 삶의 추구를 위한 사적 의사소통이 강조되고 있다. 집단 의사소통이 집단의 문제 해결을 위한 기능적 의사소통이라면 사적 의사소통은 개인의 행복과 관련된 의사소통이다.

4. 디지털 언어 소통의 가치와 자세

디지털언어가 소통의 중심 매체로 되어 가면서, 그리고 인간관계가 복잡해지고 다양해지면서 동양, 특히 동아시아의 전통 가치들이 인류의 삶에 중요한 기여를 하게 될 것이라는 주장은 여러 곳에서 찾아볼 수 있다.[20] 지금껏 아시아의 공동체 가치관, 즉 노동윤리, 가족가치, 팀워크와 같은 아시아의 가치관보다 개인주의, 자유롭고 공정한 경쟁, 합리적인 방법으로 대표되는 서구의 가치관이 경제 사회를 이끌어 온 중요한 역할을 해오고 있지만Masayoshi Morita(1995, Klaus Schwab ed.,1995, 장대환 감역 1996:321), 이제는 '아시아적 가치'가 거론되고(김용운 1996:67), 이 아시아적 가치가 세계의 중심 가치로 다시 논의되고 있다(Mahammad Sadil, 1995, Klaus Schwab ed., 1995, 장대환 감역 1996:332). '인류를 구하는 길은 동양에의 회귀에 있다'(김용운 1996:383)는 것이다.

John Stewart & Carole Logan(1998:17-18)도 대인의사소통의 설명에서, 성공적이고 다양한 상황에서 안정적으로 살아가는 사람들은 인간 세계가 안정적이면서도 역동적이라는 것을 깨닫고 이러한 생각 위에서 의사소통을 하는 사람들인데, 세계나 인간관계가 안정적이면서 역동적이라는 관점은 중국 노자의 음양의 관점에서 비롯된 점을 지적하고 있다.

Tommy Koh(1995, Klaus Schwab ed., 1995, 장대환 감역 1996:47-48)는 세계가 지난 100년 동안 세계를 지배해 온 서구의 가치체계 대신 동아시아의 전통적 가치 체계를 선호하게 될 것이라 예견하면서, 동아시아인들의 전통적인 가치체계를 다음과 같이 정리하고 있다.

대체로 동아시아인들은 대립보다는 합의를 선호한다. 그래서 그들은 개인의 권리가 가정의 권리나 사회의 권리와 균형을 이루어야만 한다고 생각하고 있다. 가정, 교육의 중요성, 절약의 미덕 등이 사회의 기초가 된다고 믿고 있다. 그들은 노동윤리, 국가적 팀워크, 공동사회에 대해 믿음을 갖고 있다.

동아시아 가치의 재조명은 우리의 말 문화와 직접 연관되어 있다. 가치가 직접적으로 드러나는 것은 화법이기 때문이며, 화법의 목적과 목표 혹은 소통 방식이 그 가치를 배경으로 하기 때문이다.

---

20) 디지털언어의 특성인 즉시성과 단편성은 개별화를 바탕으로 한 것이고, 또 인간관계가 복잡해지고 다양해지면서 사회에서 집단의식이나 전체의식보다는 개인의식이 발달했다.

동아시아의 가치를 대변하는 중국의 가치가 인류사에 기여할 것이라는 주장은 오늘에서야 비롯된 것이 아니다. '오늘의 세계에는 중국인의 그러한 지혜가 절대적으로 필요한 것'이라는 토인비(김용운 1996:383)의 지적과 이보다 반세기 앞선 B. 러셀도 유럽인들이 '서양이 얕보고 있는 중국인의 지혜를 다소라도 배울 수만 있어도, 서양문명이 향하고 있는 철저한 인류 절멸의 길에서 벗어날 수 있을 것'(김용운 1996:383)이라고 지적하였다.

이러한 지적은 우리의 가치와 그 가치에 바탕을 둔 전통적인 말 문화에 대한 재조명의 필요성을 제기하고 있다. 합리적 사고와 합리적 문제 해결과 함께 우리의 전통적인 말 문화를 계승하도록 하여야 한다는 것이다. 황병순(1996)에서는 우리말 문화를 '가정 중심 문화, 상대 중심 문화, 어른 중심 문화, 집단 중심 문화'로 분류하여 정리하고 있다. 박인기·박창균(2010)에서는 '한국인의 말과 문화'를 '감성(感性)의 범주, 신중(愼重)의 범주, 겸양(謙讓)의 범주, 경애(敬愛)의 범주, 허용(許容)의 범주, 친교(親交)의 범주, 유대(紐帶)의 범주, 논쟁(論爭)의 범주, 체면(體面)의 범주, 인정(人情)의 범주, 해학(諧謔)의 범주, 풍속(風俗)의 범주'로 나누어 설명하고 있다. 이러한 문화 중에서 미래 인류의 삶에 긍정적인 역할을 할 수 있는 가치들을 화법 등으로 구체화하여 제시하고 실천해 나가야 한다. 화법은 가치의 구체적이고 중요한 실현이기 때문에 화법을 통해 우리의 가치를 계승하여 실현하도록 하는 교육은 디지털언어 사회에서 중요한 의미를 지니는 것이다.

이런 맥락에서 관계 중심의 화법은 중요한 의미를 가진다. 동아시아 가치는 가족 관계, 집단 중심 관계 등 관계를 중요시 한다는 점과 관계에 의해 사회적 질서를 유지해 온 우리나라에서 화법 교육이 세대 간 대화, 남녀 간 대화, 지역 간 대화 등 간 대화와 상생과 배려를 기본으로 하는 관계 화법을 중시하는 것은 특별한 의미를 가진다. 우리 화법 교육이 지나치게 언어적 측면, 즉 논리적인 구성과 조리 있는 발표를 강조함으로써, 위아래를 몰라보는 화법, 할 말과 하지 않을 말을 가릴 줄 모르는 화법, 말할 자리와 그렇지 않을 자리를 가리지 못하는 화법이 되어, 똑똑하기는 하지만 전통적인 사회적 질서에는 걸맞지 않은 교육으로 흘렀던 것이 사실이기 때문이다.

5. 결론

디지털언어 소통은 화법의 근본에서부터 그 방법과 태도에 이르기까지 많은 변화를 초래하고 있다. 사고의 양식을 복합적이고 단편적인 사고 양식으로 변화시키고 있다. 또 대용량 소통 때문에 비판에 의한 선택적 사고를 요구하고 있다. 소통의 구조가 되는 대인, 집단, 대중의 성격을 변화시키고 있으며, 소통의 태도에서도 동아시아적 가치가 중요한 가치로 인식하도록 하고 있다.

　디지털언어 시대의 화법과 그와 관련된 상황을 예견하는 것은 지금 우리가 학생들에게 그들이 장차 살아가야 하는 사회가 요구하는 화법 능력을 가르쳐야 하기 때문이다. 학생들은 학문적 지식의 체계와 함께 시대적 변화에 역동적으로 대처할 수 있는 화법을 배워야 한다. 그래야 어떤 시인의 시 제목처럼 '지금 알고 있는 걸 그때도 알았더라면'을 '지금 해야 할 말을 그때 배웠더라면'과 같은 탄식을 하지 않을 것이다.

　지금 해야 할 말을 그때 배웠더라면
　선생님이 가르쳐주는 능력에 더 자주 참여하였으리라
　더 즐겁게 살고, 덜 지루했으리라
　금방 학교를 졸업하고 머지않아 이런 말하기를 해야 한다는 걸 깨달았으리라

참고문헌

김용운(1996), 『세계 천년의 시각으로 본 한국의 백년』, 고려원, 67.

박인기(2010), 「국어교육과 매체언어문화」, 『국어교육학연구』 37집, 국어교육학회, 143.

박인기·박창균(2010), 『다문화교육 시대에 되짚어 보는 한국인의 말, 한국인의 문화』, 학지사.

원진숙 외(2010), 『글로벌 시대의 다문화교육』, 사회평론, 16.

이창덕·임칠성·심영택·원진숙(2000), 『삶과 화법』, 박이정, 125.

이창덕·임칠성·심영택·원진숙·박재현(2010), 『화법교육론』, 역락, 131-134.

임칠성(2009), 「화법과 작문의 교육내용 대비 고찰」, 『작문연구』 8집, 한국작문학회.

임칠성(2010), 「바람직한 화법 교육과정 구조와 내용 체계 연구」, 『국어교육』 131호, 한국어교육
　　　학회.

정현선(2007), 『미디어교육과 비판적 리터러시』, 커뮤니케이션북스, 75.

최미숙 외(2008), 『국어교육의 이해』, 사회평론, 190.

최현섭 외(2007), 『상생화용, 새로운 의사소통 탐구』, 커뮤니케이션북스, 307.

한덕웅 외(2005), 『사회심리학』, 학지사, 256.

황병순(1996), 『말을 알면 문화가 보인다 우리말 문화론』, 태학사.

John Stewart & Carole Logan(1998), *Together Communicating Interpersonally*,
　　　McGrawHill.

Klaus Schwab ed.(1995), *Overcomming IndifferenceTen Key Challenge in Today's*

Changing World, 장대환 감역(1996), 『세계 석학 103명이 제시한 21세기 예측』, 매일경제신문사 외.
Ong, Walter(1982), *Orality and Literacy*; 이기우·임명진 역(1997), 『구술문화와 문자문화』, 문예출판사.
Paulo Freire's critical pedagogy(Patricia A. Richard-Amato(2003), Making it Happen From Interactive to Participatory Language Teaching, Longman. 3-5.
Vilem Flusser(1992), *Die Schrift: Hat Scheriben Zukunft?* 윤종석 옮김(1998), 『디지털시대의 글쓰기 글쓰기에 미래는 있는가』, 문예출판사.

※ 이 논문은 『국어국문학 제155호』(국어국문학회, 2010)에 발표된 논문임.

임칠성(任七星)
전남대학교 사범대학 국어교육과
광주 북구 용봉로 333, 500-757
전자우편: csim@jnu.ac.kr

중국 조선족 사회의 의사소통 방식

姜寶有 (復旦大學)

1. 중국 조선족 사회와 의사소통

의사소통은 언어적 의사소통과 비언어적 의사소통으로 갈라볼 수도 있지만 언어적 의사소통은 항상 비언어적 의사소통과의 통합으로 이루어진다. 음성 언어로 실현되는 언어적 의사소통은 언제나 강세, 어조, 억양과 같은 준언어(paralanguage)와 얼굴 표정이나 눈빛, 몸짓과 같은 비언어적인 몸짓언어가 수반되기 때문이다.[1]

모든 의사소통이 반드시 음성 언어에 의해서만 실현되는 것이 아님을 인정하면서도 본 글에서는 중국과 한국에서의 의사소통 방식에 대한 비교와 분석이 비교적 객관적일 수 있는 언어적 의사소통 방식을 집중적으로 살펴 보고자 한다. 문화공동체 생활을 유지하고 있는 같은 민족이라면 지역은 다를지라도 비언어적 의사소통 방식에서는 별로 큰 차이를 발견하기 어렵기 때문이기도 하다.

중국 조선족 사회는 한국이나 조선과 서로 같은 민족문화 공동체 사회를 형성하고 있기 때문에 의사소통 방식에서 많은 동질성을 확보하고 있다. 중국 조선족 공동체 내에서의 상호 의사소통 또한 중국내 각 지역 한어 방언권보다도 원활히 진행되고 있는 편이다. 중국 조선족 사회에서의 의사소통은 중국이라는 특정된 환경 속에서 진행되기 때문에 소통방식에 있어서 한어의 영향을 받게 마련이다. 중국 조선족 사회의 의사소통은 조선어와 한어 그리고 방언과의 이중, 삼중의 언어 접촉 가운데서 실현되기 때문에 혼합어적 성격이 짙다. 지역적 차이와 인위적인 규범으로 해서 의사소통 방식에서 조선반도와 서로 다른 모습을 보임으로써 중국 조선족들은 이중, 삼중으로 언어 코드를 바꿔가면서 의사소통을 해야 하는 심리적 고통에

---

1) 미국의 사회학자 알버드 메리비안(Albert Meharabian)이 조사한 바에 따르면, 메시지 전달에서 말이 차지하는 비중이 7%, 목소리(음조, 억양, 크기) 등이 38%, 비언어적인 태도가 55%에 달한다고 한다. 흔히 언어가 인간의 의사소통 수단이라고 하지만 전반 의사소통에서 차지하는 비중은 고작 7%밖에 되지 않는다(이창덕 등 4인 2000:163, 165 참조).

시달려야 할 때가 많다.

중국 조선족 사회에서의 의사소통은 자기 모어인 조선어로만 하는 의사소통 방식, 조한 혼용으로 하는 의사소통 방식, 한어로만 하는 의사소통 방식이 있는데, 한어로만 하는 의사소통 방식은 여기서 논외로 한다.

지금까지 중국 조선족 사회의 언어생활을 언어학적으로 지역어의 시각에서는 많이 연구해 왔지만 화법으로서의 의사소통 방식의 측면에서는 연구가 별로 활발하지 못했다고 볼 수 있다.

중국 조선족 사회의 의사소통 방식을 살펴 봄에 있어서 주로 한국의 상황과 비교 논의하면서도 때로는 조선과도 비교하면서 논의를 전개하고자 한다. 상호 비교를 통해 인위적인 이질화를 막고 의사소통 방식의 통일을 기약하는 데 초점을 두고자 하는 것이 본 글의 궁극적 목적이다.

아래에 중국 조선족 사회의 의사소통 방식을 음성−음운론적, 어휘론적, 통사−형태론적, 의미론적, 화용론적 측면에서 살펴봄과 함께 의사소통 방식의 변화 양상도 짚어보기로 한다.

2. 의사소통 방식에서의 음성−음운론적 특징

중국 조선족의 의사소통 방식에서 중국 한어의 영향으로 음성적, 음운적 특징을 한국과 달리하는 경우는 다음과 같다.

첫째; 생리음성적으로 발음 위치를 달리하는 경우가 있다.

한어에 습관된 사람들은 《ㅎ》이나 《ㅅ》을 발음할 때, 한어에서의 《h》나 《s》의 발음 위치와 발음 방식을 따르는 경우가 많다(서영섭 1990:131).

둘째; 음운론적으로 연음을 해야 할 때에도 표기된 글자 그대로 또박또박 발음하면서 연음을 하지 않는 경우가 많다. 중국 조선어 규범화에서 표기법이 변화되면서 글자 그대로 읽으려는 화자의 심리적 반응으로 볼 수 있다.

(1) 활약[→화략], 절약[→저략], 문예[→무녜/녜], 심양[→시먕]

모음과 모음 사이에서 일어나는 사잇소리는 거의 발음하지 않는다.

    (2) 깨잎[→깬닙], 나무잎[→나문닙], 베개머리[→베갠머리]

셋째; 조한 언어의 음운을 혼성하여 발음하는 경우도 발견된다.

    (3) 교통규칙을 위반했으니 벌콴해야 한다. → 벌금을 내다

'규칙을 위반하거나 잘못을 했을 때 그에 대한 징계로 물리는 돈'을 가리키는 '벌금'을 '벌콴'이라고 하는데, 이는 한어 '罰款'의 영향으로 볼 수 있다.

3. 의사소통 방식에서의 어휘론적 특징

한국과 비교해 볼 때, 중국 조선족 사회의 의사소통 방식에서 가장 뚜렷한 특징이 바로 어휘사용에서 나타나고 있는데 아래와 같다.

첫째; 한국이나 조선에 없는 새로운 사회현상을 표현한 어휘는 한어에서 직접 받아 의역하여 쓰고 있다.

    (4) 농민공(農民工), 암장부(小金庫), 영업집(門市房),
        연구생도사(硏究生導師), 박사생도사(博士生導師)

'농민공'은 중국 현대사회에서 새로 생긴 계층(계급)으로서 '농촌에 호적을 두면서 도시에서 일하는 사람'을 말한다. '연구생도사', '박사생도사'는 중국 교육제도에 의해 생겨난 또 다른 이익 계층을 말한다.

둘째; 대응되는 어휘가 한국어에 있더라도 중국의 실정에 따라 중국 조선어 규범화 작업을 거친 어휘들이 널리 쓰이고 있다.

    (5) 정리실직, 정리실업 → 정리해고
       살까기 → 살빼기
       검정귀버섯 → 목이(木耳)버섯
       연구생 → 대학원생

연구생원 → 대학원

한국어에 '정리해고'가 있음에도 한어 '下崗'에 대응되는 '정리실직' 혹은 '정리실
업'으로 규범화하여 쓰고 있다. 일방적인 '해고'에 대한 심리적 부담과 압력을 고려
한 것으로 보인다. '살까기'는 마치 몸에서 살을 떼어내는 수술을 연상시킨다.

셋째; 대응되는 어휘가 한국어에 있더라도 한어를 그대로 직역한 어휘가 비규범
적으로 활발히 쓰이고 있다.

    (6) 자호감(自豪感) → 긍지감, 자긍심, 자부심
       기시(歧視) → 차별시, 멸시
       모병(毛病) → 약점, 결점, 흠
       애인(愛人) → 남편 혹은 부인
       가무로동(家務勞動) → 가정일, 집안일
       양백공팔원(兩百零八元) → 이백팔원

넷째; 명사를 직접 [명사+하다]형 동사 혹은 [명사+하다]형 형용사로 사용하는
비중이 상당히 높다. 한어에서의 '名動包含' 현상을 그대로 받아들이기 때문이다.

    (7) 규범(規范): 규범하다 → 규범화하다, 규범화되다
       벌금(罰金, 罰款): 벌금하다 → 벌금을 내다, 벌금을 물다,
                   벌금을 부과하다, 벌금을 안기다
       수요(需要): 수요되다, 수요하다 → 수요와 공급, 수요가 늘다
       균형(均衡): 균형하다 → 균형이 맞다, 균형이 잡히다,
                   균형을 맞추다, 균형을 잡다, 균형을 이루다

다섯째; 한어 단어에 '하다'를 붙여 동사화, 형용사화하여 표현하는 혼용어 사용
비중이 높아가고 있다. 마치 한국에서 영어 단어에 '하다'를 붙여 사용하는 현실과
별 다를 바가 없다.

    (8) 上网하다 → 인터넷에 들어가다
       請客하다 → 초대하다, 한턱내다
       下海하다 → (장사와 무관하던 사람이) 장사에 뛰어들다,

　　　　　　　장삿길에 나서다

　여섯째; 방언 사용과 관용표현에서 한국과는 이질성이 강하게 느껴지지만 조선
과는 동질성이 더 돋보인다.

　　(9) ㄱ. 언녕 끝냈다.
　　　　ㄴ. 인차 가져오겠습니다.
　　　　ㄷ. 날래 먹어라.

　'언녕'은 함경 방언어휘로 '진작'의 뜻과 맞먹고, '인차'는 '이내', '곧', '바로'에 해당
되는 낱말이다. '날래'는 강원, 함경의 방언어휘로 '빨리'의 뜻에 해당한다. 조선에서
는 벌써 '인차'와 '날래'를 문화어로 인상하여 널리 쓰고 있다.

　　(10) ㄱ. 일없다 → 괜찮다
　　　　ㄴ. 시험이 바쁘다 → 힘들다
　　　　ㄷ. 물건 값이 눅다 → 싸다 (눅거리 → 싸구려)
　　　　ㄹ. 역할을 놀다 → 역할을 하다
　　　　ㅁ. 뻴(이) 나다 → 열받다
　　　　ㅂ. 골이 아프다 → 머리 아프다

　'일없다'는 조선에서도 주저없이 쓰고 있는 것으로 보아 단순히 한어 '沒事儿'의
직역으로만 볼 바는 아니다. 대화 시점(視點)에서 볼 때, '일없다'와 '괜찮다'를 완전
동의로 보기에는 너무나 뉘앙스가 다르다고 하겠다.

　　(11) ㄱ. 왜서 그랬어. → 왜 그랬어.
　　　　ㄴ. 최대의 노력을 다하다. → 최선을 다하다.

　(11ㄱ)에서 '왜서'는 부사 '왜'의 강원, 함경의 방언이기도 하지만 조선과 연변지역
에서는 '왜 그래서'가 줄어든 말로 사용하기도 한다. '왜서'는 '왜'보다 더 강한 뜻을
나타낸다는 점에서 서로 차이를 두고 널리 쓰이고 있다. (11ㄴ)에서 '최대의 노력을
다하다'는 한어 '盡了最大的努力'를 본받은 한어식 표현이라고 볼 수 있다.
　중국 조선족 특히 연변지역의 조선족들은 또 아래와 같은 고유어적인 표현을 널
리 쓰고 있다.

(12) ㄱ. (술) 한 잔 쭉 냅시다.(내요. 내자)

ㄴ. 오늘 저녁 손님이 묵어갈 것이니, 네 방을 내거라.

ㄷ. 그 분은 술을 아주 반가워하십니다.(좋아하다. 즐기다)

(12ㄱ)에서의 '잔을 내다'는 '잔을 비우다'의 뜻으로 쓰인 것이다. 연변지역에서는 흔히 손님 방을 임시로 정할 때 (12ㄴ)과 같이 '방을 내다'의 표현으로 '방을 비우다'의 뜻을 나타낸다. (12ㄷ)에서 보다시피 친구나 손님을 만나 술로 정을 나누니 그 술이 반갑지 않을 수 없을 줄로 안다.

일곱째; 한어 문장을 그대로 삽입하여 쓰는 경우도 있다.

(13) 오늘은 我請客다. → 오늘은 내가 사겠다.
오늘은 내가 쏜다.

이렇게 어떤 때는 조선어로, 어떤 때는 돌연히 한어를 그대로 쓰는 대화형식이 습관화되면서 상대방을 어리둥절하게 할 때가 많다.

여덟째; 외래어 사용이 급증하면서 한국을 따라가고 있다.

(14) 핸드폰, 인터넷, 디지털, 엑스포, 스포츠, 카드, 슈퍼
(15) 게임하다, 쇼핑하다, 노크하다, 키스하다, 사인하다

4. 의사소통 방식에서의 통사–형태론적 특징

중국 조선족 사회의 의사소통 방식은 또 통사표현구조를 달리하는 특징들이 발견되는데 아래와 같다.

첫째; 중국 조선어에서는 일부 합성동사의 긴밀도가 그다지 높지 않은 것으로 나타난다.

(16) ㄱ. 먹어 못 보다 → 못 먹어보다

　　　　ㄴ. 입어 안 보다 → 안 입어보다

　(16)에서와 같이 중국 조선족 사회에서는 '먹어보다'와 같은 합성동사의 긴밀도가 높지 않음으로써 그 사이에 부정부사 '못'이나 '안'을 삽입해 표현하는 경우가 많다.

　둘째; 시간표현에서 한국과 다른 표현을 쓰고 있다.

　　(17) 10분 전 12시에 만나요. → 12시 10분 전에 만나요.

　'11시 50분'을 한국에서는 '12시 10분 전'으로 달리 표현한다면, 중국에서는 한어의 영향으로 '10분 전 12시'라고 달리 표현한다. 서로 다른 표현으로 해서 같은 시간에 대한 시간 차가 크게 벌어지고 있다.

　셋째; 주격조사 '－이'와 '－가'의 중첩 사용이 빈번한데, 이를 강조표현의 하나로 인식하는 듯싶다.

　　(18) ㄱ. 조이가 잘 여물었다.
　　　　ㄴ. 밥이가 설어서 못 먹겠다.
　　　　ㄷ. 내용 전달이가 잘 되지 않는다.

　넷째; 중국 조선족 의사소통에서는 권유(청유)형 표현으로 '－기오'와 '－기시오'가 활발히 쓰이고 있다.

　　(19) ㄱ. 빨리 가기오. → 빨리 가요.
　　　　ㄴ. 빨리 가기시오. → 빨리 갑시다.

　'－기오'는 '－아요/－어요'에 해당하는 존칭 혹은 대등 표현으로 볼 만하고 '－기시오'는 '－십시다'에 해당하는 존칭으로 볼 만하다. 그리고 계칭표현에서 존칭으로 '－아요/－어요'체보다 '－ㅂ/－습니다'체를 상대적으로 더 많이 쓰고 있는 것도 하나의 특징으로 볼 만하다.

　다섯째; 문장 유형에서 중국 한어식 표현구조의 영향으로 필요 이상의 성분을 삽입하여 쓰는 경우가 보편적이다.

(20) 삶의 질을 높이는 데 있어서 관건은 건강한 것이다.

　　→ 삶의 질을 높이려면 우선 건강해야 한다.

(21) 가장 좋기는 네가 가는 것이다.

　　→ 네가 가는 것이 더 좋겠다.

5. 의사소통 방식에서의 의미론적 특징

중국 조선족 사회에서의 의사소통에서 단어의미 사용이 한국과 달라지면서 아래와 같은 단어의미 이질화(강보유 2003:366-376) 현상이 나타난다.

첫째; 중국의 정치, 경제 제도의 영향으로 한어 단어의 의미체계를 그대로 받아들이면서 단어의 기본의미 체계를 달리하는 경우가 많다.

(22) 직함: [본뜻] 맡아보고 있는 벼슬의 이름

　　　　[새뜻] 전업간부와 교육, 연구 일꾼들의 학직이나 기술칭호

(23) 경리: [본뜻] 경제적으로 경영하고 관리하는 것

　　　　[새뜻] 기업소의 책임자

둘째; 한어의 영향으로 파생적 의미를 양산하면서 많은 차이를 보인다.

(24) 번신한 농민들은 땅의 주인으로 되었다. → 신세를 고치다

(25) 성적이 돌출하다. → 뛰어나다

(26) 개혁의 투명도를 높이다.

‘번신하다’는 ‘몸을 뒤번지는 것’으로부터 한어 ‘翻身’에서 ‘정치 경제적으로 압박과 착취를 받던 처지에서 벗어나 신세를 고치는 것’이라는 의미를 부여 받았다. ‘돌출하다’는 ‘쑥 내밀거나 삐여져 나온 것’으로부터 한어 ‘突出’에서 ‘일반을 초월하여 드러나다’는 의미를 부여 받으면서 의미적으로 확대 사용되고 있다. ‘투명도’는 한어 ‘透明度’의 의미적 침투에 의해 ‘어떤 일의 심도를 꿰뚫어 볼 수 있는 표준이나 정도’를 나타낸다.

셋째; 중국 한어의 영향은 아니지만 조선과도 다른 파생적 의미로 쓰이는 경우가 많다.

(27) 많은 손군들이 모여서 할아버지는 즐겁게 설을 쇠었다.
(28) 도정신해서 공부를 하다.

'손군(孫群)'은 조선에서나 중국에서나 '여러 대의 손자 또는 여러 손자'를 통틀어 이르는 말로 쓰이고 있지만 중국 조선족 사회에서는 '손자와 손녀'를 아울러 이르는 말로 더 널리 쓰이고 있다는 점이 다르다. '도정신(都精神)'도 중국 조선족 사회에서는 '어떤 일에 정력을 몰붓는 것'이라는 파생적 의미로 조선과 다르게 쓰이고 있다.

넷째; 비유적 의미를 달리하는 경우가 많다.

(29) 이야기 보따리를 터뜨리다.
(30) 해적들은 무인도에 둥지를 틀고 앉아서 략탈을 감행했다.
(31) 그들 둘은 공수동맹을 맺었다.

'조선말사전1.2.3'(연변인민출판사)에 따르면, '보따리'는 '속에 품고 있는 사상이나 생각 또는 제안이나 이야기 거리'를 비겨 이르고 '둥지'는 '나쁜 무리들의 소굴'을 비겨 이르며 '공수동맹'은 '자기들의 잘못이나 죄과를 내놓지 않으려고 호상 맺는 약속'을 비겨 이른다.

그 외에도 '독초'는 '독풀'이나 '몹시 쓰고 독한 담배'를 가리킴과 함께 한어 '毒草'로부터 새로운 비유적 의미를 부여 받아 '인민과 사회주의사업에 해를 끼치는 언론이나 작품'을 비겨 이른다. '향화'도 '향기로운 꽃'을 가리킴과 함께 한어 '香花'로부터 '인민과 사회주의 사업에 대하여 유익한 언론, 작품'을 비겨 이르는 의미를 부여 받음으로써 '독초'와 반의관계를 이룬다.

다섯째; 단어합성구조에서 제약적 의미를 달리하는 것들이 발견된다.

(32) 책귀신, 뽈귀신, 영화귀신, 트럼프귀신

'귀신'은 단어구성 요소로 쓰일 때 '한곬으로 어느 한가지 일에만 전념하는 사람'

으로 둔갑을 한다.

6. 의사소통 방식에서의 화용론적 특징

의사소통은 구체적인 대화 상황에 의존하기 때문에 화용 맥락 파악이 무엇보다 중요하다. 중국 조선족 사회와 한국 사회는 장시간의 의사소통 환경 단절로 하여 서로 다른 화법을 쓰고 있음을 아래와 같이 볼 수 있다.

첫째; 중국 조선족 의사소통에서는 간접적인 화법인 우회적인 표현보다 직접적인 화법인 직설적 표현을 쓰는 경우가 더 많다. 이는 중국에서의 한족들이 간접화법보다 직접화법을 더 선호하는 영향 때문이 아닌가 생각해 본다.

> (33) ㄱ. 커피 한 잔 합시다.
> ㄴ. 커피 한 잔 하실까요?

중국 조선족 사회에서는 (33.ㄱ)과 같은 명령식, 권유(청유)식의 직접화법이 보다 더 잘 쓰이고 있다. 이런 직설적 표현은 상대방 의견을 무시하는 단점이 있기는 하지만 진정성이 돋보여 더 잘 쓰고 있지 않나 생각한다.

둘째; 중국 조선족 사회에서도 특히 연변에서는 화자의 강조와 청자의 확인을 동시에 요구하는 종결 화용표지로 '-재'와 그 변이형이 많이 쓰인다(오선화 2012:273-284).

> (34) 아까 봤재(재야, 재니, 잼까, 잼다, 재오).

셋째; 호칭어, 지칭어 사용에서 많은 차이를 보이고 있다.
중국 조선족 사회에서는 한국에서처럼 이름 뒤에 '-군, -씨, -양'을 붙여 부르는 일이 거의 없다.
부부 사이 호칭에서도 특히 연변 조선족 사회에서는 50대 이상의 부부들은 흔히 서로를 '동무'로 호칭하는 경우가 많다. 그러나 조선에서처럼 남편이나 아내의 이름

뒤에 '동무'를 붙여 부르는 일은 거의 없다.[2]

젊은 세대들은 또 아내가 남편을 부를 때, 아기를 따라 유아어 '아빠'라고 부르는 가정이 많은데 한어에서의 '孩子他爹'의 영향일지도 모른다.

가족 내에서 시부모가 며느리의 이름을 직접 부르는 일이 많은데 이것도 한족문화의 영향으로 볼만하다.

넷째; 중국 조선족 사회의 의사소통을 보면 한국보다 공손성의 원리를 잘 지키지 않는 듯싶다. 의사소통시 의례적인 행동을 생략하는 경우가 많다. 서로 만나 인사 나누거나 실수를 했을 때, '안녕하세요?', '미안해요/죄송합니다'와 같은 의례적 표현을 하지 않거나 하더라도 허리굽혀 인사하는 공손함을 생략하는 경우가 많다.

한국에서는 여성이 먼저 악수를 청하는 일이 별로 없지만 중국 조선족 사회에서는 여성들이 먼저 악수를 청하는 일이 많다. 이는 중국 한족 여성들의 의사소통 방식을 많이 닮은 모습이다.

7. 중국 조선족 사회의 의사소통 방식의 변화와 전망

중국 조선족 사회에서의 의사소통은 조한 이중언어 환경속에서 이루어지는 만큼 한어의 영향이 불가피하면서 '중국식 의사소통 방식'으로 정착되었다. 중국 조선족 사회에서 의사소통 방식으로 한어를 선호하거나 조한 혼합어를 선택하는 것은 순수한 모어보다 오히려 더 편하고 쉽기 때문이다. 이는 표현방식의 자유로서 질타할 바는 아니지만 규범화된 의사소통 방식을 취하려는 자세가 필요할 것으로 보인다.

요즘 들어 중국 조선족 사회에서 의사소통 방식에서 변화의 기미를 보이고 있다. 중국식 의사소통 방식이 한국식 의사소통 방식으로 서서히 변화하는 모습이 눈에 띈다. 특히 중국 조선족들이 한국 사람과 의사소통을 할 때에는 소통방식에서 한국의 화법을 따르려는 경향이 점점 짙어지고 있다. 조선족 화자의 심리를 굳이 분석해 본다면 하나는 의사소통 과정에서의 상황 의존성에 따른 상대방에 대한 배려이고, 다른 하나는 우수한 전통문화에 대한 반성이라 볼 수 있다.

어휘사용에서 편하고 친근하던 '일없다'가 점점 사라지고 '괜찮다'를 더 선호하고

---

2) 조선의 호칭, 지칭에 대해서는 임칠성(2009:37-64)을 참조하기 바람.

있다. 한국을 따라 외래어 사용이 급증하는 현상도 지적하지 않을 수 없는데 어차피 중국인들의 모습과도 별 다를 바가 없다.

요즘 젊은 세대의 가족들에서는 자녀들이 학교 다녀갈 때나 다녀올 때나 '학교 다녀오겠습니다.', '학교 다녀왔습니다.'라는 의례적인 의사소통을 하는 가정들이 점점 늘고 있다. 그리고 부부 사이 호칭에서도 요즘 젊은 세대 부부들은 한국을 따라 서로를 '자기'라고 호칭하는 경우가 점점 많아지고 있다. 어른들의 의사소통에서도 직접적이기보다 간접적이고 우회적인 표현이 점점 늘고 있다.

비언어적 의사소통 방식에서도 많은 변화를 보이고 있음이 발견된다. 중국 조선족들은 한족들과 대화할 때에는 공손한 모습을 찾아보기 어렵지만 한국 사람과 대화할 때에는 상대방 행위에 감응되어 상대방 본을 따라 공손함을 보여 주기도 한다.

중국 조선족 사회의 의사소통 방식의 긍정적 변화 요인을 다음과 같이 분석해 볼 수 있다.

첫째; 중국 조선족 사회의 문화 발전에 따른 자기적 반성과 조선족 학교 교육이 의사소통 방식의 주요 변화 요인으로 꼽을 수 있다.

둘째; 한국문화 상품의 수입이다. 한국드라마와 한국영화가 직수입됨으로써 실시간에 마음대로 볼 수 있다는 데서 한국문화와의 접촉이 빈번해지고 있다.

셋째; 매스컴의 역할이다. 연변을 비롯한 조선족 사회의 신문, 잡지, 라디오, 텔레비전 등에서 한국식 화법을 많이 선호하고 있다.

넷째; 인적교류의 활성화이다. 노무송출로 한국에 다녀온 조선족들의 의사소통 방식이 점점 한국화되고 있다.

같은 동포로서 중국, 한국, 조선 사이에서는 아직까지 의사소통의 단절은 없지만 의사소통 방식으로 볼 때, 많은 차이를 느낄 수 있었다. 그리고 중국 조선족 사회에서의 의사소통 방식은 미래지향적으로 한국을 많이 따라가는 변화된 모습도 볼 수 있었다. 이를 계기로 의사소통 방식에서의 통일안 마련이 필요할지, 그리고 필요하다면 그 기준과 그 깊이를 어디까지 둘 것인지에 대해 고민하게 된다.

언어적 의사소통과 비언어적 의사소통의 측면에서 중국 조선족 사회의 의사소통 방식을 고찰하고자 기획하였지만 결국은 언어적 의사소통 방식에 많은 비중을 두고 논의하였다. 쉽게 접하고 느낄 수 있는 현재의 모습을 있는 그대로 객관적으로 파악하기 위해서였다.

중국 조선족 사회의 의사소통 방식에 대한 선호도 조사가 우선 이루어져야 하겠지만 그렇게 하지 못한 점이 가장 큰 아쉬움으로 남는다.

참고문헌

강보유(1990), 「조선어에 대한 한어의 의미적침투에 대하여」, 『중국에서의 한국어 교육 II』, 이중언어학회.

강보유(1992), 「해방후 중국에서의 조선어단어의미의 변화발전」, 최윤갑 주필 『중국에서의 조선어의 발전과 연구』, 연변대학출판사.

강보유(2003), 「중국, 조선, 한국의 현행 어휘사용에서의 의미이질화에 대한 조사와 분석」, 태평무 주필 『세계속의 조선어(한국어) 어휘구성의 특징과 어휘사용실태에 관한 연구』, 민족출판사.

국립국어원(2011), 『표준 언어 예절』, 국립국어원.

김광수(2004), 「남북한 및 중국조선족 언어에 반영된 문화현상」, 『중국 조선어문』 2004년 3호.

김광수·김문영(2007), 「조선민족의 비언어적소통류형에 대한 고찰」, 『중국조서어문』 2007년 3호.

김광수(2012), 「중국조선어에서의 외래어 사용 고찰」, 『중국조선어문』 2012년 6호.

김기종(2003), 「한어의 소극적영향아래 중국조선어의 어휘사용면에서 표현되는 비규범적오류 현상」, 『중국조선어문』 2003년 5호.

김기종(2007), 「일부 일반용어들의 뜻 사용과 그 표현에서 표현되는 중국조선어와 한국어사이 의 차이」, 『중국조선어문』 2007년 4, 5호.

김기종(2009), 「목전 중국조선어어휘규범화작업에서 봉착한 원칙적 문제」, 『중국조선어문』 2009년 1호.

김석근(2010), 『개정판 언어학개론』, 경상대학교출판부.

김정은(2011), 『한국인의 문화간 의사소통』, 한국문화사.

김종두(2000), 『교육과 의사소통』, 양서원.

김진우(1994), 『언어와 의사소통 ─수사학과 화용론의 만남─』, 한신문화사.

서영섭(1990), 「중국에서의 조선어 사용현황과 거기에서 제기되는 문제」, 『중국에서의 한국어 교육 II』, 이중언어학회.

오선화(2012), 「연변지역어의 종결어미 '─재'에 대한 일고찰」, 『방언학』 2012년 16호.

이주행 등 7인(2005), 『인간 관계와 의사 소통』, 한국문화사.

이창덕, 임칠성, 심영택, 원진숙(2000), 『삶과 화법』, 도서출판 박이정.

임칠성(1996), 「북한 화법의 이중적 양상 연구」, 『한국언어문학』 제37집, 한국언어문학회.

임칠성(1996), 「북한 화법 교육 연구」, 『새국어교육』 제53집, 한국국어교육학회.

임칠성(2009), 「북한 화법 표준화를 위한 한 모색」, 『화법연구』 제15호, 한국화법학회.

최윤갑 주필(1992), 『중국에서의 조선어의 발전과 연구』, 연변대학출판사.

태평무(2005), 「우리 말 문형의 규범화와 그것을 해결하기 위한 방도」, 『중국조선어문』 2005년 1호.

홍윤표(2010), 「중국 조선어 어문규범 문제에 대한 단상」, 『중국조선어문』 2010년 제1호, 제2호.

※ 이 논문은 한국 국립국어원 주최 《2013년 남북 언어 소통을 위한 국제학술회의 – 언어 접촉과 언어 변이》(연변대학교, 2013년 11월 21일)에서 발표했던 것임.

강보유(姜寶有)

復旦大學
上海市邯鄲路220號(200433)
전자우편: byjiang@fudan.edu.cn

중국조선족 사회의 어휘변화 고찰

김광수 (연변대학교)

1. 중국에서의 조선어

언어는 사회의 산물로서 언어의 발전은 사회의 변화와 발전에 적응되어야 하는 바 이러한 규칙은 언어형식이 객관적으로 늘 사회환경의 지배를 받는다는 것을 말해주며 사회생활의 변화와 발전은 언어의 변화를 일으킨다. 어휘는 어음, 문법과 함께 언어의 기본요소이나 어음이나 문법보다도 변화가 가장 빠른 활력있는 언어적요소이다. 중국에서의 조선어는 사회, 역사적환경의 원인으로 즉 중국의 정치, 경제, 과학기술, 교육 등 여러 방면의 발전 그리고 자체의 규범화와 표준화 사업, 외래문화와의 접촉 등으로 변화와 발전을 가져왔는 바 남과 북과도 다른 적지 않은 어휘들이 만들어졌다.

필자는 주로 중국조선족 문헌자료를 중심으로 해방초기로부터 지금까지 중국조선족의 어휘사용과 그 변화를 개략적으로 고찰하려고 하는 바 이는 중국조선족 언어의 실태 연구와 학술교류 활성화를 통한 한민족 언어통합의 기반을 확대하는 데도 일정한 도움이 되리라 생각한다.

2. 해방초기 사회주의 건설과 중국조선어 어휘

언어는 정보를 전달하고 문화를 전승하는 도구이기에 거기에는 민족의 고유한 여러가지 특성들이 반영되어 있다. 중국에서의 조선어는 중국이라는 이 특수한 사회적환경에서 한국이나 조선과도 다른 독특한 언어적특성을 가지게 되였다. 《연변문예》잡지가 창간되던 시기(1954)는 중국의 사회주의적공업화를 점차 실현시키며 농업, 수공업과 사영 공업, 상업에 대한 국가의 사회주의 개조를 실현시킬 역사적임

무가 나섰고, 과도시기의 총로선을 따라 바야흐로 힘차게 전진하고 있던 시기였다.[1]

《연변문예》잡지의 창간호는 53쪽으로 되어있는 바 당시 중국공산당 연변지위 선전부 부부장 배극동지의 「《연변문예》창간에 제하여」라는 글로 시작하여 "모주석을 노래함" 등 4편의 시와 2편의 소설, 그리고 "체험기, 민담, 단막극" 각각 한 편씩 실려있다.

> 가) 성철은 만수와 함께 점심을 끝내고, 배구하는 동무들의 와작작 떠드는 소리를 뒤로, 마당에있는 나무 데미 위에 걸터 앉았다. 늦은 가을이라 종일 방에 있던 그들에게는 햇볕이 몹시 따사로웠다.(최현숙의 '첫승리' 18쪽)
>
> 나) 바로 그날, 우리는 농업 생산 합작사의 주임 뚱쫜후 동지에게 공작에 참가할 요구를 제출하였는데 그는 완전히 우리의 의견에 응하였다. 그러나 공작에 대해서 말하자면 우리들과 같은 한 개 지식분자에게는 사실 가련한것이다.(한매 작, 주수 역 '농촌생활 체험기' 26쪽)[2]

상기의 두 텍스트는 1950년대 초의 중국의 사회현실을 반영한 내용들로서 기본 어휘 "함께, 점심, 끝내-, 소리, 마당, 가을, 우리, 그러나, 사실" 등 밖에 "배구하-, 동무, 동지, 나무데미, 농업생산합작사, 뚱쫜후, 공작, 지식분자"와 같은 어휘들은 이 시기 특색있는 어휘들이라 볼 수 있다.

언어는 서로 련결되여있는 여러가지 요소들의 복잡한 구조적 전일체이다. 언어구조는 음운, 형태소, 단어, 문장 등 서로 다른 질서의 단위들로 이루어지고 있으며 그들은 서로 밀접한 연관을 가지고 있다. 새로운 사물과 현상의 출현함과 함께 새로운 어휘가 나타나고, 낡은 사물과 현상은 그와 함께 낡은 어휘를 남게 한다. 언어의 제 요소 가운데서 어휘에 그 민족의 문화요소가 가장 많이 남아있는 바 새로 나타난 어휘와 낡은 어휘는 모두 그 민족의 문화적 흔적을 남겨 놓는다.

아래 1950년대 잡지에 나타난 어휘들을 고찰해 본다.

▶ 체언:
1) 꿰이꿰이: 꿰이꿰이는 입술을 노상 쫑깃거리며 얼굴이 붉어지더니만 늦어진 사유를 말하기 시작하였다.

---

1) 중국공산당 연변지위 선전부 부부장 배극 (1954) 「《연변문예》창간에 제하여」, 『연변문예』 1954년 창간호.

2) 예문은 잡지에 있는 그대로 옮김.

2) 문학예술 공작자: 중국 문학예술 공작자 제二차 대표대회에서 섬서(陝西)의 농민 시인 왕로구 동무는 모주석을 노래하는 민가(民歌) 한수를 랑송하여 대표들의 열렬한 환영을 받았다.

아래 어휘들은 20세기 50년대 중국조선족 사회에서 사용된 어휘라고 말할 수 있다.

개조, 개체, 개혁, 거름질, 건조실, 검토회, 고리대, 곰방대, 공업화, 공작자, 비경포공, 과도시기, 광목바지, 구역자치, 기관복, 기술개진, 기술원, 기술전습참, 김일성거리, 깃발, 꽁지, 남녀사원, 농업기술, 합작사 , 담배모판, 나무데미, 도까비, 독자군중, 뚱딴지, 발굼치, 보따리, 새끼타래, 생산합작사, 선봉대, 업여예술, 일등모범, 제초, 조원, 조직사업, 종자소독, 편집공작상, 포산포공, 학습제도, 합리화, 합작사, 휴공, 생산지식, 일등모범, 검토회

중국의 조선족들은 해방 후 여러 차례의 사회주의 개혁운동을 거쳤고, 1952년 9월 3일에는 구역자치를 실행하게 되었으며 정치, 경제와 문화 등 여러 방면에서 허다한 근본적인 변화와 발전을 안아왔다. 그리고 1950년대 계속 이미 얻은 성취를 튼튼히 하면서 앞으로 계속적인 발전의 길을 걷는 시기이다.

상기의 어휘들은 당시 중국조선족 사회현상을 반영하는 도구적 역할을 놀았다고 말할 수 있다.

▶ 용언:
1) 가늘-: 만수의 얼굴에는 노기 어리였고 입술은 가늘게 떨리였다.
2) 가-: 가을의 밤은 깊어만 가는데 그는 깊은 사색에 자기를 잊어버리고 실험대 앞에 서 있었다.
3) 바라보-: 방밖에 나갈 때에는 망원경으로 주위의 경치를 바라보기도 하였다.
　　격려하다, 곡절되다, 국건하다, 접목하다, 휴공하다, 가라입다, 가르치다, 가리키다, 갖다놓다, 갖다주다, 기치다, 건드리다, 까시다, 노구라지다, 댁높다, 댕기다, 덜덜거리다, 떼내다, 업새다, 왕청같다, 가라입다
▶ 일부 부사어:
1) 가까스로: 꾸지람 비슷이 말을 던지고는 가까스로 점잔은 체하면서 다시 책을 들었다.
2) 가만: 아직도 눈에 머이 가리워서 그렇당이 가만 있소.

3) 간간이: 소모는 소리 소 방울소리도 간간이 섞여든다.

감추듯이, 갖은, 건장히, 패니, 그런즉, 들랑날랑, 물쿵물쿵, 아짜, 즉시로, 참으로

이런 부사어들은 용언의 앞에서 용언을 수식해 주거나 문장을 연결하면서 조선말의 표현적 효과를 높이는 데 기여하였다.

▶ 일부 방언어휘:

방언이란[3] 한 언어의 지역적변종으로서 일정한 지역이나 지방인민들 속에서 쓰이고 있는, 지방적특색을 띠고있는 말을 말한다. 어휘구성, 문법구조, 말소리구조 등에서 규범언어나 다른 고장의 말과 구별되는 언어적특성을 가진다.

1) 가매: 듣기 싫어요. 이걸 가매목에 놓고 어떻게 보겠어요.

고하듯 가매 불을 때면 안 돼, 말꼬리가 눈물에 흐린다.

2) 샛독하-: 순림은 샛독해서 내손으로 찾아오겠어요라고 말했다.

이러한 방언어휘들로는 "디리밀다, 방메이 같다, 뱃뚱띠 같다, 별라스레 굴다, 샛독하다, 설넝설넝, 손꼬바 부르다, 씻둑하다, 염치짝, 완으루, 하장이, 있재이무, 전디다" 등이 있다.

《연변문예》는 연변지구에서 출간된 작품이기에 문학작품에 오른 방언들은 주로 함경도 방언이다. 이러한 어휘들은 대중들의 입에 잘 올랐기에 당시 문어에도 쓰이면서 중국에서의 조선어 어휘를 풍부히 하는데 적지 않은 기여를 하였다고 할 수 있다.

▶ 외래어:

다른 나라 말이 우리말에 들어와 쓰이는 말을 외래어[4]라고 한다. 우리말에 들어온 외래어는 외국과의 정치, 경제적 접촉과 과학기술, 문화교류과정에 조선어에 들어온 말로서 일정한 분야에서 실용성을 가지고 쓰인다.

예: 1) 람뿌: 람뿌 불은 방안을 은은하게 비추고있었다. 샛보얗게 횟칠한 벽의 반사 때문인지 갑자기 불빛을 본 까닭에서인지 눈이 시울었다.

2) 쓰딸린: 쓰딸린의 원칙적지시를 준수하여야 한다.

3) 노크: 노크소리가 나자 문이 열리고 근심어린 반장의 얼굴이 나타났다.

---

3) 사회과학원언어학연구소(2007), 『조선말대사전(2)』, 사회과학출판사, 131면.

4) 리정용 (2005), 『문체론』, 사회과학출판사, 45면.

4) 쟝위꿰: 뚱쫜후 쟝위꿰(姜玉貴)들은 모두 중농 출신으로 합작사의 일을 자기의
   일로 여기고 손해를 입으면서도 곳곳에서 여러사람들을 위해 일 하였다.

이 시기 잡지에는 외래어가 지금에 비기면 얼마 쓰이지 않았고 중국어 인명, 지명을 원음을 많이 따르려고 한 모습이 보인다.

상술한 바와 같이 외래어들은 "노크, 노트, 뜨락또르, 람뿌" 외에 대부분은 인명과 지명 "맑쓰, 레닌주의, 쓰딸린, 에렌부르그, 하리꼬브, 하리꼬브시, 뚱쫜후(董殿福), 쟝위꿰, 꿰이꿰이, 띵링(정녕), 싸구뚸이춘, 유린쨩, 우요춘" 등으로 되어 있다. 하지만 "모주석, 모택동, 석영인동지"만은 조선어 한자음으로 되어 있는 것이 특징적이다.

이 밖에도 어휘론에서 말하는 동의어, 반의어, 동음어, 합성어 등 어휘들도 보인다.

가. 동의어:
   녀자-녀성, 말-말씀, 동무-동지, 안해-안깐, 가마-가매, 담넘에는-담밖에는
나. 반의어:
   해방전-해방후, 아즈멍이-아즈방이
다. 합성어들
   마음: 마음맞다, 마음속, 마음씨
   말: 말꼬리, 말끝, 말머리, 말문, 말소리, 말하다
   문예: 연변문예, 문예간물, 문예공작, 문예공작자, 문예단체, 문예독물, 문예비평
       공작, 문예창작, 문예활동
   민족: 민족유산, 민족정책
   생산: 생산대, 생산임무, 생산지식, 생산합작사
   우리: 우리곁, 우리네집, 우리노친, 우리독, 우리살림, 우리손, 우리일, 우리조,
       우리집

해방초기인 1950년대 중국조선어에는 특색있는 어휘들이 많이 쓰였고 많은 체언 어휘는 이미 있는 단어들을 합성하는 방법으로 보충하였으며 조선민족의 사회생활을 반영하는데 이바지하였음을 알 수 있다.

3. 인민들의 물질, 문화생활과 중국조선어 어휘

연변민족어문력사연구위원회와 연변조선어조사단어조사조는 1963년 9월《조선어신사술어조사대강》을 작성하였는 바 조사대강에는 6천 개 정도의 어휘가 수록되었다. 조사연구의 편리를 위하여 두 개 유형으로 나누었는데 제1류는 전문성적인 내용으로서 새말술어, 방언어휘, 외래어휘, 동의어를, 제2유형은 일반성적인 내용으로서 늘 사용하는 일반어휘를 수집하였다. 이러한 어휘자료는 1945년 11월부터 1963년 7월까지의《연변일보》(연변민보, 길림일보, 동북조선인민보)에서 선택하였고 1948년부터 1949년 1월까지의《할빈민주일보》의 자료도 포함한다.

조사자료 연구대강의 설명에서 보여 주다시피 그 당시 신사술어라는 개념에 대해 여러가지 해석과 서로 다른 견해가 있고 그 범위에 대해 논쟁이 있지만 문세영의《조선어사전》[5]을 기준으로 본 사전에 없는 단어를 일률로 신사술어라고 하고 그러나《조선어사전》에는 없지만 해방 후에 확실히 사용된 단어는 새단어라고 하지 않았다.

신사술어는 그 사용범위에 근거하여 정치(정치, 범류, 군사), 생산(공업, 농업, 부업, 목축업, 어업), 재정(재정, 상업, 경제), 교통운수, 문교위생(문화, 예술, 교육, 위생, 과학, 체육)로 분류하여 수집하였는 바 그 분류된 일부 단어를 찾아보면 아래와 같다.

정치(pp.1-19)
지도사상, 마비사상, 선진사상, 우경사상, 착오사상, 의뢰사상, 모택동사상, 망본사상(忘本), 비무산계급사상, 과학만능사상, 사상대혁명, 사상발동(發動), 사상전선, 사상진지, 사상개조, 사상타개(打開), 사상보따리, 사상해방, 사상혁명, 보수사상, 보명사상(保命), 부농사상, 사상단련, 법권사상, 광복, 토지법대강, 경자유기전(耕者有其田), 토지평분, 토지분득(分得), 신구중농, 고빈농단(顧-), 규편중농(糾編-), 고빈농, 토지개혁, 농회

생산(pp.19-36)
림업정책, 림업국, 원림화, 봉산육림, 무육갱신(撫育更新), 호림방화, 집운계획(集運計劃), 반산품증산, 무육채벌, 출재률, 경제전선, 경제기초, 생산자료, 기본소유제,

---

5) 1938년 7월 최초의 뜻풀이(주석)국어사전인 약 10만 어휘의 『조선어사전(朝鮮語辭典)』을 이윤재(李允宰)의 지도와 한징(韓澄) 등의 도움으로 편찬. 조선말로 주석한 조선말의 사전을 조선사람의 손으로 처음 만들어 가지게 됨.

삼급소유제, 기본건설, 확건공사, 수건, 국민경제계획, 오개년계획, 경제번영, 지방국영, 민영, 합작총사, 국합관계, 공사합영, 국가자본주의, 공상업, 사인기업, 사상(私商), 성향교류, 성향호조, 등가교환, 물자교류회, 상품구진계획(-購進-), 고분기금, 롱단자본

문교위생(pp.36-44)

국제교사회의, 교육망, 문화혁명, 리론학습, 문교공작, 지식분자로동화, 공농지식화, 문무쌍전, 인재시고, 인재배양, 전면발전교육방침, 설복교육, 전면발전, 혁명법제교육, 전일제교육, 반일제교육, 기본생산기술교육, 품질교육, 애국수법교육, 건강교육, 민주교육, 문교정책, 덕재겸비, 교학상장, 교학대강, 교학개혁, 건교, 계(系-학부), 지식분자, 로동대학, 업여고등학교, 조교, 민족련합중학, 농민학교, 농민업여학교, 완전소학, 공농속성중학, 초중, 고소, 부설학교

개인위생, 환경위생, 방역공작, 보건원, 보건상, 보건공작, 방치, 수역예방퇴치, 방역원, 사해소멸, 의료사업, 의무일군, 오유건설(五有-), 전간의료대, 호리원, 호사, 회진, 공비, 공비치료, 진료소, 료양소, 료양원, 경로원, 보육원, 농망탁아소, 유아원, 탁아소, 어린이보기소, 전간탁아소, 필담회, 전탁, 일탁, 보모, 극산병, 민간수의, 민약론

교통운수(pp.44-46)[6]

안전행차, 운행시험(試-), 조도원(調度員), 검표원, 승객원, 모자차(母子-), 안전대표, 렬차원, 승무원, 령항원(領航-), 포차조(包車-), 포승조(包乘組), 고정고객, 발출, 향발(向發), 차대, 교차대(膠車隊), 판차화(板車化), 직공기차대, 운수참, 참장, 운재작업, 쌍반운수(双班-), 단거리운수, 직선운수, 직달운수, 일운반진도, 고산고운탈재(奪取), 양로대, 양로원, 완호차률(完護-), 상품운수수레화, 상품적사기계화, 밀차화, 목궤도화, 고무바키화, 선박화, 공중선화, 풍력자동차, 풍차, 자동차렬차화, 렬차

일반어휘(pp.46-61)

주임위원, 부책인(負責人), 문서(文書), 당정간부, 전직간부, 재직간부, 생산탈리간부, 비생산인원, 주대원(駐隊員), 공교인원(公敎-), 과실인원(科室-), 평론원, 관찰원, 인민, 로백성, 인민접대원, 공민, 군중, 기본군중, 외출인구, 상주인구, 스프(師付), 도제(徒弟), 원아(院兒), 동지, 동지애, 애인, 직공, 래신, 공작, 락실, 총결, 원경계획, 편제공작, 규획편제, 계획편제, 기와 피를 나누어, 제1피, 기층조직, 정간

---

6) 다른 항목과는 달리 모든 단어를 올렸음.

50년대 중국은 방금 건립된 인민공화국 시기로서 사회, 경제가 매우 낙후한 시기였으며 인민들의 생활은 생계를 위지할 정도였고 가장 보통으로 되는 일상생활용품마저도 아주 희귀하게 보인 시기였다면, 60년대 역시 문화대혁명과 함께 사회가 혼란하고 물품이 긴장하고 많은 물질생활용품이 결핍하여 표로 공급하는 시기였다고 할 수 있다.

상술한 새말어휘목록들은 그 당시 실제 사용된 새말어휘들로서 한자어휘가 대부분이고 합성어가 대부분이며 20세기 40년대로부터 60년대의 새로 나타난 정치, 생활, 문화위생, 교통 등 사회현상과 함께 중국조선족의 어휘사용 면모를 보여준다.

4. 우리말 규범화와 중국조선어 어휘

중국에서의 조선어규범사업은 오랫동안 지속되어 왔는데 어음, 어휘, 문법,《4칙》등 다방면적이다. 연변조선어규범위원회는 1987년 9월에 설립된 이래 연변조선족자치주인민정부의 정확한 령도와 중국조선어사정위원회의 구체적인 지도하에 연변조선어의 실정으로부터 출발하여 한조번역통일안에 모를 박고 사업을 벌려왔다. 연변조선어규법위원회는 설립된 이래 39차의 한조통일안을 채택, 공포하였는데 그 단어 수는 3400여 개에 달한다. 규범된 통일안을 널리 보급하고자 2006년 8월 연변조선어규범위원회에서는 39차에 걸쳐 심의, 통과된 한조번역통일안을 모두어 『조선말새명사술어』를 출판했다. 『조선말새명사술어』를 통해서도 중국조선어의 규범화를 거친 특색있는 조선어 어휘를 고찰할 수 있다.

음절형태와 단어형태:

『조선말새명사술어』에서 임의로 선택한 500개 명사술어 가운데 4음절어휘가 27.8%, 3음절어휘가 20.4%, 단음절어가 0.2%, 14음절어휘가 0.2%, 15음절과 13음절어휘가 각각 0.4%로 나타난다.[7] 예를 들면 "사건단서, 비밀조작, 균형경제, 저당대출, 함몰골절/학급장, 대바늘, 지역망, 변광기, 원리금/팩, 캄, 방, 실/우수학생모집최저합격선, 관계회사배당자금, 둘레막이안전시설, 범죄자처벌되피방조죄, 비행안전폭록위협죄, 기초생활수금대상자, 복합우기성비보존, 국가기관일군사리도모부정행위" 등 어휘들이다.

중국조선어명사술어는 대부분은 합성법으로 이루어졌고 파생법으로 이루어진

---

7) 김광수(2008), 「중국조선어새명사술어분석」, 『연변대학동강학간』, 21면.

단어들도 보인다.

> 합성어: 찰떡튀기, 양말바지, 마른국수, 종이접착띠, 손건조기, 전송대저울, 증권거래
> 상, 침대커버, 콘베아저울, 통용카드, 사회심리스트레스요인, 토플시험, 샐러
> 드유
>
> 파생어: 고과학기술, 피수매녀성, 총우량/골증식증, 공금류용죄, 공인회계사, 수료증/
> 고나트리움이온주사료법, 고충실도/공가로채기, 공격어김

서로 다른 분야:
중국조선족의 다종다양한 생활문화를 반영하는 어휘들이 나타난다.

> 음식: 편육가지볶음, 파지짐, 무주정음료, 알곡제품, 구만두, 교자구이, 물고기졸임,
> 실고기양파볶음, 소고기졸임
>
> 운동: 중앙방어수, 하프타임, 레프트포드, 운동실조, 밀집방어, 공중표적사격
>
> 의학: 인터페론, 의난병, 의료분쟁, 안연고, 식이료법, 비루스확산죄
>
> 컴퓨터 및 통신: 인터넷, 인터넷가입, 웹사이트, 문선전화기, 무선전화, 세계폰, 월드
> 폰, 리모콘
>
> 동의관계 어휘: 고신기술-하이테클, 압력솥-아력가마, 근골건-발꿈치힘줄, 부점착
> 남비-프라이팬, 재무증빙-재무증거, 롱아수화-롱아손짓언어, 록색
> 식품-무공해식품, 소형계신기-소형컴퓨터, 미니륙교-소형구름다리,
> 종이수건-넵킨, 로맨스룸-단칸-독방

　동의관계에 있는 한자어나 외래어 차용은 피할 수 없는 현상이지만 이런 단어들
은 될수록이면 고유어를 사용하는 것을 제창하여야 하고 또한 어휘의 자유로운 사
용과 함께 제때에 정확한 규범화된 단어를 선정하여야 하는데 이는 중국조선족 어
휘의 발전에 매우 필요한 사업이다.

> 외래어: 치즈, 코치, 콜드크림, 타이츠, 태클, 탭텐스, 토스트, 투피스, 프로스포츠,
> 피자, 핑크카라, 하드디스크, 하이알라이, 하트, 포스트닥터, 다스켓, 디스
> 크, 디지컬, 가스오븐, 각테일파티/ PC방, IC전화, VCD, APEC, CT, CCTV,
> HSK, TV 등

자료에서 통계적 분석을 진행한 결과 한자어는 58%, 고유어는 24%, 외래어는 5%, 혼종어는 14%를 차지한다.

5. 중국의 새로운 정책과 중국조선어 어휘

2013년 3월 5일 전국인민대표대회 제12기 제1차 회의가 수도 북경에서 개최되었는데 국무원 온가보총리가 정부사업보고를 진행하였다. 아래《정부사업보고》의 조선문 번역자료 3407개 어절을 보면 중국의 최근 몇 년간 새로운 국가정책과 관련된 중국조선족 어휘사용특성을 볼 수 있다.

　　가. 지난 5년간 우리 나라의 거시적경제는 총체적으로 안정적이고 비교적 빠르게 성장하고 물가가 상대적으로 안정되고 취업이 지속적으로 확대되고 국제수지가 균형을 이루어가는 경향을 보이는 등 량호한 추세를 유지하였다.
　　나. 중요분야의 개혁에서 새로운 진전을 이룩하고 개방형경제가 새로운 수준으로 향상되였다. 혁신형 국가건설에서 새로운 진전을 이룩하고 유인우주비행, 월면탐사프로젝트, 유인심해잠수, 북두위성항법시스템, 슈퍼컴퓨터, 고속철도 등 분야에서 중대한 돌파를 이룩하고 최초의 항공모함인 "료녕함"이 함대에 편입되여 임무를 수행하게 되였다.

우의 텍스트에서 "거시적경제, 취업, 국제수지, 개혁, 개방형경제, 혁신형국가건설, 유인우주비행, 월면탐사프로젝트, 유인심해잠수, 북두위성항법스스템, 슈퍼컴퓨터" 등은 특색있는 중국조선어 어휘들이다.

사회생활이 변화, 발전함에 따라 새로운 사물이나 현상이 우리들 앞에 끝임없이 나타나게 되는데 새로운 단어로써 이런 현상을 표현하여야 한다. 특별히 개혁개방 20여년래 중국조선족 사회가 경제가 급속도로 발전하고 생활절주가 점차 빨라지면서 새로운 개념이 형성되고 이것을 반영하는 새로운 어휘가 많이 만들어졌다.

　　경제와 관련된 어휘:
　　경제발전, 경제발전방식, 경제성장, 경제성장률, 경제성장목표, 경제성장방식, 경제성장추진, 경제운영과정, 경제체제개혁, 경제협력기본협의
　　개방형경제, 개방형경제수준, 거시적경제, 거시적경제동향, 거시적경제정책, 공유제경제, 국민경제, 사회주의시장경제체제, 세계경제, 소유제경제, 신흥경제국, 실물경제발

전, 주요경제지표, 지역경제, 해양경제

이는 중국사회가 정부의 계획경제로부터 시장경제로 발전하면서 경제발전에 상당히 박차를 가하고 있음을 암시하여 준다.

개혁, 개방은 중국사회가 발전함에 있어서 견지해야 할 기본방침인 바 정부사업보고에 "개혁"과 관련된 어휘가 나타나고 있다.

가격개혁, 개혁개방, 개혁발전계획요강, 개혁추진, 공립병원개혁시험, 과학기술체계개혁, 국유기업개혁, 금리시장화개혁, 내부메커니즘개혁, 농촌신용사개혁, 문화체계개혁, 사회주의시장체제개혁, 소득분배제도개혁, 시장화개혁, 의약보건위생체계개혁, 정부기구개혁, 정부체제개혁, 조세제도개혁, 종합적개혁, 주식제개혁, 태환개혁, 투자융자체제개혁, 행정심사비준제도개혁, 행정체제개혁

개방공유메카니즘, 개방전략, 개방하ㅡ, 개방형, 개방형경제, 개방형경제수준, 개혁개방, 구역개방구도, 대외개방

문화와 환경에 관련된 어휘:

공공문화서비스체계, 공공문화시설네트워크시스템,공익성문화사업단위, 국유경영성문화단위체제, 대외문화교류, 대형문화재, 문화건설, 문화관, 문화사업, 문화산업, 문화소비, 문화재보호, 문화체제개혁, 문화혜민중점프로젝트, 물질문화생활수준, 물질문화적수효

국제환경, 발전환경, 생태환경, 생태환경보전, 생활환경, 소비환경, 외보환경, 자연환경, 자원환경, 제도적환경, 체제적환경, 혁신환경, 환경기준, 환경보전, 환경오염문제

문화와 환경에 관련된 어휘들도 적지 않게 쓰이는 바 이는 중국이 경제발전에 따라 다종다양한 문화건설사업과 환경건설에 정력을 쏟고 있음을 암시해 준다.

농촌과 관련된 어휘:

중국 정부의 농촌에 대한 여러가지 정책들을 실시하고있고 사회주의 신농촌 건설과 농촌경제가 발전함에 따라 이러한 현상을 반영한 어휘들이 쓰이고있다.

농촌교원대오건설, 농촌금융서비스, 농촌도로, 농촌민생프로젝트, 농촌발전, 농촌부실위험가옥, 농촌빈곤구제개발, 농촌사회양로보험제도, 농촌신용사개혁, 농촌유휴인력, 농촌의무교육단계학생, 농촌인구, 농촌종합개혁, 농촌주민, 농촌지구, 농촌집체토지, 농촌집체토지수용보상제도, 농촌토지도급경영권등록작업, 농촌토지정비작업, 농

촌토지제도, 농촌학생, 농촌합작의료제도, 농촌호적

전국인민대표대회 제11기 제1차 회의 이래의 5년은 중국의 발전과정에서 국제금융위기의 거대한 충격에 효과적으로 대응하여 사회주의 경제건설, 정치건설, 문화건설, 사회건설, 생태문명건설에서 중대한 진전을 이룩하여 중국특색의 사회주의 사업의 새로운 장을 펼쳐놓은 과정이었다. 또한 앞으로 5년은 습근평동지를 총서기로 하는 당중앙의 령도밑에 분발노력함으로써 초요사회를 전면적으로 실현하고 중화민족의 위대한 부흥을 실현하기 위하여 분투노력하는 과정이다. 이런 국가적인 현실적인 사업과 책략, 그리고 장시기적인 원대한 계획과 함께 사회를 반영한 어휘들이 대량으로 한자어로 중국조선어에 들어와 어휘를 풍부히 하고 있다.

6. 외국문화의 접촉과 외래어휘

언어사용에서 외래어 차용은 피할 수 없는 언어적 현상으로서 새로운 사물이나 현상을 받아들이면서 그와 함께 외래어가 우리 어휘 속에 들어오게 된다. 개혁개방 이래 중국사회가 봉폐되었던 데로부터 개혁, 개방을 하였고 계획경제가 시장경제로 전환되었다. 개혁개방과 함께 외래어의 인입은 고조를 이루었고 외래어의 인입의 수량이 증가되고 인입도경이 넓으며 속도가 빠른 것도 전시기 있어본 적 없는 언어적 현상이다.[8]

《연변녀성》[9] 2013년 7~8월(제7호, 제8호)에 사용된 외래어

가) 8년전 지겨운 단층집생활을 마치고 새로 장만한 아빠트에 인테리어를 할 때에도 출근하는 몸이라 시간을 뺄수 없었는데 동창들이 도와주어 인차 마무리를 할수 있었다.(《연변녀성》 2013년 제7호 p.47)

나) 액세서리며 선물따위를 판매하는 그의 매점은 그다지 크지 않았고 화려하지만 시끌벅쩍 하지 않았다.(《연변녀성》 2013년 제7호 p.51)

《연변녀성》 2013년 제7호

플류트, 카메라, 모피코트, 비즈니스, 비즈니스접대, 비즈니스석, 프랑크프르트, 오스

---

8) 장미안(2002), 「새시기사회용어의 발전」, 『보안사범전과학교학보』, 제1기, 47면.

9) 중국 길림성1급간행물, 조선족우수잡지, 쌍월간 잡지임.

틀랄리아, 카나다, 리비아, 옥스퍼드대학, 케임브리지대학, 커피, 알류미늄, 핸드폰, 시트, 파마, 하우스, 터미널, 커피숍, 디지털화, 인터넷, 데트론옷감, 스튜디오, 드레스, 뷔페, 호텔, 베란다, 안전벨트, 가드레일, 안전벨트, 사이트, 캠프, 트럭, 비디오, 버스, 스트레스, 스파케티, 전자렌지, 카텐, 엘레베터, 콜라겐, 칼시움, 와인, 려행티켓, 생산라인, 체인점, 고르바쵸브, 빌게이치, 존거든, 통화버튼, 유모아, 싸이트

《연변녀성》 2013년 제8호

테프, 밴드, 노크, 스트레스, 아이드어, 촬영콩크르, 쎄미나르, 펜티주머니, 베란다, 웨딩촬영, 마싸지, 노트북, 엘리트, 메쎄지, 메틸알콜, 리비아, 캠프, 뽀트, 말보르, 로스만, 핸드폰, 파이팅, 텔레비죤프로, 화이트칼라, 사진기렌즈, 피아노, 유럽, 핸드빽, 다이어트, 위스키, 9킬로, 패션, 리얼리티프로, 태쳐부인, 오바마, 쏘피아, 야채스프, 샴팡, 브랜디, 고냑, 텔레비죤, 연구쎈터, 나이제리아, 샤와, 레스토랑, 내프킨, 오프라안, 안터넷, 감시카메라, 팬, 미니블로그, 컴퓨터, 한국드라마, 호텔음식, 발표버튼, 비닐천, 팔프공장, 싸이렌소리, 아빠트, 콩크리트, 엘레베터, 인터넷쇼핑, 유명브랜드, 싱크대, 베터랑가사도우미, 올림픽쎈터, 플라스틱, 슈퍼마케트, 애정가사관리써비스쎈터, 전신마싸지, 아르바이트, 패션, 브랜드술, 다이어트, 콜레스테롤, 도마도, 체크

이러한 외래어는 "사람이름, 주거지, 장소, 일반기기, 전자기기, 지명, 제시물, 행사, 식물, 약, 운동" 등 다양한 범위에서 어휘들이 나타나고 있다. 이러한 어휘들은 중국조선족들이 개혁개방 이후 외국으로부터 다양한 문화를 인입하였음을 보여 준다.

외래어는 단순어만 존재하는 것이 아니라 상당한 분량의 합성어도 만들어지고 있다.

정부사업보고에 나타난 외래어 및 외래어합성어

가격형성메커니즘, 가스, 공공문화서비스체계, 공공문화시설네트워크시스템, 교사안전프로젝트, 국가공정쎈터, 국가과학기술중대특정프로젝트, 국가기술혁신프로젝트, 국가중점프로젝트, 국가지식혁신프로젝트, 기본공공서비스, 돌발사태응급관리메커니즘, 라지오방송영화텔레비죤방송, 북경장애인올림픽, 북두위성항법시스템, 브랜드, 비화석에너지, 상해엑스포, 생산자서비스업, 서비스기능, 서비스류, 서비스업, 서비스정부, 서비스형, 세멘트공칭능력, 소비자서비스업, 슈퍼컴퓨터, 스타트, 에너지소모, 에너지소모량, 에너지소비총량, 에너지자원, 에너지절약, 월면탐사프로젝트, 인프라시설, 인플레기대, 인플레압력도, 전통서비스업, 정보네트워크기술, 중점생태프로젝트건설, 지방정부자금조달플랫폼, 취업서비스체계, 통화정책전도메커니즘, 포인트, 프로젝트, 현급기본재력보장메커니즘, 협력메커니즘

이와 같이 외래어 역시 중국조선어의 어휘체계 속에서 없어서는 안 될 한 부류를 차지하고 있다.

7. 지역적차이로 달라진 중국조선어 어휘

지역적 차이에 의해 중국조선족이 사용하는 다른 어휘를 일부를 찾아보면 아래와 같다.

> (1) 검정귀버섯: "목이버섯"이라고도 하며 가을철에 뽕나무나 딱총나무, 말오줌나무
>   따위의 죽은 나무에서 많이 나며, 사람의 귀 비슷하다.
>   례: 야생검정귀버섯 시장가격이 얼마인지? 게사니 킬로그람당 가격이 얼마인지?
>   어디에 가면 종자양, 종자소를 살수 있는지? (연변일보)
> (2) 호구부: 호주와 그에 딸린 식구들의 성명, 성별, 출생년월일, 출생지, 본적, 민족,
>   문화정도, 직업 등 내용을 기록한 문서.
>   례: 년도검사시 반드시 본인이 1촌 채색사진 한장과 신분증, 호구부(연길시 호구
>   여야 함), 로인정보의외보험카드를 갖고 연길시공공뻐스유한회사에 가서 년
>   도검사를 받으면 되고 (연변일보)
> (3) 거듭나다: 영적(靈的)으로 다시 새 사람이 되다. 중생(重生)하다.
>   례: 평촌 촌주임 량희영씨는 명실에 부합되는 연변소마을로 거듭나기 위해 앞으로
>   소마리수를 더 늘이고 진정부의 지지를 얻어 겨울나이 외양간개조, 사료가공
>   설비인입 등 문제도 빠른 시일안에 해결할 방침이라고 말했다. (연변일보)
> (4) 포치: 일정한 사업을 조직하고 필요한 력량을 배치하여 일을 벌리는것.
>   례: 가) 룡정시공안국에서는 사건수사전문지휘조를 설립하고 신속히 사건을 해
>   명하도록 포치했다. (연변일보)
>   나) 가전하향정책실시는 국무원의 내수확대정책을 관철시달하고 경제성장포
>   치를 추진하며 도시, 농촌이 통일적으로 발전하고 사회주의건설을 추진
>   하며…… (연변일보)
> (5) 인차: 곧장 또는 도중에서 지체없이 곧
>   례: 최모는 무도장에서 증모를 알게 되였고 그뒤 둘은 인차 친한 친구로 됐다.
>   (연변일보)
>   발빠르다: 어떤 과정이나 시간이 짧음

례: 공안부문을 비롯한 안전관련 부문에서도 발빠른 움직임을 보이고있다. (연변
　　일보)

(6) 선도[先導]: 앞에서 이끈다.

례: 올해는 "선도구전망계획요강"을 추진하는 첫해이고 훈춘시는 선도구개발개방
　　의 창구도시로서 누구도 대체할수 없는 중요한 역할을 담당하고 있다고 지적
　　(연변일보) (선도구개발개방, 선도구건설, 선도구건설진전정화, 선도구전망계
　　획요강)

(7) 계획생육: 계획적으로 아이를 낳는것 또는 계획적으로 태여난 아이.

례: 손국산이 촌민위원회 주임으로, 손세군이 촌민위원회 문서로, 고귀지가 촌민
　　위원회 계획생육위원으로, 진지룡이 촌민위원회 치보주임으로, 류장도가 촌
　　민위원회 문교위생위원으로 당선되였다. (연변일보)

(8) 과학적발전관: 중국에서의 현시대 정치적리념.

례: 식수조림을 잘하는것은 과학적발전관을 관철시달하는 구체적표현으로서 조
　　화사회를 구축하고 생태환경을 보호하는데 중요한 의의가 있다. (연변일보)

《연변녀성》2013년 7~8월(제7호, 제8호):

(9) 인정빛: 연회석이 풍성하고 고급스럽고 격이 높을수록 받는 립장에서는 더 큰 인
　　　　　정빛을 지게 되여 접대측의 부탁을 거절하기 힘들어진다.(제7호)

다모토리(큰 잔으로 술을 마시는 일), 내부퇴직, 공사소재지, 중점구제대상, 례
단, 가옥소유증, 자동차교통사고책임 강제보험, 향장, 생산대분배, 양고기꼬치,
역사질(육체적으로 힘을 들여서 하는 짓), 공청단서기/록색공간(식품), 경제적효
과성, 대남자주의, 매표모식, 도편회사, 마누라단속, 협의리혼, 왕바신, 건조실, 정
리실업

이와 같이 중국조선족 어휘 중에는 지역적 특색을 나타내는 어휘들을 적지 않게
쓰고 있다.

8. 결론으로

인간과 사회 그리고 언어는 아주 밀접한 관계를 가지고 있다. 언어의 외적요소인
언어사용자들의 거주지와 그 이동, 다른 언어사용자들과의 접촉, 사회적 및 문화적
환경, 언어의 변화발전에 영향을 미친 역사적사실 등은 언어의 변화와 발전에 일정

한 영향을 미치고 있다.

우선 중국조선어는 한국이나 조선과도 다른 정치, 경제, 문화, 역사 환경에서 이러한 현상을 반영하는 새로운 어휘들이 만들어지는 바 대부분은 이미 있는 한자어가 합성법으로 4음절을 비롯한 다음절한자어가 많은 수를 차지하며 그 어휘구성도 시기에 따라 다른 특색을 보이고 있다.

다음으로 중국조선어는 어휘를 인입하고 사용하는 과정에 중국조선어 사정위원회의 지도하에 어휘의 규범화 사업을 진행하는 바 이러한 어휘는 해방 후 중국조선족이 살아온 다종다양한 사회정치, 경제, 문화, 과학기술, 생활문화가 반영한 것들이 적지 않다.

그 다음으로 중국조선어의 외래어는 현재 주로 영어에서 인입되며 새로운 사물과 현상이 들어오면서 외래어가 점차 우리말 어휘구성 속에 일정한 비중을 차지한다. 중국과 외국과의 문화적교류가 빈번하고 중-한 경제, 문화교류가 많아지면서 외래어와 혼종어의 증가하는 추세는 막을 수 없는 현실이다.

마지막으로 중국조선어에는 함경도와 평안도를 중심으로 한 조선의 북부방언 특성과 중국의 55개 소수민족 언어 중의 하나이고 중국의 동북지구라는 이 지역적 특성에 따라 방언어휘와 지역어가 적지 않게 쓰이고 있다.

총적으로 중국에서의 조선어는 그 기원은 조선반도에 있지만 중국이라는 이 사회, 역사적환경에서 자체의 독특한 변화, 발전의 길을 걸어왔다고 말할 수 있다.

참고 자료

1. 『연변문예』, 1954년 창간호.
2. 연변민족어문력사연구위원회, 연변조선어조사단조사조(1963. 9.), 「조선어신사술어조사대강」, 내부등사자료.
3. 연변조선족자치주조선어문사업위원회(번역국)편(2006), 『조선말새명사술어규범집』, 연변인민출판사.
4. 『정부사업보고』(2013년 3월 5일 전국인민대표대회 제12기 제1차 회의에서), 국무원 총리 온가보.
5. 『연변녀성』(2013년 7~8월)제7호, 제8호.(중국 길림성1급간행물, 조선족우수잡지, 쌍월간 잡지)
6. 2010년 5월 3일부터 9일까지 『연변일보』(사회, 경제, 정치)면의 텍스트 자료.

참고문헌

김영황(2006), 『민족문화와 언어』, (조선)과학백과사전출판사.

김광수(2008), 「중국조선어새명사술어분석」, 『연변대학동강학간』, 제3기.
류은종(1991), 『조선어어휘론』, 연변대학출판사.
리득춘(1987), 『조선어어휘사』, 연변대학출판사.
리정용(2005), 『문체론』, 사회과학출판사.
박갑수(1998), 『일반국어의 문체와 표현』, 한국: 집문당.
반광어(2004), 「개혁개방과 한어어휘의 변화」, 『경제와 사회발전』 제 2권 제10기.
심재기(1990), 『국어어휘론』, 한국: 집문당.
이현복(1993), 『남북한 언어의 비교연구』, 통일원 교류협력국.
장미안(2002), 「새시기사회용어의 발전」, 『보안사범전과학교학보』 제1기.
전수태·최호철(1989), 『남북한 언어 비교』, 도서출판 녹진.
중국조선어사정위원회 편(2007), 『조선말규범집』, 중국: 연변인민출판사.
최완호(2005), 『조선어어휘론』, 조선사회과학원출판사.

김광수(金光洙)
연변대학 언어연구소
중국 길림성 연길시 공원가 997호
전자우편: kuangsu2820@hanmail.net

제2부. 한국어 어휘·문법 연구

양보의 '–어도'와 대립의 '–어도'

윤평현 (전남대학교)

1. 접속어미 '–어도'의 의미에 대하여

국어에는 수많은 접속어미가 있다. 국어의 많은 접속어미 가운데는 일상 언어 생활에서 별로 쓰이지 않는 편에 속하는 것이 있는가 하면, 대단히 활발하게 쓰이는 것이 있다. 그리고 의미가 단순하여 용법 또한 간단한 접속어미가 있는가 하면, 의미가 다양하여 용법이 복잡다기한 접속어미가 있다. '–어도'는 쓰임이 아주 활발하면서도 의미가 매우 다양한 접속어미에 속한다.

'–어도'의 의미에 대해서는 『우리말본』(1937)에서 '참일 놓는꼴'(사실 방임형)이라 기술한 이후 여러 문법가들에 의해 연구되어 왔지만, 대체로 여러 무리의 접속어미를 다루면서 부분적으로 언급한 것이어서 피상적인 접근에 그친 예가 많았다고 생각된다. 필자도 국어의 접속어미에 대한 일련의 연구를 계속하면서 '–어도'에 대한 부분적인 논의를 윤평현(1987)과 윤평현(1988) 속에서 한 바 있다. 본고는 윤평현(1987, 1988) 가운데서 '–어도'에 대한 것만을 추리고, 그 동안 부족했던 생각은 고치고 더 보태서 보다 집중적으로 접속어미 '–어도'의 의미에 대하여 논의해 보는 것을 목적으로 한다.[1]

2. '–어도'의 의미: 양보와 대립

접속어미 '–어도'의 의미를 분석하기 위하여 먼저 다음 (1)의 예문부터 살펴보자.

---

[1] 윤평현(1987)과 윤평현(1988)은 윤평현(2005)에 모아 있으므로, 이 글에서 인용할 때는 윤평현(2005)으로 대신한다.

(1) 영희가 붙잡아도, 철수는 갈 것이다.

(1)에는 다음 (2)와 같은 기대가 전제되어 있다.

(2) 영희가 붙잡으면, 철수는 가지 않을 것이다.

(2)와 같은 전제는 (1)의 선행절 심층에 내포되어 있다. 그러므로, (1)의 선행절에는 (2)와 같은 기대를 담고 있으며, 이러한 기대에도 불구하고 (1)의 후행절은 그 기대에 어긋나는[2] 결과로 나타나 있다. 다시 말하면, (1)의 선행절 속에 (2)와 같은 기대가 들어 있으며, (1)의 후행절에는 기대에 상반되는 표현으로 되어 있다. 곧, (1)의 선행절과 후행절은 기대와 기대의 어긋남을 담고 있다. 그리고, 선행절에 내포된 기대가 후행절에서와 같이 어긋남을 접속어미 '-어도'가 나타내고 있다.

접속어미 '-어도'의 이와 같은 의미 기능을 양보라 한다. 양보를 나타내는 양보 관계 접속어미에는 '-더라도, -ㄹ지라도, -는들, -ㄹ지언정, -ㄹ망정' 등이 있는데, '-어도'는 이들과 동일한 의미 기능을 갖는다.[3]

(3) 가. 바람이 부{ㄹ더라도, ㄹ지라도}, 시원하지 않겠다.
　　나. 철수가 간들, 영희가 오겠느냐?
　　다. 가진 것이 없{을지언정, 을망정}, 마음만은 부유하오.

(3가~다)는 각각 다음의 (4가~다)를 전제로 하고 있다.

(4) 가. 바람이 불면, 시원할 것이다.
　　나. 철수가 가면, 영희가 올 것이다.
　　다. 가진 것이 없으면, 마음도 부유하지 않을 것이다.

(3가~다)에서, 선행절과 후행절 사이의 양보는 두 명제를 이어주는 각각의 양보관계 접속어미에 의해 수용되어 있다.

---

2) R. Lakoff(1971:133)에서 '기대의 어긋남 denial of expectation'이라고 하고, Quirk et al.(1985 :1098)에서는 '기대와 상반되는 contrary to expectation'이라 하였다.

3) 양보관계 접속어미에 대해서는 윤평현(2005:139~170) 참조.

이상에서 우리는 양보관계 접속어미가 가지고 있는 양보의 의미 기능을 접속어미 '~어도' 또한 가지고 있음을 보았다.

그런데, 아래의 (5)에 쓰인 '-어도'는 쓰임이 (1)과 같지 않음을 볼 수 있다.

(5) 철수는 힘이 세어도, 영호는 꾀가 많다.

(5)에는 앞의 (1)에서와 같은 전제가 드러나지 않는다. 바꾸어 말하면 우리는 (5)를 통하여 다음의 (6)과 같은 문장을 상정하는 것이 불가능하다.

(6) 철수가 힘이 세면, 영호는 꾀가 많지 않을 것이다.

(6)은 (5)의 '-어도'의 의미를 밝히는 데 있어 전혀 관련이 없는 별개의 문장이다. 곧 (5)의 '-어도'에는 양보의 의미가 없으며, 대신에 대립의 의미를 가지고 있음을 볼 수 있다. 이는 (5)의 '-어도'를 대립의 의미를 가지고 있는 접속어미, 예컨대 '-지만, -나' 등으로 대체하여 보면 쉽게 확인된다.

(7) 철수는 힘이 세{지만, 나}, 영호는 꾀가 많다.

(7)은 (5)와 근본적인 의미에 있어서는 차이가 없는 동의문이며, 선행절과 후행절 내용은 접속어미 '-나, -지만'에 의해서 대립관계를 유지하고 있다.

다음의 (8)도 '-어도'에 의해 대립의 의미를 갖는 문장이다.

(8) 영호는 머리는 영리해도, 건강이 나쁘다.

마찬가지로 (8)에서는 다음의 (9)와 같은 전제가 상정되지 않는다.

(9) 영호는 머리가 영리하면, 건강이 나쁘지 않을 것이다.

그리고, (8)의 '-어도'가 대립의 의미를 가지고 있음을 다른 대립관계 접속어미로 대체시켜 확인할 수 있다.

(10) 영호는 머리는 영리하{지만, 나}, 건강이 나쁘다.

한편, 대립관계 접속어미에 의해 대립을 나타내는 문장에는 여러 가지의 유형이 있다.

(11) 영희는 부지런하{아도, 지만, 나}, 순희는 게으르다.

(11)은 선행절 주어와 후행절 주어가 서로 다르고, 서술어는 '부지런하다'와 '게으르다'로 어휘의 의미가 반대된다. 대립 접속문의 가장 전형적인 문은 이와 같이 주어가 다르면서 서술어의 어휘 의미가 서로 반대되는 것이다.

그런데 앞에서 살펴본 예문 (5)와 (7)은 선행절 주어와 후행절 주어는 서로 다르지만, 서술어는 어휘 의미상 반대되지 않는다. 그러나 (5)와 (7)의 서술절을 보면, '힘이 센' 것과 '꾀가 많은' 것이 서로 비교됨으로써 대립관계를 이루고 있다. (11)과 앞의 (5), (7)이 서로 다른 점은, (11)은 선행절 서술어와 후행절 서술어가 의미상 완전히 반대됨으로써 대립을 이루고 있는 데 반하여, (5)와 (7)은 서술절의 비교되는 내용이 서로 다름으로 해서 대립을 이루고 있는 점이다. 그러나 (11)과 (5), (7)의 공통점은, 대립되는 내용이 문장 안에 고착되어 있기 때문에 문장의 외연 의미에 의하여 대립관계를 확인할 수 있다는 것이다.

그런데, 앞의 (8)과 (10)은 선행절의 주어와 후행절의 주어가 서로 다르지 않는, 이른바 동일주어일 뿐만 아니라, 선행절의 서술어와 후행절의 서술어가 의미상 반대되거나 서술절 내용이 비교에 의해서 대립되는 문이 아니다. (8)과 (10)은 화용론적 설명에 의하여 선행절과 후행절의 대립이 이해된다.[4] 일반적으로 사람들은 머리가 영리한 것은 좋은 일이라고 생각하고, 건강이 나쁜 것은 좋지 않은 일이라고 생각한다. 좋은 일이라고 생각하는 것을 긍정지향적이라 한다면, (8)과 (10)의 선행절 내용은 [+긍정지향적]인 데 반하여, (8)과 (10)의 후행절 내용은 [−긍정지향적]이다. 화자는 이와 같은 '판단의 대립'에 의하여 (8)과 (10)의 선행절과 후행절은 대립을 이루고 있다. 그리고 (8)과 (10)은 문장 안에 고착된 의미에 의한 대립이 아니라, 문장 외적인 화자의 판단이 개입됨으로써 이루어진 대립이므로 화용론적 논의에 따른 대립이라 말할 수 있다.

이상의 논의를 통하여 우리는 접속어미 '−어도'에는 서로 구별되는 두 가지의 의미, 즉 양보의 '−어도'와 대립의 '−어도'가 있음을 살펴보았다.

---

4) R. Lakoff(1971:135)에서도 화용론적 설명을 볼 수 있다. "John is rich but dumb."에서 부유한 것(richness)은 [+good thing], 벙어리(dumbness)는 [−good thing]으로 대립시켜 설명하고 있다.

3. '-어도'의 변별적 의미 특성

다음은 양보의 '-어도'와 대립의 '-어도'가 가지고 있는 변별적인 의미 특성을 살펴보기로 한다.

최현배(1937;1965:294)에서는 '-어도'를 참일놓는꼴(사실 방임형)이라 하여 사실을 나타낸다고 하고, 가정의 의미는 없는 것으로 기술하고 있다. 그러나 '-어도'에는 사실의 의미가 나타날 수 있고, 가정의 의미가 나타날 수도 있는 의미 특성이 있다. 최현배(1965:295)에서 제시한 예문을 보자.

(12) 불을 암만 때어도, 방은 덥지 않으니, 웬일인가?
(13) 시험에 합격해도, 나는 진학할 수 없다.

(12)의 '-어도'는 사실을 말하고 있지만, (13)의 '-어도'는 사실이 아닌 가정을 나타낸다. 최현배 (1965:293)에서 가정 방임형이라 하여 가정이 주된 의미인 것으로 기술된 '-더라도, -ㄹ지라도'와 '-어도'를 견주어 보아도 '-어도'에는 가정의 의미가 있음을 알 수 있다.

(14) 시험에 합격하{더라도, ㄹ지라도}, 나는 진학할 수 없다.

(14)는 앞의 (13)과 의미상 별다른 차이가 없으며 모두 가정을 나타내고 있다. 곧, '-어도'는 사실을 나타내는 데에 쓰일 수도 있고, 가정을 나타내는 데에 쓰일 수도 있다.

그런데, '사실'과 '가정'은 의미상 서로 상반되는 것으로 한 형태소의 의미 특성으로서 동시에 나타날 수 없으며, '-어도'에 나타나는 사실과 가정은 상보적 관계에 있는 것으로 보인다. 그러므로 접속어미 '-어도'에는 사실을 나타내는 '-어도'와 가정을 나타내는 또 다른 '-어도'가 있는 것으로 생각할 수 있다. 더 나아가서 사실의 '-어도'는 앞에서 살펴본 대립의 '-어도'와 관련이 있고, 가정의 '-어도'는 양보의 '-어도'와 관련이 있는 것으로 믿어진다.

실제로 대립관계 접속어미는 대립관계 접속어미에 의해 이끌리는 선행절 내용을 사실로 받아들인다는 의미 특성을 가지고 있다(윤평현 2005:81).

(15) 영희는 얼굴은 밉{지만, 나, 어도}, 마음씨가 곱다.

(15)의 선행절로 보아 영희는 얼굴이 밉다는 것이 사실로 판단된다. 다시 말하면, 화자는 선행절 내용에 대해 사실임을 인정하고 있다최현배(1965:294). 에서 '-나, -아도, -지만' 등을 참일놓는꼴(사실 방임형)로 분류한 근거로 이들 접속어미가 선행절 내용에 대해 '사실임을 인정'한다는 것에 있다.

그런데 여기서 말하는 사실은 실재(實在)와 구별되어져야 한다. 다시 말하면, 대립관계 접속어미가 가지고 있는 사실의 의미 특성은 화자가 그 내용을 사실인 것으로 인정한다는 것이지 사실로 실재한다는 것은 아니다.

(16) 내일 눈이 오겠{지만, 으나, ?어도}, 교통에는 방해가 되지 않을 것이다.

(16)의 선행절 내용은 내일의 일이므로 그 사실이 실재하지 않지만 화자는 장차의 그 일을 사실인 것으로 받아들이고 있다.

한편, 양보관계 접속어미는 양보관계 접속어미에 의해 이끌리는 선행절 내용을 가정하는 의미 특성을 가지고 있다(윤평현 2005:149).

(17) 가. 비가 오{아도, 더라도, ㄹ지라도}, 밭의 채소는 살기 힘들다.
    나. 내가 시험에 합격한들, 진학할 수 있겠느냐?
    다. 권위는 다투{ㄹ지언정, ㄹ망정}, 권세는 다투지 않겠다.

(17가)의 '-어도, -더라도, -ㄹ지라도', (나)의 '-ㄴ들', (다)의 '-ㄹ지언정, -ㄹ망정'은 양보관계 접속어미들이며, 이들은 모두 가정의 의미를 가지고 있다.

양보관계 접속어미는 추정을 나타내는 시상어미 '-겠-'과는 결합하지 못하는 제약이 있는데, 이것도 양보관계 접속어미가 가지고 있는 가정의 의미와 관련이 있다.

(18) 아무리 남편이 밉 $\left\{ \begin{array}{c} \varnothing \\ 었 \\ {}^*겠 \end{array} \right\}$ {어도, 더라도, 을지라도}, 아이까지 버릴 수 있을까?

즉 '-겠-'이 가지고 있는 추정의 의미와 양보관계 접속어미가 가지고 있는 가정의 의미가 유사한 의미로서 중복되기 때문에 빚어지는 제약이다.

다른 예문을 통하여 대립관계 접속어미와 양보관계 접속어미가 가지고 있는 사실과 가정의 의미 특성을 살펴보자.

(19) 가. 눈이 오지만, 춥지 않다.

나. 눈이 오더라도, 춥지 않을 것이다.

(19가)는 대립관계 접속어미 '-지만'이 쓰였고, (나)는 양보관계 접속어미 '-더라도'가 쓰였다. 그리고 (가)는 지금 눈이 내리고 있는 사실을 말하는 데 반하여, (나)는 사실이 아닌 뒷일에 대한 가정을 나타낸다. 곧, 대립관계 접속어미는 사실을, 양보관계 접속어미는 가정을 나타낸다. 따라서 대립의 '-어도'가 사실을 나타내고, 양보의 '-어도'가 가정을 나타내는 것은 당연한 이치이다.

(20) 가. 독감에 걸렸어도, 영수는 출근한다.
　　　나. 독감에 걸려도, 영수는 출근한다.

(20가)는 영수가 현재 독감에 걸려 있는 사실을 나타내지만, (나)는 아직 영수가 독감에 걸려 있지 않은 상태로서 가정을 나타낸다. 따라서 (20가)의 '-어도'는 사실을 나타내는 대립의 '-어도'이고, (나)의 '-어도'는 가정을 나타내는 양보의 '-어도'이다.

이상에서 우리는 대립의 의미를 갖는 '-어도'는 사실의 의미 특성을 가지고 있고, 양보의 의미를 갖는 '-어도'는 가정의 의미 특성을 가지고 있음을 보았다.

한편, 양보의 '-어도'에 의해서 이끌리는 선행절은 문장 표면에 나타난 외연 의미와 그것을 부정하는 함축 의미를 함께 가지고 있다.

(21) 비가 와도, 떠나겠다.

(21)은 비가 오지 않을 때는 물론이고 비가 올 때도 떠나겠다는 뜻을 담고 있는데, 이것은 LEFT (21)의 선행절에 외연 의미인 '비가 오-'와 함축 의미인 '비가 오지 않-'이 들어 있기 때문이다. 그러므로 양보의 '-어도'에 의한 가정은 외연 의미뿐만 아닌 함축 의미까지 가정하는 개방적 가정[5]이다.

그러나 대립의 '-어도'는 선행절 내용의 사실을 나타내기 때문에 문장 표면에 나타나는 외연의미만 가질 뿐 다른 함축의미는 갖지 않는다.

다음으로 양보의 '-어도'가 극성(極性) 표현으로 나타나는 경우를 보기로 한다.

(22) 가. 내가 풀어도, 이 문제는 풀 수 없다.

---

5) 개방적 가정에 대해서는 윤평현(1991:321-323) 참조.

나. 내가 풀어도, 이 문제는 풀 수 있다.

(22가, 나)의 '나'는 각각 능력자와 무능력자로서의 극성을 가지고 있다. '나'에 이와 같은 양단의 극성이 주어질 수 있는 것은 (22가, 나)가 양보의 '-어도'에 의하여 구성되었기 때문이다.

그러나 대립의 '-어도'에는 이와 같은 의미 특성이 나타나지 않는다.

(23) *그 일은 어린애가 하{지만, 나, 나마, 건만, 련만}, 힐 수 있다.

(23)은 대립관계 접속어미에 의해 구성된 문장인데, 극성 표현과 관련 있는 문장과 결합됨으로써 비문이 되었다. 곧 대립관계 접속어미에서는 극 성표현이 나타날 수 없음을 보여주고 있다. 그러나 (23)을 다음의 (24)와 같이 '-어도'로 대치하면 적격문이 되는데, 이것은 이 때의 '-어도'가 대립이 아닌 양보를 나타내기 때문이다.

(24) 그 일은 어린애가 해도, 할 수 있다.

이와 같이 양보의 '-어도'가 극성 표현을 나타낼 수 있는 것은, 양보의 '-어도'가 가정을 나타낼 수 있고, 또 그 가정은 최상 또는 최하와 같은 양단의 극성에까지 이를 수 있기 때문이다.

한편, 대립관계 접속어미는 선행절 내용으로 사실이 와야 하기 때문에 실현 가능성이 없는 내용의 선행절과 결합하면 비문이 된다.

(25) 가. 하늘이 무너지{*지만, *나, 어도}, 솟아날 구멍은 있다.
　　　나. 입이 열 개 이{*지만, *나, 어도}, 할 말이 없다.

(25가, 나)의 선행절 내용은 실현 가능성이 전혀 없는 가정으로, '-지만, -나'와 같은 대립관계 접속어미와 결합하면 비문이 된다. 그러나, '-어도'와 결합되어 적격문이 될 수 있는 것은, 이 때의 '-어도'가 대립이 아닌 양보를 나타내는 것이기 때문이다.

이상에서 우리는 양보의 '-어도'와 대립의 '-어도'가 가지고 있는 변별적인 의미 특성으로 가정과 사실의 의미를 보았으며, 또 이에 부수되는 몇 가지 의미 특성을 보았다.

　마지막으로, '-어도'가 가지고 있는 그 밖의 의미 특성 몇 가지를 살펴본다.
　'-어도'는 강조의 의미를 가질 수 있다. 다음의 (26가)는 '-어도'가 쓰인 문장이고, (나)는 (가)의 전제가 되는 문장이다.

　　(26) 가. 철수가 와도, 나는 가겠다.
　　　　　나. 철수가 오면, 나는 가지 않겠다.

　(26나)를 통해서 보면 (가)의 선행절은 결코 실행될 수 없다. 왜냐하면, (26나)에서 '철수가 오'는 것은 '내가 가지 않'는 조건이고, (26가)의 선행절에 '철수가 오'는 조건이 성립되었으므로 마땅히 (가)의 후행절은 내가 가지 않아야 하기 때문이다. 그러나, 이러한 부정적인 세계에서도 후행절 실현이 가능하다고 단언하는 것이 (26가)이다. 즉, (26가)의 선행절 내용은 후행절 내용의 실현을 불가능하게 하는 요소이지만, 그러한 세계에서도 후행절 내용의 실현이 가능함을 강조한다(이환묵 1981:60). 바꾸어 말하면, 선행절은 후행절의 단언을 강조하기 위하여 쓰이고 있으며, 이 강조의 의미는 '-어도'에 의해서 나타난다. 그리고, 이 강조의 의미는 양보의 '-어도'에서만 나타나는 의미 특성 가운데 하나이다. 앞에서 살펴본 양보의 '-어도'와 극성 또는 극성에 가까운 표현과의 결합도 결국 강조의 효과를 극대화하는 표현의 한 방법이라고 할 수 있다.

　　(27) 가. 아인슈타인이 풀어도, 이 문제는 풀 수 없다.
　　　　　나. 셜록 홈즈가 와도, 이 사건은 해결하지 못한다.
　　(28) 가. 호랑이에게 물려 가도, 정신만 차리면 산다.
　　　　　나. 처녀가 아이를 낳아도, 할 말은 있다.

　(27가, 나)는 후행절의 '문제' 또는 '사건'이 난해함을 강조하기 위하여 선행절이 쓰여지고 있다. (28가, 나)도 후행절 내용을 강조하기 위하여 선행절이 쓰이고 있다. 물론 이러한 강조의 의미는 '-어도'에 의해서 나타난다.
　또한, '-어도'는 첨가의 의미를 갖기도 한다(이기동 1977:131).

　　(29) 갑: 비가 오니 다리가 쑤신다.
　　　　　을: 난 구름이 끼어도 그래.
　　(30) 갑: 커피를 마시면 소화가 안 된다.
　　　　　을: 난 담배를 많이 피워도 소화가 안 돼.

(29을)은 (29갑)에 다리가 쑤시는 또 다른 조건이, (30을)은 (30갑)에 소화가 안 되는 또 다른 조건이 '-어도'에 의해서 첨가되어 있다.

또, '-어도'는 이의(異議)를 나타낼 때 쓰이기도 한다.

> (31) 갑: 순희는 얼굴도 예쁘고, 마음씨도 곱다.
> 을: 순희는 얼굴은 예뻐도, 마음씨는 곱지 않다.

(31을)은 (31갑)의 선행절 내용에 대해서는 긍정적으로 받아들이면서도 후행절 내용에 대해서는 견해를 다르게 하고 있다.

> (32) 갑: 부부가 의사라지요?
> 을: 남편은 의사이어도, 부인은 의사가 아닙니다.

(32을)도 한 부분은 동의하지만 다른 한 부분에 있어서는 이의가 있음을 나타내고 있다.

4. 논의의 요지

이제까지 본고는 접속어미 '-어도'의 의미에 대하여 살펴보았는데, 주로 논의된 것은 다음과 같다.

㈎ 접속어미 '-어도'는 그 의미 기능으로 보아 양보를 나타내는 '-어도'와 대립을 나타내는 '-어도'로 구별해 볼 수 있다.

㈏ 양보의 '-어도'와 대립의 '-어도'가 가지고 있는 변별적인 의미 특성으로, 양보의 '-어도'는 가정의 의미를, 대립의 '-어도'는 사실의 의미를 가지고 있다.

㈐ '-어도'가 가지는 가정의 의미는 선행절에 나타난 외연 의미 외에 함축 의미까지 가정하는 개방적 가정이다.

㈑ 양보의 '-어도'가 극성 표현으로 나타날 수 있는데, 이것은 양보의 '-어도'가 가지고 있는 가정의 의미에서 비롯된다.

㈒ 그리고, '-어도'는 그 밖에 강조, 첨가, 이의 등의 의미 특성을 가지고 있다.

참고문헌

윤평현(1987), 「양보 관계 접속어미에 대한 연구」, 『국어국문학논총』(장태진박사회갑기념논문집), 삼영사, 153-179.

윤평현(1988), 「국어 대립 접속어미에 대한 연구」, 『한글』 200, 한글학회, 165-192.

윤평현(1991), 「국어의 가정 표현에 대한 고찰」, 『국어의 이해와 인식』, 한국문화사, 315-333.

윤평현(2005), 『국어의 접속어미 연구』, 박이정, 73~102, 139-170.

이기동(1977), 「대조 양보 접속어미에 대한 연구(1)」, 『어학연구』 13-2, 서울대학교 어학연구소.

이환묵(1981), 「보문의 의미 분석」, 『어학교육』 12, 전남대학교 어학연구소, 53-62.

최현배(1965), 『우리말본』, 서울: 정음사.

Lakoff, R.(1971), "If's, and's and but's about Conjunction", in Fillmore and Langendoen, eds., *Studies in Linguistic Semantics*.

Quirk, R. et al.(1972), *A Grammar of Contemporary English*, New York: Semina Press.

※ 이 논문은 『國語學硏究百年史 I』(一潮閣, 1999:232-242)에 실린 「接續語尾 '~어도'의 의미에 대하여」를 이 책의 편집 원칙에 맞추어 부분적으로 고쳐 쓴 것임.

윤평현(尹坪鉉)

전남대학교 국어국문과

광주광역시 북구 용봉로 77번지

전자우편: phyoon@chonnam.ac.kr

남북한 언어의 문법범주
대조와 표준화

권재일 (서울대학교)

1. 남북한 언어의 문법 대조 연구

중국에서 한국어 문법 연구를 대표하는 학자인 강은국 교수가 교육 종사 40주년을 맞이한다. 강은국 교수는 중국에서 한국어 문법 연구와 교육을 주도하면서 한국어학 여러 분야에 걸쳐 훌륭한 논저를 남겼다. 그 가운데서도 특히 남북한 언어 연구를 두루 살펴 객관적인 관점에서 이를 대조한 연구를 수행한 바 있다. 그 대표적인 업적이 둘 있는데, 첫째는 2008년에 발간한 『남북한의 문법 연구』(서울: 도서출판 박이정)이고, 둘째는 곧 발간할 『남북한의 어휘 연구』이다. 남북한은 그간 서로 다른 이론을 바탕으로 한국어[1]를 연구해 왔기 때문에 이를 함께 살펴 한국어의 문법과 어휘의 본질을 밝힌 매우 의의 있는 연구로서, 이는 강은국 교수 학문에 있어 큰 업적이다.

필자 역시 그동안 한국어 문법을 연구하면서 남북한 문법 연구의 같은 점과 다른 점을 살피고 이를 표준화할 방안을 제시한 바 있다. 필자는 이와 관련하여 그동안 다음과 같은 저서를 발간한 바 있다. 『남북 언어의 문법 표준화』(2006년, 서울대학교 출판부), 『북한의 『조선어학전서』 연구』(2012년, 서울대학교 출판문화원), 『남북 언어의 어휘 단일화』(2014년, 서울대학교 출판문화원). 이렇게 보면, 중국과 한국에서 서로 비슷한 주제로 강은국 교수와 필자가 남북한 언어를 연구해 온 셈이다. 내용에 있어서는 다소 차이가 있겠지만, 연구의 취지와 목표는 강은국 교수와 같다고 생각한다. 강은국 교수는 위의 저서에서 "남과 북의 언어를 하나로 통일된 민족어로, 그 연구를 하나의 통일된 민족어 연구로 다루는 것은 매우 필요한 작업의 하나로 될 것이다."라고 천명하고 있다. 따라서 이 글은

---

1) 이 글에서 남북한 언어(남한의 한국어, 북한의 조선어)를 함께 아울러 표현할 때는 '한국어'라 표현한다.

필자가 강은국 교수의 그간의 연구 업적을 받들어 높이 기리는 뜻을 품고 있다.

이 글은 북한에서 이루어진 문법 연구의 성과를 검토하고 이를 남한의 문법 연구와 대조하여 서로 같은 점과 다른 점을 밝혀, 이를 바탕으로 남북한 언어의 문법 표준화를 위한 바람직한 방안을 제시하고자 한다. 문법 가운데서도 문법범주를 대상으로 하고, 문법범주 가운데서도 높임 표현과 시간 표현을 대상으로 삼는다. 이를 위하여 북한에서 발간된 이론문법서와 2005년 발간된 규범문법적 이론서인『조선어학전서』를 기본 대상으로 하고자 한다.

2005년, 북한 사회과학원 언어학연구소에서는 새 세기에 들어서면서 우리의 언어과학을 시대의 요구에 맞게 발전 풍부화시키고 새로운 언어학 분야를 개척하기 위하여 규범문법적 이론서인『조선어학전서』를 연구 집필하여 발간하였다. 이 책 '서문'에 이 전서의 성격을 잘 밝히고 있다.

"지난 50여 년간에 이룩된 우리의 언어과학연구 성과를 종합 체계화하는 한편 민족어의 개화 발전과 정보시대의 요구를 구현하는 동시에 최신 언어공학의 연구 성과들을 널리 받아들이는데 깊은 주의를 돌리였다. …… 전서는 주체의 방법론에 기초하여 언어리론과 언어정책, 언어구조와 언어발전력사, 언어정보론과 언어공학을 전면적으로 연구체계화하며 언어현실과 언어자료들을 과학적으로 분석평가, 리용하는데 기여하리라고 믿는다."

2. 문법범주의 개념과 대조

문법관념은 매우 다양하여 순수한 관계관념과 같은 매우 추상적인 사실을 나타내기도 하고, 상황을 나타내기도 하고, 경우에 따라서는 화자의 감정이나 의지를 나타내기도 한다. 이러한 문법관념은 '언어활동 환경에 나타나는 요소들 사이의 관계'를 실현한다. 언어활동 환경에 나타나는 요소들은 화자, 청자, 전달되는 언어내용, 그리고 시간과 공간이다. 따라서 언어활동 환경에 나타나는 요소들 사이의 관계에는 화자가 청자에 대해서 가지는 관계, 화자가 언어내용인 명제에 대해 가지는 관계, 언어내용 안의 여러 문장성분들의 관계 등이 있다. 이와 같이 문법범주의 개념을 설정하면 한국어 문법에서 논의될 수 있는 문법범주들은 대체로 다음 (1)과 같다.

(1) 한국어 문법범주의 유형

    a. 화자와 관계됨

        1) 청자에 대한 태도·········문장종결법, 높임법

        2) 명제에 대한 판단·········시제법, 강조법

    b. 문장성분 사이의 관계······사동법, 피동법, 부정법, 격

남한의 학교문법에서는 격, 문장종결, 높임, 시간, 사동, 피동, 부정 표현 등을 문법 기능을 실현하는 문법범주로 제시하고 있다. 북한 문법에서는 형태론이라는 분과에서 이러한 문법범주를 다루고 있다. 즉, 토를 중심으로 각각의 토가 실현하는 문법 기능을 기술하고 있다. 이제 이러한 남북한의 문법범주를 대조해 보기로 한다.

1) 북한 문법의 형태론과 토

남북한 언어의 품사 체계에 있어서 남한 문법은 조사를 포함하여 9품사 체계를 세우고 있음에 비하여, 북한 문법은 조사를 제외한 8품사 체계를 세우고 있다. 북한 문법에서는 남한 문법의 조사와 어미를 함께 묶어 '토'라는 범주를 설정한다. 더 나아가 피동과 사동을 나타내는 표지까지 토로 설정하고 있어, 남한 문법의 파생접사까지 포함한다. 이러한 토를 대상으로 문법범주를 기술하는 것을 형태론이라 한다. 토를 중심으로 문법범주를 살피는 것은 한국어의 교착어적인 특성에 바탕을 둔 것이라 하였다.[2]

『조선어학전서』 제26권인 정순기(2005), 『조선어형태론』[3]에서 북한 형태론의 연구 대상을 다음과 같이 표현한 바 있다(4-5쪽, 9-11쪽). "언어행위의 기본단위는 문장이고 문장의 기본단위는 단어이다. 단어는 문장에서 쓰일 때 문법적인 '옷'을 입게 되고 문장은 문법적'옷'을 입은 단어를 자료로 해서만 구성할수 있으며 자기의 통신적 및 표현적기능을 수행할수 있다. 단어가 문법적'옷'을 입었다는 것은 단어가 문법의 관할하에 들어가 일정한 형태를 취했다는것을 의미하는것인

---

2) 북한 문법의 형태론 연구에 대해서는 김용구(1986:제4, 5, 6장), 김동찬(2002:제3편 제4장), 정순기·리금일(2001:문장편) 그리고 정순기(2005) 참조. 한편 북한의 형태론에 대한 남한의 연구는 고영근(1988), 권재일(1991), 임홍빈(1997:제6장), 김기혁(2000) 등에서 이루어진 바 있다. 남북한 언어에 대한 본격적인 대조 연구는 권재일(2006), 강은국(2008) 등이 있다.

3) 정순기(2005), 『조선어형태론』은 2005년 2월 15일 발간이며, 342쪽 분량이다. 이 책의 주요 내용은 다음과 같다. 제1장 조선어형태론서술의 기초적인 문제 / 제2장 체언의 문법적형태 / 제3장 용언의 문법적형태 / 제4장 문법적의미의 강조와 강조토 / 제5장 체언과 용언의 형태바꿈.

데 형태론의 중요한 연구대상으로 한다." 즉, 북한 문법에서 형태론은 "형태론적 현상을 연구하는것"이다.

북한 문법에서 토는 양적으로도 매우 풍부하며 그 유형도 아주 다양하다고 하면서, 리근영(1985:91)에서 이러한 토를 기능에 따라 격토, 복수토, 도움토, 맺음토, 이음토, 규정토, 상황토, 상토, 존경토, 시간토, 강조토, 바꿈토의 12개 유형으로 나누어 제시한 바 있다.『국어문법 1』(2002:30-31)에서는 체언토, 용언토, 바꿈토로 나누고서, 구체적으로 체언토에 격토, 도움토, 복수토를, 용언토에 맺음토, 이음토, 규정토, 상황토, 존경토, 시간토, 상토를 들었다. 정순기(2005:123-129)에서는 "조선말토는 그 문법적인 뜻과 기능에 따라 몇개의 갈래로 나누어볼 수 있다." 하면서 다음과 같이 제시하였다.

1. 격토: 풀이를 하지 않으면서 그것이 붙은 단어나 그밖의 단위가 문장속에서 다른 단어나 그밖의 단위와 맺은 문법적관계를 나타내는 토. (예) 가/이, 의, 를/을/ㄹ, 에, 게, 에서, 로/으로, 와/과, 께서, 처럼, 보다, 마냥, 더러

2. 도움토: 풀이는 하지 않으면서 그것이 붙은 단어나 그밖의 단위가 '포함, 제한, 강조, 지정' 등과 같이 어떤 류사한 다른 사물이나 현상들과 맺는 일정한 련관관계를 나타내는 토. (예) 도, 는, 만, 야, 마저, 조차, 까지

3. 복수토: 그것이 붙은 단어나 그밖의 단위가 나타내는 대상이나 또는 주어로 된 대상이 둘이상임을 보여주는 토. (예) 들

4. 맺음토: 풀이를 하면서 문장이 끝났음을 나타내는 토. (예) 습니다. 습니까, 습디다, 습디까, 다, 자, 라, 라구, 군, 구나, 구만, 리다, 니, 나

5. 이음토: 풀이를 하면서 그것이 붙은 단어나 그밖의 단위를 문장안에 있는 다른 단어나 그밖의 단위와 이어주는 토. (예) 고, 며, 지만, 면서, 므로, 면, ㄹ망정, ㄹ뿐더러, 는데, 건만, 아/어/여

6. 규정토: 풀이를 하면서 그것이 붙은 단어로 다른 명사나 대명사 그리고 그밖의 단어로 표현된 대상적단위의 일정한 특성을 규정해주는 토. (예) 는, ㄴ(은), 던, ㄹ(을)

7. 꾸밈토: 풀이를 하면서 그것이 붙은 단어나 그밖의 단어로 하여금 다른 동사, 형용사, 기타의 풀이성을 가진 단위를 수식해주면서 그 일정한 특성을 나타내도록 하는 토. (예) 게, 도록, ㄹ수록, 듯, 듯이

8. 상토: 동사에 쓰이여 그 움직임을 자기가 직접 이루는가, 남에게 당하는가 또는 남에게 시키는가 하는 관계를 나타내는 토. (예) 이, 히, 기, 리, 우, 히우, 이우, 기우, 리우

9. 존경토: 말하는 사람이 이야기속에 나오는 행동, 상태, 성질의 주인에 대해서 존경의 뜻을 나타내는 토. (예) 시

10. 시간토: 그 어떤 움직임이나 상태가 언제 있었는가를 타나내는 토. (예) ㄴ, 았, 었, 였, 겠

11. 강조토: 일부 격토, 이음토, 상황토 등의 뒤에 붙어서 그 토가 나타내는 문법적의미를 더 강조해주는 토. (예) 써(으로써), 서(으로서), 다가(에다가), 끔(게끔), 가

12. 바꿈토: 용언에 체언토가 붙거나 체언에 용언토가 붙을수 있도록 만들어주는 토. 용언을 체언형으로 체언을 용언형으로 바꾸어준다. (예) ㅁ(음), 기, 이

그리고 토의 특성에 따라 이를 다시 다음과 같이 분류하였다. 첫째는 그것이 붙여 쓰이는 품사의 부류에 따라 분류하였다. '체언토'와 '용언토'가 있다. 체언토에는 격토, 복수토, 도움토를, 용언토에는 맺음토, 이음토, 규정토, 꾸밈토, 상토, 존경토, 시간토를 두었다. 둘째는 그것만으로 단어형태를 끝맺어 매듭지을 수 있으며 문장 속에서 일정한 문법적 자리를 나태낼 수 있는가 없는가에 따라 분류하였다. '자리토'와 '끼움토'가 있다. 자리토에는 격토, 맺음토, 이음토, 규정토, 꾸밈토, 강조토, (도움토)를, 끼움토에는 복수토, 상토, 시간토, 존경토, 바꿈토, (도움토)를 두었다. 셋째는 어떤 행동, 상태에 대한 풀이를 해 주는 역할을 하는가 아닌가에 따라 분류하였다. '서술토'와 '대상토'가 있다. 서술토에는 맺음토, 이음토, 규정토, 꾸밈토, (상토, 시간토, 존경토, 도움토, 바꿈토)를, 대상토에는 격토, 복수토, (도움토, 바꿈토)를 두었다.

2) 남북한 문법의 문법범주 대조

북한 문법에서 기술한 형태론, 즉 토와 문법범주를 바탕으로 남북한 문법의 문법범주 체계를 대조해 보고자 한다.

첫째, 문법 체계에서 북한 문법이 남한 문법과 가장 두드러지게 다른 것은 토 범주의 설정과 기술이다. 남한 문법의 피동, 사동의 파생접사를 비롯하여, 어말어미, 선어말어미, 그리고 체언에 결합하는 격조사와 보조사를 모두 포괄하여 북한 문법에서는 토로 설정한다.

(2) 남북한 문법의 문법범주 대조

<u>북한 문법</u>　　　　<u>남한 문법</u>
격토　　　　　　　격조사
도움토　　　　　　(보조사)
복수토　　　　　　(접미사)
맺음토　　　　　　종결어미
이음토　　　　　　접속어미
규정토　　　　　　관형사형어미
상황토　　　　　　부사형어미
상토　　　　　　　파생접사
존경토　　　　　　선어말어미
시간토　　　　　　선어말어미
강조토　　　　　　(어미의 일부)
바꿈토　　　　　　명사형어미
　　　　　　　　　서술격조사

　둘째, 북한 문법에서 대상토에는 격토, 도움토, 복수토를 두고 있다. 격은 격토로 실현되는데, 격범주는 절대격을 포함하여 9개를 설정하고 있다. 남한 문법에서는 보조사를 특정한 어휘 의미를 가지는 것으로 기술하는 반면, 북한 문법은 도움토가 '포함, 제한, 지정, 구획, 강조, 망라, 양보, 고사' 등과 같은 문법범주를 실현한다고 기술한다. 도움토에 의한 문법범주란 유사한 계열의 현상과 연계 관계를 지어 주는 범주를 말한다. 그리고 수범주를 설정하는 것도 북한 문법의 특징이다. 수범주란 대상의 수를 단위로 하여 양적 측면을 나타내는 문법범주이다. 복수토 '들'로 실현된다.

　셋째, 북한 문법 맺음토의 법범주는 '알림, 물음, 추김(권유), 시킴(명령)'을 기본으로 제시하였다(리근영 1985:198). 그리고 '약속'과 '감탄'은 법범주의 한 갈래로 설정하기 어렵다고 하였다(리근영 1985:204-5). 정순기(2005:231)에서도 법의 형태로 약속법과 감탄법을 한 계열에 놓는 것은 합당하지 않다고 하였다. 이른바 약속법은 행동과 현실과의 관계에 대한 이야기하는 사람의 관계에 나타나 있기 때문에 법범주의 한 형태라고 말할 수 있으나 감탄법은 그렇지 못하다. 어떤 행동이나 상태가 현실화되는데 대한 이야기하는 사람의 감탄은 문법적인 것이 아니라 감탄 그것으로 그치는 것이라고 하였다. 아울러 인도유럽어나 교착어에 속하는 다른 언어에서도 감탄법은 찾아볼 수 없다고 하였다. 따라서 법범주는 알림법, 물음법, 시킴법, 추김법과 같은 네 하위범주로 이루어져 있다고 하였다. 그리고 알림법의 맺음토에는 감탄, 약속 등의 뜻을 나타내는 토가 있음을 들었다. 남한 문법에서도 '서술, 의문, 명령, 청유'를 기본 체계로 세운다. 그러나 남한의 학교 문법에서는 서술문을 다시 평서문, 감탄문으로 나누어, 모두 다섯 범주를 세운다.

넷째, 북한 문법에서는 맺음토에 의한 말차림법을 설정한다. 말차림범주는 이야기하는 사람이 이야기 듣는 사람에 대하여 가지는 예의 관계를 나타내는 범주인데, '높임, 같음, 낮춤'의 3등급을 제시하였다. 그리고 따로 존경토를 통한 존경법을 설정한다. 남한 문법에서는 이들 말차림법과 존경법을 묶어 높임법이라는 큰 범주 아래 청자높임법, 주체높임법, 객체높임법을 설정한다.

다섯째, 북한 문법의 이음토는 남한 문법의 접속어미(연결어미)에 대응한다. 벌림형과 매임형을 설정한 것은 남한 문법의 대등 접속과 종속 접속에 대응한다. 북한 문법의 규정토와 상황토는 남한 문법의 관형사형어미, 부사형어미에 대응한다.

여섯째, 북한 문법의 상범주는 상토에 의해 실현되는데, 남한 문법에서는 파생접사에 의해 피동법이나 사동법이 실현되는 것으로 기술한다.

일곱째, 존경범주, 시간범주는 남북한 문법 모두 끼움토, 또는 선어말어미로 실현된다.

여덟째, 북한 문법에서는 바꿈토를 통해 체언형과 용언형을 설정한다. 체언형에 관여하는 바꿈토 '음', '기'는 남한 문법의 명사형어미에 대응하고, 용언형에 관여하는 바꿈토는 남한 문법의 서술격조사(혹은, 지정사) '이다'에 대응한다.

3. 높임 표현의 대조와 표준화

1) 높임 표현의 개념

언어활동에 나타나는 주요 요소는 화자, 청자, 전달되는 언어내용이다. 전달되는 언어내용은 구체적으로 문장으로 실현되는데, 문장은 서술어와 이 서술어에 관여하는 몇몇 문장성분으로 구성된다. 그러한 문장성분 가운데 서술어와 1차적인 관계를 가지는 것이 주어이다. 주어로 지시되는 사람이 있을 때, 이를 주체라 하고, 주어가 아닌 다른 문장성분들, 즉 목적어나 부사어를 객어라 하는데 객어로 지시되는 사람이 있을 때, 이를 객체라 한다. 이렇게 보면, 언어활동에 등장하는 사람은 화자, 청자, 주체, 객체 넷이다.

화자가 언어내용을 전달할 때에는 여러 가지 의향을 가지고 전달하게 되는데, 위에서 제시한 대상, 곧 청자, 주체, 객체에 대하여 높임의 의향을 가지고 언어내용을 표현한다. 이와 같이 화자가 어떤 대상에 대하여 높임의 의향을 가지고 언어내용을 표현하는 문법범주가 높임법이다. 이와 같은 높임법은 화자가 청자, 주체, 객체에 대하여 높임의 의향을 실현하는 문법범주이기 때문에, 높임의 의향이 어떤 대상에 있는가에 따라 청자높임법, 주체높임법, 객체높임법으로 체계화된다. 북한 문법의 용어는 '례절관계범주'이다.

다음 문장 (3)은 청자높임법과 관련한 문장이다. (3b)는 어미 '-습니다'에 의해 화자가 청자에 대해 높이는 의향이 실현되어 있으나, (3a)는 어미 '-다'에 의해 높이지 않는 의향이 실현되어 있다.

    (3) a. 영수는 어제 그 책을 다 읽었다.
        b. 영수는 어제 그 책을 다 읽었습니다.

문장 (4)는 주체높임법과 관련한 문장인데, (4a)는 주어 '영수'에 대해서 화자가 높이지 않는 의향을 나타내어 '읽-∅-었-다'로, (4b)에서는 주어 '선생님'에 대해 화자가 높이는 의향을 나타내어 '읽-으시-었-다'로 실현되어 있다.

    (4) a. 영수가 그 책을 읽었다(=읽-∅-었-다).
        b. 선생님께서 그 책을 읽으셨다(=읽-으시-었-다).

문장 (5)는 객체높임법과 관련한 문장인데, (5a)에서는 객어 '영희'에 대해서 화자가 높이지 않는 의향을 나타내어 '주-었-다'로, (5b)에서는 객어 '선생님'에 대해 화자가 높이는 의향을 나타내어 '드리-었-다'로 실현되어 있다.

    (5) a. 영수는 그 책을 영희에게 주었다.
        b. 영수는 그 책을 선생님께 드렸다.

북한 문법에서는 그동안 주체높임법, 청자높임법을 묶어 한 범주로 기술하지 않고 개별적으로 기술하였다. 그리고 객체높임법은 설정하지 않는다. 그러나 최

근 저술에 따르면, 이들을 '례절관계범주'로 통합하여 기술하기에 이르렀다.[4]

2) 남한 문법의 높임법

남한 문법에서는 위에서 설정한 세 범주를 높임법이라는 하나의 범주로 묶어 기술하는 것이 큰 특징이다. 비록 현대 한국어에서는 이들을 실현하는 방법이 서로 다르지만, 15세기 한국어에서는 동일한 방법인 선어말어미에 의해 실현되었다. 청자높임법은 '-으이-', 주체높임법은 '-으시-', 객체높임법은 '-습-'에 의해 실현되었다. 이것은 세 범주를 하나의 범주로 묶을 수 있는 역사적인 근거가 된다. 이제 높임법의 구체적인 기술에 대하여 살펴보기로 하겠다.

[1] 주체높임법

앞에 든 문장 (4)와 같이 주체높임법의 주된 실현방법은 높임어미 '-으시-'에 의한 것이다. 그러나 주체높임법은 다음 문장처럼 조사에 의하여서도 실현된다. 주격조사 '-가'에 대해 '-께서'가 주체높임을 실현한다. 이러한 높임어미 '-으시-'와 높임조사 '-께서'가 주체높임법의 주된 실현방법이다.

   (6) a. 영수-가 집에 간다.
      b. 아버지-께서 집에 가신다.

그런데 위와 같은 문법형태에 의한 방법뿐만 아니라 주체높임법은 다음과 같이 어휘적 방법으로도 실현된다.

   (7) a. 아버님께서 진지를 잡수신다.
      b. 선생님께서 학교에 계십니다.

문장 (7)에서 '아버님'('아버지'에 대하여), '진지'('밥'에 대하여), '잡수시다'('먹다'에 대하여), '계시다'('있다'에 대하여)는 어휘적 방법으로 주체높임법이 실현된 것이다. 즉, '-님'과 같은 접미사에 의하여 실현되기도 하고, '진지'와 같

---

4) 북한 문법의 례절관계범주 연구에 대해서는 리근영(1985:제4장), 김동찬(2002:제2편), 정순기·리금일(2001:토편), 정순기(2005) 참조. 북한의 례절관계범주에 대한 남한의 연구는 고영근(1988), 김동식(1990), 김석득(1991), 임홍빈(1997:제5장) 등에서 이루어진 바 있다. 남북한 언어의 높임 표현에 대한 대조 연구에는 권재일(2006), 강은국(2008) 등이 있다.

은 명사에 의하여, '계시다'와 같은 주체높임동사에 의하여 실현된다.

[2] 객체높임법

앞에 든 문장 (5)와 같이 객체높임법은 일정한 어미에 의해 실현되지 않고, '주다-드리다'와 같은 특정 동사의 대립으로 실현된다. 다만 객어가 부사어일 경우, 부사격 조사 '-에게/한테'에 대하여 '-께'가 객체높임을 실현하는 문법형태이다. 이처럼 객체높임법은, 15세기 한국어와는 달리 일정한 문법형태에 의해서 실현되지도 않고, 현대 한국어에 있어서는 그 쓰임도 아주 한정되어 있다.

[3] 청자높임법

앞에 든 문장 (3)과 같이 청자높임법은 문장종결어미의 등급에 의해 실현된다. 전적으로 문법형태에 의한 방법에 의해 실현된다. 또한 다음과 같이 청자높임조사 '-요' 결합에 의해 청자높임이 실현되기도 한다.

> (8) a. 영수는 어제 그 책을 다 읽었어.
> b. 영수는 어제 그 책을 다 읽었어-요.

그런데 청자높임법은 어휘적 방법으로도 실현된다. 다음 문장의 '저'('나'에 대하여)가 그러하다. 화자겸양을 나타내는 '저'가 결과적으로 청자높임을 실현한다.

> (9) a. 나-는 학교에 간다.
> b. 저-는 학교에 갑니다.

청자높임법은 청자높임의 의향에 따라 등급을 가진다. 위의 다른 두 높임법의 경우는 '높임'과 '높이지 않음'이라는 두 가지 대립만 실현하지만, 청자높임법에서 '높임'의 경우, 청자를 높이는 정도에 따라 여러 등급으로 나뉜다.

청자높임법의 등급을 몇으로 나누느냐 하는 문제는 그리 간단치 않다. 그 근본 이유는 청자높임법의 등급 체계가 현대 한국어에서 동요되고 있기 때문이다. 세대에 따라서, 사회적 요인에 따라서 등급 의식이 동요되고 있는 현실이다. 그래서 우선 문장종결어미의 형태에 바탕을 두고 다음과 같이 등급을 설정한다. 서술법을 예로 들면, 먼저 격식을 갖춘 형식과 격식을 갖추지 않은 형식으로 등급을 세운다. 격식체는 전형적인 문장종결어미에 의해 실현된다. 비격식체는 주로 서술문, 의문문 등에 두루 쓰이는 어미, 예를 들어 '-어, -지' 등에 '-요'를 결합하여 실현된다. 격식체의 경우 '높임'은 그 정도에 따라 몇 등급으로 나뉜다. 이를 표로 제시하면 다음과 같다.

(10) 청자높임법의 등급 체계(서술법의 경우)

	격식체	비격식체
1	-습니다	
2	-으오	-어/지-요
3	-네	
4	-다	-어/지

[4] 직접높임과 간접높임

높임법은 일반적으로 높여야 할 대상인 청자, 주체, 객체 등에 대해 높임의 의향을 실현하는 것이지만, 그렇지 않고 높여야 할 대상의 신체 부분, 소유물, 생각 등을 나타내는 명사를 통하여 높임의 의향을 실현할 수 있다. 이 때 앞의 것을 직접높임이라 하고, 뒤의 것을 간접높임이라고 한다.

(11) a. 할머니께서는 머리가 하얗게 세셨다.
　　　 b. 선생님께서는 댁이 가까우셔서, 걸어 다니십니다.
　　　 c. 회장님의 말씀이 타당하십니다.

문장 (11a)에서 '세셨다'(=세-시-었-다)의 주어는 '머리'이다. '머리'는 '할머니'의 신체 부분이기 때문에 높임이 실현되었다. 마찬가지로 (11b)에서 '가까우셔서'의 주어 '댁'은 '선생님'의 소유물이기 때문에, (11c)에서 '타당하십니다'의 주어 '말씀'은 '회장님'의 것이기 때문에 높임이 실현된 것이다.

3) 북한 문법의 례절관계범주

[1] 례절관계범주의 체계

북한 문법에서는 "례의적관계는 어조, 말하는 태도 기타에 반영될 수도 있으나 문법적 형태로 실현되는 것이기 때문에 이는 우리말의 고유한 민족적 특성의 하나"라고 기술한다. 그렇지만 그동안 례절관계범주의 하위범주들을 묶어 한 범주로 기술하지 않고 개별적으로 기술해 왔다. 그러나 최근 저술에 와서는 이들을 실현하는 것을 '례절관계토'로 설정하여 통합범주로 기술하기에 이르렀다. 그러나 토로 실현되지 않는 객체높임법에 대한 기술은 예나 지금이나 따로 없다.

리근영(1985)에서는 례절관계토가 나타나는 위치에 따라, "이야기하는 사람이 이야기를 듣는 사람에 대하여 가지는 례의적관계를 나타내는 문법적범주"인 말차림범주는 서술토형태에 배치하고(리근영 1985:207-216), "이야기되는 행동, 상태 또는 성질의 주자가 되는 인물에 대하여 가지는 례의적관계를 나타내는 문법적범주"인 존경범주는 끼움토 형태에 배치하여 별개의 것으로 다루었다. 여기서 말차림범주는 청자높임법에, 존경범주는 주체높임법에 해당한다.

같은 방법으로 정순기·리금일(2001:91-98)에서는 말차림(계칭)범주와 존경범주를 설정한다. "이야기하는 사람과 듣는 사람과의 사회적관계를 나타내는 문법적범주"를 말차림(계칭)범주라 하고, "이야기하는 사람이 진술의 주체 (또는 객체)에 대하여 가지는 례의적 관계를 나타내는 문법적범주"를 존경범주라 했다.

정순기(2005:239)에서도 "세계에서 우리말처럼 례의범절을 똑똑히 나타내는 말은 찾아보기 드물다. 우리 말은 례의범절을 여러가지 언어적수단으로 나타낼 수 있는데 특히 단어의 문법적형태로 나타낼수 있는것이 특징으로 되고 있다. 례의범절과 관련된 문법적범주로서는 말차림범주와 존경범주가 있다. 말차림범주는 아야기하는 사람이 이야기 듣는 사람에 대하여 가지는 례의적관계를 나타내는 범주이다. 존경범주는 이야기되는 어떤 사실을 실현하는 주인에 대한 례의적 관계를 나타낸다. 즉, 둘 다 례의적관계를 나타내지만, 누구에 대한 례의적관계를 나타내는가 하는데서 차이가 난다."고 설명하고 있다.

그런데 김동찬(2002)에서는 "토 가운데서 언어례절과 관련이 깊고 체계성을 띠고 나타나는 분야는 존칭토와 계칭토 및 겸양토이며 격토 가운데도 일부 있다."고 하면서 례절관계토라는 이름 아래 존칭토, 계칭토, 겸양토 세 가지를 나누어 세웠다(김동찬 2002:151-175). 하위범주들을 례절관계범주로 묶은 셈이다.

(12) 례절관계토(김동찬 2002:151-175)
    a. 존칭토: 행동, 상태 또는 성질의 임자에 대한 말하는 사람의 례절관계를 나타내는 문법범주
    b. 계칭토: 이야기하는 사람이 이야기를 듣는 사람에 대하여 례의적 관계를 나타내는 범주

c. 겸양토: 자기를 낮추는 문법적의미를 나타내는 토[5]

이러한 논의들을 정리하면 다음과 같다.

(13) 북한 문법의 례절관계범주

리근영(1985)	정순기·리금일(2001), 정순기(2005)	김동찬(2002)
말차림범주 화자→청자	말차림(계칭)범주 화자→청자	계칭토 화자→청자
존경범주 화자→주체	존경범주 화자→주체/객체	존칭토 화자→주체
		겸양토 자기를 낮춤

[2] 말차림범주 / 계칭토

이야기하는 사람이 이야기를 듣는 사람에 대하여 설정하는 예의적 관계를 나타내는 범주를 북한 문법에서 말차림범주 또는 계칭토로 기술하고 있음은 위에서 살핀 바와 같다.

높임의 등급과 관련해서, 리근영(1985:209)에서는 "사람들 사이에서의 말차림관계는 기본적으로 말하면 낮춤, 같음, 높임의 3등급으로 나누어볼수 있다. 원래 말을 례의적으로 하는데 있어서는 크게는 상대편을 존경하여 높이거나 낮추거나 또는 대등하게 관계를 맺거나 하는 3가지의 가능성이 있게 되기 때문"이라고 하였으며, 김동찬(2002:158)에서는 "오늘날 계칭의 층차를 너무 많이 설정할 필요는 없다. 크게 세부류로 즉 '높임', '같음', '낮춤'으로 갈라볼수 있다." 하여 3등급체계를 제시하다. 그러나 정순기(2005:242-248)에서 기술한 말차림범주의 등급 유형은 조금 달라 다음 (14)와 같다. 높임 등급에 있던 '하오'가 같음 등

---

5) 김동찬(2002:170-175)에서 겸양이란 자기를 낮추는 문법적 의미를 말하는 것으로 넓은 의미에서 계칭토에 포함된다. 자기를 낮추는 것은 당연히 청자를 높이는 것이 되기 때문에, 남한 문법에서는 이들을 청자높임법에서 다루는 것이다. 김동찬(2002:170-175)에 따르면, "우리 말에서 존경을 표시하여야 할 웃사람 말할 때에는 '하십시오'의 높임계칭으로 대함으로써 그를 높이는 한편 이와 동시에 '자기를 낮추는' 겸양토를 또한 씀으로써 자기와 상대방과의 높임의 차이를 더욱 더 크게 하고 그만큼 상대방을 더 존중하는 뜻이 표현되게 한다. 종결형의 겸양토는 '높임'의 계칭토의 조각토처럼 쓰인다. 례컨대 '하겠습니다'에서의 계칭토 '습니다' 속에 있는 '습'과 같은것이다. 그러므로 종결형의 계칭토는 넓은 의미에서는 겸양토까지 포함한것을 말하고 좁은 의미에서는 겸양토를 때여낸 나머지 뒤부분의 토를 말하게 된다."

급으로 조정되었다. 따라서 같음 등급에 '하오, 하게, 반말'의 셋이 있다.

(14) 정순기(2005)의 말차림범주의 등급 체계(알림법의 경우)

등급		형태
높임	[하십시오]	ㅂ니다, 습니다
	[해요]	아요/어요/여요
같음	[하오]	오, 소
	[하게]	네, 데
	[반말]	지, 아/어/여
낮춤	[해라]	다

한편 정순기(2005:248−249)에 말차림범주에서 주목되는 특별한 현상을 하나 들었는데, 그것은 '말차림의 중성화현상'이라는 것이다. 낮춤을 나타내는 토 '다'는 일정한 환경이나 조건 밑에서는 낮춤을 나타내지 않는다. 즉, 광범한 대중이나 서로 다른 계층의 독자를 대상으로 하는 일반 출판물, 구호, 제강 등에서 자주 쓰이는데 이때 이것은 낮춤을 나타내는 것이 아니라고 하였다.[6]

[3] 존경범주 / 존칭토

북한 문법에서 기술하는 존경범주 또는 존칭토의 개념을 다시 인용하면, 리근영(1985:261)에서는 "이야기되는 행동, 상태 또는 성질의 주자가 되는 인물에 대하여 이야기하는 사람의 례의적관계를 나타내는 문법적 범주", 정순기·리금일(2001:96)에서는 "이야기하는 사람이 진술의 주체(또는 객체)에 대하여 가지는 례의적관계를 나타내는 문법적범주", 김동찬(2002:152)에서는 "행동, 상태 또는 성질의 임자에 대한 말하는 사람의 례절관계를 나타내는 문법범주"라 했다. 정순기(2005:255)에서는 "행동, 상태 또는 성질의 임자에 대한 말하는 사람의 례절관계를 나타내는 문법범주"라 했다. 이들의 기술을 보면, 화자와 말의 내용이 되

---

6) 김동찬(2002:156−158)에서도 계칭범주의 특별한 예를 다음과 같이 든 바 있다.
  a. 유치원에서도 언어교육과 교양상 목적으로부터 교양원들은 유치원아들에게 "하세요"와 같
    은 높이는 계칭형태를 쓴다.
  b. 글말에서는 구체적인 개인을 대상하지 않고 말하는것으므로 이런 례절상 문제가 제기되지
    않는다. 일반적으로 "해라"에 해당하는 '낮춤'의 계칭으로 글을 쓰게 된다.
  c. 어머니가 트집을 쓰는 자기 아이에게 "영철아 그러지 말아라"하고 '낮춤'의 말로 달랠수도 있
    지만 계칭을 높여서 "영철어린이! 일어서시오!"라고 엄숙한 말투로 대할수도 있는 것도 바로
    계칭이 말하는 사람과 듣는 사람사이의 직위나 직위, 나이에 따라서 고정되여있는 틀이 아
    니기때문에 가능한것이다.

는 대상과의 관계라는 점에서 모두 같지만, 그 대상이 "행동, 상태, 성질의 주자", "임자 또는 진술의 주체/객체"라는 점에서 차이를 보인다.

존경범주는 존칭토인 '시'를 통해 실현된다고 기술하는 동시에 반드시 사람에 대해서만 사용된다고 하였다.

(15) a. 형님, 아버지가 돌아오시였어요.
　　 b. 어머님이 기뻐하시겠군요.

또한 리근영(1985:262-263)과 김동찬(2002:53)에서 공통적으로 언급하고 있는 것은 '위대한 수령님', '경애하는 장군님', '친애하는 지도자동지'와 관련된 어떤 사실을 서술할 때는 반드시 존경범주 또는 존칭토를 써야 한다는 것이다.

존경범주는 행동, 상태, 성질의 주자뿐만아니라 그 주자의 소유자도 존경한다고 기술하는데, 이것은 간접높임에 해당한다(리근영 1985:263-264, 김동찬 2002:153-156).

(16) a. 어머님, 기력이 어떠십니까?
　　 b. 선생님, 듣고보신것도 많으시겠습니다.
　　 c. 할아버지는 걸음이 빠르시였네.
　　 d. 아주머니, 전번보다 혈색이 좋아지신것 같습니다.
　　 e. 오늘 퍽 기분이 좋으신것 같구만요.

4) 높임 표현의 대조와 표준화

위에서 살펴본 남북한 문법의 높임표현 기술을 대조해 보면 다음과 같다. 먼저 높임 표현의 실현방법을 살펴보자. 남한 문법은 어미와 조사를 비롯한 문법형태를 주 실현방법으로 기술하는 동시에, 어휘 대립에 의한 실현방법도 고려한다. 예를 들어 주체높임법을 나타내는 동사 '먹다-잡수시다, 있다-계시다, 자다-주무시다' 등의 대립, 객체높임법을 나타내는 동사 '주다-드리다, 데리다-모시다, 보다-뵈옵다' 등의 대립을 높임법의 실현으로 본다. 동사뿐만 아니라 높임명사에 의한 높임법의 실현도 고려한다. 그러나 북한 문법에서는 문법형태인 '토'에 의한 실현만 대상으로 삼았다. 그 결과 다음과 같은 점이 남한 문법과 차이를 드러냈다.

첫째, 남한 문법에서 조사로 실현되는 주체높임법의 주격조사, 객체높임법의 부사격조사의 높임-안높임의 대립을 다루지 않았다.

둘째, 남한 문법에서 특정동사에 의해 실현되는 주체높임동사, 객체높임동사를 다루지 않았다. 특정명사에 의한 높임의 실현도 물론 다루지 않았다.

셋째, 그 결과 객체높임법은 설정할 자리가 없어졌다.

넷째, 겸양토를 따로 설정하여 체계를 세웠는데, 이것은 크게 보면 계층토에 포함될 수 있음을 밝혔다.

이를 종합하여 남한 문법의 높임법과 북한 문법의 례절관계범주를 대조해 보이면 다음과 같다.

(17) 남북한 문법의 높임법: 례절관계범주와 그 실현방법 대조

남한 문법	북한 문법
주체높임법	존경범주
1. 주체높임어미	1. 존칭토
2. 높임의 주격조사	—
3. 주체높임동사	—
4. 높임명사 등	—
객체높임법	(설정하지 않음)
1. 높임의 부사격조사	—
2. 객체높임동사	—
3. 높임명사 등	—
청자높임법	말차림범주
1. 종결어미	1. 계층토
<6등급>	<6등급>
(설정하지 않음)	겸양범주
—	1. 겸양토

이를 바탕으로 남북한 문법의 높임 표현 기술을 표준화할 방안을 다음과 같이 제시해 보고자 한다.

첫째, 한국어를 비롯하여 언어유형론적으로 교착어인 언어에서 문법범주를 실현하는 주된 방법은 당연히 문법형태에 의한 것이다. 그러나 교착어를 비롯하여, 굴절어이든, 고립어이든 모든 언어는 문법형태로만 문법범주를 실현하지는 않는다. 통사적 방법은 물론, 어휘적 방법, 음운적 방법으로도 문법범주를 실현

한다. 따라서 높임 표현 실현에도 문법형태에 의한 방법뿐만 아니라, 현실적으로 존재한다면, 어휘적 방법에 의한 것도 고려해야 할 것이다. 그렇게 한다면 객체높임법을 설정하지 않을 수 없을 것이다. 더구나 객체높임법은 중세 한국어 이래 문법형태 '-습-'에 의해 실현되었기 때문에 문법범주임을 부인할 수 없다. 따라서 객체높임법을 높임법의 한 갈래로 설정하는 것이 바람직할 것이다.

둘째, 그렇게 한다면, 어미뿐만 아니라 조사, 그리고 동사, 명사도 높임 표현의 실현방법의 한 유형으로 기술하는 것이 바람직할 것이다.

셋째, 북한 문법에 기술하는 겸양토는 북한 문법 기술 자체에서도 이는 계층토에 포함될 수 있다고 한 바와 같이 따로 설정할 필요는 없을 것이다. 화자를 겸양하는 것은 결국 청자를 높이는 것이기 때문이다. 필요하다면 계층토 형태의 한 조각으로 기술하는 것이 바람직할 것이다.

넷째, 하위범주의 기준을 "화자가 누구에 대해 높임의 의향을 나타내는가"에 둔다면, 그 명칭도 이 기준에 따라 다음과 같이 정하는 것이 타당할 것이다.

[1] 청자높임법
[2] 주체높임법
[3] 객체높임법

4. 시간 표현의 대조와 표준화

1) 시간 표현의 개념

모든 문장은 동작이나 상태와 관련된 일을 나타내며, 이는 시간 표시의 대상이 된다. 언어내용이 전달되는 시점을 발화시라 하고, 일(=동작이나 상태)이 일어나는 시점을 사건시라고 한다. 일반언어학에서 이러한 시간과 관련을 맺는 문법 관념에는 시제, 양상, 양태가 있다. 우선 이들을 간단히 살펴보기로 하자.

먼저 시제에 대해 살펴보자. 시간과 관련을 맺는 관념에는 발화시에 대한 사건시의 시간적인 위치를 나타내는 것이 있다. 발화시를 기준으로 해서 사건시가 앞서 있는 경우, 사건시와 발화시가 같은 경우, 사건시가 뒤서는 경우 등이 있다. 이를 각각 과거, 미래, 현재라고 하는데, 이러한 발화시에 대한 사건시의 시간적인 위치를 나타내는 관념을 시제(tense)라고 한다. 다음 문장 (18)은 과거 시제를, 문장 (19)는 현재 시제를, 문장 (20)은 미래 시제를 나타낸다.

(18) a. 너는 지난 일요일에 뭐 했니?

　　　b. 친구들과 함께 관악산에 다녀왔어.

(19) a. 지금 어디 가니?

　　　b. 도서관에 가.

(20) a. 내일은 날씨가 좋겠다.

　　　b. 아니야, 비가 올 거야.

　다음은 양상에 대해 살펴보자. 시간과 관련을 맺는 관념에는 시간의 흐름 속에서 일이 일어나는 모습을 나타내는 것이 있다. 발화시를 기준으로 해서 일이 일어나는 모습에는, 이어지고 있는 모습, 막 끝난 모습, 막 일어나는 모습, 되풀이 되는 모습 등이 있다. 이를 각각 진행, 완료, 기동, 반복이라고 하는데, 이러한 문법적 관념을, 즉 발화시에 대한 사건의 일어나는 모습을 양상(aspect, 상, 시상)이라고 한다. 다음 문장 (21)는, (22)와는 달리, '−았−'과 '−아 있−'에 의해 완료상이 실현되어 있다.

(21) a. 영수는 학교에 갔다가(=가−았−다가) 왔다.

　　　b. 영수는 지금 학교에 가(=가−아) 있다.

(22) a. 영수는 학교로 가다가(=가−∅−다가) 왔다.

　　　b. 영수는 지금 학교에 간다.

　다음은 양태에 대해 살펴보자. 시간과 관련을 맺는 관념에는 일에 대한 화자의 심리적인 태도를 나타내는 것이 있다. 동작이나 상태를 지금−이곳의 현실 세계에서 인식하기도 하고, 현실과 단절된 그때−그곳의 세계에서 인식하기도 한다. 또한 일에 대해 추측을 하거나 일에 대한 의지를 실현하기도 한다. 이를 각각 현실, 회상, 추정, 의지라고 하는데, 이러한 문법적 관념을, 즉 일의 시간과 관련한 화자의 심리적인 태도를 양태(modality)라고 한다.

　이상의 시제, 양상, 양태는 모두 동작이나 상태의 시간을 표시하는 범주이다. 따라서 이들을 묶어 시간의 문법범주로 설정할 수 있다.

　북한 문법에서 시간 표현은 '시간토'로 실현되는 '시간범주'라는 범주로 기술하고 있다. 즉, 북한 문법에서는 남한 문법에서와 같이 시제와 양상(혹은, 상)이라는 용어를 따로 구분하여 사용하지 않고 시간토라는 하나의 범주 아래 통합적으로 논의하고 있다. 리근영(1985:264)에서 "시간범주란 서술되는 내용이 일정한 순간을 기준으로 하여 시간상 전후관계에 있음을 나타내는 문법적범주"라고

규정한다.[7]

2) 남한 문법의 시간 표현

한국어 시제 표현의 실현방법은 다양하다. 같은 완료상이지만, 위 문장 (21a)의 '-았-'과 같이 문법형태에 의해 실현되기도 하고, 문장 (21b)의 '-아 있-'과 같이 통사적 구성에 의해서 실현된다. 그뿐만 아니라, 어느 한 문법형태가 고정된 하나의 관념만을 실현하지도 않는다.

> (23) a. 나는 어제 시골에 갔다.
>
> b. 나는 오늘 시골에 갔다가 올 거야.
>
> (24) a. 내일은 날씨가 좋겠다.
>
> b. 그는 어제 꽤 힘들었겠구나.
>
> c. 이번 대회 우승은 꼭 내가 해야겠다.

문장 (23)에서 '-었-'이 각각 과거, 완결 등을, 문장 (24)에서 '-겠-'이 각각 미래, 추정, 의지 등을 실현하고 있다. 즉, 시간 표현을 실현하는 문법형태들이 시제, 양상, 양태의 세 관념 가운데 어느 것을 나타내고 있는가를 파악하기란 쉽지 않다. 이 세 관념이 서로 별개로 작용하는 것이 아니고 늘 관련을 맺고 있기 때문이다.

한국어에서 시간 표현을 실현하는 대표적인 방법은 시제어미에 의한 것이다. 시제어미에는 '-었-', '-겠-'과 '-으리-', '-느-', '-더-' 등이 있다. 위에서도 밝혔듯이 이들 각각은 시간 표현의 어느 한 관념만을 실현하는 것이 아니다. 이제 시제어미를 중심으로 시간 표현을 살펴보기로 하자(『고등학교 문법』 2002:177-182).

[1] -∅-, -는-

어떤 동작이나 상태가 방금 눈앞에 나타나고 있는 것을 기술하거나, 방금 눈앞에서 나타나 있는 것으로 생각하면서 기술할 때, '-∅-, -느-'가 나타난다. 시

---

7) 북한 문법의 시간범주 연구에 대해서는 리근영(1985:제4장), 김동찬(2002:제2편), 정순기·리금일(2001:토편), 그리고 정순기(2005) 참조. 한편 북한의 시간범주에 대한 남한의 연구는 고영근(1988), 김동식(1990), 김석득(1991), 임홍빈(1997:제5장), 최호철(2000) 등에서 이루어진 바 있다. 남북한 언어의 시간 표현에 대한 대조 연구에는 권재일(2006), 강은국(2008) 등이 있다.

제로는 현재 시제를 일반적으로 실현하는데, 물론 미래 시제도 실현할 수 있다. 그리고 이른바 영원한 진리를 표현할 때에도 쓰인다. 그리고 이 어미가 시간부사와 함께 쓰이면 시제를 분명히 한다. '지금, 요즘, 현재' 등과 함께 나타나면 현재 시제가 분명해지고, '내일, 앞으로, 장차' 등과 함께 쓰이면, 미래 시제가 분명해진다. 관형사절에서는 동사일 경우 '-는', 형용사 및 '이다'일 경우 '-은'으로 나타난다.

[2] -더-

'-더-'는 과거의 어느 때에다 기준을 두고, 화자가 그 때에 되어 나가던 일, 그 때에 직접 경험한 일, 따라서 현실과는 이미 관련을 끊게 된 일을 기술하는 시제어미이다. 시제로는 과거 시제와 관련을 맺으며, 양태로는 회상을 뜻한다. 관형사절에서는 '-더-은'('-던'으로 실현)이 나타난다.

[3] -었-

'-었-'은 이미 이루어지거나 완결된 일, 또는 그 상태를 지속, 유지하고 있는 일을 기술하는 시제어미이다. 시제로는 주로 과거 시제를 실현하고 양상으로는 완결을 실현한다. 경우에 따라서 '-었-'이 (25c)와 같이 확신의 양태를 실현하기도 한다.

> (25) a. 나는 설날 고향에 다녀왔다.
> b. 지난겨울에는 날씨가 무척이나 추웠다.
> c. 놀기만 했으니 넌 엄마한테 죽었다.

관형사절에서는 동사일 경우, '-은'이, 형용사와 '이다'일 경우, '-더-은'('-던'으로 실현)으로 나타나다.

그리고 이미 끝난 일이 오래 전에 이루어졌음을 나타내기 위해서 '-었었-'의 형태가 쓰인다. 그래서 이미 완결된 상태가 지속되어 있지 않은 일을 나타낼 때에도 '-었었-'이 쓰인다.

> (26) a. 작년에는 관악산 등산을 자주 <u>갔었다</u>.
> b. 할아버지께서는 젊으셨을 때 대단히 <u>건강하셨었다</u>.

[4] -겠-

'-겠-'은 방금 또는 장차 일어날 일을 기술하거나, 또는 추측이나 의지를 기술하는, 즉 이미 완결된 일이 아닌 사실을 기술하는 시제어미이다. 따라서 시제로는 미래 시제를 일반적으로 실현한다.

> (27) a. 내일도 날씨가 몹시 춥겠다.
>
>   b. 제가 그 일을 하겠어요.

문장 (27)에서 '-겠-'이 미래 시제로 쓰였다. 사건시가 모두 발화시보다 뒤이다. 그러나 '-겠-'은 단순히 미래 시제만 나타내는 것이 아니라, 추측과 의지의 양태의 의미도 실현한다. (27a)의 '춥겠다'에는 추측, (27b)의 '하겠어요'에는 의지의 특성이 실현되어 있다. 그래서 문장 (28)에서는 '-겠-'이 미래가 아닌, 현재나 과거의 일을 추측하는 데에 쓰였다.

> (28) a. 지금은 고향에도 꽃들이 만발하겠지.
>
>   b. 어제 굉장히 기분이 좋았겠네.

시제어미 '-겠-'은 문장 (29a)처럼 '-으리-'로도 실현되며, (29b, c)처럼 통사적 구성 '-을 것이-'로도 실현된다. 그리고 관형사절에서는 '-을'이 나타난다.

> (29) a. 내가 이제는 가-리-라-고 마음먹었다.
>
>   b. 내일은 아마 눈이 올 것이다.
>
>   c. 우리는 이번에 이 일을 기필코 하고 말 것이다.

[5] 완결상, 진행상, 기동상, 반복상

현대 한국어에서 완결, 진행, 기동, 반복 등의 양상을 실현하기 위해서는 통사적 구성이 쓰인다. 이것은 완결상, 진행상, 기동상, 반복상의 통사적 실현방법이다.

> (30) a. 완결상: -어 있-, -어 버리-, -어 두-, -어 치우-
>
>   b. 진행상: -고 있-, -어 가/오-, -는 중이-, -는 중에 있-
>
>   c. 기동상: -기 시작하-, -게 되-

d. 반복상: −고−는 하−, −어 대−, −어 쌓−

[6] 내포문과 접속문에서의 시제 해석: 상대시제

다음 문장 (31)와 (32)의 상위문의 시제는 과거이다. 따라서 (31a)와 (32a)의 하위문 시제는 현재이기 때문에, 즉 과거의 시점에서 현재이어서 과거로 해석된다. (31b)와 (32b)의 하위문 시제는 과거이기 때문에, 즉 과거의 시점에서 과거이어서 과거의 어느 시점에서 과거로 해석된다. 따라서 내포문 구성에서, 하위문의 시제는 상위문의 시제에 의존해서 해석된다. 즉, 상위문 시제가 현재이면 하위문 시제는 실현되어 있는 대로 해석되고, 상위문 시제가 과거이면, 이러한 시점에 기준을 두고 각각 하위문 시제가 해석된다는 것이다.

(31) a. 나는 영수가 학교에 가기를 바랐다.
      b. 나는 영수가 학교에 갔기를 바랐다.
(32) a. 나는 영수가 학교에 가는 사실을 알았다.
      b. 나는 영수가 학교에 간 사실을 알았다.

접속문에서도 마찬가지이다. 예를 들어, 접속어미 '−어서/아서'는 그 특성이 시제어미와 결합이 불가능한 어미이다. 이러한 접속어미들이 이끄는 선행절의 시제는 후행절의 시제에 전적으로 의존하여 해석된다. (33a)는 후행절의 시제가 현재다. 그리고 선행절의 시제도 현재다. 이 경우 선행절의 시제는 후행절의 시제 현재 시점을 기준으로 현재로 해석된다. (33b)은 후행절의 시제가 과거고 선행절의 시제는 현재다. 이 경우의 선행절의 시제는 후행절의 시제인 과거 시점을 기준으로 현재이므로 결국 과거로 해석된다. 즉, 선행절에 시제어미가 결합되어 있지 않은 선행절의 시제는 후행절 시제에 의존하여 해석된다.

(33) a. 철수는 학교에 가서(=가−아서), 영희를 만난다.
      b. 철수는 학교에 가서(=가−아서), 영희를 만났다.

이와 같이 내포문의 하위문의 시제가 상위문의 시제에 따라 그리고 접속문의 선행절의 시제가 후행절의 시제에 따라 해석되는 것을 상대시제라 한다. 이에 대해 단독으로 해석되는 시제를 절대시제라 한다.

3) 북한 문법의 시간범주

북한 문법에서 시간 표현은 '시간토'라는 범주에서 기술하고 있다. 즉, 북한 문법에서는 남한 문법에서와 같이 시제와 양상이라는 용어를 따로 사용하지 않고 시간토라는 하나의 범주 아래 통합적으로 논의하고 있다.

북한 문법의 용어 '상'은 남한 문법 용어와는 상당히 다른 의미로 사용된다. 북한 문법에서 '상토'는 '이, 히, 리, 기, 우, 구, 추' 등에 해당하는 것으로 남한 문법의 사동법, 피동법으로 기술되는 것이다. 남한 문법의 시간 표현에서 다루는 상 또는 양상(aspect)과는 전혀 다르다.

[1] 시간범주와 관련한 몇 가지 개념

리근영(1985:264)에서 "시간범주란 서술되는 내용이 일정한 순간을 기준으로 하여 시간상 전후관계에 있음을 나타내는 문법적범주"라고 규정한다. 또한 "이야기하는 순간을 기준으로 하여 시간 상 전후관계에 있음을 나타낸다"고 하였다. 정순기·리금일(2001:98)에서는 "주로 이야기하는 순간을 기준으로 하여 어떤 행동, 상태가 있은 순간에 대한 시간관계를 나타내는 문법적범주"라고 규정한다. 정순기(2005:255)에서는 "시간범주는 이야기되는 행동, 과정, 상태의 시간과 말하는 사람이 실제로 이야기하는 시간과의 관계를 나타내는 문법적범주"라고 규정한다. '시간형태'는 크게 절대적 시간과 상대적 시간으로 나누고 이에 각각 '현재형', '과거형', '미래형' 등 시간 의미의 유형을 둔다.

시간범주와 관련해서, 태범주는 동사로 표현된 행동, 과정, 상태가 수행되는 성격을 나타내는 문법범주이다. 태범주에서 중요한 것은 행동이 완전히 수행된 완료성과 현재도 계속되는 지속성 등이다(정순기 2005:259). 그러나 문법범주로서의 태범주는 설정하지 않는다고 한다.

시간범주와 관련해서, 양태성은 문장에서 이야기되는 내용과 현실과의 상호관계에 대한 말하는 사람의 주관적 태도를 나타내는 문법범주이다. 말하는 사람은 문장에서 이야기되는 내용을 현실적인 것으로 볼 수도 있고 비현실적인 것으로 볼 수도 있으며 추측, 희망, 의혹, 확신, 불확신의 태도로 대할 수도 있다(정순기 2005:261).

시간토에 대해 리근영(1985:93)에서 "이야기하는 순간을 기준으로 시간적관계를 나타내는 토"라고 한다. 김동찬(2002:277)에서 시간토에는 "았/었/였(과거), 겠(미래), ㄴ/는 또는 '령'(현재) 등이 있으며, 이 토들이 쓰이는 자리는 품사상으로 동사, 형용사와 체언술어에 쓰이는 '이(다)'이며 문장론적 위치상으로는 이러한 품사로 이루어지는 종결형, 접속형, 규정형 등이다."라고 한다.

[2] 시간형태의 체계: 절대적 시간과 상대적 시간

북한문법에서 시간범주는 크게 '절대적시간체계'와 '상대적시간체계'로 나뉜다. 이러한 구분은 시간 관계를 정하는 기준이 어떠한가에 따른 것이다.

앞서 시간범주는 일반적으로 '이야기하는 순간'을 기준으로 하여 '시간상 전후관계'를 나타내는 것이라 하였다. 이것은 '절대적시간'에 해당하는 것이다. 이와는 달리 규정형에서는 이야기하는 순간이 기준이 되는 것이 아니라 그 규정형이 들어간 문장의 술어의 시간이 기준이 된다. 이것이 '상대적시간'에 해당하는 것이다. 리근영(1985:265)에서 "이야기가 진행되는 순간을 기준으로 하는 시간을 '절대적시간'이라 하며 문장의 술어를 기준으로 하는 시간을 '상대적시간'이라 한다."고 설명한다(정순기 2005:258).

> (34) a. 이미 말하지 않았소. 더는 가지 않겠다고.
> b. 작업장으로 갈 사람들은 아침 일찍 떠났다.

위에서 (34a)는 절대적 시간에 해당하고 (34b)는 상대적 시간에 해당한다. (34a)에서 '말하는' 행동은 위의 이야기를 하는 순간보다 과거이므로 '않았소'가 과거형으로 나타났고, '가는' 행동은 이야기를 하는 순간보다 미래에 있을 행동이므로 '않겠다고'는 미래형으로 나타났다는 것이다. 이에 비해 (34b)에서는 '갈'이 가지는 미래 시간은 이 이야기가 진행된 순간을 기준으로 하여 그 때 보다 미래에 있는 것이 아니며 오히려 이 이야기가 진행된 순간으로 보면 '작업장으로 가는' 행동은 과거에 있을 수도 있다. 규정형인 '갈'이 가지는 미래의 시간 관계는 바로 이 문장의 술어인 '떠났다'라는 행동을 기준으로 볼 때 그 보다 '작업장으로 가는' 행동이 미래에 있다는 것을 나타낸다는 것이다.

[3] 절대적 시간

리근영(1985:265-266), 김동찬(2002:278-283), 정순기·리금일(2001:99-101) 그리고 정순기(2005:270-281)에 따르면, 절대적 시간은 '현재-과거-미래'의 세 체계를 이루며 '과거'는 다시 '과거-선과거'로 나뉘어 네 체계를 이룬다.

현재 시제는 동사일 경우 '는/ㄴ'이 쓰이며, 형용사와 '이다'의 경우 'Ø'가 쓰인다. 미래 시제는 '겠'이 쓰이고, 과거 시제는 '았'이 쓰인다. 그리고 선과거란 "과거를 기준으로 하여 그것보다 더 과거인 사실을 표현하는 개념", "이미 행동, 과정, 상태가 과거에 진행된 같은 방향에서의 시간관계"로 규정하고서, 선과거는 토 '았었/었었/였었'으로 이루어진다고 하였다(정순기 2005:280).

[4] 상대적 시간

리근영(1985:265–266), 김동찬(2002:278–283), 정순기·리금일(2001:99–101) 그리고 정순기(2005:270–281)에 따르면, 상대적 시간은 '현재–과거–미래'의 세 체계를 이루며 '과거'는 다시 '과거–과거지속'으로 나뉘어 모두 네 체계를 이룬다. 상대적 시간의 과거지속은 뒤에 온 사실보다 상대적으로 과거에 있으면서 그 사실이 지속되고 있었음을 나타내는 것이다.

4) 시간 표현의 대조와 표준화

위에서 살펴본 남북한 문법의 시간 표현에 대한 기술을 대조해 보면 다음과 같다. 남한 문법은 시제, 양상, 양태를 모두 고려하여 시간 표현의 체계를 세우고자 하였으며, 시제어미들이 상황에 따라 각각 시제, 양상, 양태의 기능을 수행하고 있음을 밝혔다. 그리고 내포문과 접속문에서 시제 해석을 상대시제라는 개념으로 받아들였다. 그러나 북한 문법은 이에 대해 다음과 같은 특징을 드러냈다.

첫째, 오직 시제 관계만을 대상으로 삼고, 양상이나 양태는 명시적으로 제시하지 않았다. 결과적으로 진행, 완료 등의 양상, 회상, 의지, 추측 등의 양태를 따로 제시하지 않았다.

둘째, 절대시제와 상대시제의 개념을 부각하였다. 그리고 절대시제에는 현재, 과거, 미래를 제시하되 과거는 과거와 선과거로 나누어 설정하였으며, 상대시제에는 역시 현재, 과거, 미래를 제시하되 과거는 과거와 과거지속으로 나누어 설정하였다.

이를 바탕으로 남북한 문법의 시간범주 기술을 표준화할 방안을 다음과 같이 제시해 보고자 한다.

첫째, 내포문과 접속문에서 시제를 어떻게 해석할 것인가는 주요 문법 사항이기 때문에, 시제 해석에서 절대시제와 상대시제의 개념을 제시하는 것은 바람직한 기술이다.

둘째, 한국어의 시제어미, 예를 들어 '–는–, –었–, –더–, –겠–' 등은 단순히 '현재–과거–미래'와 같은 시제의 기능만 수행하는 것이 아니라, 완료와 같은 양상의 기능, 현실, 회상, 추측, 의지 등과 같은 양태의 기능도 수행하고 있기 때문에, 이를 모두 포괄하는 체계를 세우는 것이 바람직하다.

셋째, 따라서 다음과 같은 체계를 시간 표현의 표준안으로 제시하고자 한다.[8]

[1] 현실법

    a. 정의: 어떤 동작이나 상태가 방금 눈앞에 나타나고 있는 것을 기술하거나, 방금 눈앞에서 나타나 있는 것으로 생각하면서 기술하는 시간범주

    b. 기능: 현재시, 현실성

    c. 형태: −∅−, −는−　　　│ (관형사절) −는, −은

[2] 회상법

    a. 정의: 과거의 어느 때에다 기준을 두고, 화자가 그 때에 되어 나가던 일, 그 때에 직접 경험한 일, 따라서 현실과는 이미 관련을 끊게 된 일을 기술하는 시간범주

    b. 기능: 과거시, 회상성

    c. 형태: −더−　　　　　│ (관형사절) −던

[3] 완결법

    a. 정의: 이미 이루어지거나 완결된 일, 또는 그 상태를 지속, 유지하고 있는 일을 기술하는 시간범주

    b. 기능: 과거시, 완료상, 확인성

    c. 형태: −었−　　　　　│ (관형사절) −은, −던

[4] 미정법

    a. 정의: 방금 또는 장차 일어날 일을 기술하거나, 또는 추측이나 의지를 기술하는, 즉 이미 완결된 일이 아닌 사실을 기술하는 시간범주

    b. 기능: 미래시, 추정성, 의지성

    c. 형태: −겠−, −으리−　│ (관형사절) −을

이 글을 맺으면서, 중국에서 한국어 문법 연구와 교육을 주도하면서 한국어학 여러 분야에 걸쳐 훌륭한 논저를 남기시며, 그 가운데서도 특히 남북한 언어 연구를 두루 살펴 객관적인 관점에서 대조 연구를 수행한 강은국 교수의 학문적 큰 업적을 다시금 높이 받들어 기린다.

---

8) 이러한 체계는 허웅(1975), 『우리 옛말본』과 권재일(2012), 『한국어 문법론』의 서술에 근거한 것이다.

참고문헌

강은국(2008), 『남북한 문법 연구』, 서울: 도서출판 박이정.

고영근(1988), 「북한의 문법 연구」, 『국어생활』 15, 국어연구소, 75-90.

교육도서출판사(2002), 『국어문법』, 고등중학교 제1, 2, 3학년용 제2판, 평양: 교육도서출판사.

교육인적자원부(2002), 『고등학교 문법』, 서울: (주)두산.

권재일(1991), 「김용구 지은 『조선어리론문법(문장론)』 평설」, 『한글』 213, 서울: 한글학회, 209-253.

권재일(2006), 『남북 언어의 문법 표준화』, 서울: 서울대학교 출판부.

권재일(2012), 『북한의 『조선어학전서』 연구』, 서울: 서울대학교 출판문화원.

권재일(2012), 『한국어 문법론』, 서울: 태학사.

권재일(2014), 『남북 언어의 어휘 단일화』, 서울: 서울대학교 출판문화원.

김기혁(2000), 「남북한 문장론(통사론) 연구의 쟁점과 방향」, 『민족문화연구』 33, 서울: 고려대학교 민족문화연구원, 1-31.

김동식(1990), 「서평: 리근영(1985), 『조선어리론문법(형태론)』」, 『주시경학보』 6, 서울: 탑출판사, 149-160.

김동찬(2002), 『조선어실용문법』, 서울: 도서출판 박이정.

김석득(1991), 「리근영 지은 『조선어리론문법(형태론)』 평설」, 『한글』 213, 서울: 한글학회, 149-186.

김용구(1986), 『조선어리론문법(문장론)』, 평양: 과학, 백과사전출판사.

남기심·고영근(1985/1995), 『표준 국어 문법론』, 서울: 탑출판사.

리근영(1985), 『조선어리론문법(형태론)』, 평양: 과학, 백과사전출판사.

임홍빈(1997), 『북한의 문법론 연구』, 서울: 한국문화사.

정순기(2005), 『조선어 형태론』, 평양: 사회과학출판사.

정순기(2006), 「규범문법에서 찾아볼수 있는 북과 남의 차이에 대하여(형태론과 품사론을 중심으로)」, 『제5차 겨레말큰사전 편찬회의 자료』, 서울: 겨레말큰사전편찬사업회.

정순기·리금일(2001), 『조선어문법편람』, 서울: 도서출판 박이정.

최호철(2000), 「국어의 '토' 문법에 관한 남북한 연구 대비」, 『민족문화연구』 33, 서울: 고려대학교 민족문화연구원, 31-57.

허 웅(1975), 『우리 옛말본』, 서울: 샘문화사.

※ 이 글의 내용은 필자의 저서, 『남북 언어의 문법 표준화』(2006년, 서울대학교 출판부), 『북한의 『조선어학전서』 연구』(2012년, 서울대학교 출판문화원), 『남북 언어의 어휘 단일화』(2014년, 서울대학교 출판문화원)에서 서술한 내용을 바탕으로, 더하거나 고쳐, 다시 쓴 것임.

권재일(權在一)

서울대학교 인문대학 언어학과

서울특별시 관악구 관악로 1 [151-745]

전자우편: kwonjil@snu.ac.kr

한국어의 동작이나 사건의 횟수를 세는 동작 단위사에 대하여

蔡玉子 (복단대학교)

1. 문제제기

한국어에서 동작이나 사건의 횟수를 세는 단위를 나타내는 표현들인 '번, 차례, 회, 바퀴, 바탕, 판, 끼' 등은 이른바 부류분류사와 같은 특성도 있지만 의미와 분포 등 면에서 엄연히 다른 특성이 존재하는 범주이다. 그런데 기존의 연구를 보면 대부분 이 부류(이하 동작단위사라고 부름)를 의존명사(단위명사)나 부류분류사의 일종으로 간단히 다루고 있다.[1]

지금까지 학계에서는 한국어에서의 분류사 범주의 불안정성 및 분류사 자체의 모호성 등으로 말미암아 분류사를 여러 이름으로 불러 왔으며 사전에서도 '양대 명사(이희승 사전)', '수량의 단위(남영신, 1987)', '의존명사(표준국어대사전)' 등으로 해석하고 있다. 이는 아직까지 분류사가 한국어에서 독립된 문법범주로 자리잡지 못했음을 의미하는 것으로 동작단위사들이 소위 부류분류사(의존명사 또는 형식명사)의 일종으로 간단히 언급될 정도로 주목을 받지 못해 온 것도 어쩌면 당연한 것일 수 있다. 기존연구에서 특별히 동작단위사를 언급한 연구를 살펴보면 성광수(1975), 채완(1991), 곽추문(1996), 우형식(2001) 등이 있다. 성광수(1975:199−200)에서는 '動量'을 분류사의 한 부류로 보고 '회(回)', '주(周)', '차(次)', '번(番)' 등 예들을 들고 있으나 구체적인 해석은 없고 채완(1990:173, 177)에서는 '장기 한 판, 교통사고 한 건'과 같은 것을 국어 분류사 체계의 한 특성으로 행위(action) 또는 사건(event)명사와 결합되는 분류사의 존재라고 하면서 분류사 분류에서는 행위·사건 명사에 연결되는 분류사로 '가지,

---

1) 이 분야의 기존 연구로는 최현배(1946), 서정수(1996), 이익섭(1973), 김영희(1976, 1981), 채완(1990), 유동준(1983), 임동훈(1991), 임홍빈(1991a, 1991b), 김지홍(1999), 우형식(2001), 시정곤(2000), 신호철·이현희(2009) 등이 있다.

건, 마디, 번, 판, 회' 등이 있다고 하였는데 역시 동작단위사를 부류분류사의 한 유형으로 보았고 부류분류사 '건'을 '번'과 같은 동작단위사로 보고 구분하지 못하였다. 곽추문(1996)에 와서 '동작분류사'라는 명칭으로 부류분류사와의 다른 점이 지적되었다는 것이 주목된다. 하지만 그 개념 규명이 모호한 것이 문제점이라고 할 수 있다. 그리고 우형식(2001:148-149)에서는 분류사를 척도(scale) 범주에 따라 분류하고 있는 바 동작단위사를 명목 척도의 [횟수]의 분류사라고 하면서 명사가 뜻하는 동작이 반복되는 수를 단위화한다는 데 특징이 있다고 하였다. 그런데 문제는 이런 분류사들이 어디까지나 동작이나 사건의 횟수를 단위화한다는 것이다.

이렇게 지금까지 연구에서는 동작단위사의 개념이 불분명하고 그 정의적 속성이 무엇인지 밝혀지지 않았다. 따라서 본고에서는 이런 실정에 비추어 한국어에서 동작이나 사건의 횟수를 세는 단위를 나타내는 표현들인 '번, 차례, 회, 바퀴, 바탕, 판, 끼' 등 표현들을 인지언어학적으로 접근하여 개념 및 명칭 규정을 비롯하여 의미적 특성과 기능적 특성 등을 밝힘으로써 의미적으로 유형화하고 범주화하려고 한다. 이는 언어유형론적으로 소위 분류사 언어에 속하는 한국어에서 분류사의 체계 확립 및 범주화를 위한 기초 작업이 될 수 있을 것이다.

본 연구에서는 우선 수 분류사의 주요 기능은 명사를 세는 단위를 제공하는 기능이고 명사의 부류화 기능은 부차적인 것이라는 근거를, 수 분류사와 명사의 선택관계의 제약성에서 찾고 이로부터 '분류사'라는 명칭의 부적합성을 지적하고 나서 본 연구의 주제인 동작이나 사건의 횟수를 세는 단위 역시 '동작분류사'가 아닌 '동작단위사'라 부르는 것이 적합하다는 논의를 펼치게 된다.

다음 동작단위사의 의미적 특성을 인지언어학적으로 접근하여 동작단위사의 주요기능은 횟수를 세는 단위를 제공하는 것이며 '횟수'의 인지적 특성은 동작이 시작되어 끝나는 데 걸리는 동안(시간)을 세는 수임을 밝힐 것이다.

그 다음 한국어 동작단위사의 기능을, 우선 한국어에서 동작단위사는 생략할 수 없기에 사용상 강제성이 있다는 점을 비롯하여 동작에 대한 수량화 및 특질화의 기능이 있음을 살필 것이고 다음 통사적으로 어떤 기능이 있는지 분석할 것이다. 마지막으로 한국어 동작단위사를 그 의미적 속성 및 기능에 따라 분류하는 작업으로 『표준국어대사전』에 의존명사나 명사로 올라와 있는 동작단위사를 찾아냄으로써 동작단위사를 명사의 부류분류사와 대등한 것으로 유형화하고 체계화하려고 한다. 이는 한국어의 동작단위사를 하위분류화하는 것과 같은 진일보의 연구를 가능케 하고 나아가서 한국어의 분류사 전반에 대한 체계적인 연구를 새롭게 하는 계기가 될 것이다.

2. 개념 및 명칭

한국어 문법론에서 동작이나 사건의 횟수를 세는 단위인 '번, 차례, 바퀴, 바탕' 등은 '마리, 개, 명' 등과 함께 최현배(1946)의 '불완전한 이름씨', 이희승(1955)의 '수량 명사(수량 대명사), 이숭녕(1968)의 '單位名詞(數名詞)', 이익섭(1973)의 '數量詞', 고영근 외(1985)의 '의존명사', 임동훈(1991)에서의 '수량단위 형식명사' 등으로 불리어 오다가 최근에는 대체로 '분류사'라는 명칭으로 연구되고 있다. 과연 '분류사'라는 명칭으로 이 부류 표현들을 부르는 것이 적절할까 하는 문제에 대하여 '분류사'의 개념과 유형 및 주요 기능에 대한 분석을 통해 검토해보도록 하자.

일반적으로 분류사란 명사 부류화의 하나로 명사가 지시하는 실체(entity)의 성격에 의하여 선택되는 언어 요소로 보고 있다(Lyons 1977: 461). 즉 실체(entity)를 일정한 기준에 따라 분류한 분류 체계에서, 명사의 지시대상이 어느 부류에 속하는지를 나타내는 언어적 장치이다. 이런 분류사의 유형에 대해서는 Allan(1977)은 네 가지 유형으로, Craig(1994)는 다섯 가지로, Aikhenvald(2000)에서는 가장 세분화하여 일곱 가지로 제시하고 있다.[2] 그 중에서 수 분류사(numeral classifier)는 수량 구성에서 핵 명사의 지시대상의 부류를 나타내는 분류사이다. 한국어, 중국어, 일본어 등은 수 분류사 언어에 속하는 바 수량 범주를 나타내는 수량 구성에서 수 단위 표지를 필요로 하게 된다. 그런데 이들 수 분류사 언어에서 수 분류사의 주요 기능은 명사를 세는 단위를 제공하는 기능이며 수 분류사가 명사에 대한 적용 대상이 다름에 따라 분화됨으로써 그 명사가 어떤 특징이 있는지 따라서 어떤 부류에 속하는지 하는 정보를 어느 정도 나타낼 수 있는데 이는 어디까지나 부차적인 기능이다.[3] 이 점에 대하여 본고에서는 이

---

2) Allan(1977)에서는 수 분류사 언어(numeral classifier language), 일치적 분류사 언어(concordial classifier language), 술어 분류사 언어(predicate classifier), 처소내적 분류사 언어(intralocative classifier language) 등 네 가지 유형으로 분류사가 있는 언어를 제시하고 Craig(1994)에서는 명사류(noun class), 수 분류사(numeral classifier), 명사 분류사(noun classifier), 소유 분류사(genitive classifier), 동사적 분류사(verbal classifier) 등 다섯 가지로 제시하고 있다. Aikhenvald(2000)에서는 명사류(noun class), 명사 분류사(noun classifier), 수 분류사(numeral classifier), 동사적 분류사(verbal classifier), 소유 분류사(genitive classifier), 지시 분류사(deictic classifier), 처소격 분류사(locative classifier) 등 일곱 가지 유형으로 제시하고 있다.

3) 박진호(2011)에서는 명사의 부류화 기능이 수 분류사의 주요 기능이 아니고 부차적인 것으로 보는 근거를 다음과 같이 제시하고 있다: ① 핵 명사의 지시대상의 부류에 대해 거의 아무런 정보를 제공해 주지 않는, 소위 포괄적 분류사(generic classifier)가 흔히 존재한다. 예: '개', 중

른바 분류사 언어에 속하는 한국어와 중국어에서 수 분류사와 핵 명사의 결합에서 나타나는 선택적 제약을 통해 논증하도록 한다.

수 분류사와 핵 명사의 결합은 수 분류사와 명사의 의미적 제약을 받게 되는데 우선 수 분류사의 명사와의 선택 관계를 보면 다음과 같다.

(1) 가. 고리: 소주

　나. 동: 먹 열 장, 붓 열 자루, 생강 열 접, 피륙 50필, 백지 100권, 곶감 100접
　　　등

　다. 마리: 소, 말, 돼지, 닭 등 동물

(2) 가. 封: 信(편지)

　나. 群: 人(사람), 動物(동물), 島嶼(섬)

　　條: 線(실), 魚(물고기), 黃瓜(오이), 街(거리), 好漢(사나이), 新聞(뉴스),
　　　方法(방법)

　다. 个: 單位(직장)에 쓰임. 예: 학교, 극장, 병원, 공장 등
　　　容器(용기)에 쓰임. 예: 물통, 사발, 상자 등
　　　動物(동물)에 쓰임. 예: 호랑이, 쥐, 여우 등
　　　水果(과일)에 쓰임. 예: 사과, 귤, 석류 등
　　　五官(오관)에 쓰임. 예: 눈, 코, 귀 등
　　　食品(식품)에 쓰임. 예: 빵, 만두 등
　　　其他(기타)에 쓰임. 예: 영화, 사람, 이야기 등

(1)은 한국어 수 분류사의 명사와의 선택 관계에서 보이는 양상으로 (1가)에서 수 분류사 '고리'는 명사 소주와만 결합되며 '소주 열 사발'이라는 의미를 나타내고 (1나)의 '동'은 '먹, 붓, 생강, 피륙' 등 명사와 두루 결합될 수 있으며 (1다)에서 동물에 보편적으로 쓰이는 분류사 '마리'는 문법화가 이루어진 분류사로 사람의 신체 일부분인 '마리'가 다른 대상의 머리뿐 아니라 전체를 의미하는 셈의 단위인 추상적 존재를 의미하는 것으로 의미가 문법화된 것이다.[4] (2)는 수 분류사 언어인 중국어에서 수 분류사의 명사와의 선택 관계에서 보이는 양상으로 (2

국어 '个(ge)', 일본어 'つ(tsu)' 등. ② 핵 명사를 그대로 반복해서 수 분류사로 사용하는 일이 흔히 있다[반복자(repeater)]. 예: '키 큰 사람 세 사람', Thai어 'prathêet sam prathêet'(land three CL:LAND). ③ 소위 수 분류사는 수량 구성에만 나타난다.

4) 김선효(2005:116-117) 참고.

가)의 수 분류사 '封'은 '三封信(편지 세 통)'과 같이 명사 '편지'를 세는 단위로만 쓰이고 (2나)의 '群'은 사람이나 동물 및 섬과 같은 명사에 두루 쓰이며 '條'는 '가 늘고 긴 명사'에 쓸 수 있는 분류사로 '一條線, 一條魚, 一條黃果, 一條街, 一條好 漢' 등에서처럼 '실, 물고기, 오이, 거리, 사나이' 등과 같이 유정이나 무정은 물론 사람까지 포함하는 구체적 명사에 쓰일 뿐만 아니라 '一條新聞, 一條方法' 등과 같이 '뉴스, 방법' 등과 같은 추상명사에도 쓰이는 분류사이다. (2다)의 '个(個)' 는 전문적으로 사용되는 분류사가 없는 명사나 혹자는 전용 분류사가 있는 명사 에도 쓸 수 있을 정도로 통용 분류사라고 할 수 있는 것으로 사물의 기본범주에 보편적으로 쓰이고 있음을 알 수 있다. 이처럼 수 분류사의 명사와의 선택은 (1 가)나 (2가)와 같이 유일한 것 즉 專用型만이 있는 것이 아니라 (1나), (2나)와 같이 合用型도 있으며 (1다), (2다)와 같이 通用型도 있다는 것이다.

한편 명사의 수 분류사와의 선택 관계에서는 한 명사가 여러 개의 수 부류사 와 어울리는 현상이 있다. 즉 한 개 명사가 의미 표현의 수요로 말미암아 여러 개 의 분류사와 결합할 수 있는 것이다. 다시 말하면 명사의 의미적 속성에 따라 어 울리어 사용되는 여러 분류사들이 존재한다는 것이다.

(3) 물: 방울, 모금, 입, 잔, 줄기, 박스, 곳, 바닥, 리터, kg

(4) 被: 張, 條, 床, 卷

(3)에서 자연현상을 반영하는 '물'은 그 속성이 액체이므로 어떤 용기에 담기 냐에 따라 모양이 달라지는 의미적 특성이 있다. 따라서 '물'의 [+모양 변형성] 이라는 의미적 속성 때문에 '물'과 어울리어 쓰일 수 있는 한국어 분류사도 (3) 에서 보다시피 다양하게 된다. 한편 (4)에서 중국어에서 '이불'의 뜻을 나타내는 '被'는 어떤 모양으로 되어 있느냐에 따라서 '張, 條, 床, 卷' 등 분류사가 쓰일 수 있는데 '張'은 이불을 펼쳐 놓았을 때 '條', '卷'은 이불을 말아 놓았을 때, '床'은 침 대 위에 놓았을 때 쓰일 수 있는 것이다.

이상에서 보다시피 사물의 무한성과 단위표지의 유한성은 사물의 단위를 표 기함에 있어서 단위표지와 명사의 관계가 일대 다의 현상을 초래하게 되며 사물 에 대한 인지적 각도가 다름에 따라 한 개 사물을 단위화함에 있어서 명사와 단 위표지의 관계가 일 대 다의 현상이 일어날 수 있는 것으로 명사와 분류사의 결 합에서의 선택제약은 필연적이 것이 된다.

명사와 분류사의 이와 같은 선택제약으로부터 소위 분류사의 주요 기능은 부류화가 아닌 수량구성에서의 단위 제공의 기능임을 알 수 있다. 따라서 '분류사'라는 명칭은 한국어나 중국어의 수량구성의 단위를 표현하는 부류들의 주요기능을 반영하지 못함을 알 수 있다.[5]

그리고 더욱 중요한 것은 '번, 차례, 바퀴, 바탕' 등은 명사가 지시하는 실체(entity)의 수를 세는 단위가 아닌 동작이나 사건의 횟수를 세는 단위라는 것이다. 다시 말하면 명사의 부류화 기능이 주된 기능으로 보이는 '분류사'라는 명칭은 이 부류 표현들의 본질적 속성과 거리가 멀다는 것이다. 이로부터 '분류사'라는 명칭으로 동작을 세는 단위를 명명하는 것[6]은 적합하지 않음을 알 수 있다. 따라서 본 연구에서는 이 부류 표현들을 '동작단위사'라고 부르고 '분류사'는 '단위사(수량단위명사)'와 그 의미대상을 같이하는 것으로 사용하여 논의를 펼칠 것이다.

3. 동작단위사의 의미적 특성

우선 기존 연구에서 동작단위사의 개념을 살펴보면, 곽추문(1996:19, 142)에서는 동작단위사를 '동작분류사'로 명명하고 동작·행위의 횟수 단위를 표시하는 분류사라고 정의하였다. 한편 '번, 입, 판, 대, 홰' 등과 같은 분류사는 명사의 수효를 표시할 수 없고 동작의 수량이나 횟수만을 나타낸다고 하였는데 여기에서 '횟수'와 '수량'은 서로 다른 개념으로 나타나는데 이에 대한 해석은 없다. 그리고 동작분류사의 하위분류를 명사의 부류분류사와 같은 맥락으로 '단일성'과 '집체성'의 2분법으로 분류하는 것은 문제가 있다고 생각된다. 그리고 우형식(2001:148-149)에서는 동작단위사는 명목 척도의 [횟수]의 분류사이며 명사가 뜻하는 동작이 반복되는 수를 단위화한다고 하였다. 하지만 이런 분류사들은 어떤 실체로서의 명사의 수를 단위화하는 것이 아니고 동작이나 사건의 횟수를 단위화하는 것이다. 다시 말하면 소위 [횟수]의 분류사와 결합되는 명사는 동작성을 띠는, 문법적으로 명사의 기능이 있는 명사이지 실제 존재로서의 명사가 아니다. 즉 우형식(2001:169)에서도 밝힌 바와 같이 이른바 동작성 명사의 경우

---

5) 이런 점에 비추어 박진호(2011)에서는 '분류사'를 '단위사(unitizer)'라고 할 것을 제안하고 있는데 본고에서도 같은 입장임을 밝힌다.

6) 곽추문(1996)에서처럼 '동작분류사'라고 명명하는 것도 명사의 동사적 분류사(verbal classifier)와 헷갈리게 할 소지가 있다.

명사가 지시하는 것은 사물이 아니라 하나의 사건[7]이 된다. 여기에서 짚고 넘어가야 할 문제는 이런 분류사들은 본질적으로 사건의 수를 단위화하는 것이 아니라 사건의 발생 횟수를 단위화한다는 것이다.

다음 전형적 동작단위라고 할 수 있는 '번'이나 '차례'의 사전적 정의를 통해 그 의미적 속성을 엿보도록 하자.

『표준국어대사전』에서 올림말 '번04(番)'은 의존명사로 다음과 같이 풀이되고 있다.

> 「1」 일의 차례를 나타내는 말.
>> ¶둘째 번/다음 번 면담은 너이다.
> 「2」 일의 횟수를 세는 단위.
>> ¶여러 번/누구나 한 번은 겪는 일/몇 번을 그 앞을 왔다 갔다 하여 보았지만, 들어갈 기회는 얻을 수가 없었다. 《김동인, 젊은 그들》
> 「3」 어떤 범주에 속한 사람이나 사물의 차례를 나타내는 단위.
>> ¶4번 타자/1학년 2반 34번/1번 버스.

한편 '차례01(次例)'는 명사로 다음과 같이 해석되었다.

> 「1」 순서 있게 구분하여 벌여 나가는 관계. 또는 그 구분에 따라 각각에게 돌아오는 기회. ≒등차01(等次)·서차(序次)·제차·차서01(次序)·차제01(次第)「1」.
>> ¶차례가 되다/차례를 지키다/차례대로 차에 오르다/모여 있던 새 떼가 차례로 날아오르다/제가 할 차례입니다.
> 「2」 책이나 글 따위에서 벌여 적어 놓은 항목.
>> ¶책의 차례를 보면 그 책의 짜임을 알 수 있다.
> 「3」 ((수량을 나타내는 말 뒤에 쓰여))일이 일어나는 횟수를 세는 단위.
>> ¶그는 같은 말을 여러 차례 반복했다./소나기가 몇 차례 쏟아졌다./할아버지께서는 암으로 수술을 다섯 차례나 받으셨다.

여기에서 주목되는 것은 전형적인 동작단위사인 '번'이나 '차례'가 『표준국어대사전』에서 각각 의존명사와 명사에 소속되었으나 모두 '일이 일어나는 횟수를 세는 단위'라는 의미항목을 갖고 있다는 것이다.

---

7) 우형식(2001:138)에서는 사태(event)라고 함.

이상 선행연구와 사전적 정의로부터 우리는 동작단위사는 동작의 횟수를 세는 단위라는 정보를 얻을 수 있다.

중국어 역시 동작의 횟수를 세는 동작단위사를 참여시켜 동작이나 사건의 수량을 표현하는 언어이다. 중국어 학계에서는 일반적으로 우리가 말하는 '동작단위사'와 같은 의미로 '動量'이라는 명사를 사용하고 있으며 그 개념적 정의는 '동작의 次數를 나타내는 量詞'로 보고 있다.[8]

이로부터 '횟수' 또는 '차수(次數)'의 인지적 특성이 무엇인지를 밝히는 것이 바로 동작단위사의 의미적 특성을 밝히는 것이 되겠으나 아직까지 한국어 학계나 중국어 학계의 기존 연구에서 이를 제대로 밝힌 연구가 없는 듯하다.

동작의 '횟수'는 사물의 '갯수'와 함께 우리가 주변 세계를 인식하고 반영함에 있어서 중요한 개념 중의 하나인 數 범주에 속한다. 이러한 數 개념을 언어에 반영할 경우 수 단위사가 참여하여 수량구성을 이루어 반영하는 언어 즉 이른바 수분류사 언어와 그렇지 않은 언어가 있어 한국어, 중국어, 일본어 등은 전자의 예이고 영어는 후자의 예이다. 數量범주는 인간이 언어를 통하여 세계를 인식하고 기술하는 중요한 개념이며 사물, 사건, 性狀 등으로 이루어지는 우리의 인지 세계에는 수량개념이 포함되지 않는 데가 없다.[9] 사물의 量은 공간과 관계되고 사건의 量은 시간과 관계되며 사물 및 사건의 통계나 환산은 흔히 수량사나 수량구성과 같은 명확한 수량수단을 사용하게 되며 性狀의 量은 일반적으로 계산에 이용되지 않으며 수량사로 표현되는 것이 아니라 정도를 나타내는 어휘로 그 量의 등급을 나타내게 된다(張斌 2009:821 참고). 여기에서 사건의 量이 바로 우리가 말하는 동작의 횟수와 맞먹는 개념인 것으로 사건의 量이 시간과 관계된다는 것은 동작의 횟수가 시간과 관계된다는 것이다. 즉 사물의 수량은 그 사물이 공간을 차지하는 실체의 수량으로 나타나며 사건의 수량은 그 사건의 발생과정이 시간을 차지하는 동안의 수량으로 나타나게 된다. 다시 말하면 사건의 수량은 구체적으로, 사건의 동작이나 변화의 발생과정이 차지하는 시간(동안)을 세는 수량이라는 것이다. 사건의 수량을 시간으로 나타낼 경우, 시간단위사가 참여하면 그 사건의 발생과정에 걸린 시간을 나타낼 수 있고 동작단위사가 참여하면 그 동작이나 사건의 횟수를 나타내어 동작이나 사건의 반복성 즉 빈도를 나타낼 수 있

---

8) 王力(1984), 呂淑相(1982) 등.

9) 數量範疇는 단위사를 사용하여 可算性을 가지는지 여부에 따라 '數量'과 '等級量'으로 나뉘는데 사물, 사건은 가산성을 가지며 性狀은 [−가산성]의 의미적 특징을 가지며 등급량을 가질 수 있다. 數量은 또한 단위사의 참여 여부에 따라 數범주와 量범주로 나뉜다고 한다(張斌 2009:823 참고).

다. 예컨대, '한 가지[10]에 몇 번을 찼니?'라고 물으면 제기를 한 가지에 몇 번을 반복하여 찼는가를 묻는 것이 되며 만일 '한 가지에 몇 분 찼니?'라고 물으면 제기를 한 가지 차는 데 걸린 시간을 묻는 것이다.

동작단위사의 이런 인지적 특징은 한국어의 언어적 사실에 잘 반영되어 있고 이는 동작단위사의 사전적 기술에서 잘 드러나고 있다.

(5) 가. 가지
나. 물
다. 바탕

『표준국어대사전』에 의하면 (5가)의 '가지'는 '제기차기에서, 제기를 차기 시작해서 땅에 떨어뜨리기까지의 동안을 세는 단위'이며 (5나)의 '물'은 '옷을 한 번 빨래할 동안'을 나타내며 (5다)의 '바탕'은 '어떤 일을 한 차례 끝내는 동안을 세는 단위'이다. 이들은 사실상 동작의 횟수를 세는 단위로 (6)과 같이 쓰일 수 있음을 발견할 수 있다.

(6) 가지: 제기를 두 가지에 몇 번을 찼니?
물: 다섯 물을 빨았다.
바탕: 씨름을 몇 바탕 했다.

따라서 '가지'의 사전적 의미는 '제기차기에서, 제기를 차기 시작해서 땅에 떨어뜨리는 동작의 횟수를 세는 단위'로, '물'의 의미는 '옷을 물에 넣었다가 꺼내는 동작의 횟수를 세는 단위'라고 할 수도 있는 것이다. 이로부터 사전에서 동작의 시간적 과정 즉 '동안'을 세는 단위는 횟수를 세는 단위와 같이 동작단위사임을 알 수 있다.

중국어 학계에서는 동작단위사(動量)의 정의에 대해 '동작의 次數(횟수)를 나타내는 量詞'라는 견해에는 일치를 보이지만 '동작의 양(動量)'의 의미적 특성에 대하여서는 학자들의 견해가 다소 다르다. 대표적인 연구를 보면 呂淑湘 (1982:232)에서는 동작의 횟수는 일면 '量'의 개념과 관계되고 다른 일면 시간적 개념과 관계된다고 하였다("動作的次數, 一方面和'量'的觀念有關, 一方面也和

---

10) 동작단위사 '가지'는 제기차기에서, 제기를 차기 시작해서 땅에 떨어뜨리기까지의 동안을 세는 단위임.

'時'的觀念有關."). 그리고 石毓智·李訥(2001)에서는 動量詞(동작단위사)를 '次數時間詞(횟수시간사)'라고 하면서 동작의 발생 및 같은 길이 동작과정의 반복을 나타낸다고 하였다("動作的發生和相同長短動作過程的重複"). 한편 史金生·胡曉萍(2004)에서도 비슷한 견해로 동작의 시간량은 동작의 반복 횟수 또는 연속되는 길이로 표현된다고 하였다("動作的時間量表現在動作重複的次數或連續的長度上."). 그리고 張斌(2009:824)에서는 動作量에 대하여 행위동작의 힘의 크기, 동작 범위, 활동의 폭, 반복 횟수, 지속 시간 등을 세는 量이라고 하였다("動作量是計算行爲動作等的力度, 涉及的範圍, 活動的幅度, 反復的次數和持續的時長等的量."). 한편 朱景松(1998)에서는 동작의 양에 대해 동작시간의 길이, 동작 횟수의 수량, 동작 목적성의 강약, 동작 절박성의 정도, 동작의 폭의 크기, 동작의 힘의 크기, 동작 난이도, 동작의 정중성의 정도, 동작의 강제성의 정도, 동작 결과의 기대치 정도, 어조의 강약 정도 등이라고 했다("動作時間的長短;動作次數的多少;動作目的性的强弱;進行某個動作迫切程度的高低;動作幅度的大小;動作力度的大小;動作難度的大小;動作鄭重性程度的高低;動作强制成分的多少;對動作結果期望値的高低;語氣强烈與緩和."). 그리고 劉街生(2003:51)에서는 수사가 결합된 수량구조는 동작의 양을 나타내며 따라서 항상 사건과 관계되며 [+사건]이라는 의미적 특징을 내포하게 되고 동시에 동작의 次數는 '量'적 개념과 관계되고 시간적 개념과도 관계되므로 [+시간]의 의미적 특징도 갖는다고 하였다("動量詞和數詞構成的數量結構表示動作的量,因此總與事件有關, 蘊含一個[+事件]特徵. 由於"動作的次數, 一方面和'量'的觀念有關, 一方面也和'時'的觀念有關", 因此也蘊含一個[+時間]特徵.").

이상의 연구에서는 동작단위사(動量)는 '동작의 次數(횟수)를 나타내는 量詞'이며 동작의 횟수는 일면 '量'의 개념과 관계되고 다른 일면 시간적 개념 및 동작의 반복성과 관계되며 '동작의 양(動量)'은 동작의 크기, 동작의 범위(폭), 동작의 시간, 동작의 횟수 등이 있음을 밝히고 있다. 하지만 문제로 남는 것은 동작단위사가 計量하는 동작의 명확한 量은 무엇이며 구체적으로 '동작의 횟수'란 어떤 의미적 속성이 있는가 하는 것이 밝혀지지 않았다는 것이다. 본 연구에서는 동작단위사로 計量되는 동작의 명확한 量은 동작의 횟수일 뿐이고 기타 동작의 量 예컨대, 동작의 크기, 동작의 범위(폭), 동작의 시간 등의 量은 동작단위사가 적용되는 동작이나 사건의 특징으로 말미암아 모호하게 나타날 수 있다는 것을 짚고 넘어가려고 한다. 즉 동작의 횟수는 동작단위사로 計量하고 기타 동작의 크기, 동작의 범위(폭), 동작의 시간 등의 量을 명확하게 나타내려면 도량형 분류사나 시간 단위사(시, 분, 초)를 사용해야 한다는 것이다.

동작은 시간적으로 시간단위사와 동작단위사 두 가지 방식으로 計量할 수 있다. 그 중 시간단위사로는 동작이 차지한 연속적인 시간의 길이를 計量하는 것으로 동작의 시간적 연속성을 나타내고 동작단위사로는 동작이 시작되어 끝날 때까지 차지하는 시간과정을 하나의 整體로 인지하고 計量하는 것으로 동작의 횟수를 計量하는 것이 되며 이는 추상적으로 시간을 量化한 외연을 나타내고 동작의 반복성과 관계된다.

(7) 가. 제기를 세 가지 찼다.

나. 한 가지에 다섯 번 찼다.

(8) 제기를 한 가지에 20분 찼다.

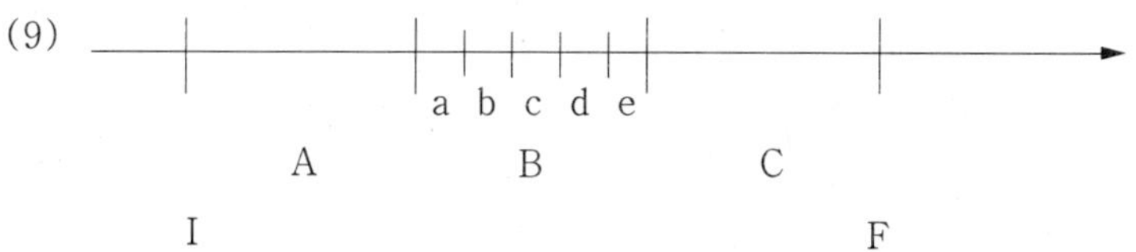

(9)의 도식에서 화살표는 시간의 축이며 '제기차기'라는 사건은 I점에서 시작되어 F점에서 끝났음을 표시한다. (7가)에서 '제기를 세 가지 찼다'라고 하는 것은 제기를 차기 시작해서 땅에 떨어뜨리기까지의 동안이 셋이고 한 가지 차는 데 걸리는 시간은 다를 수 있으며 각각 A, B, C로 나타낼 수 있다. 그리고 (7나)의 동작단위사 '번'은 제기를 한 가지에 발로 차올려서 다시 발에 떨어지기까지의 동안의 수가 다섯이므로 B가지에서 각기 a, b, c, d, e로 나타낼 수 있다. 여기에서 동작단위사 '가지'와 '번'은 구체적인 제기차기의 시간의 양을 나타내는 것이 아니고 제기차기라는 사건에서 동작의 발생 및 반복성에 관계되며 제기차기 동작의 횟수를 나타낸다. 반면 (8)은 제기를 차기 시작해서 땅에 떨어뜨리기까지의 동안이 20분이라는 시간이 걸렸음을 의미하며 I에서 F까지의 동작의 시간적 연속성을 반영하게 된다.

본 연구에서는 중국어에서도 마찬가지로 동작단위사가 세는 수량은 동작의 '횟수'이고 동작의 '횟수'는 동작이 시작되어 끝나는 '동안'의 수량을 의미하며 동작의 '횟수'를 세는 단위라는 것이 동작단위사의 기본적인 의미적 특성이라고 본다. 바꾸어 말하면 동작단위사로 표현되는 동작의 수량은 동작의 횟수일 뿐이며 동작의 힘의 크기, 범위, 폭, 시간 등의 수량은 'N, m, 分' 등과 같은 도량형 단위사로 표현될 수 있는 것이다. 다만 동작단위사의 적용 대상의 동작이 다름에 따라 그 동작의 특징에 대한 정보는 어느 정도 나타낼 수 있어 동작의 시간의 길이, 힘의 크기, 동작의 폭, 동작의 난이도 등 특징이 반영될 수는 있으나 수적으로 명확히 표현되는 것은 아니라는 것이다. 특히 중국어의 경우는 기타 漢藏어족의 언어들보다도 단위사가 발달하여 동작단위사도 수적으로 많고 기능도 다양하다. 이는 동작의 세분화가 많이 이루어져 동작단위사가 나타낼 수 있는 특징도 유형론적으로 같은 분류사 언어에 속하는 다른 언어에 비해 더 많을 수 있음을 말해준다.

> (10) 가. 下: 打一下(한 대 치다)
> 　　　次: 去一次(한 번 가다)
> 　　　回: 試兩回(두 번 해보다)
>
> 　　나. 番: 硏究了一番(한 번 연구하다)
> 　　　通: 挑剔了一通(한 바탕 고르다)
>
> 　　다. 遍: 數一遍(한 번 세다)
> 　　　頓: 吃一頓(한 끼 먹다)
> 　　　　敎訓了一頓(한 바탕 혼내다)
>
> 　　라. 趟: 來一趟(한 번 오다)
> 　　　場: 放一場(電影)(영화를 한 번 상영하다)
> 　　　　下一場(雨)(비가 한 차례 오다)

(10가)의 동작단위사 '下, 次, 回'는 보통 동작동사와 거의 다 어울리어 쓰이고 (10나)의 '番, 通'은 시간이 걸리고 정력이 드는 동사들과 어울리는데 부정적인 의미가 있을 경우에는 '通'을 쓴다. 그리고 (10다)는 반복되어 행해지는 동사와 어울리며 그 중 '頓'은 음식행위를 세는 단위이기도 하고 욕설행위를 세는 단위이기도 하다. 한편 (10라)는 흔히 移動 동사와 어울리어 공간의 이동을 나타내며 '場'은 장소가 동반되는 동작을 세는 단위이며 자연현상을 나타내기도 한다.

4. 동작단위사의 기능적 특성

동작단위사의 기능은 그 의미적·통사적 기능 및 한국어 문장구성에서의 역할 등의 면에서 찾아 볼 수 있다.

우선 동작단위사의 기능은 동작의 수량(셈)에 관여해서 즉 동작의 횟수를 세는 단위를 제공하여 동작을 셀 수 있게 해주며 그 적용 대상의 동작의 의미론적 특징을 반영하여 특질화하기도 하는 것이다. 이는 동작단위사의 개념을 통해 알 수 있다.

(11) 가. 한 수만 물리자
나. 그와 바둑을 세 판이나 두었다.
다. 닭이 세 홰 울다

(11가)의 '수(手)'는 바둑이나 장기 따위에서, 한 번씩 번갈아 두는 횟수를 세는 단위로 바둑이나 장기 따위에서 한 알을 두는 동작을 수량화하고 있으며 동시에 그 동작에 대하여 '바둑이나 장기라는 오락'이라고 의미를 한정하고 있다. (11나)의 '판'은 '승부를 겨루는 일을 세는 단위'로 바둑을 시작하여 끝나기까지의 동안의 수 즉 바둑을 둔 횟수를 나타내며 동시에 여기에서 승부를 겨루는 일은 '바둑두기'라는 의미적 특징을 부여한다. 그리고 (11다)의 '홰'는 '새벽에 닭이 올라앉은 나무 막대를 치면서 우는 차례를 세는 단위'로 닭이 우는 동작의 횟수를 나타내며 그 동작에 대하여 '닭이 우는' 동작이라는 의미를 부여하여 특질화한다고 하겠다.

이러한 동작단위사는 '하나' 이상의 수관형사와 함께 동작의 반복성을 나타낼 수 있는데 이는 부류분류사가 수량구성의 요소로 사물의 복수화에 관여하는 특성과 같은 맥락이다. 예컨대, '그 영화를 다섯 번 보았다.'에서 동작단위사 '번'은 영화를 본 횟수가 명확히 다섯이며 수관형사 '다섯'과 함께 '다섯 번'이라는 수량구성은 한 영화를 본 동작의 반복성을 나타내게 되는 것이다.

또한 한국어 동작단위사 범주는 필수적으로 사용해야 하는 강제성을 띤다. 즉 동작의 횟수를 셀 경우 동작단위사를 반드시 사용하여 단위를 제공해야 한다. 다른 일면 이는 한국어에서 동작단위사는 생략이 불가능함을 의미한다. 즉 생략할 경우 의미가 달라지는데 이는 도량형 분류사나 집합 분류사를 생략할 수 없는 것과 같은 맥락이며 부류분류사와 구별되는 다른 기능이기도 하다. 예컨대, '제기를 한 <u>가지</u>에 다섯 번 찼다'에서 동작단위사 '가지'와 '번'을 생략한다면 상기 문장과 같은 내용의 정보 전달이 불가능할 뿐만 아니라 문장자체가 성립되지 않는다.

한편 본 연구에서는 동작단위사는 부류분류사의 기능과 같은 사물의 개체화(개별화)의 기능은 가지지 않는다고 본다.[11] 그것은 동작단위사와 사물단위사의 수량화 대상 즉 셈에 관여하는 대상이 사물과 동작(사건)이라는 서로 다른 대상이기 때문이다. 사물, 유기체, 행동범주는 우리가 세계를 인지하는 인지적 범주이며 그 중 행동은 원형적 범주이고 하위층위 범주는 하위유형이 아닌 행동의 단계나 부분을 표현한다. 이로부터 행동은 부분이나 단계로 세분화되는 것이기에 개별 실체로 개별화되기 어렵다는 것을 알 수 있다. 한국어에서 부류분류사가 들어간 수량구성의 일반적 구성인 '명사+수관형사+분류사'는 기본범주와 자연개체 구성원의 관계를 나타낼 수 있다. 예컨대, '사람'은 유기체인 기본범주이며 '사람 열 명'은 이 기본범주 속의 자연개체 구성원의 수량을 나타낸다. 하지만 '바둑을 세 판 두다'에서의 '바둑 두기'는 행동범주로 유형관계가 아닌 부분이나 단계로 세분화될 수 있어[12] '세 판(세 부분 또는 세 단계)'으로 나뉠 수 있다. 그리고 한국어에서 일반 명사는 임시로 부류분류사적인 기능은 가질 수 있어도 동작단위사적인 기능은 가질 수 없다는 것도 이 점을 설명해 준다고 생각된다.

그 밖에 동작단위사는 그 인지적 특성으로 말미암아 즉 동작단위사는 동작이 시작하여 끝나는 시간과정(동안)을 세는 단위이기에 시간성을 나타내게 된다. 한국어 동작단위사 중 '사건의 횟수'를 나타내는 동작단위사는 대개 상대적으로 긴 시간성을 나타낼 수 있다. 예컨대, '바탕(씨름을 몇 바탕 하다)', '차례(소나기가 몇 차례 쏟아졌다)', '탕(아르바이트를 하루에 두 탕이나 뛰다)', '축(장마당을 두 축이나 다녀왔다)' 등과 같은 동작단위사들이다. 한편 '동작의 횟수'를 세는

---

11) 행동은 원형적 범주로 상위층위 범주와 하위층위 범주가 존재하지만, 그다지 완전하게 발달하지 않았으며, 하위층위 범주는 하위유형이 아닌 행동의 단계나 부분을 표현한다. 사건은 유형 위계가 가능하지만, 아주 종종 부분(또는 단계)과 전체 간의 관계는 사건의 개념화에 더 본질적이다(프리드리히웅거러·한스—요르그슈미트 2010:162 참고).

12) 이런 기준으로 한국어의 동작단위사를 살펴보면 채완(1990:177), 우형식(2001:149)에서 제기된 '건', 우형식(2001:149)의 '통(通)' 및 곽추문(1996:143)의 '입'이나 '모금'은 동작단위사가 아니라 부류 분류사이다. 우선 '건'은 사건, 서류, 안건 따위를 세는 단위인 부류분류사이고 사건의 발생 횟수를 세는 동작단위사는 '번'이다. 예컨대, '교통사고가 네 건이나 일어났다'에서 '건'은 수 관형사 '네'와 결합되어 발생한 '교통사고'의 수량을 나타내며 추상명사 '교통사고'를 개체화한 것이고 '교통사고가 네 번이나 일어났다'에서 '번'은 수 관형사 '네'와 결합되어 발생한 '교통사고'의 횟수를 나타내며 '교통사고'가 일어난 빈도를 나타내게 된다. 다음 '통(通)'은 편지나 서류, 전화 따위를 세는 단위이고 '입'은 한 번에 먹을 만한 음식물의 분량을 세는 단위이며 '모금'은 액체나 기체를 입 안에 한 번 머금는 분량을 세는 단위로 부류분류사에 속하는 것으로 동작이나 사건의 발생 횟수를 세는 동작단위사가 아니다.

단위로 나타나는 동작단위사는 상대적으로 짧은 시간성을 나타내기도 한다. 예컨대, '수(手)', '걸음', '발자국' 등이 있다. 하지만 '번'은 동작이나 사건의 횟수를 세는 단위로 통용되는 동작단위사로서 [+순간성]이나 [+과정성]의 동작을 포함한 동작 및 사건의 횟수를 두루 나타낼 수 있다(예: 오늘 하루 제기를 두 번 찼다/한 번에 두 가지 찼다/한 가지에 열 번 찼다).

그렇다면 이러한 동작단위사들이 통사적으로 어떤 기능이 있는지 살펴보도록 하자.

우선 동작단위사는 분포적으로 다음과 같은 양상을 보인다.

(12) 가. 하루에 커피를 두 번 마신다.
　　　나. 운동장을 세 바퀴 돌았다.
　　　다. 엄마한테 한 바탕 혼났다.
　　　라. 세 차례의 심사를 통과했다.
　　　마. 한 번은 봐준다.

(13) 가. 담배를 한 대 채운다.
　　　나. 담배 두 대 피웠다.

(14) 가. 지난번에는 고마웠어요.
　　　나. 그런 일을 여러 번 겪었다.
　　　다. 약속을 번번이 어겼어.

(12가, 나, 다)에서 동작단위사 '번, 바퀴, 바탕'은 수 관형사와 함께 수량 구성을 이루고 동작동사 앞에서 동사를 수식하는 부사어 기능을 하고 있다. 이 때 '수 관형사+동작단위사' 수량 구성의 위치는 동사 앞에 오는 것이 일반적이나 필수적인 것은 아니다. 그것은 동작단위사의 의미적 기능이 동작의 횟수 뿐만 아니라 일의 횟수 즉 사건의 횟수를 세는 단위도 제공하는 것으로 여기에서 사건은 사물, 유기체, 행동범주의 융합을 표상하기 때문이다. 따라서 (12가)는 '하루에 두 번 커피를 마신다.'고 할 수도 있는 것이다. 하지만 동작의 횟수를 세는 단위가 분명한 (12다)의 경우는 반드시 동작동사 '혼나다'의 앞에 오게 된다. (12라)의 동작단위사 '차례'는 수 관형사와 함께 수량 구성을 이루어 속격조사 '의'와 결합되어 명사를 한정하는 관형어 기능을 하고 있다. 한편 (12마)에서 동작단위사 '번'은 수 관형사와 함께 주제화문에 사용되고 있음을 볼 수 있다. 이런 기능은 동작

단위사가 그 적용 대상인 동작에 대해 특질화하고 부류화하는 기능이 있어 '수 관형사+동작단위사'의 구조로 동작이나 사건을 대체할 수 있기에 가능하다. 이는 부류분류사가 사물을 수량화할 뿐만아니라 부류화하는 기능이 있기에 사물의 양을 셀 때 직접 수량구조로 사물을 대체할 수 있는 것과 같은 맥락인 셈이다. 예컨대, '오늘 점심에는 (밥) 두 그릇이나 먹었다.'에서 '두 그릇'은 밥을 대체할 수 있는 대용화가 가능하여 '밥'은 생략할 수 있는 것이다. 이로부터 '수 관형사+동작단위사'의 수량 구성은 주로 동작을 나타내는 동작동사와 결합되지만 '수 관형사+동작단위사+의'과 같은 구조로는 명사와도 연어관계가 이루어질 수 있음을 알 수 있다.

(13가)에서 '대'는 부류분류사로 담배통에 채워 넣는 담배의 분량을 나타내는 단위로 쓰인 예이고 '담배 두 개비'에서의 '개비'와 마찬가지로 담배 개체를 세는 단위이며 (13나)는 '대'가 동작단위사로 담배를 피우는 횟수를 세는 단위로 쓰인 경우이다. 이처럼 한국어에서는 부류분류사의 기능이 있을 뿐만 아니라 동작단위사의 기능도 있는 분류사들이 있는데 예컨대, '고팽이'는 『표준국어대사전』에 의하면 '수량을 나타내는 말 뒤에 쓰여' 새끼나 줄 따위를 사리어 놓은 돌림을 세는 단위로 '자네도 새끼 한 고팽이 꽈 보겠나?'와 같이 쓰이는가 하면 수량을 나타내는 말 뒤에 쓰여 두 지점 사이의 왕복 횟수를 세는 단위로 '...청석골을 몇 고팽이씩 할는지 아나.'와 같이 사용된다.

(14)는 한국어에서 동작단위사 중 통용되는 동작단위사라고 할 수 있는 '번'의 기타 사용 양상이다. '번'은 '이, 그, 저, 지난' 등과 같은 지시어와 결합되기도 하고 '여러, 서너' 등과 같은 약수와도 결합할 수 있다. 한편 (14나)는 '번'이 반복구조로 부사가 되어 '매 번'의 뜻을 나타내는 경우인데 이는 반복구성으로 '매 하나' 또는 '모든'의 의미를 나타내는 부류분류사의 기능과 같은 맥락이며 이는 언어의 유형론적 특징일 수 있다(채옥자 2011:77 참고).

이상의 논의를 정리하면 한국어의 동작단위사란 동작이나 사건의 횟수를 세는 단위이며 그 주요 기능은 동작을 수량화하는 것이고 부차적으로 특질화하기도 하며 '수 관형사+동작단위사'의 수량구성을 이루어 동작을 나타내는 동사 앞에 선행하는 경우가 일반적이다.

이러한 한국어의 동작단위사는 (15가)와 같이 [+순간성]의 동작동사로 나타나는 동작의 횟수를 세는 동작단위사와 (15나)처럼 일정한 시간을 두고 이루어지는 사건의 횟수를 세는 동작단위사로 나눌 수 있다.[13]

---

13) 이런 기준으로 한국어의 동작단위사를 살펴보면 채완(1990:177), 우형식(2001:149)에서 제

(15) 가. 걸음, 대01, 발09(發), 발/발짝, 방, 점10, 합01(合), 홰01 등
　　　나. 게임, 그루, 교02(校), 끼01, 고팽이, 돌림01, 무08(無), 바퀴, 바탕02, 박
　　　　　10(泊), 배1, 번, 벌05, 범04(犯), 사리, 선15(選), 수04(手), 승12(勝),
　　　　　잠1, 주11(周), 켜, 탕01, 판, 패01(敗), 차03(次), 차례, 축, 회08(回) 등

5. 맺음말

　본고에서는 한국어에서 동작이나 사건의 횟수를 세는 단위를 나타내는 범주
를 동작단위사라고 하고 그 의미적 특성 및 기능적 특성을 살펴보았다. 요약하면
동작단위사로 표현되는 동작의 수량은 '횟수'이며 '횟수'의 인지적 특성은 동작이
시작되어 끝나는 데 걸리는 동안(시간)의 수량을 의미하는 것이다. 즉 동작의 量
은 동작이 차지한 시간으로 계산할 수 있어 시간단위사를 사용하면 동작과정에
걸린 시간을 나타내고 동작단위사를 사용하면 동작이 반복된 횟수를 나타내는
것이다. 그리고 동작단위사의 기능은 수량화나 특질화이며 주요 기능은 수량화
라고 할 수 있다. 하지만 개체화나 개별화는 아니다. 이런 분석은 유형론적으로
같은 분류사 언어에 속하는 중국어의 動量(동작단위사)의 의미적 특성을 밝히는
데에도 어느 정도 통찰력을 제공해 줄 수 있을 것으로 생각된다. 한편 한국어의
동작단위사는 '수 관형사＋동작단위사'의 수량구성을 이루어 동작을 나타내는 동
사에 선행하여 부사어의 기능을 하는 것이 일반적이지만 '수 관형사＋동작단위사
＋의'의 구조로 명사에 선행하여 관형어의 기능도 할 수 있다.

　그런데 (15나)의 교02(校), 무08(無), 박10(泊), 범04(犯), 선15(選), 승
12(勝), 주11(周), 패01(敗), 차03(次) 등은 사건의 '횟수'를 나타내는 단위로 동
작단위사의 의미적 특성을 가지고 있지만 일음절로 된 한자어이고 한자어수사

기된 '건', 우형식(2001:149)의 '통(通)'및 곽추문(1996:143)의 '입'이나 '모금'은 동작단위사가
아니라 부류 분류사이다. 우선 '건'은 사건, 서류, 안건 따위를 세는 단위인 부류분류사이고 사
건의 발생 횟수를 세는 동작단위사는 '번'이다. 예컨대, '교통사고가 네 건이나 일어났다'에서
'건'은 수 관형사 '네'와 결합되어 발생한 '교통사고'의 수량을 나타내며 추상명사 '교통사고'를
개체화한 것이고 '교통사고가 네 번이나 일어났다'에서 '번'은 수 관형사 '네'와 결합되어 발생
한 '교통사고'의 횟수를 나타내며 '교통사고'가 일어난 빈도를 나타내게 된다. 다음 '통(通)'은
편지나 서류, 전화 따위를 세는 단위이고 '입'은 한 번에 먹을 만한 음식물의 분량을 세는 단위
이며 '모금'은 액체나 기체를 입 안에 한 번 머금는 분량을 세는 단위로 부류분류사에 속하는
것으로 동작이나 사건의 발생 횟수를 세는 동작단위사가 아니다.

와만 결합되는 등 기타 동작단위사와 다른 통사적 기능을 가지고 있는 것이 특이하다. 한국어에서 동작단위사는 그 의미적 속성 및 기능에 따라 분류되어야 하는 바 사전에서는 대부분 의존명사에서 찾아볼 수 있으나 명사(예: 걸음, 차례, 고팽이 등)에서도 나타난다. 본 연구에서는 『표준국어대사전』에서 나타나는 '횟수'를 세는 단위들을 찾아 한국어의 동작단위사를 명사의 부류분류사와 대등한 것으로 유형화하고 체계화하였다. 이는 한국어의 동작단위사의 하위분류화를 가능케 하고 나아가서 한국어의 분류사 전반에 대한 체계적인 연구를 새롭게 하는 계기가 될 수도 있을 것이다.

참고문헌

강창석(2009), 「국어의 수량표현 문법 Ⅰ −개념과 용어의 문제를 중심으로」, 『인문학지』 39, 충북대.

고영근·남기심(1985), 『표준 국어 문법론』, 탑출판사.

곽추문(1996), 「한국어 분류사 연구」, 성균관대학교 박사학위논문.

김선효(2005), 「국어의 분류사와 문법화」, 『한국어학』 27, 한국어학회, 107−123.

김영희(1983), 『한국어 셈숱화 구문의 통사론』, 탑출판사.

김인균(2005), 「한국어와 중국어의 수량 표현」, 『시학과 언어학』 제9호, 시학과 언어학회, 151−176.

김지홍(1994), 「수량 분류사를 가진 명사구의 논항구조」, 『배달말』 19, 배달말학회, 1−48.

金珍我(2002), 漢語与韓語量詞比較, 世界漢語敎學第2期.

박정구(2011), 「분류사의 유형론−중국어 분류사를 중심으로」, 국어학회 제38회전국학술대회 발표자료집(2011. 12.).

박진호(2011), 「소유 분류사와 한국어의 속격 표지」, 유형론연구회제4회연구발표회자료집 (2011. 07.).

서정수(1996), 『국어문법』, 서울: 한양대출판원.

시정곤(2000), 「국어 수량사구의 통사구조」, 『언어』 25−1, 한국언어학회, 73−101.

신호철·이현희(2009), 「한국어 수량 구성의 유형과 특징」, 『문법교육』 11, 한국문법교육학회, 201−227.

우형식(2000), 「수 분류사의 특징과 한국어 분류사」, 『언어과학』 7−2, 127−146.

우형식(2001), 『한국어 분류사의 범주화 기능 연구』, 도서출판 박이정.

유동준(1983), 「국어 분류사의 수량화」, 『국어국문학』 89, 국어국문학회, 53−72.

이경·한영목(2010), 「한국어 분류사와 중국어 양사 대비 연구」, 충남대학교 석사학위논문.

이숭녕(1968), 『문법』, 을유문화사.

이영남(2011), 「한국어 분류사와 중국어 양사의 대조 연구」, 부산외국어대학교 석사학위논문.

이익섭(1973), 「국어 수량사구의 통사 기능에 대하여」, 『어학연구』 9−1, 서울대 어학연구소.

임동훈(1991), 「현대국어 형식명사 연구」, 『국어연구』 103.

임홍빈(1991/1998), 「국어 분류사의 성격에 대하여」, 『국어문법의 심층』 3, 태학사.

진려봉(2011), 「수 분류사의 범주에 대한 고찰」, 국어학회 제38회전국학술대회 발표자료집 (2011. 12.).

진봉매(2010), 「한·중 분류사 및 수량 표현구의 대비 연구」, 아주대학교 석사학위논문.

프리드리히웅거러·한스—요르그슈미트, 임지룡·김동환 옮김(2011), 『인지언어학 개론』, 태학사.

채옥자(2012), 「韓國語와 中國語 數 분류사의 대조」, 국어학회 제38회전국학술대회 발표자료집(2011. 12.).

채 완(1982), 「국어 수량사구의 통시적 고찰: 어순변화의 일례로서」, 『진단학보』, 진단학회, 53–54.

채 완(1983), 「국어 수사 및 수량사구의 유형적 고찰」, 『어학연구』, 19:1, 서울대어학연구소.

채 완(1990), 「국어 분류사의 기능과 의미」, 『진단학보』70, 진단학회.

최현배(1946), 『우리말본』, 정음사.

安豊存·安豊科(2011), 汉语量词"匹"词源及语法化分析, 东疆学刊28卷第3期.

贝罗贝(1998), 上古、中古汉语量词的历史发展, 语言学论丛, 第二十一辑北京商务印书馆.

高名凱(1948), 『漢語語法論』, 開明書店.

郭绍虞(1951), 『数位词的分析与其词例』, 商务印书馆.

戴庆厦·蒋颖(2005), 论藏缅语的反响型名量词, 中央民族大学学报第2期.

郭　锐(2002), 『现代汉语词类研究』, 北京:商务印书馆.

黄载君(1964), 从甲文、金文量词的应用, 考察汉语量词的起源于发展, 中国语文第6期.

金福芬·陳國華(2002), 汉语量词的语法化, 清华大学学报, 第17卷.

李宇明(2000), 拷贝型量词及其在汉藏语系量词发展中的地位, 中国语文第1期.

李知恩(2011), 量词的跨语言研究, 北京大学博士学位论文.

黎锦熙·刘世儒(1978), 『论现代汉语中的量词』, 商务印书馆.

刘丹青(1988), 汉语量词的宏观分析[J], 汉语学习4:5–7.

刘丹青(2002), 汉语类指成分的语义属性和句法属性, 《中国语文》第5期.

刘世儒(1961), 魏晋南北朝个体量词研究, 中国语文第10期, 第11期.

劉街生(2003), 现代漢語動量詞的語義特徵分析, [J]. 语言研究, 2003年2期.

呂淑相(1982), 『中國文法要略』, 商务印书馆.

马建忠(1898), 『馬氏文通』, 商务印书馆.

沈家煊(1994), "语法化"研究综观[J]. 外语教学与研究, 4.

沈家煊(1995), "有界"與"無界", 《中国语文》1995年第5期.

史金生·胡曉萍(2004), 動量副詞的類別及其選擇性, 語文研究 2004年2期.

石毓智·李讷(2001), 『汉语语法化的歷程』, 北京:北京大學出版社.

王　力(1955), 『中國現代語法』, 中華書局.

王　力(1984), 『中國语法理論』, 山東教育出版社.

王　力(1989), 『汉语语法史』, 商务印书馆.

王紹新(2010), 汉语史上名量词语法化问题, 陝西师范大学学报第39卷第3期.

吴福祥·冯胜利·黄正德(2006), 汉语"数＋量＋名"格式的来源[J]. 中国语文第4期:387.

張斌(2009), 『现代汉语描寫語法』, 北京:商务印书馆.

張世祿(1940), 『中國文法革新論叢』, 商务印书馆.
朱景松(1998), 動詞重疊式的語法意義, 《中国语文》 1998年第5期.

※ 이 논문은 2012년 『국어학』 64에 게재되었던 논문임.

채옥자(蔡玉子)
中國上海市邯鄲路220号復旦大學 外文學院 韓語系 (200433)
전화: 86-21-6564-3488
전자우편: yzicai@hanmail.net

한국어 담화문의 생략현상에 대한 화용론적 연구

金京淑 (낙양외국어대학교)

1. 생략의 개념

생략이란 문장성분이 텍스트의 표층에서 어휘화되지 않은 것을 가리키는 것으로서, 생략은 한국어의 문어 또는 구어에서 흔히 일어나는 언어현상이다. 한국어의 생략현상의 유형은 크게 문장 성분의 생략과 조사의 생략, 문장 뒷부분 즉 후행절의 생략으로 나눌 수 있다.[1]

선행연구를 검토해 보면 문장 성분의 생략과 조사의 생략에 대하여서는 이미 많은 학자들이 생략현상이 일어나게 되는 동기와 원인에 대하여 비교적 체계적으로 연구를 진행한 상태인 데 비하여 문장 후행절의 생략현상에 대하여서는 별로 연구가 진행되지 않은 상태이다. 고로 본고에서는 한국어 담화문에서의 후행절의 생략현상 및 생략의 화용론적 조건과 화용론적 기능을 중점으로 고찰하고자 한다.

한국어 담화문에서 후행절의 생략현상은 흔히 일어나는 언어현상이다. 다음의 두 단락의 대화 내용을 예로 보기로 하자.

> ① ㄱ: 사장님, 오늘 결재하실 서류를 가져왔습니다.
>
> ㄴ: 책상위에 놓아 주세요.
>
> ㄱ: (나가지 않고 머뭇거린다.)

---

1) 기존 연구에 따르면 문장 성분의 생략은 보통 주어의 생략, 상황어의 생략, 목적어의 생략, 술어의 생략 등으로 나누고 조사의 생략은 보통 주격조사 '이/가'의 생략, 목적격 조사 '을/를'의 생략, 속격 조사 '의'의 생략, 여격 조사 '에'의 생략, 보조사 '는/은'의 생략, 접속격 조사 '와/과'의 생략으로 나누는 경우가 많다. 본고에서 말하는 후행절이란 어떤 의미에서 보면 문장성분의 생략 중의 서술어의 생략과 같은 의미로 볼 수도 있겠으나 때로는 생략되는 부분이 서술어보다 더 확대된 문장일 수도 있기 때문에 일단 후행절이란 용어를 적용하기로 한다.

  ㄴ: 왜, 무슨 일이 있습니까?

  ㄱ: 네? 아닙니다. 그럼……

② ㄱ: 안녕하세요? 저는 한국어를 배우는 학생입니다. 학교에서 한국인을 인터뷰한 내용을 신문으로 만들어 오라는 숙제를 내 주었습니다. 그래서 시간이 가능하면 인터뷰를 부탁하고 싶은데요……

  ㄴ: 저, 인터뷰는 좀……

위의 두 단락의 대화내용을 보면 세 곳이 생략되었다. 한국어에 능숙한 사람이라면 보통 이 생략된 곳에 다음과 같은 말이 생략되었다는 것을 알 수 있을 것이다. ①ㄱ의 '그럼' 뒤에는 '나가 보겠습니다' ②ㄱ의 '싶은데요' 뒤에는 '괜찮으시겠습니까, 저희들의 요구를 들어 주시겠습니까' ②ㄴ의 '좀' 뒤에는 '곤란합니다, 어렵습니다' 등의 내용이 생략된 것이다.

위의 대화에서 후행절의 말이 생략되었는데 독자들은 다음과 같은 질문을 하게 될 것이다. 첫째, 무엇이 생략되었는가? 둘째, 생략된 문장은 실제 사용에서 어떤 화용론적 기능이 있는가? 셋째, 이 화용론적 기능은 어떤 원칙에 따라야 하는가? 이런 것들에 대하여서는 실천의 시점과 이론적 시점에서 연구를 해야 한다고 본다. 이에 본고에서는 영국의 언어학자 Leech가 담화원칙에서 제출한 간결성 원칙을 이론적기초로 삼아 생략현상의 화용론적 조건과 화용론적 기능을 고찰하기로 한다.

2. 생략의 화용론적 조건

영국 언어학자 Leech는 그의 "화용론"(Principles of Pragmatics)에서 담화원칙을 제출하였는데, 이 원칙은 교제수사학과 통사수사학 두 개 부류로 구성되었으며 그 중 통사수사학이론에는 간결(簡練)성 원칙과 명확(淸楚)성 원칙이 포함된다.[2]

Leech가 제출한 간결성 원칙은 생략 가능한 부분은 가급적 생략해야 한다는

---

2) 본고의 Leech의 화용론 담화원칙에 관한 이론은 Geoffrey N. Leech, *Pragmatics*, 池上嘉彦, 河上誓作譯(1987), 紀伊國書店을 재인용한 것이다.

것이다.[3] Leech가 제출한 생략의 화용론적 조건은 듣는 이가 어떤 경로를 통하여 말한 이가 생략한 내용을 정확하게 복원할 수 있어야 함을 만족시켜야 한다는 것이다. 물론 그 복원의 경로는 여러 가지가 있다. 예를 들면, 말하는 이의 표정, 억양, 강세, 쉼 그리고 말하는 이와 듣는 이의 관계 또는 그들이 소유한 지식, 언어 환경 요소 등등이 있다. 본고에서는 이런 언어외적 요소들에 대하여서는 거론하지 않고 단 언어적 요소로서의 생략현상에 한하여서만 연구하고자 한다.

3. 생략현상에 대한 화용론적 분석

다음은 구체적인 예를 통하여 한국어의 생략문장에 대하여 고찰하기로 한다.

1) 조사로 끝맺은 말

여기에는 '이/가', '은/는', '도', '을/를', '에' 등이 포함된다.

　① ㄱ: 지금 호텔에서 일을 한다고 들었는데, 사실이냐?
　　 ㄴ: 네, 호텔에 다니는 친구가 소개를 해 주셨거든요.
　　 ㄱ: 음, 친구가……. 그 거 참 잘 된 일이군.
　　 ㄴ: 네, 그렇습니다.

　② ㄱ: 미스 김 점점 더 예뻐지는데…… 혹시 남자친구가 생긴 게 아니야.
　　 ㄴ: 실장님, 별말씀을……

　③ ㄱ: 누가 중국에서 오신 왕룡 씨예요.
　　 ㄴ: 교수님, 제가 왕룡입니다.
　　 ㄱ: 전공은……
　　 ㄴ: 네, 미리 말씀을 못 드려 죄송스럽습니다. 한국역사를 전공하고 있습니다.

---

3) 생략의 이유에 대하여 한국의 서정수(1995)에서는 표현의 경제성과 문장의 간명성이라고 지적하고 있다. 즉 담화문에서 의미 전달에 지장이 없을 경우 하나의 형태라도 줄여서 말하려고 하는 것이 바로 경제의 원칙이라는 것이다.

④ ㄱ: 자, 주목! 이번 휴가에 설악산에 갈사람 손들어 봐.

ㄴ: 저두요……

ㄱ: 너는 휴가 끝나면 바로 시험이 있잖아? 시험 준비해야지.

ㄴ: 저두 기분전환이 필요한데요, 다녀와서 열심히 하겠습니다.

⑤ ㄱ: 철수가 지금 어디 있을까?

ㄴ: 서울에……

예문 ①ㄱ의 '친구가'의 조사 '가' 말이 텍스트에 나타나지 않았지만 그 앞말에서 '친구가 소개를 해 주었다'라는 말이 이미 나타났기 때문에 그 다음 말에 구태여 다시 '소개를 해 주었다'라는 말이 안 나타나도 생략된 부분을 완전히 복원할 수 있다. ②ㄴ에서는 조사 '을' 뒷부분이 생략되었는데, 앞의 말에 의하여 '쑥스럽게 왜 그런 말씀을 하십니까?' 등의 내용이 들어갈 수가 있다는 것을 알 수 있다. 예 ③ㄱ의 '전공은' 뒤에는 '무엇입니까?'라는 물음이 생략되었는데 이것은 흔히 볼 수 있는 현상이다. 구어에서는 '이 분은……', '이름은……' 뒤에 말이 항상 생략되는 현상을 볼 수 있는데, 이런 경우에는 '누구입니까', '무엇입니까' 등의 말이 들어 갈 수 있다. 예 ④ㄴ에서는 조사 '도' 뒤의 내용이 생략되었는데, 상대방의 지위가 높을 때나 대우해야 하는 상황에서는 '도요'로 쓰이는 것이 보편적이다. 그리고 또 구어체이기 때문에 '도'가 '두'의 형태로 나타나기도 한다.[4] 예 ⑤ㄴ도 '에' 뒤의 말이 생략되었는데 이것은 ⑤ㄱ으로부터 복원될 수 있기 때문이다.

2) 접속 어미로 끝맺은 말

접속 어미는 서술 기능과 더불어 선행문과 후행문을 접속시키는 구실을 하는 어미이다.[5] 그리고 이것은 각각 특정한 의미를 지니고 있다. 따라서 모든 접속 어미는 문법적 제약을 받는다(이주행 1996:301). 본고에서는 접속 어미를 다음과 같이 몇 개 부류로 나누어 구체적인 예를 통하여 그것들의 화용론적인 의미를 고찰하기로 한다.

---

4) 상대방의 지위가 높거나 대우해야 하는 상황에서의 형태변화에 대하여서는 남기심·고영근 (1993:182)를 참조.

5) 접속 어미에 대한 개념에 대하여서는 여러가지 설이 있다. 선덕오(1997)에서는 접속조사, 최윤갑(1981)에서는 접속토, 국어사전(1982)에서는 어미, 남기심·고영근(1993)에서는 연결어미, 최현배(1999)에서는 이음 토씨, 본고에서는 이주행(1996)에 따라 접속 어미로 부르기로 한다.

여기에는 병렬을 나타내는 '고'; 제시와 대립을 나타내는 '는데/ㄴ데'; 대립을 나타내는 '나', '지만'; 선택을 나타내는 '거나' , '든지', '든가'; 원인을 나타내는 '니까', '아서/어서'; 가정을 나타내는 '면/으면', '거든', '자면'; 양보를 나타내는 '아도/어도/여도', '더라도'; 목적을 나타내는 '러/으러', '려고/으려고'; 옮김을 나타내는 '하고', '라고', '고' 등등이 포함된다.

⑥ ㄱ: 철수 씨, 요새 안색이 안 좋네요.
　　ㄴ: 네, 말도 말아요. 요새 사는 게 너무 힘들어요. 이사도 해야 하고, 논문 자격
　　　　시험도 봐야 하고……

'고'는 원래 병렬을 나타내는 접속 어미로, '고' 뒤의 문장이 생략되었지만 듣는 이는 안색이 안 좋은 원인이 생략되었다는 것을 판단해 낼 수 있다. 왜냐하면 '고'는 병렬을 나타내는 것이기 때문에 후행절의 말을 생략했지만 생략된 내용이 다른 말이 아니라 앞 절의 말과 병렬의 관계를 나타내는 말임을 알 수 있다.

⑦ ㄱ: 애, 너 아직 마중 안 갔니? 비행기 도착시간 다 됐잖아?
　　ㄴ: 짜증나 죽겠어. 공부하기도 바빠 죽겠는데……

⑧ ㄱ: 한국에서의 유학생활이 어떠세요?
　　ㄴ: 생각보다 생활하기가 쉽고 재미있지만……

위의 예 ⑦ㄴ의 '는데'와 ⑧ㄴ의 '지만'은 모두 대립을 나타내는 접속 어미이다. 예 ⑦의 ㄴ과 ⑧의 ㄴ은 모두 할 말을 생략하였다. 하지만 듣는 이는 상대방이 생략한 말을 정확하게 판단해 낼 수 있다. 그것은 듣는 이는 말한 이가 앞에서 전달한 정보를 통하여, 그리고 '는데'와 '지만'은 모두 대립이라는 특정한 의미를 지니고 있기 때문에 뒷부분 내용을 복원하거나 정확하게 그 의미를 이해할 수 있게 되기 때문이다.

⑨ ㄱ: 아버지, 우리도 여름휴가에 바다로 가요.
　　ㄴ: 그러자꾸나, 보너스가 후하게 나오면……

⑩ ㄱ: 너 아직 퇴근 안 했니?
　　ㄴ: 이 일이 끝나거든……

‘면’과 ‘거든’은 모두 가정을 나타내는 접속 어미로, ‘면’ 뒤에 말을 생략한 것은 다른 사람이 어떤 제의를 했을 경우 그 제의를 실현할 수 있는 어떤 필수적 조건이 주어지면 받아들일 수 있다는 것이기 때문에 뒷부분 말을 생략해도 이해에 아무런 지장이 없게 된다. ‘거든’의 후행문은 명령형이나 청유형이나 응낙형으로, 묻는 말에 대답할 때는 응낙형이 오는 것이 보통이다. 그러므로 듣는 이는 ‘거든’이란 접속 어미를 통하여 뒷부분 말을 정확하게 이해할 수 있는 것이다.

⑪ ㄱ: 어떻게 오셨어요?
　　ㄴ: 네, 갑자기 머리가 아파서요……

⑫ ㄱ: 요즘에는 사람들이 바다로 많이들 가는 것 같아요.
　　ㄴ: 복철이라 더우니까……

예문 ⑪ㄴ과 ⑫ㄴ의 끝맺은 말은 모두 원인을 나타내는 접속 어미이다. ‘서’와 ‘니까’는 “어떤 원인으로 어찌어찌하다 또는 어디로 가다/오다”가 오는 것이 보통이므로 접속 어미로 문장을 끝맺었지만 듣는 이는 쉽게 “왔어요”, “가요”가 옴을 알 수 있다. 이런 이유로 원인을 나타내는 접속 어미 뒤의 말을 생략해도 교제에 아무런 지장을 주지 않으며, 구어의 경제성과 간결성의 원칙에도 부합되는 것이기 때문에 구어에서 많이 쓰인다.

⑬ ㄱ: 어디 가니?
　　ㄴ: 내일 어버이날이잖아. 편지 부치러……

⑭ ㄱ: 일요일인데도 학교에 나가니?
　　ㄴ: 응. 시험공부하려고……

⑬ㄴ과 ⑭ㄴ의 예문 ‘러’와 ‘려고’는 목적과 의도를 나타내는 접속 어미로 ‘러’ 뒤에는 항상 “가다, 오다” 등 동사가 오며 ‘려고’ 뒤에는 ‘가다, 오다, 하다’ 등 말이 오는 것이 보통이다. 그러므로 ‘러’와 ‘려고’ 뒤의 말이 생략되는 현상은 구어에서 흔히 볼 수 있는 것이다.

3) 문장부사로 끝맺은 말

문장부사[6]는 문장전체를 꾸며 주는 부사를 가리킨다(남기심·고영근 1993: 179). 최현배(1999)에서는 "말재 어찌씨(話式副詞 또는 陳述副詞)로 일컬어, 말하는 이의 뜻을 베푸는 태도에 관한 어찌씨이니: 그 풀이말(說明語)의 베풂(陳述)의 방법을 꾸미어서 그 풀이말의 나타남에 일정한 재(式, 方式, 樣式)가 있기를 요구하는 것이니라"고 풀이하였다. 본고에서는 문장부사를 세 개 부류로 나누어 고찰하기로 한다. 그 세 개 부류는 다음과 같다. (가): 풀이말에 단정을 요구하는 문장부사 (과연, 실로, 모름지기, 물론, 정말) (나): 의혹이나 가설을 요구하는 문장부사(설마, 아마, 만일, 설령, 비록, 아무리) (다): 꺼리낌없이 바람을 보이는 문장부사(제발, 아무쪼록, 부디) 등.[7]

⑮ ㄱ: 내일 동창모임이 있다는데, 자네도 갈 건가?

　ㄴ: 물론……

문장부사는 화자의 태도를 표시하는 것이다. 이런 부사를 양태부사라 한다(남기심·고영근 1993:179). (가)의 문장부사들은 화자의 사태의 대한 믿음이 틀림없다든지 서술내용을 단정할 필요가 있을 때 쓰인다. 예를 들면 다음과 같다. (가): 과연 그 아이는 재능이 뛰어나다. 이와 같은 부사의 의미에 상응하여 그 어미도 평서형이 오는 것이 보통이다. 그러므로 위의 예문에서 '물론' 뒤에 말을 생략해도 듣는 이는 문장부사의 이러한 특성으로 상대방의 말을 이해할 수 있게 된다.

⑯ ㄱ: 어젯밤 뉴스 봤지?

　ㄴ: 어제는 야근이었어.

　ㄱ: 세상에, 물가고에 시달려 엄마가 어린 두 아들과 같이 자살했대.

---

6) 최윤갑(1981)에서는 문장부사 용어를 삽입부사라 하였다. P281 참조.

7) 최현배(1999)에서는 이 세 부류를 더 구체적으로 다음과 같이 나누었다. (가)를 다시 1) 세게 하는 것(强調的, 力說的副詞): 과연, 과시, 딴은, 진실로, 실로, 마땅히, 모름지기, 물론, 의례히, 의례로, 확실히. 정말, 참말, 응당, 정; 2) 틀림없다는 것(斷定的, 또는 必然的副詞): 단연코, 꼭, 반드시, 기필코, 기어히; 3) 비기는 것(比較的副詞): 마치, 천성(天成), 천연, 똑 4) 지우는 것(否定副詞): 결코, 조금도, 털끝만큼도 (나)를 다시 1) 풀이말에 의심스러운 말(疑惑, 質問, 反語)을 요구하는 것: 왜 어찌, 설마, 하물며; 2) 풀이말에 추측의 말을 요구하는 것: 아마, 글쎄; 3) 풀이말에 가설적 조건을 보이는 것: 만약, 만일(假設을 보이는 것), 설령(設令), 설혹(設或), 설사(設使), 가사(假使), 가령(假令), 비록, 아무리, 암만(假容을 보이는 것); (다)는 같음.

ㄴ: 아무리……

(나)의 문장부사들은 화자의 믿음이 의심스럽다든지 단정을 회피할 필요가 있을 때 쓰인다. 그러므로 그 어미도 의문형이 오는 것이 보통이다. (나): 설마 그런 곳에 살겠느냐? 이러한 문장부사의 특징으로 하여 듣는 이는 후행절의 말을 정확하게 이해할 수 있는 것이다.

⑰ ㄱ: 제가 죽을죄를 졌어요. 한번 만 살려 주세요. 네?
　ㄴ: 이번에는 절대로 용서할 수 없어.
　ㄱ: 제가 이렇게 빌게요. 제발……

(다)의 문장부사들은 희망을 표시하거나 가상적 조건 아래서 일이 이루어지기를 바랄 때 나타난다. 그리하여 이런 경우에는 명령형이나 조건의 연결어미가 오는 것이 보통이다. 예를 들면 다음과 같다. (다): ① 제발 다시는 그런 짓 하지 말아라. ② 아무쪼록 공부나 잘 했으면 좋겠다.

4) 접속부사로 끝맺은 말

접속부사란 앞 문장 의미를 뒤 문장에 이어주면서 그것을 꾸미는 부사를 가리킨다.[8] 여기에는 '그래도', '그래서', '그리고', '그러나', '그러면', '그러므로', '그렇지마는', '또', '도리어', '오히려' 등등이 포함된다.

⑱ ㄱ: 언니, 말 놓으세요.
　ㄴ: 그러면 실례죠. 결혼을 먼저 한 인생 선밴데……
　ㄱ: 하지만 저는 아직 고등학생이고, 언니는 회사원이잖아요.
　ㄴ: 그래도……

⑲ ㄱ: 민수 씨, 어디 가세요? 그렇게 큰 박스를 메고.
　ㄴ: 배달하는 중이에요.
　ㄱ: 배달? 왜요?
　ㄴ: 아직 모르시네요. 집에서 과일가게를 냈거든요. 그래서……

---

8) 남기심·고영근(1993)에서는 문장부사의 범위를 넓혀서 접속부사까지 포함시켰다. 본고에서는 최현배(1999)의 관점에 따라 문장부사와 접속부사로 나누어 다루기로 한다.

⑳ ㄱ: 별로 차린 건 없지만 많이 드세요.

　　ㄴ: 네, 그럼……

　　ㄱ: 네, 어서 드세요.

예문 ⑱ㄴ에서 '그래도' 뒤의 말을 생략했지만 듣는 이는 생략된 내용이 앞의 말과 반대되는 내용임을 알 수 있다. 왜냐하면 '그래도'는 양보의 뜻을 나타내는 접속부사이기 때문이다. ⑲ㄴ의 '그래서'는 원인을 나타내는 접속부사이고, ⑳ㄴ의 '그럼'은 '그러면'의 준말형태로서 말한 이의 제의를 접수한다는 뜻이기 때문에 '그럼'을 말하자마자 듣는 이는 뒷부분 내용을 이해하고 "어서 드세요"라고 한 것이다.

4. 내용 총화와 향후 과제

한국어 담화문에서 후행절의 생략현상은 바로 언어의 간결성을 체현한 것이다. 앞에서도 언급하였지만 후행절의 생략은 때로는 서술어의 생략이라고도 볼 수 있는데 서술어는 문장의 필수적 성분이므로 생략될 수 없는 것이 원칙이다. 다만 여러 개의 문장이 이어져서 하나의 커다란 문장을 이루는 경우에 똑같은 서술어가 반복되어 쓰이면 반복되는 서술어가 생략될 수 있으며, 또 앞의 문맥에 의해 서술어가 무엇인지 예측이 가능할 때 서술어의 생략은 가능하다(남기심·고영근 1993:257).

이상으로 본고에서는 언어적 요소로서의 담화문에서의 후행절의 생략현상에 대하여 고찰하여 보았다. 그 내용을 총화하면 다음과 같다.

첫째: Leech는 담화원칙에서 간결성원칙은 명확성원칙에 어긋나지 말아야 한다는 하였다. 그러나 간결성원칙과 명확성원칙은 항상 서로 모순되기도 한다. 반복할 필요가 없거나 문맥 또는 언어적 요소를 통하여 듣는 이가 생략된 성분의 내용을 이해할 수 있는 언어적 상황에서는 생략이 가능한 것이다. 그러나 만일 듣는 이가 어떤 이유로든지 말한 이가 생략한 말을 정확하게 복원할 수 없어 의미전달에 모호성이 생긴다면 명확성원칙에 어긋나게 되는 것이다.

둘째: 언어의 구조 및 화용론적 규칙의 형성과 사회적인 약속은 점진적으로 진행되는 것이다. 하지만 이러한 과정이 이루어지고 사회적인 인정을 받게 되면 이러한 원칙에 의하여 화용론적 조건과 화용론적 기능을 지도할 수 있게 되는 것

이다. 본고의 연구목적은 바로 이러한 원칙을 응용하여 언어현상을 분석하고 인식하게 하는 데 있는 것이다. 그리고 한국어를 목적어로 하는 학습자들이 텍스트의 표층에서 어휘화되지 않은 부분에 대하여 보다 잘 이해하고 실제 담화문에서 정확하게 활용하여 말을 경제적으로 또 간결하게 구사할 수 있도록 하는 데 도움이 되기를 바란다.

셋째: 한국어 담화문에서의 문장 후행절의 생략현상에는 다른 한 가지의 화용론적 기능이 있는 바, 그것은 바로 Leech가 제출한 예의(礼貌)원칙이다. 편폭의 제한으로 인하여 본고에서는 일단 이러한 기능이 있다고 제출하는 데에 그치고, 다음 기회에 계속 탐구하고자 한다.

참고문헌

남기심·고영근(1993), 『표준 국어문법론』, 서울: 탑출판사.
문영자(2005), 「한국어 담화문에서의 생략현상」, 중국한국(조선)어교육연구학회, 『중국한국(조선)어 교육연구』 17-31.
서정수(1995), 『국어문법』, 서울: 뿌리깊은 나무.
선덕오(1997), 『조선어기초문법』, 북경: 상무인서관.
이주행(1996), 『한국어 문법 연구』, 서울: 중앙대학교 출판부.
최윤갑(1981), 『조선어문법』, 심양: 요령인민출판사.
최현배(1999), 『우리말본』, 서울: 정음문화사.
Geoffrey N. Leech. *Pragmatics*. 池上嘉彦, 河上誓作譯(1987), 紀伊國書店.

※ 이 논문은 『중국조선어문』(2007년 6호)에 수록된 「조선어담화문에서의 생략현상에 대한 화용론적 분석」 내용을 수정없이 정리한 것임.

김경숙(金京淑)
낙양외국어대학교 한국어학과
하남성 낙양시 036# 50번지
전자우편: jinjingshu618@icloud.com, daijinshu@hanmail.net

의존명사 '것'의 대용적 기능에 대하여

呂春燕·張文江 (낙양외국어대학교)

1. 대용의 개념

한국어 문법사에서 대용이라는 용어는 이미 광복 이전에 등장하였는데 어떤 관습적 상황에서 구체적이고 실제적 의미를 지닌 본딧말을 되풀이하지 않고 보다 짧고 추상적이며 형식적인 언어 형식으로 대신하여 표현하는 언어현상을 의미한다. 대용이라는 현상은 언어를 경제적으로 간편하게 사용하기 위해 마련된 수단이고 이러한 대용의 기능을 담당하는 어휘로서 대용체언과 대용용언이 있는데 '것'도 그중의 하나이다.[1]

한국어의 여러 의존명사 가운데서 '것'은 쓰임이 아주 다양하고 사용 빈도수도 매우 높은 편이다. 『새우리말 큰사전』(1978)에 의하면 '것'은 6가지의 의미를 가지고 있는데 세상의 모든 대상을 제약 없이 거의 다 나타낼 수 있을 뿐 아니라 여러 문법적 관용형을 구성하는 데도 많이 쓰인다.[2] 의존명사 '것'이 언어생활에서 활발하게 쓰이고 있음에도 불구하고 이제까지 한국어 학계에서는 '것'에 대한 연구가 단순한 용법의 나열이거나 쓰임의 총설로 대충 그치는 것이 상례였다고 본다. 본 논문은 이러한 기존 실천 연구를 바탕으로 이론과 실천을 결합하여 먼저 '것'의 고유한 특성을 분석하고 그것으로 본 의존명사 '것'의 대용적 기능에 대하여 고찰해 보기로 한다.

---

1) 대명사, 의존명사, 수사 등이 대용체언에 속하며 대용용언에는 '그러하다', '하다' 등이 포함되어 있다.

2) 『조선말대사전』(1992)에 의하면 '것'은 8가지의 의미를 가지고 있다.

2. 의존명사 '것'의 고유한 특성

의존명사 '것'은 다른 명사와 구별되는 다음과 같은 고유한 특성을 가진다.

먼저, '것'은 의존명사로서 홀로 쓰이지 못하고 그 앞에 필수적으로 그 의미를 제한, 보충해 주는 선행요소(先行要素) 즉 관형어의 도움을 받아서만 자기의 기능을 수행하는 특성을 가지고 있다. 예컨대

① 이것은 책이다.
② 서울에서 편지가 온 게(것이) 있다.

위와 같은 문장들에 나타나는 '것'이 바로 그러하다. 물론 "것도 사람이냐?", "것도 틀린 말은 아니군."에서처럼 '것'은 앞에 관형어가 없이도 독립적으로 쓰이는 경우가 있지만 이때에는 대명사 '그'가 생략된 것으로 보는 것이 타당하다.

둘째, 의존명사 '것'은 주로 언어형식이나 내용의 단순한 반복을 피하기 위해 경제적으로 쓰인 것이기 때문에 간결성을 가지고 있다. 여기서의 간결성은 형식의 간결성을 말한다. 다음 예문을 보자.

③ 사과와 배는 역시 우리 것이 맛이 좋다.
④ 영희가 밥을 짓고, 철수는 그것을 먹었다.

예문 ③은 '것'을 사용하여 '사과와 배'라는 절을 반복하지 않고 대화를 간결하게 표현한 것이다. 예문 ④는 '영희가 지은 밥'을 대신하여 '것'을 사용한 예문이다. ③과 ④의 예문에서 '것'을 사용함으로써 문장을 간결하고 자연스럽게 만들었다.

셋째, 의존명사 '것'은 다른 실질명사와 달리 그 스스로가 고정된 실질적 의미를 가지지 않고 문맥이나 환경에 따라 의미가 달라질 수 있는 의미의 추상성 또는 불명확성을 지닌다. 예를 들면 다음과 같다.

⑤ 언론이 그 문제를 보도하는 것이 좀 이상하다.
⑥ 어제 영희가 사온 것 있지 않냐? 그것 좀 가져오너라.

예문 ⑤의 '것'은 내용상으로 선행문(先行文) 전체 즉 "언론이 그 문제를 보도한다."를 전부 다 지시한다고 할 수 있지만 형식적으로는 문맥에 따라서 '사실'로도 해석되고 '태도'로도 해석된다. 예문 ⑥의 두 번째 '것'은 언어적 문맥만을 고

려한다면 '어제 영희가 사온 것'이지만 일정한 상황을 전제하면 그 해석이 달라 진다. 즉 '것'의 명칭을 분명히 알지만 어떤 이유로 '것'의 명확한 명칭을 피하는 것으로 해석할 수도 있고, 또 '것'의 정확한 이름이 생각나지 않아 사용된 것으로 해석할 수도 있다. 이처럼 '것'이 아닌 실질명사를 사용할 수 있는데도 '것'을 사 용함으로써 그 의미가 모호해졌다. '것'의 이러한 특성 때문에 언어생활에서 명확 한 서술을 할 필요가 없거나 정확한 단어를 이용할 수 없는 경우에는 '것'이 자주 사용된다.

위에서 살펴본 것처럼 '것'은 반드시 그 의미를 제한, 보충해 주는 선행요소에 의존하여서만 문맥에 나타나는 특성과, 언어형식의 간결성, 환경에 따라 의미가 달라질 수 있는 의미의 추상성 또는 불명확성을 지니기 때문에 대용성을 갖는 것 으로 보이게 된다. 따라서 '것'은 구체적인 문맥에서 언어의 간결함을 위해, 언어 형식의 반복을 피하기 위해, 명확한 진술의 필요성을 피하기 위해 사용되는데 이 를 '것'의 대용적 기능이라고 할 수 있다.

3. 의존명사 '것'의 대용적 기능

의존명사로서의 '것' 자체는 아무런 어휘적 의미도 없지만 그것이 가리킬 수 있는 대상에는 거의 제약이 없다. '것'은 그것이 쓰인 문장 속에 이미 나왔던 말을 대신하여 쓰일 수 있을 뿐 아니라 문장 바깥의 사물, 사건, 정황 등 거의 모든 것 을 다 지시할 수 있다. 본 논문은 대용적 기능의 측면에서 '것'을 고찰하자는 것이 기 때문에 대용적 기능이 비교적 두드러진 경우, 즉 문장 안에 이미 나타난 선행 어(先行語)[3]를 가리키는 대용 현상을 주로 살펴보기로 한다.

1) 대용의 범위에 따라 본 의존명사 '것'의 대용적 기능

의존명사 '것'은 문장 안의 요소를 가리킬 때 대용범위가 단어에 한정되지 않 는다. 단어뿐 아니라 일정한 단어결합을 대용하며 더 나아가서 앞의 문장 전체를 대신할 수도 있다.

---

3) 대용되는 본딧말을 가리킨다.

(1) 단어를 대용하는 경우

⑦ 고추는 작은 것이 매운 법이다.

⑧ 여기 여러 색의 모란꽃이 있다. 나는 그중에 붉은 것이 가장 좋다.

⑨ 우리가 처음 만난 것은 서울에서였다.

예문 ⑦과 ⑧에 쓰인 '것'은 각각 문장 안의 요소 '고추', '모란꽃'이란 단어를 가리키고 예문 ⑨의 '것'은 명사에 격조사가 붙어서 만든 단어형태 '서울에서'를 가리킨다. 예문에서 나타난 듯이 '것'은 단어를 대용하는 경우에 단순한 명사나 명칭을 지시할 수 있을 뿐 아니라 명사에 격조사가 붙어서 만든 단어형태도 대신하여 사용될 수 있다. 언어생활에서 '것'이 단어를 지시하는 데 많이 사용되고 이러한 단어를 대용하는 기능은 '것'의 대용적 기능의 핵심이라고 할 수 있다.

(2) 단어결합을 대용하는 경우

의존명사 '것'은 문장 안의 요소를 가리킬 때 단어뿐 아니라 더 나아가서 일정한 단어결합도 대신하여 쓰일 수 있다. 다음 예문을 살펴보자.

⑩ 내가 너를 미워하는 것은 네가 고집이 세서야.

⑪ 내가 집에 돌아온 것은 밤 열두 시가 지나서였다.

⑫ 내가 그와 마주친 것은 학교 정문을 나서다가였다.

이 예문 중에 '것'은 각각 연결어미를 가진 종속적 단어결합 "네가 고집이 세서", "밤 열두 시가 지나서", "정문을 나서다가"를 가리키고 있다. 따라서 '것'이 대용할 수 있는 것은 단어에 한정된 것이 아님을 알 수 있다.

(3) 문장을 대용하는 경우

언어생활에서 의존명사 '것'은 앞에 이미 나온 문장 전체까지 대용할 수 있다. 예를 들면 다음과 같다.

⑬ 그가 뇌물을 받았다. 그것이 사람들을 놀라게 했다.

⑭ 매일 매일 출근한다는 것이 정말 쉽지 않다.

⑮ 나는 그가 영희를 좋아한다는 것을 알았다.

예문 ⑬은 의존명사 '것'이 대명사 '그'와 함께 쓰이어 앞의 문장을 가리키고 ⑭, ⑮의 '것'도 형식적으로 각각 '일'과 '소문'을 대용한 것으로 해석되지만 내용상으로는 선행 문장 전체를 전부 다 지시한다고 볼 수 있다. 이렇듯 '것'은 단어, 단어결합의 범위를 넘어 문장까지 가리킬 수 있다.

2) 대용의 내용에 따라 본 의존명사 '것'의 대용적 기능

의존명사 '것'은 여러 가지 언어단위를 대용할 수 있을 뿐 아니라 대용하는 내용도 다양하다. 그러나 내용에 의한 분류 기준이 학자에 따라 다르기 때문에 일정하지는 않다. 다음의 글에서 우리는 주로 언어생활에서 '것'에 의해 많이 대용되는 사물, 사건, 행위, 사람 등의 측면에서 '것'이 대용할 수 있는 내용을 간단히 살펴보기로 한다.

(1) 사물을 대용하는 경우

    ⑯ 사과는 산동에서 나는 것이 제일 좋다.
    ⑰ 모자를 새것으로 바꾸어야겠다.
    ⑱ 과일도 익지 않은 것을 먹으면 배탈이 날 수 있다.

예문 ⑯의 '것'이 대용하는 내용은 선행어와 같이 명사 '사과'로 해석되고 예문 ⑰과 ⑱의 '것'은 각각 '모자', '과일'이라는 구체적 사물을 가리킨다.

(2) 사건을 대용하는 경우

    ⑲ 정말 끔찍했던 것은 2차 세계대전이라구.
    ⑳ 그가 사람을 죽였다는 것이 이틀 후에 드러났다.
    ㉑ 그가 부모를 돌보지 않는다는데 그것을 알고 있었는가?

예문 ⑲~㉑의 '것'은 각각 '2차 세계대전', "그가 사람을 죽였다", "그가 부모를 돌보지 않는다"는 추상적인 사건을 대용한다.

(3) 행위를 대용하는 경우

    ㉒ 거짓말을 하지 말라. 그것은 나쁜 일이다.
    ㉓ 그는 밥을 아주 맛있게 먹었다. 그것이 그 여자를 감동시켰다.
    ㉔ 그가 한국어를 하는 것이 우습다.

예문 ㉒에서 '것'은 "거짓말을 하는 추상적 행위"를 가리키고 ㉓의 '것'은 "밥을 아주 맛있게 먹는 동작"을 지시하며 ㉔는 "그가 한국어를 우습꽝스럽게 한다."는 뜻인데 '것'은 "한국어를 하는 행위"를 가리키고 있다.

(4) 사람을 대용하는 경우

㉕ 내가 미워하는 건(것은) 너야.

㉖ 너같이 비열한 것들과는 상대를 안 하겠다.

㉗ 아버지를 부르는 것은 최선생의 딸이다.

예문 ㉕~㉗에서 의존명사 '것'은 사람을 낮추어 가리킨다. '것'의 원래 기능은 사물을 대신하는 것으로서 사람 대신에 쓰인 '것'은 사람 취급을 하지 않고 사물로 낮추는 의미로 해석된다. 그리하여 '것'은 '분', '이' 등의 사람을 가리키는 의존명사에 의해 지시될 수 있는 인물을 대용하는 경우에 약간한 제약이 있을 수 있다.

위에서 든 내용 외에도 '것'은 거의 세상의 모든 것을 다 의미할 수 있다. 예컨대 "지하철이 있는 것은 베이징이다."의 '것'은 '베이징'이라는 장소를 대용하고 "그가 서울에 도착한 것은 오후 다섯 시가 지나서였다."의 '것'은 "오후 다섯 시가 지나서"라는 시각이다. "회사에서 너를 부장으로 임명한 것은 네가 부지런해서이 겠지."의 '것'은 "네가 부지런해서"라는 이유이고 두 사람의 대화인 "이것이 바로 호랑이다. / 그것 좀 여기 써 줘."의 '것'은 '호랑이'라는 말을 지시한다.

요컨대, '것'이 문장 안의 요소를 가리키는 경우에는 낱말로 표현될 수 있는 '사과, 모자, 과일, 사람, 말……' 등의 구체물 또는 추상물, 구나 문장 형식으로 구현되는 추상적 행위나 사건 또는 일은 물론, 그것을 표현할 구체적인 낱말이 없는 사물(예문 ⑥)까지도 대용할 수 있는 기능을 가진다. 또 '것'이 가리키는 것은 문장 밖의 사물, 정황 등일 수도 있고, 그것이 쓰인 문장이 주는 문맥적 상황에서 짐작되는 의미일 수도 있다. 다음 예문을 살펴보자.

㉘ 영희야, 이것 좀 먹어 봐라.

㉙ 바란 것이 다 뜻대로 됐으면 좋겠는데.

㉚ 거기 접시가 깨진 것들은 다 치워라.

예문 ㉘과 ㉙의 '것'은 각각 동사 '먹다, 바라다'의 목적어가 되는 것들로서 문장 성분을 나타내고 있다. 이 '것'은 언어기호일 뿐 그것이 지시하는 대상은 문장

밖의 현실 세계에 존재하는 것이며, 그 대상은 먹을 수 있는 음식물이나 추상적인 사건을 포함하고 있다. 예문 ㉚의 '것'은 접시가 깨져서 생긴 '조각들'을 가리킨다고 할 수 있는데 그것은 문맥에서 짐작된 것이다. 이렇듯 '것'은 문장 밖의 모든 것을 다 지시할 수도 있지만 본 논문의 연구 시점이 의존명사 '것'이 문장 안의 요소를 가리키는 경우이기 때문에 이만큼 설명하는 것으로 그친다.

4. 의존명사 '것'과 선행어간의 관계

앞에서 언급한 바와 같이 본 논문은 주로 의존명사 '것'이 문장 안의 요소를 가리키는 경우를 연구대상으로 삼고 있다. 즉 문장 내에 선행어가 있는 경우에 '것'이 하는 대용의 기능을 고찰하는 것이다. 따라서 '것'의 대용적 기능을 고찰할 때 또 한 가지 언급하지 않고서는 안 되는 문제가 있는데 의존명사 '것'과 선행어 간의 관계가 바로 그것이다. 다음 예문을 살펴보자.

㉛ 나의 책은 저기 있는 것이다.
㉜ 나는 생활비를 아내한테 주었다. 아내는 그것을 모두 써 버렸다.

예문 ㉛과 ㉜에서 '것'은 선행어 '책', '생활비'를 대용한다. 여기에서 '것'과 '책', '것'과 '생활비'는 각각 동일한 대상을 지시할 뿐 아니라 동일한 형태도 지시한다. 즉 이러한 경우에는 '것'과 선행어는 지시적 동일성과 형태적 동일성을 동시에 갖는다.

㉝ 내 모자는 영희의 것과 꼭 같다.
㉞ 철수는 숙제를 하는 것을 잊었다. 그는 선생님께 그것을 보여 드릴 수 없었다.

예문 ㉝의 '것'은 '모자'의 대용어인데 이때 '것'은 선행어와 동일한 대상을 지시하는 것이 아니라 화자(話者)의 것과 모양이 같으나 또 다른 '모자'를 지시한다. 예문 ㉞의 '것'은 '하기로 한 숙제'로 해석하면 선행어 '숙제'를 대용한 것으로 볼 수 있다. 위의 예문에서 나타난 것처럼 '것'은 선행어와 같은 대상을 지시하지 않아도 선행어가 되풀이되면 사용될 수 있다. 즉 '것'은 선행어와 동일한 대상을 지시하지 않고 같은 형태를 지시한다.

㉟ 철수는 우유부단한데 그것 때문에 아버지한테서 늘 꾸지람을 듣는다.

㊱ 너도 철수가 휘파람 부는 것을 알았지?

예문 ㉟와 ㊱의 '것'은 각각 그 앞에 주어진 문장 전체 "철수는 우유부단하다.", "철수가 휘파람을 분다."를 받는 것이다. 예문 ㉟의 '것'은 "철수의 우유부단함" 또는 "우유부단한 성격" 등으로 대치할 수 있고 예문 ㊱의 '것'은 "철수가 휘파람을 부는 사람임"으로 대치할 수 있다. 이러한 경우에 '것'은 선행어와 동일한 대상을 지시한다고 할 수 있으나 선행어의 형태를 그대로 대용했다고는 할 수 없다. 다시 말하면 '것'은 선행어와 동일한 대상을 지시하지만 선행어와 같은 형태를 가지지 않는다.

이제까지 살펴본 바에 의하면 의존명사 '것'은 선행어를 대용할 수는 있지만 그것들 간에 완전한 동일성 즉 동일지시, 동일형태로 나타나는 것은 아님을 알 수 있다.

5. 의존명사 '것'의 대용적 기능에 의한 문장의 중의성

대용적 기능을 하는 '것'은 의미적 추상성, 불명확성을 지니기 때문에 그것이 지시할 수 있는 폭이 매우 넓고 정황이나 문장의 의미에 따라 다양하게 해석될 수 있다. 따라서 '것'이 들어 있는 문장도 중의성(重義性, ambiguity)을 많이 띠게 된다. 여기에서 중의성이란 하나의 언어형식에 의하여 표현되는 의미가 동시에 두 가지 혹은 그 이상의 뜻으로 이해되는 언어현상이다. 다음 예문을 살펴보자.

㊲ 나는 월급을 엄마에게 드리는데 동생은 그것을 혼자서 모두 써 버린다.

㊳ 영희가 피아노를 치는 것이 이상하다.

㊴ 이 그림은 철수가 그린 것이다.

예문 ㊲의 '것'은 선행어 '월급'을 대용한다고 할 수 있는데 의미 해석을 하면 나의 월급을 가리킬 수도 있고 동생의 월급을 가리킬 수도 있다. 예문 ㊳의 '것'은 "영희가 피아노를 친다."는 문장 전체를 대용하는 경우에는 '사실'이라는 추상적인 의미를 지닐 수 있고 '피아노를 친다'는 부분에 초점을 두면 '모양', '소리'라는 비교적 구체적인 뜻을 지닐 수도 있다. 즉 예문 ㊳은 "영희가 피아노를 친다는 사실이 이상하다."와 "(손가락이 아픈지) 영희가 피아노를 치는 모양이 이상하다.", "영희가 피아노를 치면서 내는 (피아노)소리가 이상하다."는 세 가지 뜻이 있다. 예문 ㊴는 "이 그림은 철수가 그린 그림이다."는 뜻으로도 되고 "이 그림은 철수가 그렸다."는 뜻으로도 된다. 첫 번째 뜻은 '것'이 선행어 '그림'을 대신하여 쓰이는 데서 오는 것이며 두 번째 뜻은 '것'이 그 앞의 문장 "이 그림은 철수가 그렸다." 전체를 대용하는 데서 생기는 것이다.

　이렇듯 대용적 기능을 가진 '것'이 들어 있는 문장은 여러 가지 중의성을 가지게 된다. 이런 중의성으로 말미암아 의미의 혼란성과 표현의 모호성이 빚어지게 되고 말의 뜻을 전달하는 과정에 지장을 받게 된다. 따라서 이런 중의성을 피하기 위하여 대용적 기능을 하는 '것'은 화자와 청자가 어떤 화제에 대해 많은 정보를 공유할 때만 써야 한다. 왜냐하면 '것'은 구체적인 대상을 지시하는 낱말이 아니기 때문에 그것이 대용하는 내용을 정확하게 이해하기 위해서는 청자가 화자의 머릿속에 있는 생각을 이해하여야 하기 때문이다.

참고문헌

남기심(1991), 「불완전명사 '것'의 쓰임」, 『국어의 이해와 인식』, 한국문화사, 71-89.
사회과학출판사 편집부(1992), 『조선말대사전』, 평양: 사회과학출판사.
신기철·신용철(1978), 『새우리말 큰사전』, 서울: 三省出版社.
양명희(1994), 「국어 대용어의 특성과 기능」, 『국어학』 24, 국어학회, 259-289.
양명희(1998), 『현대국어 대용어에 대한 연구』, 서울: 국어학회.
왕문용(1988), 『근대 국어의 의존명사 연구』, 서울: 한샘.
정순기(1988), 『조선어의 보조적 단어에 대한 연구』, 평양: 사회과학출판사.

※ 이 논문은 『중국조선어문』(2004. 3.)에 수록된 「불완전명사 '것'의 대용적 기능에 대하여」를 내용 수정 없이 부분적인 손질을 한 것임.

여춘연·장문강(呂春燕·張文江)
낙양외국어대학교 한국어학과
하남성 낙양시 036# 50번지
전자우편: caiqianhuily@sina.com

범주의 극한성과 체언 뒤 보조적 동사 범주의 재정립

조신건·마회하 (낙양외국어대학교)

1. 문제의 제기

이 글은 동사의 하위분류인 체언 뒤 보조적 동사(이하는 체보동사로 약칭)의 외연을 확립하는 데 목적을 두고 있다.

지금까지 많은 학자가 체보동사에 대해서 연구해 왔는데 체보동사의 여러 측면의 특징을 밝혔다. 그런데 아직 미해결 문제는 있다. 체보동사의 성원이 몇 개가 있느냐가 바로 그 가운데 하나다.

이 문제는 범주 이론과 관련되어 있다고 본다. 인근 범주와의 교차성을 잘 해석하지 못하는 고전 범주 이론은 수정할 필요가 있고, 범주 간의 경계를 홀시하는 원형 범주 이론도 문제 있으며 경계의 유동성을 인정하는 동태 범주 이론은 더 깊이있게 탐구할 수 있기 때문이다.

이 글에서는 범주의 극한성을 가지고 문법적 범주를 고찰하려고 시도한다. 여기서 말하는 극한성은 두가지 뜻이 포함되어 있는데 하나는 교차 상태에 처해 있는 범주는 일정한 정도의 불확정성을 보여 줄 수 있다는 뜻이고, 다른 하나는 인근 범주와 교차가 있을 수 있지만 완전히 중복되지 못한다는 뜻이다. 체보동사가 바로 그런데 문법화 과정에 처해 있어서 세가지 불확정성을 보여 주지만 인근 범주인 독립적 동사와 조사와의 차이가 똑똑히 기술될 수 있다. 우리는 이런 각도로 체보동사의 외연을 새로 확정하기로 하겠다.

2. 범주의 극한성

인지언어학이 등장하면서부터 범주 이론은 다시 언어학의 관심초점이 되었다. 지금까지 3가지 유형의 범주이론이 나왔는데(양효홍 2008) 첫째는 고전적 범주이론, 둘째는 원형적 범주, 셋째는 동태적 범주이론이다. 그런데 이 3가지 범주이론은 문제없는 것은 아니다.

범주 간에 똑똑한 경계가 있고 충분필요한 판정기준이 있다고 주장하는 고전적 범주이론은 인지언어학에서 주장하는 원형적 범주이론의 비판대상이 된다. 원형 범주 이론에서는 범주 간에 경계가 없고, 가족유사성에 의해서만 범주를 세운다고 주장한다(Taylor 1995/1999:79-86). 동태적 범주관에서는 범주간에 동적인 경계가 있는데 필요하면 온라인식으로 세울 수 있다고 주장한다(장극정 2006). 고전 범주 이론은 범주의 교차성을 잘 설명하지 못하는 단점이 있고, 원형 범주 이론은 경계가 취소된 후 모든 범주가 하나가 될 수 있다는 더 큰 위험성이 있으며, 동태 범주 이론은 온라인성을 너무나도 강조하기에 범주의 본질을 전혀 고려하지 않는다는 부족한 점이 있다.

이 글에서는 조신건(2010:27-67)과 마회하(2014:17-64)에 기초한 범주의 극한성을 가지고 교차범주의 특징을 고찰하려고 한다. 극한은 고등 수학의 기초적인 개념으로 변수가 일정한 법칙에 따라 정해진 값에 한없이 가까워질 때의 값을 말한다. 우리는 이런 개념을 차용해 가지고 중간성 범주의 유동성과 안정성을 분석한다. Geeraerts는 인간이 두뇌에 지식을 저장하고 인지하려면 구조의 안정성이 있으면서 일정한 유연성도 있는 범주가 필요하다고 한다.[1] 극한성은 바로 이런 특성의 반영이다.

범주의 교차성

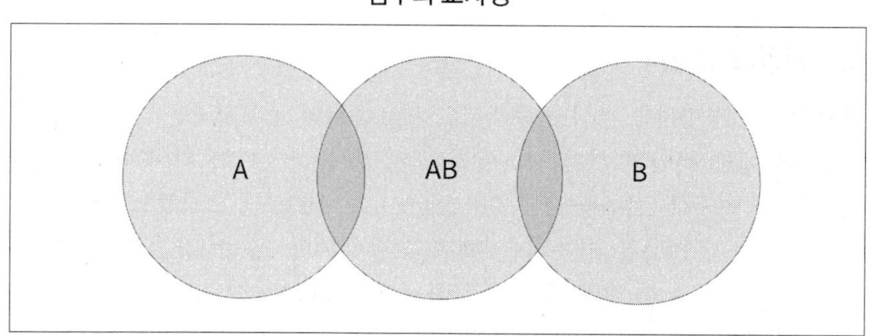

윗 그림에서 보여 주듯이 AB는 A와 B의 가운데에 있다. A와 B는 AB의 인근 범주이다. 만약에 A와 중첩이 될 수 있다면 AB는 독립성을 상실하게 된다. 그 반

---

1) 이 결론은 유정광(2006:33-34)에서 재인용한 것이다.

대 방향도 그렇다. 그런데 만약에 AB가 A와도 B와도 중첩이 될 수 없고 A와 B 간에 좌우로도 이동할 수 있다면 AB의 독립성도 유지할 수 있고 AB의 유동성도 보장할 수 있다. 이건 바로 극한성이다. 그런데 동태 범주과는 달리, 범주의 이러한 극한성은 외연의 불확정을 가리킬 뿐이다. 이러한 불확정은 범주 간의 본질적 차이에 대한 새로운 탐구도 요구된다.

3. 체보동사의 극한성

서양 선교사의 고찰부터 문법적 연어의 연구까지 체보동사에 관한 연구성과가 많았다. 그런데 문법화 과정에 처해 있는 체보동사는 일정한 불확정성을 보여주므로 체보동사의 외연에 관한 전문적 연구가 별로 많지 않았다.

이런 불확정성은 바로 체보동사 범주의 극한성을 말해주는 특징이라고 할 수 있다. 왜냐하면 불확정성이 없으면 쉽게 이 범주의 외연을 확립할 수 있기 때문이다.

앞에서 말한 바와 같이 극한성은 인근범주와의 교차적 특징을 말하는 것이다. 체보동사의 인근 범주는 독립적 동사와 조사 두 가지인데 이 3가지 범주 간에 유사한 점이 많다. 이런 유사점은 체보동사의 범주적 특징을 규명하는 데 많은 영향을 미친다.

3.1. 명명에 있어서

체보동사를 명명하는 방식을 통해서도 체보동사의 불확정성을 알아볼 수 있다.

선행연구에는 서양의 전치사와 달리 체언 뒤에 쓰인다는 위치적 특징을 가지고 명명하는 연구(Underwood 1890; Ramstedt 1936 등)도 있고, 격의미를 정밀화하는 보조적 기능을 강조하는 연구(조선어문법 1960; 강은국 1987[2]; 김옥희 2005 등)도 있으며, 활용 양상의 국한성을 고려하는 연구(최현배 1937; 허웅 1995 등)도 있고, 특정한 조사와 결합하여 조사 같은 기능을 담당하는 연구(김진해 2000; 박형진 2009 등)도 있다. 이런 연구는 크게 분류하면 다음과 같다.

---

2) 이 글에서는 일단 강은국 교수님 등 학자들의 주장을 따른다. 뒤에서도 서술하겠지만 보조적 기능('助詞相當')은 체보동사를 세우는 데 사용하여야 할 근본적 기준이기 때문이다.

선행연구의 명명방식 차이

분류	명칭	각도
1	후치사, 후치사적 단어	위치
2	보조적동사, 자립적 동사의 보조적사용	기능
3	불완정동사, 불구동사	형태
4	조사 상당어	기능
5	문법적 연어, 관용구	결합성

3.2. 수량에 있어서

필자의 통계에 의하면 체보동사에 관련된 선행연구는 모두 46가지가 있다[3]. 이런 선행연구에 나온 체보동사는 모두 596번[4]이다. 연구 각도에 따라 학자가 보여 주는 체보동사의 수량이 다른데 그 구체적인 차이를 도표로 보이면 다음과 같다.

10개 이내의 동사를 예시하는 선행연구는 체보동사의 일반적 특징을 간단하게 기술하는 것일 뿐이지, 체보동사의 모든 성원을 열거하는 연구가 아니다. 10개 이상의 성원을 예시하는 선행연구는 체보동사의 외연을 보여 주고 있다는 느낌이 있다. 특히 30개 성원을 예시하는 성과가 더욱 그렇다. 이런 유형의 연구결과는 3가지로 분류될 수 있는데, 첫 번째 분류는 劉沛霖·劉鳳琴(2006)(55개), 宣德五(2008)(30개)처럼 실용적 문형을 고찰하는 성과이고, 두 번째 분류는 이정현(2009)(37개), 임근석(2011)(37개) 등과 같은 문법적 연어 연구들이며, 세 번째 분류는 서경숙(2004)(36개)과 같은 조사상당어(助詞相當語) 연구성과이다.

선행연구 중의 체보동사 수량 차이

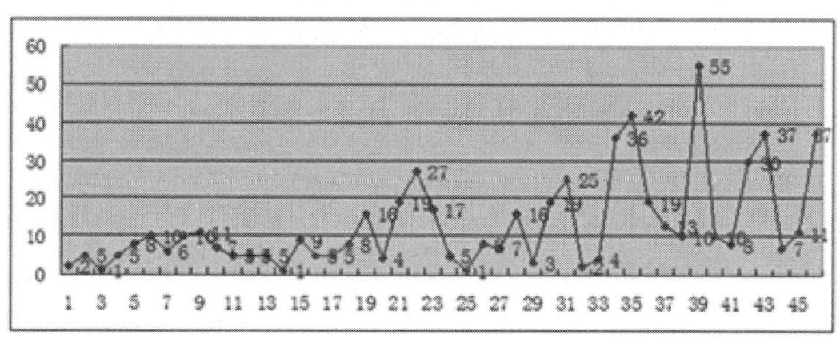

---

3) 46개의 선행연구는 참고문헌을 참고할 수 있다.

4) 논문 분량의 제한으로 이 글에서 46가지의 선행연구에 나온 체보동사의 목록을 보여 주지 않는다. 조신건(2013:157-170)을 참고할 수 있다.

3.3. 빈도에 있어서

46가지 선행연구에 나타난 체보동사는 모두 75개가 있다. 다음 도표를 통해서 이 75개 동사의 빈도수가 다르다는 것을 쉽게 알 수 있다. 문법책에서 흔히 볼 수 있는 '관하다, 대하다, 의하다, 말미암다, 더불다' 등과 같은 체보동사는 30번 이상이나 출현하지만 '가리키다, 겸하다, 기초하다, 대응하다, 더하다' 등과 같은 체보동사는 단 한 번만 나타났다. 뒤에서도 서술하겠지만 이 75개 동사는 체보동사의 대부분일 뿐, 전부는 아니다. 우리는 체보동사 범주에 몇 개의 동사를 계속 첨가할 수 있다.

선행연구의 체보동사 목록

순서	동사	빈도	순서	동사	빈도
1	관하다	37	39	비추다	4
2	대하다	33	40	부치다	4
3	의하다	32	41	차치하다	4
4	말미암다	31	42	들어서다	3
5	더불다	30	43	맞다	3
6	인하다	27	44	물론하다	3
7	위하다	25	45	앞두다	3
8	비하다	23	46	이르다	3
9	비롯하다	22	47	그치다	2
10	즈음하다	17	48	근거하다	2
11	따르다	17	49	대다	2
12	가지다	16	50	대비하다	2
13	향하다	15	51	대신하다	2
14	보다	15	52	말다	2
15	반하다	13	53	말하다	2
16	두다	13	54	망라하다	2
17	있다	13	55	맞추다	2
18	통하다	13	56	모르다	2
19	하다	12	57	잇다	2
20	놓다	10	58	제외하다	2
21	불구하다	9	59	좇다	2
22	앞서다	9	60	준하다	2

23	걸치다	8	61	찾다	2
24	고사하다	8	62	힘입다	2
25	막론하다	7	63	가리키다	1
26	아우르다	7	64	겸하다	1
27	치다	7	65	기초하다	1
28	관련하다	6	66	대응하다	1
29	기하다	6	67	더하다	1
30	미루다	6	68	데리다	1
31	불문하다		69	맞이하다	1
32	전후하다	5	70	면하다	1
33	통틀어	5	71	쓰다	1
34	한하다	5	72	위시하다	1
35	제하다	5	73	접하다	1
36	거치다	5	74	지나다	1
37	둘러싸다	4	75	처하다	1
38	무릅쓰다	4			

4. 체보동사의 재정립

4.1. 문법화에 따른 층위의 변화

체보동사는 독립적 동사로부터 조사까지의 문법화 산물이다. 이런 과정에서 체보동사는 의미적, 형태적, 기능적 면에 있어서는 다양한 특징을 보여 주고 있다. 그런데 속성이 너무 복잡함은 체보동사 범주를 부정하는 증거가 아니다. 유정광(2006:63)에서 제시한 탈범주화 이론을 가지고 체보동사의 범주적 특징을 설명할 수 있다. 그림으로 보이면 다음과 같다.

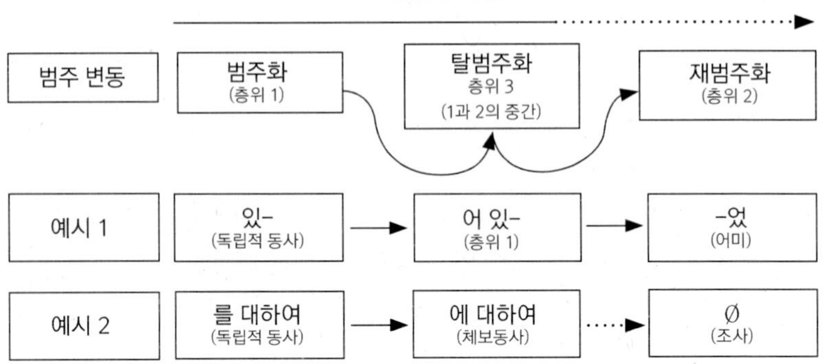

　　문법적 범주는 문법화에 따라서 달라질 수 있는데 그림에서 보여 주듯이 이미 범주화된 층위(층위1)는 탈범주화 과정(층위3)을 거쳐서 재범주화(층위2)할 수 있다. 과거시제 어미 '-었'도 그렇고 '(에) 대하다'도 그렇다. 독립적 동사로부터 유사 조사까지의 문법화 중간 과정에 위치하는 체보동사는 다양한 중간적 특징을 가질 수 있다. 그런데 중간적 범주가 있어도 원래의 언어적 층위를 부정할 수 없다. 오히려 옛 층위는 더 필요하다. 왜냐하면 옛 층위가 있어야 중간적 범주를 똑똑히 기술할 수 있기 때문이다. 형태론에서 형태의 속성을 규명하는 데 제기된 언어 층위는 형태소, 단어, 구, 절, 문법적 형태(조사와 어미) 등이 있다. 그 중의 단어, 문법적 형태 층위를 가져야 체보동상의 특징을 잘 파악할 수 있다. 다시 말해, 체보동사는 옛 언어층위를 증명하였고, 옛 언어층위를 풍부화시켰다.

　　여기서 보충하여야 할 것은 중간적 범주의 독립성이다. 나귀와 말 사이에서 이루어진 노새도 새로운 종(種)이 될 수 있듯이 중간적 특징을 가지는 대상들이 새로운 범주로 간주될 수 있다. 체보동사는 바로 조사 쪽으로 추상화하여 가는 동사의 하위분류로 볼 수 있다.

4.2. 유일 기준의 설정

　　앞에서 지적하였듯이 범주의 극한성은 범주의 확실한 설정기준을 요구한다. 이래야 범주의 불중첩성을 보장할 수 있기 때문이다. 문법화 연장선에 처해 있는 체보동사도 그렇다. 그런데 체보동사의 범주기준을 설정하는 작업은 쉬운 일이 아니다.

　　활용의 불완전성만을 가지고 체보동사를 완전히 확정하지 못한다. 예를 들면

강현화(2006:120)에서 활용형이 불완전성을 보여 준 한국어 동사를 말뭉치를 통해서 통계하였는데 그 중에는 '관하다, 더불다, 말미암다, 무릅쓰다, 비롯하다, 비하다, 인하다, 전후하다, 즈음하다, 차치하다' 등과 같은 체보동사 뿐만 아니라, '감치다, 갓나다, 거들뜨다, 겉잡다, 고작하다, 굴하다, 꼬느다, 끄집다, 넉넉잡다, 눈여기다, 다그다, 되돌다, 들치다, 바래다, 번갈다, 부둥키다, 서슴다, 얕잡다, 엇갈다, 움키다, 죽치다, 줄달다, 줄잡다, 천인공노하다, 틈타다' 등과 같은 실질적 동사도 들어있다.

　문장성분이란 기능적 특징만을 가지고도 체보동사 범주를 세우기 어려울 수 있다. 체보동사와 관련되는 문장성분은 3가지인데 종결술어, 접속술어, 관형어 이다. 체보동사가 접속술어의 용법을 반드시 가져야 하고, 관형어가 없어도 되고, 종결술어로 되지 않아야 하는 것은 일반적인 관념이다. 겉으로 보면 이 기준은 전혀 문제가 없는 것 같다. 그런데 다음과 같은 예문에서 보여 주듯이 종결술어가 될 수 있는 동사도 체보동사의 용법을 가질 수 있다고 할 수 있다. 왜냐하면 다음 예문에 나온 '를 사용하여'는 '로써'의 문법적 의미를 나타낼 수 있기 때문이다.

　　○… 이 원부자재를 사용해 제작한 견본을 받아 본 결과 … <출처[8]: 동아일보, 경제(92)>[5]

　　○… 이 원부자재로써 제작한 견본

　　○… 이 원부자재를 사용하였다.

　그러므로 우리는 다음 그림에서 보여 준 조사 상당(助詞相當) 기능(김의수 2004; 서경숙 2004 등)을 가지고 체보동사 여부를 판정할 수밖에 없다고 본다.

　다시 말해 체보동사의 판정기준은 그 앞에 있는 체언과 결합하여 조사와 같거나 비슷한 문법적 기능을 나타낸다는 것이다. '그 앞에 있는 체언과 결합한다'는 것은 체보동사가 문법적 연어에 참여한다는 뜻이다. 즉, 접속술어가 되는 특징을 말한다. '조사와 같거나 비슷한 문법적 기능을 나타내다'는 '조사 상당'과 같은 말인데 문법적 관계를 표시하는 기능을 한다는 뜻이다. 이러한 기준에 부합하게 되면 체보동사가 될 수 있는데 동사 활용형의 국한성, 관형형의 유무 등 특징은 비본질적 특징으로 체보동사 여부를 판정하는 데 꼭 사용하여야 할 절대적 기준은 아니게 된다.

---

5) <출처>를 붙인 예문은 전부다 꼬꼬마 세종 말뭉치시스템(http://kkma.snu.ac.kr/concor-dancer)에서 검색해 낸 것이다.

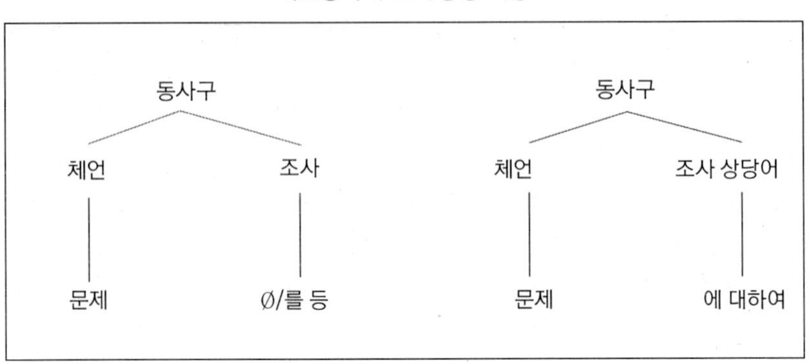

4.3. 하위 분류의 방향성

많은 동사가 체보동사의 문법화 선상에 산재하여 있는데 문법화 정도가 다른 체보동사는 똑같은 특징을 보여 주지 않고 여러 하위분류로 나뉠 수 있다.

서경숙(2004)에서는 '대하다'와 '관하다'를 체보동사의 전형적 성원으로 간주하였다. 이것은 '선행연구의 체보동사 목록'을 통해서 똑똑히 알 수 있다. 그런데 '대하다'와 '관하다'는 의미에 있어서 비슷하고 심지어 '대하다'는 '관하다'보다 사용빈도가 더 많으나, 양자 간에 문법 추상성에 있어서는 차이가 난다. '대하다'가 '관하다'와 달리 체보동사의 용법을 제외하고 '를 대하다'의 독립적 동사 용법도 있기 때문이다. 그리고 '위하다' 등의 사용빈도도 많다.[6] 그러므로 '관하다'를 체보동사의 핵심성원(전형적 성원)으로 보는 것이 좋지 않을까 생각된다. 독립적 동사의 용법을 더 많이 가지는 '대하다'와 '위하다'는 '관하다'보다 문법화 정도[7]가 약간 약한 하위분류로 볼 수 있다. 범주의 핵심성원을 판정하기 어려운 것은 극한성의 반영이다.

'관하다'를 중심으로 하는 체보동사의 하위분류를 간략하게 보이면 다음과 같다.[8]

---

6) 꼬꼬마 말뭉치에서 검색한 결과, '대하다'와 '관하다', '위하다'의 사용빈도 비례는 51967:7132:40111이다.

7) 안주호(1994)에서는 '대하다'와 '관하다'는 모두다 문법화 초기 단계에 처해 있다고 본다.

8) 여기서 보여 준 분류는 체보동사 하위분류의 쌍방향의 변화추세를 반영하는 몇 가지일 뿐, 체보동사의 모든 분류는 아니다.

체보동사의 하위분류

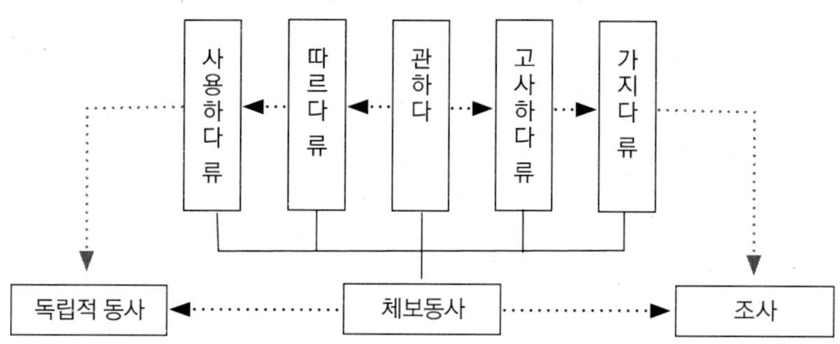

윗 그림에서 보여 주듯이 체보동사의 하위분류는 각각 독립적 동사와 조사의 두 방향으로 분리한다. '관하다'로부터 '사용하다'까지는 독립적 동사 쪽, '관하다'로부터 '가지다'까지는 조사 쪽이다.

조사와 비슷한 문형('-에 과하여')에 참여할 수 있고 관형형으로 '-ㄴ'만 국한되는 '관하다'는 문법화의 중간 정도 특징을 가지므로 전형적 체보동사가 된다.

'따르다' 류는 '관하다'의 특징 뿐만 아니라 종결술어로도 될 수 있고, 다른 유형의 관형형도 가질 수도 있으므로 문법화 정도에 있어서 '관하다'보다 일정한 정도로 약하다. '사용하다' 류는 용법이 더 다양한데 임시적인 체보동사로 볼 수밖에 없다.

'고사하다'류는 '관하다'보다 문법화정도가 높다. 왜냐하면 접속술어로만 될 수 있고 관형어형태가 없기 때문이다. 이런 유형의 동사는 항구적 체보동사라 할 수 있다. '가지다'류에는 '가지고, 치다, 보다, 말다' 등 동사가 포함되어 있다. 이런 동사들은 관형형이 없을 뿐만 아니라 그 앞에 조사가 요구되지도 않아서 문법화정도가 제일 높은 체보동사라고 할 수 있다. 그렇기에 이런 동사들을 조사로 처리하는 사전도 있다.

'가지다, 보다, 말다, 치다' 속성에 대한 3대 사전(우리말큰사전, 표준국어대사전, 연세한국어사전)의 처리 결과는 다르다. 앞에서 설립된 기준에 의해 3대 사전의 결론을 비교한 결과 우리는 일단 『우리말 큰사전』의 관점에 동의한다. 이런 동사는 어떤 경우에 조사와 결합할 수 있고 활용형도 없는 것도 아니기 때문이다.

5. 체보동사 목록

3.3.에서 보여 준 75개 동사는 위에서 제기했던 판정 기준에 부합하기에 전부 다 체보동사로 간주될 수 있다. 그 이외에는 다음과 같은 9개 동사도 체보동사 범주에 귀속시킬 수 있다고 본다.

① '가다'와 '오다'

선행연구에 없던 이 두 동사는 시간을 나타낼 경우에 문법적 연어인 '-에 가서/와서'에 들어가서 조사 '에' '까지'와 비슷한 뜻을 표시할 수 있기에 역시 체보동사로 간주해도 무방하다.

○후에 가서 속도가 낙하시간에 비례해서 증가한다는 옳은 가정으로부터… <출처: 과학혁명 – 근대과학의 출현과 그 배경>
○토요일 오후에 와서 일요일 저녁에 다시 기숙사로 들어간다. <출처: 월간 에세이>

② '비교(比較)하다'와 '합(合)하다'

조사 '보다'와 유사한 뜻을 나타낼 수 있는 '비교하다', '이든지' 등 범주 성원 간의 관계를 나타내는 보조사의 뜻을 나타낼 수 있는 '합하다'는 문법화 정도로 보면 아직 초기단계에 있으나 체보동사로도 간주될 수 있다.

○이 조사는 운전자들이 얼마나 조급한가를 두 도시를 비교해서 알아보기 위한 것이었다. <출처: 사회를 보는 논리>
○여기에다 천이통(天耳通)·신족통(神足通)·타심통(他心通)을 합하여 6신통이라 하고 <출처: 여보게 저승갈때 뭘 가지고 가지>

③ '긍(亘)하다'

'긍(亘)하다'는 사용빈도가 상대적으로 낮아서 선행연구에서 나오지 못하였다. 그런데 고유어인 '걸치다'와 같은 의미를 나타낼 수 있는 '긍하다'는 조사와 비슷한 기능을 담당할 수 있기에 체보동사로도 볼 수 있다.

○내가 수차에 긍하여 내전으로 달려들어 불문곡직하고 그이를 살려달라고 간청을 하였다네.

○근 반세기에 긍한 항일 독립 투쟁사 속엔 우리의 선열들이 피로써 민족사를 지켜 온 무수한 사건들이 주옥처럼 가득하다.[13]

④ '기(基)하다'

이 '기하다'는 앞에서 보여 준 '기(期)하다'와 다르다. '기(基)하다'는 윗 표에 서 보여 준 '기초(基礎)하다'와 비슷한 뜻을 나타내는 동사이다.

○그 점에 있어서, 이 사건의 사실은 자동차의 기어레버의 가정적 논의에 기해서 전 개된 시너컴의 설득력이 있는 추론이 꼭 들어맞는다. <출처: 컴퓨터와 법: 마이 크로소프트웨어CD>

⑤ '제(除)하다'와 '빼다'

이 두 동사는 '제외(除外)하다'의 유의어다. '제(除)하다'는 '제(際)하다'의 동 음의어어로 '제외하다'의 뜻을 나타내는 한자어고, '빼다'는 비슷한 뜻을 나타낼 수 있는 고유어다.

○종교를 제하고 인간의 생활은 성립되지 아니한다. <출처: 역사와 민족(2/3)>
○글자를 못 쓰는 몇 아이들을 빼고는 모두 자기가 겪은 것을 그대로 잘 썼다. <출 처: 이오덕의 교육일기1(3/3)>

⑥ '사용(使用)하다'

장하일(1947)에서 '로써'와 관련된 '쓰다'의 특수성을 언급한 바가 있다. '쓰 다'와 마찬가지로, 한자 유의어인 '사용하다'도 다음 예문에서 보여 주듯이 격조 사 '로'처럼 도구의 뜻을 나타낼 수 있다.

○그는 아주 작은 톱과 줄과 끌을 사용해서 화투에 자신만이 알 수 있는 작은 표시 를 했다. <출처: 황만근은 이렇게 말했다>

그러므로 우리는 체보동사에 이상과 같은 84개 성원이 있다고 본다.

6. 맺음말

체보동사에 대한 선행연구는 많지만 체보동사의 외연을 따로 연구하는 단편이 별로 없었다. 이 문제를 해결하기 위해 이 글에서는 범주의 극한성을 가지고 체보동사의 외연적 특성을 고찰하였다. 주요 내용은 두 가지로 요약할 수 있는데 하나는 체보동사의 불확정성이고, 다른 하나는 체보동사 범주를 재정립하는 것이다.

체보동사의 불확정성은 각 선행연구의 명명방식, 총적 수량, 체보동사의 출현 빈도를 통해서 알아볼 수 있다. 그리고 체보동사를 재정립하려면 문법화에 따른 층위의 변화, 유일 기준의 설정, 하위 분류의 방향성 등에 주의하여야 한다고 분석하였다. 이를 바탕으로 하여 우리는 84개 동사가 포함된 체보동사의 목록을 확정하였다.

물론 이 글에서 체보동사의 외연만 분석하였을 뿐이다. 체보동사의 의미적, 형태적, 기능적 측면의 내포적 특징은 더 많은 후속 연구가 요구된다.

참고문헌

강은국(1987), 『현대조선어(문법론)』, 연길: 연변대학출판사.

강현화(2006), 「동사」, 남기심 외, 『왜 다시 품사론인가』, 서울: 커뮤니케이션북스.

고신숙(1987), 『조선어리론문법: 품사론』, 평양: 과학백과사전출판사.

고영근·구본관(2008), 『우리말 문법론』, 서울: 집문당.

과학원 언어문학연구소(1960), 『조선어 문법1』, 어음론·형태론』, 평양: 과학원출판사.

국립국어원(2006), 『외국인을 위한 한국어 문법2』, 서울: 커뮤니케이션북스.

김동찬(2002), 『조선어실용문법』, 서울: 도서출판 박이정.

김옥희(2005), 『조선어품사론』, 평양: 사회과학출판사.

김용구(1989), 『조선어 문법』, 평양: 사회과학출판사.

김의수(2004), 「상당어와 문법단위의 체계」, 『형태론』 6-2, 389-393.

김진해(2000), 「연어의 계열관계 연구」, 『국어학』 35, 199-222.

남기심·고영근(1985/1993), 『표준국어문법론』, 서울: 탑출판사.

도원영(2000), 「민연 국어 사전(가칭)의 표제어 선정과 그 실제에 대하여」, 『한국어학』 12, 35-65.

동북3성《조선어문법》편찬소조(1983), 『조선어문법』, 연길: 연변인민출판사.

목정수(2003), 『한국어 문법론』, 서울: 도서출판 월인.

박승윤(1997), 「'밖에'의 문법화 현상」, 『언어』 22-1, 57-70.

박진호(2010), 「언어학에서의 범주와 유형」, 『인문학연구』 17, 265-292.

박형진(2009), 「문법적 연어'에 대한 고찰」, 『열린정신 인문학연구』 10-1, 41-57.

서경숙(2004), 「현대국어 조사상당어에 대한 연구」, 서울대학교 석사학위 논문.

서영섭(1981), 『조선어실용문법』, 심양: 료녕인민출판사.

송경안(2008), 이기갑 외, 『언어유형론: 격/부치사/재귀구문/접속표현』, 서울: 도서출판 월인.

송원용(2000), 「현대국어 임시어의 형태론」, 『형태론』 2-1, 1-16.

안주호(1994), 「동사에서 파생된 이른바 '후치사류'의 문법화 연구」, 『외국어로서의 한국어교육』 19, 133-154.

원우흠(1954), 『조선어 문법: 어음론, 형태론; 초급중학교 제1. 2학년용』, 평양: 교육도서출판사.

이성하(2002), 「이동동사의 후치사화에 관한 형태통사적 연구」, 『언어와 언어학』 29, 205-225.

이정현(2011), 「한국어 교육에서의 문법적 연어 연구-한국어 교재 말뭉치를 중심으로-」, 한국 중원언어학회 2011년 봄 학술대회, 203-216.

이희자(1995), 「현대 국어 관용구의 결합 관계 고찰」, 『대동문화연구』 30, 411-444.

임근석(2009), 「통계적 방법을 이용한 문법적 연어 후보 추출」, 『한국어학』 45, 305-333.

장하일(1947), 『중등 새 말본』, 교재연수사.(歷代韓國文法大系1-29에 재수록)

정순기(1988), 『조선어의 보조적단어에 대한 연구』, 평양: 사회과학출판사.

『조선문화어문법』(1979), 평양: 과학백과사전출판사.

『조선어문법』(1970), 김일성종합대학출판사.

『조선어문화어문법규범』(1976), 평양: 김일성종합대학출판사.

채완(1998), 「특수조사」, 서태룡 외, 이익섭 선생 회갑 기념 논총, 『문법 연구와 자료』, 서울: 태학사.

최윤갑·이세룡(1983), 『조선어학사전』, 료녕민족출판사.

최응구(1979), 『조선어문체론』, 심양: 료녕인민출판사.

최현배(1937), 『우리말본』, 서울: 정음사.

한송화(2000), 「한국어 보조용언의 상적 기능과 양태 기능, 화행적 기능에 대한 연구」, 『한국어교육』 11-2, 189-209.

허웅(1995), 20세기 우리말의 형태론, 서울: 샘문화사.

홍윤표(1977), 「不具動詞에 대하여」, 『李崇寧先生古稀紀念 國語國文學論叢』, 塔出版社.

姜镕泽(2006), 韩语最该掌握的句型237个, 北京：中国宇航出版社.

刘沛霖·刘凤琴(2006), 韩国语惯用句型, 延吉：东北朝鲜民族教育出版社.

刘正光(2006), 语言非范畴化——语言范畴化理论的重要组成部分, 上海：上海外语教育出版社.

马会霞(2014), 韩国语功能汉字研究, 洛阳外国语大学博士论文.

全龙华(2004), 常用韩国语惯用句型, 延吉：延边大学出版社.

宣德五(2008), 韩国语基础语法, 北京：社会科学文献出版社.

杨晓虹(2008), 认知语言学原型理论探讨, 现代语文3：8-10.

张克定(2004), 词义学研究的新发展——动态意义建构论, 外语教学与研究4：315-316.

赵新建(2012), 韩国语语法多义现象研究, 广州：中国出版集团世界图书出版公司.

赵新建(2014), 韩国语体词后补助动词研究, 上海外国语大学博士后报告.

赵彦春(2010), 范畴理论是非辨——认知语言学学理批判之三, 外国语文6：57-63.

Lakoff G.(2002), *Women, fire, and dangerous things：What categories reveal about the mind*(汉译本, 梁玉玲等, 女人、火与危险事物：范畴所揭示之心智的奥秘, 台湾：桂冠图书股份有限公司).

Ramstedt G. J.(1939), *Korean Grammar*, Helsinki(歷代韓國文法大系 2-5, 서울: 塔出版社).

Roth P. L.(1936), *Grammatik der Koreanischen sprache*, Tokwon Korea(歷代韓國文法大系 2-9, 塔出版社).

Taylor J. R.(1995), *Linguistic Categorization: Prototypes in Linguistic Theory*(인지언어학이란 무엇인가-언어학과 원형이론-, 조명원·나익주 역, 서울: 한국문화사, 1999).

Underwood H. G.(1890), *An Introduction to the Korean Spoken Language*, Yokohama(김민수·하동호·고영근 공편, 歷代韓國文法大系 2-11, 서울: 塔出版社).

※ 이 논문은 2012년도 교육부 철학사회과학연구 중대 프로젝트(번호: 12JZD014)와 전국 박사후 과학기금 49차 지원 프로젝트(번호: 20110490748)에 의한 연구 결과의 하나임.

▌조신건(趙新建)·마회하(馬會霞)
낙양외국어대학 한국어학과
중국 하남성 낙양시 036信箱 501號
▌전자우편: zxjmhx@sina.com

연변지역어의 종결어미 '-재'에 대한 일고찰

오선화 (복단대학교)

1. 연구목적과 연구대상

이 글은 연변지역어[1]화자의 일상적인 발화에서 나타나는 종결어미 '-재'를 대상으로, 그 형성 과정을 살펴보고 용례 검토를 통하여 통사·의미론적 특징을 밝히는 것을 목적으로 한다. 연변지역어의 종결어미 '-재'는 연상의 화자가 연하의 청자에게, 혹은 동년배 사이에 사용되며 젊은 층으로 갈수록 사용빈도가 높다.[2]

그러나 이 종결어미에 대해 기존의 연구에서는 거의 논의를 하지 않았다. 다만 '-재'가 함경도 혹은 연변지역어에서 부정의 어미로 장형 부정문에 쓰임으로 하여 함경도 혹은 연변지역어의 부정문을 다루는 논의에서 주로 논의가 되었다.[3] 이 종결어미에 대해 본격적인 논의를 한 것은 고홍희(2011)이다. 고홍희(2011)에서 '-재'를 선어말 어미 '-재-'를 개재한 의문법어미로 보고 그 용례를 통해 분포와 의미, 사용양상과 제약에 대해 소개한 바가 있다. '-재'를 가부 의문문에만 사용되는 '해라체' 의문법어미로만 간주하였으나 '-재'는 평서문에도 쓰인다.

---

1) 연변 지역은 주로 함경북도 이주민들에 의하여 개척되었으며 현재 거주민의 대부분이 역시 함경북도 이주민의 2세대 및 3세대이다. 연변 지역에도 집단이주 또는 자유이주에 의하여 경상도나 평안도 등 기타 지역 출신들이 있기는 하지만 극소수에 불과하다(전학석 1998:153). 그러므로 여기에서 말하는 연변지역어는 연변 지역에서 대다수를 이루는 함경북도 출신 주민들의 말을 가리킨다.

2) 고홍희(2011)는 '-재'의 사용양상과 제약을 다루면서 '-재'는 연상의 화자가 대체로 20세 이하의 연하 청자에게, 친척 관계일 경우 20세 이상의 동생, 조카, 자녀, 손녀에게도 사용가능하며, 친척 관계가 아니더라도 아주 친숙한 허물없는 사이일 경우, 연상의 화자가 20세 이상의 연하 청자에게 사용가능하다고 하였다. 또 20세 이하의 동년배들 사이, 20세 이상, 60세 이하 아주 친숙한 허물없는 사이의 동년배들 사이에 사용되고 출현빈도가 비교적 낮은 편이고 젊은 층으로 갈수록 사용빈도가 높다고 하였다.

3) 이에 대한 논의는 정용호(1988), 곽충구(1998a), 전학석(1998), 최명옥(2000), 최명옥 외(2002), 고홍희(2011) 등이 있다.

따라서 이 글은 의문문에 사용되는 경우뿐만 아니라 평서문에 사용되는 경우도 다루어 연구의 폭을 넓히려 한다.

이 글에 사용된 방언 자료의 일부는 필자가 2011년 8월 27일, 고향이 중국 연변조선족자치주 연길시 조양천진인 제보자를 대상으로 그들의 일상적인 대화를 녹음하여 전사한 자료에 바탕을 둔 것이다.[4] 제보자의 출생지인 조양천진은 용정시와 연길시에 인접해 있는 진으로 현재 총 인구가 5.4만 명이고 그중 조선족이 65%를 차지한다. 제보자의 신상은 다음과 같다.[5]

제보자

이름	성별	출생년도	약호	출생지	학력	직업
김화	여	1981	김	조양천진 태양촌	석사	조사 연구원
박향란	여	1982	박	조양천진	대졸	사무직

이 글의 논의는 다음과 같다. 2장에서 종결어미 '－재'의 형성에 대해 살펴본다. 3장에서는 '－재'와 선행요소와의 결합, '－재'와 문장종결법과의 결합 및 '－재'의 의미를 다루어 '－재'의 통사·의미론적 특징에 대해 살펴본다.

2. '－재'의 형성 과정

연변지역어에는 종결어미 '－재' 외에도 통사·의미론적 특징이 같은 '해라체' 종결어미 '－재이야', '－재야', '－재니'가 존재한다. 또 '합쇼체' 종결어미 '－잼까', '－잼다', '하오체' 종결어미 '－재오/－쟀소'가 존재하는데 이들은 모두 선어말 어

---

4) 연변지역어의 예문은 기존 자료와 실제 담화 자료를 위주로 하였으며 조사한 예문 외에도 논의에 따라 직관에 의해 만든 예문을 사용하였다. 여기에서 기존 자료에 나타난 예문은 '기존'이란 표시를 하고, 만든 예문은 '만듦'이라는 표시를 해 둔다. 그리고 담화분석이 문법 차원에서 이루어졌기 때문에 예문에 대해서는 형태 음소 표기를 하고 표준어로 대역하였다.

5) 두 제보자는 모두 함경북도 이주민 3세대이다. 제보자 김화는 연변조선족자치주 연길시 조양천진 태양촌에서 태어났고 제보자 박향란은 연변조선족자치주 연길시 조양천진에서 태어났다. 모두 대학교 입학 전까지 연변지역에서 생활하여 함경도 방언에 기반한 연변지역어를 잘 구사하고 있다. 제보자 김화는 아버지의 고향이 조양천진 태양촌이고, 어머니의 고향이 용정시 삼합진이다. 한편, 제보자 박향란은 아버지의 고향이 조양천진 광석향이고, 어머니의 고향이 훈춘시이다.

미 '-재-'를 가지고 있는 것이 공통적이다. 여기에서는 '-재-'가 서술어의 어간 과 어미 사이에서 실현되기에 선어말 어미로 간주한다.[6] 이는 선어말 어미 '-재-' 를 밝힘으로써 종결어미 '-재'에 접근할 수 있음을 뜻한다.

선어말 어미 '-재-'의 형성은 장형 부정문 '-지 아니ㅎ-'의 융합과정과 연 관된다. 융합(fusion)은 특정한 문법적 환경에서 두 단어 이상이 줄어서 한 단 어로 됨과 동시에 문법적, 의미론적 기능에 변화가 발생하는 현상이다(안명철 1990:125). 장형 부정의 '-지 아니하-'가 하나의 단위로 굳어져서 융합형 선어 말 어미 '-재-'로 발전하였다. 그리고 장형 부정의 '-지 아니하-'가 '-재-'로 융합되어 새로운 문법 기능을 수행한다. 이와 같은 융합의 강도를 결정하는 요소 는 관련성이다. 한 의미 요소의 의미 내용이 둘째 요소의 의미내용에 직접 영향 을 미치거나 수식할 때, 이 의미요소는 다른 요소에 대해 관련성이 있고 관련성 이 커지면 융합의 정도가 가능해진다(Bybee 1985:13; 안명철 1990:126). 이 논 리에 의하면 '-지 아니하-' 구문에서 '-지-'는 '아니하-'와 의미론적으로 밀접 한 관계에 있어 이 구문이 융합될 조건을 갖추었다고 할 수 있다.

아래에 종결어미 '-재'의 형성과정을 자세히 살펴보도록 한다. 서술어 '아니ㅎ -'가 '아닣-'으로 축약되고 '*아닣-'은 움라우트 현상을 거쳐 '*애닣-'으로 실현 되었을 가능성이 크다. 그것은 연변지역어에서 일부 노년층 화자들이 '아니-'를 '그런 게(것이) 애니우?'에서와 같이 '애니-'로 발음하는 경우가 존재하기 때문 이다(고홍희 2011:18). '-재닣-'은 바로 '-지'와 '애닣-'의 통합으로 보이는데, [-지+애닣->-재닣-]의 변화를 거친 것이다. '-지 아니ㅎ-'의 변화로 형성된 연변지역어의 선어말 어미에는 '-재닣-' 외에도 '-재잏-', '-쟇-'이 있다. '-재 잏-'은 [-재닣->-재잏-]의 변화를, '-쟇'은 [-재닣->-재잏->-쟇-]의 변화를 거친 것으로 보인다. 즉 '-지 아니하-'가 융합되어 형성된 선어말 어미 '-재닣-'은 모음사이에서의 'ㄴ' 탈락과 축약, 선어말 어미 '-재잏-'은 축약만을 거쳐 '-쟇-'으로 단일화한 것으로 추정된다. 그것은 노년층에서 젊은 층으로 내 려갈수록 '-재닣-'에 비해 '-재잏-'을, '-재잏-'에 비해 '-쟇-'을 더 많이 사 용하기 때문이다. 이들은 대체로 자음으로 시작되는('ㄴ', 'ㅁ' 제외) 어미 앞에서 실현되며, 모음으로 시작되는 어미나 'ㄴ', 'ㅁ'으로 시작되는 어미와 통합할 경 우에는 'ㅎ' 말음이 탈락하여 '-재-', '-재니-', '-재이-'로 실현된다. 그러므로 '-쟇-'과 '-재-', '-재닣-'과[7] '-재니-', '-재잏-'과 '-재이-'는 상보적 분포

---

6) 이는 최명옥(2000)을 참고하였다. 최명옥(2000:50)은 '-지 아니하-'의 줄임형태 '-재잏-'을 선어말 어미로 본 바 있다.

7) 현재 연변지역어에서 '-재닣-'과 '-재니-'는 잘 사용되지 않는다. 이는 이 지역어에서 모음 사

를 이루는 이형태 관계라고 할 수 있다(최명옥 2000:47−51).

이와 같은 변화로 형성된 '−쟎'은 연변지역어의 '합쇼체' 종결어미 '−ㅁ까', '−ㅁ다', '하오체' 종결어미 '−오/소', '해라체' 종결어미 '−니', '−야'와 결합하여 위에서 말한 통합형 '−잼까', '−잼다', '−재오', '−쟎소', '−재이야', '−재야', '−재니'를 형성하였다. 종결어미 '−재'는 바로 '−쟎−'이 '해라체' 종결어미 '−니', '−야'와 통합하여 '−재니', '−재야'로 된 후 통합형의 종결어미 '−니', '−야'가 다시 절단 된 것이다.

> (1) ㄱ. 늙대닣다.(기존 ‖ 늙지 않다.)
>
> ㄴ. 묻대잏구.(기존 ‖ 묻지 않고.)
>
> ㄷ. 아바이, 가재잏겠슴두?(기존 ‖ 아버지, 집에 가지 않겠습니까?)
>
> ㄹ. 배우쟎다.(기존 ‖ 보이지 않다.)
>
> (2) ㄱ. [어머니가 딸에게] 한제 비 오재이(야)?(기존 ‖ 밖에 비 오지 않니?)
>
> ㄴ. [어머니가 딸에게] 어제 저낙에(저녁에) 천기(일기)예보 오놀에 비온다 했재이(야)?(기존 ‖ 어제 저녁에 일기예보에서 오늘에 비 온다고 했지 않 니?)
>
> (3) ㄱ. 학교까 멀재(야)?(김 ‖ 학교와 멀지 않아?)
>
> ㄴ. 제일 처까메 번호재(야)?(박 ‖ 제일 첫 번호쟎아?)
>
> ㄷ. 퉁쓰지간에 좀 그렇재(야)?(김 ‖ 同事사이에 좀 그렇쟎아?)[8]
>
> ㄹ. 영어 잘하재(야)?(김 ‖ 영어 잘하쟎아?)

(1)은 연변지역어를 쓰고 있는 노년층에게서 조사된 기존의 자료들인데 (1ㄱ ~ㄴ)은 구개음화를 겪지 않은 예이고 (1ㄷ~ㄹ)은 구개음화를 겪은 예들이다. 현재 이 지역 노년층 화자들에게서 구개음화가 되지 않은 형태를 거의 찾아 볼 수 없다. 이는 구개음화가 이미 완성되었음을 보여준다. 여기에서 '−대닣−', '−대 잏−', '−재잏−', '−쟎−' 등의 형태들은 독립적으로 쓰이지 않고 항상 용언 어간 과 어말어미 또는 기타 선어말어미 사이에서 하나의 선어말어미처럼 기능한다. (2)는 '−재잏−'이 단순 의문을 나타내는 의문법 어미 '−야'와 통합하여 '−재이 야'로 나타난 것이고 (3)은 '−쟎−'이 의문법 어미 '−야'와 통합하여 '−재야'로

이에서의 'ㄴ'탈락 현상이 매우 활발하기 때문이다.

8) 연변지역어를 쓰고 있는 30대들은 중국에서의 漢語의 영향으로 漢語音借語를 많이 사용하고 있는데 이는 담화에서도 나타났다.

나타난 것이다. 의문법어미 '-야'의 출현은 수의적이다.

위의 예문들에서 (1)~(3)은 '-쟎/재-', '-재잏-/-재이-' 등과 같은 여러 형태들이 선어말 어미처럼 기능을 하였으나 (3)에서는 종결어미로 기능함을 보여준다. 즉 (3)의 '-재'는 문장에서 종결어미로 쓰였다.

3. 통사·의미론적 특징

1) 선행요소와의 결합

이 절에서는 필자가 조사한 자료를 바탕으로 종결어미 '-재'가 여러 선행요소들과 결합하는 예들을 다룬다. 이를 통해 연변지역어 종결어미 '-재'의 쓰임을 보여주려 한다.

(4) ㄱ. 일본에서 양력설 쎄기 쇠재?(박 ‖ 일본에서 양력설 잘 쇠잖아?)

　　ㄴ. 땀으 흡수해 주재?(박 ‖ 땀을 흡수해주잖아?)

　　ㄷ. 어저느 재미없재?(박 ‖ 이젠 재미없잖아?)

　　ㄹ. 집이 화룡 동성이재?(김 ‖ 집이 화룡 동성이잖아?)

　　ㅁ. 한라산은 해발이 한국에서 제일 높은 산이재?(박 ‖ 한라산은 한국에서 제일 높은 산이잖아?)

(5) ㄱ. 아바이 저기서 오시재?(아버지 저기서 오시잖아?)

　　ㄴ. 니 약해졌재? (김 ‖ 너 약해졌잖아?)

　　ㄷ. 가 감옥 갔댔재?(박 ‖ 걔가 감옥 갔었잖아?)

　　ㄹ. *이거 주므 좋아하겠재?(만듦 ‖ 이거 주면 좋아하겠잖아?)

　　ㅁ. *날씨가 춥더재?(만듦 ‖ *날씨가 춥더잖아?)

(4)는 '-재'가 용언 어간들과 결합한 예들이다. (4ㄱ)은 동사 어간, (4ㄴ)은 보조 동사 어간, (4ㄷ)은 형용사 어간, (4ㄹ~ㅁ)은 계사 '이'와 결합한 것이다. 이렇듯 '-재'는 용언어간과의 결합이 가능하다. (5)는 '-재'가 선어말 어미와 결합한 예들이다. (5ㄱ)은 주체존대 표시의 선어말 어미 '-으시-', (5ㄴ)은 과거의 선어말 어미 '-었-', (5ㄷ)은 대과거의 선어말 어미 '-었었-'과 결합한 것이다. 이렇듯 '-재'는 용언 어간 외에도 '-으시-', '-었-', '-었었-' 등과 같은 선

어말 어미들과 결합한다. 그러나 (5ㄹ), (5ㅁ)과 같이 추측을 나타내는 선어말 어미 '-겠-'과 회상의 선어말 어미 '-더-'와는 통합이 제약된다.[9]

이로써 종결어미 '-재'는 용언어간이나 체언의 용언형, 존대의 선어말 어미 '-으시-', 과거의 선어말 어미 '-었-', '-었었-' 등과 결합할 수 있으나 추측의 선어말 어미 '-겠-', 회상의 선어말 어미 '-더-'와 결합할 수 없다는 것을 알 수 있다.

2) 문장종결법과 의미

연변지역어의 '-재'는 명령문, 청유문, 감탄문, 약속문을 제외한 의문문, 평서문에 쓰일 수 있다. 먼저 연변지역어의 '-재'가 의문문에 쓰이는 경우부터 보기로 한다. 의문문은 일반적으로 가부 의문문(판정 의문문), 선택 의문문, 설명 의문문으로 갈라 볼 수 있다(이익섭·채완 2007:238).

> (6) ㄱ: 니 책 계속 보재?(김 ‖ 너 책 계속 보잖아?)
>
>   ㄴ: 응, 계속 본다.
>
>   ㄴ': 아이, 요새 아이 본다.
>
> (7) ㄱ: 금값이 썩어지라구 올라가재? (김 ‖ 금값이 대폭 올라가잖아?)
>
>   ㄴ: 응, 올라간다.
>
>   ㄴ': 아이, 요즘은 떨어지더라.
>
> (8) ㄱ. *니 책으 샀재 안샀재? (너 책을 샀잖아 안 샀잖아?)
>
>   ㄴ. *니 밥으 먹었재 안 먹었재?(너 밥을 먹었잖아 안 먹었잖아?)
>
> (9) ㄱ. *여기가 어디재?(여기가 어디잖아?)
>
>   ㄴ. *니 생일이 어느날이재?(너 생일이 어느날이잖아?)
>
> (10) ㄱ. *그게 언제 일이었재?(그게 언제 일이었잖아?)
>
>   ㄴ. *그거 어데다 뒀재?(그걸 어디에다 뒀잖아?)
>
>   ㄷ. *그거 어쨌재?(그걸 어찌했잖아?)

(6)~(7)은 '-재'가 가부 의문문에 쓰인 예들이다. 가부 의문문에 대한 답은 긍정 혹은 부정이며 '-재'가 가부 의문문에 쓰였을 때 대답 역시 긍정 혹은 부정

---

9) '-재'는 회상의 선어말 어미 '-더-'를 제외하고는 시제의 제약을 받지 않는다. 지금 비 오재? (지금 비 오지?)-현재 이제 비 오재?(이제 비 오지?)-미래 어제 비 왔재?(어제 비 왔지?)-과거 어제 비 왔댔재?(어제 비 왔었지?)-대과거 *비가 오더재. -회상

이다. 그러나 화자는 '-재'를 써서 일반적으로 자신이 이미 알고 있는 사실에 대한 확인을 요구한다. 따라서 대답은 긍정이 올 개연성이 엄연히 높다. (6ㄱ)은 화자가 '청자가 책을 꾸준히 볼 것'이라고 생각하면서 청자에게 확인하여 물을 때 사용한 것이며 (7ㄱ)은 화자가 '금값이 올라갈 것이다'고 생각하면서 확실하지 않아 청자에게 확인하여 물을 경우에 사용되며, '금값이 올라간다'의 의미를 나타낸다. 이와 같이 '-재'는 대화와 같은 상관적 장면에만 쓰이고 단독적 장면에 쓰이는 일은 없다. (8)은 선택 의문문에 쓰인 예이고 (9)는 설명 의문문에 쓰인 예인데 모두 비문이다 이렇듯 '-재'는 선택 의문이나 의문사가 있는 설명 의문에는 쓰일 수 없다.[10] 그리고 '-재'는 자문에도 쓰이기 어렵다. (10)은 혼잣말로 은근히 청자의 대답을 기대하고 있는 문장으로 쓰였는데 비문이다. 그것은 자기가 알고 있는 것을 다시 자기에게 확인하는 것이 불가능하기 때문이다.

이로써 연변지역어의 '-재'는 종결어미 '-지'와 대응하는 것이 아닌 '-잖아'와 대응하는 어미라고 보는 것이 적합하다. 연변지역어의 이러한 용법은 표준어의 용법과 일치하다. 표준어에서 확인 의문문은 '-지 않니'로 실현되기도 한다. 표준어에서 '-지 않니'로 실현된 의문문은 '-지'로 실현된 의문문보다 확인의 의미가 더 강하여 화자가 거의 확신하고 물을 때 사용된다.

> (11)ㄱ. 날씨 추으므 이따메 뚝 떼버리므 되재.(박‖ 날씨 추우면 이후에 뚝 떼어 버리면 되잖아.)
>
> ㄴ. 공기 덥어 가지구 그느제 가두 덥재.(박‖ 공기 더워 갖고 그늘에 가도 덥잖아.)
>
> ㄷ. 북경에 있으때 신뚱황(新東方)이 쎄기 그랬재. 상해두 신뚱황 많은데 지금 다른 영어 학원들이 많재.(박‖ 북경에 있을 때 新東方학교가 많이 그랬잖아. 상해도 新東方 학교가 많은데 지금은 다른 영어 학원들이 많잖아.)
>
> ㄹ. 이기 너무 먼 거 아니재.(김‖ 여기 너무 먼 것 아니잖아.)
>
> ㅁ. 너네랑 또 좋은 치칸(期刊)에다 내재.(김‖ 너네랑 또 좋은 학술지에 다 내잖아.)
>
> ㅂ. 성격이가 가만이 있는 성격이 아니재.(김‖ 성격이 가만히 있는 성격이

---

10) 그러나 '니 머어 샀재?(너 뭘 샀잖아?)', '니 어디 가재?(너 어디 가잖아?)'와 같이 '뭘'이 'what'의 뜻을 가진 의문사가 아니고 'some thing'의 뜻으로 쓰일 때나 '어디'가 'where'의 뜻을 가진 의문사가 아니고 'some where'의 뜻으로 쓰일 때에는 '-재'의 연결이 가능하다. 그것은 "네가 뭔가를 샀다", "네가 어디론가에 간다"고 확신하는네 과연 그러냐를 묻는 질문으로 'what', 'where'를 묻는 것이 아니다.

아니잖아.)

ㅅ. 사실 말해 조건이 별로재.(김 ‖ 솔직히 말해 조건이 별로잖아.)

ㅇ. 우리 둘이 전번에 그 저기 우죠우창(五角場) 백화랑 돌았댔재.(박 ‖ 우리
둘이 전번에 그 저기 五角場 백화점이랑 돌았잖아.)

ㅈ. 너네 로꿍(老公) 간 담에 내 왔댔재.(박 ‖ 너 남편이 간 다음에 내 왔었
잖아.)

ㅊ. 작년에 필업해서 회사생활 일 년밖에 안 했재.(박 ‖ 작년에 졸업해서 회
사 생활 일 년밖에 안 했잖아.)

ㅋ. 빈부차이가 너무 크게 나타나지 않재.(박 ‖ 빈부차이가 너무 크게 나타
나지 않잖아.)

ㅌ. 일본뉴스는 진짜 데게 빨리 말하재.(김 ‖ 일본뉴스는 진짜 매우 빨리 말
하잖아.)

ㅍ. 그램 이튿날에 다 마르재.(박 ‖ 그럼 이튿날에 다 마르잖아.)

ㅎ. 사인방 그거 땜에 어찌구 마지막에 죽구머 그랬재.(박 ‖ 사인방이 그것
때문에 어쩌고 마지막에 죽고 그랬잖아.)

ㄲ. 좀 탐탐하재.(박 ‖ 좀 갑갑하잖아.)

ㄸ. 제주도 같은 경우는 바다 거기재.(박 ‖ 제주도 같은 경우는 바다 거기
잖아.)

ㅃ. 한번 아이 가기 시작하므 계속 아이 가재.(김 ‖ 한번 안 가기 시작하면 계
속 안 가잖아.)

ㅆ. 뿌리 아이 깊은 같재.(김 ‖ 뿌리 깊지 않은 것 같잖아.)

(12) ㄱ. *나도 좀 극장에 데리고 가시재.(나도 좀 극장에 데리고 가시잖아.)

ㄴ. *나 먹을 것도 좀 낳겨 놓재.(나 먹을 것도 좀 남겨 놓잖아.)

ㄷ. *영화나 보러 갈거재.(영화나 보러 갈 것이잖아.)

(13) 가: 남아 있던 떡 니 먹었재?(남아 있던 떡 너 먹었잖아?)

나: *응, 내가 먹었재.(응, 내가 먹었잖아.)

가: 마당에 있던 병아리 봤니?

나: *응, 봤재.(응, 봤잖아.)

종결어미 '-재'는 이 지역어에서 평서문에도 쓰인다. 같은 종결어미가 의문문
과 평서문에 두루 쓰이는데 이때 억양에 의해 두 문을 구별할 수 있다. 억양이 상
승조이면 의문문이고 억양이 하강조이면 평서문이다.

(11)은 '-재'가 평서문에 쓰인 예들이다. 이때에도 화자가 미리 알고 있는 주

관적 진술에 쓰인다. '-재'는 평서문에 쓰여 어떤 상황에 대해 말하는 사람이 상대방에게 확인시켜 주는 의미를 나타낸다. 이때 화자는 이미 자기의 의지를 가지고 있으므로 비중립적인 태도를 지니고 있다. 즉 '-재'는 표준어의 '-잖아'라는 긍정의 의미를 강하게 나타내고 있다. (11ㄱ)은 화자가 '날씨가 추우면 떼어버리면 된다'는 자신의 생각을 청자에게 확인시켜 주는 평서문이다. (11ㄴ)은 화자가 '공기가 더워서 그늘에 가도 덥다'는 사실을 청자가 공감하기를 바라며 청자에게 확인시켜 주고 있다. (11ㄷ)~(11ㅆ)도 마찬가지로 해석된다. 그러나 (12)와 같이 이미 일어난 어떤 사건이나 상황이 화자가 원하는 방향으로 되지 않은 것에 대해 못마땅함을 표시하며 바람과 요구를 나타내는 문장에는 쓰일 수 없다. 또 (13)과 같이 물음에 대답하는 문장에도 '-재'가 쓰이지 않는다.

이와 같이 문장종결법과 의미 기능에 대한 고찰을 통하여 연변지역어의 '-재'는 가부 의문문과 대답이 아닌 평서문에 쓰이며 화자가 말하고자 하는 정보에 대해 자기가 알고 있다는 전제 아래 청자에게 확인 받으려는 담화기능을 갖고 있음을 확인할 수 있다.

위에서 논의된 내용을 개괄하여 표로 보이면 다음과 같다.

표의 제목

	형성 과정	선행요소와의 결합	문장 종결법	의미
-재	-지 아니ㅎ-+-야)-재닣-+-야)-재잃-+-야)-쟁-+-야)-재야)-재	'이다'의 어간, 용언 어간이나 어미 '-으시-', '-었-'뒤에 붙음. 단 추측을 나타내는 선어말 어미 '-겠-'과 회상의 선어말 어미 '-더-'와는 통합이 제약됨.	평서문, 가부 의문문	화자가 말하고자 하는 정보에 대해 자기가 알고 있다는 전제 아래 청자에게 확인 받으려는 담화기능을 가짐.

4. 정리 및 앞으로의 과제

지금까지 필자는 연변지역어의 융합형 종결어미 '-재'의 형성과정과 통사·의미론적 특징을 다루었다. 이를 다시 정리함으로써 결론을 삼으려 한다. 이 글에서 다루어진 내용은 다음과 같이 요약될 수 있다.

1. 한국어의 장형부정 '-지 아니ㅎ-'는 '-재닣-', '-재잃-', '-쟁-'과 같은

형태들로 융합된다. 그 후 '-재닝-'은 모음사이에서의 'ㄴ' 탈락과 축약을 거치고 '-재잏-'은 축약만을 거쳐 '-쟇-'으로 단일화한다. 단일화를 겪은 선어말 어미 '-쟇-'은 '-야', '-니'와 같은 어미와 결합하여 '-재야', '-재니'로 되었다가 종결어미가 다시 절단되면서 종결어미 '-재'로 자리를 굳히게 된다.

2. 종결어미 '-재'는 선행요소와의 결합에서 '이다'의 어간, 용언 어간이나 어미 '-으시-', '-었-'과 통합이 가능하나 추측의 선어말 어미 '-겠-', 회상의 선어말 어미 '-더-'와는 결합할 수 없다. 또 문장종결법으로 평서문과 가부 의문문에만 쓰인다.

3. '해라체'에 쓰이는 '-재'는 표준어의 '-지'보다 확인의 의미가 강하며 표준어의 '-잖아'와 같은 확인의 의미를 나타낸다. 이는 '-재'가 가지고 있는 화자가 말하고자 하는 정보에 대해서 청자가 알고 있다는 전제 아래 청자에게 확인을 요구하는 담화기능과 관련된다.

이 글에서는 다만 연변지역어의 종결어미 '-재'에 대해서만 다루었다. 더 많은 종결어미에 대한 조사와 분석이 선행할 때 이 지역어의 종결어미의 전체 모습이 그려질 것이라 생각하면서 이를 앞으로의 과제로 남긴다.

참고문헌

고홍희(2011), 『연변지역 조선어 의문법 연구』, 료녕민족출판사.

곽충구(1998a), 「동북·서북방언」, 『문법 연구와 자료』(이익섭 선생 회갑 기념 논총), 태학사, pp.985-1027.

곽충구(1998b), 「동북방언」, 『새국어생활』 8-4, 국립국어연구원, pp.75-94.

배주채(1998), 「서남방언」, 『문법 연구와 자료』(이익섭 선생 회갑 기념 논총), 태학사, pp.877-932.

채완(1998), 「특수조사」, .

안명철(1990), 「국어의 융합현상」, 『국어국문학』 103, 국어국문학회, pp.121-137.

안주호(1994), 「동사에서 파생된 이른바 '후치사류'의 문법화 연구」, 『말』 19, 연세대학교 한국어학당, pp.133-154.

이기갑(1982), 「전남 북부방언의 상대높임법」, 『언어학』 5, 한국언어학회, pp.143-161.

이병근(1978), 「國語의 長母音化와 補償性」, 『國語學』 6, 國語學會, pp.1-28.

이성하(2011), 『문법화의 이해』, 한국문화사.

이익섭·채완(2007), 『국어문법론강의』, 학연사.

전학석(1998), 「연변방언」, 『새국어생활』 8, 국립국어연구원, pp.153-180.

정용호(1988), 『함경도방언연구』, 교육도서출판사.

최명옥(1976), 「현대국어의 의문법 연구―서남 경남방언을 중심으로」, 『학술원 논문집』 15, 대한민국학술원, pp.145-173.

최명옥(2000), 「중국연변지역의 한국어 연구」, 『한국문화』 25, 서울대 한국문화연구소, pp.17-62.

최명옥·곽충구·배주채·전학석(2002), 『함북 북부지역어 연구』, 태학사.

Bybee, Joan L.(1985), *Morphology*, John Benjamins Publishing Company.

※ 이 논문은 2012년 『방언학』 제 16호에 게재되었던 논문 「연변지역어의 종결어미 '-재'에 대한 고찰」을 정리한 것임.

오선화(吳仙花)

복단대학교 외문학원 한국어학과

상해시 양포구 한단로 220호 문과루 310호

전자우편: wuxh@fudan.edu.cn

유형론적 관점에서 한국어 명사구 접근성 계층(NPAH) 논의

崔惠玲 (복단대학교)

1. 관계절과 NPAH 가설

1.1. 연구배경

관계절[1]은 모든 언어에 나타나는 공통적인 특징 중 하나이지만 관계화 전략은 언어에 따라 다르다. 언어의 관계절 형성이 다양한 원인에는 여러가지가 있는데 어떤 명사어를 관계화에 허용하는가 하는 것이 그 중 하나이다. Keenan & Comrie(1977)는 50여 개의 언어 표본을 분석한 결과 개별 언어에서 어떤 명사어를 관계화 하는가에 따라 차이가 있고, 그러한 다양성은 임의적인 것이 아니라 명확한 패턴을 따른다는 것을 발견했다. 이 패턴을 설명하기 위해서 제안한 가설이 바로 명사구 접근성 계층(Noun Phrase Accessibility Hierarchy: NPAH, 名詞短語可及性等級)이다.

> (1) PAH 가설: SU > DO > IO > OBL > GEN > OCOMP[2]

이 가설의 내용인즉, 모든 언어들은 적어도 하나의 관계화 전략, 즉 주어가 관계화되는 전략을 가지고 있고, 내포문의 핵어 명사를 격에 따라 주어(SU), 직접목적어(DO), 간접목적어(IO), 사격어(OBL), 소유어(GEN), 비교목적어(OCOMP) 등 위계로 구분했을 때, 왼쪽으로 갈 수록 무표적이고 오른쪽으로 갈 수록 유표적이라는 것이다. 즉 어떤 주어진 위계에서 명사를 관계화할 수 있다면 그 위치의 왼쪽에 놓인 성분들도 모두 관계화가 가능하다는 의미이다.

---

1) 한국어에서 관형절은 관계절과 동격절로 구분되어 있는데 본고에서는 관계절에 대하여 논의한다.

2) 여기서 '>'는 '~보다 관계화에 더 접근성이 있는'의 뜻이다.

1.2. 선행연구

관계화 및 관계절 형성에 대한 제약을 다룬 Keenan & Comrie(1977)의 범 언어적 연구는 '언어 보편성 연구 중에 가장 영향력 있는 연구 중 하나'로 간주되고 있고[3] 한중 양국의 학계에서도 NPAH 가설에 관련된 논의를 활발히 진행하여 왔다. 김성수(2010)에서는 언어 유형론적 관점에서 학습자들의 한국어 관계절의 사용과 습득 양상을 분석하였고, 김창구(2010)에서는 관계절 형성에서의 명사구 계층성과 관련한 한국어 관계절의 습득 양상을 분석하였다. 중국학계에서도 侯建東(2011), 劉濤(2011), 湯春曉&許家金(2011), 吳芙芸(2011) 등이 응용언어학과 심리언어학 차원에서 측정실험, 테스트 등 방식을 통해 외국어로서의 중국어 습득과 관련 내용을 분석하였다,

최근 다양한 언어에 대한 연구가 폭넓게 진행되면서 그동안 유형론적 보편성으로 여겨온 NPAH 가설이 특정 언어의 관계화와 일치한지, 관계절 형성 제약을 제대로 기술할 수 있는지에 대한 문제점들이 지적되고 있다. 연재훈(2012)은 한국어 관계절의 유형과 NPAH, 그리고 관계절 해석의 화용적 특성에 대해 깊이있게 논의하였고 중국에서도 劉丹靑(2005), 唐正大(2007), 徐赳赳(2008), 許餘龍(2012) 등에서 중국어 관계절 및 관계화에 대한 심층 연구가 이루어지고 있다.

한국어는 전명사적(前置)[4] 외부 핵심(外核) 관계절 구조로, 관계화 제약은 대체로 NPAH 가설을 따르는 것으로 알려져 있지만 주어(SU)에서 소유어(GEN)에 이르는 위계에서 관계절 형성 시 관계화 전략은 무엇인지, 함축적 보편성(Implicational Generalization, IG)에 적용되는지 등에 대한 논의는 많이 이루어지지 않고 있다. 본고는 문법용례를 바탕으로 NPAH 가설 및 이에 해당하는 함축적 보편성이 한국어에 적용되는지에 대해 자세한 논의를 진행하고자 한다.

---

3) B. A. Fox(1987) 'The Noun Phrase Accessibility Hierarchy reinterpreted: subject primacy or the absolute hypothesis?', *Language* 63:856−870.

4) 한국어도 핵어 명사가 관계절 내부에 있는 것들이 있다고 주장하는 논의들이 있다. (예) '[만두 빚은 것]을 먹었다.' 등.

2. NPAH 가설과 함축적 보편성

2.1. 관계절의 정의

형용사절이라고도 불리는 관계절은 핵어 명사와 제한절 두 부분으로 구성된다. Keenan & Comrie(1977:63-64)에 따르면 핵어 명사의 의미적 기능은 관계화의 영역으로 불리는 실체의 집합을 성립하는 것이고, 제한절의 기능은 핵어 명사에 의해 지시된 관계화의 영역에 의미적 조건을 부과하여 그 영역의 하위집합을 식별하는 것이다.

(2) 김박사가 쓴 책

관계화 영역에서 핵어 명사 '책'은 잠재적 지시물의 집합이고 제한구는 '김박사가 책을 썼다', 제한절은 '김박사가 쓴'이다. 즉 '김박사가 쓴 책'이 정확한 실체를 나타내려면 우선 해당 실체가 관계화 영역에 놓여 있어야 한다. 즉 핵어 명사 '책'이 나타내는 집합 속 원소여야 하고, 그 다음 이 집합에 속하는 부분집합을 확정하고 범위를 축소하여 '김박사가 책을 썼다'는 의미를 나타내야 한다. 이 관계화 영역이 언어의 표층구조에서는 핵어명사 '책'과 제한절 '김박사가 쓴'으로 구성된 관계절로 나타나는 것이다.

2.2. 관계화 전략

언어들이 관계절을 형성하는 방법은 아주 다양하고, 같은 언어 내부에서도 대부분 하나 이상의 관계절 형성방법을 갖고 있다. 이렇게 관계절을 형성하는 방법을 관계화 전략이라고 한다.

Keenan & Comrie(1977:64-66)는 표층구조에 근거하여 관계화 전략을 다음과 같은 두가지 기준으로 구분하였다. 첫번째는 제한절과 상대적인 핵어 명사의 위치, 두번째는 핵어 명사의 역할이 관계절 안에서 표현되는 방식이다. 첫번째 기준은 핵어 명사가 제한절 앞에 나타나는지, 제한절 안에 나타나는지, 제한절 뒤에 나타나는지에 따라 '전명사적', '내부 명사적', '후명사적' 전략으로 나눈다. 두 번째 기준은 핵어 명사의 역할 표시에 따라 [+격]과 [-격]으로 식별한다. 그러다가 Maxwell(1979:361,364)이 [+격]과 [-격]의 구별에서 '격'이 어떻게 입력되는지 명확하지 않다고 지적하면서 Comrie(1989)는 적어도 네 가지의 관계화 전략이 있다고 기존 주장을 수정하였다. 그 네가지가 바로 1) 비우기 전략, 2)

대명사 유지 전략, 3) 관계대명사 전략, 4) 비삭감이다.

2.3. 함축적 보편성

Keenan & Comrie(1977:67−68)가 제시한 NPAH의 제약조건, 즉 기본 관계화 제약(Primary Relativization Constraints: PRC, 基本關系化制約)의 내용은 다음과 같다.

  (3) 기본 관계화 제약(Primary Relativization Constraints: PRC)
      a. 모든 언어는 반드시 하나의 기본 관계화 전략이 있다.
      b. 한 언어의 기본 관계화 전략이 NPAH의 비교적 낮은 위계에서 가능하다면 그보다 더 높은 위계에서 반드시 가능하다.
      c. 기본 관계화 전략은 NPAH의 임의의 위계에서 사용 중지될 수 있다.

Hawkins(2007)는 Keenan & Comrie(1977)의 관계화 전략에 근거하여 보다 분명하고 검증 가능한 함축적 보편성을 제기하였다.

  (4) 함축적 보편성(IG)
      a. 만약 한 언어가 NPAH의 비교적 낮은 위계에서 관계화가 가능하다면 (관계화 전략의 차이에 관계없이) 그 언어는 그보다 높은 위계의 관계화가 성립된다. 만약 한 언어가 특정된 위계에서 관계화가 실현되지 않을 경우, 해당 언어는 반드시 강제적인 향상규칙을 통하여 그 위계를 비교적 높은 위계로 향상시켜 관계화를 실현할 것이다.
      b. 만약 한 언어가 NPAH 가설의 비교적 낮은 위계에서 비우기 전략이 가능하다면 해당 언어는 그보다 높은 위계에서 모두 비우기 전략이 가능하다.

3. NPAH와 한국어의 관계화 전략

3.1. 한국어 관계화의 유형론적 특성

Keenan & Comrie(1977:78)에서는 한국어 관계화의 유형론적 특성을 다음과 같이 기술하였다. ('+'와 '−'는 관계화 전략의 가능성 여부를 나타낸다.)

한국어 관계화의 유형론적 특성

관계화 전략	관계화가 가능한 성분					
	SU	DO	IO	OBL	GEN	OCOMP
전명사적(前置), 무격	+	+	+	+	−	−
전명사적(前置), 유격	−	−	−	−	+	−

위의 표에 따르면 한국어의 관계화는 첫째, 전명사적(前置) 전략을 사용한다. 둘째, 한국어에 비교목적어가 존재하지 않는 점[5]을 감안하면 소유어를 제외한 위계에서 모두 무격전략을 사용한다. 셋째, 한국어는 유독 소유어에만 유격전략이 가능하다.

3.2. 한국어의 무격전략과 유격전략

2.2에서 언급했듯이 관계화 전략에는 비우기 전략, 대명사 유지 전략, 관계 대명사 전략, 비 삭감 전략 등 네 가지가 있다. 여기서 세번째 전략인 관계 대명사 전략은 유럽언어에 빈번하게 나타나고 범 언어적으로 널리 퍼지지는 않았다고 보고된다(Comrie 1989:149). 네번째 전략, 비 삭감 전략은 제한절 안에서 핵심 명사의 완전한 표현인데 이는 대부분 내부 핵심 관계절(밤바라어나 디에게노어 등)과 상호관계 관계절(힌디어 등) 등에 한정되어 있으므로 한국어에는 적용되지 않는다.

그렇다면 한국어의 무격전략과 유격전략의 차이는 대명사 유지 여부에 따라 갈리게 된다. 즉 비우기 전략이 무격에 해당하고 대명사 유지 전략이 유격에 해당하는 것이다. 그중 비우기 전략은 한국어의 기본 관계화 전략이 된다.

아래 '비우기 전략'과 '대명사 유지 전략' 두 가지 차원에서 한국어의 관계화가 Keenan & Comrie(1977:67−68)의 PRC제약, Hawkins(2007)의 함축적 보편성에 적용되는지 검증해 보도록 하겠다.

3.3. 한국어의 관계화 및 함축적 보편성

Song(2009:293)에 나오는 영어 관계화의 용례를 한국어로 번역하면 다음과 같다.

    (1) a. the girl who swam the Straits of Dover　　　　[SU]
         Ø 도버해협을 헤엄쳐 건넌 그 소녀

       b. the girl whom the boy loved with all his heart　　[DO]
         소년이 진심으로 Ø 사랑한 그 소녀

       c. the girl to whom the boy gave a rose　　　　　[IO]
         소년이 장미를 Ø 준 그 소녀

       d. the girl with whom the boy danced　　　　　[OBL]
         소년이 Ø 함께 춤을 추었던 그 소녀

       e. the girl whose car the lady bought for her son　[GEN]
         부인이 아들을 위해 <u>그녀의</u>차를샀던소녀

위의 예를 보면 Keenan & Comrie(1977)의 가설과 마찬가지로 소유어를 제외한 기타 위계에서 모두 비우기 전략을 사용하고 있다.[6] 비우기 전략은 주어(SU)에서 사격어(OBL)에 이르기까지 NPAH에서 하나의 연속된 구간을 구성하고 사격어(OBL)보다 낮은 위계 즉 소유어(GEN)에서 멈춘다. 한마디로 PRC-a, PRC-b, PRC-c에 적용되고 함축적 보편성(IG)의 조건에도 부합된다.

문제는 소유어(GEN)의 관계화에서 대명사를 사용하느냐 하는 것이다. Keenan & Comrie(1977:74)에서는 '자기의 개가 총명한 그 사람'을 예로 들면서 한국어는 대명사가 유지될 때만 소유어의 관계화가 가능하다고 했다. 이에 대해 Song(1991)은 '대명사 유지 전략은 한국어에서 핵어 명사가 소유자의 역할을 가질 경우로 제한되는데 그 때에도 확인되지 않은 이유 때문에 언제나 사용되지는 않는다'라고 지적했다. 연재훈(2012)은 소유어가 주어 내부 성분이나 목적어 내부 성분일 경우 관계화가 가능하기도 하고 불가능하기도 하지만, 사격어나 부가어 내부 성분일 경우 관계화가 불가능하다고 했다.

許餘龍(2012)에서는 중국어의 경우, 주어 내부 성분(GEN$_{SUJ}$)인지 목적어

---

6) 사격어의 경우 논항의 성격에 따라 관계화가 아예 불가능한 경우도 있다. 김민국(2010:139)은 '이유/원인, 자격, 비교, 기점, 동반' 등을 나타내는 사격어들은 관계화가 불가능하다고 했다. 예: '내가 회장으로서 발언했다'를 관계절로 바꾸면 '내가 발언한 회장'이 되는데 이는 비문이다.

내부 성분(GEN_{OBJ})인지에 따라 관계화 전략이 다르고, 소유어가 분리 가능한 (alienable possession) 소유어인지 분리 불가능한(unalienable possession) 소유어인지에 따라 관계화 전략이 다르다고 주장했다. 분리 불가능한 소유어에는 신체어나 친족어 등이 포함되고 분리 가능한 소유어에는 기타 소유물이 포함된다. 전명사적 외부핵심 관계절 언어 중, 중국어와 한국어만이 소유어 관계화에서 대명사 유지 전략을 사용하고 있다는 점을 감안하여 한국어에도 위 기준을 적용해 관계절을 만들어 보면 다음과 같다.

(2) 기본문장: 철수가 영희의 자전거를 빌렸다.
철수가 *그의 / *자기의/ Ø 자전거를 빌린 그 사람 (GEN_{OBJ})
(3) 기본문장: 영희의 자전거를 철수에게 빌려주었다.
*그의 / 자기의/ Ø 자전거를 철수에게 빌려준 영희 (GEN_{SUJ})

(4) *그의/ *자기의/ Ø 코가 빨갛게 얼어버린 남자애 (분리 불가능한 소유어)
*그들의/ 자기/ Ø 손에 피를 묻힌 친구 (분리 불가능한 소유어)
*그의/ ?자기/ Ø 자식들이 잘된 그 어르신 (분리 불가능한 소유어)
(5) 영희가 *그의/ *자기/ Ø 자전거를 빌린 그 사람 (분리가능한 소유어)

중국어의 소유어 관계화 전략에 사용되는 기준을 적용해 보면 한국어의 소유어 관계화는 비우기 전략이 가능하고 굳이 대명사를 유지할 필요성을 찾아보기 힘들다는 것을 발견하게 된다.

따라서 Keenan & Comrie(1977)의 PRC 및 Hawkins(2007)의 IG에 적용되는 한국어의 NPAH는 다음과 같이 조정해야 할 것이다.

한국어 관계화의 유형론적 특성

관계화 전략	관계화가 가능한 성분					
	SU	DO	IO	OBL	GEN	OCOMP
전명사적(前置), 무격	+	+	+	+	+	
전명사적(前置), 유격	−	−	−	−	+	

한마디로 한국어 관계화의 유형론적 특성은 주어(SU), 직접목적어(DO), 간접목적어(IO)에서는 관계화가 모두 가능하지만 사격어(OBL)의 경우 논항의 의미를 전제로 조건부적으로 가능하고 소유어(GEN)는 상황에 따라 대명사 유지 전략이 가능하긴 하지만 비우기 전략으로도 큰 무리가 없다는 것이다.

4. 한국어의 NPAH 및 향후의 과제

본고는 유형론적 관점에서 한국어의 위계별 관계화 전략을 분석하고 Keenan & Comrie(1977)가 주장한 NPAH 및 해당 함축적 보편성에 적용되는지 검토해 보았다. 특히 NPAH의 소유어는 대부분 상황에서 대명사 유지 전략이 아닌 비우기 전략이 가능하다는 것을 기술하였다.

최근 논의들에서는 전명사적 관계절 언어에 한해서는 형태−통사적 특성보다는 의미−화용적 해석이 필요하다는 주장들이 나오고 있다. 본고의 논의에서도 사격어나 소유어의 경우 조건부적으로 비우기 전략이 사용된다고 했는데 더 명확한 규명을 위해서는 통사정보보다 의미−화용 정보가 개입해야 할 것이다.

참고문헌

김민국(2010), 「핵어명사의 관계화 제약에 대한 연구」, 『한국어학』 47.

김성수(2010), 「유형적 보편성을 통해 본 한국어 학습자의 관계절 사용 양상 연구」, 계명대학교 박사학위 논문.

김창구(2010), 「외국어로서의 한국어 관계절 습득 연구」, 부경대학교 박사학위 논문.

연재훈(2012), 「유형론적 관점에서 한국어의 관계절을 논의」, 『국어학』 63집.

侯建东(2011), 「可及性和生命性对中国学生习得英语关系从句的影响」, 『外语教学与研究』第5期.

刘丹青(2003), 「语序类型学与介词理论」, 商务印书馆.

刘丹青(2005), 「汉语关系从句标记类型初探」, 『中国语文』第1期.

刘丹青·唐正大(2012), 「名词性短语的类型学研究」, 商务印书馆.

刘涛等(2011), 「主语关系从句加工优势的普遍性」, 『语言科学』第1期.

汤春晓·许家金(2011), 「中国高中生英语关系从句习得顺序研究」, 『外语教学与研究』第1期.

唐正大(2007), 「关系化对象与关系从句的位置——基于真实语料和类型分析」, 『当代语言学』第2期.

吴芙芸(2011), 「试论Hawkins的领域最小化理论于汉语关系从句加工之意义及潜在问题」, 『外国语』第1期.

徐赳赳(2008), 「关系从句的语法和篇章特征分析」, 『汉语学习』第5期.

许余龙(2012), 「名词短语的可及性与关系化」, 『外语教学与研究』第5期.

Comrie B.(1989), *Language universal and linguistic typology* Second edition. Oxford.

Jae Jung Song(1991), *Koean relative clause constructions: conspiracy and pragmatics*, *Australian Journal of Linguistics* 11.

Hawkins,J.(2007), Acquisition of relative clauses in relation to language universals, *Studies in Second Language Acquisition* 29.

Keenan E.&Comrie B.(1977), Noun phrase accessibility and universal grammar, *Linguistic Inquiry* 8:63−99.

Maxwell D.(1979), Strategies of relativization and NP accessibility, *Language* 55.

※ 이 논문은 『중국조선어문』(2014. 05.기)에 수록된 「류형론적관점에서 조선어명사구 접근성계층론」의 일부 내용을 정리한 것임.

최혜령(崔惠玲)

복단대학교 외문대학 한국어학과
상해시 한단로 220번지, 200-433
전자우편: cuihl@fudan.edu.cn

중국조선어의 어휘적 특성 형성배경에 대하여

강용택 (중앙민족대학교)

1. 중국조선어 연구

　조선족은 중국의 56개 민족 중 13번째로 많은 인구를 차지하고 동북 3성과 연해지구에 약 183[1]만여 명이 살고 있다. 특히 중국 길림성의 연변조선족자치주는 중국 최대의 조선족 집단 거주 지역으로 이중 언어 교육을 실행하고 있고 일상생활에서도 한어와 중국조선어를 이중 언어로 사용하고 있다.

　중국조선어는 조선과 지역적인 인접성과 정치적인 동질성에 연유하여 어휘의 차원뿐만 아니라, 음운, 문법, 의미 등 여러 면에서 조선의 문화어와 가까운 모습으로 변화, 발전하여 왔다. 또한 중국조선어는 한어의 절대적인 영향을 받으면서 형성되었다. 중한 수교 이후 20여 년 간의 발전을 거쳐 중국조선어는 한국어의 영향을 적극적으로 받고 있는 것도 사실이다.

　이렇게 중국조선어는 중국 주체 민족의 언어인 한어의 영향, 조선어와 한국어의 영향, 그리고 자체로 제정한 언어규범의 영향을 받아 뿌리를 같이 하고 있는 조선어나 한국어와 차이를 보이는 특성을 가지고 있다.

　중국조선어의 어휘적 특성의 형성배경을 연구하는 것은 중국조선어의 특성을 연구하는 데 자료를 제공하고 중국조선어의 발전 전망을 알아보는 데 유리할 뿐만 아니라 나아가 중국조선어 규범화작업에 이론적 근거를 제시하는 데 그 의의가 있다.

　중국조선어의 특성과 언어규범에 대한 연구는 학계에서 활발하게 진행되어 왔다. 그 대표적 성과로는 『중국에서의 조선어교육과 사용으로부터 본 조선어통일의 필요성』(최윤갑 1994), 『목전 중국조선어 어휘규범화작업에서 봉착한 원칙적 문제』(김기종 2009), 『중국조선어 어문규범 문제에 대한 단상』, (홍윤표 2010), 『21세기 조선어의 전망과 어문사업일군들의 과업』, (태평무 2011) 등등

---

1) 제6차 전국인구조사 수치.

을 들 수 있다. 하지만 상술한 논문들은 대부분 중국조선어의 언어규범과 관련된 연구이고 중국조선어의 어휘적 특성에 대한 전반적인 고찰은 아직 없는 것으로 알고 있다. 따라서 본 논문에서는 중국조선어의 어휘적 특성의 형성배경을 알아보고 중국조선어 어휘적 특성을 한어, 한국어, 조선어, 그리고 자체의 언어규범의 영향으로 나누어 고찰하려고 한다.

2. 중국조선어의 형성배경

중국의 조선족은 150여 년의 이주 역사를 가지고 있지만 언어는 한민족과 그 뿌리를 같이하고 있다. 그러나 중국 소수민족 언어로서 중국조선어는 주체 민족의 언어인 한어의 영향을 받고 있는 것도 사실이다.

중국 조선족의 문화중심지인 연변조선족자치주는 조선과 러시아와 인접하여 있어 중국의 연변, 조선의 라선시, 러시아의 하싼구가 인접한 두만강 하류 삼각지대를 동북아 "황금삼각주"라 부른다.

이 황금삼각주는 조선과 러시아의 대외 개방 행보에 따라 불원간 동북아 물류의 허브지대로 각광을 받으리라 전망하고 있다. 현재 연변 전 지역에는 한국 업체가 주를 이룬 700여 개의 외국 기업이 진출하여 있다. 한국에서 취업하고 있는 연변 사람들은 이미 10여 만 명을 넘어섰으며 방문취업제도의 실시로 조만간 20여 만 명으로 늘어날 것으로 예상된다. 그만큼 연변은 한국과 밀접한 관계에 놓여있다. 그 뿐만 아니라 연변지역과 조선, 러시아 간의 무역액이 높아감에 따라 무역 내왕은 점점 활성화되고 있다. 경제 내왕은 필연코 문화 교류를 촉진하게 되고 문화 교류는 언어의 접촉을 가져오게 되며 언어접촉은 반드시 언어간섭 현상을 초래하게 된다. 역사적으로 중국조선어는 한어와 조선어의 영향을 제일 많이 받고 있었고 중한수교 이후에는 한국어의 영향을 많이 받고 있다.[2]

중국조선족은 이주하여서부터 한반도의 언어문자를 사용하여 왔다. 1977년 전까지만 하여도 중국조선어는 조선의 문화어를 자체의 언어규범으로 삼았다. 그러다 1977년 후 중국조선어는 조선말표준발음법, 조선말맞춤법, 띄어쓰기, 문장부호, 조선말명사술어규범화원칙, 외래어표기법, 외국어표기법 등을 연속 제정하고 반포하였으며 『조선어문법』도 출간하였다. 중국조선어 규범은 중국 조선

---

2) 태평무(2008), 『21세기 중국에서의 한국학 연구의 새로운 지평』, 민족출판사, 343쪽

족의 언어 실제정황에 발을 붙이고 있으면서 조선과 한국의 언어규범도 고려하여야 하였다. 중국조선어는 한 면으로는 한반도의 모어를 계승하였을 뿐만 아니라 중국에 맞는 조선어규범을 제정하여 중국 조선족의 언어생활을 풍부히 하였으며 중국 특색이 있는 민족 언어로 형성되었다.

중국조선어 규범화 사업은 첫 번째 단계(지난 세기 50년대 초, 중반기), 두 번째 단계(1958–1963년), 세 번째 단계(1964–1968년), 네 번째 단계(1968–1977년), 다섯 번째 단계(1977–지금까지)를 거쳐 발전하였다. 첫 번째, 세 번째, 다섯 번째 단계는 조선어 단어조성의 법칙에 맞게 어휘규범을 하는 것을 기준으로 삼았고 두 번째, 네 번째 단계는 한어와의 공성 관계를 확대하는 원칙으로 기준을 삼았다.

중국에서 조선어 규범화 사업이 활기를 띠기 시작한 것은 1977년에 동북3성 조선어문사업협의소조가 설립된 때부터이다. 그러다가 1986년에 중국조선어문사정위원회가 설립되면서 본격적으로 규범화 사업이 추진되었다.

1977년 후로 『조선말규범집』(1985년), 『조선말어휘규범집』(1989년), 『조선말규범집』(수정·보충판 1996년)이 육속 출간되면서 중국조선어의 사용과 발전은 비교적 온당한 모습을 갖추게 되었다. 그러다가 2007년에 새로운 『조선말규범집』이 출간되었는데 이 규범집은 『조선말규범집』(수정·보충판)을 바탕으로 필요한 수정을 가하고 보충한 것으로서 중국조선어가 반드시 지켜야 할 언어 규범으로 되었다.

3. 중국조선어 어휘의 특성

1) 중국조선어에 대한 한어의 영향

언어 접촉은 상호 간에 영향을 미치지만 그 영향 관계에서는 정치, 사회, 문화적으로 중심에 서 있는 민족의 언어가 가장 영향력이 클 수밖에 없다. 다시 말해 상대적으로 정치, 사회, 문화적으로 약한 민족의 언어가 가장 우위에 있는 민족의 언어로 동화되기 마련이다. 현재 중국에서는 당연히 한어가 공용어이므로 중국조선어 역시 한어에 조금씩 동화되어 갈 수밖에 없는데 이러한 현상은 어휘 면에서 가장 뚜렷하게 나타난다.

(1) 음역의 경우

한자어에서 중국조선어는 한어의 용어를 그대로 음역하여 사용하는 경우가 많다.

예:

(표1-1)

〈중국조선어〉	〈한국어〉	〈중국조선어〉	〈한국어〉
가공공업	가공업	호상	상호
고속도로로	고속도로	갱의실	탈의실
공안국	경찰서	공상업	상공업
덕지체	지덕체	대학	대학교
우점	장점	소학교	초등학교
장애물	걸림돌	운전수	기사
중의	한의	학원/학부	대학
현처양모	현모양처	혈형	혈액형

중국조선어는 이 밖에 한자어에 고유어 '하다'를 합성하여 사용하는 경우가 많다.

예:

(표1-2)

〈중국조선어〉	〈표준어〉	〈중국조선어〉	〈표준어〉
突出하다	뛰어나다	調動하다	전근하다
需要하다	필요하다	住院하다	입원하다
聯系하다	연락하다	出院하다	퇴원하다
掌握하다	파악하다	學習하다	공부하다

(2) 음차의 경우

중국조선어는 일부 경우 한어의 단어를 음차하여 사용하는데 이런 현상은 규범적인 단어를 장악하지 못한 데서 비롯된다.

예:

(표1-3)

〈중국조선어〉	〈표준어〉	〈중국조선어〉	〈표준어〉
꽈호(挂号)	접수	땐노(电脑)	컴퓨터
땐디(点滴)	점적주사	땐쓰(电视)	텔레비전
메치(煤气)	가스	로반(老板)	주인
요쿵치(遥控器)	리모콘	쌍차이(香菜)	고수풀
짠샌(占线)	통화중	쟈죠우(家教)	가정교사
피주(啤酒)	맥주	호마(号码)	번호

중국조선어는 한어의 원어에 고유어 '하다'를 합성하여 사용하는데 이런 현상도 음차의 예와 비슷하다.

예:

(표1-4)

〈중국조선어〉	〈표준어〉	〈중국조선어〉	〈표준어〉
쌍발하다(上班)	출근하다	쌰발하다(下)	퇴근하다
짜팬하다(诈骗)	사기 치다	쪼구하다(照)	돌보다
촹하다(撞)	충돌하다	칭커하다(请)	초대하다

(3) 성구, 속담 등 관용구의 경우

오래 동안 한어와의 접촉에서 중국조선어는 단어의 차원에서 영향을 받을 뿐만 아니라 문장, 수사적인 차원에서도 한어의 영향을 받아 한어의 성구, 속담 등 관용구를 그대로 번역하여 사용하는 경우도 적지 않다.

예문:

냉수를 끼얹다. (泼冷水。)

한 몽둥이에 때려눕히다. (一棒子打死。)

큰 가마밥을 먹다. (吃大锅饭。)

치부의 길을 걷고 있다. (走向致富之路。)

상술한 성구, 속담은 한어의 관용구를 그대로 번역하여 사용한 실례이다.

2) 중국조선어에 대한 조선어의 영향

1950년대 중, 하반기에 들어서면서 중국의 개별적인 언어학자들은 우리말의 순수성을 고집하면서 조선어 전용을 주장하였지만 중국의 반우파투쟁이 시작되면서 조선어 전용은 어려운 상황에 부딪치게 되었다. 1963년 6월 28일 길림 시찰 시의 주은래의 "중국조선어는 평양을 기준으로 해야 한다."는 지시는 중국조선어의 발전에 긍정적 역할을 놀았을 뿐만 아니라 중국조선어의 발전 방향을 정해 주었다.

(1) 문화어에서 표준어로 인정된 것을 받아들인 경우

예:

(표2-1)

〈중국조선어〉	〈한국어〉	〈중국조선어〉	〈한국어〉
게사니	거위	굽인돌이	굽이돌이
안해	아내	부시다	부수다
원쑤	원수	웨치다	외치다
차겁다	차갑다	줏다	줍다
컬레	켤레	칼치	갈치

(2) 방언 어휘를 표준어로 받아들인 경우

예:

(표2-2)

〈중국조선어〉	〈한국어〉	〈중국조선어〉	〈한국어〉
고다	떠들다	망탕	마구
고아대다	떠들다	마스다	부수다
꼬라지	꼬락서니	배워주다	가르치다
그슬다	그을다	신신펀펀하다	든든하다
남새	야채	잰내비	원숭이
닭알	달걀	직방	곧바로
대수	대강(대충)	택	턱

상술한 어휘들은 모두 조선의 문화어로부터 받아들인 단어들로 중국조선어에서는 표준어로 인정하고 있다.

그러나 1992년에 이루어진 중한 수교는 한국어에서 비표준어나 방언으로 취급하던 어휘를 사용하는 중국 조선족에게 있어서 한국인과의 의사소통에 큰 불편을 가져왔다.

3) 중국조선어에 대한 한국어의 영향

중한 수교 이후 중국과 한국의 내왕은 전례 없는 발전을 가져왔다. 지난 세기 80년대부터 한국을 다녀온 사람들을 어림짐작을 해도 50~60만 명 이상일 것이다. 중한 수교 이후 중국 조선족의 인구 183만여 명에서 절반 이상의 조선족이

해외거나 연해도시로 진출하였다고 해도 과언이 아니다. 이러한 사회적 환경의 영향 하에 중국 조선족의 언어 환경은 큰 변화를 가져왔다. 조선의 문화어가 기본으로 되어 있던 중국조선어는 점차 한국어의 영향을 받고 있으며 한국어와 문화어의 영향 하에 진통을 겪고 있다. 중국조선어에 대한 한국어의 영향은 한어의 경우와 마찬가지로 긍정적인 영향과 부정적인 영향으로 갈라볼 수 있다.

(1) 고유어의 경우

중한 수교 이후 20년 동안의 내왕을 거쳐 한국어는 중국조선어에 큰 영향을 주고 있다. 이런 현상은 현재 문화어보다 더 큰 영향력을 과시하고 있다.

예:

(표3-1)

거듭나다	내숭	도우미	동아리
마당발	단무지	달동네	물밑작업
바가지요금	메롱	뜨다	붙임딱지(스티커)
빵빵하다	볼거리	불볕더위	새마을운동
새치기	뻥튀기	새내기	야호
왕창	괜찮다	쌀쌀맞다	오리발
작살나다	어마어마하다	엄청	짠순이
짭짤하다	웃돈	이판사판	찜통더위
찝찝하다	잘나가다	짝꿍	펴내다
푼수	튀다	째려보다	풋풋하다

(2) 한자어의 경우

'조립, 할인, 대세, 견본, 잔고, 내역' 등 어휘들은 일본에서 만든 한자어인데 한국이 일본 강점에 의한 일본어식 한자어의 유입에 의해 들어온 것들이다(심재기, 2000). 이러한 한자어는 점차 중국조선어에서 사용되고 있다.

또한 광복 이후 한 동안은 일본어 잔재에 대한 저항감 때문에 일본어가 한국어에 새로 수용되는 일은 드물어졌지만 '각선미, 대하소설, 성인병, 맥배, 단지, 팔등신, 고수부지, 폭주족, 핵가족, 집중호우' 등과 같은 한자어는 일본식 어형이 한국어 어휘체계에 새로 끼어 든 한자어들로서(송민 1990) 현재 중국조선어에서도 쓰이고 있다.

(3) 외래어의 경우

중한 수교 후 한국인과의 접촉이 빈번해지면서 한국어에서 들어온 외래어는 한국인과의 의사소통이 원활해지고 중국조선어 어휘구성이 풍부해지는 긍정적 영향을 주고 있다.

예:

(표3-1)

〈중국조선어〉	〈한국어〉	〈중국조선어〉	〈한국어〉
가죽장화	부츠	공기조절기	에어컨
교예	서커스	구락부	클럽
녀성고음	소프라노	머리받기	헤딩
머리수건	머플러	반공반독	아르바이트
선전화	포스터	손기척	노크
시체옷	패션	일년감	토마토

(4) 성구, 속담 등 관용구의 경우

한국어에서만 쓰이던 아래와 같은 성구, 속담 등 관용구는 현재 중국조선어에서도 쓰이고 있다.

가슴에 와 닿다
- 선생님의 말씀이 가슴에 와 닿았다.

한국어에서 "감동을 일으키다"는 뜻으로 사용되는데 이와 동의어로 "피부에 와 닿다"가 있다.

감(을) 잡다
- 상대가 어떻게 나올지 미리 감을 잡고 한 일이었어요.

"상황을 파악하다"는 의미이다.

감이 오다
- 그만큼 말했는데도 감이 오지 않으면 포기하는 게 좋을 것 같다.

"상황이 파악되다"는 뜻이다.

거리로(에) 나앉다

─ 집세를 내지 못해 거리에 나앉을 형편에 처해 있다.

"집을 잃거나 무일푼이 되다"는 뜻이다.

경치가 좋다＝그림이 좋다
─ 그렇게 두 분이 어깨를 꼭 껴안고 있으니 참 경치가 좋습니다.

"남녀가 함께 있는 모습이 좋다"는 뜻이다.

공기가 팽팽하다
─ 두 사람의 대결이 있다는 말이 전해지자 장내의 공기가 팽팽해졌다.

"분위기가 긴장되어 있다"는 뜻이다.

교통정리(를) 하다
─ 서로 잘났다고 나서는 통에 합의가 되지 않고 있으니 당신이 교통정리 좀 하세요.

"의견이나 사건을 조정하다"는 뜻이다.

말도 안되다
─말도 안 되는 소리 하지도 마라.

"이치에 맞지 않다"는 뜻이다.

말(을) 놓다
─ 사회에서는 아랫사람에게도 말을 잘 놓지 못한다.

"반말하다"는 뜻이다.

매스컴을 타다
─ 무명 가수들이 매스컴을 한 번 타면 받는 돈도 덩달아 치솟는다.

"신문, 잡지, 방송 매체에 보도되거나 출연하다"는 뜻이다.

4) 중국조선어 자체의 언어규범의 영향

1933년 『한글맞춤법통일안』에서는 조선말 표기 전반에 대한 규정을 지었는데 맞춤법, 외래어표기, 띄어쓰기, 문장부호에 대한 규정이 이에 속한다.

한국의 언어규범은 『한글맞춤법통일안』에 근거하였고 조선의 언어규범은 전통에 기초하면서 새로운 규정을 정하였다. 역사적 특성 상 중국조선어는 조선 문화어의 규범을 따르고 있으며 지금도 거의 비슷한 상황이다.

(1) 외래어 표기

중국조선어와 한국어의 차용어는 원어기원기준이 다름에 따라 형태도 달리하고 있다.

중국조선어에 사용되는 차용어는 그 시기의 언어접촉 관계로 인하여 러시아어에서 많이 들어왔지만 한국은 미국과의 밀접한 우방 관계 유지, 미군의 장기간 한국 주둔, 세계어로서의 영어가 차지하는 비중 등으로 영어의 차용어가 많다. 따라서 원어 기원 기준의 차이로 중국조선어와 한국어의 차용어는 같은 의미를 나타내는 형태가 같은 것도 존재하지만 다른 것들도 많다. 그리고 일본을 통해 들어와 이미 굳어진 차용어를 중국조선어에서는 그대로 쓰이지만 한국어에서는 영어를 비롯한 서구어의 영향에 의해 차용어가 형태상의 차이를 보인다.

예:

(표4-1)

〈중국조선어〉	〈한국어〉	〈중국조선어〉	〈한국어〉
고뿌(일)	컵(영)	그루빠(러)	그룹(영)
도마도(일)	토마토(영)	뜨락또르(러)	트랙터(영)
라지오(일)	라디오(영)	마후라(일)	머플러(영)
빵끼(화)	페인트(영)	뽐프(일)	펌프(영)
에네르기(독)	에너지(영)		

이 밖에 중국조선어는 두음법칙이나 사잇소리 표기도 조선의 규정을 따르고 있다.

(2) 두음법칙 표기

예:

(표4-2)

〈중국조선어〉	〈한국어〉	〈중국조선어〉	〈한국어〉
녀성	여성	년세	연세
뇨소	요소	뉴대	유대
량심	양심	력사	역사
례의	예의	류행	유행
리발	이발	라렬	나열
랍치	납치	랑만적	낭만적
랑패	낭패	백분율	백분율
분렬	분열	진렬하다	진열하다

(3) 사잇소리 표기

예:

(표4-3)

〈중국조선어〉	〈한국어〉	〈중국조선어〉	〈한국어〉
깨잎	갯잎	나무잎	나뭇잎
뒤일	뒷일	바다일	바닷일
〈중국조선어〉	〈한국어〉	〈중국조선어〉	〈한국어〉
내물	냇물	배머리	뱃머리
비물	빗물	코날	콧날
해님	햇님		

4. 중국조선어의 발전 방향

지금까지 중국조선어의 어휘적 특성의 형성배경을 고찰함에 있어서 중국조선어에 대한 한어의 영향, 한국어의 영향, 조선어의 영향, 자체 언어규범의 영향으로 나누어 분석하였다. 중국조선어는 중국 소수민족 언어 중의 하나로서 앞으로도 중국조선어에 대한 한어의 영향은 계속 커져갈 것이다. 한어의 영향은 어휘의 차원을 넘어 문법이나 수사적인 차원에 이르게 되었다. 이 문제를 해결하기 위하여서는 중국조선어 규범화 작업에 더 큰 인력과 재력을 투자해야 될 것이다.

중국조선어에 대한 조선어나 한국어의 영향은 계속 될 것이며 앞으로 조선어의 영향보다 한국어의 영향이 더 뚜렷할 것이다. 중국조선어에 대한 한국어의 긍정적 영향과 부정적 영향에 대하여 더 심도 깊은 연구가 필요하다.

참고문헌

강용택(2008), 「언어 접촉과 중국조선어 규범화에 대하여"」, 『21세기 중국에서의 한국학 연구의 새로운 지평』, 태평무 (중국: 민족출판사).

김광수·리영실(2011), 「중국에서의 조선어 연구와 전망」, 『중국조선어문』, pp10-17.

김기종(2009), 「목전 중국조선어 어휘규범화작업에서 봉착한 원칙적 문제」, 『중국조선어문』, pp5-9.

태평무(2011), 「21세기 조선어의 전망과 어문사업일군들의 과업」, 『중국조선어문』, pp7-11.

홍윤표(2010), 「중국조선어 어문규범 문제에 대한 단상」, 『중국조선어문』, pp11-17.

※ 이 논문은 『한중미래연구』(동덕여대 한중미래연구소)(제2호)에 수록된 논문임.

강용택(姜镕泽)

중앙민족대학교 조선언어문학학부

北京市海淀区中关村南大街27号中央民族大学朝文系

전자우편: rongzejiang@hotmail.com

'안깐'과 '나그내'의 어원적 고찰과 그에 대한 의미 평가

김철준 (연변대학)

1. '안깐'에 대한 어원적 고찰

'안깐'은 '가내, 가모, 낸, 낸들, 네펜네, 네팬네, 댁네, 마너래, 마누래, 마느래, 마느레, 밑바탕, 색시, 아내, 아네, 안게, 안덜, 안떼이, 안사람, 안소:실, 안소설, 안소실, 안아, 안해, 안헤, 애펜내, 애편내, 애편네, 에미네, 에미니, 여편내, 예펜네, 예펜내, 오곰사, 이미네, 이핀네, 제:미, 집사람' 등과 함께 혼인하여 남자의 짝이 된 여자'를 가리키는 표준어 '안해'의 방언형이다. '안해'의 여러 변종[1]들 가운데서 '밑바탕, 안덜, 안떼이, 오곰사, 제:미' 같은 몇 개 단어들을 제외한 기타 변종들은 다른 지역의 성원들에게도 가히 이해될 수 있는 단어들이다. 그 가운데서도 보편적으로 쓰이고 있는 것들로는 '안해, 아내'이다.

본 논문에서는 '안'계열의 단어들 가운데서도 중국 길림성 연변조선족 자치주 화룡시 용문향에서 쓰이는 '안깐, 안까이, 안깐이, 앙까이'에 대하여 다루어보려고 한다. 이상의 단어들은 연길, 훈춘 등지에서도 사용되고 있다.

본 논문에서는 이상의 단어들 가운데서 먼저 기본형으로 되는 '안깐'을 중심으로 그에 대한 어원적인 고찰을 진행한 다음 기타 변종들의 형성에 대하여 논의하려고 한다.

'안깐'의 어원을 고찰하려면 먼저 같은 계열에 속하는 '안해' 혹 '아내'에 대한

---

1) '변종'이라는 용어는 생물학에서뿐 아니라 어학에서도 많이 쓰이고 있는 용어이다. '변종'을 일명 '변이'라고도 한다. 음운론에서의 '음운의 변종', 형태론에서의 '형태소변이', 어휘론에서의 '지역적 변종' 등과 같은 경우가 그러하다. 『표준국어사전』에 따르면 '변종'은 다음과 같은 두 가지 뜻을 갖고 있다. 하나는 '기본적으로는 그 종류에 들면서 부차적 요소나 부분의 모양, 성질 등을 다르게 하는 일. 또는 그런 것'이라는 뜻이고 다른 하나는 생물에 쓰이는데 '같은 종류의 생물 가운데 변이가 생겨서 성질과 형태가 달라진 종류. 종의 형태는 거의 같으나, 생리적 성질이나 지리적 분포 따위가 기준 표본을 포함하는 집단과 확실히 구별되는' 뜻이다. 두 가지 뜻을 보면 모두 '같은 종류'에 속한다는 의미에서는 동일하다.

어원적인 고찰을 살펴볼 필요가 있다.

유창돈, 최창렬, 마성식 등은 '아내'를 '안(內)에 있는 사람, 또는 안방에 있는 사람'이란 뜻으로 보고, '내(內)'를 의미하는 15세기의 단어 '안ㅎ'에 처격조사 '-이/애'가 결합되었다고 주장하고 홍윤표는 '내(內)'를 의미하는 15세기 형태 '안ㅎ'에 사람이나 물건을 말할 때 쓰이던 접미사 '-해'가 결합되어 만들어진 단어로 보며 강헌규는 '아내(妻)'의 원래 의미가 '모(母)·처(妻)·여(女)' 즉 여성 일반을 범칭하던 알타이어에서 분화한 말이라고 본다.[2]

그리고 김범주는 '안해'라는 단어는 '안+해'로 이루어진 것으로서 집안에 있는 사람을 이르는 말이라고 하면서 '안해'의 '안'은 곧 '집안'을 의미하며 '해'는 '에'와 맞먹는 격토라고 주장하고 있고[3] 염종률은 '안해'의 '안'은 '안팎'할 때의 '안'이며 '안'은 조선풍습에 여자는 집안에서 일하고 남자는 집밖의 일을 하는 데로부터 온 것이며 '해'는 안사람과 관계되는 것으로서 '사람'을 나타낸다고 주장한다.[4] 안옥균은 '안해'는 '안 + 해'로 이루어진 것으로서 집안에 있는 사람 곧 여자를 가리키는 고유어인데 '안'은 집안을 의미하며 '해'는 옛날말 '히'가 변한 것으로서 '에'와 맞먹는 처격토로 보고 있다. 또한 부부를 '내외'라고도 하는데 '안'을 의미하는 '내'는 바로 '안해'를 말한다고 한다.[5]

위에서 보다시피 '아내'에서의 '내'에 대한 해석은 조금씩 달라도 '안'에 대한 해석에 있어서는 거의 일치를 보이고 있다.

필자도 논문에서 '안깐'에서의 '안'의 해석을 '안해'의 '안'에 대한 유창돈이나 홍윤표 등의 견해와 같이 '내(內)'를 의미하는 '안' 혹은 '안ㅎ'과 같이 처리한다.

우리가 알다시피 중세조선어에서 일부 체언들은 'ㅎ' 말음을 가졌다. 이 'ㅎ'은 모음으로 시작하는 토 앞에서는 그대로 유지되고 유기음화할 수 있는 'ㄱ', 'ㄷ', 'ㅂ' 앞에서는 그것과 결합하여 'ㅋ', 'ㅌ', 'ㅍ'을 만들며, 휴지나 관형격 표지 'ㅅ', 'ㅎ' 앞에서는 탈락되었다. '내(內)'를 의미하는 '안'도 15세기에는 '안ㅎ'의 형태로 쓰이었다. 그러나 지금은 '안'으로만 쓰인다. 그렇다면 '안깐'에서의 '깐'에 대해서는 어떻게 해석해야 할 것인가?

'안깐'의 어원에 대하여서는 '내(內)'를 의미하는 '안'과 건물에서 일정한 규격으로 둘러막은 공간을 나타내는 '간(間)'의 결합으로 되었다고 볼 수 있다.

---

2) 국립국어연구원(2007), 『21세기 세종 계획 한민족언어 정보화』.

3) 김범주(2010), 『우리 말 어휘의 뜻과 유래』, 조선 금성청년출판사, 35.

4) 염종률(2001), 『조선말단어의 유래』, 조선 금성청년종합출판사, 189.

5) 안옥균(1989), 『어원사전』, 동북조선민족교육출판사, 408-409.

'안깐'에서의 '깐'은 건물에서 일정한 규격으로 둘러막은 공간을 나타내는 '간(間)[6]'의 된소리화라고 볼 수 있다. 만약 15세기 '안'의 형태 '안ㅎ'에 따르면 '안ㅎ+간'은 '안칸'으로 된다. 지금 쓰이고 있는 '코(고ㅎ)', '암탉(암ㅎ + 닭)', '휘파람(휘ㅎ+바람)' 등과 같은 어휘들과 마찬가지로 역사적인 거센소리화[7]를 겪은 것으로 된다. '間'은 또 '칸'으로도 표기된다. '칸'도 일정한 구조물에서 필요한 규격으로 둘러막거나 구획지어진 공간을 나타내는 데 쓰인다. 이에 대하여 김범주는 '안까이'는 '안칸에 있는 사람'의 뜻을 나타낸다고 하는데 이에 의하면 '안깐'은 '안'과 '칸'으로 이루어진 것으로 된다[8]. 그러나 '간'과는 달리 그것 본신이 거센소리의 특성을 갖고 있기에 '안ㅎ+칸'에는 거센소리현상이 일어나지 않는다. 또한 '안'과 '칸'의 결합으로 본다고 해도 그대로 '안칸'으로 될 뿐 된소리화는 일어나지 않는다.

이상에서 볼 때 '안깐'은 '내(內)'를 의미하는 '안'과 일정한 구조물에서 필요한 규격으로 둘러막거나 구획지어진 공간을 나타내는 '간'의 결합으로 이루어진 것이라고 추측할 수 있다.

즉 '간'이 된소리화과정을 거쳤다고 보아야 한다. 된소리화현상은 자음 또는 모음이 다음 오는 순한소리를 만날 때 그 순한소리를 된소리화하는 것을 말한다. 된소리화현상은 한 형태소 내부의 음절과 음절 사이, 한 단어 내부에서의 형태소와 형태소 사이에서(어간과 어미사이, 합성어의 어근과 어근 사이) 일어난다.

구체적으로 보면 다음과 같은 몇 가지 경우라 할 수 있다.

첫째는 순한소리 [ㄱ, ㄷ, ㅂ, ㅅ, ㅈ]는 [ㅎ]를 제외한 무성자음의 아래서 된소리로 변화된다.

예: 학교[학꾜], 먹다[먹따], 돋보기[돋뽀기], 학생[학쌩], 학자[학짜] 등

둘째로는 용언의 어근받침소리 [ㄴ, ㅁ, ㄵ, ㄻ, ㄾ]아래에 오는 순한소리는 된소리로 변화된다.

예: 안다[안따], 검다[검따], 앉다[안따], 닮다[담따], 핥다[할따] 등

---

6) 『조선말사전(상)』(연변인민출판사, 2002)에서는 '간'은 건물에서 일정한 규격으로 둘러막은 공간의 뜻을 나타낼 뿐 아니라 단위명사로도 쓰인다고 한다. 또한 '칸'으로 쓰인다.

7) 김동익·강은국(1995), 『조선어문법』, 연변대학조문학부, 44-45.

8) 김범주(2010), 『우리 말 어휘의 뜻과 유래』, 조선 금성청년출판사, 34.

셋째로는 합성어, 파생어에서 위의 형태소의 끝소리가 모음이거나 유향자음 [ㄴ, ㄹ, ㅁ, ㅇ]이고 아래 오는 형태소의 첫소리가 순한소리 [ㄱ, ㄷ, ㅂ, ㅅ, ㅈ]일 때 아래 형태소의 첫소리 순한소리가 된소리로 변화된다.

예: 손길[손낄], 말동무[말똥무], 밤길[밤낄], 등골[등꼴], 배길[배낄] 등

합성어 또는 파생어에서 형태소와 형태소가 접촉될 때 된소리화현상이 일어나는 단어들이 어떤 단어들인가 하는 데 대하여서는 아직 똑똑히 밝히기는 힘드나 대체로 위의 형태소 또는 아래 형태소가 어떤 형태소들인가에 따라 된소리화현상이 규정된다.

된소리화현상을 일으키는 형태소들로는 다음과 같은 것들을 들 수 있다. '안, 후, 하루, 강, 이, 배, 가루, 결, 길, 국, 거리, 군, 가, 대, 더미, 덩이, 빛' 등. 그 가운데서 '안'의 예를 들어보면 다음과 같다.

예: 안식구, 안사람, 안주인, 안자락, 안집, 안감, 안섶, 안방, 안벽, 안대문, 안살림

이로부터 보면 '안깐'은 위에서의 셋째 경우에 속한다고 할 수 있다. 즉 명사적으로 쓰이는 '안'이 뒤에 오는 음절 '간'에서의 첫소리 [ㄱ]를 된소리로 만들어 버린 것이다.

이로부터 우리는 '안해'가 사람이나 물건을 말할 때 쓰이던 접미사 '-해'가 결합되어 만들어진 단어라면 '안깐'은 '내(內)'를 의미하는 '안'과 '방'을 의미하는 '간'의 결합으로 이루어진 단어라고 할 수 있다.

그러므로 '안깐'은 '안해'가 '아내'의 경우를 거치듯이 '안깐'의 발음 그대로 표기되어 굳어진 것으로 보아야 할 것이다.

그리고 '안깐'의 변종이라고 할 수 있는 '안깐이, 안까이, 앙까이' 등은 '안깐'에 주격토 '-이' 혹은 결합모음 또는 접미사 '이'가 붙어 이루어진 것이라고 할 수 있다.

1) 안깐이

비록 주격조사 '-이' 혹은 접미사 '이'가 붙었지만 발음상 변화없이 표기된 형태이다.

그런데 이 경우 즉 폐음절로 끝난 인명 아래 붙은 '-이'의 성격을 어떻게 규명

하는가이다. 왜냐하면 연변의 함경도방언에서는 폐음절로 끝난 어근 뒤에 주격토 '－이'가 붙은 다음 거기에 또 주격토 '－가'가 붙는 경우가 있다. 즉 다시 말하면 '－이'와 '－가'를 겹쳐서 쓴다[9]. 예를 들면 '영철이 왔다.'라 하지 않고 '영철이가 왔다.'고 한다. 어떤 학자들은 이런 경우의 '－이'를 형태소와 형태소를 이어줄 때 아무런 의미도 없이 발음을 순조롭게 도와주는 결합모음 '이'로 처리하는 경우도 있다. 이 경우 주격토 '－이'보다도 사람을 가리키는 접미사 '－이'로 보는 것이 더 타당하다고 보아진다. 즉 접미사 '－이'가 '안깐'과 결합하여 '집안에 있는 사람'이라는 뜻을 나타낸다고 하는 것에 더욱 타당성이 부여된다는 것이다. 접미사 '－이'는 주로 겉모양이나 속성을 더하는 일부 명사나 어근 뒤에 붙어 '그러한 모양이나 속성을 지닌 사람'의 뜻을 더하여 명사를 만들며 주로 자음으로 끝나는 어근 뒤에만 붙는 특성을 갖고 있다.

2) 안까이

이 형태는 앞 음절의 받침에 모음으로 시작되는 형식 형태소가 이어지면 앞의 받침이 뒤 음절의 첫소리로 발음되는 음운 법칙의 하나인 연음 법칙과 자음의 약화[10]를 거쳐 이루어진 것이다.

안깐+이 > 안깐이 > 안까니 > 안까이

'안깐이'에서의 [깐]의 받침 [ㄴ]이 아래 음절에 연음되어 [안까니]로 되고 [니]에서의 [ㄴ]가 다시 약화되어 [안까이]로 표기된 형태이다. 즉 '마흔'이 [마은]으로 발음되고 '아흔'이 [아은]으로 발음되는 경우와 같다.
이런 현상은 '아니'가 구어에서 '아이'로 발음되는 데서도 알 수 있다.

3) 앙까이

이 형태는 어떤 음운이 뒤에 오는 음운의 영향을 받아서 그와 비슷하거나 같은 소리로 바뀌는 어음 현상의 하나인 역행동화와 연음, 약화 등을 거쳐 나중에

---

9) 김상원(2005), 『현대조선어연구』, 연변대학출판사, 529.

10) 자음의 약화란 어떤 자음이 일정한 어음론적 조건 하에서 약하고 불분명하게 발음되는 현상을 말한다. 자음의 약화에는 자음 'ㅎ'의 약화가 있다. 그러므로 '안까니'에서의 '니'의 약화는 이와는 좀 다른 차원이라고 하여야 할 것이다.

발음 그대로 굳어진 형태라고 할수 있다.

안깐+이 > 앙깐이 > 앙까니 > 앙까이

'앙까이'는 먼저 역행동화로 하여 '안깐이'에서의 '안'의 받침이 [ㅇ]로 발음되고 그 다음 변화는 2)에서의 변화과정을 거쳤다고 할 수 있다.

이 외에 '안깐'의 어원에 대하여 이득춘의 주장을 고려해 볼 수도 있다. 물론 '안해'를 가리키는 말은 아니지만 만주어에서는 '가시(과부)'를 'anggasi'라 한다고 하였다[11]. 어음적으로 '안깐'의 하나의 변종인 '안까이'와 아주 비슷하다. 다 같이 시집간 여자를 가리킨다는 점에서도 비슷하다. 그러므로 '안까이'와 'anggasi'의 관계에 대해서는 더 깊은 연구가 진행되어야 된다.

2. '나그내'에 대한 어원론적 고찰

중국 길림성 연변조선족 자치주 화룡의 일부 지방에서 쓰이는 '나그내'는 '가장, 나그내, 나그네, 나매, 남덩, 남정, 남정네, 남제, 남데, 남팬, 남펜, 남편, 낭군, 냄펜, 냄편, 저아배, 주인, 우리쥔, 처군, 남진, 신랑, 우리 나그네, 서나, 서방, 서방재, 소나이, 넝감, 도련님, 바깟주인, 바깥주인, 새서방...' 등과 더불어 '자기 고향을 떠나 다른 곳에 잠시 머물거나 떠도는 사람'을 가리키거나 '혼인하여 여자의 짝이 된 남자를 그 여자에 상대하여 이르는 말인 표준어 '남편'의 방언형으로도 쓰인다. 주로 경상남도와 함경남북도에서 쓰인다.

본 논문에서는 중국 길림성 연변조선족 자치주 화룡의 일부 지방에서 '남편'의 뜻으로 쓰이는 '나그내'에 대하여 다루어 보려고 한다.

자료[12]에 의하면 의하면 '나그내'가 소급하는 최초의 형태는 15세기의 '나ᄀ내'이다. 15세기에 나타나는 '나그내'는 16세기 후반에 일반화된 비어두 음절에서의 '· >ㅡ' 변화를 가장 이른 시기에 경험한 예들 중의 하나이다. 이 변화가 일어난 후, 제3음절 모음 'ㅐ'가 제2음절 모음에 동화되어 음성모음 'ㅔ'로 바뀐 것이 16세기에 나타나 현대어로 이어지는 '나그네'이다. 17세기부터 '나그뇌'가 나타나

---

11) 이득춘(1998), 『조선어어휘사』, 연변대학출판사, 232.

12) 국립국어연구원(2007), 『21세기 세종 계획 한민족언어 정보화』.

는 이유는 분명하지 않지만, '어떤 사람이 속한 무리'라는 뜻을 더하는 접사인 15세기 형태 '내'가 17세기 문헌에 '닉'로 바뀌어 나타나는데 여기에 유추된 것이 아닌가 한다.

이렇게 유추만 가능할 뿐 16세기 '나그내'에서의 '-내'가 17세기 '나그닉'에서의 '-닉'와 같은 '어떤 사람이 속한 무리'라는 뜻을 나타내는 접미사인가는 설명하지 못하고 있다.

위에서도 보다시피 방언형으로 '나그내'와 '나그네' 둘 다 쓰이고 있다. 지금 '녀편네', '남정네', '교장네' 등과 같은 단어들에서 쓰이고 있는 '네'는 일부 명사의 뒤에 붙어 어떤 사람의 한 무리라는 뜻과 어떤 집안이나 가족이라는 뜻을 나타낸다.[13] 하기에 일부 학자들은 '나그네'의 '네'도 위와 같이 처리하고 있다.

이 주장에 의하면 접미사 '-네'[14]의 의미가 복수의 의미로부터 단수의 의미로 변했다고 보아야 할 것이다. 지금에 이르러서도 '남정네'와 '녀편네'는 단수의 의미만 나타내고 그것이 복수의 의미를 나타내게 될 때에는 그 뒤에 접미사 '-들'이 붙게 된다.

위에서 보다시피 '-네'는 단수의 의미를 나타내든, 복수의 의미를 나타내든 간에 모두 명사 뒤에 붙는다. 하다면 '나그내' 혹 '나그네'에서의 '나그'도 하나의 명사가 되어야 할 것이다. 하지만 우리 말에는 '나그'라는 단어가 없다. 즉 '나그내' 혹 '나그네'에서의 '나그'의 어원을 밝힐 수가 없게 된다. 그러므로 '나그내' 혹 '나그네'에서의 '내' 혹 '네'는 복수의 의미를 나타내는 접미사 '-네'와 다른 형태소라고 유추할 수가 있다. 즉 다시 말하면 성질이 서로 다른 접미사라는것이다.

안옥균[15]은 '나그네'의 어형은 '나ᄀ닉'인데 이 단어는 '나ᄀ + 이'로 이루어졌으며 '·'의 변화와 관련하여 두 갈래의 말 즉 '나ᄀ내'와 '나그닉'로 갈라진 것이라 한다. 그러면서 '나ᄀ내'가 '나가내'로 되고 '나그닉'가 '나그네'로 되었으며 '나가내'는 사투리로 되고 '나그네'는 문화어어휘로 되었다고 한다. 그런데 우리는

---

13) 연세대학교 언어정보연구개발원 편(1998), 『연세한국어사전』, 두산동아, 379.

14) 이에 대해 김범주는 에서 '아낙네'의 어원을 논함에 있어서 '아낙네'는 '안+악+네'로 이루어졌는데 '안'은 집안을 의미하고 '악'은 접미사이며 '네'는 '우리네', '당신네'에서 보는 것처럼 사람을 가리킨다고 하였다. 그리고 '녀편네'라고 하는 것은 '녀자켠 사람'이라는 뜻으로서 '안해'를 이르기도 하지만 주로 결혼한 여자를 낮추어 말할 때 쓰인다고 하였다. (김범주 2010, 『우리말 어휘의 뜻과 유래』, 금성청년출판사, 34-35.) 홍윤표는 '-네'는 15세기에 존칭 표시의 명사에 붙는 복수 접미사였었지만 근대국어에 와서 평칭이나 자기겸양을 나타내는 말에 붙어 쓰이게 되면서 복수의 의미보다는 낮추는 의미를 가지게 되었다고 한다.(홍윤표 2009, 『살아 있는 우리말의 역사』, 태학사, 325.)

15) 안옥규(1989), 『어원사전』, 동북조선민족교육출판사, 75.

'안깐+이'와는 달리 '나ㄱ니'가 '나ㄱ내'가 된 과정을 합리적으로 설명할 수 없다. 즉 다시 말하면 'ㅣ'가 'ㅐ'로 되는 과정을 설명할 수 없게 된다.

염종률[16]은 "'나그네'는 딴 곳에서 찾아와 머무는 손님이다. 옛날에는 '가다', '오다'와 같은 단어에는 '거'를 붙여서 사용하는 용법이 널리 있었다. 옛날에는 '집을 떠나 간 사람'을 '집을 떠나 가건 사람', '집을 떠나 온 사람'을 '집을 떠나 오건 사람'으로 표현하였다. 이 단어는 '나다'에서 나왔는데 이 단어에서도 '집을 난 사람'이라는 표현을 '집을 나건 사람'으로 하였다. 즉 '나다'를 '나거다'로 하였다. 이렇게 표현하면 '나그네'는 '나거네' 또는 '나거내'가 된다."고 하면서 '네(내)'는 집단의 의미도 나타내지만 사람도 나타낼 수 있다고 주장하면서 '나그네'는 바로 '나거네(내)'가 '나그네'로 된 단어라고 한다.

이상에서 보다시피 많은 학자들은 '나그내' 혹 '나그네'는 '나그'에 복수의 의미를 나타내는 접미사 '네' 혹은 사람을 나타내는 의존명사 '-이'에 의하여 이루어졌다고 주장하고 있음을 알 수 있다.

이에 대하여 우리는 다음과 같이 해석을 달리 진행할 수 있다. 즉 15세기 어형 '나ㄱ내'가 '나ㄱ+-이'로 이루어진 것이 아니라 '나ㄱ'과 '것'(소유를 나타냄)의 의미를 나타내는 의존명사 '-해'[17]가 결합되어 만들어진 단어로 볼 수 있다. 그것이 '나그내'로 되는 과정은 두 가지 과정을 거칠 수 있다.

하나는 16세기 후반에 일반화된 비어두 음절에서의 'ㆍ > ㅡ'의 변화로 인하여 '나ㄱ+해'에서의 '나ㄱ'이 '나ㄱ'으로 되어 '나ㄱ해'가 된다. 여기서 'ㅎ'이 약화되고 거기에 'ㄴ'받침이 연음되어 '나그내'로 된다.

그 과정을 밝혀보면 다음과 같다.

　　나ㄱ+해 > 나ㄱ해 > 나ㄱ해 > 나그내

다른 하나는 '나ㄱ'과 '-해'가 결합되어 '나ㄱ해'가 된다. 여기서 'ㅎ'이 약화와 연음현상을 거쳐 '나ㄱ내'로 되고 어중의 'ㆍ'가 'ㅡ'로 변화되어 나중에 '나그내'가 된다. 따라서 '나그네'는 모음조화로 인하여 'ㅐ'가 'ㅔ'로 변한 결과라고 할 수 있다.

　　나ㄱ+해 > 나ㄱ애 > 나ㄱ내 > 나그내 > 나그네

---

16) 염종률(2001), 『조선말단어의 유래』, 금성청년종합출판사, 73-74.

17) 연변사회과학원언어연구소편(2002), 『조선말사전』(하), 연변인민출판사, 1163.

전반적으로 볼 때 우리는 '나그네'는 동사 '나가다'[18]와 '것'(소유를 나타냄)의 의미를 나타내는 의존명사 '-해'가 결합되어 발음 그대로 굳어진 단어라고 유추할 수 있다. 따라서 그것이 나타내는 의미는 '밖에 나간 사람'이라고 할 수 있다. 이때 '밖에 나간 사람'의 의미는 '집을 떠나 여행 중에 있거나 객지에 있는 사람'이 아니라 밖에 나가 일하는 남자를 가리킨다. 이는 남자는 밖에서 일을 하고 여자는 집안 일을 하는 사실과도 맞아떨어질뿐 아니라 '안해'의 어원적인 해석과도 일치를 가진다.

3. '안깐'과 '나그내'의 의미 평가

우리가 다 알다시피 함경도방언에서 주로 계동, 화룡, 연길, 훈춘 등지에서 많이 쓰이는 '안깐'과 '나그내'란 말은 많은 사람들에게 우습게 들린다. 즉 여기에는 '안해'와 '남편'을 낮추어 대하는 의미가 담겨져 있다거나 표준어가 아니기 때문이라는 느낌이 들기 때문일 것이다.

이 지방에서는 다른 사람한테 자신의 '안해'를 소개할 때에는 '우리 안까이꾸마'로, '남편'을 소개할 때에는 '우리 나그내꾸마'라고 소개한다. 그 외에도 '우리 아내가 ...'라는 표현을 '우리 안까이 ...'식으로, '우리 남편이...'라는 표현을 '우리 나그내가...'식으로 표현한다.

'안깐'이와 '나그내'가 '아내'와 '남편'을 낮추어 대하는 말로 이해하게 된 데는 이 두 단어가 욕하는 말인 '새끼'와 아주 자연스럽게 결합된다는 데 그 원인을 찾을 수 있다. '아내새끼', '남편새끼'라고는 할 수 없으나 '안까이새끼', '나그내새끼'의 형식으로 욕에 많이 쓰인다.

부단히 변화 발전하는 사회에서 인간교제의 중요도구인 언어도 변화 발진하게 된다. 따라서 어음도 변할 수 있고 어휘도 변할 수 있으며 의미도 변할 수 있

---

18) 염종률은 '나가다'는 안에서 밖으로 나가는 뜻을 가지는 '나다'와 옮겨 움직이는 뜻을 가지는 '가다'가 합쳐진 단어로서 그 결합관계가 너무도 밀접하여 합친 단어라고 생각 못 할 정도로 하나로 결합되어 있는 특성을 가지고 있다고 한다.[『조선말단어의 유래』(2001), 금성청년종합출판사, 73.] 한국문화상징사전에서는 '나그네'의 중세형을 '나그내, 나그내'인데 동사 '나다'에 사람을 나타내는 접미사 '-네'(중세어형 '-내')가 붙어 이루어진 말이라고 분석하면서 '집을 나온 사람'의 뜻으로 풀수 있지만 '나다'와 '나그내'의 '나-'가 이질로 보이므로 위와 같이 단정하기 어렵다고 한다.[한국문화상징사전편집위원회(1992), 『한국문화 상징사전1』, 동아출판사, 132.]

다. 단어의 의미는 부단히 발전하는 사회 교제수요에 적응하기 위하여, 객관세계에 대한 사람들의 인식의 제고, 단어의미 체계내에서 한 두개의 단어의미의 변화 등에 의하여 변하게 되는데 주로 뜻의 유성, 뜻의 인접, 이름의 유사, 이름의 인접 등과 같은 경로를 거쳐 이루어진다. 그 결과 의미가 확대 혹은 축소, 전이될 수도 있으며 좋은 의미가 나쁜 의미로, 나쁜 의미가 좋은 의미로 변할 수도 있다.

위에서도 언급된 바 있지만 어원적인 고찰에 의하면 '계집'도 처음에는 '집에 계시는 여자'라는 좋은 의미로 쓰였지만 지금에 와서는 여자를 낮추어 가리키는 말로 쓰이고 있고 위에서 '안까이새끼'에서의 '새끼'라는 말은 '시아기'(시아우의 사투리)가 변하여 이루어진 말로서(시아기>새기>새끼) 본래 남편의 아우 곧 시동생을 이르는 말이었는데 오늘 '새끼'라는 말로 변하면서 '아들과 딸', '어린아이' 또는 '놈'을 낮잡아 이르는 말로 되었다. 즉 다시 말하면 좋은 의미가 어음변화와 더불어 나쁜 의미로 변한 것이다. 반면에 낡은 사회에서 최하층 관리에서 문서를 적던 '서기'가 지금 좋은 의미로 쓰인다. 연변에서는 직업이거나 일을 나타내는 명사 뒤에 붙어 어떤 일을 천하고 부정적으로 평가하여 나타내거나(목수질, 선생질) 일부 명사 뒤에 붙어서 옳지 않은 일을 가리키는(서방질, 싸움질) 말인 접미사 '-질'이 '교수질, 총장질, 원장질, 국장질, 서기질'에서처럼 어찌 보면 부정적으로 쓰이는 것 같지만 많이는 스스럼없이 '귀한' 대상의 뒤에 붙어 표준처럼 쓰인다. 즉 다시 말하면 이 지역에서는 부정적인 의미가 좋은 의미로 변하는 과정에 있다고 하여야 할 것이다. 하지만 위에서도 보았다시피 '새끼'는 '안해, 남편' 등과 결합되지 못한다. 즉 일정한 결합 제약을 받는다는 것이다.

그리고 의미적 또는 기원적 측면에서 볼 때 고유어 계열인 '안해'와 '나그내'가 반의어로, 한자어 계열인 '여편'과 '남편'이 반의어로 되어야 한다. 헌데 실지로 '안해'와 '남편'이 반의어로 되고 '나그내'와 '여편'은 사실상 반의관계를 상실하고 만다.

'결혼한 여자를 낮잡아 이르는 말. 자기 안해를 낮잡아 이르는 말'인 '여편'은 16세기 문헌에 '녀편네'로 나온다. '녀편네'는 '녀편'과 '-네'로 분석되는데, '녀편'은 한자어 '女便'이고 '-네'는 접미사이다. '女便'은 한자 뜻 그대로 '녀자 편' 즉 '여자'를 가리킨다. 15세기에서 '여자'라는 의미로 쓰인 '녀편'의 예가 확인된다. '녀편'은 '녀자'라는 일반적인 의미에서 의미 적용 범위가 축소되어 '부인(婦人)'이나 '자기 안해'의 의미로 변해 간다. 그런데 '녀편'은 지금 쓰이지 않고, '녀편네'만 남아 있다. '녀편네'의 '-네'는 복수의 자질을 가지고 있던 접미사이므로 '녀편네'는 본래 '녀자들'이라는 의미를 가지고 있었을 것이다. 그런데 '녀편네'의 경우도 '녀편'과 마찬가지로 '부인(婦人)'이나 '자기 안해'의 의미로 변한다. 그 의미 변화의 시기는 잘 알 수 없다. 16세기의 '녀편네'는 20세기에 와서 '여펴네'로 표기된다. 물론 근대 문헌에는 '녀편닉, 녀편내' 등의 표기도 나타난다.

한편 '여편'과 대응되는 '남편'도 일찍부터 쓰였다. 이것은 한자어 '男便'으로 본래 '남자'라는 뜻을 지닌다. 15세기 문헌에서 '남자'라는 의미로 쓰인 용례가 확인된다. '남편'도 '남자'라는 의미에서 의미 적용 범위가 축소되어 '부(夫)'의 의미를 띠게 된다.

여자 쪽의 '녀편'은 쓰이지 않는 반면 '남편'은 지금까지 쓰이고 있다. 반면 '녀편네'에 대한 '남편네'는 잘 쓰이지 않는다.

즉 '녀편'이 결혼한 여자를 낮추어 이르는 말이라면 그에 대응되는 '남편'도 결혼한 남자를 낮추어 이르는 말로 되어야 할 것이다.

이로부터 볼 때 '안해'와 '나그내'의 반의어 관계가 더 타당하다고 보아야 할 것이다. 함경북도 지방에서 쓰이는 '나그내'가 결혼한 남자를 낮추어 이르는 말이 아니라 그 지방에서는 중성 혹은 좋은 의미로 쓰인다고 할 때 그 반의어 관계의 타당성은 더 긍정을 받게 된다.

'안깐'은 함경도방언에서는 '안해' 외에 남의 집 부녀자를 홀하게 이르는 말인 '아낙네[19]'를 가리키기도 한다. '나그내'는 '남편' 외에 '이웃집 나그내'에서처럼 일반적인 남성 어른을 이르기도 한다.

여기서 우리는 '안깐'이와 '나그내'라는 이 단어가 처음 만들어질 때 나쁜 의미로 쓰이었다든가 아니면 좋은 의미로 쓰이었다고 단증할 수 없다.

결론적으로 볼 때 '안깐'과 '나그내'는 함경도지방에서만은 일반의미로 쓰이는 단어라고 보아야 할 것이다.

발음상에서 '안깐'은 '나그내'와는 달리 '안해' 혹은 그것의 다른 변종들에 비하여 발음상에서 강한 것만은 사실이다. 이것 또한 '안깐'이 낮춤의 의미를 띠는 하나의 요소로 될 수 있다. 그러나 일반적으로 볼 때 북방 사람들의 말이 탁하고 거센 데 비하여 남방 사람들의 말이 상대적으로 유하고 야한 점을 느낄 수 있다면 '안깐'이라는 이 단어도 나쁜 의미를 나타내는 단어가 아니라는 것을 느낄 수 있

---

19) 김범주는 '아낙네'는 '안+악+네'로 이루어진 단어로서 집안에 있는 사람인 여자를 가리키는 말인데 '안'은 집안을 의미하며 '악'은 접미사이며 '네'는 사람을 가리키는 말이며 오늘에 이르러서는 부녀자를 통속적으로 이르는 말로 쓰인다고 한다. 또한 이 단어는 함경도방언으로는 '안간네' 형식으로도 쓰인다고 한다.[김범주(2010)『우리 말 어휘의 뜻과 유래』, 금성청년출판사, 34.] 홍윤표도 '아낙네'는 '내(內)'를 뜻하는 '안'과 작은 것을 나타낼 때에 쓰이는 접미사 '-악/-억', 사람을 뜻하는 접미사 '-네'로 이루어졌다고 한다. 그러면서 '안악'은 '장소'와 '사람'을 뜻하였으나 후에는 거기에 '사람'을 뜻하는 '-네'가 붙어서 '남의 집 부녀자를 통속적으로 이르는 말'로 되었다고 한다.[홍윤표(2009),『살아있는 우리말의 역사』, 태학사, 323-325.]

을 것이다. 그리고 '나그내'가 일반적인 남성 어른을 이르는 말이라면 '안해'가 자기 '남편'을 '나그내'로 부르는 것은 아주 자연스러운 일이라는 것을 알 수 있다.

이상 어원적인 측면과 의미적인 측면에서 '안깐'과 '나그내'에 대하여 고찰하였다. 어원에 대한 연구는 자못 중요하다. 그는 어휘론과 의미론연구에 구체적 재료를 제공한다. 단어의 의미연구는 또한 어원연구를 기초로 하여야만 의미 발달의 법칙을 해명할 수 있는 것이다. 그리고 제반 언어계통의 발전을 연구함에 있어서도 어원연구를 기초로 하여야 한다. 그것은 언어의 어음, 어휘, 문법의 발전은 모두 하나하나의 구체적인 단어의 역사적 변천에서 나타나고 있기 때문이다.

어원에 대한 연구는 역사의 도움을 받아 어원을 해석할 수 있을 뿐 아니라 거꾸로 어원연구가 역사연구에 도움을 줄 수도 있다. 위에서 보았다시피 '안깐', '나그내(네)' 등의 단어는 '안에 있는 사람', '밖에 나간 사람' 혹은 '밖에 나가 일하는 사람'[20] 등에서 왔다고 하는 것은 부계가족제도 및 봉건사회에서의 여자의 가정적 지위 혹은 가족을 먹고 살리기 위하여 여러 곳으로 일을 찾아 돌아다니지 않으면 안 되었던 사회현실 등을 연구하는 데 큰 도움을 줄 수 있다.

사람들은 흔히 어음적 외각이 유사함에 근거하여 어음의 역사적 변천과 의미의 변화를 고려하지 않고 그저 자기 나름대로 어원을 해석하는 경우가 있다. 이런 어원추측방법을 민간어원이라고 한다. 민간어원은 단어의 어원을 과학적으로 해석하지 못하고 어떤 어음의 유사성에 의해 제멋대로 해석하여 생기는 것으로서 여기에는 객관적인 관점보다도 주관적인 관점이 더 동반되게 된다. 따라서 과학성이 결여되는 점도 없지 않아 있을 수도 있다. 본 연구는 객관성을 존중하려고 노력하였다.

참고문헌

강헌규(1987), 「백제권 학술답사보고」, 『백제문화』 17, 공주사범대학백제문화연구소.
국립국어원편(2007), 『21세기 세종 계획 한민족언어 정보화』.
김동익 등(1995), 『조선어문법』, 연변대학조문학부.

---

20) 한국문화상징사전에서는 동양문화에서 '나그내'의 상징적 의미는 풍류객, 여행객, 고독, 설움받는 자로 나타난다.[『한국문화상징사전1』(1992), 동아출판사, 133-134.] 그러나 함경도 지역에서 풍류객, 여행객, 고독, 설움받는 자에서 '밖에 나가 일하는 사람'의 의미를 갖게 된 데는 지리적으로 척박한 환경에서 먹고 살기 위해서는 집을 떠나 일을 찾지 않으면 안 되었던 역사 현실 때문이라고도 할 수 있겠다.

김범주(2010),『우리 말 어휘의 뜻과 유래』, 금성청년출판사.

김일성종합대학(1983),『어음 및 문자론』, 김일성종합대학출판사.

마성식(1991),『국어 어의 변화 유형론』, 대전: 한남대학교 출판부.

안옥규(1989),『어원사전』, 동북조선민족교육출판사.

연세대학교 언어정보개발연구원 편(1998)『연세한국어사전』, 두산동아.

염광호(1997),『언어학개론』, 연변대학출판사.

이기문(1998),『국어사개설』, 태학사.

이철수 등(2004),『언어와 언어학』, 도서역락출판사.

정영찬(1997),『개정한국어음운론』, 한국문화사.

최창렬(1986),『우리말 어원연구』, 일지사.

홍윤표(2009),『살아있는 우리말의 역사』, 태학사.

※ 이 논문은『중국조선어문』잡지(2009년 4기)에 실렸던「안해의 변종에 대하여」라는 논문을 수정 보충한 것임.

김철준(金哲俊)

延边大学朝鲜韩国学学院

吉林省延吉市公园路977号 (133002)

전자우편: jin82821@hanmail.net

한국어 감각형용사의 낱말 형성 과정 및 제약

郭一誠 (復旦大學校)

1. 낱말 형태에 접근하는 두 방법

한국어 형용사에 시각, 청각, 후각, 미각과 촉각 등 오감(五感)을 표현하는 낱말 즉 감각형용사들이 아주 풍부하고 발달하다. 한국어 감각형용사는 파생이나 합성, 어음교체 등 조어법(word formation)에 의하여 수많은 비슷하면서도 미세한 뉘앙스로 서로 구별되는 유의어 어군을 형성하여 그 감각의 객관적 속성 뿐만 아니라 정도가 어떠냐 기호(嗜好)에 맞느냐 등 주관적인 의미를 가미(加味)하여 표현한다. 복잡한 관계 그물로 맺어져 있는 감각형용사 유의어들의 의미·어감적 시차성(示差性)을 밝혀내기 위해서는 필연코 형태적 분석을 선행해야 한다.

형태 분석은 크게 두 가지 방향으로 진행할 수 있는데, 하나는 낱말을 쪼개어서 소리와 뜻의 최소 결합체인 형태소(形態素, morphene)를 찾아내고 그 분포양상과 의미 기능을 밝히는 길이고, 다른 하나는 형태소들이 어떻게 결합하고 낱말 형성 과정에서 어떤 규칙과 제약을 받는가를 고찰하는 길이다. 전자는 형태구조 분석이라 큰 단위에서 작은 단위로, 후자는 조어법 분석이라 작은 단위에서 큰 단위로 낱말의 형태에 접근한다.

본고는 주로 한국어 감각형용사의 낱말 형성 과정, 그리고 낱말 형성에서 어떤 음운적, 의미적 제약을 받고, 또한 준말의 종류와 형성과정을 고찰하는 데에 주요 목적을 두고 있다. 감각형용사의 형태구조를 분석하면서 그 형성 과정도 어느 정도 파악하게 된 것이 사실이지만[1], 두 방법이 낱말을 살펴보는 시각과 착안점이 서로 다른 데가 많다.

예컨대 색채형용사 '파랗다'에 대한 구조분석은 [파르-(R*)+-앟-(A)]처럼

---

1) 송철의(1992:90)에 따르면 생성적인 능력보다도 더 기본적인 능력은 언어요소들을 분석할 수 있는 능력인 것으로 생각된다. 언어를 배우는 과정에 있는 어린이는 어떤 언어자료가 주어지면 그것을 나름대로 분석하고 그 분석을 통해서 주어진 자료들에 내재되어 있는 질서, 즉 규칙을 유추해 내는 어떤 선험적인 능력이 있다고 우리는 믿는다.

어근 변이형 '파르-'와 접미사 '-앟-'이 결합된 파생어로 분석하면 된다. 그런데 '파랗다'의 형성과정에 대해서는 '푸르다→파르(모음교체)→파랗다(접미사 파생)'과 '푸르다→푸렇다(접미사 파생)→파랗다(모음교체)'처럼 두 가지 형성 과정으로 설명할 수 있다. 또한 '빨갛다, 까맣다'를 보통 평음형 '발갛다, 가맣다'가 자음교체에 의해 형성된 것으로 보지만, 구본관(1998)에서는 우선 접두사 '새-'가 '발갛다, 가맣다'에 붙어 '새빨갛다, 새까맣다'가 만들어지고 난 다음 이들 형태에서 접두사가 탈락한 형태인 '빨갛다, 까맣다'가 자립성을 갖게 된 것으로 볼 수도 있다고 다른 가능성을 제시하였다.[2]

또한 형태구조 분석은 존재하는 낱말만 대상으로 고찰하는데 형성 과정 분석은 존재하지 않는 낱말까지 염두에 두고 왜 그들이 생성하지 못하는가 그 원인을 고찰하려고도 한다. 이런 빈틈은 또 두 가지의 경우로 나누어 볼 수 있다. 하나는 개념적으로나 논리적으로 충분히 형성될 가능성이 있으나 실제로 실현되지 않은 것들이며, 다른 하나는 음운, 형태, 의미적 제약을 받아 실제로 실현될 수 없는 것들이다. 전자의 경우는 '파르/포르/퍼르/푸르-스름하다, 파르/*포르/퍼르/푸르-스레하다'처럼 형태적으로나 의미적으로 매우 비슷하고 어떤 연관성을 보인 접미사 '-스름-'과 '-스레-'가 붙어 파생어를 형성하는 예인데, 왜 '포르스름하다'는 존재하고 '포르스레하다'는 존재하지 않는가를 설명하기 어렵다. 후자의 경우는 접미사 '-댕댕-', '-족족-'이 [-고름], [-밝음]의 뜻을 나타내므로 색채형용사 '파르댕댕하다, 파르족족하다'를 생성할 수 있으나, 의미적 제약으로 미각형용사 '*달댕댕하다, *달족족하다'를 생성할 수 없다.

2. 한국어 감각형용사의 낱말형성 과정

한국어 감각형용사는 주로 형태소 복합법(파생법과 합성법)과 음운교체법에 의해 새로운 낱말을 형성한다. 이런 조어법들이 단독으로 작용하는 경우가 있는가 하면 여러 조어법이 복합적으로 작용하여 새 낱말을 형성시키는 경우가 더 많다.

---

2) 송정근(2007:72)에서 구본관의 이런 견해를 제시하고 접두사 '새(샛)-, 시(싯-)'와 경음 사이에 필연적 관련이 없으며 '새카맣다, 시커멓다'에서 접두사 '새-.시-'가 탈락된 '*카맣다, *커멓다'가 실제로 존재하지 않다는 등 이유로 유보적 입장을 취하고 '가맣다-까맣다, 발갛다-빨갛다'는 자음교체에 의한 낱말 형성으로 주장한다.

(1) ㄱ. 검다/감다 → 껌다/깜다[자음교체] 누르다: 노르다[모음교체]

ㄴ. 쓰다 → 검(A)+쓰(R)[접두사 파생] → 검쓰다

누르다 → 누르(R)+엏(A)[접미사 파생] → 누렇다

ㄷ. 맵(R)+짜(R)[다른 어근과의 합성] → 맵짜다

짜(R)+짜(R) [같은 어근과의 중첩] → 짭짤하다[3]

ㄹ. 짜(R)+디+짜(R)['디'에 의한 합성] → 짜디짜다

감(R)+아+반지르르하다(R)['아'에 의한 합성] → 가마반지르하다

위 (1)은 단일어로부터 한 차례의 조어 과정을 거쳐 새 단어가 형성된 예들이다. (1ㄱ)은 "검:감:껌:깜"처럼 단일어 어근이 음운교체에 의해 대립짝을 이루는 경우이다. 그러나 단일어 어근에서 음운교체가 일어난 조어방식은 극히 드물고, 대부분의 단일어는 "푸르다, 달다, 시다" 등처럼 음운대립짝이 없다. (1ㄴ)은 접두사와 접미사에 의한 파생, (1ㄷ)은 같은 어근끼리 혹은 다른 어근끼리의 합성에 의해 새로운 단어를 형성한 예들이다. (1ㄹ)은 연결어미 '-디-'[4]와 '-아-'가 참여하여 두 어근을 연결하여 합성어를 형성한 예들이다.

(2) ㄱ. 검다 → 거뭇하다[접미사 파생][5] → 거뭇거뭇하다[어근 합성]

검다 → 거무충충하다[어근 합성]→ 가무총총하다[모음교체]

누르다 → 누렇다[접미사 파생] → 검누렇다[어근 합성]

ㄴ. 검다 → 거멓다[접미사 파생] → 꺼멓다[자음교체] → 시꺼멓다[접두사 파생] → 시커멓다[자음교체]

위 (2)는 단일어에서 두 차례 이상의 조어 과정을 거쳐 새로운 단어를 형성한 예들이다. 특히 (2ㄴ)의 경우 음운교체와 형태소 복합법 이 두 방법이 교차(交

---

3) '짭짤하다, 씁쓸하다'의 'ㅂ'받침은 '짜다, 쓰다'의 어원 형태인 '뿟다, 쁘다'에서 유래한 것으로 볼 수 있다.

4) 표준국어대사전에서 '-디-'에 대해 "형용사 어간을 반복하여 그 뜻을 강조하는 연결 어미"로 정의하고 있다. 그래서 많은 학자들은 '-디-'를 중개로 형성된 '달디달다, 붉디붉다'와 같은 구조를 낱말이 아닌 통사구조로 보고 있다.

5) 접미사 '-(으)ㅅ-'은 색채형용사의 5개 하위부류에 모두 분포하고 어근의 모음, 자음 변이형태에 모두 붙을 수 있다. 또 명암형용사 '흐리-'와 통각형용사 '아리-, 저리-'에도 붙을 수 있다. "거뭇하다:=거무스름하다"의 사전 해석처럼 접미사 '-(으)ㅅ-'은 대략 낮은 정도의 의미를 나타낸다.

叉)적으로, 반복적으로 작용하여 풍부한 낱말을 생성한 예로서 한국어 감각형용사의 강한 조어 능력을 단적으로 보여준다.

(3) ㄱ. 시쿰하다 → 새콤하다, 달착지근하다 → 들척지근하다

ㄴ. 짭짤하다 → 찝찔하다:찝찔하다, 씁쓸하다 → 쌉쌀하다

(4) 누렇다 →노랗다, 거멓다 → 가맣다/꺼멓다

(5) 누르데데하다 → 노르대대하다, 거무충충하다 → 가무총총하다

(3ㄱ)은 어근 '시-, 달-'에 접미사 '-쿰-', '-착지근-'이 먼저 붙어 파생어를 형성한 뒤 모음교체가 일어난 것으로, (3ㄴ)의 예들은 어근 '짜-', '쓰-'가 먼저 중첩하여 합성어를 형성한 뒤 모음교체가 일어난 것으로 볼 수 있다. 즉 (3ㄱ)과 (3ㄴ)은 모두 먼저 형태소 복합법을 적용한 다음 다시 음운교체를 통해 새 단어를 형성한다. 그런데 (4)의 '노랗다'는 '누르다→노르다(모음교체)→노랗다(접사 첨가)'나 '누르다→누렇다(접사 첨가)→노랗다(모음교체)'와 같이 두 가지 형성 경로로 모두 설명이 가능하다. 단일어 모음대립짝 '누르다:노르다', '검다:감다'가 공시적으로 모두 존재하고 또 접미사 '-앟/엏-'이 기원적으로 문법형태 '-아/어 하다'에서 유래된 점을 감안하면 먼저 음운교체로 대립짝 단일어가 형성된 다음 접미사를 골라서 활용한 것으로 설명하는 것이 더 나을 것 같다. 다시 말하면 '가맣다, 꺼멓다'의 형성 과정을 '검다→감다/껌다(음운교체)→가맣다/꺼멓다(접미사 첨가)'로 설명하는 것이 좋다. (5)의 '노르대대하다'도 '누르다→누르데데하다(어근 합성)→노르대대하다(모음교체)'와 '누르다→노르다(모음교체)→노르대대하다(어근 합성)'의 두가지 형성 경로가 가능하지만, 뒤 어근 '데데하다(변변하지 못하여 보잘것없다)'가 공시적으로 모음 대립짝 '대대하다'가 존재하지 않기 때문에 '노르+대대'로 보기 어렵다. 마찬가지로 '충충하다(물이나 빛깔 따위가 맑거나 산뜻하지 못하고 흐리고 침침하다)'의 모음 대립짝 '총총하다'가 공시적으로 존재하지 않으므로 '가무총총하다'의 형성 과정을 '검다→거무충충하다(어근 합성)→가무총총하다(모음교체)'로 설명하는 것이 나을 듯하다.

낱말의 형성 과정을 정확히 설명하는 데에 어원을 밝히는 통시적 고찰이 아주 중요한 역할을 하고 있다. 통시적 연구를 진행해야 어느 어형(語形)이 기본 어형이고 어떤 변화과정을 겪어 어떤 낱말을 형성했는지를 알 수 있다. 낱말 형성과정에 대한 공시적, 통시적 분석이 서로 다른 결과를 가져올 수 있다.

(6) ㄱ. 붉다:볽다, 프르다:프릇다, 누르다:노릇다, 검다:감다

　　ㄴ. 불겋다:발갛다,푸렇다:파랗다,누렇다:노랗다,거멓다:가맣다

(7) ㄱ. 달착지근하다:들척지근하다
　　ㄴ. 시쿰하다:새콤하다

　　(6ㄱ)과 같이 한국어 색채형용사는 중세국어에 모두 모음 대립짝을 가지고 있다. 그래서 (6ㄴ)의 대립짝을 ㄱ.의 기초에 접미사 '-앟/엏-'이 결합된 것으로 설명할 수 있다. 앞 (4)의 '노랗다:누렇다, 거멓다:가맣다' 뿐만 아니라 공시적으로 '밝다, 파르다'가 존재하지 않아도 '발갛다, 파랗다'의 형성 과정을 통시적으로 보면 모음대립짝을 이룬 단일어 어근에 접미사가 결합한 것으로 설명할 수 있다. 다만 '빨갛다'와 같은 낱말은 공시적으로나 통시적으로나 '뽥다'의 어형이 존재하지 않기 때문에 '발갛다'가 먼저 형성한 다음 자음교체에 의해 형성된 것으로 봐야 한다.

　　(7)의 '새콤하다'와 '들척지근하다'는 앞 (1)에서 언급했듯이 공시적 각도에서는 어근 '새-', '들-'이 없기 때문에 '시쿰하다'와 '달착지근하다'로부터 모음교체에 의해 형성된 것으로 볼 수 있다. 그런데 '시다'는 중세한국어에 '싀다:ㅅㆎ다'의 대립짝 어형이 있는데 '달다'는 대응된 음성모음 어형이 없었다. 그러므로 '들척지근하다'는 '달착지근하다'로부터 모음교체를 거쳐 형성된 것으로 볼 수 있으나 '새콤하다'의 형성과정에 대해서는 '새+콤'의 가능성도 배제할 수 없다.

　　이상 음운교체와 형태소 결합의 순서에 대한 논의를 다시 정리해 보면, 단일어 어근이 음운 대립짝을 공시적으로 가지고 있거나 통시적으로 가졌을 경우 그 대립짝들이 각자 평행적으로 다른 형태소와 결합하여 새 낱말을 형성한다고 볼 수 있는데 그렇지 않을 경우에는 먼저 형태소 결합에 의해 복합어를 형성한 다음 음운교체가 일어난다고 볼 수 있다.

3. 빈자리 및 낱말 형성 제약

　　감각형용사의 어휘 체계를 살펴보면 감각유형마다 많은 공백이나 빈틈이 존재함을 발견할 수 있다. 이런 빈틈은 또 두 가지의 경우로 나누어 볼 수 있다. 하나는 특별한 제약 규칙으로 설명하기 어렵고 논리적으로 충분히 형성될 가능성이 있으나 실제로 실현되지 않은 것들이며, 다른 하나는 음운, 형태, 의미적 제약

을 받아 실제로 실현될 수 없는 것들이다. 전자처럼 체계속에서 개념상으로는 있을 법한데 실제로 어휘소가 비어 있는 것은 '빈자리(lexical gap)'[6]라고 한다.

(8) ㄱ. 시금/시큼/새금/새큼-하다   달금/달큼/들큼/*들금-하다
　　ㄴ. *달댕댕하다/ *달족족하다

(8ㄱ)의 '시금/시큼/새금/새큼-하다'는 체계 정연하게 음운대립짝이 이루어지고 있다. 그런데 '달다' 계열에는 '달금/달큼/들큼-하다'가 다 존재하는데 유독 '들금하다'만 비어있는데, 그 원인을 설명하기 어렵다. 반면 (8ㄴ)의 경우에는 접미사 '-댕댕-', '-족족-'은 [-고름], [-밝음]의 뜻을 나타내므로 미각형용사 '달다'와 의미적으로 잘 어울리지 않는 것이 자명하다. 전자의 경우를 '빈자리'로, 후자의 경우를 제약에 의한 것으로 구별해야 한다.

1) 빈자리

(9) ㄱ. 파르/포르/퍼르/푸르-께하다, 파르대대/포르대대/퍼르데데/푸르데데, 파르/포르/퍼르/푸르-스름하다
　　ㄴ. 파랗/*포랗/퍼렇/푸렇-다, 파릇/*포릇/퍼릇/푸릇-하다, 파름/*포름/퍼름/푸름-하다, 파르/*포르/퍼르/푸르-스레하다

(10) ㄱ. 발/볼/벌/불/빨/뻘/뽈/뿔-그스레하다, 발/볼/벌/불/빨/뻘/뽈/뿔-긋하다
　　ㄴ. 발그대대/볼그대대/벌그데데/불그데데/빨그대대/뻘그데데/*뽈그대대/*뿔그데데-하다
　　ㄷ. 발/볼/벌/불/*빨/*뽈/*뻘/*불-그무레하다, 발그속속/볼그속속/벌그숙숙/불그숙숙/빨그속속/*뽈그속속/*뻘그숙숙/*뿔그숙숙-하다
　　ㄹ. 발갛/벌겋/빨갛/뻘겋/*볼갛다/*불겋다/*뽈겋다/*뿔겋다-다

(11) ㄱ. 시금/시굼/시큼/시쿰/새금/새곰/새큼/새콤-하다
　　　 시그무레/시크무레-하다
　　ㄴ. 달곰/달금/달콤/달큼/들큼/*들금/*들굼/*들쿰-하다
　　　 *들그무레/들크무레-하다

---

6) 임지룡(1993:126) 참조.

이상은 어떤 제약 조건으로 설명하기 어려운 빈자리의 예들이다. (9)는 같은 '푸르다' 계열 안에 있어도 ㄱ.과 같이 '파르:포르:퍼르:푸르'의 대립을 보인 것들도 있고 (9ㄴ)과 같이 '푸렇다, 푸릇하다, 푸르스레하다'의 모음대립짝인 '*포랗다, *포릇하다, *포르스레하다'가 빈자리로 비어 있는 것들도 있다. 특히 형태적으로나 의미적으로 매우 비슷하고 어떤 연관성을 보인 접미사 '−스름−'과 '−스레−'가 결합할 때 전자는 '파르/포르/퍼르/푸르−스름하다'처럼 정연한 모음대립이 이루어져 있는데 후자는 '*포르스레하다'가 없다. 왜 '포르스름하다'는 존재하고 '*포르스레하다'는 존재하지 않는가에 대해서는 설명하기 어렵다. (10)은 '붉다'계열어군의 경우인데 (10ㄱ)은 '발/볼/벌/불/빨/뻘/뽈/뿔'처럼 자음, 모음 대립을 보인 모두 8종류의 어근 형태가 있는데 (10ㄴ)은 '발/볼/벌/불/빨/뻘'처럼 6가지의 어근 형태가 있으며, (10ㄷ)과 (10ㄹ)은 각각 '발/볼/벌/불'과 '발/벌/빨/뻘'처럼 4가지의 어근 형태가 있다. 이처럼 같은 계열어군에 속해도 어근의 음운대립이 결코 균형적인 것이 아니며 많은 자리가 비어있다. (11)은 다른 계열어군에 비추어 빈자리를 상정하는 예들이다. (11ㄱ)의 '시다'계열 낱말들에 비추어 볼때 (11ㄴ)의 '달다'계열에도 '들금/들굼/들큼−하다'와 '들그무레하다'[7]가 존재하지 못할 이유가 별로 없는데 실제로는 그들이 실현되지 못했다.

그래서 낱말 형성은 모든 가능성이 모두 실현되는 것이 아니다. 논리적으로 어떤 낱말을 형성할 수 있어도 실제로 생성하지 않는 경우가 많다. 한편 이런 빈자리가 현실적으로 존재하지 않고 있으나 특별한 제약 조건이 없으므로 방언이나 개인적 문학작품에서는 충분히 실현될 가능성이 있다.

    (12) 가무퇴퇴/거무튀튀/거무틱틱/까무퇴퇴/꺼무튀튀−하다
        *꺼무틱틱하다

    (13) 가무총총/거머충충/거무충충/까무총총/꺼무충충−하다
        *가마총총하다, *까마총총하다

    (14) 반/빤/뱐/빤/번/뻔−하다
        *변/뼌−하다

---

7) '들금하다'가 존재하지 않으므로 거기에 접미사 '−으레−'가 더 첨가한 '들그무레하다'도 존재하지 않는다.

특별한 제약 조건을 보이지 않는 빈자리에 대해서는 아마도 언어의 경제성 원리로 설명할 수 있다. 또한 어떤 체계상의 균형을 파괴하는 낱말은 더 이상 음운교체에 의해 새로운 낱말을 형성하지 않는 경향이 있다. (12)의 '거무틱틱하다'는 '퇴퇴:튀튀'의 양성—음성 모음대립을 파괴하는 것이므로 다시 음운교체에 의해 '*꺼무틱틱하다'를 형성하지 않는다. (13)의 '거머충충하다'는 '가무총총/거무충충/까무총총/꺼무충충—하다'에 비해 형태가 좀 특이하므로[8] 다시 음운교체에 의해 '*가마총총하다, *까마총총하다, *꺼머충충하다'를 형성하지 않는다. 또 (14)의 '반/빤/번/뻔—하다'가 정연한 자음, 모음 대립짝을 이루었는데 '반/빤—하다'는 그 균형을 파괴한 것이다. 그래서 모음대립짝인 '*번/*뻔—하다'를 더 이상 형성하지 않는다.

2) 낱말 형성의 제약

이상 어떠한 제약조건으로 설명하기 어려운 빈자리와 달리, 어떤 빈틈은 음운론적, 형태론적, 의미론적인 제약을 받아 실현되지 못했고 앞으로도 실현될 가능성이 별로 없다.

    (15) ㄱ. 새(샛)빨갛다, 시(싯)뻘겋다, 새(샛)까맣다, 새카맣다

           ㄴ. *새발갛다, *시벌겋다, *새(샛)가맣다

    (16) ㄱ. 길찍하다:짤막하다, 큼직하다:자그마하다, 깊직하다:야트막하다

           ㄴ. *길막하다:*짤찍하다, *크막하다:*작직하다, *깊으막하다:*얕직하다

위(15)처럼 접두사 '새(샛)—/시(싯)—'는 'X+앟/엏' 구조를 갖는 색채형용사들에만 붙으며 "평음—경음—격음(가맣다/까맣다/카맣다, 거멓다/꺼멓다/커멓다)의 대립이 보이는 색채어들중에서 유독 평음형과는 결합할 수 없는 제약을 발견할 수 있다.[9] 이런 제약은 음운과 관련이 있을 뿐만 아니라 의미와도 관련이 있다. 즉 "색깔이 짙어짐"을 나타내는 접두사 '새(샛)—/시(싯)—'가 청각인상이 약한 평음과 결합하지 않고 강한 청각인상으로 들리는 경음이나 격음과만 결합하는 의미론적 제약이 있다. (16)의 접미사 '—직(찍)—'과 '—(으)막—'도 어근에 대

---

8) '거머충충하다'의 '머'는 모음동화(母音同化)에 의해 '무'에서 변해온 이형태(異形態)일 가능성이 높다.

9) 송철의(1992:110—112) 참조.

한 선택 제약이 있다. 즉 접미사 '-직(찍)-'은 주로 긍정적 가치를 나타내는 쪽과, 접미사 '-으막-'은 주로 부정적 가치를 나타내는 쪽과 결합한다고 파악하고 있다.

  (17) ㄱ. 파랗다, 커다랗다
        ㄴ. *바/*빠-랗다, *거/*꺼-다랗다

  (17)에서 보이듯이 한국어의 자음교체는 평음→경음→격음의 순서로 청각인상이 강한 쪽으로만 가능하고 거꾸로 약한 쪽으로는 교체하지는 않는다. 이런 음운론적 제약으로 '푸르다', '크다'계열의 모든 구성원들이 자음교체에 의한 평음이나 경음 형태가 없다.

  (18) ㄱ. 다사/다스/드스/따사/따스/뜨스-하다
        ㄴ. 다습/드습/따습/뜨습-다, *다삽/*따삽-다
        ㄷ. 다사/따사-롭-다, *다스/드스/따스/뜨스-롭-다

  (19) ㄱ. 새(샛)빨갛다, 시(싯)뻘겋다, 새(샛)노랗다, 시(싯)누렇다
        ㄴ. *시붉다, *시누르다

  (18ㄱ)처럼 온도각 형용사 어근 '다사/다스/드스/따사/따스/뜨스-'는 모두 접미사 '-하-'와 결합할 수 있으나 접미사 '-ㅂ-'과 '-롭-'과 결합할 때는 형태론적 제약을 받는다. 즉 어근 모음이 '―'로 될 때는 '-ㅂ-'만 결합할 수 있고 어근 모음이 'ㅏ'로 될 때는 '-롭-'만 결합할 수 있다. (20)의 접두사 '새(샛)-/시(싯)-'는 단일형태소 색채형용사에 붙지 않는 형태론적 제약을 받고 있으므로 (19ㄴ)의 '*시붉다, *시누르다'와 같은 낱말을 형성할 수 없다.

4. 준말의 형성

  새로운 낱말을 만들어 내기 위해 이미 사용하고 있던 형태소를 이용하여 파생 또는 합성의 방법을 활용하는 경우가 많다. 파생과 합성을 여러 차례 반복하여 새로운 낱말을 형성할 때 반복의 횟수가 거듭될수록 낱말 단위의 길이는 길어

지고 구조 역시 복잡해질 수밖에 없다. 이러한 문제점을 극복하기 위해서는 의미
를 유지시킨 채로 낱말 단위의 길이를 줄이게 된다(이재현 2010:11-12). 즉 형
태소를 결합시켜 낱말을 확장하는 조어 과정과 반대로, 언어 사용의 경제성 즉
노력 절감의 원리에서 이미 존재하고 있는 낱말의 형태를 축소하는 과정도 있다.
이런 축소 어형을 일반적으로 '준말'[10] 혹은 '약어'라고 부른다.

한국어 준말의 유형에 대해서는 여러가지 견해가 있다. 이승명(1987)은 준
말을 "1)머리음절말(또 '머리글자말'이나 '두문자어'라 불림): 경북대학교→경
대, 산업은행→산은; 2)음운줄인말: 가을→갈, 사이→새; 3)자른말: 꿍꿍이
셈→꿍꿍이, 보름날→보름; 4)문준말: 대체로 흐리고 약간 비가 오겠다→대흐
약비, 아니꼽고 더럽고 메스껍고 치사하고 유치하다→아더메치유"처럼 4갈래로
분류하는데 송철의(1993)는 준말을 "1)모음탈락된 준말:가을→갈, 싸움→쌈,
무우→무; 2)모음축약된 준말: 사이→새, 아이→애; 3)활음화된 준말: 시원하
다→션:하다, 무엇→뭣"처럼 3갈래로 분류했다.[11] 이재현(2010:119-121)은 '축
소어형'을 우선 음운의 축소냐 음절의 축소냐에 따라 양분하고 전자를 다시 축약
(예: 고양이→괭이,그사이→그새,꼬이다→꾀다)과 탈락(가을→갈,골짜기→골
짝, 겨를→결), 후자를 다시 절단(예:가마니→가마, 언걸먹다→걸먹다)과 선택
(예: 김치볶음밥→김볶, 불고기낙지전골→불낙)으로 나누었다. 이처럼 준말의
개념에 대해서 이승명(1987)과 같이 문장을 줄이는 문준말까지 준말로 보는 넓
은 준말 개념과 송철의(1993)와 같이 낱말 그리고 형태·음운론적인 축소현상에
만 한정하는 좁은 준말 개념이 있다.

한국어 감각형용사의 준말을 보면 본래 어형의 앞 또는 뒷부분 일부를 자르
는 '자른말(또 '절단'이라 불림)'과 단어나 구 또는 구적 구성을 보이는 단어군을
구성하고 있는 음절들에서 몇 개를 선택적으로 취해서 만들어진 '머리음절말(또
'선택'이라 불림)' 현상은 존재하지 않는다.[12] 그러므로 본고는 한국어 감각형용

---

10) '준말'의 개념에 대해 송철의(1993)에서 '준말'의 다섯 가지 성립 조건을 다음과 같이 제시
한 바가 있다. 첫째, 본말(원형식)보다 음절수가 적어야 한다. 둘째, 준말에서의 음절수 감소
는 음운론적 차원에서의 형식의 감축에 의한 것이어야 한다. 셋째, 준말은 본말과 의미가 같
아야 한다. 넷째, 준말은 본말로부터 직접 도출될 수 있는 것이어야 한다. 다섯째, 어떤 언어
형식이 준말로 인정되려면 그 본말이 표면음성형으로 실현될 수 있는 것이어야 한다. 이재현
(2010:26) 재인용.

11) 이재현(2010:44-45) 참조.

12) '구텁지근하다/고탑지근하다' 중의 '구텁/고탑'은 합성어 '구리텁텁하다/고리탑탑하다'의 두 어
근에서 각각 첫음절을 따온 것이겠지만 '구리텁텁지근하다/고리탑탑지근하다'와 같은 본어형
이 존재하지 않으므로 '구텁지근하다/고탑지근하다'를 다른 낱말의 준말로 보기 어렵고 독립

사에서 보인 준말을 두 음절의 일부를 취해 한 음절로 만드는 '축약'과 음운·형태론적으로 설명하기 어려운 일부 음절을 빼는 '탈락'으로 나누어 고찰해보기로 한다.[13] 바꾸어 말하면 탈락된 음절이 준말 형성에 참여하면 '축약'으로, 그렇지 않으면 '탈락'으로 본다.

> (20) ㄱ. 자그마하다 → 자그맣다
>
> ㄴ. 커다랗다 →커닿다

> (21) ㄱ. 노리착지근하다/누리척지근하다 → 노리치근하다/누리치근하다
>
> 비리척지근하다/배리착지근하다 → 비리치근하다/배리치근하다
>
> 쉬척지근하다 → 쉬치근하다
>
> ㄴ. 알짝지근/얼쩍지근−하다 → 알찌근하다/얼찌근하다

(20)과 (21)은 두 음절의 일부가 서로 결합하여 한 음절로 축소되는 '축약' 현상으로 볼 수 있다. (20ㄱ) '하'의 자음 'ㅎ'은 앞음절의 받침소리로 되고 모음 'ㅏ'는 앞음절 모음과 같으므로 탈락된다. (20ㄴ)의 '다랗'은 '닿'으로 축약되면서 뒷음절의 자음 'ㄹ'과 모음 'ㅏ'가 탈락되고 받침 'ㅎ'만 축약에 참여한다. (21ㄱ)은 접미사 '착지근/척지근'의 앞 두 음절 '착지/척지'에서 각각 자음 'ㅊ'과 모음 'ㅣ'를 가져 '치'로 축약한 것이며 (21ㄴ)은 마찬가지로 '짝지/쩍지'를 '찌'로 축약한 것이다.

> (22) ㄱ. 노리착지근하다/누리척지근하다 → 노착지근하다/누척지근하다
>
> 비리척지근하다/배리착지근하다 → 비척지근하다/배착지근하다
>
> (비리척지근하다/배리착지근하다) → 비리치근하다/배리치근하다 →
>
> 비치근하다/배치근하다
>
> 구리텁텁하다/고리탑탑하다 → 구텁텁하다/고탑탑하다
>
> ㄴ. 쉬척지근하다 → 쉬지근하다

적인 낱말로 봐야 타당하다.

13) 본고에서 말하는 '축약'과 '탈락'은 이재현(2010:121−131)에서 말하는 음운 축소에 한정하는 축약과 탈락과 개념이 좀 다르다. 예를 들어 이재현(2010)에 따르면 '해반드르르하다→해반들하다' 처럼 음운이 아닌 음절 단위의 '으르'가 축소되는 경우를 '탈락'으로 볼 수 없는데 그것을 '절단'이나 '선택'으로 보기도 어렵다. 그런데 본고는 탈락된 음절이 준말 형성에 참여하느냐에 따라 '축약'과 '탈락'을 나누므로 축소된 단위가 음운이나 음절이냐의 제한을 받지 않는다.

매작지근하다/미적지근하다 → 매지근하다/미지근하다

가마/거머/까마/꺼머-무트름하다 → 가/거/까/꺼-무트름하다

ㄷ. 해반드르르/희번드르르하다 → 해반들하다/희번들하다

(22)의 ㄱ과 ㄴ은 본어형의 음절 '리', '척', '마/머'와 '작/적'이 준말 형성에 전혀 참여하지 않고 탈락된 것이다. 그중 좀 특이한 것은 (22ㄱ)의 '비리척지근하다/배리착지근하다'가 직접 '리'를 탈락시켜 준말 '비척지근하다/배착지근하다'를 형성하기도 하고, 먼저 축약하여 준말 '비리치근하다/배리치근하다'를 형성한 다음 다시 '리'를 탈락시켜 '비치근하다/배치근하다'를 형성하기도 한다. (24ㄷ)의 경우는 좀 복잡하다. 합성어 '해반드르르하다/희번드르르하다'의 뒷 어근 '반드르르/번드르르' 중의 '르르'는 하나가 앞 음절 '드'와 같이 '들'로 축약되고 다른 하나는 탈락된 것으로 볼 수 있다.

이상 (21)과 (22)를 보면 '노리착지근하다/누리척지근하다', '비리척지근하다/배리착지근하다'와 '쉬척지근하다' 등 낱말들은 축약에 의해 준말 '노리치근하다/누리치근하다', '비리치근하다/배리치근하다'와 '쉬치근하다'를 형성하기도 하고 탈락에 의해 준말 '노착지근하다/누척지근하다', '비척지근하다/배착지근하다'와 '쉬지근하다'를 형성하기도 한다.

음절이 줄어서 말들어진 준말이 형태적으로 본말과는 이미 달라졌으나 여전히 형태상의 연관성을 보이고, 또 준말과 본말은 같은 의미로 서로 교체될 수 있기 때문에 준말을 새 말로 보기 어렵고 말을 간편하게 하기 위한 본말의 줄임 형태로 보는 것이 타당하다.

참고문헌

강보유(1990), 「빛갈형용사의 결합적 특성」, 『중국조선어문』 2, 12-16.

김광(1982), 「자음교체에 의한 어휘분화현상에 대하여」, 『국어교육』, 137-160.

김광해(1993), 『국어 어휘론 개설』, 서울: 집문당.

김계곤(1996), 『현대국어의 조어법 연구』, 서울: 박이정.

김창섭(1996), 『국어의 단어형성과 단어구조 연구』, 서울: 태학사.

김창섭(1985), 「시각형용사 어휘론」, 『관악어문연구』 10, 149-176.

송철의(1988), 「파생어형성에 있어서의 제약현상에 대하여」, 『국어국문학』 99, 309-333.

구본관(1998), 『15세기 국어 파생법에 대한 연구』, 서울: 태학사.

구본관(1993), 「국어파생접미사의 통사적 성격에 대하여」, 『관악어문연구』 18, 117-140.

구본관(2002), 「파생어 형성과 의미」, 『국어학』 39, 105-135.

손용주(1997), 「우리말 색상어 접두사 <새/샛/시/싯>에 대하여」, 『계명어문학』 10, 61-72.
송정근(2007), 「현대국어 감각형용사의 형태론적 연구」, 서울: 서울대학교.
송철의(1992), 『국어의 파생어 형성연구』, 서울:태학사.
신순자(1997), 「형용사의 형태구조적 특성」, 『어문논집』 7, 27-56.
이승명(1988), 「어 미각표시어군 구조에 대한 연구」, 『국어국문학』 100, 335-358.
이승명(1993), 「국어 색상 표시어군의 구조에 대한 연구」, 『어문학』 54, 287-326.
이재현(2010), 『현대 국어 축소어형의 사용 양상 연구』, 서울: 역락.
이재인(1998), 「국어 반복 합성어의 구조」, 『배달말』 23.
임지룡(1993), 『국어 의미론』, 서울: 탑출판사.
최길용(1991), 「현대 한국어 형용사의 형태구조 분석」, 『京畿語文學』 9, 433-468.
하치근(1988), 「국어 파생접미사의 유형 분류」, 『한글』 188, 25-46.
하치근(1989), 「국어 파생접미사의 통합양상에 관한 연구」, 『한글』 204, 5-38.
하치근(2009), 『우리말의 형태와 의미』, 광명: 경진.

곽일성(郭一誠)

중국 복단대학교(復旦大學校) 외국어문대학 한국어문학과
中国上海市邯郸路220号 (200433)
전자우편: guoyicheng@fudan.edu.cn

제3부. 언어 대조 · 대비 연구

동아시아 3국의 문화접촉과 문자변이의 특징

중한일 3국의 문화접촉을 중심으로

태평무 (중앙민족대학교)

1. 서론

문자는 인간의 주요 정보전달 수단으로서 인간생활에서의 불가결의 도구이다. 도구라면 사용하기에 편리하고 간단하며 효율적이어야 한다. 언어경제의 원리에 의하면 인간은 천성적으로 게으른 바 언어도 될수록 짧고 간편할 것을 요구하며 인간생활에 편리하여야 한다. 언어표현이 또한 너무 간단하면 정보의 정확한 전달에 영향을 주게 되며 너무 길고 구체적이어도 이해에 복잡성을 주어 역시 정보의 정확한 전달에 영향을 주게 된다.

따라서 언어표현은 정보전달에 있어서의 정확성과 간결성의 모순 통일로 표현된다. 때문에 언어도 사용하기에 불편하면 고치게 되고 복잡하면 간편하게 하고 쓸모 없으면 버리게 되며 따라서 그것은 사멸되는 것이다. 이런 의미에서 볼 때 인간의 주요 교제도구로서의 문자도 될수록 간단하고 사용하기에 편리하며 표음에 가까운 병음화의 길로 나아가는 것이 기본 방향이다.

고금중외의 한자식문자에 대한 학자들의 연구에 따르면 문자의 전파는 문화와 밀접히 관계되는 바 한자는 언어특징이 전혀 다른 민족들에게도 전파될 수 있으며 그 전파의 실질이 문화이고 문자는 문화의 적재수단에 불과하다.

중국 역사에서의 거란이나 여진, 서하와 같은 나라들은 일찍 한족과 대립상태에 있었지만 한자문화의 영향을 깊이 받아왔으며 그들이 새로 창조한 문자는 모두 그들 정권과 운명을 같이 하였다. 그것들이 더 오랫동안 전하여 내려오지 못한 주요 원인은 바로 그에 대한 풍부한 문화의 토양이 없었기 때문이다.

일본도 명치유신 전에는 중국의 문화를 많이 수용하였고 그 영향이 언어문자에 지대한 영향을 주었다. 명치유신 후에는 또 서방을 따라 배워 전통문화에도 변이를 가져왔는 바 이것도 문화 전파의 한 경향성을 말해준다. 한국도 많은 면에서 중국 문화의 영향을 받아왔으며 그것이 언어문자에 대한 영향도 상당히 크다.

본 논문에서는 주로 사회언어학적 측면에서 동아시아 한자문화권을 이루고 있는 중국, 한국, 일본 등 세 나라 사이의 한자문화의 접촉과 그에 따른 세 나라 문자의 변이특징과 그 변이의 방향을 초보적이나마 고찰해 보려 한다.

2. 한자와 한자문화권

우선 비교연구의 측면에서 보면 비교문자학이란 인류역사에서의 고금중외의 여러 가지 형식의 문자에 대해 거시적인 비교연구를 진행하여 그것을 분류하고 그들 사이의 관계를 파악하며 그 기원, 변천과 현황을 연구함으로써 그들 문자들의 발전사와 세계 문자변천의 공동법칙을 찾아내는 것이다.

문자란 언어를 기록하는 기호로서 소리뿐만 아니라 의미도 기록하는 언어의 서사형식으로서 언어문자이론 정설에 따르면 가장 주요한 문자유형과 문자체계에는 고대 한자와 같은 상형문자, 현대한자와 같은 형태소문자(詞素), 인도문자와 같은 음절문자, 고대희랍어(Phoen icia)와 같은 자음 음소문자, 그리고 희랍문자와 같은 고대 모음음소문자, 슬라브 러시아 문자와 기타 형식의 문자들이 있다.①

거기에서도 동아시아지역에는 아주 오래 전부터 한자라는 상형문자를 중심으로 하는 문화권이 형성되었다. 물론 거기에서 한자를 모두 그대로 받아들인 것은 아니지만 기본적으로 한자를 모델로 일정한 변이를 가져온 여러 가지 형식의 문자들이다. 거기에는 한어티베트어족에 속하는 문자들과 알타이어족에 속하는 문자들도 포함되는 바 본 논문에서는 주로 문자적인 측면으로부터 그들 관계를 고찰해 보기로 한다.

저명한 언어학자이며 한자전문가인 주유광(周有光)선생은 '한자학'을 다음과 같은 세 가지로 나눌 수 있다고 지적하였다.

첫째로는 역사 한자학으로서 한자의 기원과 형(形), 음(音), 의(義)의 변천을 연구하여 한자역사의 변천에 대한 인식을 증가하는 것이고,

둘째로는 현대 한자학으로서 한자의 현황과 응용문제를 연구하여 현재와 향후의 한자의 응용과 그를 위해 복무하는 것이며,

셋째로는 광의 한자학으로서 한어 한자와 각종 비 한어 한자식 문자를 하나의 통일체로 하여 "한자문화권"의 문자변천을 전체적으로 거시적으로 연구하는 것이다. 이어서 그는 한자식 문자는 역사적으로 아래와 같은 4개의 변천시기를 거쳤다고 지적하였다.

첫째 시기는 학습단계로서 모두다 한자문언(漢字文言 즉 고문을 말함)을 배운 것이고,

둘째 시기는 차용단계로서 한자를 빌어 자기의 구어(口語)를 만든 것이다. 그것은 음과 의미를 동시에 차용한 "차용어"(借詞)의 경우를 제외하고는 주로 두 가지가 있는데 그 하나가 음을 차용하고 의미를 고친 이른바 "음독"이고 다른 하나는 의미를 차용하고 음을 개변한 이른바 "훈독"이라고 하였다.

셋째 시기는 모조단계로서 주로 두 가지 방법이 있는데 한 가지는 "증식" 모조의 방법으로서 한자 원래의 부속(部件)으로 새로운 한자를 만들어 낡은 한자를 보충하는 것으로서 웰남 츄남문자나 광서 쫭족 네모문자와 같은 것들이 그러하며 다른 한 가지는 "변이" 모조의 방법으로서 기성 한자의 부속을 쓰지 않고 한자 구성의 방법으로 새로운 문자를 창조하는 것이다. 이를테면 거란 대문자나 여진문자, 서하문자와 같은 것들이 그러하다.

네 번째 시기는 창조의 단계로서 그 한 가지가 병음 네모 글자로서 거란 소문자나 조선언문이며 다른 한 가지는 선형서열의 한자식 자모로서 일본어 가나문자나 대만에서 쓰고 있는 한어주음자모라고 하였다.②

문화란 물의 흐름과 같아 끊임없이 높은 데서 낮은 데로 흐르게 마련이며 그것으로 문화전파의 주요 매체기능을 수행한다. 지난 2천여 년 이래 한자문화는 사방에 퍼진 바 문자가 없던 나라와 민족들은 한자를 그 언어의 표기수단으로 삼아 말과 글의 복잡한 모순을 극복하면서 자기 언어와 통일되는 문자를 창조함으로써 문자로서의 교제임무를 완수하게 되었으며 그러는 과정에 동아시아에서의 광범위한 한자문화권을 형성하게 되었다.

한자의 전파노선을 크게 세 갈래로 갈라 볼 수 있는데 하나는 남쪽과 서남쪽을 향해 중국 광서쫭족자치구와 웰남 경족 쪽으로 파급되어 갔고 그 이후로는 사천, 귀주, 운남, 호남 등 성의 소수민족, 이를테면 묘족, 요족, 부이족, 동족, 백족, 하니족, 수족, 리리족 지구에 파급되어 갔다. 다른 한 갈래는 동쪽으로 한반도와 일본으로 전파되어 갔다. 또 다른 하나는 북쪽과 서북쪽으로 전파되어 송나라 때의 거란, 여진과 서하쪽으로 파급되어 갔다.③

문자의 전파는 또한 단순히 서사부호의 전파와 차용이 아니라 그 전파 과정에 필연코 민족문화의 교류와 함께 충돌과 융합도 이루어지게 되며 습관적인 영향도 미치게 된다. 이렇게 문자로서의 충돌과 융합에 의해 형성된, 완전한 한자도 아니고 완전히 다른 문자도 아닌 한자식 문자들이 나타나게 된 것이다. 즉 한자를 모태로 한 변이형 문자들이 많이 나타났다.

우선 한자식 문자의 경우를 보면 중국 내의 많은 소수민족문자들을 들 수 있

는데 거기에는 서하문(西夏文), 거란 대문자(契丹大字), 거란 소문자(契丹小字), 여진 대문자(女眞大字), 여진 소문자(女眞小字), 백문(白文), 수문(水書), 쫭문(壯文), 묘문(苗文), 하니문(哈尼文), 동문(侗文), 요문(瑤文), 부이문(布依文), 무로문(仏佬文), 리리문(傈傈文), 여문(女書)이 있고, 대외로는 한국 정음문자(韓國諺文), 일본 가나문자(日文假名)와 웰남의 츄남(越南字喃) 등을 들 수 있다.④ 이러한 문화로 이루어진 문화권을 우리는 "한자문화권"이라고 한다.

3. 한자의 구조와 그 변이

3.1. 한자의 구성과 분포

한자는 그 전파과정에 현지의 언어를 기록하는 부호이며 사회교제 도구로서 서로 간에 끊임없이 적응하고 조절되는 과정에 각종 변이현상이 일어나게 되었다.

때문에 한자와 한자문화의 전파범위 내에서 한어를 기록하는 한자뿐 아니라 한국어와 일본어, 웰남어, 한어가 아닌 준한자들이 나타나게 되었으며 복잡한 변이관계가 나타나게 되었다.

그 분지도(分支圖)를 보이면 아래와 같다.

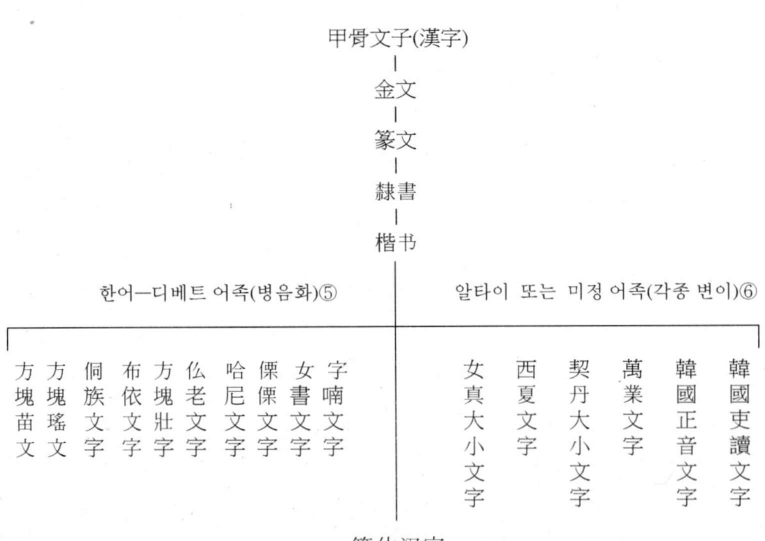

동아시아 한자문화권

여기에서 보면 세로선 왼쪽의 10개 언어는 웰남어를 제외하고 나머지 중국의 소수민족어는 모두 한어—티베트어족에 속하며 그 문자는 모두 한자의 영향을 받아 모방하고 개량한 한자식 문자였다. 그러나 그 문자의 보급이 제대로 되지 못했고 그 발전이 불균형적이어서 1956년부터 이런 문자들에 대해 나틴자모의 병음화를 실시하였다. 세로선 오른쪽의 3개 문자는 모두 알타이어족에 속하는 한자식 문자로서 그 민족은 이미 소망되었으며 그 언어와 문자도 실제로 존재하지 않는다. 한국어와 일본어는 많은 우여곡절을 거치면서 많은 변이를 지어 근본적인 변혁을 가져 왔다. 일본어는 원래 한자의 기본 구조를 개조하고 간략화하고 가공하면서 가나문자로 개량 하였고 한국에서는 일본과 같은 길을 걷다가 그 길을 포기하고 완전히 새로운 문자 정음문자를 창제하였다. 한어에서는 우선 갑골문자로부터 금석문, 전문, 예서, 개서, 간체자의 간략화의 길을 걸었으며 표의문자로부터 점차 표음의 形聲字가 전체 문자의 90%를 차지하게 되었으며⑦ 또 그 기억의 부담과 이해와 식자의 부담을 덜기 위해 나틴자모의 병음화 길을 걸음으로써 복잡한 한자공부의 지팡이 역할을 하게 되었다. 대만에서는 주음부호식으로 병음의 목적에 도달했다.

근대 고고학의 발전에 의하면 중국에서는 도문(陶文)을 가장 일찍 알고 있는 문자로 보며 그 지정 연대를 기원전 4천년으로 추정하고 있다.⑧ 그리고 그 뒤를 이어 갑골문이 생겼는데 그 연대를 기원전 1384~1112년으로 본다. 孫海波의 《甲骨文編》정편과 속편에 보면 그 자수가 도합 4762자에 달한다. 갑골문과 소전 예서 사이를 이어놓은 금문은 容庚의 『金文編』에 3093자를 수록하고 있다. 한나라 허신의 <설문해자>에 이르러 이미 고대와 당시의 문자 도합 9353자를 수록하고 있는데 대부분 소전체이다. 허신은 문자구조의 통칙을 귀납하고 나서 6서라는 문자 제자 방법을 제기하면서 그 방법을 지사(指事), 상형(象形), 형성(形聲), 회의(會意), 전주(轉注)와 가차(假借)로 귀납하였다. 물론 허신의 이 제자 방법은 한자에만 특유한 것이 아니다. 한자보다 2000년 먼저 출현한 서아시아와 북아프리카 고문자도 역시 같은 특점을 보여 주고 있다.⑨ 허신의 이 귀납에는 모순점이 없는 것은 아니며 완벽하지는 못하지만 기본적으로 중국한자의 모습을 반영한 것으로서 지금도 여전히 그 현실적 의의가 있다.

3.2. 한자의 제자원리와 방식

허신의 한자 제자법은 먼저 제자의 원칙을 세우고 거기에 따라 글자를 만든 것이 아니라 실제 언어생활의 수요에 따라 만들고 그것을 다시 분류하고 귀납한 것이며 그것이 또 습관적으로 쓰이는 과정에 적자생존의 원리에 따라 오늘까지 보존되어 내려온 것이다. 그것을 풀이하여 설명하면 다음과 같다.

指事란 사람의 추상적 이념중의 모양을 본딴 상징적인 부호로 이루어진 글자로서 고대한자에서는 순 부호식으로 된 글자 이를테면 "上"자를 "二"(웃 획이 짧게), "下"자를 "二"(아래 획이 짧게)로 쓰고 있으며 다른 하나는 기성 한자에 다른 부호를 붙여서 만든 글자 이를테면 "나무 위"를 "木"자 위에 "一"를 더한 것으로 "末"로 표시하고 "나무 아래"를 "木"자 아래에 "一"를 더 한 것으로 "本"으로 표시하였다.

象形이란 실제 사물의 모양을 그리는 것을 말한다.이를테면 "車"자를 수레 한 대를 그리며 "馬"자를 "말" 한 필을 그리는 것이다.

形聲이란 모양과 소리를 동시에 본따 만든 글자로서 "形旁"은 글자의 의미를 나타내고 "聲旁"은 글자의 음을 나타낸다. 이를테면 "形旁", "氵(水)"와 "聲旁", "工, 可"는 각각 합성하여 "江, 河"를 나타낸다.

會意란 전체적 의미가 부분적 의미로 조합된 글자를 말한다. 이를테면 "公"자는 "私"를 위배하면 이루어지는 바 바로 "八"과 "厶"(私)가 합성되어 이루어지며 (八違背 自私公) "信"은 "人"과 "言"자가 합성하여 "信"으로 "신용(信用)"으로 표시한다. 모양과 모양이 조합하여 이루어진 것을 말한다.

轉注란 소리가 비슷하고 뜻이 같은 자가 서로 중복 교체되면서 생긴(聲近義同, 迭遞孳乳) 것을 말한다. 이를테면 "老, 考也"('老'는 '考'이다), "'考'는 '老'이다"와 같이 '考'와 '老'로 서로 대방을 해석하는 방식을 전주라 한다.

假借란 원래 없는 글자를 동음자를 빌어 거기에 뜻을 부여하는 경우를 말한다. 이를테면 지금 우리가 말하는 "가고 오고" 하는 "오다"의 "來"를 원래 "밀"(小麥)을 표시하는 "來"로 대체한 것이라든가,"털가죽"을 말하는 "求"로 "요구"의 "求"를 대표하여 쓰는 경우를 말한다.⑩

이상의 해석은 바로 허신이 2천 년 전의 자료를 귀납 정리한 기초에서 내린 결론으로서 거기에는 문제점도 적지 않으며 그 분석에서 모호한 점과 미흡한 점과 지어 그릇된 결론도 있지만 그러한 글자는 기껏해야 150개로서 전체 <설문해자> 9353개의 수의 1천6백분의 1밖에 안되는 바 이것은 성과에 비하면 아무것도 아니다.

이상의 한자를 구체적으로 분석하여 보면 그 제자방식을 크게 文(모양에 따라 그린 무늬문자), 字(모양과 소리가 합쳐져 이루어진 문자), 雜体字 세 가지로 구분할 수 있고 다시 다음과 같이 16가지로 세분할 수 있다.⑪

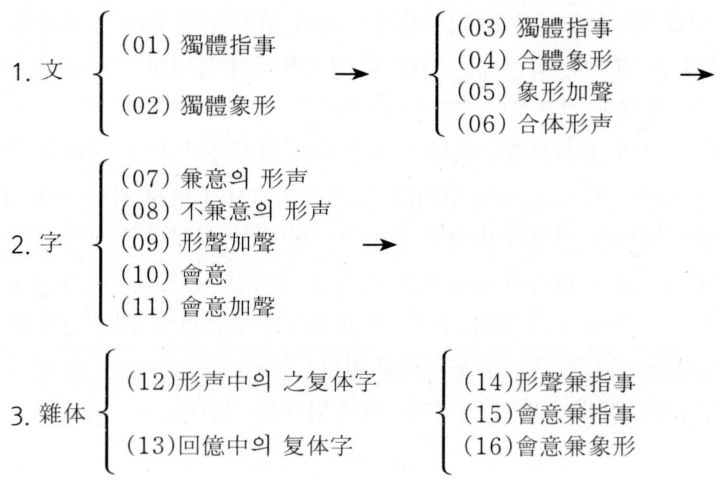

이상에서 한자의 제자원리와 방식을 간단히 고찰하였다.

위에서 한자의 6가지 제자의 원리와 16가지 제자방식을 간단히 고찰하였다. 이번에는 주로 한문자를 이루는 기본 단위와 그 기본 단위들의 구조적 결합관계에 의한 기타 유사한 한자식 문자의 결합관계 즉 변이관계를 고찰하려 한다. 한자의 변이과정을 보면 국내에서의 한자문화를 직접 접촉하면서 일어나는 변이와 국외에서의 극히 제한된 범위 내에서의 문헌접촉과 일부 인적 접촉에 의한 변이를 들 수 있다.

4. 중국 한자의 변이

중국 국내에서의 한자변이는 한어 한자의 변이와 기타 소수민족 한자식 문자의 변이로 대별된다.

중국에서의 한자식 문자를 보면 일찍부터 漢민족 외에 역사적으로 북방민족 문자로는 서하문(西夏文), 거란대문자(契丹大字), 거란소문자(契丹小字), 여진문(女眞文) 등을 들 수 있고, 남방 소수민족문자로는 쫭문(壯文), 백문(白文), 묘문(苗文), 수문(水書), 하니문(哈尼文), 동문(侗文), 요문(瑤文)을 들 수 있다. 이러한 한자식 문자들을 보면 대체로 假借한자와 자체로 한자식 문자를 창조하는 길을 걷게 된다. 한자식 민족문자는 장시기 동안 한자를 차용하는 과정에 형성되고 발전하여 온 것으로서 한자는 기타 각 민족한자식 문자의 모체로서 새로 창조한 문자도 이 모체에 기초하여 만들어진 것이다.

한자의 역사를 보면 갑골문으로부터 현대한자의 변이과정에 그 문자의 구성원칙은 변하지 않았다. 다시 말해서 한자는 그 기록의 3천여 년의 역사에서 시종 뜻과 음이 결합된 제도를 개변하지 않았으며 고금의 다른 점이라면 형성자의 수량이 늘어나 지금은 전체 한자에서의 90% 이상을 차지한다. 표의문자가 표음화의 길을 가고 있음을 말해주고 있다. 물론 그 표음화는 병음화와 같은 정확한 정도는 아니나 일정한 표음적 기능을 수행하고 있다.

한어에서의 한자글씨체의 변이는 크게 3개의 단계를 거쳤다.

첫째는 商周의 고문자로부터 秦나라의 小篆으로의 변이

商나라 때의 문자는 卜辭나 銅器의 銘文에서 볼 수 있는데 문자는 이미 도형문자인 그림의 단계를 벗어나 필획이 간단하고 언어를 기록할 수 있게 되었다. 그렇지만 이때에도 표형표의의 측면에서 보면 아직까지 도형문자의 범위를 크게 벗어나지 못했으며 이때의 小篆은 호형으로 이루어졌다.

둘째는 秦漢의 隷書

隷書는 간략한 篆書로부터 점차 변화하여 온 것이다. 隷書와 篆書의 다른 점이라면 隷書는 필획이 간단하고 그 결합체에서 일부 변이를 가져 온 바 이를테면 晉, 秦, 曹, 春 등 글자들의 윗부분은 모두 篆書와 다른 것이다. 또한 隷書는 원래의 호형(弧形 圓筆)을 꺾음(直筆)이나 草書로 변이를 가져왔다. 이를테면 月, 木, 文과 같은 것들이 그러하다. 이때의 隷書는 네모글자로서 그의 출현은 복잡한 한자를 간단하게 한 일대발전이라고 할 수 있다.

셋째는 魏晉이후의 正楷

"楷"란 규칙이나 표준이란 뜻으로서 한나라 때의 楷隷書로 부터 魏晉에 이르러 正書가 나타났으며 글씨체가 보다 간단하고 쓰기에 편리하게 되었다.

한마디로 한자의 글씨체는 商周의 고문자로부터 秦나라의 小篆까지가 첫 시기이고 小篆으로부터 隷書가 두 번째 시기이며 隷書로부터 正書까지는 세 번째 시기이다. 그 총적 추세는 복잡하고 쓰기 어려운 데로부터 보다 간단하고 쓰기에 편리한 데로 이르렀다. 단 이 모든 것은 습관적인 용법에 따르는 원칙을 떠날 수 없었다.⑫ 주은래 총리는 일찍이 문자개혁의 임무를 놓고 다음과 같이 말했다.

우리의 문자개혁의 임무는 한자를 간체화 하고 보통화를 추광하고 한어병음방안을 제정하고 실행하는 것이다.⑬

4.1. 부수의 변이

허신은 <설문해자>에 수집된 9353개의 篆体漢字의 음, 형, 의를 구체적으로 분석하고 나서 그들 자형의 구조적 특징과 자형과 글자의미의 특징을 고려하여 공통적인 것을 한 가지 부류로 추출하여 모두 540개 부로 나누었으며 매개 유형의 글자들에서 공통한 글자부속의 대표글자를 추려 그 유형의 첫 글자로 부수를 만들었다. 이를테면 <설문해자> 제9권 46의 "頁"(혈)에는 "頁, 顔, 頌, 顚, 頂, 題" 등 496자가 있는데 글자마다 모두 공통 부분으로 "頁(혈)"가 들어있다. "頁"의 본래의 의미는 "머리"라는 뜻으로서 무릇 "頁"가 있는 글자는 모두 "머리"와 관련이 있는 글자들이다. 이를테면 "顔"은 원래 "眉"(눈섭)와 "目"(눈)사이의 부위를 말하며 "頂"은 "정수리"라는 뜻이고 "題"의 본래 의미는"이마"라는 "額"로서 모두 "머리"와 관련되는 것이다. 때문에 "頁"를 이 글자들의 부수로 삼은 것이다. 허신의 이런 부수분류는 물론 완벽한 것은 아니나 그래도 글자의 자형을 분석하고 그 의미를 이해하며 사전을 편찬하는 등 면에서 아주 적극적인 역할을 하였다. 그렇지만 그것은 540여 개나 되어 너무 복잡하고 번잡하였다. 후에 명나라 때에 와서 梅膺祚가 편찬한 《字匯》에서는 부수가 모두 240개로서 절반 이상 줄었으며 그것을 다시는 "설문해자"처럼 "자형"과 "자의"에 의해 배열한 것이 아니라 필획의 다소에 따라 배열함으로써 그 후의 "자전"이나 "사전" 편찬에 기초를 마련하여 주었다. 현대에 와서 1962년에 출판한 "신화자전"에서는 191개 부수를 설정하였고 1971년에는 189개를 설정하였으며 "현대한어사전"에도 189개 부수이다. 2005년 8월 제 340판으로 출판된 "현대한어사전"에는 201개의 부수를 올리고 있다.⑭

이들 부수, 획의 변이과정을 보면 부수는 간략화의 길을 걸었으며 쓰이지 않거나 그리 잘 쓰이지 않는 것은 간략하였으며 쓰기 어려운 것도 간략하였다. 따라서 그들의 변화는 규칙적인 변화였다.

4.2. 글씨체의 변이

글씨체의 변이도 될수록 원래의 상형문자의 형태로부터 부호로서의 문자의 세련된 쪽으로 변이하였으며 보다 간단하고 알기 쉽고 기억하기 쉽게 변이를 가져온 것이다.

한자의 자형구조에는 보통 필획, 편광, 온글자 등 3가지 층위를 갖고 있는데 필획은 한자의 고도의 부호화한 층위로서 한자의 기본 부호이다. 그것은 점, 가로획, 세로 획, 왼쪽 삐침, 오른쪽 삐침, 꺾음 등의 구조로 이루어졌다. 이러한 구조는 도형문자의 구조로 부터 점차 오랜 시일을 거치면서 형성된 것이다.

한자 간체자방안이란 1956년 중국문자개혁위원회에서 당시 쓰고 있던 한자 상용 번체자나 편팡을 적당히 간략하거나 그 간략한 편팡으로 기타 같은 편팡의 글자를 간략하는 한자간체자 방안을 말한다. 1964년에 공포한 <簡化漢字總表>에는 2236개 글자가 수록되어 있다.

그 간략한 기본 원칙은 다음과 같다.⑮

①간단한 옛 글자를 채용한다.

이를테면 "㷙"은 옛글자 "从"을 취했고 "無" 는 옛글자 "无"를 취했다.

②草書를 楷化하는 방식을 취한다.

"專"은 초자 "专"을 취했고 "東" 은 초자 "东"을 취했다.

③필획을 줄인다.

"單"의 필획을 줄여 "单"을 만들었고 "沖"의 삼수변을 이수변인 "冲"으로 만든 것이 그러하다.

④간단한 부호로 번체자의 일부분을 대체한다.

"鄧"에서 보면 오른쪽의 "耳朶 旁"은 그대로 두고 왼쪽의 "登"을 "又"로 대체하여 결국 "邓"으로 간략하였다. "觀"도 "观"으로 간략하였다.

⑤원 글자의 한 부분을 취한다.

"习"는 "習"의 웃부분 절반을 취했고 "务"는 "務"의 뒷부분을 취했다.

⑥같은 음의 글자로 대체한다.

"系"와 "繫"는 글자는 다르지만 음이 같기 때문에 앞의 간단한 것을 선택했으며 "后"와 "後"도 음이 같기 때문에 앞의 것을 선택했다.

⑦聲旁을 바꾸는 방법으로 간체자를 만든다.

"钟"과 "锺"은 다른 글자이지만 그들 오른쪽 부분 "中"과 "重"의 음이 같기 때문에 간단한 "钟"자를 취했다. "辽"와 "遼"도 같은 이유로 "辽"를 취했다.

4.3. 한자의 병음화

여기에서는 우선 한자의 병음화란 무엇인가를 간단히 서술하고 넘어가려 한다. 한자의 병음화에 대해 많은 사람들은 하나의 새로운 문자로 인식하고 그것으로 한자를 대체하는 것으로 인식하여 왔다. 따라서 한자를 폐지하고 그렇게 되면 새로운 많은 문맹자가 생길 것이라고 우려했다. 이러한 관점은 병음화를 제기할 때의 초기생각이고 수십 년 간의 중국 언어 계획 사업의 실천과 기타 나라들과 민족들의 경험에 근거하여 또 중국의 국정을 고려할 때 우리들은 병음화의 개념에 새로운 내용을 부여 하여야만 한다. 병음화란 새로운 개념은 바로 중국 대륙에서 추광하는 병음방안이고 대만에서 추광하는 주음부호이며 일본에서 쓰고 있는 가나음이나 한국에서 쓰고 있는 정음문자나 웰남에서 쓰고 있는 나틴자모 등 부동한 형식에 부동한 정도의 병음화한 것을 말한다. 자모문자를 쓰고 있는 영어나 노어에서도 병음문자를 쓰고 있는데 이러한 문자는 음소문자로서 상기한 음절문자와는 다르다.

중국문자개혁의 대표인물인 주유광 선생은 언어진화론의 관점으로부터 문자개혁을 주장하였으며 병음문자추진 운동을 하였다. 그는 "우리는 낡은 형의문자를 버려야 하며 낙후한 음절문자를 모방하지도 말아야 한다. 우리는 진보한 음소문자를 써야 한다. 세계 각종 음소부호에서 나틴자모가 가장 간결하게 유통되고 있다. 그러므로 우리는 나틴자모를 우리의 문자부호로 채용할 것을 주장한다." 그러면서도 그는 문자개혁에서 역사적 발전과 현실에 맞는 견해를 가지고 한자를 폐지하자는 데에는 찬성하지 않았다. 그는 "문자개혁이란 어문생활의 현대화로서", "한자와 병음을 병용하고 각기 자기의 작용을 발휘시키는 것이 현실적으로 실시할 수 있는 유일한 방법이다"라고 했다. 지난 세기 50년대로부터 지금에 이르기까지 전국적으로 나틴자모의 병음화의 길을 걸었으며 한자공부의 지팡이 역할을 훌륭히 감당하였다.

4.4. 한자 글씨체의 통일

여기에서 말하는 한자 글씨체의 통일이란 한자의 기원으로부터 현재까지 중국 자체 내에서의 문자의 통일, 이를테면 진시황의 문자통일, 각종 글씨체의 통일, 한자 간체자의 통일을 말한다. 앞에서도 언급이 있었지만 한자는 초기의 圖形문자로 부터 甲骨文, 金石문자로, 다시 小篆으로, 또 소전에서 隸書에로, 예서에서 楷書로 쓰기 쉽고 간편하고 간체자의 과정을 거치게 되었다. 또한 중국에서는 건국 후로 문맹퇴치를 위해 번체자를 간체자로, 이체자를 폐지하고 정자로 통일하여 인지의 부담을 감소하였다.

5. 한국 한자의 변이

외국의 한자로는 한국의 언문(정음)(韓國諺文), 일본의 가나문(日文), 웰남의 츄남(字喃) 등을 들 수 있다.

5.1. 한국 한자의 간략

한국에서는 15세기 정음문자가 창제되기 전에는 한자를 표기수단으로 삼았으며 정음문자가 창제된 이후에도 오랫동안 한자를 계속하여 사용하였다. 고립어의 표기 형태인 중국어 한자를 가지고 교착어인 한국어를 표기함에 있어서는 상당한 어려움과 고충이 있었으며 기나긴 세월을 걸치면서 우리 조상들이 많은 시험과 노력을 경주하였다. 그것이 바로 표의문자로 표음문자를 표기하려는 시도로서 구결이나 이두문이 그 좋은 예로 된다.

우선 교착어인 한국어를 한자로 표기하자면 어순문제가 제일 큰 문제였고 다음으로 섬세한 형태표식을 할 수 없는 것이었다.

구결은 한문을 읽을 때에 한문의 단어나 구결 사이에 들어가는 우리말 토를 말한다. 이두나 향찰은 반드시 표기된 기록을 전제로 하는 개념이지만 구결은 한문을 우리식으로 읽으면서 생긴 것이어서 문자화된 표기를 전제하지는 않는다. 그러므로 구결은 구습이나 화행으로 먼저 성립되는 까닭에 훈민정음이 창제된 이후에는 한자로 표기하기도 하고 특수한 경우에는 독법을 기호화한 부호로 쓰기도 하였다. 차자 표기법의 관점에서는 전래의 구결이 문헌에 차자로 기록한 경우에 한정한다. 차자 표기로서 이두, 향찰, 구결의 특징은 차음과 차훈의 원리에 의해 기본적으로 같지만 문장의 창작성에 있어서 구결문은 대개의 경우 비창작성이라는 점에서 다른 것과 구별된다. 구결은 한문 원문을 바탕으로 현토하는 방법이므로 좁은 행간에 구결자를 기입해야 하는 제약이 따른다. 그러므로 대부분의 구결자는 원자를 추측하기 어려울 정도로 약자화하여 전승되기 때문에 구결자에 대한 독법과 원자 추정에는 불확실한 곳이 많다.⑰ 당시 표의음절문자인 한자로 표음음소문자인 한국어를 표기한다는 것은 확실히 어려움이 많았다. 그 해결의 방도가 바로 구결인 것이다. 그 경우를 보이면 아래와 같다.

한자의 正字로부터 변이를 가져온 한자 구결표기

정자	隱	涯	也	尼	是	面	臥	那	古	飛	為
약자	ß	厂	フ	ヒ	人	フ	卜		口	飛	丫
독음	eun	ae	Ya	ni	i	myen	wa	na	go	na	Wi

　이러한 수단들은 고립어인 한어로 교착어인 한국어의 형태를 표기하는 데에 썼으며 우리의 어순에 맞게 문장을 조직하였다. 이와 같이 정음문자가 창제되기 전에 한국어에서는 한자로 교착어인 한국어를 표기함에 있어서 온체자를 가지고는 불편하였으며 그 온체자의 부수나 어느 한 혹을 취하여 그 글자의 한자음을 따거나 뜻에 대한 한국어의 훈독음을 따서 읽기도 했다. 이를테면 "隱"은 그 "ß" 팡으로 한자 전체를 대체하고 음은 중국어 "yin"음을 한국어 한자음 "은"으로 받아들였다. "飛"는 중국어 "날다"는 "나"의 의미를 택하여 고유어로 읽은 것이다. 이러한 과정은 표의문자인 한자와 교착어인 한국어의 표기문제를 해결하기 위한 노력이라 할 수 있다. 이런 면에서 보면 같은 교착어인 일본어에서도 같은 길을 걸었다. 다시 말해서 한자의 어느 한 획을 취하여 자기의 교착어의 표기수단으로 삼은 것이다. 이것이 점차 발달하면서 한국어에서의 형태표기의 수단으로 발전한 것이다. 같은 상황에서도 고립어인 중국 소수민족의 쫭족문자나 웰남의 츄남문자는 또 다른 길을 걸었다. 그들은 한자의 어느 한 혹보다도 옹근 한자들을 서로 조합하여 그 글자들의 뜻과 합자의 뜻을 고려하여 문자를 만든 것이다. 예를 몇 가지 들어 보기로 하자.

　쫭족의 네모글자를 Sawndip(비성숙된 문자라는 뜻)이라고 하는데 그 음이 중국 수나라 당나라 음으로서 기원 7세기~9세기의 당나라 때 창제된 것으로 보고 있다. 늦어서 12세기 이전에 벌써 문헌자료로 나타나 있다. 츄남은 웰남어로서 늦어서 13세기에 창제되었다고 보고 있다. 이 문자가 창제되기 전까지는 중국의 쫭속늘과 웰남의 경족들은 줄곧 한자를 사용하였다. 그렇지만 그들의 언어가 어음, 어휘, 문법 면에서 한어와 적지 않은 차이가 있었기 때문에 한자로 자기 민족어를 기록할 수가 없었다. 특히 한자를 대표로 하는 중국문화의 영향이 컸기 때문에 그들은 한자를 그대로 자소(字素)로 삼아 한자형식을 모방함으로써 그 의미와 음과 글자에서 한자와 다원적인 변이현상을 초래하였다. 그렇지만 그것이 하나의 문자체계를 이루지는 못하고 제한된 범위 내에서 쓰이게 되었다. 예:

쫭족 네모글자	발음	의미	츄남문자	발음	의미
天+上(상하결합)	gwnz	위	天+上(상하결합)	tròi	하늘
女+美(좌우결합)	gyaeu	아름답다	女+美(좌우결합)	me	모친
天+下(상하결합)	laj	아래	人+上(상하결합)	trùm	우두머리
天+日(상하결합)	ngoenz	낮	人+下(상하결합)	seo	노복

이러한 한자들의 결합으로 이루어진 경우 두 언어의 일치는 물론 아주 드물며 그들의 일치를 우연한 일치로 볼 수도 있으나 그들의 착상은 한자의 모양이나 그 일부를 따서 문자를 만든 것이다. 또 예를 들면 "돌산"을 "山+巴"(상하결합), "논밭"을 "那+田"(상하결합)라고 하는 것 등은 한국 고유한자의 제자법과 비슷하다. 이를테면 한국에서도 <水+田>을 "畓"(답), 《石+乙》을 "돌"로 합자한 것이나 일본어에서 <火+田>(はた)로 합자한 것과 비슷하다.

송나라 때 浙江 金華나 广西 桂林 지구에서도 <不+長>, <不+高>를 "矮"(키가 작다), <大+坐>, <門+坐>를 "穩"(드팀없다, 안정되다)이라고 하였으며 당나라 武則天도 <出+水+土>를 "島"(섬), <一+忠>을 "臣"(대신)이라고 하였다.

다르다면 교착어로서의 한국어는 이보다 한자를 분해하여 그 어느 한 부분으로 우리말의 형태를 대치하였거나 한자에 형태표기의 부분을 결합하여 제자하는 등의 경우가 훨씬 우세였다는 것이 특이한 것이다.

하지만 쫭족문자나 츄남문자는 그의 제한성으로 하여 1955년에 와서 나틴문자를 기초로 한 쫭족문자방안을 새로 제정하여 지금까지 써오고 있다. 웽남의 츄남문자도 17세기에 이르러 프랑스문자 즉 나틴문자로 한자를 대체하기에 이르렀다. 이 과정이 바로 표의문자로부터 점차 병음문자로의 전환과정을 보여준다. 전형적인 표의문자로서의 한자도 그 변이과정을 보면 지금의 병음문자의 과정을 거치기 전에도 이미 병음화의 길를 걸어왔는 바 현유 몇 만자의 한자에서도 형성자가 90%이상을 차지한다. 중국 대륙에서는 1955년부터 한자 식자의 편리를 위해, 또 그 정확성을 기하기 위해 병음문자를 주음수단으로 사용하여 왔으며 그 결과는 성공적이다.

지금 중국의 한어 티베트어족의 20여 개의 한자식 문자들을 거의 전부가 나틴문자의 병음화로 나아가고 있으며 대만에서 추광하고 있는 주음부호도 바로 병음의 길을 나아고 있는 것이다. 교착어인 한국정음문자나 일본의 가나문자는 더더욱 그 언어자체가 교착어인 만큼 문자제자 원리의 선택도 병음화 즉 표음화의 길을 선택한 것이다. 다시 말해서 한자문화권에 있는 언어는 그것이 고립어이든 교착어이든 모두 병음화의 길을 걷고 있는 것이다.

한국어에서는 바로 이러한 과정에 일본식 발전모델을 걷다가 실패하고 15세기에 와서야 완전히 한자형식을 떠난 새로운 문자 정음문자를 창제하여 세계에서 가장 우수한 문자로 자랑하고 있다.

5.2. 정음문자의 창제

한국어에서는 상기한 표의문자와 표음문자인 모순을 해결하기 위해 일본과 같은 이두, 구결의 길을 포기하고 한자의 제자원리를 이용하여 정음문자를 창제하였다.

그 우수성은 우선 세계문자의 가장 발달한 형태인 음소문자를 만들었고 글자가 발음기관을 모방하여 그 과학성과 발음의 정확성을 보장하였으며 가획과 형상성으로 하여 배우기에 쉽고 효과적이며 모음이 21개여서 그 섬세한 발음위치까지 보장할 수 있어 표음의 정확성과 간결성으로 하여 국제적으로 높은 평가를 받고 있다. 이에 대해서는 더 언급하려 하지 않는다.

6. 일본 한자의 변이

여기에서는 주로 중국과의 접촉에 의한 일본에서의 한자의 수용과 발전, 고유 한자의 창제, 일본 가타카나와 히라가나의 창제(즉 변이) 등을 고찰하게 된다.

같은 한자문화권에 있는 일본도 중국 한자를 수용하는 과정에 많은 변이를 가져오게 되었다. 조선을 통해 한자와 한자문화를 접수하기 시작한 일본은 표의문자인 한자와 교착어인 일본어의 표기문제를 해결하기 위해 우선 한자모양을 본따면서 일부를 생략하거나 변화시켜 가나문자를 만든 것이다.

가나의 가장 오랜 형태인 만요가나는 한자의 원형을 그대로 두고 거기에서 소리의 뜻을 빌어 쓴 것이다. 한국어에서의 이두의 원리와 비슷하다. 그러는 과정에 복잡한 한자 획을 가지고 형태 발달한 일본어를 표기함에 어려움이 많았다. 그래서 복잡한 한자 획을 간단히 줄이어 생겨난 것이 바로 가타카나와 후리가나인 것이다. 바로 한자의 일본어에서의 변이인 것이다. 가타카나의 변이형을 한자와의 대비 속에서 보면 흥미 있는 관계를 발견하게 된다.

6.1. 일본 한자의 간략

중국에서 기원한 한자는 중국 뿐 아니라 한국, 일본, 윁남 등 동아시아에 많이 전파되어 문자가 없었던 이런 나라들에서 한자의 의미와 기본구조를 가지고 그 음에 자국의 언어문화를 융합하여 자기의 언어문자생활을 영위해 나갔다. 일본에서도 자국의 실정에 따라 한자의 복잡성을 분석하고 문자개혁을 시작하였다. 일본정부에서는 "한자의 복잡성은 자수가 많은 데 있을 뿐만 아니라 음독법이 다르고 글씨체가 통일되지 않고 획이 복잡한 데 있다"고 분석하였다. 따라서 한자를 표준화하고 글씨체를 정리하기에 이르렀다. 일본에서는 우선 자국의 실정에 따라 당용한자 1850자를 확정하고 거기에서 881자를 교육한자로 확정하였다. 그에 앞서 그들은 이체자를 버리고 간체자를 썼으며 자형을 정리하였다. 예를 들면 "既"를 "既"로, "眞"을 "真"으로, "爭"을 "争"으로 정리한 것들은 다 그러한 예들이다. 이러한 간체자를 중국의 1956년도에 제정한 간체자와 비교해 볼 때 완전히 같은 것이 60자이고 대체로 같거나 조금 다른 것이 약 30자이며 서로 다른 것이 약 130여자가 된다.⑱ 그 외에 일방이 간략하고 다른 일방이 간략하지 않은 것들이 많다. 이와 같이 일본에서는 한자를 제한하고 간략하고 정리하였을 뿐만 아니라 가나문자도 제한하고 간략하고 정리하였다. 그들은 정보의 보다 빠른 전달을 위해 각 방면에서 문자를 간략하고 표준화하고 쾌속화한 것으로 특징지어진다.

일본에서는 간자체를 만듦에 있어서 자국의 실정에 맞게 고쳤지만 그 한자의 구조 원리와 규칙은 지켰으며 한자의 전통적인 것을 많이 따랐다. 다시 말해서 일본어에서는 草体를 楷化하였거나 草体의 俗字를 正字화 하였으며 이러한 草字나 俗字들은 기본적으로 중국으로부터 유입된 것들이다. 藝, 勞, 從, 假, 會, 澤(지금 일본에서 쓰고 있는 글씨체) 등이 다 그러하다.

6.2. 일본가나의 창제

중국과 일본은 수천 년의 교류의 역사를 가지고 있지만 그러한 역사는 모두다 문헌자료나 제한된 인적 접촉에 의한 것으로서 어쨌든 간접적인 접촉인 것이다. 따라서 문자개혁의 영향도 직접적이 아니라 간접적으로 받게 되며 결국은 자국의 실제에 맞게 대담히 진행하였다. 이러한 경우는 어느 정도 중국어에서의 부수의 한 부분을 취할 때와 비슷하다.(3.2. 글씨체의 변이를 참조)

한자의 초자로부터 변이를 가져온 일본 히라가나

无	和	良	也	末	波	奈	太	左	加	安
ん	わ	ら	や	ま	は	な	た	さ	か	あ
	為	利		美	比	仁	知	之	幾	以
	ゐ	り		み	ひ	に	ち	し	き	い
		留	由	武	不	奴	川	寸	久	宇
		る	ゆ	む	ふ	ぬ	つ	す	く	う
	惠	礼		女	部	祢	天	世	介	江
	ゑ	れ		め	へ	ね	て	せ	け	え
	遠	呂	与	毛	保	乃	止	曾	己	於
	を	ろ	よ	も	ほ	の	と	そ	こ	お

이상과 같이 일본어 히라가나는 한자의 草寫体를 원본으로 그에 맞게 규칙적으로 가공하여 오늘과 같은 문자를 창제하였는 바 일본 사람들은 남존여비 사상의 영향으로 히라가나를 암클 또는 부녀자들의 글이라고 비난하였다. 후에 이 문자는 대중생활에 많이 쓰이게 되었으며 일본어의 기본 문자로 자리매김을 하였다.

한자의 정자로부터 변이를 가져온 일본 가타카나

爾	和	良	也	末	八	奈	多	散	加	阿
ン	ワ	ラ	ヤ	マ	ハ	ナ	タ	サ	カ	ア
	井	利		三	比	二	千	之	幾	伊
	ヰ	リ		ミ	ヒ	ニ	チ	シ	キ	イ
		流	由	牟	不	奴	州	須	久	宇
		ル	ユ	ム	フ	ヌ	ツ	ス	ク	ウ
	惠	礼		女	部	祢	天	世	介	江
	エ	レ		メ	ホ	ネ	テ	セ	ケ	オ
	乎	呂	与	毛	保	奈	止	曾	己	於
	ヲ	ロ	ヨ	モ	ホ	ノ	ト	ソ	コ	ォ

일본어 가타카나는 한자정자를 원본으로 거기에서 편팡이나 부수를 떼 내어 하나의 독립된 문자를 만듦으로써 히라가나와 대응되는 새로운 자모를 만들었다. 가타카나는 일본어에서 전문 외래어 표기에 쓰이고 있다.

이러한 자모는 한자에서 왔으나 한자의 복잡성을 피하고 원래의 네모글자를 분해하여 50개의 대응되는 자모를 만듦으로써 원래 한자와는 전혀 다른 표음음절 문자를 만들었다. 표의음절문자로부터 표음음절문자로 탈바꿈을 함으로써 장시기 동안 표의음절문자로 표음문자를 표기하던 난제를 해결하였다. 이것은 문자개혁에서의 개량주의의 변혁이라 할 수 있다.

이하 시간상 관계로 더 전개하지 못함을 미안스레 생각한다.

7. 간단한 결론

이상에서 필자는 동아시아 3국의 문화접촉과 문자변이의 특징을 간단히 고찰하였다.

워낙 더 구체적으로 고찰할 계획이었으나 시간의 촉박으로 제대로 전개하지 못한 채 총망히 마무리를 한다. 후에 기회를 빌어 다시 전개하려 한다.

이상의 고찰한 결과를 거시적으로 귀납하며 다음과 같다.

中日韓三國文字變异特征

考察项目	汉　语	日　语	韩　国　语	发展趋势
文字改革目标	方便, 简易, 约定俗成–简化, 形声化	方便, 简易, 约定俗成, 表音化	方便,简易, 约定俗成, 表音化	拼音化
人口, 地域, 文盲数	多, 广, 义务教育9年制普及	少, 小, 实现扫盲	少, 小, 实现扫盲	实现扫盲 素质提高
文化接触	自己本身	间接	间接	多元文化
语言类型	SVO, SOV	SOV	SOV	
文字形式	表义, 音节	半表音⑩, 音节	表音音素	表音文字
字体变异	简体(部首减少, 偏方)	实现片假名, 平假名 (50个)	新创28字(40字)	简　化
字　数	常用汉字1万多个 (新华字典), 15702个(中华在线12部词典)	当用汉字1850个	初等学校2687个, 正体-4622个(异体字14877个)	减　少
表音程度	音节表义形声化 (90%)	音节表音化	音素表音化	表音化
文字变异过程	甲骨-金石-篆书-隶书-楷书-简体	甲骨-金石-篆书-隶书-楷书-简体-字数减少, 楷书–片假名, 草书–平假名(成功)	甲骨-金石-篆书-隶书-楷书-字数减少, 楷书–片假名, 吏读形式(失败), 训民正音创制(成功)	由复杂到简化, 由表义到表音
总的变异方向	文字简化, 形声化, 拼音补助化	文字简化, 减少字数, 表音化	减少字数, 表音化, 音素化	
文字改革结果	改　良	改　革	革　命	符合国情

주석과 관계 참고문헌

① 《文字的産生和發展》[蘇] Ｂ　Ａ　伊斯特林著 左少興譯 北京大學出版社1987 4頁.

② 〈語文建設通訊〉 1995 50期 王均 3頁.

③ 《中日文字与文化》賀友齡 〈漢字的應用与傳播〉 華語敎學出版社 2000　53頁.

④ 〈中國少數民族語言文字應用硏究〉 云南民族出版社 戴慶厦等 2000 48頁.

⑤ 여기에서 웰남어를 제외하고 모두 중국의 한어 티베트 어족에 속하며 문자는 모두 한자식
　　 문자로서 지금에 와서는 모두 병음문자로 고쳤음.

⑥ 여기에서 한국어와 일본어는 아직 그 계통에 결론이 없음.단 문자적으로 모두 한어의 영향
　　 을 많이 받음.

⑦ 《漢字的形, 音, 義辨》李行健《現代漢語參考資料》(中)上海敎育出版社 1981 47頁.

⑧ 〈漢學硏究之回顧与前瞻〉 林徐典 編 中華書局 1995 446頁.

⑨ 〈語文建設通訊〉 1995 50期 王均 2頁.

⑩ 〈現代漢語詞典〉 商務印書館 1999 234次印刷 609頁.

⑪ 〈漢學硏究之回顧与前瞻〉 林徐典 編 中華書局 1995 450頁.

⑫ 《中國大百科詞典》語言文字 197頁.

⑬ 《現代漢語參考資料》(中)上海敎育出版社 1981. 142.

⑭ 《漢字部首淺析》潘自由 光明日報出版社 1987 2　3頁.

⑮ 《中國大百科詞典》語言文字 226頁.

⑯ 《現代漢語參考資料》(中)上海敎育出版社 1981. 205頁.

⑰ 김무림(2004), 『국어의 역사』, 한국문화사, 46쪽.

⑱ 《現代漢語參考資料》(中)上海敎育出版社 1981. 205.

※ 이 논문은 『조선－한국학연구(2008)』(2010년 9월, 민족출판사)에 실려 있음.

태평무(太平武)

중앙민족대학교 조선언어문학학부

北京市中关村南大街27号中央民族大学朝文系

전자우편: taipingwu58@163.com

한중 언어대비연구 논평
–『한어학습』 게재 논문을 중심으로

崔雄權 (연변대학교)

1. 들어가는 말

현대언어학의 의미에서 한중 언어대조 연구는 1980년대부터 시작되었다고 할 수 있다. 당시 중국 내에서는 이중언어 교육이 재개되었고 이중언어 대조연구가 또다시 학계의 주목을 받게 되었다. 1981년부터 연변대학교 한어학부에서는 조중(한중) 이중언어 교육의 수요에 부응하여 대학원 석사과정을 모집하였고, 전문인재 육성을 시작하였다. 이로부터 한중 언어대조 연구는 점차 학문적 궤도에 접근하게 되었다.

1980년 연변대학 한어학부에서는 조선족 학생을 대상으로 한 중국어 교육의 수요를 만족하기 위해 현대중국어 연구를 주요내용으로 하는 학술지『한어학습』을 창간하게 된다.『한어학습』은 창간된 이래 30여 년 동안 총 56편의 한중 언어대조 연구논문을 게재하였고 언어 대조연구, 특히 중국어교육의 발전에 긍정적인 역할을 하게 되었다.

2. 한중 언어대조 연구의 역사적 변혁

2.1. 語音 연구

『한어학습』에 게재된 어음 관련 대조연구는 단 6편밖에 되지 않는다. 그중 한국어를 출발점으로 한 논문은 陳植藩(1980), 朱英月(2000), 任少英(2003), 于輝(2008) 등 4편이 있다.

발전적 시각에서 보면, 한중 언어대조 연구는 최초의 단순한 현상기술에서 점차 기능적 해석의 방향으로 발전하였다. 이를테면, 陳植藩(1980)은 한국어 한자음을 이용하여 현대중국어의 zhi, chi, shi와 zi, ci, si를 구별하는 방법을 모색하였고, 朱英月(2000)은 중국어 성모와 한국어 한자음의 대응관계를 비교적 뚜렷하게 귀납하였으며, 任少英(2003)은 한국어 次濁 입성자와 중국어 중고음 및 현대 중국어 사이의 대응관계를 분석함으로써 한국어에서 ㄴ/n, ㄹ/l, ㅁ/m 성모와 일부 零성모 입성자가 현대중국어에서 대부분 거성(去聲)으로 발음된다는 결론을 도출하였다. 이에 비해 于輝(2008)는 Praat, SPSS 등 실험설비를 이용하여 한국어와 중국어의 어음을 대조하였는데, 기존 연구보다 선제가 분명하고, 논증과정이 보다 과학적이었다고 할 수 있다.

중국어를 출발점으로 한 논문은 高美淑(2001)과 申東月(2003) 단 2편이었다. 이 2편의 논문은 모두 파열음과 파찰음, 유기·무기의 대립관계를 다루고 있다. 하지만 연구방법에서는 각자 특징을 보이고 있다. 전자는 실험음성학적 연구방법을 택하였고, 후자는 공시적 연구와 통시적 연구를 결합시키는 방법을 택하였다.

2.2. 어휘 연구

언어대조 연구에서 가장 큰 비중을 차지한 것은 어휘연구로, 총 25편의 논문이 게재되었다. 그중 한국어를 출발점으로 한 논문이 8편인데 비해 중국어를 출발점으로 한 논문은 17편에 달한다. 이런 논문은 구체적인 낱말 대조를 비롯하여 한자어, 지시어, 외래어, 성구 및 약어(縮略語) 등 여러 영역을 다루고 있다.

구체적인 낱말 대조연구로는 元元(1981), 方方(1981), 金廷恩(1994), 權裕璃(2000), 金琮鎬(2001,2006), 金奉民(2006) 등이 있다. 그중, 元元(1981)은 의미적 차원에서 출발하여 한국어의 '들'과 중국어의 '們'을 대조분석하였고, 金琮鎬(2001)은 중국어의 '更'과 한국어 '더'의 문장론적 기능을 대조하였으며, 金奉民(2006)은 인지언어학의 원형이론에 근거하여 중국어의 '來/去'와 한국어의 '오다/가다' 사이의 차이점을 분석함으로써 기존의 연구에서 발견하지 못했거나 해석하지 못한 것들을 현대적 시각에서 해석하였다.

한자어 대조연구는 총 12편으로 가장 많은 비중을 차지하고 있다. 이를테면 全香蘭(2004)은 한국 유학생의 번역문을 소재로 한중 同形詞의 오류를 분석함으로써 관련 교수법 연구에 일부 건설적인 제안과 대책을 제공하였다. 張慧貞(2010)은 단어를 이루는 각 형태소들의 품사, 의미 유형 및 위치 등 차원에서 출발하여 한중 반의(反義) 형태소 합성어의 특성을 분석하였다. 사실, 한자어 관련 연구는 한중 언어대조 연구에서 가장 주목을 받는 분야이다. 하지만 창의성의 상대적 부재가 아쉬운 부분이라 할 수 있다.

2.3. 문법 연구

문법 대조연구는 언어이론, 언어교육, 컴퓨터 처리 등 여러 분야로 나뉠 수 있다. 하지만 궁극적인 취지는 모두 문법 계통 사이의 공통점과 차이점을 찾아내는 것이다. 그동안 『한어학습』에 게재된 문법 관련 대조연구 논문은 총 18편으로, 그 내용은 대부분 전통적인 문장성분 분석과 문형 분석에 치우친다. 물론 개별적인 이슈를 다룬 논문도 없지 않다. 예하면 중국어학계의 주목을 받아온 중국어의 "V得" 구조에 대해 金海月(2008)은 한국어와의 대조를 통하여 'V得' 구조의 새로운 특징을 찾아내기도 하였다. 이 외에도 '코드 스위칭' 시각에서 다룬 金鐘太(2000) 역시 단연 돋보인다.

2.4. 기타 연구

위에서 언급한 어음, 어휘, 문법 등 전통적인 연구를 제외하고도 일부 구체적인 언어현상에 대한 연구논문도 게재되었다. 예하면 韓在均(2000), 安國峰(2008)은 한중 친족어의 대응관계에 대해 분석하였고, 金基石(1995), 崔健(2006)과 李春享(2009)은 각기 의미장, 공간적 개념 그리고 범주론 등 차원에서 의미장과 민족적 특성, 공간적 표기어 그리고 한중 도구 범주의 관계를 분석하였다. 유감스러운 것은 해당 분야의 연구가 아직 한중 언어대조 영역에서 충분한 관심을 받지 못한다는 것이다.

3. 한중 언어대조 연구의 문제점

한중 언어대조 연구가 걸어온 발자취를 되돌아 보면 적잖은 성과를 이룩하였음을 발견하게 된다. 하지만 성과의 배후에 존재하는 문제점들 역시 묵과해서는 안 될 것이다.

許余龍(2010)은 중국의 대조언어학을 아래와 같이 묘사하고 있다.

첫째, 높은 수준의 독창성 있는 연구가 아직 부족하다.

둘째, 현대적 기술 수단(즉 컴퓨터 기술이나 대형 말뭉치)을 이용한 연구가 비교적 적다.

셋째, 각종 외래어와 중국어 사이의 대조연구가 유기적인 결합을 이루지 못한다.

넷째, 대학교와 여러 학회 사이의 협조와 분업이 잘 이루어지지 않고 있다.

다섯째, 국제적인 학술교류가 부족하며, 국내의 대조연구가 국제 학술계에 대한 영향력이 부족하다.

'한어학습'에 게재된 한중 언어대조 연구 역시 이런 문제점을 안고 있다. 아래에서 구체적으로 살펴보기로 하자.

3.1. 이론연구 부족

기존의 한중 언어대조 연구는 주로 구조주의 언어학이론과 방법을 그 이론적 배경으로 하고 있다. 반대로 형식언어학을 기반으로 한 연구는 거의 공백 상태이고, 인지언어학 또는 기능언어학을 기반으로 한 연구는 이제 겨우 발걸음을 내딛고 있으며, 근래의 언어유형학을 기반으로 한 연구도 극히 드물다. 단순 언어교육을 목표로 하는 응용형 연구가 주를 이루고 있으며 응용연구의 기반이 되어야 할 이론연구가 상대적으로 결핍한 상황이다. 지금까지 한중 양국에서는 아직 한중 언어대조를 내용으로 한 이론저서가 나오지 못하고 있다. 이론연구가 뒤처지면 학문의 질에 영향을 주게 되며, 그 결과 대부분 연구는 표층 기술에만 그치고 보다 심층적인 연구를 진행할 수 없게 된다.

3.2. 선제의 불균형

『한어학습』에 게재된 56편의 논문을 분석하면 내용의 집중성과 연구범위의 협애함을 쉽게 발견하게 된다. 어휘나 문법에 관한 논문이 대부분을 차지하고, 어음 관련 연구가 극히 적다.

〈표 1〉 한중 언어대조 연구 선제 분포도

선제	어음		어휘		문법		합계
	한중	중한	한중	중한	한중	중한	
수	4	2	8	21	14	7	56
비율	10.7		51.8		37.5		100

한국의 상황도 마찬가지다. 통계에 따르면, 지난 10년(2000–2009) 각종 학술지에 발표된 한중 언어대조 연구논문은 총 70편이고, 석박사 학위논문이 273편에 달하는데 그중 학위논문을 분석해보면 다음과 같다.

<표 2> 한국 한중 언어대조 영역 석박사 학위논문 통계표

학위논문/ 언어적 단위		석사 학위논문		박사 학위논문	
		수	비율	수	비율
어 음		31	12.30	2	9.52
어 휘		142	56.35	12	57.14
문법	詞 법	8	3.17	1	4.76
	句 법	49	19.44	4	19.05
담 화		2	0.80	0	0
텍스트		15	5.95	2	9.52
기 타		5	1.98	0	0
합 계		252	100	21	100

위의 표를 보면 석박사 학위논문에서 어휘 연구가 절반 이상을 차지하고, 그중 가장 많은 것이 한국어 한자어와 중국어와의 대조로 총 53편에 달한다. 그리고 텍스트에 관한 연구는 시작이 늦은 만큼 발전 잠재력 또한 비교적 크다. 해당 분야의 논문은 대부분 2005년 이후에 발표된 것으로, 한중 언어대조 연구의 새로운 방향을 제시해 주고 있다.

위의 표에서는 또 다음의 내용도 발견할 수 있다. 첫째, 어음과 텍스트에 관한 대조연구가 극히 부족함과 아울러 기존의 연구 역시 일정한 체계를 이루지 못하고 있는 점, 둘째, 미시적 연구와 거시적 연구가 유기적으로 결합되지 못하고 미시적 연구는 수가 적고 거시적 연구는 이론적으로 깊이 파고 들지 못한다는 점이다.

따라서 이런 문제를 해결하기 위해 연구범위를 넓히고 구체적 문제에 대한 연구를 보다 깊게 진행해야 할 것이다.

3.3. 연구방법 창의성 부족

위에서 언급한 56편의 논문은 방법론에서 창의적인 부분을 찾아보기 힘들다. 창간 초기의 논문은 주로 언어현상 기술에 그치고 추가해석은 하지 않았다. 일부 논문에서 실험적 방법이나 양적 연구를 하고 있지만 그 역시 기술적 통계에 그친다. 또 한자어와 중국어의 대조는 비록 그 수가 많지만 질적인 향상은 미미하다고 할 수 있다. 전문용어가 통일되지 않았기 때문에 동일 주제를 둘러싸고 중복 연구가 진행된 부분도 있었다.

따라서 향후에는 기존의 전통적 방법을 기반으로, 새로운 연구방법을 통해 해석적 연구를 펼쳐야 할 것이다. 예하면 유형론적 시각으로 문제를 분석하고, 문법이론의 공시적 및 통시적 연구를 결합하는 방법 역시 이상적인 방법이라 할 수 있다.

3.4. 참고문헌의 불균형성

대조언어 연구는 당연히 대조분석 관련 이론을 언급하게 된다. 유감스러운 것은 위에서 언급한 56편의 논문을 보면 거의 대부분 중국어 문헌을 참고했다는 부분이다.

〈표 3〉 56편 논문의 참고문헌 수 통계표

어 종	중국어	한국어 (조선어)	기타 외국어	합계
수	243	132	14	389
비 율	62.5	33.9	3.6	100

위에서 보다시피 각 어종의 문헌비율은 아주 불균형한 양상을 보이고 있다. 이는 또 다른 차원에서 한중 언어대조 연구가 불가피하게 한쪽으로만 치우치게 되었음을 보여준다.

4. 한중 언어대조 연구의 발전방향

이상 한중 언어대조 연구가 걸어온 역사를 되돌아 보면서 배후에 존재하는 문제점들을 짚어보았다. 이런 문제점을 감안하여 다음과 같은 건설적 제안을 하고자 한다.

첫째, 의미론 또는 범주론을 기반으로 하는 대조연구가 날로 주목을 받고 있다. 최근 인지언어학과 문법이론을 바탕으로 논의를 전개한 석박사 학위논문이 점차 늘어나고 있다. 예하면 『漢韓範疇表達對比』(崔健)의 출판과 더불어 범주론을 기반으로 하는 대조연구가 학계의 이목을 받고 있다. 따라서 한중 언어대조 연구의 방향 또한 기존의 단순한 표층기술에서 기술을 기반으로 한 다차원적 해석으로 전환되고 있다.

둘째, 대조의 영역 또한 담화/텍스트 대조 또는 유형학적 대조로 확산되고 있다. 비록 이러한 연구가 아직은 성숙된 모습을 보이고 있지 않지만, 적어도 연구의 시선이 다양한 방향으로 확대되고 있음을 보여준다. 이렇듯, 현상을 바라보는 시각이 넓어지면 그만큼 연구가 보다 깊은 방향으로 발전하게 될 것이다.

셋째, 각종 현대적 수단을 이용한 연구가 점차 주도적 위치를 차지하고 있다. 즉 컴퓨터를 이용하여 다양한 용도의 말뭉치 프로그램을 구축함으로써 언어현상을 보다 객관적으로 분석하는 것이다. 언어 대조연구 역시 이러한 추세에 부응하여야 할 것이다. 기존 연구에서 가설을 제기하고 많은 예를 들어가며 논증하는 연구방법은 객관적 근거가 없으므로 과학성이 떨어진다는 지적이 끊이지 않았다. 다시 말해 과학적 결론을 얻어내려면 반드시 대량의 언어현상에 근거하여 기술을 기반으로 한 양적분석이 따라가야 한다. 대조연구에서 숫자의 역할을 묵과해서는 안 된다. 대조하고자 하는 언어단위의 사용빈도 및 분포 상황을 숫자로 통계하고 이를 바탕으로 기능적 차이점을 찾아내야 할 것이다. 지금까지 이런 논문을 찾아보기 힘든 것이 아쉬웠던 부분들이다. 따라서 과거 어감에 의존하던 경험적 분석의 울타리에서 벗어나 말뭉치와 양적 통계를 바탕으로 하는 실증분석으로 방향을 전환하는 것이야말로 대조연구가 나가야 할 길이라고 생각된다.

본고의 이른바 '한중 언어대조 연구'는 '한중 언어대조 연구' 및 '조중 언어대조 연구', '중조 언어대조 연구'를 포함한 개념이다.

엄격히 말하면, 한중 언어대조 연구는 1990년대 한중 수교가 이루어지면서 시작되었다. 그전에는 줄곧 조중 언어대조로 연구가 진행되었다.

단일 언어의 문법적 개념은 일반적으로 자체의 언어현상만 고려하기에 다른 언어와 비교할 때 적지 않은 어려움을 겪게 된다. 만약 일반적인 문법개념에 대한 이해를 더 깊이 한다면 보다 객관적으로 또 과학적으로 대조연구를 진행할 수 있을 것이다.

※ 이 논문은 학술지 『漢語學習』(2011.06.)에 수록된 「한중 언어대비연구 논평」의 일부 내용을 정리한 것임.

최웅권(崔雄權)
중국 연변대학교 한어문화학원
길림성 연길시 공원가 977호
전자우편: cuixq@ybu.edu.cn

중한 언어 대조의 시각과 방법론에 대하여

金基石 (상해외국어대학교)

0. 문제 제기

  1) 우리나라의 중한 언어 대조 연구는 큰 발전을 가져왔다. 특히 21세기에 들어서면서 중한 대조 연구는 제2언어 습득 이론, 오류 분석 이론, 중간 언어 이론 등과 결합되면서 제2언어 교육, 이중 언어 번역과 사전 편찬 등 여러 분야에서 커다란 공헌을 하였다.[1] 그러나 지금까지의 중한 대조 연구는 대부분 구조주의 언어학의 시각(視角)에서 기술하는 것에 국한되어 있고 아직 제2언어 교육을 위한 응용성 연구의 벽을 넘지 못하고 있다. 때문에 많은 연구자들은 중·한(한·중) 언어 표층구조의 단일 방향적(單向) 대응과 미시적 측면에서의 공시적 연구에만 집중하고 있다. 즉 중한 언어의 차이성(個性) 연구와 질적(定性) 분석을 중요시하고 상대적으로 중한 언어에 대한 거시적 파악과 통시적 고찰을 홀시하고 있으며 중한 언어의 보편적 특성에 대한 해석적 연구와 양적(定量) 분석을 소홀히 하고 있다.[2]

  2) 현재 제일 시급히 해결해야 할 문제는 이론 건설이 뒤처진 것이다. 낙후된 이론 건설은 필연코 대조의 목표(응용 목표와 이론 목표), 대조 이론, 대조 시각, 대조 방법 등 중요한 문제에 대한 모호한 인식을 초래하게 된다. 그 중에서도 연구 시각과 방법론의 단일화 혹은 간단화가 제일 큰 문제라고 할 수 있다. 이론 의식을 높여 연구 시각과 연구 방법의 다양화를 실현하는 것이 제일 시급한 문제로 대두되고 있다.

---

1) 본고에서 말하는 "중한 언어 대조"는 중한/한중 대조 혹은 조한/한조 언어 대조를 포함한다. 대조 방향을 기준으로 대체로 중국어를 연구하는 사람들은 중국어를 출발언어로 중·한 방향의 대조를 진행하고, 한국어를 연구하는 사람은 한국어를 출발언어로 하여 한·중 방향의 대조를 진행하고 있다. 그러나 이중 방향적인 이론 대조 모델은 동일한 범주에서 출발하여 이중방향으로 펼쳐나가면서 이 범주가 중한 두 언어에서 실현되는 형식을 대조한다.

2) 김기석(2009).

연구 시각과 방법론의 다양화는 중한 대조의 창의적 연구에 새로운 발전 공간을 가져다주는 동시에 중한 대조 연구의 발전 추세이기도 한다. 연구 시각의 다양화를 실현하려면 우선 협의적 대조와 광의적 대조, 현성(顯性) 대조와 은성(隱性) 대조를 구별해야 한다. 연구 방법의 다양화를 실현하려면, 중한 대조가 단순한 응용성 연구에서 빠져나와야 한다. 중한 대조는 구조주의 언어학적 시각뿐만 아니라 생성언어학, 기능언어학과 언어유형학 등 기타 시각도 있어야 한다. 공시적인 미시적 기술과 질적 고찰에 기초한 차이성 연구뿐만 아니라 미시적 연구와 거시적 연구, 기술적 연구와 해석적 연구, 차이성(個性) 연구와 공통성(共性) 연구, 공시적 연구와 통시적 연구, 질적 분석과 양적 분석을 서로 결합한 종합적 연구를 진행해야 한다.

1. 협의적 대조와 광의적 대조

1) "언어 대조"는 우선 협의적 대조와 광의적 대조로 나눌 수 있다.[3] 대조는 사람들이 세계를 인식하는 중요한 방법이고 언어 연구의 일반적인 방법 중의 하나이다. 언어의 대조는 한 언어 내부에서의 공시적 대조와 통시적 대조일 수도 있고 서로 다른 언어 사이의 공시적 대조와 통시적 대조일 수도 있다. 이러한 특성과 목적이 다른 대조는 언어 연구에서 소위 말하는 4개 "사분면(象限, Quadrant)"을 이루고 있다.[4] 이런 시점에서 본다면 언어학의 모든 하위 분야는 모두 언어의 비교를 기반으로 하여 정립된 것이라고 할 수 있다. 협의적 대조는 일정한 이론적 모델과 특정 방법론, 작업 단계, 작업 순서에 따라 진행되는 대조 연구를 말한다.

2) 가장 대표적인 협의적 대조는 일반적으로 "대조 분석"(CA, Contrastive Analysis)혹은 "대조언어학"(Contrastive Linguistics)의 언어 대조 연구를 가리킨다. 20세기 50년대에 구조주의 이론과 행동주의 철학 사조의 영향하에 생겨나고 발전한 현대 언어학의 한 분야이다.[5] "대조언어학의 경전—Lado(1957)

---

3) 김기석(2012).

4) 許余龍(2010:1-4).

5) 현대 학자들은 라도의 1957년 *Linguistics across Cultures*(誇文化語言學)의 출판을 대조언어학의 성립 표징으로 하고 있다.

의 *Linguistics across Cultures*와 James(1980)의 『대조분석』에서는 주로 응용 대조 연구, 특히 외국어 교육에서의 응용 대조를 논의하였는데 Contrastive Linguistics(대조언어학)라는 술어를 사용하는 것조차 회피하였다."[6]

許余龍은 "대조언어학"을 아래와 같이 정의하였다.

> 대조언어학은 언어학의 한 분야로써 그 임무는 두 가지 혹은 두 가지 이상의 언어에 대한 <u>공시적</u>인 대조 연구이고 그들의 공통성과 차이성 특히 <u>차이성</u>을 <u>기술</u>한다. 아울러 이러한 연구를 다른 영역에서 <u>응용</u>한다.[7]

위의 정의에서 알 수 있듯이 "대조언어학"의 선명한 특징은, 첫째는 공시적 연구, 둘째는 차이성 연구, 셋째는 기술성 연구, 넷째는 응용성 연구이다. 기존의 중한 언어 대조는 대체로 이러한 협의적인 범위 내에서 진행되었다고 할 수 있다.

3) 광의적 대조는 대조 방법을 사용하는 모든 언어 연구 활동(이론적 혹은 실천적)을 가리키는데 번역 연구, 언어유형학 연구, 일반언어학 이론 연구 등을 포함하고 언어의 차이성 연구와 보편성 연구도 포함된다.

대조가 없으면 사물을 식별할 수가 없고 언어학에서의 소위 "분류"도 있을 수 없는 것이다. "대조언어학"은 독립적인 언어학 분과로서 아직 젊은 학과라고 할 수 있다. 그러나 언어 지간의 접촉 또는 번역이 생겨났을 때부터 언어 대조가 있었다고 할 수 있다. "서로 다른 언어 사이의 대조와 언어의 연구는 같이 시작되었다고 말할 수 있으며 모두 다 유구한 역사를 가지고 있다."[8] 趙元任은 "언어학 이론이란 사실상 곧 언어에 대한 비교이며, 세계 여러 민족의 언어를 종합, 비교, 분석하고 연구하여 도출해 낸 과학적인 결론이다."[9]라고 지적하였다. 즉 대조가 없으면 언어학의 이론도 있을 수 없는 것이다. 徐通鏘도 "전통적 한어 연구에는 타 언어와의 대조가 없었으므로 당연히 일반언어학이 탄생할 수 없었다."[10]라고 말하였다.

---

6) 許余龍(2010:325).

7) 許余龍(2010:4).

8) J. Ellis(1996), 許余龍(2010:21).

9) 王力(1983:40).

10) 徐通鏘(1999)는 "歷史比較語言學的理論和方法導源于印歐語內部差異的比較；美國描寫語言學的誕生得益于印歐語和印第安語的對比研究, 等等. 沒有比較就不會有理論. 理論實際上對語言差異的成因和其所蘊含的普遍結構原理的闡釋"라고 주장하였다.

대조는 언어 연구의 방법론적 원칙이며 그 중요한 작용 또한 다른 방법으로 대체할 수 없다. 중국의 문법 연구사를 보면 "대조의 연구 방법을 수용한 시기에 문법 연구도 큰 실질적인 발전을 가져올 수 있었다."[11] 이러한 인식에 입각하여 국내의 일부 학자들은 "현대한어 문법학사는 곧 중외 대조 연구사이다"라는 견해를 제기하고 중외 대조 연구의 출발점을 1898년 馬建忠의『마씨문통』(馬氏文通)에까지 거슬러 올라간다.[12] 이런 시점에서 본다면, 1909년에 발행된 한국 최초의 문법서인 유길준의『대한문전』도 한국어와 외국어 대조 문법의 최초의 성과라고 할 수 있다.[13]『마씨문통』은 "모방"으로 비난을 받아 왔고『대한문전』에 대해서도 역시 많은 현대 학자들이 문제점을 제기하였었다. 예컨대,『마씨문통』의 "후기"에서 "서양에 이미 있는 규칙에 따라 (중국)경전에서 서양과 같은 것과 다른 것을 찾아내는 것이다"[14]라고 언급하고 있다.『대한문전』에서 형용사가 술어로 쓰이는 경우 영어의 be동사와 같이 '실은 조동사라' 하였고, 동사의 수식형을 '분사'로 처리하여 설명하였다. 이런 견해는 영어 문법의 영향을 받은 것이라고 볼 수 있다.[15] 하지만 이런 모방은 최초 수입 단계에서는 피면할 수 없는 현상이라고 할 수 있다. 그러므로 우리는 단지 이러한 원인으로『마씨문통』과『대한문전』을 비롯한 개척자들의 선구적 업적을 부정할 수 없는 것이다.

4) 한국의 언어학 연구는 유구한 대조 연구의 전통을 가지고 있다. 아시다시피 한국의 언어 연구는 조선시기 특히는 15-16세기에 세상이 주목할 만한 찬란한 성과를 이룩하였다. 이 시기에 신숙주, 최세진 등 유명한 언어학자들이 배출되었고『홍무정운역훈』(1455),『사성통고』(1455),『동국정운』(1448),『사성통해』(1517),『훈몽자회』(1527) 등 일련의 언어학 명작들이 출현하였다. 특히 민족 문자 훈민정음(1443)의 창제는 당시 한국의 언어 문자 연구의 수준이 사람들을 경탄케 하는 높이에 이르렀다는 것을 말해준다.[16] 역사상에서 한국학자들의

---

11) 徐通鏘(2001).

12) 刘重德(1996)참고. 하지만 많은 학자들은 대조언어학이 한 학과로서 우리나라에 형성된 것은 1977년, 呂叔湘「대조를 통하여 문법을 연구해야 한다」의 발표를 표징으로 하고 있다.

13) 유길준이 일본과 미국에서 유학하여 외국 언어학을 배우지 않고 한국어와 외국어의 문법 대조 연구를 하지 않았다면 한국어 8품사 체계를 비롯한 문법 체계를 창립하고『대한문전』을 세상에 내놓을 수 없었을 것이다.

14) 潘文國(2002).

15) 김영황(1996:234-243)

16) 楊乃思(1997:223)는 "諺文拼音屬于音素綴字的範疇, 對于音素分析達到了最精密的程度, 比八思巴字拼法更完善, ……一個字母原則上只代表一個音素, 並且語音系統裏所有的音素能夠

언어학 연구 성과는 중한 언어 대조의 본보기로 되기에 손색이 없다. 이러한 시각에서 보면,『훈민정음』역시 중한 음운 문자 대조의 찬란한 결정체라고도 할 수 있을 것이다. 때문에 중한 언어 문자에 대한 끊임없는 대조 연구와 끈질긴 탐구가 없었다면 한국학자들이 이와 같이 위대한 연구 업적을 창조해낼 수 없었을 것이다.[17]

5) 광의적 대조에는 은성(隱性) 대조가 포함된다. 은성 대조는 현성(顯性) 대조의 상대적 개념 즉 "대조"를 내세우지 않은 대조라고 할 수 있다. 현성 대조는 두 언어의 여러 측면과 여러 시점에 대한 체계적인 대조이고 은성 대조는 일반적으로 "주로 한 가지 언어를 연구하면서 다른 언어를 참조 좌표로 삼으며 필요할 때에는 더욱 높은 차원에서의 대조를 시도하는 연구를 말한다. ……이런 대조는 일반적으로 대가(大家)들의 연구에서 많이 보이므로 절대 대조 연구에서 배제할 수 없다."[18] 이런 연구에서 대조는 구체적인 작업 절차나 방법뿐만 아니라 거시적 차원의 철학적 이념과 사유방식이다.

예컨대, 20세기 40년대 중국학자들이 창립한 3대 한어 문법 체계가 대표적인 중외 대조 성과라고 할 수 있다.[19] 그리고 중국학자 黎錦熙, 朱德熙, 徐通鏘, 邢福義 등의 한어 문법 "본위관(本位觀)"[20]과 한국학자 주시경, 최현배, 허웅 등의 한국어 문법 특징에 대한 모색[21] 등은 모두 한어 혹은 한국어의 본체론 연구를 중심으로 하고 영어 등 외국어를 참조 좌표로 한 연구 성과들이다. 그들은 모두 대조 시각에서 한어 혹은 한국어의 특징을 고찰하였기에 보다 보편적 가치가 있는 언어학적 견해를 제기할 수 있었다.[22]

用字母或字母的變形表示出來, 拼寫時不加省略.這說明朝鮮在500年前, 語音學、文字學的水平達到了令人矚目的高度."라고 하였다.

17) 김기석(2008).

18) 楊自儉·王菊泉(2008)총서 참고.

19) 한어의 3내 문법 체계는 王力의『中國現代語法』(1944), 呂叔湘의『中國文法要略』(1942), 高名凱의『中國語文法論』(1948)을 대표로 하고 있다.

20) 黎錦熙의 "句本位"설, 朱德熙의 "詞組本位"설, 徐通鏘의 "字本位"설, 邢福義의 "小句中樞說" 설 등.

21) 주시경『국어문전음학』(1908),『국어문법』(1910), 최현배『우리말본』(1937),『한글갈』(1942), 허웅『우리옛말본』(1975),『국어학』(1983) 등.

22) 최근 몇 년 한국학자 이익섭(1997), 고영근·구본관(2008) 등은 모두 작자들이 한외(韓外) 언어 대조의 시각이 있었기에 한국어에 대한 분석과 해석이 더 명확해졌고 국내외 독자들의 환영을 받게 되었다.

2. 중한 언어 대조의 시각에 대하여

1) 우선 언어 연구의 대상으로 볼 때, 일반적으로 한 가지 언어의 본체론 시각과 이중(혹은 다중) 언어의 대조적 시각이 있게 된다. 하여 대조 시각은 다른 언어를 참조 좌표로 하기에 필연코 한 가지 언어의 시각에서 소홀히 하거나 잘 발견하지 못하는 언어의 개별적 특성 혹은 보편적 특성을 발견하기가 쉽다. 하지만 같은 대조 연구라 하여도 어떤 이론 모델을 기준으로 하느냐에 따라 연구자의 연구 시각과 방법이 다를 수 있다. 따라서 결론이나 해석도 서로 다르게 될 수 있다. 과거의 중한 대조는 일반적으로 구조주의 이론을 기초로 하여 언어의 표층구조(음운, 어휘, 구, 문장 등)에 대한 미시적 대조가 주류를 이루었고 연구자는 모국어(한어 혹은 한국어)의 어느 표층구조가 목적어(한어 혹은 한국어)에서 어떤 대응 형식을 가지게 되느냐에 관심을 기울였기에 공시 언어학의 특징과 응용 언어학의 성격을 선명하게 드러내고 있었다.[23]

2) 지금까지의 중한 대조에서 가장 중요한 응용 영역은 제2언어 교육(조한 이중 언어 교육, 외국어로서의 한국어 교육과 대한(對韓) 한어 교육 등)이다. 때문에 연구자들은 단일 방향적인 응용 대조 모델:X···→A(Xa)——→B(Xb)를 사용하고 있다. 이 공식 중에서 "X"는 일반적으로 언어에 보편적으로 존재하는 범주를 가리키는데 많은 연구자들은 이 "X"의 존재를 소홀히 하거나 아예 망각한다. 그리고는 단순한 A——→B의 대조 모델을 사용하는데, 즉 A언어 어느 표층구조가 B언어에서의 실현 형식(등가물)을 찾는 것이다.

20세기 80년대 초, 해외의 대조언어학계에서는 언어 대조에서의 응용 언어학적 시각의 국한성을 인식하고 언어 대조의 이론 목표에 주목하고 점차 대조를 이론 대조와 응용 대조로 나누었다. 이론 대조는 이중 방향적(雙向)인 언어 대조 모델을 사용한다. 즉 "X"가 언어 A(Xa)와 B(Xb)에서 어떻게 실현되었는가를 고찰한다.[24] 이 대조 모델은 출발언어(일반적으로 "모국어")와 목적어를 엄격히 구분하지 않고 어느 언어의 한 표층구조가 아닌 언어에 존재하는 보편적인 범주 "X"를 출발점으로 한다. 하여 더 큰 이론적 가치와 보편적 의의가 있다.[25]

3) 국내외 학계에서 대조언어학 자체의 이론 모델과 방법론의 필요 여부에 대

---

23) 이러한 연구는 대체로 "한어/한국어의 ~이 한국어/한어에서의 대응 형식" 등 형식으로 되어 있다.

24) 김방한(1991:670−690).

25) 崔健(2004) 『漢韓範疇表達對比』 등 참고. 이중 방향적인 이론 대조 모델은 보다 높은 차원의 중한 언어 대조(예컨대 박사학위논문)에서 연구자들의 주목을 받고 있다.

해서는 아직 쟁점으로 남아있다. 어떤 학자는 대조언어학은 자체의 이론 모델 혹은 분석 모델이 필요하지 않다고 주장하고, 또 어떤 학자는 대조언어학은 주변학과 혹은 학제성 학과에 불과하기에 아직 자체의 이론 체계를 건립하지 못했다고 주장한다.[26] 그리고 어떤 학자들은 현대 언어학의 한 분과인 대조언어학은 꼭 자체의 이론 모델이 필요한데, "대조 생성문법 모델(krzeszowski)", "대조 기능 분석 모델(chesterman)" 등이 곧 대조언어학 자체의 이론 모델 혹은 방법론이라고 주장한다.[27]

우리나라 언어 대조의 현황에서 보면, 연구자들이 전통문법, 구조주의문법, 변형생성문법, 기능문법, 인지문법 등을 도입하여 활용하고 있지만, 중한 대조에서는 "대조 생성문법 모델" 혹은 "대조 기능 분석 모델"을 사용하는 연구자는 거의 없고 생성언어학 혹은 언어유형학의 시각에서 접근한 연구도 매우 적은 편이다. 지금까지도 여전히 구조주의문법[28]의 공시적 기술 모델이 주도적 위치에 있다고 할 수 있다.

4) 단일적 혹은 단순한 시각은 중한 언어 대조의 깊이 있는 연구에 영향을 주기 마련이다. 우리는 구조주의 언어학의 기술적 시각뿐만 아니라 생성언어학, 인지언어학, 언어유형학 등 해석적 시각도 있어야 한다. 단지 구조와 생성에 기초한 내부언어학 시각에 머무는 것이 아니라 인지 기능과 의사소통 기능에 기초한 외부 언어학 시각도 가져야 한다.

중한 대조에서 인류 언어의 동일 범주로부터 출발하여 기능주의 원형, 유표성, 문법화, 은유, 유사성(相似性), 영상도식 등 이론을 수용한다면 연구의 시야를 보다 넓히고 언어 "구조" 이외의 더 많은 제약 요소를 발견할 수 있기에 연구 성과의 보편적 가치와 해석력을 진일보 높일 수 있을 것이다.

5) 예전의 전통적 의미에서의 언어유형학과 달리 현대(當代) 언어유형학은 많은 학자들에 의해 현학(顯學)이라고 불린다. "언어유형학은 언어 사이를 넘나

---

26) 楊自儉은 "對比語言學是一門交叉學科, 從産生以來一直借用傳統的、結構主義的、轉換生成的以及功能主義的語言學理論, 而沒有很好地建設自己的理論, 所以至今沒建立起對比語言學的科學的理論體系."라고 주장하였다.(楊自儉, 簡論對比語言學中的幾個問題, 載王菊泉,鄭立信編『英漢語言文化對比研究(1995—2003)』, 上海外語教育出版社, 2004.)

27) 許余龍은 생성 문법 모델(rzeszowski)은 주로 문법 구조의 대조에 사용되고 대조 기능 모델(chesterman)은 어휘, 형태, 문법, 의미와 화용 대조에 사용될 뿐만 아니라 담화 분석, 문체, 수사(修辭) 및 사회 언어학 대조에도 사용된다고 하였다. 許余龍(2010) 참고.

28) 劉丹靑은 현대 언어학 학파를 생성언어학, 기능언어학, 언어유형학 3개 학파로 나눴다. 劉丹靑(2003)『語言類型學與介詞理論』商務印書館; 劉丹靑(2005)方所題元的若幹類型學參項, 載『漢語研究的類型學視角』, 北京語言大學出版社.

드는 대조로서 언어에 대한 많은 고찰, 통계, 대조를 통하여 여러 언어 이면에서 제약 작용을 하는 보편적 요소를 고찰하는 것이다."[29] 우리가 언어유형학의 시각에서 중한 대조를 진행한다면 "나무만 보고 숲을 보지 못하(只見樹木不見森林)"는 좁은 시야를 극복할 수 있고 중한 언어의 많은 차이성을 통해 그 이면에 존재하는 보편성 요인을 발견할 수 있으며 언어의 보편적 특성 연구에 공헌할 수 있다. 예컨대, 그린버그(Joseph H.Greenberg) 등 해외 유형학자들의 내포된 보편적 특성, 경제적 요인, 유사성(相似性) 요인, 우세(dominance), 문법등급 등 유형학 원리와 개념, 최근 몇 년에 우리나라 학자들이 제기한 일련의 유형학 원리와 개념 이를테면 궤층구조(軌層結構), 가별도 선도 동인(可別度領先動因), 다범주 가별도 등급(跨範疇可別度等級), 전체-부분 순서 동인 (整體-部分順序動因), 큰 덩어리 국외 동인(大塊局外動因), 생명도 등급 원리(生命度等級原理 등) 등은 모두 중한 언어 대조 연구에 중요한 의의가 있다.[30] 다행히도 몇 년 사이에 연구자들이 유형학 시각에서의 중한 언어 대조 연구에 관심을 보이기 시작하여 일부 새로운 연구 성과도 거두었다.[31] 현대 유형학 시각의 대조를 통해 우리는 단순한 언어적 결론이 아닌 보다 보편성이 있는 언어학적 결론을 도출해 낼 수도 있을 것이다.

3. 중한 언어 대조의 방법론에 대하여

중한 대조 연구의 현황, 문제점 및 발전 추세에 근거하여 지금 단계의 방법론 원칙을 아래와 같은 몇 가지로 귀납할 수 있다고 사료된다.

1) 미시적 연구와 거시적 연구를 결합하되 거시적 연구를 보다 중요시해야 한다. 영한 대조의 실천을 참조하여 중한 대조도 3개 차원의 연구로 나눌 수 있다. 즉 첫째는 언어의 표층구조 차원이고, 둘째는 언어의 표현 방식 차원이고, 셋째는 민족의 심리, 문화와 철학 차원이다. 첫 차원의 언어 표층구조의 대조는 미시

---

29) 金立鑫(2006a) 참고.

30) 金立鑫(2011) 참고.

31) 崔健(2010), 類型學視野下的韓漢差比句對比, 載『韓漢語言對比研究(2)』, 北京語言文化大學出版社; 金海月(2007), 『朝漢致使範疇對比研究』, 中央民族大學 博士學位論文; 白蓮花(2011) 『韓漢語語序類型對比研究』, 上海外國語大學 博士學位論文; 靳葆強(2007)韓漢副詞共現語序對比及其認知解釋, 『現代語文』(語言研究版), 第8期 등 참고.

적 연구에 속하고 두 번째 차원의 언어 표현 방식의 대조와 세 번째 차원의 심리, 문화와 철학의 대조는 거시적 연구에 속한다.

중한 대조의 현황으로부터 보면 거시적 연구가 상대적으로 뒤처져 있는데 연구자의 시야에 직접적인 영향을 주고 있다. 미시적 연구에만 국한되어 있으면 언어의 표층 현상만으로 거시적 측면에서 해석력이 있는 규칙 혹은 본질적 특성을 개괄해내기 어렵다. 미시적 연구를 세분화하는 동시에 중한 언어의 표현 측면(범주에 대한 표달, 텍스트, 담화, 화용 등)을 중요시하고 언어관(음소관, 품사관, 형태관, 문법관, 문장관 등)문제에 관심을 기울이며 중한 언어에서 반영된 언어의 심리, 민족 문화와 철학 관념에 주목해야 한다. 한마디로, 미시적 연구는 거시적 의식이 있어야 하고 이론적 총괄을 중요시해야 한다. 또한 거시적 연구는 미시적 연구 성과를 수용하고 미시적 현상 뒤에 숨어있는 거시적 규칙을 찾아내야 한다.

2) 기술과 해석을 결합하되 해석을 중요시해야 한다. 呂叔湘 선생은 다음과 같이 언급하였다.

사물의 차이성과 공통성을 지적하기는 그리 어렵지 않지만 무엇 때문에 이러한 차이성과 공통성이 있게 되었는가를 구명하기란 쉽지 않다. 이것이 바로 대조 연구의 최종 목표이다.[32]

다시 말하자면, 기술은 "무엇인가"라는 문제를 해결하고 해석은 "왜"라는 것에 대답하는 것이다. 현대 한어의 문법 연구에는 "세 가지 충분(三個充分)"(충분히 관찰, 충분히 기술, 충분히 해석)이란 말이 있는데 대조 연구에도 적용된다. 관찰과 기술은 해석의 기초가 되고 해석은 관찰과 기술의 최종 목표이다. "기술은 미시적 측면에서 문법 현상을 객관적으로 반영하는 데 중심을 두고 있고 해석은 거시적 측면에서 문법 현상에 대한 이론적 설명에 중심을 두고 있다. 충분한 해석이 있어야 충분히 인식할 수 있다."[33] 현재 중한 대조에서 기술은 많지만 해석은 적고 또한 해석의 깊이와 폭도 미흡하다. 세계 언어에 대한 이론적 해석을 추구하는 것은 현대 언어학 학파들의 공통적 특성이다. 중한 언어 대소는 생성문법의 내부 해석을 사용할 수도 있고 기능문법의 내부 해석 혹은 언어유형학의 내포된 보편성 해석을 사용할 수 있다.

3) 특수성(個性) 연구와 보편성 연구를 결합하되 보편성 연구를 주목해야 한

---

32) 楊自儉·李瑞華(1990:序) 참고.

33) 邢福義(1991),「現代漢語語法研究中的三個充分」,『湖北大學學報』第6期.

다. 특수성과 보편성의 관계 문제는 언어학 연구의 영원한 주제이다.[34] 모든 연구는 "차이성에서 공통성을 찾고, 공통성에서 차이성을 찾는 것(류中求同, 同中求류)"이다. 하지만 대조언어학은 응용 언어학의 한 분과로서 줄곧 특수성 즉 차이성 연구에 주목하였는데 이것은 이 학과의 중요한 특징이라고 할 수 있다. 대조언어학은 외국어 교육에 있어서의 주요한 장애는 모국어의 영향(負遷移)에 있다고 인정하였다. 때문에 특수성 연구는 줄곧 대조 분석의 출발점(切入點)이었다. 현재, 언어 각 차원의 중한 대조는 대부분 지나치게 중한 언어 구조의 특수성 기술만 중시하고 특수성 뒤에 숨겨진 보편성 요인에 대한 발굴과 해석을 홀시하고 있다.

중한 대조 연구는 응용을 목표로 할 뿐만 아니라 이론적 추구 즉 중한 언어의 본질적 특성을 찾기 위해 공헌해야 한다. 언어의 보편성을 탐구하는 것은 인류 언어 연구의 최종 목표이자 대조언어학의 최종 목표이다. 대조 연구는 이중 방향적인 이론 대조 연구이기에 특수성 뒤에 숨겨진 보편성 요소들에 관심을 기울이고 그것에 대하여 설득력이 있는 이론 설명을 하는 데 노력해야 한다. 한어와 한국어는 서로 다른 계통과 언어유형을 가지고 있기에 보편적 요인을 찾아내기란 쉽지 않다. 하지만 이것이야말로 더욱 보편적인 이론적 가치가 있다.

4) 공시적 측면과 통시적 측면을 결합하되 통시적 연구를 더 주목해야 한다. 대조언어학은 오랫동안 공시적 언어학의 한 분과로 인식되어 왔기에 연구자들은 일반적으로 통시적 요소의 개입을 소홀히 하거나 배척하여 왔다. 중한 대조도 마찬가지이다. 연구자들은 일반적으로 공시성 원칙을 엄격히 지키고 되도록 통시적 측면의 언어 현상을 피하고 있다. 그러나 어떤 언어도 영원히 변하지 않는 정적(靜態) 계통에 있는 것이 아니라 부단히 변화하는 동태적 계통에 있다. 한 언어의 "모든 특수성은 다 언어 변화에서 여러 개의 보편성 제약 혹은 경쟁이 이뤄낸 결과이다."[35] 때문에 통시적 측면에 대한 고찰은 필연코 중한 언어의 특수성 및 그 뒤에 숨겨진 보편적 특성의 제약 요인을 고찰하는 데 도움이 되고 공시적 특수성의 통시적 요인을 설명하는 데도 도움이 된다. 예컨대, 중한 언어 대조에서 중한 문법화 과정에 대한 통시적 고찰, 공시적 보편성과 통시적 보편성 및 상호 관계에 대한 탐구는 중한 대조 성과의 해석력을 본격적으로 높여줄 수 있다. "문법화"는 인류 언어가 역사적 변화 과정에 있는 보편적 특성을 반영한다. 왜냐하면 교차언어(跨語言)의 문법화 경로의 입구는 서로 같고 문법화 현상은 서로

공통된 것이며 문법화의 변화 방향은 되돌릴 수 없는 것이기 때문이다. 이것이 바로 인류 언어의 통시적 보편성이고 공시적 보편성이 형성되는 원인이기에 인류 언어의 진정한 보편적 특성이라고 할 수 있다.[36] 비록 최근 몇 년 사이에 한어와 한국어의 문법화 연구에 대하여 중한 양국 학자들이 주목하기 시작했지만 대조 연구 영역의 성과는 아직 미흡하다.[37]

이밖에 중한 언어 문자 관계사 연구에도 주목해야 한다. 한어와 한국어는 서로 다른 계통과 언어 유형에 속하지만 다른 언어와 달리 특수한 언어 문자 접촉사(接觸史)를 가지고 있다. 하여 공시적 측면과 통시적 측면을 결합한 시각에서 중한 언어 문자 관계사 연구를 하는 것은 아주 중요한 이론적 의의와 실천적 가치가 있다. (통시적 측면의 영향 연구와 공시적 측면의 이중 언어 연구 등)[38]

5) 질적 분석과 양적 분석을 결합하되 양적 분석을 보다 중요시해야 한다. 인식론의 관점에서 보면 질적 분석은 귀납성 연구이고 양적 연구는 연역성 연구이다. 질적 분석은 일반적으로 현상과 사실 연구를 기초로 하여 일반적 규칙을 귀납하는 작업으로서 그 특징은 기술성이다. 반면에 양적 분석은 일반적으로 이론 가설을 기초로 하여 이 가설을 검증하는 작업으로서 그 특징은 통계성(개별 변량과 요인)이다. 과거의 중한 대조에는 대부분 귀납적인 질적 분석이 많았고 연역적인 양적 분석이 매우 적었다. 최근 몇 년에 통계학적 방법과 도구가 완벽해지고 특히 대형 말뭉치의 구축 및 언어와 데이터 분석 기계의 개발과 응용으로 중한 대조 연구에서 양적 분석이 점차적으로 증가하고 있다. 질적 분석과 양적 분석을 결합하려면 우선 질적 분석과 양적 분석 과정이 연속체(連續體)라는 인식이 있어야 한다. 왜냐하면 대체로 어느 유형의 연구든지 모두 순수한 질적 분석 혹은 양적 분석이 아니기 때문이다. 다른 유형의 구체적 연구는 이 연속체에서의 위치가 다를 수 있고 어떤 연구는 질적 분석이 많고 또 어떤 연구는 양적 분석이 많을 수 있다. 여하튼 질적 분석과 양적 분석은 서로 의존하고 보완하는 것이다. 하지만 현재 중한 대조에서는 양적 분석을 보다 강조해야 하며 특히 "언어 대조 실험 연구"와 "언어 대조 조사 연구" 등 전문적인 양적 분석에 관심을 가져야 한다.

---

36) 吳福祥(2005:483).

37) 논자는 연구자들의 이론적 수양과 지식 구조(일반언어학 이론, 중한 고대 언어학 지식 등)가 통시적 측면의 대조 연구 발전에 직접적으로 영향을 주었다고 생각한다.

38) 최근에 언어 접촉에 관한 연구가 학계의 관심을 받고 있다. 언어의 변화는 "내적 요소에 의한 변화"와 "언어 접촉에 의한 변화" 두 가지 유형이 있기에 두 언어에 대한 종합적인 연구는 중요한 이론 의의와 실천 의의가 있다.

참고문헌

강신항(1997), 『훈민정음연구』(증보판), 서울: 성균관대학교 출판부.

고영근·구본관(2008), 『우리말 문법론』, 서울: 집문당.

김기석(2012), 「중한 언어 대조 연구에서의 협의적 대조와 광의적 대조」, 한국 *Journal of Korean Culture* 1.

김방한(1991), 『언어학연구사』, 서울: 서울대학교 출판부.

김영황(1996), 『조선언어학사연구』, 평양: 김일성종합대학 출판사.

이익섭 외(2005), 『한국의 언어』, 서울: 신구문화사.

이익섭(2000), 『국어학개설』, 서울: 학연사.

崔奉春(1989), 『朝漢語語彙對比』, 延吉: 延邊大學出版社.

崔健(2004), 『漢韓範疇表達對比』, 北京: 百科全書出版社.

崔健·孟柱億(2007), 『漢韓語言對比研究(1)』, 北京: 北京語言大學出版社.

許余龍(2010), 『對比語言學』(第二版), 上海: 上海外語教育出版社.

金基石(2008), 「對比語言學視角: 朝鮮學者對漢語近代音系的研究[A]」, 『東方學術論壇』(第一輯), 上海: 上海譯文出版社.

金基石(2009), 「中國的對比語言學與中韓對比研究」, 『東方學術論壇』4.

金立鑫(2006), 「語言類型學—當代語言學中的一門顯學」, 『外國語』5.

金立鑫(2006), 『語言研究方法論』, 上海: 上海外語教育出版社.

金立鑫(2011), 『什麼是語言類型學』, 上海: 上海外語教育出版社.

李得春(2007), 『中韓語言文字關系史研究』, 延吉: 延邊教育出版社.

劉丹青(2003), 『語言類型學與介詞理論』, 北京: 商務印書館.

劉丹青(2005), 『語言學前沿與漢語研究』, 上海: 上海教育出版社.

柳英綠(1999), 『朝漢語語法對比』, 延吉: 延邊大學出版社.

柳英綠·金基石(1998), 『對外漢語教學的理論與實踐』, 延吉: 延邊大學出版社.

陸丙甫(2011), 『語言類型及其功能基礎』, 北京: 北京大學出版社.

陸丙甫·金立鑫(2010), 「論蘊含關系的兩種解釋模式—描寫與解釋對應關系的個案分析」, 『中國語文』4.

潘文國(2002), 「漢英對比研究一百年」, 『世界漢語教學』1.

潘文國·潭慧敏(2006), 『對比語言學: 歷史與哲學思考』, 上海: 上海教育出版社.

潘文國·楊自儉主編(2008), 『共性·個性·視覺—英漢對比的理論與方法研究』, 上海: 上海外語教育出版社.

沈家煊(1999), 『不對稱與標記論』, 南昌: 江西教育出版社.

吳福祥(2005), 「漢語語法化研究的當前課題」, 『語言科學』2a.

吳福祥(2006), 「漢語語法化演變的幾個類型學特征」, 『中國語文』6b.

徐通鏘(1994), 「漢語的特點和語言共性的研究」, 『語文研究』4.

徐通鏘(2001), 「對比和漢語語法研究的方法論」, 『語文研究』4.

Bernard Comrie(1988), 「對比語言學和語言類型學」(沈家煊譯), 『當代語言學』3.

※ 이 논문은 『東北亞語言硏究』(2013. 1.)에 실린 「關于中韓語言對比的視角和方法」를 번역정리
   하고 일부 내용을 보충한 것임.

김기석(金基石)
上海外國語大學 東方語學院
上海市大連西路550號
전자우편: jinjishi@sina.com

한중 목적어 구문의 어순대조

金忠實 (상해외국어대학교)

1. 서론: 한중 목적어 구문 연구

목적어 구문은 중국어와 한국어에 모두 있는 보편적인 언어현상이다. 그러나 언어유형론의 이론에 따르면 중국어와 한국어는 서로 다른 유형에 속하는 언어로서 목적어 구문의 어순은 서로 다르다. 한국어는 목적어+동사(OV)순이고 중국어는 동사+목적어[1](VO)순이다. 언어는 어순에 있어서 다소 차이는 있지만 통사적, 의미적, 화용적 등 여러 가지 제약을 받는다.

본고에서는 한중 목적어 구문의 어순을 통사구조, 의미구조 그리고 정보구조 등 세 가지 기준에서의 대조를 통해 그 차이점과 공통점을 제시하고 이를 바탕으로 중국인 학습자들의 한국어 목적어 구문의 학습방법과 교육방법에 이론적 근거를 제시하는 것을 목적으로 한다.

2. 통사구조에서의 한중 목적어 구문의 어순

한국어 목적어 구문은 단순목적어 구문과 전이된 목적어 구문[2]이 있고 이에 비해 중국어는 목적어를 나타내는 구문이 '술빈(述賓)구문'과 '把구문' 그리고 이중목적어 구문' 등이 있다. 한국어의 목적어 구문은 목적격조사 '를'[3]에 의해 나타

---

1) 문장성분의 명칭에서 한국어에서는 목적어라 하고 중국어는 빈어라 하는데 대조의 편리를 위하여 본고에서는 목적어로 통일하여 쓴다.

2) 일반적으로 목적격에 의해 실현된 목적어구문을 '단순목적어구문'이라 하고 부사어가 목적격으로 전이되어 이루어진 구문을 '전이된 목적어 구문'이라고 한다. 우형식(1996)에서는 '전이된 목적어구문'이라고 하고, 전이를 '내적전이'와 '외적전이'로 나누었다. 이를 또 '중출목적어구문'이라고도 한다.

3) 홍재성(1990:6–41) 한글 208에서는 '를'에 관하여 세 가지 가설을 하였다. 즉 단일 기능후치사

내는 데 반해 중국어는 어순에 의해 나타내는 '술빈구문', "把"에 의해 나타내는 개사구문인 '把구', '이중목적어 구문'이 있다. 중한 목적어 구문의 구조는 아래와 같다.

> 한국어: 주어+목적어+술어(단순목적어구문)
> 　　　주어+전이된 목적어+목적어+술어(전이된 목적어 구문)
> 중국어: 주어+동사+목적어(술빈구문)
> 　　　주어+개사+목적어+술어(把구문)
> 　　　주어+개사+간접목적어+동사+직접목적어

　통사제약은 한 언어에서 고정어순을 지향하며 언어는 많고 적음에 관계없이 이 고정 어순에 대한 규칙을 가지고 있다. 물론 언어에 따라 정도의 차이는 있으나 고정어순 속에서만이 어순의 자유를 누릴 수 있다. 어순과 밀접한 관련성이 있는 것은 격 표지이다. 만약 언어에 구별하고자 하는 기능들의 수효만큼 서로 변별되는 격 표지가 충분히 마련되어 있다면, 그 언어는 이론상 자유어순을 취하게 될 것이다. 이와같은 한국어는 격 표지가 발달한 언어로서 어순에 있어서 상당한 자유를 갖는다. 한국어는 주로 격조사로써 성분과 성분 사이 문법관계를 나타낸다. 목적어가 동사 앞에 놓이면 주어와 목적어가 쉽게 혼동되므로 반드시 가시적인 문법표지를 해야 한다고 기술되어 왔다. 黃玉花(2002)에 따르면 중국어의 술빈구조는 형태변화가 없으며 또 목적어구조를 지시하는 격조사가 없으므로 어순과 의미관계에 따라 술빈구조와 다른 구조를 구별된다고 하였다. 따라서 한국어 목적어 구문의 어순은 비교적 자유롭고 중국어 술빈구조의 어순은 비교적 고정적임을 알 수 있다. 그렇다면 아래에서 한국어 단순목적어 구문과 전이된 목적어 구문으로 나눠서 살펴보겠다.

가정과 단일 양태후치사 가정 그리고 이중성 가정을 하였다. 이 글에서 홍재성은 "영희는 광주에를 갔었다.", "정환이는 말하기를 …고 했다.", "집에서 책이나 읽을 것을 괜히 나왔다."라는 예를 들어 '를'이 단일 기능후치사 가정은 충분한 근거를 갖기 어렵다고 지적하였다. 그리고 양태후치사가정은 후치사 '를'이 전혀 통사 기능표지가 아니라 비대조적인 강조, 양태적 의미나 정의적 의미만을 표현하는 후치사임을 주장했다. 이중후치사가정에서는 '를'을 두 단위로 분할하여 하나는 기능후치사로 하나는 양태후치사로 보려고 했다. 본고에서는 단일기능후치사가정을 취하고 이를 비판하여 든 예문들은 논의 범위에 넣지 않았다. 즉, 차가 빨리를 가지를 않는다. 광주에를 갔다.

2.1. 단순목적어 구문

단순목적어의 구문에서 S, O, V의 위치는 임의로 바꿀 수 있을 뿐만 아니라 바꾼 후에도 그들의 통사관계와 기본 의미는 변하지 않는다. 그러나 이에 대응되는 중국어의 술빈구조에서 S, V, O의 위치는 대부분 임의로 바꿀 수 없다. 만약 위치에 변화를 주게 되면 통사관계에 변화가 생겨 문장의미가 달라지게 되거나 비문을 만들게 된다.

(1) ㄱ. 나는 사과를 먹는다.　　　我吃苹果。

　　ㄴ. 나는 먹는다. 사과를.　　　*我吃。苹果。

　　ㄷ. 사과를 나는 먹는다.　　　苹果, 我吃。(主谓结构)

　　ㄹ. 사과를 먹는다. 나는.　　　*苹果吃我。

　　ㅁ. 먹는다. 나는 사과를.　　　*吃我苹果。

　　ㅂ. 먹는다. 사과를 나는　　　*吃苹果我。

위와 같이 한국어는 여섯 가지 배열순서에서 (1-)ㅂ을 제외하고 나머지 문장은 모두 통사규칙에 부합된다. 화용론적 효과는 좀 다르겠지만 의미에는 변화가 없다. 이같이 한국어의 어순이 비교적 자유로운 것은 한국어는 형태가 발달된 언어이기 때문이다. 그리고 구성 성분의 관계는 어순이 아니라 조사에 의해 표현되므로 구성성분이 위치를 바꾸어도 각 성분의 의미역할은 변하지 않는다. 따라서 한국어의 격표지는 가시적 문법수단으로써 표면구조의 문법 관계를 나타낸다는 것을 알 수 있다. 한국어의 명사 "사과를"은 문장의 앞에서와 문장의 중간에서, 그리고 문장의 끝에서 모두 목적격조사'를'을 취하면 <영향성>목적어를 나타냈다. 그러나 중국어는 다르다. (1)ㄱ의 번역문에서 보면, 어순이 변하면 문법관계도 변하여 원래 {동사+목적어}(动宾구조가 {주어+술어}(主谓구조로 되고, 그 밖에도 예문(1)의 ㄱ, ㄹ, ㅁ, ㅂ의 중국어 번역문은 모두 비문이 된다. 한국어 어순에 대하여 우순조(1994)는 한국어는 기본적으로 자유어순을 갖고 있는 언어로서, 서술어를 제외한 성분들이 자유롭게 움직일 수 있는 성격을 갖고 있다고 하였으며, 조사 이외의 격 실현 수단에 의미를 부여하지 않은 상황에서, 목정수(2003:19-244)는 한국어는 조사 이외의 수단으로 기본적 격 실현이 이루어진다고 주장하였다.

이런 이유로 중국인 학습자들이 한국어목적어 어순이 중국어 목적어와 다르지만 한국어 학습에서 긍정적 전이를 일으켜 비문을 적게 만드는 원인이기도 한다.

    중국어 목적어의 어순을 변화시키는 데 두 가지 방법이 있다. 첫째는 "把"에 의해서이고, 둘째는 목적어를 앞으로 이동시켜 '주–술문장'을 만드는 것이다. 예를 들면 아래와 같다.

    (2) ㄱ. 我卖了那个房子。

          主语　谓语　宾语(受事)

          나는 그 집을 팔았다.

      ㄴ. 我把那个房子卖了。

          主语　[介词　受事] 谓语

          나는 그 집을 팔았다.

      ㄷ. 那个房子，我卖了。

          话题(受事) 主语 谓语

          그 집을 나는 팔았다.

    한국어는 부사어를 가진 목적어의 경우도 단순목적어의 경우와 같이 앞뒤 위치가 비교적 자유롭다.

    (3) ㄱ. 나는 그에게 책을 주었다.

      ㄴ. 나는 책을 그에게 주었다.

      ㄷ. 책을 나는 그에게 주었다.

      ㄹ. 그에게 나는 책을 주었다.

      ㅁ. ?주었다, 나는 그에게 책을

    위의 예문이 보여 주듯이 구성성분의 관계를 형태표지 '는, 에게, 를'로 나타냈다. 그러므로 "책", "그", "나"가 어떻게 이동하여도 목적격조사, 부사격조사, 화제격으로써의 역할 표현에는 변함이 없다. 그러나 예문 (3)ㅁ은 어색한 문장이다. 이와 반면에, 중국어는 어순이 변하려면 "把"의 도움에 의해서만 이루어진다. 아래의 예문을 보기로 하자.

    (4) ㄱ. 我们选他为班长。

          우리는 그를 반장으로 선거했다.

      ㄴ. 我们把他选为班长。

          우리는 그를 반장으로 선거했다.

(5) ㄱ. 我还给他书了。

　　나는 그에게 책을 돌려주었다.

　　ㄴ. 我把书还给他了。

　　나는 책을 그에게 돌려주었다.

　　ㄷ. 书，我还给他了。

　　책, 나는 그에게 돌려주었다.

예문 (4)ㄴ와 (5)ㄴ가 보여 주듯이 직접목적어 "他"가 개사 "把"의 도움을 받아 위치 이동이 실현되었다.

2.2. 전이된 목적어 구문

전이된 목적어구문의 경우 단순목적어 구문의 경우보다 좀 복잡한 양상을 나타낸다. 단순목적어 구문에서 부사어와 목적어는 앞뒤 위치가 비교적 자유롭지만 전이된 목적어 구문의 어순은 자유롭지 못하다. 중국어 이중목적어 즉 간접목적어[4]와 직접목적어의 전후 위치는 비교적 고정적이며 만약 위치에 변화를 주려면 반드시 개사 "把"의 도움을 받아야 한다.

(6) ㄱ. 나는 옷감을 옷을 만들었다.

　　我 (话题格) 布料 (升格) 衣服 (对格) 做

　　ㄴ. ?나는 옷을 옷감을 만들었다.

　　我 话题格 衣服 对格　布料　升格　做

(7) ㄱ. 그는 벽을 못을 가득 박았다.

　　他 话题格 墙 升格 钉子 对格 满　钉

　　ㄴ. ?그는 못을 벽을 가득 박았다.

　　他 话题格 钉子 对格 墙 升格 满　钉

위의 예문 (6)ㄱ과 (7)ㄱ은 적격문이지만 예문 (6)ㄴ과 (7)ㄴ은 어색한 문장이 된다. 이는 한국어는 어순이 자유롭지만 재료와 장소를 나타내는 격이 문법화된 후, 형식상에서 <영향성> 목적어와 같아졌으므로 한국어가 "재료 부사어

---

4) 여기서 간접목적어는 한국어의 부사어에 대응된다.

>목적어", "장소부사어>목적어"의 순서로는 이해하기 어렵기 때문이다. 그러나 원형의 재료격 '로' 혹은 장소격 '에'로써 표현하면 어순이 비교적 자유롭게 된다. 아래 예문이 그것을 보여준다.

(8) ㄱ. 나는 쌀로 술을 빚었다.

　　　我(话题格)粮食(材料格)酒(对格)酿

　　ㄴ. 나는 술을 쌀로 빚었다.

　　　我(话题格) 酒(对格)粮食(材料格)酿

　　ㄷ. 그는 벽에 못을 가득 박았다.

　　　他(话题格)墙(处所格)钉子(对格)满 钉

　　ㄹ. 그는 못을 벽에 가득 박았다.

　　　他(话题格)钉子(对格)墙(处所格) 满 钉

　위의 예문이 보여 주듯이 전이된 목적격은 문장에서 이동이 자유롭지 않았다. 따라서 한국어의 어순이 언제나 자유로운 것이 아니라 그 기본 조건은 원형의 격으로 구성성분의 문법적 관계를 나타낼 때라고 할 수 있다.

　한국어 통사구조에서 목적격 어순은 아래와 같이 정리할 수 있다.

단순목적어구문일 때:

주어>목적어>술어

주어> 간접목적어>직접목적어>수술어

주어> 직접목적어> 간접목적어>술어

(위치이동이 가능함)

전이된 목적어 구문일 때:

주어>전이된 복적어> 원형복석어>술어

(위치이동이 불가능)

　중국어의 목적어는 유표기와 무표기 형식으로 표현된다. 중국어 목적격은 가시적 형태표지로서의 어순이라고 할 수 있다. 陸丙甫(2001:253-263)는 목적어 중에서 전형적인 목적어는 목적격 표지를 필요로 하지 않는다고 하면서 중국어에서 어순으로 표현된 목적어는 무표기형태이고 "把"로써 표현된 목적어는 유표기 목적어라고 했다.

중국어에서 유표기격 형태는 생략이 안 된다. 이는 한국어의 유표기 목적격 설명에도 부합된다. 중국어의 목적어 어순은 아래와 같이 정리할 수 있다.

무표기목적어(술빈구문) 실현형태:

주어＞동사＞목적어

유표기목적어(把구문) 실현형태:

주어＞把＋직접목적어＞동사＞간접목적어＞보어

3. 의미구조에서의 중한 목적어 구문의 어순

의미구조에서 어순은 주로 행위자와 행위대상자의 [＋유생성], [－유생성] 등이 어순에 주는 영향에 대해 논하겠다. [＋유생성]이란 생물학의 관점에서 사물에 대한 분류인데 의미론에 사용되어 세계 만물의 활동 능력의 강약을 가리키며 명사절이 갖는 고유한 특성으로 사용되었다. 중국어의 목적어와 한국어의 목적어는 모두 행위자의 행동이 미치는 대상이다. 따라서 목적어기능을 담당하는 명사 혹은 명사절은 [유생성]의 문제가 존재한다.[5] 여기서는 한국어 목적어 구문과 그에 대응되는 중국어목적어 구문이 의미구조에서 문장내의 성분이 다양한 배열 형태로 변화될 수 있는 경우와 의미정보의 소재와 어순과의 연관성을 살펴보겠다.

3.1. 의미구조에서 한국어 목적어구문의 어순

현대 언어유형학의 이론에 따르면 알타이어[6]는 일반적으로 명사 뒤의 격으로 여러 가지 문법 의미를 나타내므로 격의 분포도 비교적 복잡하다고 설명되었다. 알타이어의 격 등급의 일반 배열순서는 아래와 같다.

---

5) 언어유형학에서는 [＋유생성]등급은 세 가지의 기능 측면 즉 인칭과 [지시성], [한정성]과 연관된다. 인칭에서 [＋유생성]은 제1인칭, 제2인칭이 제3인칭보다 작고, [지시성]은 대명사보다 유생명사가 크고 유생명사보다 보통명사가 크다. 그리고 [＋유생성]은 사람＜유생명사＜무생명사의 순서이다. 이외 [＋유생성]과 연관되는 직접목적어는 [한정성]등급이 있다. 즉 유정성＜특별한 것＜특별하지 않은 것의 순이다.

6) 여기서 알타이어란 언어의 계통성립여부와는 별도로 튀르크계, 몽골계, 퉁구스계 언어 등을 통칭하는 '알타이어계 언어들'이란 의미로 사용한다.

"주격(主格) > 목적격(賓格) > 속격(屬格 / 所有格) > 기타(各類旁格)"

이 등급 특성은 배열에서 앞에 올수록 격 분포가 자유롭고 무표기로 나타난다. 격의 등급 특성은 격표기의 생략에서도 나타나는데 주격은 일반적으로 표기를 하지 않아도 되므로 주격은 영 형태 즉 무표기 경향을 띤다. 아래 세 가지 경우 목적어의 어순을 살펴보겠다.

1) 목적어의 [유생성]이 주어의 [유생성]보다 높을 때
2) 목적어의 [유생성]이 주어의 [유생성]보다 낮을 때
3) 목적어와 주어 모두 [유생성]일 때

알타이어는 정상적인 상황에서 목적어의 [유생성]이 주어의 [유생성]보다 낮을 때 목적격 표기를 하지 않아도 된다.

(9) ㄱ. 지호는 보았다 책을.
    ㄴ. 책을 지호는 보았다.
    ㄷ. 지호는 책을 보았다.

(9)ㄱ에서 목적어 "책"은 [−유생성]이고 주어 "지호"는 [+유생성]이므로 목적어의 [유생성]이 주어보다 낮다. 따라서 어순은 자유롭다. 또 목적어의 [유생성]이 주어의 [유생성]보다 높을 때도 한국어는 위와 같이 격조사에 의해 성분관계가 표시되기 때문에 비문이 생기지 않는다.

아래 (10)에서 목적어 '철수'는 [유생성]이고, 주어 '바람'은 [−유생성]이다.

(10) ㄱ. 바람이 철수를 넘어뜨렸다.
     ㄴ. 철수를, 바람이 넘어뜨렸다.
     ㄷ. 철수를 바람이 넘어뜨렸다.

(10)ㄱ에서 주어 "바람"은 목적어 "철수"보다 [유생성]이 낮다. 따라서 어순이 자유롭다. 한국어는 목적어와 주어의 [유생성]이 같을 때도 구조격으로 성분관계를 나타냄으로 비문이 생기지 않는다.

(11) ㄱ. 지호는 철수를 보았다.

    ㄴ. 철수, 지호는 보았다.

    ㄷ. 철수를 지호는 보았다.

    ㄹ. 지호를 철수는 보았다.

그러나 목적격 조사 '를'의 생략에서는 제약이 있다. 주어와 목적어의 [유생성]이 모두 강할 때는 쉽게 생략되지 않고, 목적어가 주어의 [유생성]보다 약할 때는 쉽게 생략된다. 아래의 예문을 들어 볼 수 있다.

주어와 목적어의 유생성이 모두 강할 경우

(12) ㄱ'. ?지호는 철수 보았다.

    ㄴ'. ? 철수 지호는 보았다.

    ㄷ'. ? 지호 철수 보았다.

주어 "지호"와 목적어 "철수"의 [유생성]은 같으므로 조사가 생략되면 부자연스런 문장이 된다.

주어의 유생성이 목적어의 [유생성]보다 높을 경우

(13) ㄱ. 지호는 보았다, 책.

    ㄴ. 책, 지호는 보았다.

    ㄷ. 지호는 책 보았다.

목적어 "책"이 주어 "지호"보다 유생성이 낮으므로 목적격 조사가 생략되어도 비문이 생기지 않고 중의성도 나타나지 않는다.

주어의 [유생성]이 목적어의 [유생성]보다 낮을 경우

(14) ㄱ. ?바람이 철수 넘어뜨렸다.

    ㄴ. *철수, 바람이 넘어뜨렸다.

주어 "바람"의 유생성이 목적어 "철수"의 유생성보다 낮으므로 조사가 생략되면 비문이 생기거나 어색한 문장이 만들어진다.

　　결론적으로 주어와 목적어의 [유생성]이 모두 강할 때, 어순은 비교적 자유스롭지만 목적격조사를 생략하지 않은 목적어가 주어보다 [유생성]이 약할 때 목적격 조사를 생략해도 비문이 되지 않는다. 또 주어의 [유생성]이 목적어의 [유생성]보다 낮을 때 목적격조사가 생략되면 비문이 되거나 어색한 문장이 된다. 이런 경우에는 한국어 학습에서 긍정전이와 부정전이 모두 배제할 수 없다. 격 표기를 하지 않는 경우에는 긍정전이가 생길 것이고 격 표기를 할 경우에는 부정전이가 생길 것이다.

3.2. 의미구조에서 중국어 목적어구문의 어순

　　중국어는 한장어(漢藏語)에 속한다. 한장어에서는 명사에 虛詞를 붙여서 여러 가지 격 의미를 나타내지만 일반적으로 격 형태 표기가 없다. 목적어의 문법의미는 보통 어순으로 나타난다. 한장어에서 소유자(領有者)는 일반적으로 격 표기를 하지 않는다.

　　　(15) ㄱ. 我们学校在松江。

　　　　　　우리(의) 학교는 송강에 있다.

　　　　　ㄴ. 我家在上海。

　　　　　　나(의) 집은 상해에 있다.

　　그러나 위치, 방향, 참여자, 도구 등 명사는 일반적으로 생략되지 않고 다른 문법수단으로 격을 나타낸다. 명사의 격 범주의 표기성 등급배열은 일반적으로 아래와 같다.

　　직접격(주격과 부정빈격)> 속격> 간접빈격

　　행위사가 [+유생성]명사이고 행위대상자기 [　유생성]일 때 [영향성]은 주어와 동사로 구성된 문장 속에서 그 위치가 자유롭다. 즉 임의의 위치에 다 나타날 수 있다. 이는 한국어와 비슷한 현상이다.

　　　(16) ㄱ. 志浩看过了书。

　　　　　　ㄴ. 书, 志浩看过了。

　　　　　　ㄷ. 志浩, 书看过了。

그러나 행위자와 행위대상자가 모두 [+유생성]의 의미를 가졌을 때는 행위대상자의 위치는 제약을 받게 된다. 위와 같은 어순은 더 이상 허가되지 않는다. 예를 들면,

(17) ㄱ. 志浩见到了哲洙。

ㄴ. 哲洙，志浩见到了。(志浩是施事而哲洙是受事)

ㄷ. 哲洙见到了志浩。(哲洙是施事而志浩是受事)

ㄹ. *志浩哲洙见到了。

위의 예문에서 (17)ㄱ과 (17)ㄷ은 행위자와 행위대상자의 위치가 바뀌었다. 따라서 의미도 달라졌다. 즉 (17)ㄱ에서는 지호가 철수를 보았고 (17)ㄴ에서는 철수가 지호를 보았다. 원래 의미와는 상반되는 내용이다. (17)ㄴ에서는 영향 받는 자를 앞에 놓고 휴지를 주었기 때문에 (17)ㄱ의 뜻과 같다고 볼 수 있다. 그러나 (17)ㄹ은 비문이다.

결론적으로 행위자와 행위대상자가 모두 [+유생성]이면 어순에서 제약을 받는다. 그러나 한국어는 중국어와 같은 비문이 생기지도 않고, 행위자와 행위대상자의 역할이 전도되는 일도 없다.

다음은 행위자가 [-유생성]이고 행위대상자가 [+유생성]명사인 경우를 살펴보자.[7]

(18) ㄱ. 风吹倒了哲洙。

바람이 철수를 넘어뜨렸다.

ㄴ. 哲洙，风吹倒了。(风是施事而哲洙是受事)

철수, 바람이 넘어뜨렸다.

ㄷ. *风哲洙吹倒了。(风是施事而哲洙是受事)

이상의 예와 같이 행위자가 [-유생성]명사이고 행위대상자가 [+유생성]명

---

7) 무생명성 사물은 그 종류가 다양하고 복잡하다. 따라서 다른 무생명 사물의 생명도의 강약도 다르다. 周紅은 자신의 박사논문(2005:161)에서 자발적으로 동작을 하는가 하지 못하는가에 따라 무생명성 사물을 두 가지로 나누었다. 첫째, 자발적으로 동작을 하는 무생명성 사물 예를 들면 바람, 비, 우뢰, 번개 물 등. 둘째, 자발적으로 동작을 못하는 무생명 사물, 예를 들면, 결상, 관념, 언어, 음성 등이다.

사일 때 어순에서 제약을 받는다. 이때는 개사 "把"에 의해 목적어가 동사술어 앞에 오게 되면서 비문이 생기지 않는다. 따라서 의미구조에서 '把'구문의 어순은 목적어를 앞에 놓게 함으로써 '를'구문과 같이 [+유생성]에는 크게 제약을 받지 않고 비교적 고정적인 어순을 지향하게 된다.

(19) 风把哲洙吹倒了。

바람이 철수를 넘어뜨렸다.

이상의 논의를 개괄하면 행위자가 [+유생성] 명사이고 행위대상자가 [−유생성]명사일 때 중국어와 한국어 모두 행위자와 행위대상자의 역할을 쉽게 구별할 수 있고 어순의 의존성도 적어서 비교적 자유롭다. 반대로 행위자가 [−유생성]명사이고 행위대상자가 [+유생성]명사일 때는 중국어에서는 어순의 제약이 가장 크지만 한국어는 이러한 제약이 없다. 그리고 행위자와 행위대상자가 모두 [+유생성]명사일 때 중국어와 한국어는 모두 제약이 크지 않으나 문장의 의미는 달라지게 된다.

4. 정보구조에서 한중목적어 구문의 어순

정보구조에서는 일반적으로 기지(已知)정보와 미지(未知)정보, 그리고 지정성과 미정성, 초점 등이 논의될 것이다. 담화상황에서 새로운 정보는 화자가 청자에게 전달하는 가장 관건이 되는 의미정보를 말한다. 언어유형학의 측면에서 볼 때 모든 언어들의 자연 초점은 문장 끝에 온다. 본 절에서는 한국어 목적어구문과 중국어 술빈구문 그리고 '把구문'의 어순을 함께 살펴보겠다.

한국어와 중국어는 모두 신정보를 구문의 뒤로 이동하려는 경향이 있으나 한국이는 격 표시에 의해 신정보를 나타내는 경우가 많다. 신정보가 주어일 때는 '가'에 의해 신정보를 나타내고, 목적어가 신정보일 때는 '을'에 의해 '신정보' 및 '주의 집중' 등 뜻을 나타낸다. 그러나 한국어는 많은 경우에 악센트, 억양으로 신정보를 나타낸다.

(20) 서점에서 소설책을 샀다.

在书店里买了一本小说。

위의 예문은 악센트에 따라 세 개의 신정보를 나타낼 수 있다.

악센트가 "서점에" 올 때는 장소가 신정보로 되고 "소설책"에 악센트가 오게 되면 대상이 신정보로 된다. 그리고 술어 "샀다"에 악센트가 오게 되면 행위가 신정보로 된다. 따라서 어순에 상관없이 악센트에 의해서만 의미 구문이 가능하다. 앞에서 중국어의 목적어는 술빈구조와 '把구문'에 의해 나타난다고 했으나 문장에서 그 기능은 다르다.[8]

술빈구조 어순: 동사+목적어

(21) ㄱ. 下雨了。
　　　비가 내린다.
　　ㄴ. * 停雨了。
　　ㄷ. 雨停了。
　　　비가 그쳤다.

위에서 "下"와 "停"은 모두 동사이다. 중국어 통사구조는 V+O구조이므로 계열관계로 볼 때 "停雨了"는 통사구조에 맞는 말이지만 실제 언어현실에서는 이 문장은 비문이다. (21)ㄱ의 '비'는 신정보이지만 (21)ㄴ의 '비'는 신정보가 아니므로 정보구조에서 신정보는 뒤에 온다는 제약을 받기 때문이다.

중국인 학습자들은 중국어의 목적어와 한국어의 목적어를 동일시하고 중국어 목적어에 한국어 목적격 '를'을 붙여서 아래와 같은 비문을 만든다.

(22) *오늘 비를 내린다.
　　今天下雨。

이는 중국어에서 "비"가 목적어이기 때문에 부정적인 전이를 시킨 것이다. 그러나 "비가 그치다."는 중국어에서도 주술문이기 때문에 긍정전이가 되어 쉽게 이해를 한다. 이와 비슷한 예문으로 아래와 같은 것들이 있다.

(23) ㄱ. *나에게 돈을 있다.
　　我有钱。(胡裕树)

---

8) 술빈구문에서 목적어는 진정한 목적어로 되지만 '把구문'에서 "把" 뒤에 오는 목적어는 한국어 문장에서 주어로 되기도 하고 부사어로 되기도 한다.

　　ㄴ. *소파에 다섯 사람을 앉아 있다.

　　　　沙发上坐着五个人。(丁声树)

　　ㄷ. *손님을 왔습니다.

　　　　来客人了。

　위의 예문에서 "돈", "다섯 사람" 등은 동사 "있다, 앉다"의 뒤에서 목적어로 되기 때문에 한국어의 목적어와 대조시킨 것이다. 위의 술빈구조는 동사의 의미 자질에 따라 한국어에서는 목적어를 가지지 못하고 주술구조로 되기 때문에 두 문장 모두 주술관계이고 구정보와 신정보는 악센트로 구별한다. 또 다른 예문을 들어 살펴보자.

　　(24) ㄱ. 客人来了。

　　　　　손님이 왔습니다.

　　　　ㄴ. 来客人了。

　　　　　손님이 왔습니다.

　위의 예문 (24)ㄱ에서 '客人(손님)'은 '구정보'이고, (24)ㄴ에서 '客人(손님)'은 '신정보'이다. 손님이 온다는 사실을 청자와 화자가 다 알고 있는 상황에서는 즉 '유정(有定)'일 때는 ㄱ을 사용하고 손님이 오는 것을 청자가 모르고 있는 상황 즉 '무정(无定)'일 때는 ㄴ을 사용한다. 중국어의 이런 언어 현상을 한국어는 담화현장에서 악센트로 구정보와 신정보를 나타냈다. 위의 예문에서 알 수 있듯이 중국어는 가시적 표면형태의 목적어가 동사 뒤에서 신정보여야 하지만 한국어는 이런 제약이 없다. 그러나 번역에서는 똑같이 '손님이 왔습니다.'로 번역되어 목적어구문이 주술구문으로 바뀌는 한편, 표면적으로 구별을 나타낼 수 없다는 한계를 갖고 있다.

　　(25) ㄱ. 손님이' 왔습니다.

　　　　ㄴ. '손님이 왔습니다.

5. 결론: 한중 목적어 구문 어순 대응관계

한국어 목적어구문과 이에 대응되는 중국어 목적어구문의 어순을 통사구조와 의미구조 및 정보구조 측면에서 살펴보았다.

통사구조에서의 어순은 단순목적어구문과 전이된 목적어 구문으로 나눠서 살폈다. 단순목적어 구문은 원형목적어로 '주어>부사어>직접목적어>동사' 혹은 '주어>직접목적어> 부사어>동사' 와 같이 위치이동이 가능하였다. 그러나 전이된 목적어 구문은 '주어>전이된 목적격> 원형목적격' 순서로 위치이동이 불가능하였다.

중국어목적어는 '술빈구문일 때는 '주어>동사>목적어' 순서이고, '把구문'일 때는 '주어>把+직접목적어>동사>간접목적어>보어'의 어순이다. 중국어 목적어의 어순을 변화시키는데 두 가지 방법이 있는데 하나는 개사 "把"에 의존하고 다른 하나는 목적어가 주어로 되어 주술문을 만드는 것이다.

의미구조에서 행위자와 행위대상자의 [+유생성]이 어순에 영향을 준다는 것을 밝히고 세 개 경우로 나누어서 설명하였다.

첫째, 행위자가 [+유생성] 명사이고, 행위대상자가 [-유생성]명사일 때 중국어와 한국어 모두 행위자와 행위대상자의 역할을 쉽게 구별할 수 있고 어순의 의존성도 적어서 어순이 비교적 자유롭다. 반대로 행위자가 [-유생성]명사이고 행위대상자가 [+유생성]명사일 때는 중국어는 어순의 제약이 가장 크지만 한국어는 제약이 없다.

둘째, 행위자와 행위대상자가 모두 [+유생성]명사일 때 중국어와 한국어는 모두 제약이 그리 크지 않으나 의미는 변화를 가져온다. 그리고 [+유생성]은 목적격의 생략에도 영향을 준다는 것을 제시했다. 즉 한국어는 주어와 목적어의 유생성이 같을 때 어순은 자유롭지만 목적격 생략이 되지 않고 목적어가 주어의 유생성보다 약할 때 생략이 되어도 비문이 생기지 않는다.

셋째, 주어의 [+유생성]이 목적어의 [+유생성]보다 낮을 때 목적격이 생략되면 비문이 생기거나 어색한 문장이 된다. 그러나 중국어는 행위자가 [+유생성] 명사이고 행위대상자가 [-유생성]명사일 때 중국어와 한국어 모두 행위자와 행위대상자의 역할을 쉽게 구별할 수 있고 어순이 비교적 자유롭다. 반대로 행위자가 [-유생성]명사이고 행위대상자가 [+유생성]명사일 때 중국어는 어순의 제약이 가장 크고 행위자와 행위대상자가 모두 [+유생성]명사일 때 두 언어 모두 제약이 크지 않지만 의미는 달라지게 된다.

　　정보구조에서 한국어는 무정과 유정의 구별이 담화현장에서 악센트로 나타나지만 중국어는 어순으로 나타난다고 밝혔다. 중국어는 다른 언어들과 마찬가지로 구문 뒤에 신정보가 놓이지만 한국어는 주로 격조사, 악센트 등에 의해 나타냄으로 쓰기와 표현에서는 한계가 있다는 것을 지적했다.

참고문헌

金忠实(2008),『중국인 학습자를 위한 한국어 '를'구문 교수방법연구』, 부산외국어대학 박사논문.

목정수(2003),『한국어 문법론』, 서울 월인, 19-244.

박동열(2004),「한국어 격 실현에 관한 연구 프랑스어 격 실현과 비교 연구」 프랑스어문교육 17,『한국 프랑스 어문 교육학회』167-189.

우순조(1994),「한국어의 형성과 관계표지의 실현양상」, 서울대 언어학과 박사논문.

우형식(1996),『국어타동구문의 연구』, 박이정, 90-163.

이남순(1999),『국어의 부정격과 격 표식생략』, 탑출판사, 40-67.

홍재성(1990),「견디다 구문의 기술을 위하여」, 한글 208 한글학회 35-64.

黃玉花(2004),「朝汉述宾结构对比」, 中央民族大学 博士论文.

陆丙甫(2001),「从宾语标记来看语言类型学的功能分析」, 当代语言学 4, 253-263.

周　红(2007),「现代汉语致使范畴研究」, 华东师范大学 博士论文.

※ 이 논문은 『언어와 문화』 2010년 제6권 제1호에 실려 있음.

김충실(金忠實)
상해 외국어대학교
중국 상해외국어 대학교 상해시 민항구 벽수로 98 동 9호 14-01실
전자우편: jinzhongshi@hanmail.net

한국어 [얼굴]과 중국어 [臉]의 의미 확장 비교 연구
-양어의 대응 표현을 중심으로-

민영란 (산동대학교)

1. 목적과 의의

대부분의 낱말이 기본적으로 다의어의 특징을 갖고 있듯이 한국어 신체 어휘소 '얼굴/낯'과 중국어 '臉'도 여러 가지 의미를 가지고 있는 다의성을 지니고 있다. 다의어(多義語)란 하나의 낱말이 두 가지 이상의 관련된 의미로 쓰이는 낱말이다. 이 때 관련된 의미란 유연성을 가졌다는 뜻이다. 다의어는 여러 가지 의미 가운데 기본적인 중심 의미와 문맥과 환경에 따라 의미가 확장되어 쓰이는 주변 의미를[1] 갖는다.

이 연구에서는 대조언어학적인[2] 측면에서 한국어 '얼굴/낯'과 중국어 '臉'의 중심 의미와 주변 의미를 대조하였다. 주로 대응이 어떻게 이루어지는지에 대한 고찰을 통해 '얼굴'과 '臉'의 의미적 공통성과 차이성을 살펴보았고, 이를 바탕으로 다의적 확장의 특징을 밝히었다. 이는 개별언어사이의 대조적인 연구와 외국어 교육적인 측면에서 정확한 언어의 구사를 촉진하는 데 의의가 있을 것이다.

본고는 주로 사전적 기술을 중심으로 분석한 것인데, 인용된 뜻풀이와 예문은 한국 국립국어원에서 편찬한 『표준국어대사전』(2000)과 중국사회과학원에서

---

1) '중심 의미'와 '주변 의미'를 '기본 의미'와 '전이 의미(파생 의미)', '원형 의미'와 '확장 의미', '주의(主意)'와 '부의(副意)'라고도 한다. 본고에서는 '중심 의미'와 '주변 의미'란 용어를 사용할 것이다. 하지만 논의의 편리에 따라 '확장 의미'라는 용어도 사용한다.

2) 대조언어학이란, 두 개 혹은 두 개 이상의 언어에 대해 음성, 음운, 어휘, 문법 등의 언어 체계, 나아가서는 그것을 사용하는 행동인 언어 행동의 다양한 측면을 대조하여 어느 부분과 어느 부분이 서로 대응되는지, 혹은 대응되지 않는지를 밝히는 언어 연구의 한 분야이다. 대조언어학은 외국어 교육에 대해 언어학적 측면에서 학문적인 배경을 부여하려고 하는 데서 발전한 것이다.(石綿敏雄·高田誠 2004:13-15)

편찬한 『現代漢語辭典』(2001)을 자료로 채택했다. 그 외에도 『연세한국어사전』, 『동아 새국어사전』, 『실용한중사전』, 임홍빈의 『한국어사전』과 『漢語大辭典』, 『現代漢語規範辭典』을 참고하였다. 또한 다의항목의 기술에 필요한 관용적 표현의 예문을 찾아 설명하기도 했다.

본고는 현대 한국어와 중국어에 관한 공시적인 연구이므로 뜻풀이에서 옛말이나 방언이 갖는 의미는 논외로 한다.

지금까지 본고와 관련된 연구는 많지 않다. 양국어에서 '얼굴'과 '낯', 그리고 중국어에서 '臉'에 대한 개별적인 연구는 더러 있지만 한국어와 중국어, 또는 중국어와 한국어의 대조적 차원에서 이루어진 연구는 별로 없다. 지금까지 검색한 바에 의하면[3] 이선희(2010)의 "한중 '얼굴'의 의미 확장과 개념화 양상"이 유일한 선행연구로 알려지고 있다.

2. '얼굴'과 '낯'의 유의성

한국어에서 '얼굴'과 유의적인 어휘소로 '낯'이 있다. '얼굴'[4]과 '낯'은 고유어끼리 유의 관계를 형성하는데, 이에 대응되는 중국어는 '臉'이다. 따라서 '얼굴-臉'과 '낯-臉'으로 대응이 가능한데, 그렇다고 '臉'의 대응으로 모든 환경에서 '얼굴'과 '낯'이 다 분포될 수 있는 것은 아니다. 그것은 '얼굴'이 가지고 있는 의미를 '낯'이 모두 가지고 있는 것이 아니며, '얼굴'과 '낯' 사이에도 사용상의 제약이 존재하기 때문이다.

먼저 '얼굴-낯'의 유의성을 사전을 통해 살펴보자. 『표준국어대사전』(이하 『표준』)에서 이들의 뜻풀이를 보면 다음과 같다.

---

3) 본고의 연구를 수행하기 위해 필자는 국회도서관(http://www.nanet.go.kr/main), 한국교육학술정보원(http://www.riss4u.net/), 中國优秀碩士, 博士學位論文, 全文數据庫(http://211.218.126.210/kns50/Navigator.aspx?ID)와 中國期刊全文數据庫(http://211.218.126.210/kns50/scdbsearch)에서 논문을 검색했다. 검색어는 '얼굴', '낯', '신체어', '臉', '面', '身体語言' 등이었다.

4) 중심 의미란 어떤 단어가 처음 생길 때 갖는 원형적인 의미로서 일반적으로 사전에서 첫 번째 의미로 풀이되는 것이 통례이다.

<표 1> '얼굴-낯'의 사전상 풀이

얼굴	낯
1. 눈, 코 입이 있는 머리와 앞면 예: 둥근 얼굴/얼굴을 씻다	a. 눈, 코, 따위가 있는 얼굴의 바닥 예: 낯을 깨끗이 씻어라
2. 머리 앞면의 전체적 윤곽이나 생김새 예: 잘 생긴 얼굴/얼굴을 익히다	—
3. 주위에 잘 알려져서 얻은 평판이나 명예, 또는 체면 예: 얼굴을 세우다/무슨 얼굴로 만나나?	b. 남을 대할 만한 체면 예: 그를 대할 낯이 없다.
4. 어떤 심리 상태가 나타난 형색(形色) 예: 기쁨에 충만된 얼굴	—
5. 어떤 분야에 활동하는 사람 예: 문단의 새 얼굴 (연)낱낱의 사람. 예: 보이지 않는 얼굴들이 많다./술잔을 나눌 만한 얼굴이 보 이지 않는다. (동)어떤 분야나 단체에서 활동하는 사람, 또는 그 분야나 단체 의 대표적인 사람 예: 연예계에 새 얼굴이 많이 등장)	—
6. 어떤 사물의 진면목을 단적으로 보여 주는 대표적 표상 예: 돌 · 바람 · 여자는 제주도의 얼굴이다.	—
7. (동)어떤 사물의 주되는 부분[5] 예: 표지는 책의 얼굴이다.	—

※ '—'는 대응하는 의미 항목이 없음

사전 풀이를 보면 '얼굴'의 의미항목은 일곱 가지로, 대략 '顔面, 용모, 체면·면목, 평판·명성, 표정, 대표자, 중심부분'으로 짚어볼 수 있다. '낯'의 항목은 두 가지로 '顔面, 체면'으로 요약할 수 있는데 '얼굴'보다 의미 항목이 적다. 이는 '얼굴'의 사용범위, 즉 외연이 '낯'보다 넓다는 것을 의미한다. 위의 표에서 '얼굴'의 1과 '낯'의 a는 중심 의미가 된다.[6]

(1) ㄱ. 햇빛에 눈이 부셔 {얼굴, 낯}을 찡그렸다.

---

5) 의미 풀이에서 (연)은 『연세한국어사전』을, (동)은 『동아새국어사전』을 표시하는데, <표준>의 뜻풀이를 더 보충하기 위해 필요한 것만 더 추가하였다.

6) 중심 의미란 어떤 단어가 처음 생길 때 갖는 원형적인 의미로서 일반적으로 사전에서 첫 번째 의미로 풀이되는 것이 통례이다.

ㄴ. 복면으로 {얼굴, 낯}을 가렸다.

ㄷ. 그녀는 {얼굴, 낯}에 로션을 발랐다.

(1)에서 '얼굴'과 '낯'은 인간 신체의 특정 부위로서의 대상 자체를 가리키는데, 이와 같은 상황에서 둘 사이에는 의미 차이를 가지지 않으므로 완전 교체가 가능하다.

사전풀이의 '얼굴'3과 '낯'의 b도 동류의 의미로 풀이되는데 양자는 개념적 의미는 같지만 감정적 색채와 문체적 의미[7]는 다소 다르다.

(2) ㄱ. 신랑의 {얼굴, *낯}이 아주 준수하다.

ㄴ. 사장님은 반가운 {얼굴, ?낯}(으)로 다가왔다.

ㄷ. 아버지는 심각한 {얼굴, *낯}(으)로 내게 와서 어머님의 병세를 알려 주었다.

(2)의 ㄱ~ㄷ에서 '신랑의 준수한 얼굴', '사장님의 반가운 얼굴', '아버지의 심각한 얼굴'은 자연스럽지만 '신랑의 준수한 낯', 사장님의 반가운 낯', '아버지의 심각한 낯'은 어딘가 어색하고 예의가 없어 보이는 표현으로 감지된다. '얼굴'은 중립성[8]을 띠기에 구어나 문어 어디서나 무난히 쓰일 수 있지만 '낯'은 문어보다는 구어에서, 그리고 다소 비속의 느낌으로 많이 쓰임을 알 수 있다. 위의 예문에서 '얼굴'이 '낯'으로 대체될 수 없는 것은 '낯'이 감정 표현과 관련되며 다소 낮춤의 경향성을 가지기 때문이다.

따라서 '얼굴'과 '낯'의 유의적 차이는 '낯'이 비하의 감정 가치를 지니고 있어

---

7) 문체적 의미는 존대, 매체, 언어 사용역, 방언, 비속어 등의 차이가 전해 주는 의미이다. 리치(1974)는 문체적 의미를 '동일 언어 사회에서 지역이나 사회적 신분 등의 용법상 다른 차원 또는 레벨을 인식함으로써 수신되는 의미'라 하고 문체적 의미가 나타나는 양상을 다음과 같이 정리하였다.

비교적 영속적인 문체적 특징	담화	비교적 일시적인 문체적 특징
① 개성: 개인 방언	①매체: 음성언어 문자언어	①분야: 법률어, 과학용어, 광고용어
② 방언: 지역 또는 사회적 계급의 언어	②참가자: 독백, 대화	②신분: 겸손어, 구어, 속어 등
③시대: 18세의 언어		③양식: 메모, 강연, 농담 등
		④특이성: 작가의 문체

8) 임홍빈(1993:124)에서는 '얼굴'은 낮춤말이 아니므로 임금과 같이 높은 사람이 아니고는 누구에 대해서나 쓸 수 있다고 했다.

윗사람에게는 사용되지 않는다는 점(*아버님의 낯)과 화자의 호감을 담고 있지 못한 점(*잘 생긴 낯, *아름다운 낯)을 들 수 있다. 비속어인 '낯짝', '낯바닥', '낯 가죽'은 있어도 '얼굴짝', '얼굴바닥', '얼굴가죽'이 잘 쓰이지 않는 것은 이를 대변 해 준다. 또한 '낯'이 적용될 수 있는 대상은 사람과 동물 중 고양이에 한정되는 것 같다. 명칭의 범위를 보아도 '낯'은 얼굴보다 좁은 부위를 가리키는데, 대체로 얼굴 중에서 귀나 턱 부분은 제외된다.

　다음 '얼굴'의 외연이 '낯'보다 넓다는 것을 증명하기 위해 예시문을 치환검증 하면 다음과 같다.

(3) ㄱ. {얼굴, 낯}을 씻다.

　　　{얼굴, 낯}을 익히다

　　ㄴ. {얼굴, 낯}을 세우다

　　　무슨 {얼굴, 낯}(으)로 다니느냐?

　　　그를 대할 {얼굴, 낯}이 없다.

　　ㄷ. 준수한 {얼굴, *낯}

　　　예쁜 {얼굴, *낯}

　　ㄹ. 기쁨이 충만한 {얼굴, *낯}

　　　슬픔의 {얼굴, *낯}

　　ㅁ. 문단의 새 {얼굴, *낯}

　　　술잔을 나눌만한 {얼굴, *낯}

　　ㅂ. 한라산은 제주도의 {얼굴, *낯}이다.

　　　사장은 회사의 {얼굴, *낯}이다.

　(3)에서 ㄱ과 ㄴ은 '얼굴'과 '낯'의 의미 항목 첫 번째와 세 번째의 예문이다. 신체부위로서의 구체적인 '顔面'을 나타낼 때와 추상적인 '체면'을 나타낼 때 '얼굴'과 '낯'은 공통성을 보여 상호교체가 가능하다. ㄷ~ㅂ은 '얼굴'의 뜻풀이 중 2, 4, 5, 6, 7의 예시인데 ㄷ에서는 사람의 '용모'를, ㄹ에서는 사람의 '표정'을, ㅁ에 서는 '사람'을, ㅂ에서는 '상징성'과 '중심'을 나타내고 있다. 이 때 '얼굴'을 '낯' 으로 치환하면 비적격문이 되고 만다. 따라서 얼굴의 의미 영역이 낯보다 넓다는 것을 알 수 있다. 상술한 내용을 표로 나타내면 다음과 같다.

〈표 2〉 '얼굴'과 '낯'의 차이

	안면	체면	용모	표정	사람	상징성, 중심	긍정
얼굴	+	+	+	+	+	+	+
낯	+	+	-	-	-	-	+/-

　이제 한국어 '얼굴'과 중국어 '臉'의 분포와 의미 기능을 비교 분석하겠다. '얼굴'–'臉'에 대해서는 다음과 같이 두 개 면으로 살펴보려고 한다. 첫째 의미소의 대응이고, 둘째 의미 확장의 양상이다. 의미소란 표제어 개개의 의미항목을 말하는 것인데 사전에서 중심 의미와 주변 의미들이 그것이다. 의미 확장이란 유연성에 의해 중심의미에서 주변의미로 파생되는 과정을 말하는데, 이 때 작용되는 기제는 대상 간의 유사성에 의한 은유와 인접지각에 의한 환유이다.

3. '얼굴'과 '臉'의 의미 대응 관계

　'얼굴'에 대응하는 중국어로 문어인 '面'이 있다. '面'은 '臉'과 유의관계를 이루는 어근이다. 田啓濤(2008:170–171)에 의하면 중국의 위진남북조 이전까지는 '面'으로 얼굴을 나타냈다고 한다. '臉'은 대략 위진남북조 시기에 출현(産生)했는데 그 쓰임이 가속되어 당, 송대에 벌써 문헌에 나타났고 명, 청에 이르러서는 그 사용 범위가 점차 확대되어 기본 어휘(全民詞彙)로서의 위상을 가지게 되었다. 따라서 현대 중국어에서는 문어와 구어에 널리 쓰이고 있다. '面'은 고대 중국어에서 얼굴을 나타내었으나 현대에 와서 '臉'에 대체되어[9] 고어체나 문어에서만 볼 수 있게 되었다. 반면에 '臉'은 출현 초기에는 연지를 바르는 부위인 여자의 '뺨(面頰)'만을 나타내었으나 그 지시 의미의 외연이 점차 확대되어 얼굴 전체를 나타내게 되었고 구어나 문어에서 광범위하게 쓰이고 있다. 본고에서는 한국어 어휘소 '얼굴'에 대응하는 중국어를 '臉'으로 국한시켜 논의하려고 한다.

---

9) 새로운 어휘에 대체된 예들은 '面' 외에도 다음과 같은 예들에서 볼 수 있다. '目–眼睛(눈), 口–嘴(입), 日–太陽(해)'(田啓濤(2008:171)). 여기에서 '目, 口, 日'은 고어에서 '눈, 입, 해'를 나타냈는데 후에 '眼睛, 嘴, 太陽'으로 대체되었다. 하지만 전자의 어휘들이 없어진 것이 아니다. 단의어를 나타내는 후자들과의 유의 경쟁에서 기본 의미를 내주었지만 단어 조성이 활발하여 많은 어휘들을 파생시키고 있으며 성어(成語)와 관용어로도 많이 사용되고 있다. '目睹(목격), 目中無人(안하무인)', '口才(말재주), 異口同聲(이구동성)', '日月(날), 日久天長(오랜세월)'.

<표 3> '臉'의 사전상 풀이

臉	예문
① 頭的前部, 從額到下巴(머리의 앞면, 이마에서 부터 턱까지)	圓臉(동그란 얼굴), 洗臉(얼굴을 씻다)
② (~兒) 某些物體的前部(물체의 앞면)	門臉兒(상점의 문앞), 鞋臉兒(신의 앞축)
③ 情面; 面子(체면)	丟臉(얼굴이 깎이다), 不要臉(뻔뻔스럽다)
④ (~兒) 臉上的表情(얼굴의 표정)	笑臉兒(웃는 얼굴) 把臉一變(얼굴 표정을 일변하다)

위 두 사전상의 의미에서 <표 1>의 '얼굴' 항목1과 <표 3>의 '臉'①은 중심적 의미이고 항목 2~7과 ②~④는 주변적 의미가 된다. 즉 <표 1>에서 항목 2~7은 중심적 의미인 항목 1에서 파생된 것이며, 같은 맥락으로 <표 3>에서 중국어 '臉'도 중심적 의미인 ①에서 주변적 의미인 ②, ③, ④가 파생된 것이다. 즉 ①로부터 유연성에 의해 의미가 추상화한[10] 것이다. 양어의 중심적 의미와 주변적 의미가 어떻게 대응을 이루는가를 결론적으로 보면 '얼굴1'과 '얼굴2'는 '臉'의 ①과 대응을 이루고 '얼굴3'은 '臉'의 ③과, '얼굴'4는 '臉'④와 대응된다. '얼굴5'는 '臉'이 아닌 '面孔'과 대응되고, '얼굴6'은 '臉'과 대응되는 의미항목이 없으며, '얼굴7'은 '代表'로 대응되었다. 역으로 '臉'②도 한국어 '얼굴'에 대응되는 의미 항목이 없다.

대응이 된다는 것은 공통된 의미를 소유하고 있다는 것으로 이해된다. 논의의 편의를 위해 '얼굴-臉'의 의미 공통점과 차이점을 다시 정리해 보자.

<표 4> '얼굴'과 '臉'의 대응관계의 異同點

	얼굴	臉
공통점	1. 눈, 코, 입이 있는 머리와 앞면	① 頭的前部, 從額到下巴(머리의 앞면, 이마에서부터 턱까지)
	2. 머리 앞면의 전체적 윤곽이나 생김새	
	3. 주위에 잘 알려져서 얻은 평판이나 명예, 또는 체면	③ 情面; 面子(체면)
	4. 어떤 심리 상태가 나타난 형색(形色)	④ (~兒)臉上的表情(얼굴의 표정)
차이점	5. 어떤 분야에 활동하는 사람	—
	6. 어떤 사물의 진면목을 단적으로 보여 주는 대표적 표상	—
	7. 어떤 사물의 주되는 부분	—
	—	② (~兒) 某些物體的前部(물체의 앞면)

※ '—'는 대응되는 의미항목이 상대 언어에 없음을 말함.

---

10) 하이네(B. Heine 1991:48)는 의미 확장의 전이 방향을 사람>대상>행위>공간>시간>질로 분석했다. 이는 개념 영역이 구체적(실체적)인 것에서 추상적인 것으로 이행함을 뜻한다.

위에서 밝혔다시피 공통점을 가진다는 것은 의미적으로 대응의 가능성을 말해주고 차이점은 대응의 가능성이 희박함을 말해주는 것이다. 또 대응이 가능하다는 것은 양자 사이에 유의 관계가 성립된다는 것으로도 해석된다.

3.1. '얼굴'과 '臉'의 대응

(4) 얼굴1[11]: ㄱ. 그는 다가와 내 얼굴에 묻은 분필 가루를 닦아 주었다.

他走過來擦了一下我臉上的粉筆末。

ㄴ. 얼굴을 깨끗이 씻었다.

把臉洗得很幹淨。

ㄷ. 그 둥근 얼굴은 나에게 매우 인상적이었다.

那張圓臉給我的印象很深。

위의 예문은 어휘적 의미로서의 '얼굴'1에 대한 것인데 '顔面'이라는 그 대상 자체를 가리키는 중심 의미에 해당되며 이 때 중심 의미인 중국어의 ①도 '臉'으로 완전 교체가 가능하다. 이는 어떤 언어나 원형적인 중심의미를 나타낼 때 그 표현적 형태는 다르지만 지시적 의미는 동일하기 때문이다.

(5) 얼굴2: ㄱ. 얼굴이 참 곱다.

臉眞漂亮。

ㄴ. 준수한 얼굴

俊秀/俊俏的臉。

ㄷ. 얼굴을 익히다.

熟悉一下臉。

ㄹ. 어른들은 그녀의 얼굴이 복스럽다며 매우 좋아하셨다.

大人們說她(的)臉長的富態(可愛), 所以都很喜歡她。

(5)는 '머리 앞면의 전체적 윤곽이나 생김새'라는 [외형적 윤곽][12]의 의미로

---

11) '얼굴1'에서 1은 사전 해석에서의 '얼굴'의 첫 번째 항목을 가리킨다. '얼굴2'는 두 번째 의미 기술이다. 이하 같음.

12) 박종갑(2007:63-65)에서는 '얼굴'의 의미항 ②를 [외형적 윤곽], ③을 [정신적 가치], ④를 [심리적 윤곽], ⑤를 [실체], ⑥을 [관계적 가치]로 보고 있다. 본고에서도 이를 수용하고 용어를 그대로 사용한다.

사용된 예문이다. 중국어에는 이것과 바로 대응되는 항목은 없으나 예문을 보면 '臉'으로의 대치가 완전히 가능하여 중국어의 중심 의미인 ①과 대응을 이루고 있다. 즉 '臉'의 사전상 풀이에서는 외형적 윤곽을 나타내는 의미항이 없지만 실제 사용에서는 외형적 윤곽, 즉 용모를 나타내는 예문들이 쓰이고 있다. '胖臉(살찐 얼굴)', '瘦臉(여윈 얼굴)', '鴨蛋(오리알)臉(계란형 얼굴)', '大臉(큰 얼굴)', '小臉(작은 얼굴)', '鞋拔子臉(구두주걱 얼굴)'등이 그러한 예이다. 따라서 중국에서의 '臉'①은 구체적인 '顔面'뿐만 아니라 '얼굴'로부터 도출되는 '윤곽'이나 표정까지도 포함하는 것이므로 중심 의미의 외연이 한국보다 더 넓다는 것을 알 수 있다.

(6) 얼굴3: ㄱ. 그는 내 얼굴에 먹칠을 했다.

　　　　他丟盡了我的臉。

　　　　ㄴ. 얼굴을 세워주다.

　　　　給面子。

　　　　ㄷ. 내가 무슨 얼굴로 형을 대하겠느냐?

　　　　我有什麼臉來面對哥哥呢？

　(6)은 '평판', '명예', '체면'이라는 [정신적 가치] 면에서 중국어 '臉'의 ③과 대응을 이룬다. '얼굴'과 '臉'은 감정 표현과 밀접한 관계를 가진다. 한국인이나 중국인들은 모두 체면을 중히 여기는 민족이므로 품위를 떨어뜨리는 일을 수치로 여기고 있다. 그래서 남 앞에 떳떳이 설 수 있는 체면이나 자존심을 인체에서 중요한 '얼굴'에 전이시켜 그 중요성을 현시하고 있다. 이 경우 확장의 기제는 은유와 환유이다.

　'얼굴'이 체면이나 면목을 나타내는 데는 관용구가 많이 사용되고 있다.[13]

a. 얼굴이 두껍다, 얼굴에 철판을 깔다

b. 얼굴이 서다, 얼굴을 내다

c. 얼굴이 깎이다, 얼굴을 더럽히다, 얼굴에 먹칠을 하다

d. 얼굴 부끄럽다, 얼굴이 뜨겁다, 얼굴 간지럽다, 얼굴을 못 들다

　위의 예문에서 '얼굴'은 추상적인 영역으로 확대되어 체면, 면목 등 사회적인

---

13) 이를 설명하기 위한 방증의 예로 얼굴의 관용적 표현을 원용하는 방식을 취했다.

의미를 나타내었다. a는 나쁜 일을 하고도 부끄러움이나 반성의 태도가 없이 뻔뻔하다는 의미를 나타내며 b는 체면이나 면목이 이루어진다는 뜻으로 '세간에 대한 명예가 유지되다'라는 의미이다. c는 부끄러움을 당하거나 명예를 잃는 것을 비유적으로 나타낸 것이고 d는 뻔뻔스러운 행동을 했을 때 드러나는 표면 현상으로 어색하고 부끄러워 떳떳하지 못한 행동을 하지 못한다는 의미를 나타낸다.

체면을 나타내는 관용어는 중국어에서도 많이 볼 수 있다.

    a. 臉皮薄(얼굴이 얇다)

       臉皮嫩(얼굴가죽이 여리고 부드럽다)

       薄臉皮(낯가죽이 얇다)

    b. 厚臉皮(낯가죽이 두껍다)

       臉皮老(늙은 낯가죽)

       不要臉(얼굴을 버리다－뻔뻔스럽다)

       丟臉(체면을 잃다)

       搜臉面(체면을 찾을 수 없다)

       撂下臉(얼굴을 내려놓다－체면을 던지다)

       臉上抹黑(얼굴에 먹칠을 하다)

    c. 有臉面(체면이 있다)

       臉上有光(얼굴에 빛이 있다－체면이 서다)

       有臉有皮(얼굴에 가죽이 있다－체면이 서다)

       愛臉面(얼굴을 아끼다－체면을 중히 여기다)

    d. 臉上(皮)掛不住(얼굴가죽을 걸 데가 없다－몹시 부끄러워 견딜 수 가 없다)

       臉上下不去(올라간 얼굴이 내려올 수 없다－얼굴을 어디에 두어야 할지 모르다)

       沒臉面(체면이 없다/얼굴이 깍이다)

       放不下臉(얼굴을 내려놓지 못하다－체면상 차마 그렇게 못하다)

       礙臉面(체면에 거리끼다)

       沒臉見人(사람을 볼 얼굴이 없나)

       臉上無光(얼굴에 빛이 없다－체면이 없다)

위의 예문에서 a는 한국어 '얼굴이 얇다'와 같은 의미로 체면을 중히 여긴다는 의미이며, b는 한국어 관용어 b와 같은 의미로 체면을 가리지 않고 체면을 던져 버리는 철면피함을 나타낸다. c 역시 한국어 c와 같은 의미로 체면을 중히 여김을 나타내며, d도 체면 깎이는 일을 당했을 때 나타나는 반응으로서 뻔뻔스러운 일을 하지 못함을 나타낸다. 이러한 예들은 모두 '얼굴'을 '체면'으로 간주하여 중요시함을 나타내고 있다.

> (7) 얼굴4: ㄱ. 얼굴에 실망한 빛이 어렸다.
> 　　　　　臉上露出了失望的表情。
> 　　　　ㄴ. 동생은 겁에 질린 얼굴로 아버지의 눈치를 살폈다.
> 　　　　　弟弟(妹妹)用失魂喪膽的臉看了爸爸的眼色。
> 　　　　ㄷ. 그녀는 얼굴을 붉히며 그 남자에게 인사를 했다.
> 　　　　　她紅著臉向他問個好。

얼굴은 사람을 식별하는 명확한 표지이며, 표정을 통해 감정을 나타내는 부위이다. 위의 (7)은 '어떤 심리 상태가 나타난 형색'의 예문인데 박종갑(2007)의 [심리적 윤곽]에 상응한다. 이런 [심리적 윤곽]은 얼굴 표정을 통해 나타난다. 마음의 거울인 얼굴에는 사람들의 내면세계의 喜怒哀樂이 그대로 묻어난다. 따라서 '얼굴'은 인간의 심적 발로의 수단이라고 할 수 있다. 같은 맥락으로 중국어에도 동일한 의미를 나타내는 ④가 있는데 위 예문에서 보다시피 '臉'으로 대응을 이루고 있다. '얼굴'이라는 실체로써 심리적 기능을 나타내었으니 환유에 해당된다고 할 수 있다.

얼굴이 표정을 나타내는 경우는 관용적 표현인 '얼굴을 찌푸리다, 얼굴이 어둡다(밝다), 얼굴에 구름이 끼다, 얼굴이 개다, 얼굴이 창백하다, 얼굴빛을 잃다, 얼굴(빛)이 변하다' 등에서도 잘 보여준다. 이들은 마음속의 감정이 표정으로 표출되는 것으로 '고통', '염려', '걱정', '근심', '슬픔', '실망', '분노', '경악' 등을 표현하는 데 쓰인다. 이들은 '얼굴이 밝다, 얼굴이 개다'를 제외하고는 대체로 부정적인 감정을 표현하는 특징이 있다.

중국어에서 표정을 나타내는 관용어로는 '好臉色(좋은 기색→온화한 태도)', '臉色陰沉(얼굴색이 어둡고 침울하다)', '急赤白臉(마음이 조급하여 얼굴이 하얗다)', '哭喪着臉(울상이 된 얼굴)', '繃着臉(얼굴안색이 굳어지다)', '鄒著臉(찌프린 얼굴)', '愁眉苦臉(수심이 가득한 얼굴)', '臉紅一陣靑一陣(얼굴이 붉으락푸르락하다)', '冷臉子(찬 얼굴→무표정/엄숙한 얼굴)', '臉上掛的夏黃霜(서리발같은 얼굴)', '拉長臉(얼굴이 길어지다→언짢거나 화난 얼굴)', '翻臉皮(얼굴가죽을 바꾸다→낯빛을 바꾸다/태도를 바꾸다)' 등이 있다.

위의 예문들은 얼굴의 변화를 통해 '기쁨, 걱정, 조바심, 분노, 초조, 냉정, 무서움, 화, 불쾌함'과 같은 감정을 나타내며 '翻臉皮'와 같이 태도를 바꾸는 '변덕'스러운 성격을 나타내기도 한다.

이상에서 '얼굴'과 '臉'이 대응이 되는 것을 살펴보았는데 다음은 대응이 되지 않는 것을 보기로 하자.

3.2. '얼굴'과 '臉'의 비대응

'얼굴'의 의미 항목 5와 6과 7은 중국어에 없는 항목이며 '臉'의 의미 항목 2는 한국어에 없는 항목이다. 따라서 양국어는 비대응 관계를 형성한다.

> (8) 얼굴5: ㄱ. 영화계에 새 얼굴이 등장하였다.
> 電影界出現了新面孔(?人)/ *臉。
> ㄴ. 문단의 새 얼굴
> 筆壇上的新面孔(?人)/ *臉。
> ㄷ. 새로운 얼굴을 회장으로 선출했다.
> 把新人/ *臉推選爲會長。

(8)은 '어떤 분야에 활동하는 사람'이라는 의미로 구체적인 [실체]를 나타낸다. 이처럼 '얼굴'은 신체의 일부이면서 신체 전체, 즉 사람을 가리키고 있는데 이처럼 '얼굴'로 사람을 대표하는 것은 보편적 현상이라고 할 수 있다. 박종갑(2007:62)에 의하면 얼굴은 신체적 관점에서 인간의 일부일 뿐인데, 사람들은 그것을 심리적으로 인간을 구성하는 핵요소로 인식한다고 했다. 따라서 사람을 구성하는 핵요소인 얼굴이 '사람' 그 자체를 지칭하게 되는데 이것은 '부분'으로 '전체'를 나타내는 환유에 해당된다.[14] 의미 영역으로 보면 확장(widening)의 변화이다. 이때 '얼굴5'에 대응되는 중국어는 '臉'이 아니고 '臉'과 유의관계를 가지고 있는 '面孔'이다. '臉'이나 '面孔'이 '사람'을 지시하는 예로 '出現了新面孔(새로운 얼굴의 출현)'을 들 수 있다. 그래서 '얼굴'과 '얼굴'을 대하는 것은 곧 사람과 사람이 만나는 것이 된다.

여기서 흥미로운 것은 (8)ㄱ, ㄴ에서는 모두 '面孔'이 자연스럽게 대응이 되는데 반해, (8)ㄷ에서는 직접 사람을 나타내는 '人'이 더 자연스러운 대응이 된다는 점이다. 이것은 한국어의 '얼굴'이 사람을 구성하는 핵심 요소로서의 '顔面'에서 의미가 확장되어 '사람' 전체를 가리킴을 중국어를 통해 입증한 셈이 된다. 이러

---

14) 부분으로 전체를 나타내는 신체어로는 '손'과 '머리'가 있다. 예: 손이 모자라다(일꾼), 머릿수를 세다(人數).

한 점에서 통문화적인(cross-cultural)인[15] 한국어와 중국어의 유연성이 더 뚜렷이 나타난다.

(9) 얼굴6: ㄱ. 고려청자는 고려 시대 문화재의 대표적 얼굴이다.
　　　　　　高麗靑瓷是高麗時代文化遺産的象徵。
　　　　ㄴ. 돌·바람·여자는 제주도의 얼굴이다.
　　　　　　石頭·風·女人是濟州島的象徵。

(9)는 지시대상이 사람이 아닌 사물로 옮겨간 것인데, 그것의 진면목을 단적으로 보여 주는 대표적 표상이라는 상징적 의미를 가지고 있다. 얼굴은 사람을 식별하고 인식하는 확실한 표지이기 때문에 그러한 기능적 의미가 다른 사람이나 사실에 은유적으로 적용 전이된 것이다. 위의 예문에서 '대표적 얼굴'이나 '제주도의 얼굴'을 바꾸어 말하면 '문화재의 대표적 상징'과 '제주도의 상징'에 상당한다. 여기에 대응되는 중국어는 역시 '象徵'이다. 이는 얼굴의 지시 대상이 사람에서 사물로 옮겨가면서 추상화한 것으로 유사지각에 의한 은유에 해당된다.

(10) 臉②: ㄱ. 下個月我們就裝修門臉了。
　　　　　　다음 달에 우리는 가게 문앞/ *얼굴을 장식할거야.
　　　　ㄴ. 鞋臉兒破了。
　　　　　　구두의 등(구두 코가)/ *얼굴이 터졌다.

(10)은 한국어에 없는 '臉'의 의미이다. '門臉'은 외관, 외양을 나타내는데 ㄱ에서는 상점의 '문앞'을 의미함으로써 위치가 '앞'이라는 유사성에 의해 은유가 적용됐다. 얼굴의 공간적 위치는 머리의 앞부분이다. ㄴ에서 '鞋臉'은 '구두의 등'이나 '구두코'를 나나낸다. 이는 신의 앞부분이나 윗부분을 말하는 것으로, 사람의 신체 윗부분과 앞에 있는 얼굴의 공간적 유사성에 의해 확장이 되었으므로 은유에 해당된다.

---

15) 이러한 통문화성에 대해서는 홍사만(1985:5) 참조.

4. 대응관계의 해석

'대응'이란 개별 언어사이의 비교 대조에서 상응하는 짝을 이루는 관계를 일컫는다. 한국어와 중국어의 의미대응은 한국어의 어떤 언어요소가 의미 기능과 분포에서 중국어와 상응하는 것을 말한다. 아래 '얼굴'과 '臉'의 대응관계를 분석하면서 그 의미 확장이 어떠한 유연성에 의해 행해졌는지를 살펴보겠다.

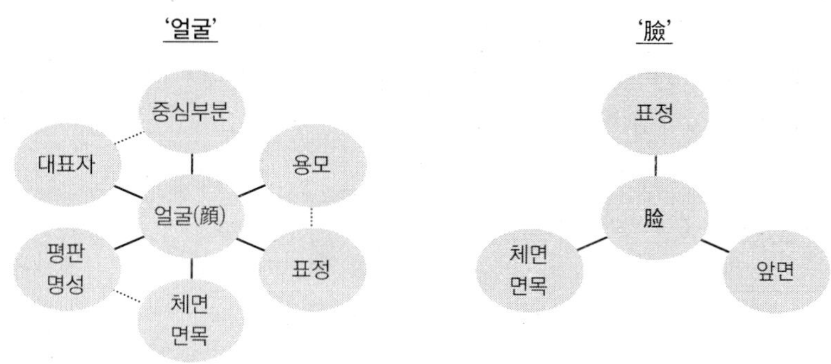

[그림 1] '얼굴'과 '臉'의 다의 구조도

전술한 양국어 '얼굴'과 '臉'의 의미 분석에서 중심의미로부터 파생 확장된 의미를 도시하면 위의 [그림 1]과 같다.

사전적 의미 기술에 의하면 한국어 어휘소 '얼굴'의 의미는 '顔面'이라는 중심의미로부터 '용모', '표정', '체면, 면목', '평판, 명성, 명예', '대표자(人)', '중심부분' 등으로 확장되었고, '臉'은 '표정', '체면, 면목', '앞면'으로 확장되었다. 따라서 '얼굴'의 4개 항목이 중국어 '臉'의 3개 의미 항목과 공통성을 가지며 상호 대응을 이루었다. 위의 그림에서 보듯이 '얼굴'에 비해 '臉'의 의미 확장의 경로가 훨씬 단조롭다. 그만큼 확장의 빈자리는 '面孔'이나 '人', '象徵, 代表'와 같은 다른 낱말이 대행하는 것이다. 중국어 '臉'에 있는 '앞면'의 의미는 한국어에 대응하는 항목이 없었다. 이는 누 의미 항복의 차이점이라고 할 수 있다.

한국어 1과 중국어 ①을 중심 의미로 보고 나머지를 주변 의미로 보았을 때 '얼굴'과 '臉'의 다의 확장 양상은 다음과 같다.

(1) 주체와 기능 간의 인접 지각에 의한 확장
'얼굴'은 '눈, 코, 입이 있는 머리의 앞면'이라는 구체적 대상에서 얼굴이 감정을 표현하는 기능과 얼굴의 외형을 구성하는 기능에 의하여 [표정], [용모]의 의미가 파생되었다. '臉'도 같은 원리로 어휘적 의미인 '顔面'으로부터 사람의 심적 상태의 발현인 [표정]으로 확장되었는데 이는 환유에 해당된다.

(2) 주체와 속성 간의 인접 지각에 의한 확장

얼굴은 사람을 품평(평가)하는 유효한 대상이며, 특히 미적 평가는 얼굴이 중심이 된다. 그리고 사람의 내면가치는 1차적으로 얼굴에서 나타난다. 따라서 얼굴은 사람의 심적 태도를 나타내는 표상이 되기도 한다. 이런 주체와 속성 간의 인접 지각은 얼굴이라는 [구체적 대상]에서 [정신적 가치]를 나타내는 [체면, 면목], [평판], [명성]으로 확대되었다. 이는 은유에 해당된다. '臉'도 같은 원리로 [구체적 대상]에서 [체면, 면목]으로 확장되었다.

(3) 주체와 속성 간의 유사 지각에 의한 확장

얼굴은 신체부위 중 사람을 식별하는 가장 중심적인 부분이며, 사람의 대표적 표상은 얼굴이라고 할 수 있다. '영수는 우리 회사의 얼굴이다'라는 말은 영수가 회사를 대표할 수 있는 중심인물이라는 말이다. 따라서 인체의 대표적 표상인 '얼굴'과 사람의 중심을 이루는 내적 실체라는 유사 지각에 의해 다의 확장이 이루어졌다. 이런 점에서 '臉'에서는 이런 확장이 이루어지지 않았다.

(4) 공간적 위치의 유사 지각에 의한 확장

얼굴은 머리와 함께 인체의 상단에 있다. 이런 공간적 위치는 사람들의 무리들 중에서 상위의 자리에 있는 '대표자'를 상정하게 한다. '대표'라는 것은 '중심'이 된다는 말과도 통한다. '표지는 책의 얼굴이다'에서 '얼굴'은 책의 내용이 좋은지 나쁜지를 가늠하는 대표적 표징이라는 말이다. 여기서 '얼굴'이 공간적 위치의 유사성에 의한 은유로 확장되었음을 알 수 있다. '臉'은 공간적 위치의 유사성에 의해 '대표자'나 '중심'이 아닌 '門臉'으로 확장되었다. '門臉'이란 어떤 물체의 '앞면'을 나타낸다. 이는 신체부위에서 윗부분에 있는 얼굴의 앞부분을[16] 차지하고 있는 위치의 유사성에 의해서 확장된 것이다. 여기서 주목할 것은 '얼굴'과 '臉'이 공간적 위치의 유사성에 의해 확장된 기제는 같지만 그 확장 경로가 다르다는 것이다. '얼굴'은 '인체의 상단'이라는 공간적 유사성에 의해서, '臉'은 '앞부분'이라는 위치적 유사성에 의해 확장되었다. 이는 환유에 해당된다.

---

16) 머리의 뒷부분을 얼굴이라 하지 않는다.

(5) 부분과 전체 간의 인접지각에 의한 확장

'얼굴'은 '사람' 그 자체를 지칭하기도 한다. '얼굴을 좀 보자'는 말은 그 사람을 만난다는 말이며, '익숙한 얼굴들이 많다'는 알고 있는 사람들이 많다는 말이다. '臉'에는 비록 이런 의미 항목이 없지만 '臉'과 유의 관계를 이루는 '面'으로 대신하고 있다. '會面', '見面'은 외형으로서의 얼굴과 만나는 것이 아니고 사람과 만난다는 말이다. 이는 부분으로 전체를 확대 지칭하였기에 환유에 해당된다. 이를 도표로 나타내면 아래 <표 6>과 같다.

〈표 6〉 '얼굴'과 '臉'의 다의 확장 양상

	얼굴	臉	대응 양상	전이 양상
대응	1〔顔面·구체적〕	① 臉	중심의미=중심의미	
	2〔생김새〕		주변의미=중심의미	환유 (구체대상→윤곽)
	3〔체면, 명예, 평판〕	③ 臉, 面子	주변의미=주변의미	은유(구체→추상(정신적가치))
	4〔표정〕	④ 臉	주변의미=주변의미	환유(구체→부분(표정))
비대응	5〔사람〕	面孔	주변의미≠	환유(부분→사람)
	6〔대표적 표상〕	象徵	주변의미≠	은유(구체대상→상징적 의미)
	7〔중심〕	代表	주변의미≠	은유(구체→추상)
	앞, 앞면	② 門臉	≠주변의미	환유(구체대상→앞, 윗부분)

이런 확장은 모두 유연성에 의해서 이루어지는바 주로 그 기능이나 형태에 대한 인접성과 유사성에 의해 도출되고 있다. 따라서 이들의 의미구조가 중심적 의미로부터 문맥과 어사환경에 따라 다의적으로 확장되는 데는 유연성이라는 기제가 반드시 게재되어 있음을 확인할 수 있다.(홍사만 1993:307)

5. 정리와 과제

신체어는 기본 어휘로 관용적 표현과 더불어 다의적 의미 확장력이 매우 강한 어류이다. 그리하여 중심적 의미로부터 다수의 주변적 의미를 파생시킨다.

이 논문은 한국어 신체 어휘소 '얼굴'과 이에 상응하는 중국어 '臉'과의 다의적 확장 범위를 측정하여 양자의 대응과 비대응을 비교 분석한 것이다. 한국어에서 '얼굴'은 '낯'이라는 유의어를 가졌지만 전자가 후자의 의미 영역을 포함하고 있어 '낯'과 '臉'의 대비는 본고에서 다루지 않았다. 논의를 통하여 양어에서 파생

의미의 확장은 유연성이란 인자에 의해 형성됨을 다시 확인할 수 있었다.

이상의 논의를 정리하여 결론으로 삼고자 한다.

한국어 신체 어휘소 '얼굴'은 "顏面"이라는 중심적 의미로부터 "용모", "표정", "체면, 면목", "평판, 명성, 명예", "대표자", "중심 부분" 등의 주변적 의미로 확장되었다. 이들의 확장 과정을 살펴보면 주체와 기능 사이의 인접 지각, 주체와 속성 사이의 유사와 인접 지각, 공간적 위치의 유사 지각, 부분과 전체 사이의 인접 지각 등이 유연성의 요소로 작용하였음을 알 수 있었다. 은유와 환유의 기제가 적용된 것이 이들의 전의법(轉義法)이라고 할 수 있다. 이러한 사실은 '얼굴'이 형성하는 여러 가지 관용구에서도 나타났다.

한편 중국어의 신체 어휘소 '臉'은 역시 "안면"이라는 중심 의미에서 출발하여 "표정", "체면, 면목", "앞면" 등의 주변적 의미로 확장되었다. 이러한 다의 항목도 동일한 유연성의 경로를 통해 이루어졌다. 한국어 '얼굴'과의 다의 구조를 비교하면 의미의 확장 경로가 매우 단조롭다. "평판", "명성"이나 "대표자", "중심 부분"의 의미에까지 확장되지 못했다. 이러한 다의 항목의 빈자리는 '面孔'이나 '人', '象徵', '代表'와 같은 다른 어휘들이 메꾸어 대행하고 있다. 특히 '臉'이 가진 "앞면"의 주변 의미는 한국어에서는 나타나지 않는 비대응의 요소로, 이것도 신체상의 위치에서 "상위"와 "전방(앞)"이라는 유사성과 평행선을 이루는 유연성이라고 할 수 있다.

이와 같이 '얼굴'과 '臉'의 의미 확장에서 보여 주는 대응과 비대응은 통문화적인 동질성과 언어 환경적인 이질성에 연유한다고 할 수 있다. 인간의 심리 내부에 존재하는 지각의 양태와 그 범주는 동서고금을 막론하고 공통성을 지니고 있다는 것과 양국의 역사, 관습, 전통, 사고방식, 경험 등의 언어 환경적인 차이가 이에 영향을 미친 것으로 판단된다.(홍사만, 1985:5)

이 논문에서 함께 다루지 못한 '面'에 대해서는, 이것이 현대 중국어에서 단독으로 단어의 지위를 가지지 못하고 단어 형성 요소인 어근으로 머물러 있기 때문인데 향후의 연구 과제로 남겨 둔다. 한국어에서도 '면(面)'은 단어 조성의 어근으로 널리 쓰이고 있다('상면', '대면', '휴면', '면상', '면색', '면모', '면담', '면대', '면목', '면박', '면숙', '면식', '면전', '면접', '면책', '면질', '면약', '면귀', '면피', '면허', '면회', '면분', '면독', '면견', '면구' 등).

참고문헌

사전

『표준국어대사전』(2000), 국립국어원.

『연세한국어사전』(1999), 두산동아.

『동아 새국어사전』(2004), 두산동아.

『실용한중사전』(1996), 진명출판사.

『한국어사전』(1993/2000), 임홍빈 편저, 랭기지 플러스.

『관용어사전』(1997), 태학사.

『漢語大詞典』(1986), 上海辭書出版社.

『現代漢語詞典』(2001), 商務印書館.

『現代漢語規範詞典』(2004), 外語教學與硏究出版社.

『中國慣用語大全』(2004), 上海辭書出版社.

논문

김해연(2009), 「한국어 코퍼스에 나타난 '얼굴'과 관련 어휘의 분석」, 『담화와 분석』 16-3, 담화
　　　와 인지언어학회, 89-110쪽.

박종갑(2007), 「한국어와 베트남어의 다의어 대조 연구」, 『문학』 96, 한국어문학회, 51-85쪽.

배도용(2001), 「우리말 신체어의 의미 확장 연구」, 부산대학교 박사논문.

이광호(2006), 「'낯'과 '얼굴'의 의미 고찰」, 『어문학』 제96권, 한국어문학회, 81-108쪽.

이선희(2100), 「한중 '얼굴'의 의미 확장과 개념화 양상」, 『중국어문학』 제55권, 한국중국어문학
　　　회, 411-438쪽.

임지룡(1996), 「다의어의 인지적 의미 특성」, 『언어학』 제18호, 한국언어학회, 229-261쪽.

홍사만(1985), 「신체어의 다의구조 분석(1), -「손」의 의미에 대하여-」, 『소당 천시권 박사회갑기
　　　넘, 국어학 논총』, 513-536쪽.

홍사만(1993), 「신체어의 다의구조 분석(4), -「발」, 「낯(얼굴)」의 의미-」, 『어문논총』 27호, 경북
　　　어문학회, 307-325쪽.

홍사만(1994), 「신체어의 다의구조 분석(5), -인간 반응으로서의 신체어 관용구-」, 『어문론총』
　　　28호, 경북어문학회, 125-163쪽.

홍사만(2008), 『국어의미분석론』, 한국문화사.

田啓濤(2008), 「"面, 臉"的語義嬗變」, 『語文學刊』 第5期, 170-171쪽.

尹正,鄧歡(2008), 「論漢語"臉"的空間隱喩」, 『考試周刊』 第5期, 141-143쪽.

季紅麗,張雲暉(2007), 「議漢語中有關"臉"的比喩用法」, 『語言學硏究』 第5期, 81-85쪽.

石綿敏雄·高田誠(저), 오미영 역(2007), 『대조언어학』, 제이앤씨.

Heine B.(1991), *Grammaticalizaten*, The Unirersity of Chicago Press.

Leech G. N.(1974), *Semantics* (2nd ed.) Harmondworth, Penguim Book Ltd.

Lyons J.(1977), *Semanics*, Vol.1, 2: Cambridge University Press.

※ 이 논문은 『어문론총』 57호(한국문학언어학회 2012.12.)에 게재된 것임.

민영란(閔英蘭)
중국 산동대학교(위해) 한국학대학
산동성 위해시 문화서로 180번지
전자우편: ylm8135@163.com

문체론연구에서 보이는 남북한 차이

강영 (复旦大学)

1. 남북한 문체 연구 개관

문체에 대한 관심이 어학의 다른 분야에 비해 비교적 늦게 시작된 것은 한국과 조선이 비슷한 사정이다. 남북 분단 이후 40년 이상 서로 다른 사회체제 속에서 단절된 언어생활을 영위하여 왔기 때문에 남북의 문체 연구에 상당한 차이가 나타나고 있다.

한국에서 문체에 대한 연구는 지금까지 70년의 역사를 가지고 있으나 2000년대에 들어와서 다소 주춤하며 정체기를 맞은 듯하다. 한국에서 문체론은 여러 분야에서 진행되었다. 그러나 대체로 문학자의 관점에서 고찰한 문학적 문체론 즉 작가의 개성, 기교, 세계관, 작품주제, 혹은 시대, 사회, 장르 등 개인 문체론이 주류를 이루면서 일반 대중보다는 문학가나 문학 이론가를 대상으로 하여 전문적이고 학문적인 내용을 다루었고 언어학의 관점에서 일상어에 대하여 고찰한 경우는 많지 않았다. 조선에서의 문체 연구는 주로 표현수법과 표현수단 그리고 기능문체의 특성 규명 등 보다 대중적인 내용에 치우치면서 작자의 개인적 문체에 대해서는 비교적 적게 다루고 있으며 한국에서 흔히 다루는 문화어 문체 이외에 개별적인 테두리 안에서 표현방식상 일련의 특성을 가지고 나타나는 개인 문체를 문체의 변종[1]으로 보다가 리정용(2005)에서는 개인문체를 기능문체, 표현문체와 함께 문체의 한 유형으로 보았다. 이렇게 한국과 조선에서의 문체론 연구는 연구대상이나 연구방법 자체가 다를 뿐 아니라 연구방향도 상당히 다르게 나타나고 있다.

지금까지 남북에서 문체에 대한 논의는 각자 나름대로 다양하게 진행되어왔다. 이 글에서는 조선의 문체 연구 성과를 한국의 연구성과와 비교하여 서술하면서 문체론 연구에서 나타나는 남북한의 차이를 고찰하고자 한다. 한국 문체론계

---

1) 박용순(1978) 『조선어문체론연구』 p.23 참조.

에 '개론서다운 개론서가 없고, 이론서다운 이론서가 없는' 상황에서 36명의 학자가 참여하여 편집한『국어문체론』(박갑수 편저 1994)는 다양한 주제, 다양한 영역에 걸쳐 이론과 함께 실제를 다루고 있기 때문에 개론서와 이론서를 겸했다고 볼 수 있다. 박용순의『조선어문체론연구』는 최초의 종합적 문체이론서로서 문체의 실현형식과 구성, 문체론적 수법의 실현에 관한 가장 포괄적인 연구내용을 담고 있는 문체에 대한 종합적 연구서이다. 리정용의『조선어문체론』은 지금까지의 북한에서의 언어학 연구 성과를 집대성한『조선어학전서』에 선정될 만큼 그 가치를 인정받고 있기에 북한 문체 연구의 최신 성과를 가장 잘 반영하지 않았나 생각된다. 따라서 본 연구의 대상자료로 삼은 것은 남한에서는『국어문체론』(박갑수 편저(1994))으로 필요에 따라 주제별 연구를 언급하기로 하며, 북한에서는 박용순(1978)의『조선어문체론 연구』와 리정용(2005)의『조선어문체론』그리고 최근의 연구인 리정용·엄정숙(2011)의『문학문체론』[2]이다. 북한 문체론 전반에 걸쳐 나나타는 계급적 성격은 남한의 문체론과 뚜렷이 구별되는 특징이라고 할 수 있다. 그러나 본 논문에서는 좀 더 객관적인 시각에서 바라보고자 북한문체론에 나타나는 정치사상적 경향은 다루지 않기로 한다.

2. 문체의 개념과 분류에서 보이는 남북한 차이

남한에서 문체의 개념에 관한 인식은 무척 다양했다. 지금까지의 선행 연구에서 한국에서 '문체'에 대하여 내린 학자들의 정의를 보기로 하자.

> 문장 작법과 작품을 빚어 내는 양식이다. 자신의 특징을 표현하는 방법이다.(박갑수 1977)
> 작가의 미적 이상에 적합하며, 개성이 잘 반영된 일정한 구조의 문장이다.(이인모 1978)
> '문체'라고 할 때는 문장 이외에는 통용되는 것 같지 않으나 'style'이라고 할 때는 보다 광범위하게 사용되는 것 같다.(김상태 1982)
> 한 문장을 이루는 구성 요소들의 선택과 그 배열로 특징지어지는 구성 양식이

---

2) 문학 문체론이란 작가·작품의 문체를 집중적으로 연구하는 것으로서 좀더 문학 일반 이론에 이끌리는 문학적 문체론과 언어학적 방법에 의한 언어학적 문체론을 포괄한다고 봤을 때 북한에서 말하는 문학 문체론은 언어학적 방법에 의한 언어학적 문체론에 더 가깝다.

다.(서정수 1991)

문체란 글의 형식적 특징이다.(박영순 1993)

문체는 작가의 글을 쓰는 방식에 따라 직관적으로 느껴지는 심적인상이다.(박
승윤 1992)

위의 정의들에서 보면 문체의 개념 정립을 위한 선행연구자들의 설명은 크게
세가지 부류로 나뉜다. 문학적인 면에서의 문체 정의와 언어학적인 면에서의 문
체 정의, 그리고 이 둘의 공동 영역으로서의 문체 정의이다. 문학성의 문제로 문
체에 접근하여 작가들의 문체적 특성 즉 작가 개인의 특징, 미적 인상, 스타일 등
을 반영한 이인모, 서정수의 정의는 문학적인 접근이라고 할 수 있다. 박영순은
문체는 언어학의 고유 영역이라고 하면서 언어학적인 입장에서 문체를 정의했
다. 박승윤이 내린 정의는 그동안 문학계에서 자주 언급되어 온 문체 인상과문체
인상을 주는 요인은 역시 언어를 쓰는 방식에 있다는 점까지 지적하고 있어 문학
적인 면과 어학적인 면을 고루 감안한 문체 정의라고 할 수 있다. 이와 같이 남한
에서는 문체에 대해 다양하게 인식하고 있으며 문체 개념에 대한 논의도 다방면
에서 다양하게 진행되고 있음을 알 수 있다.

그럼 북에서와 중국 조선족 학자들이 문체에 대하여 내린 정의를 보기로 하자.

문체란 교제의 분야의 목적에 맞게 선택된 력사적으로 형성되였으며 시회적으
로 의식된 표현수단의 체계이다.(『조선어문체론』, 김일성종합대학출판사 1966)

문체란 사상을 가장 표현성이 높게 전달하는데 이바지하는 언어수단들과 표
현수법으로 이루어지는 말이나 글의 체계이다.(『문화어참고서』, 사회과학출판사
1973)

문체는 표현적요구에 기초한 표현방식의 총체, 체계로서 존재한다.(박용순
1978)

문체는 교제의 분야와 목적에 맞게 표현적 효과를 높일수 있게 하는 문체론적
수단과 문체론적수법의 체계이다.(리정용 2005)

문학문체란 문학예술의 교제분야와 목적에 알맞게 이루어져 있는 문체를 말한
다.(리정용, 엄정숙 2011)

사람들이 보통 사상을 가장 표현성이 높게 전달하는데 언어수단들과 수법으로
이루어진 말이나 글의 체계를 연구하는 언어학의 한 분과이다.(최응구 1979)

문체란 언어 소통의 분야와 목적에 따라 그에 맞는 표현 방식의 총체로서 글의

문체론적 유형을 말한다.(김기종 1981)

북한에서는 언어표현에 있어서 반드시 충족되어야 할 요구로서 '통신적 요구'와 '표현적 요구'가 있는데 '통신적 요구'는 언어의 사회적 기능 수행을 위한 기본 요구로서 문법론과 어휘론에서 다루며 '표현적 요구'는 전달하려는 사상을 가장 잘 표현하기 위한 요구로서 문체론에서 다루며 뜻같은 단위들 가운데서 보다 나은 것을 선택하는 것과 새로운 표현방식을 창조하는 것이 중요하다고 보고 있다.[3] 문체의 정의에서 보면 여러 학자들이 각자 다른 연구에서 내린 정의임에도 불구하고 모두 한결같이 표현적 효과를 강조하면서 문체는 표현수단과 표현수법의 체계라고 의견을 같이하고 있다. 여기에서 표현수단은 음운, 어휘, 문장으로 나누어 다루고 있으며 표현수법에서는 수사법을 다루었다.

문체의 분류 또한 문체에 대한 정의 못지않게 다양하다. 대표적인 문체의 종류로는 고대의 수사법을 딴 이태준(1939)의 6대문체, 즉 간결체, 만연체, 강건체, 우유체, 건조체, 화려체가 가장 많이 알려졌으며, 박갑수(1977)은 개인 문체와 표현 문체로, 김완진(1983)은 순한글체와 국한 혼용체로, 김상태(1993)은 언어적 환경에 따른 문체, 주제나 형식에 따른 문체, 청자와 상황에 따른 문체, 작가의 품성에 의하여 결정되는 문체로 나누었다. 김상태·박덕근(1994)는 개성을 나타내는 문체, 수사학상 문장의 유형을 나눌 때 쓰이는 문체, 특수한 용도로 쓰일 때의 문체, 문예 양식의 문체, 문법 및 어휘의 특징에 따른 문체로 나누었다. 김흥수(1992)는 어학적 문체론, 문학적 문체론 그리고 표현 문체론으로 나누었다 김흥수(1997)은 개인을 특이성으로의 문체, 표현 기법으로서의 문체, 문학상 최상의 성과로서의 문체로 나누어 파악하였다. 북한의 박용순(1978)은 적용 분야에 따라 사회 정치 문체(당정책해설론문, 보고문, 호소문 등의 문체), 공식 사회 문체(법률문서, 외교문서, 군사문서, 일반 사무문서 등의 문체), 과학 기술 문체, 신문 문체, 문학 문체, 생활 문체(편지, 기행문, 일기, 감상문 등의 문체) 등 6대 문체론을 설정하였으며 일반화된 개념으로 쓰이는 문화어 문체 이외에 개별적인 테두리 안에서 표현 방식 상 일련의 특성을 가지고 나타나는 개인의 문체를 문체의 변종으로 이해하였다. 리정용(2005)에서는 문체의 유형을 기능문체, 표현문체, 개인문체로 나누었고[4] 리정용·엄정숙(2011)에서는 문학 문체를 소설문

---

3) 『조선어문체론연구』 p.7 참조

4) 리정용(2005)에서는 기능문체는 사회정치문체, 공식사무문체, 신문보도문체, 과학기술문체, 문학예술문체, 생활문체로 분류하고 표현문체는 정서적빛갈에 따라 숭엄한 문체, 고상한 문체, 비장한 문체, 밝은 문체, 어두운 문체, 해학적문체, 풍자적 문체로 나뉜다고 했다.

체, 시문체, 희곡문체, 영화문학문체, 아동문학문체로 나누었다. 중국의 김기종 (1983)은 크게 언어 행위의 유형에 따라서 말체와 글체로, 교제의 분야와 목적 에 따라 문학 예술체, 사회 정론체, 과학 기술체, 공식 사무체 등으로 분류하였다.

박갑수 편저(1994)에서는 이와 같이 문체를 분류하는 기준이나 방법이 학자 마다 달라서 결국 문체의 유형 분류가 통일되거나 체계화되지 못한 점을 지적하 면서 선행 연구들을 종합한 포괄적이고도 체계적인 유형분류를 제시했다.

한국의 연구들은 대부분 어학적 문체론, 문학적 문체론 그리고 표현 문체론 등 세가지 유형으로 연구되어 왔으며 주로 문학작품의 문체 분석이 주를 이루면서 문 학가나 문학 이론가를 대상으로 하여 전문적이고 학문적인 내용을 다루었고 언어 학의 관점에서 일상어에 대하여 고찰한 경우는 많지 않았다. 북한에서의 문체연구 는 주로 표현수법과 표현수단 그리고 기능문체의 특성 규명 등 보다 대중적인 내 용에 치우치고 있다. 이렇게 남북한 문체론 연구는 연구대상이나 연구방법 자체 가 다르다보니 남북한에서 각자 문체에 대한 연구는 많이 진행되었으나 북한에서 의 문체론 연구성과를 남한의 연구와 비교하여 서술한 논문은 찾아 보기가 힘들 다. 문체론의 언어학적 접근은 주관적인 인상 해석에 치중한 문학적 문체론에 대 해 새로운 보완책이 될 수 있다는 데서 언어학적 문체론은 의의가 있다고 할 수 있 다. 따라서 본 논문에서는 문체론의 언어학적 접근의 세부항목으로 음운, 어휘, 문 법, 의미의 측면으로 나누어 남북 문체론 연구를 비교 고찰해 보고자 한다.

3. 문체와 음운 연구에서 보이는 남북한 차이

음운론적[5] 해석은 전형적인 언어학적 방법의 대표적인 것으로 자음과 모음에 의한 분석(음소분석), 운율적인 것의 효과(운소분석) 등으로 나눌 수 있다.

음운론은 언어의 다른 어떤 층위보다도 이데올로기적 성격과는 가장 거리가 먼 층위라 할 수 있다. 음소 분석 즉 자음과 모음에 의한 분석에서 남북한 모두 양성모음과 음성모음과 중성모음, 연음과 경음과 격음, 개음절과 폐음절, 유성음 과 무성음으로 나누어 의미자질을 비교하고 그들의 특성을 논하고 있다. 여기에 서는 남북한이 별다른 차이가 없다. 박갑수 편저(2004)에서는 음소분석에서 음 운의 탈락 또는 음운 탈락에 이은 음절 축약, 음운의 첨가 및 음운 교체 등이 문

---

5) 남한의 음운론은 북한의 어음론과 일치하다.

체에 영향을 끼치는 점과 의성어와 의태어의 음운상 특징에 대하여 두음으로는 'ㄱ, ㅂ, ㅅ, ㅈ'음이 우세하게 실현되고, 말음으로는 'ㄹ, ㄱ, ㅇ'음이 월등히 많은 점을 지적하고 있다. 운소분석은 자음이나 모음을 제외한 리듬이나 운율 등이 나타내는 효과를 분석하는 것을 가리킨다. 신희삼(2001)에서는 시의 기본율격과 리듬에서 한국어에는 강세, 음장, 성조 등 뚜렷하게 변별적 기능을 하는 것이 없기 때문에 자수율이나 압운법[6]과 같은 독자적인 방법이 필요하다고 하고 있다. 북한 문체론에서 운소분석은 다루지 않고 있다.

4. 문체와 어휘 연구에서 보이는 남북한 차이

작품의 문체론적 성격을 규명하는 데 어휘의 비중이 상당부분을 차지한다. 어떤 작품에 사용된 어휘 사용의 양상을 통하여 그 작가나 작품의 문체상의 특징을 설명할 수 있다.

리정용(2005)에서는 어휘문체론적수단에서 기원의 측면에서 고유어와 외래어, 한자어로; 언어형상의 측면에서 비유적 어휘, 시적 어휘, 상징어, 친밀어, 속어, 속담으로; 시대성의 측면에서 새말, 낡은말로; 표현방식의 측면에서 입말어휘와 글말어휘로; 사용범위의 측면에서 생활어, 사회정치용어, 과학기술용어와 직업어로; 의미의 측면에서 뜻같은말, 뜻반대말, 소리같은말로; 규범성의 측면에서 문화어휘와 비문화어휘로 나누어 그들의 문체론적 기능을 고찰하였다. 그런데 이같은 내용들은 남한에서는 문체의 의미론적 해석에서 다루는 내용들이다.

남한에서는 어휘의 특징을 파악하여 문체론적 해석을 하는데 사용되는 방법으로 통계적인 방법과 개인어의 사용 양상을 파악하는 비통계적방법을 논의하고 있다. 울만이 지적한 통계적 방법의 장점과 그 위험과 한계[7], 그리고 통계적 방법

---

6) 자수율은 음보를 이루는 음절수의 규칙적 반복과 행과 행 사이의 대조에서 운율을 창조하고 모색하는 방법을 가리키고, 압운법은 시행의 첫머리 또는 가운데와 끝에서 같은 음을 규칙적으로 반복하여 시의 운을 이루는 방법을 말한다.

7) 통계적 방법의 장점: 첫째, 문체의 통계적 분석은 때때로 이른바 문학의 외곽적 해결에 도움을 줄 수가 있다. 둘째, 특정한 장치에 대한 대체적인 빈도나 그 밀도를 표시해 줌으로써 작품해석에 큰 도움을 받을 수 있다. 셋째, 통계적 수치에 의해 문체적 요소의 이상 분포를 뚜렷이 제시해 줌으로써 미학적 해석에 중요한 문제를 제기해 줄 수 있다. 통계적 방법의 한계: 첫째, 통계적인 방법은 문체의 민감한 뉘앙스를 붙잡기에는 너무 거칠다. 둘째, 수치는 이러한 처리를 인정하기에는 너무나 복잡하고 유동적이라서 데이터에 대한 일종의 허위의 정확성을 줄 지도 모

의 한계를 보완해 주는 방법으로 개인어와 같은 비통계적인 방법의 장점[8]과 단점에 대해서 기술하면서 김상태(1982), 소두영(1977)에 의하여 지적된 이효석, 김유정 등 한국의 대표적인 작가들의 개인어를 실제 분석의 예로 들고 있다. 문체의 언어학적 접근의 기타 층위에서는 연구대상을 논의하는 데 반해 형태론적 해석에서만은 방법론을 제시하고 있다.

5. 문체와 문법 연구에서 보이는 남북한 차이

문체론적수단을 리정용(2005)에서는 어휘문체론적수단, 문법문체론적수단, 어음문체론적수단으로 나누었는데 리정용, 엄정숙(2011)에서는 어휘문체론적수단, 문장문체론적수단, 형태문체론적수단, 어음문체론적수단으로 나누어 고찰하였다. 리정용(2004)에서의 문법문체론적수단과 리정용, 엄정숙(2011)에서의 형태문체론적수단에서의 내용이 이 부분에 해당하는 것이라 할 수 있다. 리정용(2005)는 도움토, 맺음토(종결어미), 이음토(연결어미), 격토(격조사)와 절대격형의 문체론적기능에 대하여 기술하고 있고 리정용·엄정숙(2011)에서는 감정정서적빛갈을 가진 토, 입말체의 빛갈을 가진 토, 옛스러운 느낌을 주는 토, 나이와 성별에 따라 달리 쓰이는 토로 나누어 그들이 글에서의 사용법과 기능에 대하여 기술하고 있다. 입말체의 빛갈을 가진 토의 기술에서 남한에서 음소분석에서 다루고 있는 음운의 탈락 또는 음운 탈락에 이은 음절 축약, 음운의 첨가 및 음운 교체 등 현상을 다루고 있다.

박갑수 편저(1994)에서는 문법론의 범위를 어떻게 잡느냐에 따라 그 영역이 달라질 수도 있으나, 일단 좁은 의미의 문법으로 국한하여 볼 때에 문법론의 영역에는 격과 조사, 시간 표현, 피동과 사동, 대우 표현, 부정 표현, 문장의 관형화, 문장의 명사화, 문장의 접속(문장의 부사화), 조응표현 등이 포함되며 각 영역이 모두 문체의 문제와 관련이 있다고 보고 있다. 이 가운데서 많이 다루어진 것은

른다. 셋째, 이른바 문체론적 통계의 방법은 문체 분석에 결정적으로 중요한 콘텍트의 영향에 대하여 어떤 대비책도 세워 놓고 있지 않다는 점이다. 넷째, 질과 양에 의하여 압도당할 위험이 내재하며 다양한 요소가 피상적인 동질성의 바탕에서 함부로 분류당하는 위험이 있는 것이다. 다섯째, 제시할 필요도 없는 뻔히 아는 결과를 산출하여 낼 때가 있다.(김상태 1982:92-93)

8) 개인어와 같은 비통계적 방법의 장점: 첫째, 전통적인 분석 방법이다. 둘째, 저빈도 어휘들의 가치를 찾아낼 수 있다. 셋째, 국소적인 어휘의 양상을 기술할 수 있다.

시간 표현, 사동과 피동, 경어법이다.

북에서는 문법론의 범위를 어미와 조사에 한정시킨 데 반해 남에서는 문장의 관형화, 명사화, 부사화에까지 넓혀 폭넓게 다루고 있다. 박갑수(1994)에서는 새로운 수사학, 새로운 시학, 텍스트 언어학의 발전을 언급하면서 오늘날의 문체론은 그 영역이 확대되어 진정한 문체론의 영역과 경계가 어디까지인지를 알 수 없으리만큼 발전되어 가고 있다고 지적하였다. 그러나 이렇게 문체론의 영역을 무한정 넓혔을 때 문학이나 언어학의 연구 영역과 문체론이 어떻게 구별되는지 의문을 가지게 된다. 상대높임법에 대한 논의에서 장경희(1994)의 지적을 인용해본다.

> 부정의 독자를 대상으로 하는 글에서 '하십시오체'나 '해요체' 등의 상대경어법이 사용되면, 독자는 흔히 자신을 이 상대경어법이 지향하는 대상의 위치에 둔다. 그렇게 되면 그 글은 저자가 현재의 독자에게 말하는 대화 형식이 형성된다. 그러나 '해라체'를 쓰면 독자는 그 '해라체'의 대상의 위치에 자신을 세우지 않고 저자 혼자의 이야기로 놓아 두며 보다 객관적으로 글에 접하게 된다. 그렇게 함으로써 독자는 이야기 내용의 흐름에만 몰두하게 된다. 즉, 소설의 해설 부분에 '해라체'를 사용하는 것은 이야기 속의 사건을 부각시키는 반면에 해설 부분은 부각시키지 않고 배경으로 머물게 하는 효과를 가져 온다.

만약 '하십시오체'나 '해요체'를 단일 문장의 종결어미의 문제로 다루었다면 이것은 단지 문법론의 연구이지 결코 문체 연구가 되지 못했을 것이다. 위 글에서 는 상대경어법이 작품의 전반적인 흐름이나 분위기에 미치는 역할에 대하여 논하고 있다. 문장의 심적인 인상에 기여하는 언어적인 특징을 밝히는 일이 언어학적 문체론의 중요한 과제가 될 것이다.

6. 문체와 의미 연구에서 보이는 남북한 차이

조동완(1994)에서 북한의 어학 체계의 큰 특징으로 의미론의 부재를 들었다. 일반 언어이론으로 언어학은 언어의 층위에 따라 음운론, 형태론, 통사론, 의미론으로 하위 분류되는데 북한의 대부분의 저서는 어음론, 형태론, 문장론 등으로 삼대별[9]되어 있으며 어휘론에서 어휘 의미론적 내용을 다루고 있다. 이러한 분

---

9) 북한 문법서에서 보이는 어음론, 형태론, 문장론은 각기 일반언어적인 음운론, 형태론 통사론

류법이 문체론에서도 그대로 반영되었다. 리정용(2005)에서는 문체론적 수단을 어휘문체론적수단, 문법문체론적수단, 어음문체론적수단으로 나누어 다루고 있으며 어휘문체론적수단에서 어휘의미론적인 내용을 다루고 있다. 리정용, 엄정숙(2011)에서는 리정용(2005)에서 다루지 않던 문장문체론적수단을 입말체의 빛갈을 가진 문장유형, 감정정서적 빛갈을 가진 문장유형, 묘사의 생동성을 보장하는데 효과적으로 쓰이는 문장유형, 문체론적 색갈을 띤 문장성분들과 문장론적 단위 등으로 나누어 다루었다.

의미론적 해석에서 표기법과 방언, 표기 수단, 텍스트에 관한 것들을 들고 있으며 문체의 내용면을 살펴보기 위해서 박갑수 편저(1994)에서는 표기, 어휘, 문법 현상, 텍스트 유형으로 나누어 분석했다. 표기요소로 특성화된 문체로 한문체, 한글 전용체, 국한자 혼용체를 들고 있으며 어휘 유형으로 방언과 고유어, 외래어, 한자어와 특수 영역 용어로 나누어 그들의 문체적인 특성을 논의하였다. 표기수단에 의하여 어휘를 고유어, 한자어, 외래어로 나누어 그들의 특성을 분석하고 있는데 이는 북한에서 기원의 측면에서 어휘를 고유어, 한자어, 외래어로 구분하는 것과는 아주 대조된다. 어휘의 관점에서 형성되는 글의 문체는 이상과 같은 유형 외에도 긍정적 어휘와 부정적 어휘의 선택, 상위어의 사용, 관용어의 사용등의 관점에서도 특성화되며 각각 문체적 효과를 지닌다고 하였다. 그리고 북한에서 잘 쓰이는 은어나 속어는 구어에서는 매우 특징적인 언어이지만, 글에서는 은어나 속어의 사용으로 글의 문체가 특성화되는 경우는 드물고 글이란 다양한 사회 집단과 계층을 독자로 상정하기 때문에 특정 집단에 소속한 사람들만이 의사소통이 가능한 은어나 속어는 글에서는 사용되기가 어렵다고 했다. 이는 북한문체론은 일상어를 대상으로 연구되어 왔고 또 작가 작품을 대상으로 한 문학문체론에서까지도 은어와 속어는 빠짐없이 논의되고 있는 것과 아주 대조적이다. 문법 현상으로 경어법, 시제, 문장 구조, 문장 길이 외에도 명사화, 분열문, 수동화 등이 각각의 문체적 효과를 지니고 있다고 했다. 경어법과 시제는 이미 통사론적 해석에서 다루었음에도 불구하고 의미론에서 또 다루고 있는데 이는 초학사들에게 혼란을 가져다준다고 본다.

문체는 효과적인 표현을 위한 글의 형식이라고 정의되듯이, 문체는 글의 형식적인 관점이나 수사법에 의해서도 특성화되었고, 지금까지의 문체에 대한 논의도 글이 지니는 이러한 형식적인 관점에서 이루어져 왔다. 문학 작품에서 수사법이 많이 사용된다. 특히, 수사법은 글의 분량이 적은 형식인 시에서 문체적 특징

과 그대로 일치된다.

을 이루며 구상화, 강조의 기능을 실현하고 리듬감, 함축성 등의 텍스트 전체에 미치는 효과를 발휘한다. 그럼에도 불구하고 남한 문체론에서는 수사법에 대한 논의를 찾아보기 힘들다. 이는 북한에서 문체론의 논의에서 수사법이 상당한 비중으로 논의되고 있는 것과 아주 대조적이다.

7. 문체 연구 방향

이상으로써 문체의 개념과 분류, 문체와 음운, 문체와 어휘, 문체와 문법, 문체와 의미 등 다섯 측면으로 나누어 문체론 연구에서 보이는 남북한 차이를 살펴보았다.

남북 분단이후 서로 단절된 언어생활을 하여 왔기에 문체 연구에 상당한 차이가 나타나고 있다. 남한 문체론은 대체로 문학자의 관점에서 작가 작품을 고찰한 개인 문체론이 주를 이루면서 발전해 왔고 북한 문체론은 표현수법과 표현수단 그리고 기능문체의 특성 규명 등 보다 대중적인 내용에 치우치면서 주로 일상어에 대하여 논의되어 왔다. 남한에서 어학적 문체론은 일차적으로 일상어가 대상이어야 함에도 문학어에 큰 비중을 두었고 구어의 문체현상은 비교적 소홀히 다루었다. 구어, 일상어가 원초적, 본질적이고 문어, 문학어는 조건화, 특수화된 것이라 볼 때 문체론 역시 다른 어학 영역과 같이 일상구어에서 출발해야 한다. 남한에서 소홀히 다룬 일상어를 자체의 연구대상으로 했다는 점에서 북한 문체론 연구는 그 의의를 가진다. 한국 문체론 연구는 문체론을 연구하는 학자들마다 추구하는 바가 달라서 통일된 이론이나 일치된 술어, 확립된 연구 방법을 가지지 못하였다고 해도 과언이 아니다. 북한에서도 다루는 분야에 따라 문체가 분화되어 있기는 하지만 그 분화의 정도가 대단히 약하다. 이러한 문체의 경직성은 학문적 발전을 가로막고 있다. 북한 문체의 과제는 언어표현을 정치로부터 해방시켜 문체의 다양성을 확보해야 한다고 본다.

참고문헌

강상호(1989), 『조선어입말체연구』, 사회과학출판사.
김광수·김철준(2010), 『조선어문체론』, 연변대학출판사.
김기종(1981), 『조선어수사학』, 료녕인민출판사.
김미형(1996), 『문체 유형의 언어 양상 연구』.

김민수(1991),「북한의 구어체언어에 대한 고찰」,『한국어연구논문』제30집(KBS아나운서실 한국어연구회).

김상태(1982),『문체의 이론과 해석』, 새문사.

김상태·박덕근(1994),『문체론』, 법문사.

김완진(1983),『한국어 문체의 발달, 한국어문의 제문제』, 일지사.

김홍수(1988),「언어학적 문체론의 위상과 과제」,『국어국문학』100호.

______(1992),「국어문체론 연구의 현단계와 어학적 문체론」, 국어국문학대회 발표논문.

리정용(2005),『조선어문체론』, 사회과학출판사.

리정용·엄정숙(2011),『문학문체론』, 과학백과사전출판사.

박갑수(1977),『문체론의 이론과 실제』, 세운문화사.

______(1984),『문체. 국어연구 어디까지 왔나』, 동아출판사.

______(1994),『국어문체론』, 대한교과서.

박승윤(1992),『문체와 언어, 언어학과 인지』, 한국문화사.

박영순(1993),「문체론의 위상과 체계에 대하여」, 숙명여대『어문논집』3.

박용순(1974),『조선어문체론』, 김일성종합대학출판사.

______(1978),『조선어문체론연구』, 과하백과사전출판사.

서정수(1991),『문장력 향상의 길잡이』, 한강문화사.

이주행(1991),『남북한 신문 문체 비교 연구』, 한국언론연구원.

장경희(1994),「문체의 의미」, 박갑수 편『국어문체론』, 대한교과서.

장소원(1986),「문법기술에 있어서의 문어체 연구」,『국어연구』72.

장소원(1991),「서평:강상호 조선어 입말체 연구」,『주시경학보』8, 탑출판사.

______(1991),「서평:강상호 조선어 입말체 연구」,『주시경학보』8.

전수태·최호철(1989),『남북한 언어비교』, 녹진.

조일영(1991),「북한의 구조주의적 연구」,『국어연구』74.

최응구(1979),『조선어문체론』, 료녕인민출판사.

한미선(1986),「문체분석의 구조주의적 연구」,『국어연구』74.

황석자(1987),『현대문체론』, 한신문화사.

황석자(1987),『현대문체론』. 한신문화사.

※ 이 논문은 *Journal of Korean Culture* (vol.19)에 실린 논문임.

강영(姜穎)

복단대학교 외국어학원 한국어학과

中国上海市邯郸路220号　复旦大学外文学院

전자우편: jiangyi@fudan.edu.cn

중·한 동형 어휘 의미 차이 원인에 대한 고찰

유적 (상해상학원)

1. 서론

한자어는 한국어 어휘 체계에서 분리가 불가능할 정도로 토착화되었다는 건 누구나 다 아는 사실이다. 그러나 한국의 사회적 환경과 언어적 환경에 맞추어 사용된 한자어는 중국에서 사용되는 한자어와 음운, 형태, 의미 등 여러 측면에서 차이점을 가지고 있다. 예를 들면 "注文"은 중국어에서는 "문자로 해석한 글"이라는 의미인데 현대 한국어에서는 주문이 다음과 같은 두 가지 의미를 가진다.

> 주문(注文)[1]
> ① 어떤 상품을 만들거나 파는 사람에게 그 상품의 생산이나 수송, 또는
>   서비스의 제공을 요구하거나 청구함. 또는 그 요구나 청구.
> ② 다른 사람에게 어떤 일을 하도록 요구하거나 부탁함. 또는 그 요구나 부탁.

현대 중국어의 예를 들면 다음과 같다.

> 예)论文的注文不准确。 (논문의 주석이 정확하지 않다.)

보다시피 "주문"은 중국어와 한국어에서 전혀 다른 의미로 사용되고 있다. 본고는 이런 의미차이가 일어나는 원인을 연구 대상으로 삼아 다섯 가지 측면에서 고찰할 것이다.

---

1) 본고의 한국어 어휘 의미 해석은 『국어사전(제 5판)』, (두산동아, 2005)에 의함.

2. 본론

이용주(1972)와 심재기(1982)는 S. Ullmann의 이론을 한국어에 적용시켜 "한국어 의미 변화에 대해 언어적 요인, 역사적 요인, 심리적 요인, 사회적 요인, 외국어의 영향과 새로운 명칭의 필요성 등 6가지 원인으로 설명했다(정은혜, 1998:193에서 재인용). 본고는 이런 주장을 중·한 언어 비교에 적용시켜 언어적 요인, 사회적 요인, 인지적 요인, 역사적 요인과 외국어의 영향 등 다섯 측면에서 중국어와 한국어 동형 어휘 의미 차이가 형성된 원인을 고찰할 것이다.

1) 언어적 요인

언어적 요인이란 언어 자체의 음운, 형태 등 특성이 어휘의 의미에 영향을 주어 생긴 의미차이이다. 한자어가 한국어로 들어온 후 한국어의 체계 속에 깊게 흡수되기 시작하면서 본래 지니고 있던 한자어의 속성은 한국적으로 변화되었다. 특히 중국어와 한국어는 서로 다른 언어 계통에 속하기에 이런 언어적 변화가 일어나기 마련이다. 언어적 요인에 의해 생긴 의미 차이에는 주로 다음과 같은 유형들이 있다.

(1) 중국어 어휘의 경성화(輕聲化)로 인해 생긴 의미 차이

중국어는 한국어와 달리 성조(聲調)를 가진 언어로서 같은 한자라도 성조가 다르면 의미도 달라진다. 예컨대 중국어의 '东西'라는 단어를 "dōngxī"로 읽거나 'dōngxi'로 읽을 경우에 각각 "동쪽과 서쪽" 그리고 "물건이나 사람"의 의미를 나타낸다. 예를 들면 다음과 같다.

> 东西(dōngxī): 东西两边都有房屋。
> 东西(dōngxi): 这个小东西真招人喜欢。

중국어에서 이러한 현상이 일어나는 것은 언어의 경제성과 의미 판별기능의 다변화에 기인한 것이라 할 수 있다. 새로운 어휘를 만들지 않아도 성조의 변화에 의해 새로운 사물을 지칭하는 기능을 실현할 수 있다. 이런 예를 더 들어 보면 다음과 같다.

<표 1> 중국어 성조의 변화로 인해 일어난 의미 차이의 예

	地下	冷战	兄弟
中	(dìxià) ①地面之下 예) 地下商店 ②秘密活动的; 非公开的 예) 地下组织 (dìxia) 地面上 예) 掉在了地下	(lěngzhàn) 国际间战争以外的敌对形式 예) 美苏冷战持续了很长一段时间。 (lěngzhan) 因为冷或者害怕而突然颤动 예) 打了个冷战。	(xiōngdì) 哥哥和弟弟 예) 他们两个是亲兄弟。 (xiōngdi) ①弟弟 예) 这是我兄弟。 ②称呼比自己年龄小的男子 예) 兄弟们都来了。 ③谦辞。男子与辈分相同或众人前讲话时自称 예) 兄弟我初来乍到还请多关照。
韓	①지하 예) 지하상가 ②비합법적운동 영역 예) 지하 운동	국제적 대립 및 갈등 예) 냉전 시대	형제(형과 아우), 동기[1] 예) 형제가 많은 집에서 자랐다.

위에서 보다시피 한국어의 "지하, 냉전, 형제"의 의미는 각각 중국어에서 해당 단어가 경음화되기 이전의 의미와 대응관계를 이루고 있다. 중국어에서 이런 단어들이 경음화되면서 한국어와 의미 차이를 가지게 된다.

(2) 중국어 어휘의 쌍음절화(雙音節化)로 인해 생긴 의미 차이

중국어는 1음절 단어가 다른 단어나 어휘소와 결합해 2음절 단어가 되는 경향을 가지고 있다. 이런 쌍음절화 과정에서 원래 각각 갖고 있던 의미는 사라지고 새로운 제삼의 의미를 획득하게 되는 경우가 있다. 예를 들어 고대 중국어에서 "結"과 "束"은 모두 "한 덩어리가 되게 묶음"이라는 의미를 가지고 있는 1음절 단어였다. 하나의 2음절 단어가 되기 전에 "結"+"束"가 이룬 단어결합인 "結束"의 형태는 한국으로 전해져 원래 "結"과 "束"이 가지고 있던 "한 덩어리가 되게 묶음"이라는 의미가 그대로 유지되어 사용된 반면 중국어에서는 "결"과 "속"이 결합하면서 전혀 새로운 의미 즉 "마침"이라는 의미를 가지게 되었는데 바로 이런 이유로 한국어와 의미 차이가 생기게 된다.

---

2) 형제의 '同氣'라는 의미는 나중에 한국어에서 새로 생긴 것임.

(3) 고유어와 한자어가 병용되는 한국어 어휘 체계로 인해 생긴 의미 차이

한국어의 어휘는 기원에 따라 고유어, 한자어, 외래어 세 가지로 나뉜다. 한자어가 한국어에 유입되면서 한국어에 기존했던 같은 의미의 고유어와 의미상의 경쟁 관계를 이루게 되었다. 같은 의미의 한자어와 고유어는 일정기간 공존 관계를 이루다가 한자어만 사용되거나 고유어만 사용되거나 고유어와 한자어와 고유가가 계속 병용되는 방향으로 발전하게 되었다. 한자어와 고유어의 병용으로 인해 의미분담 현상이 생긴다.

예를 들면 한국어에서 중국어의 "学习"의 의미를 나타내는 어휘는 다음과 같은 세 가지가 있다.

학습(學習): 배워서 익힘.

공부(工夫): 학문이나 기술을 배우고 익힘.

배우다: ①새로운 지식이나 교양을 얻다.

②새로운 기술을 익히다.

③남의 행동, 태도를 본받아 따르다.

《现代汉语词典》에서 "学习"은 다음과 같이 해석되어 있다.

学习: 通过阅读、听讲、研究、实践等获得知识或技能的过程。

한국어의 "학습(하다)", "공부(하다)", "배우다" 등 단어가 함께 중국어 "学习"의 의미를 분담한다. 이는 한국어 고유어와 한자어가 병용되는 독특한 어휘 체계에서 기인한다.

(4) 품사가 다름으로 인해 생긴 의미 차이

한국어 한자어는 "하다"와 결합하여 동사나 형용사가 되어 용언의 구실을 할 수 있는 반면 중국어의 어휘는 아무런 형태 변화 없어도 다른 품사로 쓰일 수 있다. 또한 한국어에서 모든 한자어가 다 "하다"와 결합할 수 있는 것이 아닌 바 구체적인 의미를 나타내는 어휘는 "하다"와 결합하기 어렵다. 예를 들면 중국어의 "宝贝"는 다음과 같은 두 가지 의미로 쓰인다.

예) 她是他们家的宝贝。(명사)

她很宝贝她的书。(동사)

그러나 한국어에서는 "寶貝"는 "하다"와 결합하지 못하기 때문에 동사로 쓰일 수 없으며 단순히 "소중한 물건이나 사람"의 의미만 가진다.

2) 사회적 요인

사회적 요인이란 언어가 쓰이는 사회배경이 다름으로 인해 생긴 의미 차이이다. 사회적 요인에 의한 중·한 동형 어휘 의미 차이는 다음과 같은 두 유형으로 나뉠 수 있다.

(1) 사회제도와 발전배경의 다름으로 인해 생긴 의미 차이

언어는 소리와 그 속에 담겨져 있는 의미 두 가지 면을 가지고 있다. 이 두 가지 면은 고정불변한 것이 아니라 시간의 흐름에 따라 부단히 변화하는 특성을 가진다. 이런 변화는 그 언어를 사용하는 사회환경과 밀접한 관계를 가지고 있다. 같은 어휘가 서로 다른 사회환경에 놓이게 되면 의미가 달라질 가능성이 높다.

또 언어에 담겨져 있는 문화성과는 최종적으로 사회제도의 제한을 초월할 수 있겠지만 현실사회에서 어휘의 의미는 사회제도의 속박을 받기 마련이다. 왜냐하면 "사회제도는 사회생활의 모든 면에 영향을 주고 사람의 사고방식에까지 침투하기 때문이다"(魏慧萍 2005:108).

중국과 한국은 사회제도가 다르기때문에 그에 따른 이념체계(理念體系)와 구체적인 제도도 당연히 다르며 이와 관련된 어휘의 의미도 다를 수밖에 없다. 례컨대 근대 이후 일본어로부터 중국과한국에 유입된 "书记[3]"는 원래 중국과 한국에서 모두 "단체나 회의에서 문서나 기록 따위를 맡아보는 사람"을 가리켰는데 나중에 중국어에서 "书记"가 "공산당이나 공청단 등 각 당파 조직의 주요 책임자"의 의미로 확장되어 한국어와 의미 차이를 가지게 된다. 사회와 정당(政黨)제도가 중국과 다르므로 한국의 "서기"는 이런 의미 변화를 가지지 않고 전과 같은 의미로 쓰이고 있다.

마찬가지로 "代表"는 중국어에서 "전체의 상태나 성질을 어느 하나로 잘 나타냄. 또는 대표자"의 의미 이외 "由行政区、团体、机关等选举出来替选举人办事或表达意见的人"라는 의미도 가진다. 이는 중국의 정치체제인 "인민대표대회제도(人民代表大會制度)"와 직접적인 관계가 있는데 중국의 국가 통치 형태와 다른 한국에서는 이런 의미를 가지지 않는다.

---

3) 고대중국어에 "書記"도 존재했으나 현재의 의미와 달랐음.

(2) 사회 발전에 따른 의미가치의 변화로 인해 생긴 의미 차이

언어가 가지는 사회적 가치는 그것이 사용되는 경제적·직업적·지역적집단의 유형에 따라 즉 "말"이 사용되는 사회적 환경에 따라서 그 의미가 달라진다. 한 지역으로부터 다른 지역으로, 또는 한 집단으로부터 다른 집단으로, 한 계급으로부터 다른 계급으로 어느 한 단어에서 차용이 이뤄졌을 경우 어휘의 의미는 프리즘을 통과하는 빛과 같은 굴절 현상이 필연적으로 일어난다.

어휘의 의미 가치 변화는 다시 두 가지로 나눌 수 있는데 의미의 승격(昇格)과 격하(格下)가 바로 그것이다. "의미의 승격"이란 사회의 구조가 변화됨에 따라 어휘가 부정적 의미에서 긍정적 의미를 갖게 되어 보다 높은 가치를 얻게 되는 것을 말한다. 예를 들어 "病患"은 원래 두 언어에서 모두 "병"을 의미했는데 나중에 한국어에서는 "병의 높임말"로 쓰이게 되는 반면 중국어에서는 원래의 의미가 그대로 사용된다. "의미의 격하"는 이와 상반되는 개념으로 어휘가 긍정적 의미에서 부정적인 의미로 변하여 보다 낮은 가치를 가지게 되는 것을 말한다. 례로는 "공주"를 들 수 있다. "공주"는 원래 중국어의 의미와 같이 "제후나 제왕의 딸"을 지칭했으나, 현재 한국에서 "일반인의 딸"을 부를 때 사용되기도 하고, "공주 행세를 하는 여자"를 비꼴 때 사용되기도 한다. 따라서 한국어의 "공주"는 본의를 그대로 사용하는 중국어와 의미 차이를 가지게 된다.

3) 인지적 요인

인지적 요인이란 서로 다른 사고 방식, 지식배경, 애호, 취향 등의 차이로 인해 어휘 의미를 서로 다르게 해석함에 따라 일어난 의미 차이를 가리킨다. 어휘의 의미 발전은 주로 새로운 의미의 생성과 낡은 의미의 소실 두 가지로 나뉠 수 있다. 이 두 가지의 방식을 더 구체적으로 살펴보면 다음과 같다.

〈표 2〉 인지적 요인의 구체적인 구성

새로운 의미의 생성				낡은 의미의 소실	
어휘 내부의 의미 변화		어휘 외부의 의미 변화			
일반적 전의	수사적 전의				
류사적전의 상관적전의 론리적전의	비유적적의 완곡적전의 상징적전의	새 어휘의 출현	다른 어휘로부터 의미 흡수	다른 형태로 옮겨감	완전 소실

인지적인 요인으로 인해 생긴 의미 차이는 다음과 같은 세 가지로 나뉠 수 있다.

(1) 두 언어에서 서로 다른 목표 영역으로 전의한 경우

중국어에서 기원한 어휘가 한국어에 유입된 후 한국의 언중들이 자신의 인지 배경에 의해 의미를 새로 해석하고 사용한다. 다른 한 편은 중국어에서도 본래의 의미를 다른 의미로 전의시켜 한국어과 의미 차이를 가지게 되었다. 예를 들면 다음과 같다.

> "深刻"은 고대 중국어에서 다음과 같은 두 가지 의미를 가졌다.
> *①묘사가 투철함. 예)鲁直罪余于诗深刻见骨, 不务含蓄。(宋·惠洪《冷斋夜话》)
> *②가혹하고 모질함. 예) 是时赵禹、张汤以深刻为九卿矣。(《史记·酷吏列传》
> 그러나《现代汉语词典》에서 "深刻"의 의미는 다음과 같이 제시되어 있다.
> ①到达事情或问题的本质的。 예) 到达事情或问题本质的。
> ②内心感受程度很深的。 예) 深刻的体会。
> 한국어의 "심각"의 의미를 보기로 한다.
> ①' 깊이 새김.
> ②' 상태나 정도가 매우 깊고 중대하다.[4]

한국어의 ①'은 언어적 요인으로 인해 중국어와 가진 의미 차이이며 ②'는 한국 사람들의 인지에 의해 중국어와 다르게 전의시켜 생긴 의미이다.

(2) 한국어에서만 전의가 일어난 경우

"내외(內外)"의 본의는 "안과 밖"이었으나 한국어에서는 "남편과 아내" 또는 "남자와 여자 또는 그 차이"를 나타내는 비유적인 의미로 변한 반면에 중국어에서는 이런 비유적인 의미가 없고 본의로만 쓰인다.

(3) 중국어에서만 전의가 일어난 경우

예로 "后门"의 본의는 "뒤문"이었으나 현대 중국어에서는 "뒤구멍", "부정한 수단"을 나타내는 비유적인 의미도 가지는데 한국어에서는 그런 의미가 없고 본래의 의미만으로 쓰인다. 또 다른 예로 "老婆"의 본의는 "늙은 여인"이었으나 현재 중국에서는 "안해"의 의미로 쓰이고 있고 한국에서는 본의로만 사용된다.

---

4) 형용사로서의 "심각"은 보통 단독으로 쓰이지 않고 "하다"와 결합하여 쓰임.

4) 역사적 요인

언어는 고정불변한 것이 아니라 어떤 특정 역사 배경 아래 잠시도 쉬지 않고 시간의 흐름에 따라 변하고 있다. 역사적 요인에 의해 생긴 의미 차이는 다음과 같은 유형으로 나눌 수 있다.

(1) 일부 어휘는 사람들이 특정한 역사 사건 및 그 사건과 관련된 정보를 기억하고 저장하는 장치로 되어 역사를 기록하는 기능을 담당하게 된다.

사람들이 어떤 역사 사건에 대한 공동 인지와 단체 기억이 특정한 어휘에 응결(凝結)되어 그 어휘의 의미로 된다. 역사 사건을 지칭하는 어휘는 역사의 기호가 되어 그 어휘가 자신이 지칭하는 사건에 관한 모든 정보와 연결을 맺게 된다.

예컨대 "民国"은 원래 중국어와 한국어에서 다 같이 "민주 정치를 시행하는 나라"를 이르는 말이었다. 20세기 초 중국에서 "신해혁명(辛亥革命)"이 일어난 후 건립된 정권(政權) 이름은 "중화민국(中華民國)"이었는데 그 이후로 "민국"은 전문용어가 되며 "중화민국"만 가리키게 되었는 바 그 시기를 언급할 때 쓰인다. 예를 들어 "民国十年", "民国時期" 등이 바로 그것이다. 중국어의 "民国"은 중국사람들이 중화민국에 관한 기억을 저장하는 용기 기능을 수행한다. 한국어의 "민국"은 "군국(君國)"과 반대된 개념으로 "대한민국" 등 나라이름이나 정권의 성질을 표현할 때에만 쓰이나 전문용어는 아니다.

(2) 역사 사건이 직접 어휘의 의미에 작용해서 생긴 의미 차이

역사 사건, 특히 문화 사건이 어휘 의미에 직접적인 영향을 준다. 예를 들어 20세기 초 백화문운동은 중국어 발전에 매우 큰 영향을 미쳤다. 19세기 말 20세기 초 서양에서 들어온 사상이 중국에서 광범위하게 전파되고 신문화운동이 벌어지기 시작했다. 이에 따라 백화문이 언어 생활의 중심에 자리 잡게 되고 문언문이 점점 주도적인 지위를 상실했다. 이런 변화에 따라 많은 어휘의 의미도 달라졌다. 주로 중국어의 문언문 어휘를 계승하여 사용하는 한국어는 필연적으로 중국어의 어휘와 의미 차이를 가지게 되었다. 예를 들어 "秋天"은 5·4운동 이전의 문언문에서 "가을의 하늘"이라는 의미인데 현대 백화문에서 "秋天"은 "가을"의 의미로 변했고 한국어에서는 아직도 "가을의 하늘"이라는 의미로 쓰이고 있다. 예를 들면 다음과 같다.

예) 서늘한 <u>추천(秋天)</u>이 창으로 펼쳐 보이는 가을날들이다.

(3) 특정한 역사 배경 아래 인위적인 간섭으로 생긴 의미 차이

특정한 역사 배경은 어떤 어휘에 특수한 의미를 부여한다. 이런 어휘는 현재 주로 역사를 기록하는 기능을 담당하며 시대어로 존재하고 있다. 예를 들면 조선시대의 통치계급은 백성계급과 구별하기 위해 중국어로부터 한자어를 대량적으로 유입하여 사용하거나 기존의 한자어에 다른 의미를 부여하여 사용했다. 예를 들어 "매화(梅花)"는 원래 "매실의 꽃"을 가리키는데 조선시대 통치계급은 "매화"를 빌려 "대변"을 가리켰다.

또한 "가요(歌謠)"는 원래 "민요, 동요, 유행가 따위의 노래를 통틀어 이르는 말"인데 조선 시대의 "가요"는 "교방가요"와 같은 의미로 "길에서 임금을 환영할 때 행하던 춤과 노래"의 의미를 가지게 되었다.

5) 외국어의 영향

70년대 이후 한국은 산업화의 길에 오르면서 수많은 외래어를 유입하였는 바 기존의 한국어 어휘 체계에 일정한 충격을 주었다. 중·한 양국 어휘의 의미 차이에 가장 큰 영향을 준 외국어는 일본어이다.

19세기 후반부터 일본은 메이지유신을 통해 자본주의의 길에 오르고 빠른 속도로 발전하기 시작했다. 일본어도 과학기술, 정치, 경제 등 분야의 우세를 타고 이웃 나라로 확장되기 시작했다. 한국어는 이 시기부터 중국어에서 유입한 한자어가 감소했고 일본어로부터 유입한 한자어가 크게 늘어나게 되었다. 그 후로부터 많은 중국어 한자어가 일본어 한자어에 의해, 중국어 한자어의 의미는 일본어 한자어의 의미에 의해 대체되었다. 예를 들어 "人間"의 의미는 《現代汉语词典》에서 "人类社会；世间"이라고 풀이되어 있는데 한국의 《국어사전》에서 "인간"은 다음과 같이 해석된다.

【한】 인간:
①생각을 하고 언어를 사용하며, 도구를 만들어 쓰고 사회를 이루어 사는 동물.
　　예) 인간의 본성은 선하다.
②사람이 사는 세상. 예) 아름다운 인간.
③일정한 자격이나 품격 등을 갖춘 이. 예) 그런 정신 상태니, 인간이 안 된다.
④마음에 달갑지 않거나 마땅치 않은 사람을 낮잡아 이르는 말. 예) 야비한 인간.

일본어 "人間"의 의미를 살펴보도록 하겠다.

【일】人間
①'사람. 인류. 예) 人間としての尊厳 (인간으로서의 존엄)
②'인품. 인물. 예) 人間が出来できている (인간이 제대로 되어 있다.)
③'세상, 세간. 예)人間社會 (인간사회)

보다시피 한국어의 ④는 언어생활에서 인지적 요인으로 인해 일본어와 차이를 나태내고 있으나 한국어의 ①, ②, ③은 일본어의①', ②', ③'과 의미적 일대일의 관계를 이루고 있다.

또한 중국어와 한국어에는 모두 "医院"이라는 단어가 있다.《국어사전》과《现代汉语词典》에 따르면 현대 양국 언어에서 쓰이는 의미는 다음과 같다.

醫院:
【중】治疗和护理病人的机构。
【힌】진료 시설을 갖추고 외사가 외료 행위를 하는 곳. 병원보다는 시설이 작다.

19세기 30년대 중국에 온 서양 선교사는 고대 중국어 "医院"이라는 단어를 빌려 그 당시에 중국에서 새롭게 생긴 의료 기구를 지칭했다. 이런 의미로 쓰이는 "의원"은 한국으로 전해져 같은 의미로 쓰이다가 나중에 일본에서 "병원"이라는 단어가 한국에 유입되어 "의원"이 지닌 의미는 "병원"에 의해 대체되었다. "의원"은 한국어에서 "병원"보다 작은 의료 장소를 의미하게 되었다. 이에 따라 중국과 한국에서 쓰이는 "의원"은 의미 차이가 생기게 되었다.

3. 결론

필자는 한국 국립국어연구원 2005년의 「한국어 학습용 어휘 선정 결과 보고서」에 나온 290개의 동형이의어를 일일이 의미 확인하고 사용빈도에 따라 100쌍의 어휘를 선정하여 중·한 의미 차이가 생긴 원인에 대해 통계적 조사를 했는데 분포 양상은 다음과 같다.

〈표 3〉 중·한 동형이의어 의미 차이 원인 분포 양상

원인	언어적 원인	사회적 원인	인지적 원인	역사적 원인	외래어의 영향
어휘수	24	15	27	4	29

보다시피 중·한 동형 어휘의 의미차이가 생긴 원인 중에서 "외래어의 영향"은 가장 주요한 원인이 되고 다음으로 인지적; 언어적, 사회적원인이 주를 이루고 "역사적 원인"은 가장 낮은 비중을 차지한다. 어휘 의미 변화는 위에서 언급한 다섯 가지 원인이 각각 고립적으로 작용해서 형성된 것이 아니라 여러 원인이 복합적으로 작용해서 형성된 산물이다.

참고문헌

강신항 외 6인(1985), 『한국어문의 諸問題』, 서울: 일지사.

남기심(1998), 『언어학개론(개정판)』, 서울: 탑출판사.

문연희(2007), 「한·중 한자어 의미 대비 연구」, 성균관대학교 박사논문.

심재기(1982), 『국어어휘론』, 서울: 집문당.

이기문 감수(2001), 『국어사전(제4판)』, 서울: 두산동아.

이용주(1972), 「국어 어의 변화의 구조적 연구」, 서울대학교 석사논문.

정은혜(1998), 「한중 한자어의 이질화 연구」, 이화여대 석사논문.

中国社会科学院语言研究所词典编辑室(2002), 《现代汉语词典》(第五版), 北京: 商务印书馆.

魏慧萍(2005), 《汉语词义发展演变研究》, 呼和浩特: 内蒙古人民出版社.

※ 이 논문은 2012년 3월 발행된 『중국조선어문』에 수록된 것임.

유적(刘迪)

상해상학원, 외국어대학
상해시 봉현구 봉포대로 123호
전자우편: mynld@126.com

제4부. 한국어 교육 연구

한국의 이해
-한국적 다문화 사회의 형성과 대책을 중심으로

박창원 (이화여자대학교)

1. 한국 사회의 변화

지난 세기의 후반기에 시작되어 지금에 이르기까지 급속히 확산되어 가고 있는 한국의 대외적 세계화와 대내적 세계화는 지금까지 우리 민족이 경험해 보지 못한 새로운 상황으로서, 우리 민족의 지속적인 발전을 위한 조화로우면서도 창의적인 해결책을 우리 민족에게 요구하고 있다.

여기서 말하는 대외적 세계화는 외국에서 한국적인 요소가 확산되는 것을 의미하는 것이고, 대내적 세계화란 국내에서 다양한 외국 요소가 고유 요소와 혼재되고 있는 상황을 말한다.[1] 두 가지의 상황 중에서 본고에서 논의하고자 하는 것은 후자에 해당되는 것이다. 각기 다른 문화와 언어 그리고 가치관을 가지고 있는 여러 종족이 한국에 이주하여 본래의 한국인과 혼재하여 살면서 다양한 양상의 갈등이 초래되고 동시에 문화와 가치관의 차이를 확인하게 되는데, 이를 슬기롭게 대처하여 극복할 수 있는 방법을 모색해야 하는 것이다.

이러한 상황에서 선택할 수 있는 기본적인 방향은 두 가지이다. 하나는 약육강식의 원칙에 의해 적자만이 생존할 수 있는 방향을 기본 원칙으로 정하는 것이고, 다른 하나는 상호 평등주의에 의해 다 같이 공존하는 상생 조화의 길을 선택하는 것이다. 만약 두 가지 모두 우리가 선택할 수 있는 길이 아니라면 새로운 제3의 길을 개척해야 할 것이다.

본 연구는 제3의 어떤 길을 개척하여 새로운 길을 창조하기 위한 실마리를 제공하기 위한 것인데, 본고에서 고민하고자 하는 제3의 길이란 '통합과 공존의 조화'를 인문학적 차원에서 개념 정립해 보고자 하는 것이다.[2]

---

1) 세계화의 두 방향과 개념에 대해서는 박창원(2006) 참고.

2) 융합과 통합 등의 개념 정의와 차이 그리고 융합의 유형 등에 대해서는 박창원(2014) 참고.

본고의 2장에서는 한국적 다문화의 특성과 다문화 가정의 숫자 및 다문화 가정 청소년의 숫자를 알아보고 이들에게 필요한 것이 무엇인지를 살펴본다. 그리고 3장에서는 현재 시행하고 있는 다문화 정책에는 어떤 것이 있는지 살펴보고, 동시에 현재 시행되고 있는 정책의 문제점들에 대해 살펴본다. 그리고 4장에서는 우리의 전통문화 속에 살아있는 조화의 정신을 파악하고 현재적 관점에서 어떻게 조화의 개념을 구축할 것인가 하는 문제를 논의한다.

2. 한국적 다문화의 특성과 현황

1) 한국적 다문화의 특수성

인류의 역사는 전쟁과 평화가 사이클처럼 되풀이되면서, 지배 계층과 피지배 계층의 투쟁 속에 둘 이상의 문화가 서로 대립하고 갈등하면서 새로운 문화가 생성되어 부흥하다가 세월의 흐름과 더불어 소멸되고 또 새로운 문화가 창출되는 과정이 거듭되는 것이라고 할 수 있다. 이러한 투쟁의 역사 속에 둘 이상의 문화가 공존하는 경우는 대체로 미국식 다문화, 중국식 다문화, 유럽식 다문화 등 세 유형 중의 하나였다.

첫째, 미국식 다문화는 새로운 땅에 다수의 민족이 이주하여 다문화 사회를 이루는 유형이다. 초기에 이주한 민족이 중심 세력으로 주도권을 행사하면서 문화를 일으키고, 발전된 사회에 다수의 민족이 후발대로 참여하는 유형이다. 호주, 뉴질랜드 등이 여기에 속한다.

둘째, 중국식 다문화는 다수의 민족이 하나의 민족으로 통합되면서 주도 세력을 이루어 국가를 건국하고, 인근의 소수 민족이 존재하던 영역을 영토 내에 편입하면서 다민족 사회가 형성된다. 전형적인 '주도 민족+소수 변방 민족'의 관계가 형성되어 있는 다문화 사회이다. 남미의 여러 나라에서 볼 수 있는 다문화 사회도 이와 유사하다고 할 수 있다.

셋째, 유럽식 다문화는 기계 문명이 발달된 사회에 다른 민족이 경제적인 문제를 해결하기 위하여 개인 혹은 가족 단위로 유입하여 기존의 질서에 대립되기도 하는, 어찌 보면 상층과 하층의 다문화 사회를 형성하고 있는 유형이다. 독일, 프랑스 등 선진 유럽 국가의 대부분에서 볼 수 있는 유형이다.

그러나 한국에서는 지금까지 존재하던 것과는 전혀 다른 차원의 다문화 사회가 형성되고 있다.[3] 즉, 개인적으로 이주하되 결혼을 전제로 이주하여 새로운 혈연관계를 형성하게 되고, 이에 의해 다문화 배경의 한국인 2세가 늘어나고 있는 다문화 유형이다. 그 관계는 다음과 같이 간단하게 표시해 볼 수 있다.(이와 비슷한 유형은 일본에서 그 예를 찾아볼 수 있다.)

넷째, 한국식 다문화: 이주 + 결혼 → 혈연관계의 생성 그리고 다문화 배경의 2세 출산

이 상황을 좀 더 구체적으로 파악하기 위해 첫째, 한국 사회에서 다문화 가정이 생성되는 혼인 건수; 둘째, 다문화 가정 청소년의 숫자; 셋째 다문화 가정의 요구도; 넷째, 다문화 가정의 학습 능력 등에 대한 현황을 제시한다.

2) 다문화 가족 현황

(1) 국제 결혼 현황

한국식 다문화를 형성하고 있는 외국인과의 혼인은 아래 (그림 1)에서 보듯 2005년에 정점을 보였고 이후에는 점차 감소하는 경향을 보이고 있다. 2013년의 외국인과의 혼인은 총 25,963건으로 2005년에 비하면 대략 61% 수준이고, 전년도인 2012년보다 2,362건이 감소하였다. 2013년에 이루어진 총 혼인(322,807건) 숫자 중 외국인과의 혼인 비율은 8.0% 수준인데, 한국 남성과 외국 여성의 혼인은 18,307건으로 전년보다 11.3% 감소하였고, 한국 여성과 외국 남성의 혼인은 7,656건으로 전년보다 0.4% 감소하였다.

이 자료는 http://www.index.go.kr/potal/main/EachDtlPageDetail.do?idx_cd=2430에서 가져온 것이다.

국가별 국제결혼 건수 통계표(1)

	2005	2006	2007	2008	2009	2010	2011	2012	2013
국제결혼 총건수	42,356	38,759	37,560	36,204	33,300	34,235	29,762	28,325	25,963

---

3) 한국과 서구의 다문화가 어떻게 다른가 하는 문제는 임형백(2009) 참고. 이 논문에서는 한국과 서구의 다문화 차이를 인식론적 차이, 실정법의 차이, 다문화 사회로의 진입 배경 차이 등으로 나누어 논의하고 있다. 한국의 다문화 사회 형성은 일본의 다문화 사회 형성과 비슷한데 이에 대해서는 김태식(2012), 천호성·이정희(2014) 참고.

이 숫자를 한국 남자가 외국인 여자와 결혼한 숫자와 한국 여자가 외국인 남자와 결혼한 경우를 나누어 제시하면 다음과 같다. 이 표에 의하면 2013년의 총 결혼건수 25,963건은 한국 남자와 외국 여자가 결혼한 18,307건과 외국 남자와 한국 여자가 결혼한 7,656건을 합친 숫자가 되는 것이다.

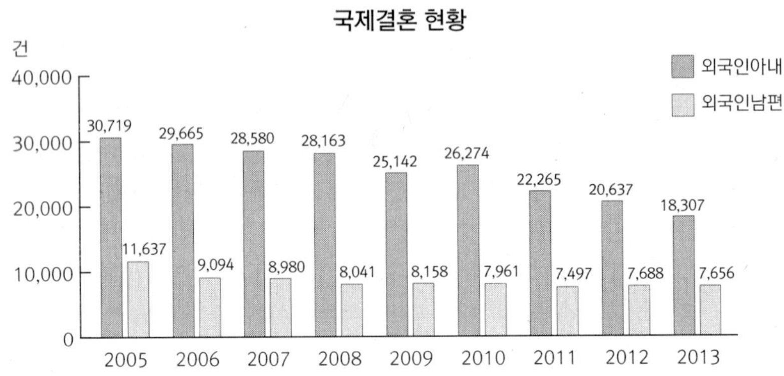

한편, 2013년 현재 한국 남성과 혼인한 외국 여성의 국적은 중국(33.1%), 베트남(31.5%), 필리핀(9.2%) 순인데, 2005년 이후 중국인 여자와 결혼하는 국제결혼의 숫자는 30% 수준으로 감소한 반면, 베트남 여자와 결혼하는 국제결혼은 별다른 변화가 없으며, 필리핀 여자나 일본 여자와 결혼하는 국제결혼의 숫자는 오히려 증가하였다. 국가별 숫자는 통계표(2)와 같다.

국가별 국제결혼 건수 통계표(2)

	2005	2006	2007	2008	2009	2010	2011	2012	2013
한국 남자+ 외국 여자	30,719	29,665	28,580	28,163	25,142	26,274	22,265	20,637	18,307
-중국	20,582	14,566	14,484	13,203	11,364	9,623	7,549	7,036	6,058
-베트남	5,822	10,128	6,610	8,282	7,249	9,623	7,636	6,586	5,770
-필리핀	980	1,117	1,497	1,857	1,643	1,906	2,072	2,216	1,692
-일본	883	1,045	1,206	1,162	1,140	1,193	1,124	1,309	1,218
-캄보디아	157	394	1,804	659	851	1,205	961	525	735
-태국	266	271	524	633	496	438	354	323	291
-미국	285	331	376	344	416	428	507	526	637
-몽골	561	594	745	521	386	326	266	217	266
-기타	1,183	1,219	1,334	1,502	1,597	1,532	1,796	1,899	1,640

한편 한국 여자가 외국 남자와 결혼하는 국제결혼에서 2013년 현재 외국 남성의 국적은 미국(22.9%), 중국(22.6%), 일본(17.8%) 순이다. 2005년 당시에는 중국인이 가장 많았는데, 2006년에 역전되어 일본인 남자와 결혼하는 국제결혼이 가장 많았다. 2005년 이후 중국 남자나 일본 남자와 결혼하는 국제결혼의 숫자는 점차 감소하는 추세를 보인 반면, 미국이나 호주 유럽 등의 남자와 결혼하는 숫자는 꾸준히 늘어 2013년에는 한국 여자가 미국인 남자와 결혼하는 숫자가 가장 많게 되었다. 국가별로 그 숫자를 제시하면 다음의 <통계표 3>과 같다.

국가별 국제결혼 건수 통계표(3)

	2005	2006	2007	2008	2009	2010	2011	2012	2013
한국 여자+외국 남자	11,637	9,094	8,980	8,041	8,158	7,961	7,497	7,688	7,656
-일본	3,423	3,412	3,349	2,743	2,422	2,090	1,709	1,582	1,366
-중국	5,037	2,589	2,486	2,101	2,617	2,293	1,869	1,997	1,727
-미국	1,392	1,443	1,334	1,347	1,312	1,516	1,632	1,593	1,755
-캐나다	283	307	374	371	332	403	448	505	475
-호주	101	137	158	164	159	194	216	220	308
-영국	104	136	125	144	166	178	195	196	197
-독일	85	126	98	115	110	135	114	134	157
-파키스탄	219	150	134	117	104	102	126	130	99
-기타	993	794	922	939	936	1,050	1,188	1,331	1,572

(2) 다문화 가정 청소년의 숫자

다문화 가정이 늘어나는 수에 비례하여 다문화 가정의 청소년 역시 늘어나고 있다. 최근 다문화 가정의 학생 수는 2013년을 기준으로 5만 5,780명이며, 2012년(4만 6,954명)에 비해 18.8%(8,826명) 증가하였다. 아직 전체 학생 수(652만 9천 명)의 0.9%이지만 앞으로 이들의 비율은 급속도로 증가될 것으로 예상된다.

〈다문화 청소년 현황〉

	전체 학생 (천 명)	다문화 학생 수1)	구성비2)	초등학교	구성비3)	중학교	구성비3)	고등학교	구성비3)
2009	7,447	26,015	0.3	21,466	82.5	3,294	12.7	1,255	4.8
2010	7,236	31,788	0.4	24,701	77.7	5,260	16.5	1,827	5.7
2011	6,987	38,678	0.6	28,667	74.1	7,634	19.7	2,377	6.1
2012	6,732	46,954	0.7	33,792	72.0	9,647	20.5	3,515	7.5
2013	6,529	55,780	0.9	39,430	70.7	11,294	20.2	5,056	9.1

자료: 교육부, 「다문화 가정 학생 현황」 각 연도
주: 1) 국제결혼 가정 학생(국내 출생+중도 입국)+외국인 가정 학생
　　2) 다문화 학생 수/전체 학생 수×100
　　3) 학교급별 다문화 학생 수/다문화 학생 수×100

위 표에 의해서 다문화 가족 학생 수의 추이를 대강 추적해 볼 수 있다. 2009년의 초등학교 숫자는 21,466명이고, 2013년의 초등학생 숫자는 39,430명이다. 2009년의 통계에 잡힌 초등학생은 2009년에 입학한 당시 1학년부터 2004년에 입학한 당시 6학년까지이다. 한편 2013년의 통계에 잡힌 초등학생은 2013년에 입학한 당시 1학년부터 2008년에 입학한 당시 6학년까지이다. 39,430명에서 21,466명을 뺀 17,964명의 의미는 2010년부터 2013년까지 4년 동안에 입학한 초등학생 숫자보다 2004년부터 2007년 사이에 입학한 초등학생의 숫자가 더 많다는 의미이다. 4년을 평균하면 1년에 대략 4,000명 이상이 증가하고 있다는 의미이다.

한편 중학생의 숫자는 전체적으로는 많아지고 있지만, 증가세가 둔화하고 있음을 보여 준다. 위 표로써 계산해 보면 2010년에 중학교에 입학한 학생은 2007년에 입학한 학생보다 1,966명이 더 많고, 2011년에 입학한 학생은 2008년에 입학한 학생보다 2,374명이 더 많다. 이 숫자를 정점으로 하여 2012년에 입학한 학생은 2008년에 입학한 학생보다 2,013명이 더 많고, 2013년에 입학한 학생은 2010년에 입학한 학생보다 1,647명이 더 많다. 증가세가 줄어들기는 했지만 2013년 현재 계속 증가하고 있는 것이다.[4]

한편 중학교를 졸업한 후 고등학교에 진학하는 비율도 대강 추적할 수 있다. 2010년의 중학생 숫자는 5,260이고, 2013년의 고등학생 숫자는 5,056으로 나타

---

4) 이를 계산한 방법은 다음과 같다. 2009년도 중학생 숫자는 3,294명인데, 이는 2007년, 2008년, 2009년에 입학한 재학생이다. 2010년도 중학생 숫자는 5,260명인데 이는 2008년, 2009년, 2010년에 입학한 재학생이다. 2010년도 중학생 숫자에서 2009년도 중학생 숫자를 빼면 2010년도 입학한 핵생과 2007년도 입학한 학생수의 차이가 되는 것이다.

난다. 2010년의 중학생이 아무런 변동 없이 모두 고등학교로 진학했을 경우 그 숫자가 동일해야 하는데, 약 200명 정도 감소로 나타나는 것이다. 이것은 무슨 사정 등으로 인하여 진학을 하지도 못했다는 것을 의미한다. 이 사정이 무엇인지 파악하여 대책을 마련할 필요가 있을 것이다.

(3) 다문화 가정의 요구도 조사

다문화 가정은 서울과 경기를 중심으로 전국으로 확산되어 그 숫자가 점차 늘어나고 있는데, 이들이 한국 사회에 적응하여 살기 위한 요구도 조사에서 그 선호도는 아래 표와 같이 나타났다. (a)항과 (b)항은 개인적인 생존을 위한 것이고, (c)항과 (d)항은 한국 사회와 개인과의 관계에 관련된 것이고, (e)항은 후세와 관련된 것인데, 이들에 대한 선호도에서 한국 사회에 적응을 하고 위한 기초적 욕구인 (c)항과 (d)항이 지속적으로 높은 수치를 차지한다는 것은 우리 사회가 근원적인 문제점을 안고 있다는 것을 보여 주는 것이다. 즉 한국어나 한글문화에 대한 서비스를 확대하고, 다문화 가정에 대한 우리 사회의 편견이 아직도 심하여 개선할 필요가 있다는 것을 보여 주는 것이다.[5]

다문화(혼혈인, 가구주) 가정의 요구도 조사
Multicultural (Household head)
(통계청 자료를 약간 변형한 것임.) (단위:%) (unit: %)

	계	**	정부에서 시급히 해결해야 할 사항 Project government should solve immediately						
			소계	(a)	(b)	(c)	(d)	(e)	기타
〈2006〉 전국	100.0	0.4	100.0	15.1	19.9	25.7	30.6	6.1	2.6
도시(동부)	100.0	0.3	100.0	17.7	20.8	25.5	29.5	6.5	0.0
농어촌(읍면부)	100.0	0.7	100.0	9.1	17.7	26.2	33.0	5.3	8.7
〈2008〉 전국	100.0	1.7	100.0	17.0	17.6	32.8	26.4	5.9	0.3
도시(동부)	100.0	1.7	100.0	18.1	15.0	31.1	29.0	6.4	0.4
농어촌(읍면부)	100.0	2.1	100.0	13.0	26.8	39.1	17.3	3.9	–

** 다문화(혼혈인) 가구
(a) 직업훈련 취업알선 (b) 경제적 지원
(c) 사회적응을 위한 한글문화 교육서비스 (d) 다문화가족 편견 없애는 사회분위기 조성
(e) 혼혈인 자녀를 위한 특별교육과정 지원

---

5) 우리 사회가 가지고 있는 다문화 가정에 대한 편견을 대중 문화적인 차원에서 다룬 것은 김종갑·김슬기(2014) 참고.

(4) 다문화 가정의 한국어 학습도

다문화 가정의 이주민이 한국어를 능숙하게 사용하지 못하고, 이 때문에 그 자녀들에게 한국어를 제대로 가르치지 못하는 상황[6]과 부모들의 경제적인 어려움으로 인하여 효과적인 학습을 못하거나 상급학교로 취학하지 못하는 자녀가 많다는 것은 이미 잘 알려진 사실이다.[7] 그리고 이들이 본래부터 한국인인 부모로부터 태어난 자녀에 비해 학습 능력이 떨어진다는 것은 이미 예견되어 있던 일이다. 학습 능력의 차이에 대한 공표가 새로운 사회적인 문제가 되는 것을 회피하기 때문인지 다문화 가정 자녀들의 학습 능력에 관한 연구는 별로 활발하지 못하다. 이 방면의 연구자에 의해 학습 효과와 학습 능력의 차이 등에 관한 조사 및 연구 결과가 나와 객관적인 자료를 가지고 새로운 계획을 수립할 수 있어야 할 것이다.

3) 다문화 가정에 대한 현재의 지원 정책

다문화 가정에 대한 지원 정책의 역사는 몇 년 되지 않는다. 짧은 시기에 다문화 가정에 대한 지원 정책이 획기적으로 늘어나긴 했지만, 아직 초반기로서 정립해 가는 과정에 있기 때문에 피상적인 지원 위주로 구성되어 있는 것이 사실이다.

국무총리실 관계부처 합동(2010) 「다문화가족 지원 정책 기본계획(2010-2012)」[8]에 의하면 다문화가족의 지원정책 비젼을 '열린 다문화사회로 성숙한 세계국가 구현'으로 설정하고 추진목표를 '다문화가족의 삶의 질 향상 및 안정적인 정착 지원과 다문화가족 자녀에 대한 지원 강화 및 글로벌인재 육성'으로 설정하였다. 그리고 추진분야를 다음의 5가지로 설정하고 있다.

가. 다문화 가족 지원정책 추진체계 정비
나. 국제결혼 관리 및 입국 전 검증시스템 강화
다. 결혼이민자 정착 지원 및 자립역량 강화
라. 다문화가족 자녀의 건강한 성장환경 조성
마. 다문화에 대한 사회적 이해 제고

---

6) 다문화 가정 이주민의 한국어 학습에 관한 조사는 류경애(2014) 참고. 이에 의하면 다문화 가족의 학력 등 기초 학습 배경과 한국어 능력에 대한 학습자의 인식 변인들에 따라 한국어 각 영역에서 교재 수준을 조절하여야 하고 교재 선택과 수업 시간 조정 그리고 수강 반 편성 등도 학습 영역의 난이도에 따라 달리 하여야 한다.

7) 다문화 가정 이주민의 한국어 능력에 관한 조사 역시 앞 주석 논문 참고.

8) 김준식·안광현(2012)에서 인용하되 필자가 편집한 것임.

이러한 사업들은 모두 필요한 것이고, 국가의 중앙 부처가 정책을 펼치기 위한 과제이기 때문에 어쩔 수 없는 상황이기는 하겠지만, 모든 사업들이 현재에 급급한 지원 사업에만 치중하고 있는 것이다. 장기적인 비전을 준비하기 위한 계획이나 사회적 공감대를 형성하기 위한 이론 구축이라는 것을 찾을 수 없는 것이다.

이러한 상황은 부처의 사업 내용이 타 부처에 비해 잘 소개되어 있는 여성가족부의 홈페이지에도 같은 현상이다.

여성가족부는 <다문화가족지원>을 '생애 주기별 맞춤형'과 '다문지원센터운영'의 두 가지로 그 사업을 구별하고, '생애주기별맞춤형'의 기본방향을 '다문화가족을 위한 가족교육·상담·문화 프로그램 등 서비스 제공을 통해 결혼이민자의 한국사회 조기적응 및 다문화가족의 안정적인 가족생활 지원'으로 설정하고, 사업의 단계를 4단계와 전단계로 구분하고, 다음과 같이 그 사업 내용을 설정하고 있다.

1단계 : 입국 전 결혼준비기
    1. 국제결혼 과정의 인권보호와 교육프로그램
2단계 : 입국 초 가족관계 형성기
    1. 결혼이민자의 조기적응 및 안정적 생활지원
    2. 다양한 매체를 통한 한국어교육
    3. 위기개입 및 가족통합교육 실시
3단계 : 자녀양육 및 정착기
    1. 다문화가족 자녀의 양육·교육 지원
4단계 : 역량 강화기
    1. 다문화가족의 경제·사회적 자립 지원
전단계 : 다문화 역량강화
    1. 대국민 인식개선 및 홍보
    2. 다문화가족 실태조사 실시 (다문화가족지원법 제4조)

'다문화가족지원센터 운영'에서는 그 기본 방향을 '다문화가족을 위한 가족교육·상담·문화 프로그램 등 서비스 제공을 통해 결혼이민자의 한국사회 조기적응 및 다문화가족의 안정적인 가족생활 지원' 등으로 설정하고 있는 것이다.

이러한 상황은 교육부의 경우도 유사하다. 교육부 홈페이지(2014년 12월 현재)에 안내되고 있는 '장애·다문화·탈북학생 등 교육지원 강화'에 제시되고 있는 '다문화·탈북학생의 교육기회 확대(국정과제 50-2, 126-1)'의 내용은 다음과 같다.

> 가. 다문화 가족 자녀의 언어교육 강화 등 한국사회 정착 지원
> – 한국어, 문화에 대한 적응교육을 위해 예비학교('12년 25교 → '13년 50교) 및
>   특별학급('12년 초 13교 → '17년 초·중 120교) 확대
> * 다문화 특별학급 확대 등을 위해 초·중등교육법 시행령 개정('13. 5월 중)
> – 교원 및 학생을 위한 다문화 이해교육 강화('12년 18,000명 → '13년 40,000명)
>
> 나. 탈북학생의 특성·여건을 고려한 맞춤형 교육지원 강화
> (내용 생략)

위에서 보듯 현재의 지원 정책은 지원을 해야 하는 당위나 목표의 설정 없이 (아주 추상적인 목표는 설정되어 있지만) 눈앞의 표면적인 지원에 급급한 상황인 것이다.

4) 학계의 지원 정책 비판

다문화와 관련된 정책 비판 및 제안 제시 등과 관련된 논문이 사회과학이나 한국어 교육 등을 중심으로 21세기에 접어들어 우후죽순식으로 나오고 있는 실정이다. 이러한 논문들은 현황을 파악하는 것과 정책 비판 내지는 대안 제시를 하는 것으로 구분할 수 있는데 그 비판적인 분석을 하고 있는 한두 논문을 보기로 한다.

정진우(2014)에서는 다문화 가정의 지원 정책을 다각도로 분석한 후 다음과 같은 세 가지의 제안을 하고 있다.

첫째, 가족분야와 관련하여 재한외국인 및 결혼이민자를 '국적'이 아닌 '거주'의 개념으로 파악하는 것이 바람직하며, 결혼 이민자의 문제를 '여성'의 문제로만 보아서는 안 되며, '가정'의 문제로 볼 필요가 있다. (중략)

둘째, 교육 분야와 관련하여 공교육과 민간 기관의 유기적 연계가 바람직하다. (중략)

셋째, 통합과 관련하여 교육과 고용을 동시에 고려한 사회통합정책 실시가 필요하다.

이러한 논의와 결론은 바람직한 다문화 사회의 건립을 위해 모두 필요한 사항들이지만, 사회과학도로서 다문화 지원 정책의 운영 방향 등의 논의에 한정되고

있는 것이다.

이런 논의는 김준식·안광현(2012)에서도 비슷하다. 여기서는 국가의 다문화 정책을 비판하고, 문제점을 6가지 추진주체, 추진목표, 추진내용, 추진 대상, 추진 방법 그리고 추진 시기 등으로 나누어 고찰하고 각각에 대해 조언을 하고 있는데, 이 역시 다원화 지원 정책의 운영에 관한 사항에만 관심을 두고 있는 것이다.

한편 천호성·이정희(2014)에서는 한국과 일본의 다문화 현상이 시기상으로 조금 차이가 있을 뿐 그 양상이 아주 흡사하다는 것을 지적하고, 일본 사회에서 내걸었던 '공생적 다문화주의'를 소개하고 다음과 같이 결론을 내리고 있다.(아래에 인용하는 부분은 결론의 마지막 부분이다.)

일본의 다문화 거버넌스 체제에 주목해 볼 때, 다문화 교육에 있어서 가정-학교-지역사회 간의 연계 강화를 통한 다문화 가정 자녀의 역량강화 전략도 고려해 볼 수 있을 것이다. 우리나라의 경우 다문화 가정과 이주민을 대상으로 하는 계몽 및 사회 적응 중심의 교육 활동은 매우 잘 되고 있으나 지역 주민 교육으로서의 현실 적합성 교육은 미흡하다. 이주민 중 문화적 소수민들이 지역의 언어와 문화 학습을 통해 지역의 의사 결정에 참여할 수 있는 다문화 역량 교육이 요구된다.

이러한 논의 역시 다문화 가정의 구성원이 앞으로 우리 사회에 효율적으로 적응할 수 있는 방법의 모색으로 훌륭한 지적이라 할 수 있지만, 이들이 가지고 있는 문화를 우리는 어떤 식으로 보아야 하는가 하는 기본적인 문제에 대해서는 아무도 언급을 하지 않고 있는 것이다.

5) 다문화 가정의 문제점

위에서 다문화 가정의 기본적인 현황을 살펴보았는데, 이러한 현황과 관련하여 혹은 이러한 현황의 이면에 잠재되어 있는 다문화 가정의 문제점을 가장 평범한 수준에서 몇 가지 지적해 보기로 한다.

첫째, 다문화 가정의 생성과 관련된 문제로 내부분의 다문화 가정은 한국과 이주민의 해당 국가에서 사회적인 약자의 신분에 있는 사람들이 결합하여 사회적 신분이 낮은 계층에 속해 있다는 것이다. 이러한 생성적 한계는 많은 경우 경제적 취약성을 가질 수밖에 없게 되고, 이는 다시 사회적으로나 교육적으로 취약 계층이 될 가능성이 크다는 것이다.

둘째, 여성 이민자의 한국어 능력 부족이나 지적인 능력의 상대적 취약은 이민자가 한국 생활에 적응하는 데 어려움을 겪게 하고, 이는 사회적으로나 가정적으로나 이민자의 위치를 불안정하게 하게 하여 장기적으로는 가정 자체의 어려움을 초래할 가능성이 있다는 것이다.

셋째, 다문화 가정의 자녀들은 한국어 능력이 부족한 부모로부터 양질의 모국어 교육을 받을 수 없기 때문에 같은 또래의 한국인 어린이보다 한국어 학습 능력이 뒤쳐질 수밖에 없고 이 현상은 한국 사회에 제대로 적응하지 못하고 이탈자가 될 가능성이 크다는 것이다.

넷째, 위와 같은 문제점을 가지고 있음에도 불구하고, 한국 사회는 다문화 사회에 대한 이해와 포용력을 충분히 가지지 못하고, 또한 다문화 가정의 이민자나 그 자녀들에 대해 우리 사회의 일원이라는 인식을 주지 못하고 있는 것이다. 이는 우리 사회의 암적 요인이 되거나 불안정의 요인이 될 가능성이 크다는 것을 암시하는 것이다.

다섯째, 이러한 상황에도 불구하고, 이주민의 적응 능력과 생활 능력, 다문화 학생과 일반 학생의 학습능력 비교, 다문화 가정에 대한 지원 정책의 수립과 검토, 예상되는 미래상 등을 종합적으로 고찰할 국내의 국가기관이 없다는 것이다. 국내의 다문화 가정에 대한 지원 정책 등이 교육부, 문화체육관광부, 노동부, 법무부, 여성가족부에 흩어져 있고, 지방자치단체도 각각의 정책을 펼치고 있는 것이 현재의 다문화 정책의 모습인데, 이 현상은 국가 예산의 효율적 집행을 위해서도 시급해 해결되어야 할 문제이다.

여섯째, 가장 중요한 문제는 이러한 문제들을 전반적으로 고찰할 수 있는 철학이 부재하고 인문학적 연구가 부족하다는 것이다. 우리 사회의 밑바탕에 흐르고 있는 전통적인 정신 문화를 바탕으로 새로운 시대 상황에 맞는 새로운 가치관을 창조하여 새로운 시대에 대비하고 미래의 지속적인 발전을 도모할 필요가 있는 것이다.

6) 의식의 전환과 해결책의 실제

(1) 상황에 대한 의식의 전환

20세기 말부터 현 세기의 초반에 이르러, 외국 노동자들의 국내 유입과 중국과 일본 그리고 동남아시아 제 나라의 결혼 이민으로 인해 한국 사회는 급속히 다원화·다층화·다문화화 하고 있다.[9] 다문화 가정의 이주민은 현재 한국 사회의 안정에 절대적으로 중요한 존재이고, 이들 가정의 자녀들은 20년 후나 30년 후

---

9) 한국어를 모국어로 하는 한민족의 내부에서도 같은 문제가 제기되고 있으나 본고의 관심에서는 일단 제외하기로 한다.

한국 사회의 중요한 변수로 작용하리라는 것은 절대적인 사실이다.

그래서 이들은 한국이 지속적으로 발전할 수 있는 원천적인 자산이 될 것인가, 아니면 한국 사회의 암적인 존재가 될 것인가 하는 문제는 한국 사회가 이들을 어떻게 끌어 안고 구성원으로서의 역할을 할 수 있게 하는가에 달려 있다.

그런데 한국 사회는 역사적으로 단일 민족으로 하나의 언어문화 공동체를 이루어왔기 때문에 다양한 언어와 문화 그리고 다른 종족과 상생하고 공존할 수 있는 이해와 수용의 의식이 아주 미흡하다. 이러한 현황의 돌파구를 마련하고 발전적인 공존과 상생의 공동체를 추구하기 위해서는 공동체 형성의 가장 핵심적인 요소인 언어, 문화, 교육의 세 문제를 중심으로 새로운 접근 방식을 모색해야 한다. 세 요소에 대한 핵심적인 비전은 다음과 같이 정리할 수 있다.

- 언어는 소통의 기본적 도구로서 상호 이해의 출발점이 된다.
    ⇒ 여러 언어의 보편성과 개별성, 공통성과 차별성을 분석하고 종합하여 소통 장애의 문제점을 제거해야 한다.
- 문화는 공동체 성립의 근간이자 상호 이해의 중심이다.
    ⇒ 다문화의 생성 과정을 이해하고, 통합과 공존이 조화할 수 있는 방법을 모색해야 한다.
- 교육은 한 공동체의 언어와 문화를 전수하는 동시에 그것들이 통합하고 공존할 수 있는 방법을 찾아야 한다.
    ⇒ 새로운 다문화 사회에 효과적으로 존재하고 대처할 수 있는 교육의 원리와 방법을 창안하고 실천해야 한다.

결론적으로 다문화 사회에 대한 접근은 문화적 상호의존관계와 다양성의 조화를 다루는 생태언어학적 관점, 이를 확대시키는 생태인문학적 관점, 생태인문학적 관점의 문제점을 극복하는 새로운 의식의 창조가 필요하고, 해결책을 실제적으로 강구하는 것도 필요하다. 해결을 위한 실제적인 접근은 언어, 문화, 교육과 관련하여 이루어져야 한다.

(2) 대비언어학적 접근

가. 다양한 문화와 언어가 공존하는 다언어문화 사회에서는 각 언어에 대한 비교 연구를 통해 서로 다른 언어권에 속한 사람들의 의식 구조와 사고방식의 차이 등을 이해함으로써 문화적 다양성에 대한 인식을 제고할 수 있다.

나. 특히 한자 문화권이라고 할 수 있는 한국과 중국 그리고 일본의 경우에는

동일한 한자를 사용하면서 다른 의미를 가지거나 동일한 개념을 다른 한자로 표현하는 경우가 있기 때문에 이를 정리하는 작업도 필요하다.

(3) 문화적 접근

가. 다양한 문화적 배경과 생활 풍습, 가치관을 가지고 있는 이주민에 대한 이해는 그들의 문화를 한국 문화에 통합시키는 것이 아닌, 보다 발전적인 공존과 상생의 공동체를 추구하는 데 필수적인 요소이다.

나. 이러한 인식하에 한국 사회에 분포하는 이주민들의 생활 세계에 대해 출신 국가별로 심층적인 현황 조사를 함으로써 다문화 공동체의 핵심 축들에 대한 심화된 지식을 축적해 나가야 할 것이다.

(4) 교육적 접근

가. 다문화 교육은 모든 학생의 지적 발달과 개인적 발달을 동시에 추고하고, 아울러 사회 전체적인 발달을 촉진시키는 것을 공교육의 가장 핵심적인 과제로 설정해야 한다.

나. 이를 위해 우리 사회는 사회의 변동에 따른 새로운 가치를 확립해야 할 때이다. 다문화 공동체의 기저 가치인 다양성, 개방성, 적응성 등을 바탕으로 '(사회) 통합과 (문화) 공존'을 추구해야 한다. '공존과 통합'이라는 미래의 핵심적인 가치를 확립하기 위해서는 기존의 가치를 해체·재구성하는 등 새로운 가치관 형성에 대한 논의를 활성화해야 할 것이다.

다. 이러한 인식을 토대로 한국 사회를 구성하는 다양한 계층, 연령, 언어, 문화 등의 특성을 고려하여 새로운 교육적 목적과 방법을 창조·제안해야 한다.[10] 예를 들어 '배려 교육'이라는 프레임에서 자아, 이웃, 사회, 환경 등에 대한 '배려'를 하나의 교육적 가치로 제안해 볼 수 있을 것이다.

(5) 정책적 접근

가. 범정부적으로 외국인의 유입, 체류, 영주, 국적 부여 등 사례별로 종합적으로 검토할 전담 기구를 설치한다.

나. 이 기관에서는 다문화에 관련된 이론 개발과 정책 개발을 동시에 시행한다.

다. 다문화 가족의 결혼과 이혼에 관한 정확한 통계를 내고 그 이유나 원인에 대

---

10) 다문화 교육을 맡을 수 있는 교육자의 양성과 관련된 교육 과정에 대해서는 이관규·정지현 (2014) 참고. 그리고 한국어 교사 교육에 대해서는 권순희(2014) 참고.

한 고찰을 하는 동시에, 다문화 가족 자녀들의 교육 정도와 성취 정도를 분석하고, 사회 통합을 위한 정책을 개발한다.

　라. 정부조직법상 청(廳)에 해당하는 가칭 '이민·다문화청'과 같은 국가 기관을 설치해야 할 것이다.

3. 미래 지향적 조화의 정립

　앞에서 제기한 문제점들을 해결하고, 주어진 실천적인 과제들을 수행하기 위한 인문학적인 가치의 재창조가 필요하다. 이를 위해 한국인의 전통 문화 속에 내재되어 있는 조화의 정신을 알아보고, 현재의 상황을 발전의 계기로 삼을 수 있는 바탕 이론을 어떻게 창출할 수 있는가 하는 문제에 대해 논의하기로 한다.

1) 한국인의 전통적 조화의 유형

　둘 이상의 요소가 새로운 창조물을 만들어내면서 조화를 이루는 것은 인류의 문화 발전에 가장 중요한 요인이 된다. 한국인만이 가지고 있는 전통 문화 속에 조화의 개념이 어떻게 작용하는가 하는 문제를 몇 가지 사례로 검토해 보자.

(1) 통합에 의한 조화

　이 유형에는 최소한 두 가지 종류의 조화 유형이 존재한다. 하나의 유형은 존재하던 여럿이 공존할 수 없기 때문에 경쟁을 통하여 하나로 흡수 통합되는 유형이고, 다른 하나는 존재하던 여럿이 하나가 되어 새로운 하나를 창출하는 유형이다. 전자는 옛날 삼국 시대 이후 신라로 통일되면서 우리 민족의 언어가 신라어 중심으로 통합되는 유형이고, 후자는 한국의 전통 예술인 농악에서 찾아 볼 수 있는 조화의 유형이다.

　단일어를 사용했던 우리 민족은 기원전 1세기에서 2세기 사이에 설치된 한사군에 의해 남북으로 분단되고, 이후 약 400년간 분단의 길을 걷게 된다. 서력기원 313년에 고구려가 낙랑군을 축출하면서 한반도와 만주는 다시 우리 민족의 터전이 된다. 그리하여 우리 민족은 북쪽의 고구려와 남쪽의 백제, 신라가 서로 대립되면서 직접 접촉을 시작하여 재통일의 물꼬를 틀고, 7세기에 신라가 삼국을 통일함으로써 우리 민족은 민족의 통일과 동시에 언어의 통일이 다시 이루게 된다. 이때부터 하나로 합친 우리 민족은 공통되는 어휘는 공유하여 사용하게 되지만, 하나의 사물이나 존재에 대해서는 하나의 어휘가 적합하기 때문에 삼국에서 차이가 났던 어휘들은 어쩔 수 없이 서로 경쟁을 하게 되고 결국에는 하나의 어휘만 남게 된다. 하나의 사물이나 존재에 대해 여러 가지 다른 어휘를 사용한다는 것은 하나의 언어공동체가 필수적으로 가져야 할 의사 소통에 결정적 장애 요인이 되기 때문이다. 이때 나타나는 통합현상은 신라어 중심으로 우리 민족의 언어가 하나로 되는 통합과정이다.

우리의 농악에서 볼 수 있는 통합 현상은 이와 다른 현상이다.

위 그림에서 보듯 농악의 구성요소는 세 가지이다. 악기와 공간 그리고 연주자가 그것이다. 연주자는 한정된 공간에서 때로는 빠르게 때로는 느리게 움직여 다양한 시간의 흐름을 조율하여 조화로운 모습을 보여 준다. 그리고 다수의 연주자가 주어진 공간에서 때로는 원을 이루기도 하고 때로는 타원을 이루기도 하고 때로는 선의 모양을 보여 주기도 하면서 다양한 조합을 만들어 다양한 공간의 조화를 꾀한다. 그리고 농악의 악기는 꽹과리[小金]·징·장구·북·소고(버꾸)·태평소·나발 등 타악기가 중심이 되는데 이들의 소리는 날카로운 소리와 둔한 소리, 부드러운 선율과 탁한 선율, 큰 소리와 작은 소리 등 다양한 소리가 한데 어우러져 소리의 조화를 이룬다.

시각과 청각의 조화, 시간과 공간의 조화가 우리 농악의 전통적인 조화의 모습인 것이다. 이때에는 악기와 공간 그리고 연주자라는 세 개의 구성요소가 하나로 통합되면서 새로운 하나의 창조물—농악을 만들어 내게 되는 것이다.

(2) 융합에 의한 조화

이 유형은 훈민정음의 창제에서 찾아 볼 수 있는 조화의 유형이다. 지구상에서 인류가 사용하는 문자에 대한 역사를 새로 쓰게 한 훈민정음의 창제는 '기존의 차자 표기법'과 '성운학의 지식' 그리고 '조음 기관의 관찰'이 융합되어 새로운 조화를 이루어 낸 결과이다. 한자를 빌어 우리말을 표기하면서 의식한 음절에 대한 3분법적인 사고, 성운과 성모를 구분하고 성모를 조음 방식에 따라 '전청·차청·전탁·차탁'으로 나누고 조음 위치에 따라 '아, 설, 순, 치. 후'로 나눈 성운학적인 지식, 그리고 '혀, 입술' 등 조음체와 '이, 치조, 입천장' 등 조음점을 정확하여 관찰하고 이들의 관계까지 파악한 세종의 조음음성학적 지식이 어우러져 훈민정음을 창제하게 되는 것이다.

기존의 표기 방식에서 자연스럽게 습득한 언어학적 지식, 중국의 성운학에 나타나는 조음음성학적 지식 그리고 조음기관에 대한 정확한 관찰-이 삼자가 세종의 천재성과 융합되어 조화를 이루면서 새로운 창조가 완성되는 것이다.

(3) 선택적 결합에 의한 조화

이 유형은 한글맞춤법이 추구하는 조화의 유형이다. 문자로 언어를 표기하는 방법에는 그 기본형을 밝혀 적는 방법과 소리나는 대로 표기하는 방법의 두 가지가 있다. 예를 들어 '덧없이 흘러 도는 세월아'라는 문장의 표기는 여러 가지로 구상해 볼 수 있다. 첫째는 모든 형태소들의 기본형을 밝혀 적는 표기이다. 이렇게 표기할 경우 '덧없이 흐르어 돌는 세월아'가 될 것이다. 둘째, 모든 형태소를 소리나는 대로 적을 수도 있겠다. 이 경우 그 표기는 '더덥씨 흘러 도는 세워라'가 될 것이다.

그런데 우리 한글맞춤법은 소리나는 대로 적는 것과 기본형을 밝혀 적는 것을 절충하여 '덧없이 흘러 도는 세월아'로 표기하고 있다. 이렇게 표기하게 된 언어학적 근거는, '현대의 공시적인 음운규칙으로 설명할 수 있는 것은 기본형을 밝혀 적고, 이미 역사적인 사실로서 현대의 공시적인 음운규칙으로 설명할 수 없는 것은 소리나는 대로 표기한다'는 것이다.

다시 말해 현재의 표기법은 '음운 규칙의 공시적 타당성 여부'를 기준하여 기본형을 밝혀 적는 표기법과 소리나는 대로 적는 표기법을 음운 현상의 경우에 따라 선택하여 전체적으로 조화를 꾀하고 있는 것이다.

(4) 공존에 의한 조화

이 유형은 우리 민족의 종교 생활에서 찾아 볼 수 있는 조화의 유형이다. 인간은 신의 계시에 의해서든 자발적인 의지에 의해서든 많은 경우 종교적인 생활을 하고 있고 또 인간들은 다양한 종교를 가지고 있다. 한국인들은 고대로부터 믿어 오던 전통 무속 신앙에서부터 삼국 시대에 전해진 불교, 그리고 조선시대 말에 전해진 천주교, 기독교 등 서양 종교, 이즈음에 새로 대두한 원불교, 천도교(동학), 대종교 등 고유 종교, 그리고 최근에 전교된 미국의 프로테스탄트 계열의 소교파와 이슬람교·바하이교 등 지구상에 존재하고 있는 거의 모든 주요 종교를 현재의 시점에서 수용하고 있는 것이다.

해방과 더불어 각종 종교가 다양하게 활동될 수 있었던 요인은 헌법에 의한 종교의 자유 보장 때문이라고 할 수 있을 것인데, 통계청 조사에 의한 한국인의 3대 종교 활동 인구는 다음의 표와 같다.

대한민국 종교 인구 통계 1985년~2005년
전체 국민 비율%

연도	항목				
	무교	불교	개신교	로마 가톨릭교회	기타
1985	57.4	19.9	16	4.6	2.1
1995	49.3	23.2	19.7	6.6	1.2
2005	46.9	22.8	18.3	10.9	1

출처: 통계청(인구주택총조사 1985, 1995, 2005)

이처럼 각종 교단이 한국에서 자유스럽게 활동하는 것은, 한국에서의 종교 활동이 헌법적으로 자유스럽게 보장되어 있기 때문이기도 하겠지만, 그보다 더 중요한 것은 한국인들은 자기가 믿는 종교가 있다 하더라도 다른 종교의 활동에 대해 배타적이지 않다는 것이다. 한국에서의 종교 활동이란 다양한 이질적인 종교가 다른 종교를 배척하지 않고 서로 인정해 주면서 공존하는 그 자체의 모습이라고 할 수 있는 것이다.

2) 한국적 다문화를 위한 조화의 유형

(1) 새로운 인문학적(혹은 언어학적) 비전의 정립

생태인문학과 문화상대주의 내지는 문화다원주의는 기본적인 개념이 통하는 것이다. 그러나 이것이 지나치게 강조될 경우에는 공동체로서의 정체성을 확립할 수 없고, 전체로서 생존해야 하는 의식이나 전체가 나아가야 할 방향에 대한 의식이 불필요해질 수 있다. 이를 극복하기 위해서는 모든 집단들이 따라야 할 필수적인 규범이나 규칙이 필요하게 된다.

다문화 사회가 제대로 발전하기 위해서는 존재하는 모든 집단들에 대해 대등함을 인정하고, 이를 존중해 주는 성숙성이 필요하다. 동시에 이들을 전체적으로 묶여 줄 수 있는 그 무엇이 있어야 한다.

한국적 다문화 사회에서 다양한 집단들이 함께 어울려 살기 위해서는 이들이 모두 한국어를 할 줄 알아야 하고, 소수 집단으로서 개개의 생활을 영위할 수 있는 소수어가 존중받고 대접받을 수 있어야 한다.

그리하여 현대 인문학이 추구해야 할 사항들을 다음과 같이 정리할 수 있을 것이다.

가. 다문화 공동체의 현황을 파악하고 갈등을 치유하여 평등하게 모두가 소통하는 통합적 조화의 방법을 모색하는 인문학(언어학)의 정립

나. 다문화의 다층적 다양성을 있는 그대로 인정하면서 조화롭게 상생하는 공존적 조화의 가치관을 정립하는 인문학(언어학)의 창출

다. 사회적 기대에 부응하는 자유와 평등에 기초한 조화의 가치관을 역동적으로 실천하는 인문학(언어학)의 확산

(2) 대립 이론의 조화

새로운 비전을 위한 이론적인 문제나 실천적인 문제를 해결하기 위해 가장 필요한 것은 기존에 대립하던 인문학적 사고들이 개개 존재의 차원에서는 배타적인 것으로 보이지만, 사실은 이들이 대립의 차원에 머물러 있는 것이 아니라 전체의 차원에서는 조화의 개념 속에서 서로 상보적이라는 것을 새롭게 인식하는 일이다.

가. 언어상대설과 인지결정설의 조화

'인간이 인간이게끔 하는 가장 인간적인 특징이 무엇일까 혹은 인간의 가장 본연적인 능력이 무엇일까'라는 질문은 아직 해결하지 못한 질문들 중의 하나이다. 이러한 질문에 대해 언어상대설은 '어떤 언어를 사용하는가에 따라 세상을 보는 눈이 달라지기 때문에 언어의 사용이 인지를 결정한다'고 한다. 사피어-워프(Sapir-Whorf) 가설로 알려져 있는 이 이론에 의하면 무지개의 색깔을 구분하는 용어가 5개이면 무지개를 5개의 색깔로 구분하고, 그 용어가 7개이면 무지개의 색깔을 7개로 구분하여 인식한다는 것이다. 다시 말해 언어의 분화 및 종류가 사람의 인식이나 정신세계를 결정한다고 보는 것이다.

하지만, 인지결정설은 인간이 타고난 인지의 선천적인 능력이 인간으로 말을 하게 만들고 생각을 하게 만든다는 것이다. 이러한 생각을 하는 대표적인 학자

는 장 피아제(Jean Piaget)인데 그는 인지 발달에 있어서 질적인 차이를 보여 주는 인지의 발달 단계를 제시하고, 인지(혹은 사고)의 수준이 일정 단계에 도달해야 그에 맞는 언어 훈련이나 학습이 된다는 것이다. 즉 인지 발달은 평형화와 비평행화를 반복하면서 발달하게 되는데 새로 경험하는 세상이 기존의 정신세계와 일치하는 평형화와 일치하지 않는 비평행화의 단계가 있는데 이 과정에서 동화와 조절의 과정으로 인지가 발달하고 언어 학습이 이루어진다는 것이다.

이 두 이론의 중간에 있으면서 중간적이지 않는 이론은 비고스키에게서 볼 수 있는데, 그에 의하면 언어와 사고는 전적으로 다른 출발점을 가지고 있다는 것이다. 언어는 사회적 현상으로 유아는 부모나 타인과의 접촉이라는 경험적 상호작용에 의해 발달시키고, 사고는 선천적으로 타고난 인지적 현상으로 외부세계에 대한 학습의 결과로 발달된다는 견해이다. 그에 의하면 유아가 일정 나이가 되면 사고와 언어가 결합된다고 한다.

언어와 사고와 관련된 세 관점은 모두 다른 듯하지만, 이들의 견해도 모두 하나의 초점에서 통합될 수 있을 것이다. 언어가 발달해가고 인지가 발달해가는 과정에서는 새로운 언어를 습득하고 이해하고자 함으로써 인지가 발달해 가고, 수준 높고 깊이 있는 사고는 언어라는 중간 존재를 거침으로써 이해하게 되고, 개념의 외연과 내포의 정확성을 기하기 위해 언어의 개념을 재점검하는 것은 언어의 영역과 사고의 영역이 반드시 일치하는 것이 아니라는 것을 보여 주는 것이다.

이들은 언어 발달과 인지발달이 각각 독자적인 영역이 있으면서 상호작용하는 영역도 있다는 것을 인간의 정신작용이라는 총괄적인 영역에서 상보적인 조화를 이루고 있는 것이다.

나. 보편성과 개별성의 변증법적 접근

지구상에 존재하고 있는 모든 종족은 다른 종족과의 생존 경쟁 속에서 살아남거나 다른 종족보다 상대적 우위를 점하기 위해 자기 민족 중심으로 신화를 구축하기도 하고 우상을 만들기도 한다. 이를 통해 자기 문화를 구축하고 자민족의 정체성을 확보하여 자민족의 모든 것이 타민족의 그것보다 우월하다고 믿거나 착각하면서 때로는 타민족의 문화를 배척하면서 자기중심적으로 살아 왔다.

아득하게 멀고 크던 지구가 하나의 촌처럼 서로 교류하면서 자기중심적인 자아도취는 더 이상 공존의 길이 아니라는 것을 깨닫고, 문화상대주의라는 새로운 개념을 만들게 된다. 문화상대주의 내지는 문화다원주의는 서로 다른 민족이 구축한 문화의 다양성을 인정하고, 존재하는 각 문화는 그 문화를 생성시킨 환경과 역사적·사회적 상황에서 이해해야 한다는 견해다. 문화가 만들어진 사회적 환경과 맥락을 연관시켜 문화를 판단하고 이해하는 것으로, 어떠한 유형의 문화도 모두 그 나름대로의 존재 이유가 있다는 것을 이해하게 된 것이다.

문화인류학자 루스 F. 베네딕트(Ruth Fulton Benedict)는 그의 저서 『문화의 유형』에서 인간 행위를 지배하는 도덕이나 윤리가 인류의 생득적이거나 원천적인 것이 아니라 사회의 상이한 관습에 따라 다양하게 나타난다는 것을 보여 주면서, 인류가 구축하고 있는 다양하고 특수한 문화는 그 문화를 구축한 그 사회의 입장에서 이해해야 한다는 것을 일깨워 주고 있다. 그에 의하면 인간이 이룩한 문화적 가치들은 그 문화적 가치를 만든 역사적·사회적 관계에 의한 것으로, 존재하는 모든 것은 그 나름대로 고유한 의미를 가지고 있다. 그래서 인간 행위의 옳고 그름에 대한 도덕적, 윤리적 판단의 차이란 결국 문화적 환경의 차이에서 기인하는 것이라고 볼 수 있는 것이다.

한국이라는 특정의 사회에 다양한 종족들이 모여 살기 시작하면서 한국식 다문화 사회를 이루게 된 이 시점에 한국인들은 다양한 종족들의 다양한 문화를 각자 독자적인 세계 인식이나 가치관을 가지고 있는 것으로 인정해야 할 것인가? 다양한 종족들이 사용하고 있던 그들 고유의 언어를 한국 사회의 통용어로 인정해야 할 것인가?

한 개인은 개인 나름대로의 가치관과 의식 세계를 가지고 있고, 한 집단도 역시 그들 나름대로의 가치관과 의식 세계를 가지고 있어서 개인적으로는 각자 개인의 그것만을 주장하고, 한 집단은 자기 집단의 그것만을 주장한다면 그 개인은 다른 개인과 공존할 수 없고 한 집단 역시 다른 집단과 공존할 수 없게 될 것이다. 여기에서 우리는 개인의 개별성 이전에 다른 인간과 공유하는 보편성의 존재와 그 필요성을 확인하게 되고, 집단에 대해서도 같은 논리를 적용할 수 있다. 한 인간은 다른 인간과 공유하고 있는 보편성과 동시에 자기만이 가지고 있는 개별성을 가지고 있기에 개별적인 존재로서 인간 사회에 생존할 수 있는 것이다.

하나의 사회는 그 사회를 구성하고 있는 모든 구성원이 같이 움직이고 한 방향으로 나아가게 하는 보편성을 공유하면서, 개별 집단은 개별 집단 나름대로의 개별성을 가져야 한다.

한국 사회에서 다 같이 숨 쉬면서 한 방향으로 가기 위해서는 모든 이들에게 보편적인 그 무엇 하나가 있어야 하고, 이러한 공유 외에 개별적 집단은 개별적인 특색을 나타낼 수 있는 각각 독자적인 세계 인식이나 가치관 등을 가질 수 있어야 한다. 모든 존재는 보편성과 개별성을 동시에 가지고 있기 때문에 일정 영역에서는 보편성을 강조하고 다른 일정 영역에서는 개별성을 강조하여, 전체적으로는 보편성과 개별성이 조화를 이루도록 해야 할 것이다.

(3) 통합과 공존의 조화 – 일원적 다원주의의 정립

가. 한국적 다문화를 위한 조화의 유형

한국 내의 모든 인간은 한국과 관련된 상황에서 한국어로 의사소통할 수 있어야 한다. 한국 내의 공공생활이나 일상생활에서 한국어 이외의 다른 것으로 소통한다는 것은 특별한 목적을 수행하기 위한 상황이 아닌 한 있을 수 없는 일이다. 한국어로 소통하는 통합적 일원주의가 필요한 것이다. 한국에서의 보편적인 삶, 공공적인 삶을 위해서는 한국어로 소통해야 하는 것이다. 앞에서 제시한 통합의 유형에서 신라의 삼국 통일에 의한 조화의 유형이 필요한 것이다. 적어도 언어에 의한 의사소통에 관한 한 '하나로 통합에 의한 조화'를 지켜야 하는 것이다.

그러나 언어는 문화의 산물인 동시에 문화 그 자체를 나타내는 것이기에 한국어가 모든 경우에 '갑의 언어'로서 기능할 수 있다고 생각하는 것은 큰 오산이 된다. 소수 언어에 존재하지만 우리에게는 없는 문화적인 전통 등과 관련된 언어는 한국어에 과감하여 수용하여 우리의 언어가 되도록 노력해야 한다. 이는 농악이 펼치는 융합의 조화와 같이 조화의 중심자가 되는 연주자는 악기나 공간의 사용을 폐쇄된 마음이 아니라 열린 마음으로 수용하면서 새로운 문화의 창조를 위해 조화로움을 선택해야 하는 것이다.

한국어가 중심이 되지만 한국어만 모든 경우에 사용한다는 것은 있을 수 없는 일이다. 한국어가 모국어가 아닌 사람들은 특정한 상황에서 그들의 언어를 소수 언어이지만 이민자의 모국어로서 각자의 생활에서 각자의 언어를 구사할 수 있는 권리가 보장되어야 할 것이다. 즉 개별적인 상황에서 개별적인 행위를 할 수 있는 권리가 보장되어야 하는 것이다. 이를 공존을 위한 다원주의라고 하자.

그리하여 일원주의와 다원주의가 상황에 운영되는 조화로운 모습을 가져야 할 것이다. 보편성과 개별성의 변증법적인 조화, 이것이 앞으로 우리가 구축해야 할 논리가 되는 것이다.

나. 통합과 공존을 위한 조화의 원리

국제결혼의 비중이 10% 내외이므로 장기적으로 국제결혼한 이민자와 이들 자녀의 숫자는 전체 인구의 15%를 넘어서게 될 것이다. 이들도 한국인이기 때문에 개인적으로는 이들과 평등과 존중의 원칙으로 공존해야 하고, 전체적으로는 사회정의의 이름으로 한국 사회를 발전시키기 위해 힘을 모아야 할 것이다.

토박이와 이주민이 다 같이 한국 땅에서 같이 살아가기 위해 한국 사회에서 주류를 이루는 한국어와 한국 내에서 소수로 존재하는 언어 사이에는 통합과 공존이 조화를 이루는 사회를 구축하여야 할 것이다. 이들 개념은 다음과 같이 정리할 수 있다.

* 통합: 한국 사회에서 영위하는 보편적인 삶과 관련된 부분은 한국어 중심으로 통합을 이룸.
* 공존: 한국 사회에서의 개별적인 삶은 소수자의 개별 권리로서 특수성을 인정하고, 다수자와 소수자 모두가 같이 살아가는 다원적 상생의 정신을 바탕으로 모든 문화를 상보적 시각에서 접근하고, 아울러 같이 존재해야 할 당위성을 확보함.
* 조화: 다원적 요소를 때로는 전체와의 관계에서 이해하고, 때로는 부분과 부분과의 관계에서 이해하여 전체를 균형성과 복잡성 그리고 보편성과 다양성의 조화로 인식함.

그리고 통합과 공존이 조화롭게 나아가기 위해서는 조화의 개념 속에 첫째, 갈등의 요소를 없애고 둘째, 소통을 원활하게 하고 셋째, 사회의 모든 요소가 균형을 이루도록 한다는 원칙이 내재되어야 할 것이다. 이들의 개념을 간단하게 다시 정리하면 다음과 같이 된다.

가. 치유: 이질적 요소들의 갈등과 대립의 요소를 치료하여 화합을 이루도록 함.
나. 소통: 다원적 요소가 상호 존중의 차원에서 교류하여 공감대를 형성함.
다. 균형: 중심부와 주변부, 상층과 하층 간의 정당하고 합리적인 평등 관계 구축

4. 통합과 공존의 의미

새로운 사회에 맞는 새로운 가치관의 창조, 그것은 바로 통합(융합)과 공존이라는 개념이 조화할 수 있다는 의식의 전환이다. 어떤 개체나 집단이든 부분적으로 다른 개체나 집단과 보편적 내지는 공통성 혹은 동질성을 공유하고 있다. 이와 달리 모든 개체나 집단은 부분적으로 다른 개체나 집단이 가지지 않은 그 나름대로의 독자적인 가치관이나 인식 체계를 가지고 있다. 다시 말해 모든 존재는 다른 존재와 보편성과 개별성을 동시에 가지고 있는 것이다. 여기에서 존재하기

위한 기본적인 원칙으로 보편성과 개별성의 조화이고, 통합(융합)과 공존의 조화가 제기되는 것이다.

일원적 다원주의는 통합(융합)과 공존이 조화하는 실제적인 상황을 표현한다. 즉, 중심되는 하나를 근본으로 하되 다양한 소수의 위치를 긍정적으로 인정하여 다수가 공존하는 조화를 꾀하는 것이다. 한국에서 하는 모든 언어 행위는 한국어로 행하는 것을 원칙으로 하되, 소수 언어를 사용하는 소수자는 그때그때의 상황에 따라 각자의 모국어를 사용할 수 있도록 하고, 또 사용하는 것을 긍정적으로 인정하는 것이다.

새로운 다문화 사회가 형성된 이 시대에, 제2차 세계대전 후 지금까지 해 온 우리 사회의 발전을 더욱 지속시키기 위해서는, 새로이 형성된 이 시대적 상황을 우리가 더욱 발전하기 위한 동기로 인식하고, 새로운 가치관의 창조와 새로운 실천적인 대안을 만들어 가야 할 것이다.

그것은 다름 아닌 통합(융합)과 공존의 조화이다.

참고문헌

권순희(2009), 「다문화 가정 자녀의 국어 사용 실태」, 『국어교육학연구』 36, 국어교육학회, 195-228쪽.

권순희(2014), 「다문화 배경 학습자를 위한 한국어 교사 교육」, 『국어교육』 144, 한국어교육학회, 121-146쪽.

김선미(2011), 「'한국적' 다문화 정책과 다문화 교육의 성찰과 제언」, 『사회과교육』 Vol.50 No.4, 한국사회과교육연구학회. 173-190쪽.

김이선·정해숙(2011), 「다문화 가족의 언어·문화 자원 사용 및 세대간 전수에 관한 연구」, 한국여성개발원 연구보고서, 한국여성정책연구원(구 한국여성개발원).

김종갑·김슬기(2014), 「다문화 사회와 인종 차별주의: 한국 다문화 영화를 중심으로」, 『다문화사회연구』 제7권 2호, 숙명여자대학교 다문화통합연구소, 85-104쪽.

김준식·안광현(2012), 「다문화 가족 지원 정책 기본 계획에 관한 비판적 고찰」, 『한국정책연구』 Vol.12 No.4, 경인행정학회, 127-150쪽.

김태식(2012), 「다문화주의의 한계와 대안 모색: 일본의 경험」, 『다문화와 인간』 제1권 제1호, 대구가톨릭대학교 다문화연구소, 91-111쪽.

류경애(2014), 「다문화 가족의 한국어 교육 인식 변인과 학습 능력에 대한 연구」, 『다문화교육연구』 Vol.7 No.2, 한국다문화교육학회, 59-80쪽

박종대·박지해(2014), 「한국 다문화 정책의 분석과 발전 방안 연구」, 『문화정책논총』 제28집 1호, 한국문화관광연구원, 35-63쪽.

박창원(2006), 「한국어의 세계화와 관련된 제반 사항」, 『국학연구』 Vol.8, 한국국학진흥원, 319-367쪽.

박창원(2014), 「창조를 위한 융합의 조명」, 제58회 국어국문학회 전국학술대회 자료집, 11-22쪽.

이경희(2011), 「다문화 사회 교육의 두 관점: 다문화 교육과 상호문화 교육」, 『다문화교육』 Vol.2 No.1, 한국다문화교육연구학회, 37-55쪽.

이관규·정지현(2014), 「연계 전공으로서 다문화 한국어 교육 전공의 교육과정 개발 연구」, 『한국어문교육』 16, 고려대학교 한국어문교육연구소, 181-214쪽.

임형백(2009), 「한국과 서구의 다문화 사회의 차이와 정책 비교」, 『다문화사회연구』 Vol.2 No.1, 숙명여자대학교, 161-192쪽.

정진우(2014), 「다문화가정 지원정책에 관한 연구」, 『사회과학연구』 제25권 2호, 충남대학교 사회과학연구소, 103-116쪽.

천호성(2011), 「한국과 일본의 다문화교육 비교 연구(학교에서의 실천 사례를 중심으로)」, 『社會科敎育』 Vol.50 No.4, 한국사회과교육연구학회, 191-204쪽.

천호성·이정희(2014), 「일본 다문화 정책의 정책 기조와 특징」, 『사회과교육』 제53권 3호, 한국사회과교육연구학회, 15-29쪽.

Benedict, Ruth(1980), 『문화의 유형』, 황선명 옮김, 서울: 종로서적.

Steinberg, Danny D.(1996), 『심리언어학 입문』, 박경자, 이재근 옮김, 서울: 한신문화사.

※ 이 논문은 『이화어문논집』 제34집(2014. 12.)에 수록된 「다문화 사회를 위한 통합과 공존의 조화*」를 제목은 수정하되 내용은 거의 그대로 재수록한 것임.

박창원(朴昌遠)

이화여자대학교 인문대학 국어국문학전공
서울 서대문구 대현동 120-750
전자우편: wonpark@ewha.ac.kr

한국어교육의 성장 전략과 문화

이삼형 (한양대학교)

1. 들어가며

지난 20여 년 동안 한국어교육은 문자 그대로 눈부시게 성장해 왔다. 성장은 양적인 면과 질적인 면 모두에서 이루어졌다. 한국어교육이 이루어지는 지역이 극동 지역과 동남아 권을 넘어서 중앙아시아나 중동 지역과 유럽 지역까지 확대되고 있다는 점이 양적인 팽창을 잘 말해 준다. 한국어 교재가 활발하게 출판되고 있고 그 내용이나 체제가 이전의 교재와는 사뭇 다르게 진일보된 형태로 출판되고 있다는 사실이 질적인 성장을 거듭했음을 말해 준다.

그렇다면 한국어교육은 미래에도 지속적으로 성장해 나갈 것인가? 이 물음에 대해 자신 있게 답을 할 수 있는 사람은 아마 없을 것이다. 희망적인 전망치를 내놓는 사람도 있을 것이고 그렇지 않는 사람도 있을 것이다. 본고에서는 그것은 다만 예측의 범위에 속하는 문제이며 예측의 신뢰성을 높이기 위해서는 우리는 지금까지 한국어교육의 성장 동력이 어디에 있었는지를 살펴보는 것이 좋을 것이라는 관점을 유지한다.

손호민(2005)은 한국어교육이 성장을 거듭할 수 있었던 까닭을 "재외동포 인구의 급속한 증가, 한국의 국력 신장, 재외동포의 민족교육에 대한 열의, 강대국들의 외국어 정책, 한국의 경제적·문화적·전략적 중요성, 한국정부와 지원기관의 적극적 지원, 해외 한국어교육자들의 꾸준한 노력" 등을 들고 있다. 한국어교육의 비약적 발전은 한두 가지 요건으로 가능한 것이 아닐 것이며 위에 제시된 여러 요인들이 복합적이며 상승적으로 작용하여 이루어진 것이라고 해석하는 것이 옳을 것이다.

그럼에도 불구하고 위의 요인들 중에서 좀 더 근원적인 요인을 찾으라면 역시 한국의 국력 신장을 들어야 할 것이다. 다른 요인들은 한국어교육의 성장에 1차적인 원인과 결과의 관계가 성립되지 않는 것도 있으며, 그 영향력의 크기가 대단하지 않은 것도 있기 때문이다. 예를 들어 재외동포 인구의 급속한 증가는 한국어교육을 성장시키는 직접적인 원인으로 들기 어려운 점이 있다. 현재 재일동포들의 2세나 3세들 중에는 한국어에 능숙하지 못한 사람들이 많이 있는데 이런 사실을 어떻게 해석해야 옳을까.[1] 이것은 당시 한국의 국력이 미약하여 재일동포들이 자녀들에게 한국어를 가르치지 않은 결과이다. 이러한 사정은 재미동포들도 크게 다르지 않다. 지금 생각하면 가슴 아픈 일이지만 그 당시 재외동포들은 그 환경에 적응하여 살아남기 위한 나름대로 최선의 선택을 한 것이었다. 그러다가 한국의 국력이 신장되면서 상황은 반전되었다. 자신의 아이들이 한국어를 습득하는 것이 불필요한 것이 아니라 축복이 된다는 사실을 새삼스럽게 깨우치게 된다. 최근에 재외동포 자녀들에 대한 한국어교육의 수요가 급격하게 증가한 것도 이런 사정에 연유한다. 결국 재외동포의 인구 증가가 직접적인 원인이 아니라 한국의 국력 신장이 직접적인 요인이 되는 셈이다.

그러니까 한국어교육의 성장은 한국의 국력 신장이라는 외부적 요인에 의해서 견인되어 왔다고 해도 과언이 아니다. 여기에 한 가지 덧붙일 수 있는 것은 90년대부터 불기 시작한 소위 한류의 영향이다. 우리보다 선진국이라고 할 수 있는 프랑스와 같은 나라에서 이루어지는 한국어교육은 국력의 영향이라기보다는 한류의 영향으로 보는 것이 더 타당할 것이기 때문이다.

어찌되었건 한국어교육이 현재까지는 성장산업인 것은 분명하며, 한국어교육 주변에는 성장의 과실을 따먹는 축제 분위기가 있는 것 또한 사실이다. 그러나 샴페인을 터트리는 것만이 능사는 아니다. 해외 한국어교육의 대표적인 학자의 한 사람인 로스킹 교수의 다음 지적은 한국어교육에 시사하는 바가 크다.

> "북미 대학에서 한국어를 공부하는 학생 중 90% 이상이 한국인이라는 현실에서 '한국어의 세계화'라는 말을 할 수 있을까요?"[2]

외국인이 한국어를 학습하지 않고 주로 한국인들이라면 한국어교육의 발전은 결국 집안 잔치에 불과하다는 이야기이다. 물론 이러한 지적은 매우 극단적인 사례일 것이다. 관건은 한국어교육이 지속적으로 성장할 수 있느냐의 문제이다. 국력의 신장과 한류의 확산이라고 하는 외부적 요인에 의해서 지금까지 한국어교

---

1) 재일동포 중 1980년대 이후에 일본으로 간 사람들이 있는데, 그들은 자신들을 뉴컴머(new commer)라고 부른다. 여기서 말하는 재일동포들은 그 이전에 일본에 가서 정착한 사람들을 말한다.

2) 사단법인 '자연을 사랑하는 문학의 집 서울'이 한글 반포 560돌을 기념해 2006년 10월 개최한 심포지엄에서 지적한 사항임(연합뉴스, 2006년 10월 4일)

육이 성장해 왔다면 앞으로도 이러한 흐름이 지속되어야 한다. 물론 우리가 바라는 바이다. 그러나 그러한 외부 요인에 기대고 있는 것보다는 한국어교육 내부에서 성장 동력을 찾아야 할 시기이다.

본고는 이러한 문제의식에서 출발한다. 이러한 문제를 해결할 수 있는 가능성을 문화에서 찾아보려는 것이 본고의 목적이다.

2. 한국어 학습 동기와 문화

한국어교육 발전은 한국어에 대한 수요의 지속적인 증가에 달려 있다. 기업이 자신이 생산하는 제품의 수요가 있어야 매출이 발생하고, 매출이 지속적으로 증가해야 그 기업이 성장하는 것과 같은 이치다. 그런데 한국어교육의 수요는 한국의 국력 신장이라는 경제 성장의 과실에서 기인하는 바가 크다고 했다. 과거와 오늘의 현실이 그렇다고 해도 앞으로도 그러해야 하느냐는 문제는 별개이다. 한국어교육의 입장에서 보면 다른 요인들이 수요를 창출해 내는 구조는 손해될 것이 없다. 수요를 일으키는 요인이 다변화된다는 것은 그만큼 한국어교육의 수요를 안정적으로 창출해 낼 수 있기 때문이다. 이는 마치 삼성전자의 사업 영역이 반도체, 가전 부분, 디스플레이, 모바일 폰 등으로 다변화되어 있어서 비교적 안정적인 매출 구조를 가지고 있는 것과 같은 이치이다.

한국어 학습 동기의 다변화를 논의하기 위해서 먼저 한국어교육의 현황을 직시하는 것이 좋다. 현재 한국어교육이 활발하게 이루어지고 있거나 한국어의 수요가 증가하고 있는 나라들은 중국, 일본, 베트남을 비롯한 동남아시아, 몽고 등의 중앙아시아, 터키를 포함하는 서남아시아권 등이며 한국어교육의 수요가 정체 상태에 있는 나라들은 유럽, 호주 등으로 알려져 있다. 이에 관해서는 면밀한 분석이 필요한 것이지만 대강의 개황으로 짐작할 수 있는 바는 비교적 선진국에 속하는 나라들에서는 그 수요가 정체성을 보이고 있는 반면에 한국과의 경제 교류가 그 나라의 경제에 큰 비중을 차지하고 있는 나라들에서는 한국어교육 수요가 증가하는 추세이다.

여기서 우리의 관심을 끄는 나라는 호주와 일본이다. 두 나라는 경제적으로 부유한 나라임에도 불구하고 두 나라에서의 한국어교육의 상황은 다르다. 호주에서의 한국어교육은 1990년대에는 매우 활성화되었다가 2000년대에 들어와 급격하게 쇠퇴기를 맞이했으나, 일본에서는 1990년대 말부터 지금까지 지속적으로 한국어 학습 열기가 식지 않고 지속되고 있다.[3] 무엇이 이 두 나라에서의 한국어교육의 상황이 그렇게 다르게 만들었는지 매우 흥미 있는 문제이다. 그리고 그것은 앞으로 한국어교육의 정책 수립과 교육 방법에 시사점을 제공하는 바가 클 것이라고 생각한다.

호주에서의 한국어교육은 90년경부터 시작되었다.[4] 여기에는 호주 정부의 아시아 언어 정책에 관한 일련의 보고서[5]의 역할이 매우 컸다. 이들 보고서에는 모든 호주 학생들이 아시아의 역사, 지리, 경제, 정치, 문화에 대해서 배워야 한다는 것이며, 2000년까지 모든 중 ·고등학교에서 아시아 언어 한 가지를 가르쳐야 하며, 특히 일본어, 중국어, 인도네시아어, 한국어의 순으로 중점을 두어야 한다는 것이 포함되어 있었다. 이들 보고서 후에 7개 대학에 한국학과가 설립되었으며, 한국어가 1994년부터 NSW 주와 Victoria 주의 대학입학 시험인 Higher School Certificate와 Victorian Certificate of Education에 각각 선택 과목으로 시행되었다. 아울러 1990년대 중반에는 각 대학에서 한국어 교재를 자체 개발하거나 호주 정부의 외국어로서의 한국어교육(Teaching Korean as a Foreign Language) 프로젝트의 일환으로 공동 교재 개발이 이루어지기도 하였다.

이렇게 잘 나가던 한국어교육의 인기가 2000년대에 들어서면서 점차 시들해졌다. 그렇다면 호주에서의 한국어교육이 점차 시들해진 이유는 무엇일까?[6] 김영아(2000)는 한국어교육이 붐을 이룬 원인으로 호주 정부의 정책의 힘이 컸음을 강조하였다. 그렇다고 모든 것을 호주 정부의 정책에 돌릴 수는 없을 것 같다. 호주 정부가 한국어를 학습자들이 배워야 할 아시아 언어의 하나로 포함시킨 것은 한국과의 경제 협력의 중요성을 염두에 둔 정책적 결정이라고 보아야 한다. 한국어교육이 시작된 1990년대는 1988년 서울올림픽이 개최된 뒤 얼마 지나지 않았으며, 포스코(당시 포철)가 호주에서 철강석을 수입하는 등 경제 협력이 본

---

3) 일본에서 아베 정권이 극우적인 정책을 시행하고 사회적으로도 혐한류가 등장하는 등 일본의 현재의 상황은 매우 복잡하다. 본고는 그 이전의 상황에 바탕을 두고 서술한다.

4) 아래의 내용은 김영아(2000)에 전적으로 의존하였다.

5) The Asian Studies Council's National Strategy for the Study of Asia in Australia(1988), the Ingleson Report(Asia in Australian Higher Education, Asian Studies Council, 1989)와 Garnat Report(Asia and the Northeast Asian Ascendency, 1989) 등이 이에 속한다.

6) 위에서 말한 바와 같이 한국어교육의 미래를 위한 정책 수립을 위해서는 호주에서의 한국어교육의 상황의 추이와 그 원인을 심층적으로 분석할 필요가 있을 것이다. 안타까운 일지만 이런 문제에 관심을 갖고 연구하는 사람은 많지 않은 것처럼 보인다. 소중한 사례가 그냥 흙 속에 묻혀지는 것이 아닌가 한다.

격적으로 이루어지기 시작했던 시기였다. 이런 사회분위기와 경제 협력 관계가 한국어에 대해 관심을 고조시키는 데 크게 기여하였을 것으로 추측된다. 결국 호주에서의 한국어교육의 성장은 경제적 측면이라는 요소가 깊이 작용하고 있음을 알 수 있고 호주 학생들이 한국어를 선택한 것도 이와 같은 맥락에서 바라보아야 한다.

제2언어 학습의 동기에 대한 연구로 잘 알려진 가드너와 람버트(Robert Gardner & Wallace Lambert, 1972)는 동기를 크게 도구적 동기와 통합적 동기 둘로 나누었다. 도구적 측면은 언어학습이 도구적 목표를 달성하기 위한 수단으로서의 동기에 의한 것을 가리키며, 자기 직업에서 성공하기 위해서, 전문적인 내용의 자료를 읽기 위해서, 번역하기 위해서 등이 여기에 포함된다. 통합적 측면은 자기 자신을 제2언어 문화권 안으로 통합시키고 그 집단 속에서 사회적인 상호 작용에 포함되고자 하는 학습자들을 가리킨다. 가드너의 또 다른 연구(1991)에 의하면 이러한 이분법은 지향성에 따라 나타나는 것으로 보았는데, 학습자의 상황이나 지향하는 것이 (a)학문적인가 아니면 직업과 관련된(도구적인) 것인가 또는 (b)사회적인 또는 문화적인 성향을 갖고 있는가에 따라 나누기도 한다.[7] 현재 한국어교육이 활발하게 이루어지고 있는 지역을 살펴보면 한국어 학습의 동기는 대부분 도구적 측면에서 기인하는 것으로 보인다.

호주의 한국어교육의 성쇠에서 우리가 얻을 수 있는 교훈은 한국어교육의 수요를 도구적 측면에 너무 많이 의존하는 것은 바람직하지 않다는 점이다. 아울러 도구적 측면에 입각한 한국어교육의 지원은 큰 성과를 거두기 어렵고 한국어교육의 수요를 지속적으로 창출하지 못한다는 점이다. 여기서 우리는 지속적이라는 말에 유의해야 한다. 우리가 위에서 살펴보았듯이 한국어교육이 활발하게 이루어지고 있는 곳은 개발 도상에 있는 나라들이다. 도구적 차원에 의존하는 한국어교육은 외적 상황이 바뀌면 언제나 한국어교육의 운명도 바뀔 수 있다. 우리는 호주에서의 한국어교육이 정체를 보이고 있다는 점에서 이를 확인할 수 있다.

그렇다면 한국어교육의 수요를 지속적으로 창출하는 방안은 무엇일까? 본고는 일본에서의 한국어교육을 바라보면 그 방안을 찾을 수 있다고 생각한다. 일본은 잃어버린 20년이라는 말처럼 오랜 기간 경제적으로 어려움을 겪고 있기는 하지만 UN안전보장 이사회 회원국이면서 일본의 엔화가 기축통화의 하나로 인정받는 경제 대국임에 틀림없다. 이러한 일본에서 한국어교육의 열기가 1990년대부터 지금까지 지속적으로 유지되고 있다는 것은 고무적인 현상이다. 물론 일본

---

7) 이상의 내용은 H. Douglas Brown 저 이흥수 외 역(2002)에서 재인용한 것임.

에서도 영어를 제외하고는 중국어 교육이 가장 활발하게 이루어지고 있는 것은 사실이다. 그러나 한국어교육에 대한 수요는 분명 프랑스어나 독일어를 뛰어넘고 있다.

일본에서 한국어에 대한 관심은 1990년대 이전부터 있었다. 그러나 그것은 대개 한국학을 하는 학자들이나 재일 한국인들의 인권 문제에 관심을 갖고 있던 사람들이 중심이었다. 한국어에 대한 대중적인 관심은 1990년대 이후라고 보아야 할 것이다. 한국과 일본은 지정학적으로 이웃하고 있는 나라라는 점과 여기에 두 나라 사이의 역사적 관계가 얽혀있어서 특별한 관계임이 틀림없다. 물론 두 나라는 경제적 교류도 활발하게 이루어지고 있다. 그런데 일본에서의 한국어교육에 대한 수요는 이러한 경제적 협력 관계에 기인하는 것으로 설명될 수 없는 부분이 있다. 그것은 일본이 한국보다 경제적으로 앞서가고 있다는 사실만 보아도 알 수 있다. 이는 일본에서의 한국어교육은 도구적 측면에서 설명될 수 없는 부분이 있다는 것이다. 그것은 물론 통합적 측면 즉, 문화적 요인이다.

일본에서의 한국어교육이 이루어지는 기관들을 살펴보면 다른 나라와 다른 점을 발견하게 된다. 그것은 일본 이외의 지역에서는 한국어교육이 대학을 중심으로 이루어진다면 일본에서는 대학뿐만 아니라 민간단체가 하나의 주요한 축을 이룬다는 점이다. 즉, 한국문화원을 비롯하여 YMCA, 사설 학원 등 대학이 아닌 기관에서 한국어교육이 이루어지고 있다는 점이다. 여기서는 학문을 목적으로 하거나, 취업을 목적으로 한국어를 학습하는 사람도 있겠지만 한국에 대한 관심과 호의를 가지고 한국어를 학습하는 학습자들이 많이 있다. 이들의 한국어 학습에 대한 동기는 통합적인 측면인 한국 문화가 되는 셈이다.

일본 대학에서의 한국어교육도 중국이나 동남아시아 등과 다른 점이 있다. 다른 지역의 대학에서는 한국어과가 개설되어 있는데 반해, 일본에서는 한국어과가 개설되어 있는 대학이 많지 않다. 일본 대학에서의 한국어교육은 소위 교양 외국어 과목으로서 이루어지는 경우가 대부분이라는 것이다. 한국어과에 입학하는 학생들은 졸업 후 자신의 직업이나 한국학이라는 학문적 목적이 우선 고려 대상이 된다. 도구적 동기가 우세하다는 것을 말한다. 그에 반해 한국어를 교양 과목으로 수강하는 학생들은 도구적 동기보다는 통합적 동기가 우세할 것이다.

일본에서 한국 문화에 대한 관심이 지대하다는 사실은 여기서 다시 언급할 필요는 없을 것이다. 그런데 그것이 영화나 드라마와 같은 대중문화에 국한되는 것만은 아니고 한국 사회와 음식 문화 등에도 관심을 가지고 있어서 그 관심의 폭이 넓다. 분명 한국적인 문화가 그들에게 매력으로 작용하는 바가 있다는 것이다. 어찌되었건 한국문화가 한국어에 대한 관심을 이끌어낼 수 있는 동기를 제공할 수 있음을 일본에서 우리는 확인할 수 있다.

한국의 해외 한국어교육에 대한 기본적인 전략은 성장에 두고 있다. 2001년에 설립되었던 '한국어 세계화 재단'[8]이거나 2012년에 출범한 '세종학당' 모두 한국어의 진흥, 보급을 위해 만들어진 재단들이다. 그러나 그 성격은 사뭇 다르다. 전자는 민간 중심으로 출발한 재단이라면 후자는 전적으로 정부의 재정 지원 하에 만들어진 재단이다. 정부의 재정 지원에 의한 재단인 경우 행정적인 측면을 강조하게 되어 내실보다는 해외 몇 곳에 얼마나 많은 세종학당이 설립되어 몇 명의 학생들이 한국어를 배우고 있는지와 같은 외형에 집착하기 쉽다. 이러한 접근은 학습동기적인 면에서 문화적인 접근을 어렵게 만든다. 중국의 '공자학당'을 모델로 삼았다는 '세종학당'의 한국어 보급, 진흥 사업을 우려의 눈으로 바라보는 이유가 여기에 있다. 정부의 지원을 받는 재단이라 하더라도 행정적인 전시성과에 집착하지 않고 더 먼 미래를 바라볼 수 있는 안목으로 문화적인 접근이 이루어지도록 지혜를 모을 필요가 있다.

3. 한국어교육 목표와 문화

한국어 학습의 동기가 외적 측면이 아닌 내적 측면 즉, 한국 문화에서 기인할 수 있음을 우리는 일본의 경우에서 확인할 수 있었다. 아울러 경제적 측면이 현재 한국어 학습 동기에 강력한 요인으로 작용하고 있지만 상황이 변화됨에 따라 달라질 수 있다는 있다는 사실도 호주의 경우에서 확인할 수 있었다. 그렇다면 한국어교육의 입장에서는 경제적 측면에 의존하기 보다는 문화적 측면이 한국어 학습의 동기로 작용될 수 있도록 하는 정책이나 전략이 필요할 것이다.

해외에서의 한국어교육과 한국문화의 관계가 상승작용을 일으키기 위해서는 먼저 한국문화에 대한 관심이 일시적인 관심이 아니라 지속적인 것이 되어야 한다. 아울러 한국문화에 대한 관심을 한국어교육으로 흘러들어가도록 물꼬를 터야 한다. 이 두 가지가 이루어지면 상승작용으로 인하여 그 효과는 배가 될 것이다.

그런데 두 가지다 한국어교육이 자발적으로 할 수 있는 고유 영역은 아닌 것처럼 보인다. 한국문화에 대한 관심이 지속적으로 이루어지기 위해서는 <대장

---

8) 한국어 세계화 진흥, 보급하기 위하여 2001년 1월 13일 설립된 문화제육관광부 소관의 재단 법인이다.

금>과 같이 해외에서 인기 있는 드라마가 계속 창작되어야 한다. 이것은 한국어 교육의 몫이 아니라 한국의 문화 사업에 기댈 수밖에 없는 형편이다. 그나마 다행인 것은 드라마, 영화는 물론이고 소위 K-Pop이라는 불리는 음악에서도 한류가 세계적인 관심이 되고 있다는 사실이다. 2013년에는 '강남스타일'의 동영상이 기록적인 다운로드 횟수를 기록하거나 미국의 빌보드 차트의 상위에 오르는 등 한국 문화는 선전하고 있다. 이러한 한국 문화에 대한 관심을 한국어교육으로 연결되도록 하는 것이 필요할 때이다. 이러한 역할을 하는 것이 기존의 한국문화원이다. 한국문화원에서는 한국문화를 체험하고 느낄 수 있는 다양한 프로그램을 가지고 있어야 한다. 그것이 강좌의 형태를 띨 수도 있다. 또한 한국문화를 좋아하는 사람들을 묶어서 커뮤니티와 네트워크를 결성하도록 유도하며 이들을 적극적으로 지원할 수도 있다. 각 국가의 사정에 맞게 다양한 프로그램을 개발하고 사업을 활발하게 펼쳐야 한다는 것이 필자의 생각이다. 여기에 한국어교육이 포함되는 것은 말할 것도 없다. 즉, 한국문화원이 한국문화와 한국어 보급에 전진 기지가 되고 중심이 되어야 한다는 것이다. 그런데 '세종학당'은 현재로서는 한국어에 너무 경도되어 있다. 한국어교육의 성장에 대한 조급증으로 인해 문화적 접근을 경시한다거나 그 여파로 한국문화원의 기능이 축소되는 일은 일어나지 않아야 할 것이다.

한국어교육의 성장과 관련되어 한국어교육의 할 일은 무엇이 있을까? 지금까지 살펴본 바와 같이 많은 부분은 한국어교육의 외적 영역에 속하는 문제였다. 그렇다고 해서 한국어교육의 입장에서 손 놓고 기다릴 문제는 아닌 것 같다. 남이 차려준 밥상만 바라보고 있을 수는 없는 노릇이다. 이 문제에 관해 한국어교육에서 할 수 있는 일을 찾아 해야 한다. 본고는 그 돌파구를 한국어교육의 목표에서 찾고 싶다.

일반적으로 한국어교육의 목표에서 가장 중요하게 생각하는 것이 숙달도이다. 학습자들을 어떻게 하면 빠르게 초급에서 중급, 중급에서 고급 학습자로 만들 것인가가 가장 중요한 덕목이 된다. 우리는 교육의 효과를 우선적으로 생각한다. 효과적인 교육을 위해서 어떤 문법 항목을 가르쳐야 하고, 교수 방법은 무엇이고, 교재를 어떻게 만들어야 하는가가 한국어교육에서 가장 중요한 관심사이다. 이와 같이 숙달도를 우선시하는 관점은 우리가 논의하고 있는 문화에도 그대로 적용된다.

한 나라(또는 민족)의 언어와 문화는 불가분의 관계에 있어서 언어는 문화의 일부분이며 문화는 언어의 일부분이다. 이 둘의 관계가 너무나 밀접하기 때문에 둘을 갈라놓기는 불가능하다. 이런 맥락에서 제2언어 습득은 곧 제2문화의 습득이라고 말하는 것은 크게 틀린 말이 아니다.[9] 외국어 교육에 강한 영향력을 행사하고 있는 미국 정부의 '21세기를 대비한 외국어 교육의 원리(Standard for Foreign Language Learning for the 21st Century)'에서도 문화를 5C의 원리 중에 하나로 채택하고 있다. 그만큼 외국어 교육에서 문화의 중요성을 인정하고 있는 셈이다.

이러한 입장은 언어와 문화는 불가분의 관계다 그러니 언어를 잘 습득하기 위해서는 그 언어의 문화를 잘 알아야 한다는 논리 전개로 나아간다. 그래서 한국어교육과 문화에 대한 논의는 숙달도와 관련된 관점에서 접근한 것이 대부분이다. 문화가 숙달도에 도움을 주는 도구적인 역할을 하고 있는 셈이다. 한국어교육이 언어교육이기 때문에 언어교육의 입장에서 문화를 접근하는 것은 어찌 보면 당연한 일인지 모른다. 그러나 언어와 문화가 불가분의 관계라면 도구적인 관계가 아닌 새로운 관계 정립이 필요하다고 생각한다.

문화를 언어교육의 도구적인 관계로 접근하는 것은 영어교육의 관점에서 출발한 것이 아닌가 하는 의구심도 든다. 영어교육에서 문화는 그렇게 중요한 요소가 되지 못한다. 왜냐 하면 영어교육과 관련된 문화는 현재 세계에 두루 통용되는 보편적인 문화이고, 허리우드의 영화나 미국 드라마 등을 통해서 끊임없이 전파되고 있으며 그 만큼 쉽게 접할 수 있는 문화이다. 그러나 한국어교육과 관련된 한국문화는 사정이 같지 않다. 학습자들에게 익숙치 않은 문화이며, 쉽게 접할 수 있는 문화도 아니다. 이런 점을 인식할 필요가 있을 것이다.

언어학습의 동기와 관련지어 볼 때에도 영어와 한국어는 사정이 다르다. 영어는 세계 공용어적인 역할을 하는 강력한 힘을 가진 언어이다. 위상이 이러하니 한국어교육에서와 같이 지속적인 수요 창출은 고민거리가 되지 않는다. 그러나 한국어는 사정이 다르다. 나라마다 차이가 있겠지만 대부분의 나라에서 그 나라의 언어를 제외한 언어들의 세력권을 따진다면 제2언어는 영어가 될 것이다. 따라서 한국어는 대배분의 나라에서 그 중요도로 따지면 잘 하면 3위 아니면 그 아래에 위치하게 된다. 따라서 한국어교육은 한국어 위상에 맞는 전략을 수립해야 한다. 섣불리 영어 교육의 원리를 따르는 것은 한국어교육을 위해서 결코 바람직한 태도가 아니다.

또한, 한국어교육은 그것이 이루어지는 환경에 따라 다르게 접근해야 한다. 한국에서 이루어지고 있는 한국어교육에서는 문화는 지금과 같이 숙달도의 도구적

---

9) 학문을 위해서 독해력만을 습득하려는 것과 같은 특수한 목적을 위한 언어 학습은 이 경우에서 제외된다.

인 역할을 해도 크게 문제가 되지 않을 것이다. 왜냐 하면 한국에 와서 한국어를 학습하는 학생들은 한국 문화에 현재 접하고 있으며, 한국어 학습 동기도 굳건하다고 판단되기 때문이다. 한국에 온 한국어 학습자들은 한국어는 그들의 삶의 일부로 되었기에 한국어교육에서 문화를 동기적 측면으로 접근할 필요가 없다는 것이다.

그러나 해외에서의 한국어교육에 오면 사정은 달라진다. 한국어 학습자들이 한국 문화를 접할 수 있는 기회도 많지 않으며, 대학의 한국어과 학생이 아니면 한국어를 지속적으로 학습한다는 보장도 없다. 따라서 한국어 학습의 동기를 지속적으로 유지 또는 확대되도록 하는 것이 중요하다. 일본의 예를 들어 보자. 위에서 일본의 대학에 한국어과가 설치되어 있는 학교는 적고 오히려 대부분의 한국어교육이 교양 강좌로 이루어진다고 하였다. 그런데 이들 대학들의 한국어 강좌의 사정을 들여다보면 공통점이 있는데, 그것은 초급 한국어 강좌들은 많이 개설되는 반면에 중급에 오면 그 수가 현저히 줄고, 고급은 거의 개설되지 않는다는 점이다. 물론 교양강좌에서 외국어는 한 강좌 내지 많아야 두 강좌를 수강하는 것이 보통이다. 이런 점을 감안하면 중급 강좌의 수가 줄어드는 것은 어쩔 수 없는 것처럼 보인다. 그러나 한국어교육의 입장에서는 좀 더 많은 학생들이 중급, 고급 한국어 강좌를 수강하는 방향으로 이끌고 가야 한다. 그리고 이것이야말로 한국어교육의 성장에 한국어교육이 진정 할 수 있는 역할이라고 생각한다.

그렇다면 숙달도와 문화의 이해 어느 쪽이 초급의 학습자들을 중급 나아가 고급까지 이끌어 가는 힘으로 작용할까? 현재의 연구 성과로는 어느 쪽이 더 유인 효과가 크다고 말하기는 어려울 것이다. 그러나 현재의 한국어교육이 숙달도를 강조하고 그 결과가 위와 같다면 적어도 숙달도 중심의 한국어교육은 문제를 노정한 것이 된다. 또한 학습효과 면에서 도구적 지향성과 통합적 지향성 중 어느 것이 더 학습효과가 있는가에 대해서는 영어쪽의 연구 결과들은 통합적 지향성에 손을 들어주고 있다. 연구 결과가 그러하다면 더욱더 통합적 지향성의 방향을 강조해야 할 것이다.

한국어교육에서 한국 문화는 한국어 학습을 지속시켜주는 유인책이 되기도 하지만 한국 문화를 선전하는 전도사를 만들 수 있는 힘을 가지고 있다. 즉, 한국 문화에 매력을 느낀 학습자들에게 한국 문화는 한국어 학습에 강력한 동기를 제공하는 원천이 되기도 하지만, 한국어 학습자들을 한국 문화를 보급시켜 주는 선전자의 역할로 바꿀 수 있게 해 준다. 그들을 통해서 한국문화를 보급하는 것은 매우 효과적일 것이다. 그들이 이러한 역할을 한다면 한국 문화가 한국어교육의 수요를 창출하듯이, 한국어교육은 한국문화의 수요를 창출하고 그 효과가 다시 한국어교육으로 선순환 과정을 만들 수 있다.

이렇게 본다면 해외에서의 한국어 학습에서 문화가 차지하는 위치는 한국에서의 그것이 차지하는 위치와 사뭇 달라져야 한다고 생각한다. 즉, 문화는 학습자들을 중급, 고급에 이르게 하는 숙달도에 도움을 주는 정도의 부수적인 목표가 아니라 그 자체로서 매우 중요한 목표 항목으로 등장하여야 한다. 특히 해외에서의 한국어교육 초급에서는 한국 문화는 숙달도보다 더 중요한 학습목표로 설정해도 무방하지 않을까 생각된다. 이를 그림으로 나타내면 다음과 같다.

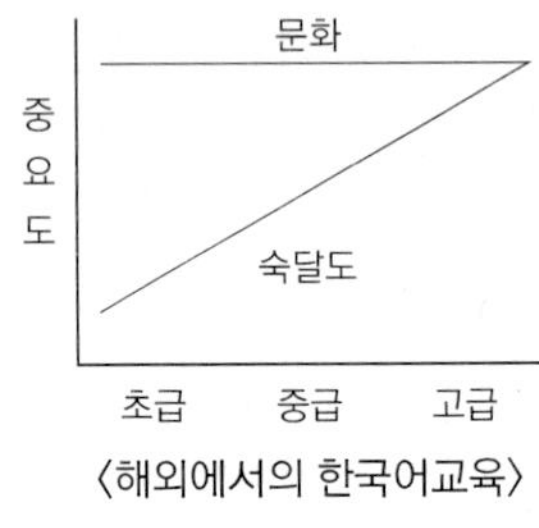

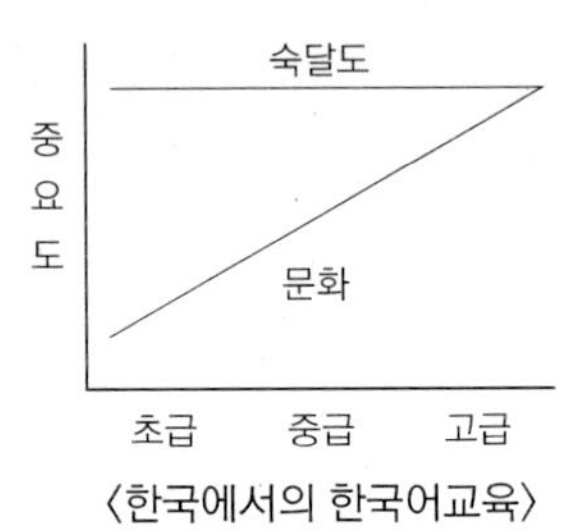

〈그림〉 한국어교육의 목표에서 문화의 위상

위의 그림에서 해외에서의 한국어교육은 중요도 측면에서 숙달도보다 문화를 강조해야 함을 나타내고 있고, 한국에서는 한국문화를 직접 접하게 됨으로 한국어교육에서는 숙달도를 강조해도 좋다는 것을 나타낸다.

4. 한국어교육 내용과 문화

해외에서의 한국어교육에서 문화가 목표 설정에서 첫 번째로 고려해야 할 요소라고 한다면 한국어교육에서 가르쳐야 할 문화는 무엇일까? 그것들은 한국어 학습의 동기를 유지시키고, 나아가 한국문화의 전도사 역할까지 할 수 있는 매력적인 것이어야 할 것이다.

현재 미국에서 채택한 외국어습득 기준에 따르면, 한 사회의 문화는 관념문화 (cultural perspective), 행동문화(cultural practice), 생산문화(cultural products) 의 세 부분으로 구성된다(Standards 1996 참조). 관념문화는 해당 언어사회의 세계관이라고도 할 수 있는데 여기에는 각종 문화적 의미(meaning), 마음가짐 (attitudes), 가치관(values), 생각, 이념, 이상(ideas) 등이 포함된다. 행동문화는 실제 사회생활에서 순조로운 인간관계를 유지해 나가는 온갖 행동패턴(pattern of social interactions)을 말한다. 그리고 생산문화는 각종 저서, 도구, 음식, 법령, 음악, 무용, 예술품, 문학작품, 역사, 종교, 오락 등 유형·무형의 모든 생산품과 창작을 말한다(손호민 2005).

현재 한국어교육에서의 문화교육의 모습을 확인하기 위해서는 교재에 문화항목들이 어떻게 반영되어 있는가를 분석하는 것이 가장 손쉬울 듯하다. 한국어 교재에는 한국의 문화 항목을 지칭하는 단어들이 많이 등장하는데, 거북선이나 석굴암 등이 그 예이다. 창(唱)이나 농악과 같은 단어도 같은 맥락이다. 다음은 서강대학교 한국어 교재『서강한국어』2권에 나오는 문화 항목과 관련된 단어들이다.

간장, 갈비탕, 김치찌개, 냉면, 불고기, 올림픽 공원, 인삼차, 자장면, 탕수육, 태권도

위에서 제시한 문화 어휘들은 그래도 생활과 밀접한 관계가 있는 것들이다. 다른 교재들에는 경주가 등장하고 다보탑, 석굴암 등 우리 문화 유적이나 거북선 등과 같은 역사와 관련된 단어들이 등장하기도 한다. 그러나 이들 단어들은 실제 생존을 위한 언어 능력과는 직접적으로 관련이 있는 단어라고 보기 어렵다. 그럼에도 불구하고 이들 단어들이 교재에 나타나는 것은 그것들이 한국의 문화 항목이기 때문이다.

한국어 교재에서 문화는 문화 어휘에 그치지 않고 문화를 직접적으로 설명한 텍스트로 나타나기도 한다. 예를 들어 사물놀이를 설명한 글이 교재에 실렸다면 이는 한국어 학습을 위한 언어자료일 수도 있지만 한국 문화의 이해를 목표로 하는 텍스트가 된다. 다음은 이화여자대학교 한국어 교재『말이 트이는 한국어』I권에 나오는 태권도에 관한 글이다.

태권도는 예부터 내려오는 한국의 호신 무술입니다. 호신 무술은 다른 사람을 공격하는 것이 아니라 자기를 방어하는 무술입니다. 태권도의 기본 동작은 맨주먹으로 찌르기, 치기, 발로 차기입니다. 태권도를 하면 정신과 몸이 건강해집니다. 태권도는 2000년 전 수박도에서 시작되었습니다. 그 후 삼국 시대(4세기 초 – 7세기 중반)부터 사람들이 많이 하는 운동이 되었습니다. 그리고 지금은 세계 여러 나라 사람들이 태권도를 배우고 있습니다. 태권도의 구령은 모두 한국말입니다. 2000년 시드니 올림픽과 2002년 방콕 아시안 게임에서 정식 종목으로 채택되었습니다.

그런데 이 글은 교재의 '쉼터'라고 하는 부분에 실려 있다. 쉼터의 성격으로 보

480 한국 언어학 연구와 한국어 교육

아 이 글은 한국어교육 자료가 될 가능성은 별로 없고 단순히 태권도가 무엇인지를 알려주는 데 그 목적이 있다. 이런 점 때문에 문화 이해 교육은 언어와 문화가 단순 결합을 하고 있다고 말할 수 있다. 더욱 극단적인 모습은 서강대학교 교재에서 찾을 수 있다. 여기에는 쉬어가는 페이지에 한국 문화 항목의 이해를 위한 글이 나오는데 그것이 영어로 되어 있다. 그야말로 언어와 무관하게 문화 항목이 실려 있는 셈이다.

이상 한국어 교재에 나타난 문화 항목들과 그 제시 방법들을 살펴본 결과는 현재의 한국어교육에서 문화는 제대로 대접을 받지 못하고 있다는 사실을 알 수 있다. 극단적인 예이지만 한국의 문화를 영어로 설명한 것이 그런 실태를 잘 보여준다고 하겠다. 본고는 한국어교육 내용과 문화와 관련해 두 가지 점을 생각해 보아야 한다고 생각한다. 하나는 교육내용과 관련되는 것으로 한국의 문화 중에 어떤 것들을 수준에 맞게 가르쳐야 하느냐의 문제이며, 다른 하나는 어떤 방법으로 문화에 접근하는 것이 좋으냐하는 것이다.

현재 한국어교재에 나타난 문화는 생산 문화가 주류를 이루고 있다. 그 중에서도 특히 역사와 관련된 거북선, 석굴암, 팔만대장경 등이 등장하게 마련이다. 그런데 이러한 문화 어휘들이야말로 생존을 위한 어휘가 아니며, 따라서 초급이 아니라 고급에 어울리는 문화 항목 어휘다. 아울러 그러한 문화 항목들이 학습자들의 관심을 끌만한 것이어야 하는 것도 생각해 보아야 한다. 면밀한 조사가 이루어져야 하겠지만, 아무래도 한국어 학습자들은 당대의 한국문화에 더욱 관심을 갖는 것이 아닌가 생각된다. 아울러 한국 문화는 학습자들에게 매력적인 것이어야 한다고 했다. 그러한 것이 되기 위해서는 석굴암보다는 거리 응원과 같이 현실에서 살아 숨 쉬는 문화, 한국의 역동성을 보여주는 문화가 더욱 좋을 것이다.

1996년부터 사용해 온 10대 한국문화상징을 바꾸는 것에 대해 문화관광부를 중심으로 신중하게 고려하고 있다는 뉴스 보도가 있다.[10] 현재 불국사와 석굴암, 탈춤, 종묘제례악, 설악산, 세계적인 예술인 등은 문화상징의 대표성과 매력이 떨어져 교체할 필요가 있다는 것이다. 그에 반해 10대 문화 상징 가운데 한복, 한글, 김치와 불고기, 태권도 등은 이미지를 확대하고 강화할 상징으로 꼽혔고 고려인삼은 홍보 기여도와 활용도를 높이기 위한 개선 전략이 필요하다고 한다. 그 구체적인 항목의 정당성에 대한 논의는 본고의 범위를 넘어서는 일이다. 다만 10대 문화상징을 우리 민족의 정체성과 역동성을 표현하는 것으로 방향을 잡았다는 것이 우리에게 관심사가 될 것이다. 아울러 이는 위에서 말한 우리의 살아 숨

---

10) 『연합뉴스』 2007년 1월 25일.

쉬는 문화와 한국의 역동성을 보여주는 문화가 한국어교육의 문화항목이 되어야 한다는 본고의 취지와 일치한다.

본래 논의와 벗어나는 바이기는 하지만 필자 개인적으로는 우리 역사에서 가장 자랑스러운 부분 중의 하나가 현대의 역사라고 생각한다. 우리 대한민국의 현대 역사는 국민소득 100불대 시대에서 2만불 시대로 경제적으로 비약적으로 발전하는 시기였고, 다른 나라의 지배로부터 독립하여 독재 정권을 무너뜨리고 민주화를 이루어낸 위대한 역사적 시기였다. 인류 역사상 이런 쾌거를 이룬 나라는 찾아보기 어렵다.[11] 이런 부분들이 한국어를 배우는 학습자들에게 한국이 매력으로 다가오는 것이 아닌가 한다.

한국문화를 어떻게 한국어교육에 도입할 것인가? 이화여대 교재처럼 쉼터, 쉬어가는 페이지에서 다룰 것인가? 필자는 그것보다는 좀 더 적극적인 방법을 모색해야 한다고 생각한다. 한국어 문화가 숨쉬는 한국어교육이 되기 위해서는 한국 문화가 내용이 되는 담화가 오기도 하고, 한국 문화가 담화의 배경이 되는 것이 되어야 한다. 즉, 거리 응원이 화제가 되거나 배경이 되는 담화가 교재에 등장하게 하는 것이다. 이런 단원에서는 한국어 교사는 거리 응원에 관한 영상 자료를 보여주게 될 것이고 이렇게 되면 학습자들은 자연스럽게 한국의 살아 숨 쉬는 문화에 접하게 될 것이다.

따라서 한국어교육에서 문화가 제대로 작동하기 위해서는 종이로 된 교재만으로는 부족하다고 생각된다. 소위 매체를 활용한 교육이 적극적으로 모색되어야 한다. 인터넷의 발달, 프리젠테이션 프로그램의 발달 등은 이런 일을 현실로 만들어 주게 할 것이다.

5. 나오며

본고는 한국어교육의 성장 전략이 도구적인 관점에 의존하고 있는 것이 아닌가 하는 문제의식에서 출발했다. 근시안적인 관점이 아니라 멀리 내다보기 위해서는 문화를 강조하는 통합적인 관점이 필요하다는 생각이다. 이는 한국어교육의 내부에도 그대로 적용된다. 한국어교육에서 문화가 숙달도를 위한 도구적인

---

11) 전거는 댈 수 없지만 외국인들이 한국인들에 대해 불가사의하게 느끼는 것이 두 가지 있는데, 그 하나는 일본을 우습게 아는 것이며 다른 하나는 자신들이 이룩한 위대한 업적에 대해 자긍심을 갖지 못하고 제대로 인식하지 못한다는 이야기가 있다고 한다.

측면에서 대접받고 있는 현재의 상황이 해외에서의 한국어교육에도 그대로 적용되어야 하는지는 우리가 반성해 보아야 할 점이다. 본고는 한국의 문화가 한국어교육의 동기를 유발하고 유지시키는 힘이 되고, 그러기 위해서 한국어교육의 목표의 제1원리로 대접받아야 하며, 학습자들에 매력을 주는 한국문화가 교육내용이 되어야 한다는 점을 이야기하였다. 이렇게 함으로써 한국어교육에서 한국문화를 보급하고 그 효과가 한국어교육의 수요가 지속적으로 창출되는 데 일조할 수 있을 것이라고 보았다. 한국문화가 한국어교육에서 새롭게 대접받기를 기대해 본다.

참고문헌

권오현(2003), 「의사소통중심 외국어교육에서의 '문화'」, 『국어교육연구』 제12집, 서울대학교 국어교육연구소.

김대행(2003), 「한국어교육과 언어문화」, 『국어교육연구』 제12집, 서울대학교 국어교육연구소.

김영아(2000), 「호주에서의 한국어 교재 개발의 문제점 및 해결 방안」, 『국어교육연구』 제7집, 서울대학교 교육종합연구원 국어교육연구소.

김정숙(1997), 「한국어 숙달도 배양을 위한 한국 문화 교육 방안」, 『교육 한글』 10, 한글학회.

민현식(2005), 「한국어 세계화의 과제」, 『한국언어문화학』, 국제한국언어문화학회, 2권 2호. 89-138(50쪽).

박영순(2002), 『한국어교육을 위한 한국 문화론』, 한국문화사.

박창원(2007), 「한국어의 세계화 : 그 실상과 허상」, 『제4차 Korean 교육연구 국체학술회의 ; 해외 거주 한국인 및 동포들에 대한 한국어교육의 실태와 방향(1)』, 이화여자대학교 한국어문학연구소.

손호민(2005), 「세계 한국어교육의 과제와 발전 방향」, 『한국어교육론』, 국제한국어교육학회 편.

서 혁(2007), 「한국어교육과 국어교육의 관계 설정-상호 발전과 세계화를 위한 과제」, 『국어교육학연구』 30권, 국어교육학회, 51-86(36쪽).

성기철(2001), 「한국어교육과 문화 교육」, 『한국어교육』 제12권 2호, 국제한국어교육학회.

윤여탁(2000), 「한국어교육에서 문화의 위상과 역할」, 『국어교육연구』 제7집, 서울대학교 교육종합연구원 국어교육연구소.

이미혜(2004), 「한국어와 한국 문화의 통합 교육-언어 교육과 문화 교육의 통합 양상을 고려한 교육 방안-」, 『한국언어문화학』 제1권 제1호, 국제한국언어문화학회.

전성운(2008), 「한국어 세계화의 실상과 링구아 프랑카의 가능성」, 『아태연구』, 경희대학교 아태지역연구원, 15권 2호, 163-178(16쪽).

전정례(1999), 『언어와 문화』, 박이정.

조항록(2000), 「초급 단계에서의 한국어교육과 문화 교육」, 『한국어교육』 제11권 1호, 국제한국어교육학회.

조항록(2001), 「한국어 교재에서의 문화. 한국어 교재 개발의 원리와 실제」, 연세대학교 언어연
구교옥원 제1회 한국어교육 학술대회 발표논문집.
조항록(2004), 「한국어 문화교육론의 내용 구성 시론(試論)」, 『한국언어문화학』 제1권 제1호.
국제한국언어문화학회.
한상미(1999), 「한국어교육에서 언어와 문화의 통합적 교육 방안 −의사소통 민족지학 연구 방
법론의 적용−」, 『한국어교육』 제10권 2호, 국제한국어교육학회.

※ 이 논문은 배재대학교 한국어교육연구소에서 발행하는 『한국어교육 연구』 2008년 제3호에 '한
국어교육과 문화'라는 글을 수정 보완하여 제목을 바꾼 것임.

이삼형(李三炯)

한양대학교 사범대학 국어교육과
서울 성동구 왕십리로 222(133-791)
전자우편: hyung@hanyang.ac.kr

한국어교육에서 한국문학 연구와 비교문학

윤여탁 (서울대학교)

1. 중국에서의 한국문학 연구

지난 세기말부터 한국문학뿐만 아니라 인문학 전반에 위기론이 확산되고 있다. 그리고 이를 타개하기 위해 다양한 해결책들과 지원 정책들이 제시되었지만 미래는 여전히 불투명한 상태이다. 이런 상황에서 이 글은 한국문학 연구의 본거지인 한국이 아닌 중국에서의 한국문학 교육에 대해서 이야기하고자 한다. 그 이유는 한국을 제외하고는 한국문학이 가장 활발하게 연구되는 나라이고, 그 연구자의 저변도 넓어서 조선족을 포함하여 많은 중국인들에 의해서 연구되고 있기 때문이다. 그리고 중국에서의 한국문학 연구와 교육이 새로운 전기(轉機)를 맞이하고 있다는 판단에서이다.

이를 위해서 이 글은 중국에서의 한국문학 연구의 현황과 과제를 중점적으로 검토하고자 한다. 물론 중국에서의 한국문학 연구 현황에 대해서는 그동안 중국의 여러 연구자들에 의해서 깊이 있게 논의된 바 있다.[1] 그래서 이 글은 연구 현황 점검보다는 앞으로의 과제와 방향 모색을 주된 목적으로 한다. 즉 기존 논의를 바탕으로 중국에서의 한국문학 연구가 지향(指向)해야 할 방향을 제시하고자 한다. 이런 시도는 한국에서의 한국문학 연구와 다를 수밖에 없는 중국의 특수성을 전제(前提)로 인정하고, 이를 바탕으로 한국문학 연구의 폭과 깊이를 확장할 수 있는 가능성을 검토하기 위한 작업의 일환이다.

구체적으로는 이 글에서는 중국에서 연구가 진행되고 있는 중국에서의 한국어교육으로서의 문학교육 연구와 한·중 문학의 비교문학 연구라는 쟁점을 중심으로

---

1) 김경선(2005), 「중국에서의 한국문학 연구 현황과 전망: 중국 유학생들의 석사·박사논문을 중심으로」, 김관웅(2007), 「개혁개방 이후 중국에서의 조선-한국 문학 연구(1-4)」, 金順女(2008), 「中國學者研究朝鮮-韓國學論著目錄索引(1992年~2007年)」, 윤윤진(2005), 「중국에서의 한국문학 연구 현황과 과제」, 이학당(2009), 「중국의 한국고전문학연구 현황과 과제」, 채미화(2006), 「중국에서의 한국문학 연구 현황과 과제」 등이 그 대표적인 예이다.

한국문학 교육의 현황과 과제를 살필 것이다. 이 글의 이와 같은 논의들은 국외자(局外者)일 수밖에 없는 한국의 한국문학 연구자의 관점일 수 없다는 점도 미리 밝혀둔다. 아울러 이 글에서 한국문학의 범주는 중국에서 중국인이나 조선족 문학 연구자들이 연구의 대상으로 삼고 있는 한글로 쓰인 문학 정도의 비과학적인 개념이라는 점도 밝혀둔다.

2. 한국어교육으로서의 한국문학 교육

외국어로서의 한국어교육에서 한국문학 작품을 교수—학습하는 이론과 방법, 실제를 탐구하는 분야는 중국의 한국문학 연구에서 중요한 연구 영역이었다. 이와 같은 한국문학 연구 영역으로는 먼저 문학에 대한 지식(문학사, 작가, 작품론)이나 문학의 본질을 교육하는 실체나 문학의 장르적 특성이나 원리(비유와 상징 – 빗대어 표현하기, 반어와 역설 – 돌려서 표현하기 등의 우회적 표현)를 교수—학습하는 속성 등이 있으며, 이 밖에 학교교육의 대상이자 내용이라는 관점에서 한국문학 작품을 연구하는 경우가 있다. 이 중에서 후자는 주로 학교에서 문학 작품을 교수—학습 내용으로 선정하여 가르치는 경우로, 한국문학이나 조선족 문학을 이중 언어교육의 자료로 채택하는 소·중등학교 '조선 어문' 교과나 대학교 조선(한국)어학과의 문학 관련 강좌[2]에서 확인할 수 있다.

이와는 달리 한국문학 작품을 언어교육, 특히 외국어로서의 한국어교육에서 활용하는 교육 자료의 차원에서 연구하는 분야가 있다. 이 경우에는 문학 작품을 외국어교육의 의사소통 능력이나 문법 능력, 문화 능력, 문학 능력을 함양하는 교수—학습의 자료로 사용하기 때문에, 한국문학 작품은 언어 능력을 신장시킬 수 있는 언어활동[비판적 에세이(essay) 쓰기, 패러디(parody) 하기, 장르(genre) 바꿔 쓰기]을 학습하는 교육 자료로 활용되며, 방법론 차원에서는 활동 중심의 문학교육이라는 관점에서 연구되는 영역이다. 최근에 200여 개나 되는 것으로 집계되고 있는 중국 4년제 대학의 조선(한국)어학과의 '한국어' 독본 강의에서 한국문학을 제재로 가르치는 관점이 여기에 속한다.

이처럼 외국어로서의 한국어교육에서 한국문학 교육의 필요성과 방법은 대략 다음과 같이 세 가지다. 먼저 문학을 통한 한국어교육의 방법으로 이 경우는 다시

---

2) 중국의 4년제 정규 대학의 한국어학과의 경우에는 '한국문학강(선)독'과 '한국문학사' 등 2–3개 강좌가 개설되고 있다. 윤여탁(2007), 『외국어로서의 한국 문학 교육』, 한국문화사, 104쪽.

한국문학을 활용한 한국어 의사소통 교육과 한국문학을 통한 한국의 사회·문화 교육으로 나눌 수 있다. 이 중에서 전자는 한국문학 작품을 활용하여 의사소통 능력이라는 언어 능력을 함양할 수 있도록 교수-학습을 하는 방법이다. 즉 한국문학 작품을 교수-학습의 제재로 선정해서 말하기/듣기, 읽기/쓰기와 같은 언어 사용 기능을 신장시키거나 문법을 학습하는 언어 자료로 활용하는 방법으로, 자국어교육은 물론 외국어교육에서 그 이론이나 방법, 실제의 측면에서 활발한 연구가 진행되고 있는 분야이다.

그리고 후자는 한국문학 작품에 반영된 사회·문화에 대한 이해를 통해서 문화 능력 함양을 목표로 문학을 가르치는 방법이다. 구체적으로는 한국문학 작품을 학습함으로써 목표 언어(target language)의 사회·문화를 이해하고, 나아가서는 이와 같은 사회·문화에 적합한 언어를 구사할 수 있는 능력을 기르는 것을 목표로 한다. 이 문학교육 방법은 외국어교육에서 문화교육의 중요성이 제기되면서 활발하게 연구되고 있는 분야로, 궁극적으로는 외국어교육의 중요 목표인 의사소통 능력의 함양과 연관되어 있다.[3]

세 번째로는 한국문학에 대한 교육으로, 한국학 교육 또는 한국문학 교육의 차원에서 문학 작품을 교수-학습하는 것으로, 한국문학의 역사와 본질 등 그 자체를 교육의 중요한 대상으로 한다. 주로 한국문학을 교수-학습함으로써 문학 작품에 대한 이해와 표현이라고 설명할 수 있는 문학 능력을 함양하고, 세계 문학 속에서 한국문학의 보편성과 특수성에 대해 이해하는 것을 목표로 한다. 대표적인 예로는 한국학의 한 분야로서 한국문학을 교수-학습하는 경우이며, 이런 한국문학 교육은 국제 이해 교육이나 세계 시민 교육이라는 거시적 교육관과도 연결되고 있다.[4]

이처럼 한국어교육으로서의 문학교육 방법이나 실제를 연구하는 분야는 날로 발전하는 한국어교육과 공조하여 새로운 연구 방향을 모색하여 정립(定立)할 수 있다. 비록 기능적이고 실용적인 차원에서의 한국문학 연구라는 한계는 있지만, 이 분야에 대한 연구를 통해서 한국문학에 대한 교양 차원의 이해를 증진시킬 수 있을 뿐만 아니라 한국문학에 대한 전문적인 이해나 연구로까지 발전시킬 수 있다는 가능성도 있다. 또 다른 관점에서는 한국어교육이야말로 한국학 또는 한국문학 연구를 발전시킬 수 있는 저수지(貯水池)와 같은 역할을 한다는 점도 기억할 필요가 있다.

그리고 한국어교육으로서의 한국문학 교육 연구는 궁극적으로 중국에서의 한

---

3) 미국의 외국어교육 기준인 5C(communication, cultures, connections, comparisons, commu nities)에서 확인할 수 있다. American Association of Teachers of Korean(AATK)(2012), *Standards for Foreign Language Learning in the 21th Century*, Allen Press.

4) 윤여탁(2007), 『외국어로서의 한국 문학 교육』, 80-81쪽.

국문학 연구의 영역을 확장하는데 일정하게 기여할 것이다. 예측하건데 앞으로 중국에서의 한국 고전문학이나 현대문학에 대한 연구나 중국 조선족 문학에 대한 연구는 점점 어려움을 겪게 될 것이다. 따라서 중국 한국어교육의 발전 추세가 현재의 수준을 유지해야 한다는 전제를 바탕으로, 한국문학 연구의 새로운 영역으로 한국어교육 분야를 의미 있는 대안으로 고려할 수 있다. 이런 측면에서 중국의 한국어교육과 한국문학 연구는 분야와 관계를 새롭게 모색하여 설정할 필요가 있다.

3. 중국 한국문학 연구와 비교문학

중국에서의 한국문학 연구에서 한문학을 포함한 한국의 고전문학과 중국문학의 비교연구는 가장 활발하게 진행된 연구 분야였다. 그동안 한자라는 공통문어를 사용했던 동아시아 고전문학의 영향사와 수용사 연구에 초점을 맞추었던 이 연구들은 한국의 고전문학 연구의 새로운 지평(地平)을 열어주었다. 이 연구들은 부분적으로는 한국과 중국 고전문학의 수평적 교류 관계를 확인하는 성과도 보여주었지만, 한국의 고전문학이 중국의 고전문학을 수용하면서 발전했다는 문화적 종속성으로부터도 자유롭지 못했다는 한계도 보여주었다. 어떻든지 한·중 고전문학 작품의 비교 연구를 통해서 한국 고전문학의 실체와 정체성을 확인할 수 있었다.

이에 비하여 한국과 중국의 근·현대문학을 비교하는 연구는 대비(對比) 연구의 관점에서 주로 이루어졌으며, 근대화 과정에서 동아시아 민족들이 공통적으로 겪어야 했던 생활과 고민의 문학적 형상을 비교하는 수평적 차원의 연구라고 할 수 있다. 이와 같은 한·중 문학 작품의 대비 연구는 공통적인 체험이나 내용, 비슷한 문예 사조, 동시대적인 작가와 작품을 비교 대상으로 하여 그 공통점과 차이점을 밝히는 것이었으며, 이를 통하여 한국문학과 중국문학의 독창성과 근·현대문학의 형성 과정을 해명하는 작업을 진행하였다. 이 외에도 한국의 구비문학(口碑文學)과 중국의 민간문학(民間文學)의 비교 연구나 전승 과정을 분석하여 문학적 원형(原型, archetype)을 찾아내려는 연구도 이루어졌다. 특히 이 분야는 이중 언어 구사자인 중국 한국문학 연구자들이 깊이 있는 논의를 전개할 수 있는 장점이 있는 연구 분야였다.

이와 같은 중국에서의 한국문학 연구에서 비교문학론의 방법을 적용하는 연구는 이제 비교 연구에서 대비 연구로 그 방향 전환을 모색해야 한다.[5] 두 나라 이상

---

5) 김학동(1984), 『증보판 비교문학론』, 새문사, 9-25쪽.; 이혜순(1984), 『비교문학 I』, 중앙출판,

의 문학을 비교하는 것을 주된 목적으로 하는 비교문학(比較文學, comparative literature)이라는 문학 연구 방법은 19세기 프랑스에서부터 시작되어 20세기에는 '영향(발신자)', '수용(수신자)', '중개(전신자)'라는 개념을 중심으로 방띠겜(P. Van Tieghem), 까레(J. M. Carré), 귀아르(M. F. Guyard) 등의 문학 연구자를 거치면서 발달하였다. 이들은 비교문학이라는 방법론을 적용하여 프랑스 문학이 위대한 문학사적 전통을 가지고 있으며, 이후 프랑스 문학이 주변국 국민 문학의 형성과 발전에 많은 영향을 주었다고 주장하였다.

그러나 비교문학이라는 방법론은 프랑스를 벗어나서는 다양하게 변화하면서 발전하게 된다. 특히 후진국의 문학이 선진국 문학의 영향을 받았다는 문화 전파론의 관점보다는 서로 다른 문학들의 보편성을 강조하는 세계문학(world literature)이나 서로 다른 문학 사이에 존재하는 공통성을 찾아내고자 하는 일반문학(general literature)이라는 개념으로 확대되게 된다. 전자는 괴테(J. W. Goethe)로부터 시작되어 독일문학에서 주로 사용된 개념이고, 후자는 비교문학론이 미국에 수용되면서 웰렉(Rene Wellek), 레마크(H. H. Remark) 등에 의해서 발전된 개념이다. 이후 현대의 비교문학론은 구체적이고 실증적인 영향 관계가 없는 두 나라 이상의 문학 사이에 존재하는 공통점과 차이점을 연구하는 대비 연구로 발전하였으며, 동일한 국가 내의 문학 작품들의 상호 관계[6]나 문학과 인접한 예술 영역들과의 연관성에 대해서도 연구하는 영역으로까지 그 영역을 확대하고 있다.[7]

이와 같은 비교문학이라는 문학 연구 방법론은 처음 태동할 때와는 많이 달라졌지만, 근대 이전의 동아시아 문학이나 동·서양의 근·현대문학을 논의하는 과정에서는 여전히 문화적으로 선진국 문학의 영향을 수용할 수밖에 없다는 상대주의적 관점이 중심을 이룬다. 그리고 이같은 상대주의를 극복하는 관점도 새롭게 대두하였다. 즉 전통이라는 것도 외래적인 것을 수용하여 변용된다는 변증법적인 시각으로, 이전부터 계승되어 오던 전통적인 문학이 새롭게 수용된 외국 문학의 영향과 상호 교섭을 통해서 새로운 문학의 전통을 수립하게 된다는 것이다.[8] 이 관점은 수용하

16-63쪽.

6) 바흐친(Mikhail. M. Bakhtin)의 논의(*Rabelais and His World & Problems of Dostoevsky's Poetics*)를 바탕으로 크리스테바(Julia Kristeva)에 의해서 이론화된 상호 텍스트성(inter-textuality)의 관점에서 문학 작품들 사이의 상호 영향 관계를 연구하는 방법도 이런 유형에 속한다.

7) Ulrich Weisstein, *Einführung in die Vergleichende Literaturwissenschaft*, 이유영 역(1986), 『비교문학론』, 홍성사, 181-200쪽.

8) 거시적으로는 서구 문학의 영향을 받아 정착된 동아시아의 근·현대문학이 이런 예이며, 미시적

는 문학의 대응력과 이렇게 형성된 문학의 독자성에 초점을 맞추는 연구이다.

이런 관점을 도입했을 때, 한국문학이나 중국문학의 독창성을 서양의 문학과는 다른 동아시아 근·현대문학의 가치 발견이라는 측면에서 제대로 평가할 수 있게 된다. 즉 동아시아 근·현대문학이 서양 근대문학을 단순히 수용한 것이라는 수동적인 관점이 아니라 지양적(止揚的)인 수용을 통해서 새로운 동아시아 문학의 전통을 수립하는 능동적인 과정을 긍정적으로 평가할 수 있다. 아울러 이런 연구 태도는 제국주의적 문화 연구 관점인 '결핍의 이론'을 넘어 '차이의 이론'의 맥락에서 서로 다른 문학의 다양성과 그 가치를 인정하는 연구 경향이라고 할 수 있다.[9]

이와 같은 한·중 문학의 대비 연구는 두 나라의 풍부한 문학 자료를 바탕으로 지속적으로 연구될 수 있는 현실적이고 미래 지향적인 연구이다. 그리고 한·중 문학의 대비 연구를 통해서 각국 문학의 독창성과 우수성을 확인할 수 있으며, 이를 통해서 한국문학 연구뿐만 아니라 중국문학의 연구에도 공헌할 수 있을 것이다. 한국과 중국은 주변의 다른 나라에 비하여 풍부한 문학적 자원을 보유하고 있으며, 앞으로도 이와 같은 추세는 계속될 것으로 예측되고 있다. 예로부터 시문(詩文)을 중시했던 문화적 전통이 아직도 유효하게 작용하고 있는 나라라는 해외 문인(文人)들의 지적에서 이를 확인할 수 있다. 더구나 최근 들어 문화적으로나 경제적으로 교류가 가장 활발한 국가라는 점도 이런 한·중 문학의 비교문학적 연구의 전망(展望)을 밝게 하고 있다.

4. 비교문학을 적용한 한국문학 교육 방법

비교문학을 외국어로서의 한국문학 교육에 적용하기 위해서는 몇 가지 고려할 사항이 있을 것이다. 특히 서로 다른 문학의 영향과 수용 관계를 확인하는 것을 일차적인 목표로 하는 비교 연구와는 달리 대비 연구에서는 '문학적 주제(추상적 이념이나 인물)', '문학 장르(문학의 양식)', '문학 운동(시대니 문예사조)', '문학 관계(문학 이외의 지적 활동)', '문학적 환영(幻影)'[10] 등을 고려하여 비교·대비할 대상 작품을 선정한다. 다만 이 원론적인 기준은 비교문학이라는 문학 연구의 차원에서 고

으로는 7.5조라는 일본 하이쿠[排句]의 잣수율이 일본 창가(唱歌)와 한국의 개화기 창가를 거쳐 김소월 등의 '민요조 서정시'에 정착하여 근대시의 전통으로 간주되고 있는 예를 들 수 있다.

9) 윤여탁(2007), 「비판적 문화 연구와 현대시 연구 방법」, 『한국시학연구』 18호, 한국시학회.

10) 김학동, 앞의 책, 55-56쪽.

려하는 사항이기 때문에, 한국문학 교육에서는 이 기준 외에도 나름의 독자적인 몇 가지 기준과 원칙을 마련해야 한다.

한국문학 교육에서 비교문학을 적용할 때 고려해야 할 사항은 다음과 같다. 먼저 한국문학 교육에서 비교 대상이 되는 문학 작품은 각국의 문학사에서 대표적인 정전(正典, canon)에 속하는 것이어야 한다. 즉 학습자들의 자국 문학 작품은 문학사에서 대표적인 것으로 초·중·고등학교의 문학교육에서 교수─학습된 작품이 바람직하며, 한국문학 작품의 경우에도 한국문학사에서 대표작으로 평가되는 작품이어야 한다. 그 이유는 한국어 학습자가 자국 문학교육을 통하여 습득한 문학 지식이나 문학 해석 능력을 기반으로 하여 목표 언어인 한국어로 표현된 문학 작품을 이해하는 계기를 찾을 수 있기 때문이다.

다음으로 최근에는 한국문학의 세계화라는 맥락에서 한국의 대표적인 작가의 문학 작품들이 여러 나라의 언어로 번역, 출간되고 있다. 한국문학 교육을 위한 대비 연구에서는 이처럼 학습자의 모어로 번역이 된 한국문학 작품을 활용하는 것이 효과적이다. 왜냐하면 번역된 문학 작품 읽기를 통해서 문학의 내용을 미리 파악함으로써, 한국문학 작품의 언어적 표현이나 문화적 내용을 이해하는데 도움이 될 수 있기 때문이다.[11] 특히 한국의 현대문학 작품이 여러 나라 언어로 번역 출간되었을 뿐만 아니라 번역물이 인터넷에 탑재되어 있기 때문에 그 전부 또는 일부를 교수─학습의 제재로 활용할 수 있다.

이밖에 한국문학 교육을 위해 선정되는 문학 작품은 난해하거나 비문법적인 표현이 많은 것보다는 외국인 학습자가 이해하기 쉬운 평이한 수준이어야 한다. 또 한국인의 정서를 확인할 수 있는 대표적인 작가의 작품의 경우에도 사투리나 문학적 수사가 적은 작품이어야 한다. 즉 한국어 학습자가 이해할 수 있는 수준의 언어로 표현된 문학 작품이어야 한다.[12] 그 이유는 한국문학 교육의 일차적인 목표가 한국어 의사소통 능력의 함양이며, 이를 바탕으로 해서 문화 능력이나 문학 능력과 같

---

11) 이와 같은 문학 작품 읽기 방법은 Goodman(1976)이 주창한 하향식 읽기모형과 맥락을 같이 하는 것으로, 독자의 배경지식을 활성화하여 텍스트를 탐색하는 교수─학습 활동이다. D. Nunan, *Practical English Language Teaching*, 유제명 외 역(2006), 『영어교육 길라잡이』, 인터비전, 70─73쪽.

12) 외국어로서의 영어교육에서 라자르는 문학 텍스트의 선정 기준으로 '과정의 유형(type of course: 학생의 수준, 영어를 학습하는 이유, 필요로 하는 영어의 종류, 과정의 길이와 정도)', '학생들의 유형(type of students: 나이, 지적 성숙도, 정서적 이해, 관심/취미, 문화적 배경, 언어적 배경, 문학적 배경)', '텍스트에 관련된 요인들(other text─related factors: 텍스트의 효용성, 텍스트의 길이, 활용 가능성, 교육과정에의 적합성)'을 들고 있다. G. Lazar(1993), *Literature and Language Teaching: A Guide for Teachers and Trainers*, Cambridge University Press, 5쪽.

은 상위의 한국어교육 목표에도 도달해야 하는 것이기 때문이다.

이와 같은 기준을 적용할 때, 영미 문화권에서는 한국의 서정 시인인 김소월의 「개여울」, 「진달래꽃」을 영국의 낭만주의 시인인 워즈워스(W. Wordsworth)의 「무지개(My heart leaps up)」, 「수선화(I wandered lonely as a cloud)」와 전원(田園) 시인인 신석정의 「그 먼 나라를 알으십니까」와 아일랜드의 전원 시인 예이츠(W. B. Yeats)의 「이니스프리의 호도(湖島)(The Lake isle of innisfree)」등과 대비하여 연구 또는 교육할 수 있다. 이밖에 정지용의 「향수(鄕愁)」와 같이 고향에 대한 그리움이나 정호승의 「내가 사랑하는 사람」과 같이 인간에 대한 사랑을 다룬 시는 국민 문학을 넘어 세계 문학(일반 문학)의 공통적인 정서라는 점에서 대비 연구에 적절한 제재가 될 수 있다.

중국어권의 경우에는 김소월의 서정시와 쉬즈모(徐志摩)의 연시(戀詩)를, 이광수와 루쉰(魯迅)과 같은 근대의 지식인이자 문인을, 현진건의 「고향」과 루쉰의 「고향」 등의 소설을 대비하는 연구와 교육이 가능하다. 또 중국이나 대만, 일본과 같은 동아시아 국가에서의 한국문학 교육에서는 공통문어인 한자로 창작되었던 『삼국지연의(三國志演義)』와 같은 고전문학 작품의 번역본이나 이백(李白)이나 두보(杜甫)와 같은 중국 당시(唐詩)의 번역 작품도 활용할 수 있다. 예를 들면 『두시언해(杜詩諺解)』의 현대어 풀이는 훌륭한 대비 연구와 교육의 자료가 될 수 있다.

그리고 실제 교재 편집이나 교수-학습 활동 구성에서는 앞에서 제시한 한국문학 교육의 목표나 외국어교육에서 문학 텍스트 선정 기준 등을 같이 고려하여야 한다. 김소월의 시를 예로 들어 설명하면, 「먼 후일」이나 「개여울」은 의사소통 함양이나 문화 능력 증진, 「진달래꽃」은 문화 능력이나 문학 작품 이해·감상 능력을 가르치는 데 적합할 것이다. 다만 한국문학 교육에서 비교문학을 활용하는 교수-학습 과정에서 한국문학 작품은 활동 제재로 제공하고, 학습자의 자국 문학 작품은 학습자 스스로가 찾아보는 활동으로 유도해야 교육적 효과를 높일 수 있다.

5. 중국에서의 한국문학 연구의 미래

중국에서의 한국문학 연구와 교육은 새로운 전기를 맞이하고 있다. '한국문학번역원'이나 '대산문화재단' 등의 지원으로 많은 한국문학 작품들이 번역[13]되고 있고,

---

13) 김학철의 조사에 의하면 2009년까지 중국에서 632편(이론서 10편, 북한문학 33편 포함), 대

한국과 중국의 문학 연구 관련 학술회의나 한·중의 문학인들의 교류가 활성화되어 해마다 여러 차례 모임을 개최하고 있기 때문이다.[14] 이런 움직임들은 서로 각자의 관점에서 한국문학을 연구하던 한국과 중국이 머리를 맞대고 공통의 관심사를 찾고, 두 나라 문학 및 문학 연구와 교육의 발전을 도모하기 위한 것이다. 이런 점에서는 중국에서의 한국문학 연구와 교육의 앞날이 그리 어둡지만은 않다고 예견할 수 있다.

아울러 중국에서의 한국문학 연구나 교육에서 독자 또는 학습자에 대해 관심을 기울여야 한다. 현대사회에서 문학 독자층은 급격하게 변화하고 있으며, 이와 같은 흐름에 세계 각국의 문학은 능동적으로 대응하고 있다. 그리고 문학 연구도 이같은 문학 창작의 변화에 일정하게 부응해야 한다. 지나치게 현실 추수적(追隨的)이거나 실용성만을 부각하는 문학 연구를 지향할 수는 없지만, 그렇다고 이런 변화를 외면하고 이상적인 연구만을 고집할 수도 없다. 이제 중국에서의 한국문학 연구나 교육도 조선족을 중심으로 하는 독자나 학습자, 연구자라는 제약을 넘어설 수 있는 방법을 적극적으로 모색해야 한다.

또 현대사회는 기술 문명의 발달로 문학 작품의 전통적인 생산, 분배, 수용의 구조에 커다란 변화를 일어나고 있다. 영화나 텔레비전과 같은 대중 매체(mass media)와 문학이 적극적으로 만나고 있으며, 인터넷과 같은 신매체(new media)를 매개로 해서 생산되는 사이버 문학[판타지(fantasy) 문학, 팬픽(Fan-fic), 인터넷 문학]과 본격 문학의 경계가 허물어지고 있다.[15] 이에 따라 현대사회의 특징적인 문화 현상인 대중문학의 역할과 기능이 중요해지고 있으며, 신기술의 영향력 확대와 세계화의 추세에 따라 민족문학 또는 국민문학의 경계 허물기도 가속화되고 있다. 이제 한국문학과 중국문학은 동아시아를 넘어 세계문학 속에서 그 위상과 정체성을 확인할 수 있어야 하며, 이를 위해 중국에서의 한국문학 연구도 앞으로 이런 분야로까지 시각을 확대할 필요가 있다.

만에서 64편 등의 한국문학 작품이 중국어로 번역 소개되었다. 김학철(2009), 「20세기 한국문학 중역사(中譯史) 연구」, 서울대 대학원.

14) 중국과 한국에서 개최되고 있는 한국문학이나 중국문학 관련 국제학술대회를 비롯하여, 국제적인 시각에서의 문학 연구와 작가들의 문학적 교류를 주목적으로 하는 "서울국제문학포럼'(2000, 2005, 2011), '아시아 아프리카 문학 페스티벌'(2007), '한중 작가회의'(2007-2014, 8회), '한중시인대회'(2006-2010), '동아시아 문학포럼'(2008), '아시아 아프리카 라틴아메리카 문학 포럼'(2009, 2011, 2012, 2013) 등이 그 예이다. 윤여탁(2010), 「세계화 시대의 한국문학: 세계문학과 지역문학의 좌표」, 『국어국문학』 155호, 국어국문학회.

15) 윤여탁 외(2008), 『매체언어와 국어교육』, 서울대 출판부, 153-231쪽.

끝으로 현실적으로는 앞에서 언급한 바와 같이 한국과 중국의 문학 작품에 대한 비교문학적 연구나 한국어교육으로서의 한국문학 교육 연구는 새롭게 떠오르는 대안적 연구 방향이라는 점을 강조하고자 한다. 이 분야에 대한 보다 깊이 있는 연구를 위해 중국의 우수한 연구 인력들이 참여할 수 있는 여건을 조성하고, 이를 바탕으로 중국에서의 한국문학 연구의 새로운 지평을 개척해야 한다. 아울러 중국의 한국문학 연구자들이 조선족 학계나 한국의 학계라는 테두리를 벗어나 보다 적극적으로 중국의 학계에 진출해야 한다. 중국에서의 한국문학 연구가 중국의 학계로부터 독자적인 학문 영역으로 인정받아야 중국에서의 한국문학 연구의 미래도 보장될 수 있기 때문이다.

참고문헌

고인덕(2004), 「중국어권 한국문학 연구 현황 조사와 분석」, 『중국어문학지』 15집, 중국어문학회.

권철(1997), 「중국 조선족문학 연구 현황」, 『아시아문화』 13집, 한림대 아시아문화연구소.

김경선(2005), 「중국에서의 한국문학 연구 현황과 전망: 중국 유학생들의 석사·박사논문을 중심으로」, 『숭실어문학』 21집, 숭실어문학회.

김관웅(2007), 「개혁개방 이후 중국에서의 조선-한국 문학 연구(1-4)」(http://yanbian. moyiza.com/82968)(「改革開放後中國的朝鮮-韓國文學硏究」, 金虎雄 主編, 2008, 朝鮮-韓國學叢書 Ⅷ『中韓交流與韓國傳統文化硏究』, 延邊大學出版社.)

金順女(2008), 「中國學者硏究朝鮮-韓國學論著目錄索引(1992年~2007年)」, 金虎雄 主編, 朝鮮-韓國學叢書 Ⅷ『中韓交流與韓國傳統文化硏究』, 延邊大學出版社.

김학동(1984), 『증보판 비교문학론』, 새문사.

김학철(2009), 「20세기 한국문학 중역사(中譯史) 연구」, 서울대 대학원.

설성경 외(2002), 『세계 속의 한국문학: 통일 한국문학의 진로와 세계화 방안』, 새미.

송현호 외(2008-9), 『중국 조선족문학의 탈식민주의 연구 1, 2』, 국학자료원.

윤여탁(2007), 『외국어로서의 한국 문학 교육』, 한국문화사.

윤여탁(2007), 「비판적 문화 연구와 현대시 연구 방법」, 『한국시학연구』 18호, 한국시학회.

윤여탁(2008), 「한국의 문학교육과 정전: 그 역사와 의미」, 『문학교육학』 27호, 한국문학교육학회.

윤여탁(2010), 「세계화 시대의 한국문학: 세계문학과 지역문학의 좌표」, 『국어국문학』 155호, 국어국문학회.

윤여탁 외(2008), 『매체언어와 국어교육』, 서울대 출판부.

윤윤진(2005), 「중국에서의 한국문학 연구 현황과 과제」, 『어문학』 87호, 한국어문학회.

윤호병(2005), 『비교문학』, 민음사.

이광재(2007), 「중국 대학 한국어학과 한국문학 교육 현황 연구」, 『한국학연구』 17집, 인하대 한국학연구소.

이학당(2009), 「중국의 한국고전문학연구 현황과 과제」, 『고전문학연구』 36권, 한국고전문학회.

이혜순(1984), 『비교문학Ⅰ』, 중앙출판.

장덕준 외(2006), 『중국 조선족 문학의 어제와 오늘』, 푸른사상.

정은경(2007), 『디아스포라 문학』, 이룸.

조동일(2005), 「아시아 지역 한국문학 연구의 현재와 미래」, 『어문학』 87호, 한국어문학회.

채미화(2006), 「중국에서의 한국문학 연구 현황과 과제」, 『한국학연구』 15집, 인하대 한국학연구소.

American Association of Teachers of Korean(AATK)(2012), *Standards for Foreign Language Learning in the 21th Century*, Allen Press.

Brown H. D., *Principles of Language Learning and Teaching*, 이홍수 외 역(2005), 『외국어 학습·교수의 원리』, Pearson Education Korea.

Guillory J., 박찬부 역(1994), 「정전」, 『문학연구를 위한 비평용어』(프랭크 랜트리키아 외 공편), 한신문화사.

Lazar G.(1993), *Literature and Language Teaching: A Guide for Teachers and Trainers*, Cambridge University Press.

Nunan D., *Practical English Language Teaching*, 유제명 외 역(2006), 『영어교육 길라잡이』, 인터비전.

Weisstein Ulrich, *Einführung in die Vergleichende Literaturwissenschaft*, 이유영 역(1986), 『비교문학론』, 홍성사.

※ 이 논문은 『문화교육이란 무엇인가: 한국어 문화교육의 벼리[綱]』(태학사, 2013)에 수록된 「한국어 문학교육과 연구의 현황과 전망」과 「비교문학을 적용한 한국어 현대문학 교육」의 일부 내용을 정리한 것임.

윤여탁(尹汝卓)

서울대학교 사범대학 국어교육과

서울 관악구 관악로 1, 151-748

전자우편: yytak@snu.ac.kr

한국어 경어법 교육 방안 연구

文英子 (揚州大學)

1. 서론

1.1. 연구의 목적 및 필요성

본 연구는 중국인 한국어 학습자들에 대한 한국어 경어법 교육방안에 대하여 주로 다루고자 한다.

중국은 예로부터 유가사상을 보유한 나라로서 한국과 마찬가지로 예를 중시해왔던 만큼 중국인 학습자들에게 있어서 '경어'라는 단어가 낯설지는 않다. 중국어의 경어법은 체계화되어 있지 않고 주로 어휘를 통해서 존대와 겸양이 표현된다. 이에 반하여 한국어는 특히 경어법이 발달되어 있으며, 경어법이 정교하게 세분되어 있고 또 아주 체계적으로 짜여있는 것이 특징이다. 한국어의 경어법은 특수어휘의 사용뿐만 아니라 일정한 의미변화 규칙을 갖춘 문법장치로도 존대와 겸양이 표현된다. 중국인 한국어학습자들이 경어법을 어려워하는 이유가 아마 여기에 있을 것이다.

한국어 모국어 화자들은 직관에 의하여, 일상적인 언어생활을 통하여 경어를 자연스럽게 습득하고 사용한다. 그러나, 한국어를 배우는 중국인 학습자들의 경우는 다르다. 체계적인 학습이 필요할 뿐더러 문화적 맥락을 통한 실제 언어사용 현장에서 적절한 경어법 사용을 할 수 있도록 가르칠 것이 필요된다. 본 연구는 중국인 한국어 학습자수준에 알맞은 경어법 교육의 단계별 설정과 항목별 설정 및 그에 알맞은 경어 법 교육방법을 제시하는 것을 연구의 목적으로 한다.

1.2. 선행연구 검토

중국인 한국어 학습자들의 경어법 교육에 초점을 맞추어 진행된 최근의 경어법 교육 관련 연구들을 일부 찾아볼 수 있다.

송학성(2000)은 중, 한 양국어의 경어실현 양태를 형태적, 화용론적으로 분석한 데 이어 중국인 학습자들의 경어법 사용실태를 조사하면서 경어법 사용 오류 현상에 대해 주로 분석하였다. 이에 기초하여 중국인 학습자들이 경어법을 보다 체계적으로 습득할 수 있도록 교육 목표, 교육내용, 교수방법, 평가방법으로 나누어 한국어 경어법 교수모형을 제시하였다.

고육양(2002)은 중국인 학습자의 차원에서 중국어와 한국어의 존경표현 관련 어휘를 대조하면서 두 언어 각각의 존경표현의 특징을 귀납하여 서술하였다.

이언경(2005)은 한국어 교육의 궁극적 목표는 학습자의 의사소통능력 향상이라고 하면서 5종의 한국어 교재를 대상으로 사회적 관계를 중심으로 한 청자 경어법에 대해 연구하고 교재의 개선방안과 실제교수안을 제시하였다.

이해영(2006)은 한국어 경어법의 어휘적, 문법적 장치는 상하관계와 같은 위계를 기반으로서 실제로 경어를 실현하는 장치이고, 경어 표현은 화용론적 장치로 상하관계는 물론 수평적 관계를 기반으로 설명된다고 하면서, 한국어 경어법의 문법적 장치와 경어표현은 전혀 다른 영역이라고 지적하였다. 그러므로 한국어의 경어법이 어휘적 층위, 문법적 층위, 화용론적 층위에서 설명되어야 한다고 주장하고 있다.

선광용(2007)은 중국 유학생을 대상으로 실시한 설문조사를 통하여 한국어 경어법 사용에서 나타나는 오류 양상을 분석하였다. 이를 기반으로 중국어 경어법과 한국어 경어법을 주체경어법, 객체경어법, 상대경어법으로 분류하여 기술하면서 경어법 사용 오류 발생 요인을 찾고 효과적인 교수법을 제시하고 있다.

허봉자(2008)에서는 한국어와 중국어 경어법의 개념을 정리하고 경어법의 실현양상과 경어법의 표현 요인 측면에서 대조 분석하였다. 이어서 경어법 사용 양상과 오류분석을 통해 중국인 한국어 학습자들을 위한 효과적인 경어교육 방안을 제시하였다.

장원원(2009)은 중국어와 한국어의 주체 높임법 실현 배경을 고찰하면서 그의 구성요인, 제약조건, 실현방법 등에 대하여 분석하였다. 세밀한 대비분석을 의거로 중국인 학습자들이 한국어의 주체 높임법을 쉽게 파악할 수 있도록 자료를 제공하였다.

상술한 연구들에서 중국어와 한국어의 경어법에 대하여 비교적 체계적으로 대조, 비교, 분석을 하고자 시도하였음을 알 수 있다. 그러나 중국인 학습자들이 한국어 경어법을 체계적으로 정확하게 습득하고 활용할 수 있도록 하는 데에는 한계가 있다. 중국어는 상대를 높이거나 자신을 낮추는 어휘적 경어를 이용하여 존경을 나타내지만, 한국어는 어휘 외에도 조사와 어미를 통하여 존경을 나타내는 체계적인 경어법이 발달되어있기 때문에 특히 어려움이 따른다. 또한 경어법은 사회적, 문화적 맥락과도 관계되기 때문에 정확하게 사용하는 데에는 장애가 있다. 한국어에는 많은 한자어 어휘가 있으며 특히 경어법에서 한자어가 많이 사용된다. 이런 한자어들 중 대부분이 중국어 경어와 의미가 일치하기 때문에 중국인 학습자들이 경어법을 습득하는 데에 어느 정도 도움이 되기도 한다. 그러나 중국어는 고립어의 특성상 존경을 나타내는 어휘가 있을 뿐, 언어 전반에 걸친 경어법 실현 문법적인 장치가 없기 때문에 모국어의 영향을 많이 받는 것 또한 사실이다. 따라서 한국어를 외국어로 배우는 중국인 학습자들을 놓고 볼 때 복잡한 한국어 경업법 교육내용을 단계별, 항목별로 나누어 설정하고 가르칠 것이 필요된다.

2. 경어법의 개념 및 기능

2.1. 경어법의 개념

Leech는 사회언어학적 차원에서 인간의 회화교제 행위를 분석하고 적합성 원칙(得体准则), 관대성 원칙(慷慨准则), 겸허성 원칙(謙遜准则), 동의성 원칙(贊同准则)과 동정성 원칙(同情准则)을 포함하는 언어교제활동의 "예의원칙"을 제출하였다. Leech의 이 관점에 따르면, 일정한 언어교제 활동 중에서 교제 쌍방은 표현방식을 잘 조정하고 언어형식의 준확성에 주의하여야 하며 언어사용 규칙과 규범을 잘 준수하여야 한다는 것이다. 중국어와 한국어 모두 전통적으로 예를 중요시하던 유교문화권의 언어로서 경어가 비교적 발달되어있다.

중국어에서는 敬辭(겸허함을 나타내는 '謙辭'와 대조를 이루는 말), 敬詞, 敬語, 礼貌語 등 다양한 개념으로 정의되고 있다. 여러 가지 어휘로 표현되기는 하지만 사전적 의미를 살펴보면, 공경의 말투, 존경과 예절을 나타내는 용어, 겸허함을 나타내는 말 등으로 해석된다.

한국어에서는 경어법(이숭녕 1964; 이익섭 1974; 박영순 1976), 존대법(허웅 1954; 김석득 1968), 대우법(성기철 1985; 서정수 1984; 황적륜 1976), 높임법(허웅 1975; 고등학교 문법 1991), 높임표현(성광수 2005), 대우표현(신현숙 1989)등이 있다.[1]

예의는 보편적으로 존재하는 사회적 현상이다. 경어는 언어속에서의 예의의

---

1) 허봉자(2008), 고려대학교 박사학위 논문, p.11에서 재인용.

반영이며 사람들이 언어를 통하여 인간관계를 나타내는 일종의 수단이다. 중국어나 한국어 모두 경어 표현의 내용을 인간 사회의 신분성 표시에 초점을 두고 있으며, 인간 관계에서 상하 관계, 친소 관계 등을 바탕으로 상황에 알맞은 말씨를 골라 사용한다는 공통성이 있다. 특히 한국어 경어는 감정성(情感性), 예의성(礼儀性), 평판성(美譽性), 칭찬성(贊賞性), 우아성(文雅性), 수혜성(受惠性), 교제성(交際性) 등 경어 자체의 특성 외에도 연배, 연령, 사회적 지위, 직무 등 요소로 구성된 횡적 친소관계와 종적 계층관계의 기초 위에 건립된 것이 특징이라 하겠다. 횡적 친소관계와 종적 계층관계에 충돌이 생길 때에는 영활하게 연배, 연령, 사회적 지위, 직무 등 요소를 조절하여 경어를 사용하기 때문이다.

2.2. 경어법의 기능

중국어나 한국어 모두 경어법의 기능은 대동소이하다. 경어법은 그 바탕이 되고 있는 사회적 인간관계를 드러냄이 주요기능이다.

성기철(1985)에서는 경어법의 기능을 화자와 청자, 또는 화자와 제삼자 간의 종적인 위계관계를 표현하는 기능, 쌍방 간의 친소 관계를 나타내는 정감적 기능, 인품과 교양을 드러내는 기능, 사회의 한 주요 속성인 위계성의 유지에 크게 기여하는 기능 등 네 가지로 귀납 정리하였다.

허봉자(2008)은 申小龍(2003) 顧口國(1992), 沈悅(2004), 周筱娟(2005)를 참조하여 중국어 경어법 기능을 도덕성(道德性), 인정성(忍定性), 성사성(成事性), 공리성(功利性), 약세성(弱勢性) 등 다섯 가지 특성으로 나누어 제시하고 있다.

언어의 주요 기능이 정보 전달과 원활한 대인관계를 유지하고 증진시키는 두 가지에 있다고 본다면, 정확한 경어의 사용은 원활한 대인관계의 유지와 증진에 중요한 기능을 하게 된다. 실제 생활에서 경어법은 인간관계에 종적인 상하 질서의 확립과 횡적인 인간관계 생성유지 발전, 화자의 사회적 분별력, 언어적 소양의 표출 등에 영향을 주게 된다. 정확한 경어사용은 언어형식과 언어의미의 통일성이다. 그러므로 언어의 사용자로 볼 때 언어 형식의 정확성을 강조하여야 할 뿐더러 언어의 적절성을 더욱 강조하여야 한다.

3. 경어법 교육 방안

3.1. 경어법 교육의 필요성

　중국 대학 한국어학과 4년제 학부과정에서의 한국어교육은 초급, 중급, 고급 3단계로 나누어 진행된다. 경어법 교육은 한국어 교육에서 비교적 중요한 비중을 차지하는 내용이다. 한국어 교재에서 나타난 한국어 경어법 내용은 어휘형태에 의한 경어표현과 문법형태에 의한 경어표현으로 분류된다.

　경어법 교육의 필요성은 두 가지 측면에서 생각해 볼 수 있다. 하나는 도구적 관점으로 경어가 실제 언어 사용에 필요하기 때문이다. 경어법이 정교하게 발달된 언어라는 특징으로 말미암아 한국어의 담화의 특징 중 가장 중요하게 부각되고 있는 것이 경어법이다. 다른 하나는 사회문화적 차원에서 필요하기 때문이다. 한국어 경어법은 문법적으로 정확하다고 할지라도 대화 상대나 상황에 따라 적절하지 않은 경우가 있다. 한국어의 경어법에는 형태적, 통사적 요소와 함께 사회언어학적 요소인 친소, 연령, 친족, 성, 계층 등이 관여하며, 문화적인 요소이기 때문이다.

3.2. 경어법 교육의 목표

　의사소통능력은 언어지식과 전략적 능력으로 나뉘며 의사소통적 언어능력은 제시 및 연습, 활용 등의 일련의 과정을 통한 학습을 통해 갖춰진다. 언어지식은 또 문법적 지식과 문맥적 지식을 포함하는 조직적 지식과 기능적 지식과 사회언어학적 지식을 포함하는 화용적 지식으로 나뉜다. 전략적 능력은 목표의 설정, 판단, 계획을 망라한다.[2] 교제쌍방은 상황에 따라서 교제 장소와 교제 대상에 알맞은 언어형식을 선택하여 사용함으로써 효과적인 교제의 목적에 도달하고자 한다. 사회학적 차원에서 볼 때 이런 언어의 사용풍격을 정중(庄重), 공식(正式), 상담(商議), 비공식(隨便), 친밀(親密) 등 다섯 가지로 나누어 볼 수 있다. 일반적으로 대다수의 경어는 정중한 장소 또는 공식적인 장소에서 교제대상과의 직접적인 대화에서 사용된다. 그런데 한국어의 경우는 중국어와 다소 다르다. 한국어의 경어는 그 사용범위가 더욱 넓고 사회 생활의 구석구석에까지 침투되어 있다고 해도 과언이 아니다. 박영순(2007)은 한국어에서는 만일 두 사람 사이에 사회적 신분이 아주 다르면(직장의 상관―부하, 교사―학생, 선배―후배, 아저

---

2) Bachman & Palmer(1996), 이보라(2008), 「한국어 교재의 상대 경어법 제시 양상 분석 및 교재 개선 방안 연구」, 한양대석사학위 논문 12쪽에서 재인용.

씨—조카 등과 같이 신분이 대칭적일 때) 아무리 오랫동안 친숙하게 지낸다 해도 손아랫사람은 언제나 손윗사람에게 존칭을 쓰고 윗사람은 비 존경체인 반말 내지 '하게'형 또는 '해라'형을 쓴다고 했다. 한국어 경어법 교육의 목표는 다른 문화권의 경어를 배우는 중국인 한국어학습자들로 하여금 언어규칙과 사회조직규칙에 따라서, 또한 횡적인 친소관계와 종적인 위계관계에 따라 한국어 경어를 정확하게 구사하고 선택하여 사용할 수 있도록 하는 것이다.

3.3. 경어법 교육의 내용

김정숙(2003)은 한국어 정규과정 언어 교육목표를 1~6급으로 분류하여 제시하면서 한국어 교수요목 설계 원리를 사용빈도를 기준으로 교육내용을 설정하고 배열, 특수 목적 수행에 필요한 기본 교육내용을 포함, 한국적 특수성과 인류 보편성을 감안해 교육내용을 설정, 생성 목적과 수용 목적에 따라 교육내용을 차별화, 교육내용을 순환적으로 배열, 교육 목표와 교육 내용 간의 상관성을 확보할 것을 제안하고 있다. 다양한 문맥 속에서 경어를 학습할 수 있도록 많은 기회를 제공하는 것이 좋겠지만, 사회 언어환경의 제약이 따르는 중국인 학습자를 위한 경어법 교육의 경우에는 경어법 교육 내용의 선정이 무엇보다도 중요하다. 한국어 경어법은 어휘형태에 의한 경어 표현과 문법 형태에 의한 경어 표현으로 분류된다. 외국어로서의 한국어교육에서의 경어법 교육내용은 사용의 보편성, 사용의 필요성, 경어법의 체계성, 경어법 교육의 효과성을 선정의 기준으로 삼아야 한다. 한국어 경어법 표현 방법에는 어휘나 문법표현을 단독으로 사용하여 실현할 때도 있고 언어 지식과 사회언어학적 요소를 복합적으로 사용하여 실현할 때도 있다. 대화 참여자 요소, 대화 상황적 요소, 전략적요소로 나뉘는 사회언어학적 요소[3]는 또한 경어법 선택에 영향을 미친다. 한국어 경어법 교육의 내용은 주체경어법, 상대경어법, 객체경어법으로 나뉘는데 상대경어법 체계만 하더라도 청자를 어느 정도 대우하느냐에 따라 5등급 또는 6등급으로 세분된다. 다른 문화권에서 새로운 언어인 한국어를 배우고 있는 중국인 학습자들에게 있어서 경어법이라는 복잡한 지식을 전면적으로 습득한다는 것은 어려운 일이다. 그러므로 상술한 등급체계에 따라 모든 경어법 표현 항목을 가르친다는 것은 불가능하며 또한 그렇게 가르칠 필요도 없다. 학습자들의 흥미유발과 대화현장에서의 실

---

3) 김정호(2004)는 경어법 선택에 영향을 미치는 요소를 '참여자 요소', '상황 요소', '전략적 요소'로 나누고 '참여자 요소', '상황요소'는 규범적 측면, '전략적 요소'는 비규범적 측면으로 나누어 논의하였다.

용성을 고려한 맞춤형 경어법 내용을 가르친다면 그 실용효과가 더욱 높을 것이다.[4]

3.4. 경어법 교육의 방법

경어법 교육은 형태적 요소와 통사적 요소 그리고 문화적 사회적 요소를 포함한다. 형태적 요소와 문법적 요소는 한국어 학습의 초기부터 교재의 목표 어휘와 목표 문법을 통하여 점차 제시된다. 이러한 요소들을 단계별로 나누어 교육해야 할 필요성이 있다.

김정호(2004)는 화자의 경어법 사용이 4단계의 과정을 거쳐 이루어진다고 보았다.[5] 또한 경어법 선택의 단계를 참여자 요소 중 개별 요소 → 참여자 요소 중 관계요소 → 상황적 요소 → 전략적 요소의 순으로 분류하고 사회적 요인이 경어법 선택에 작용하게 된다고 하였다. 그러나 중국인 학습자의 경우 이러한 요소를 정확하게 판단하느냐 못하느냐 하는 문제가 따른다. 경어법에 관여하는 형태적 통사적 요소의 적절성 여부와 사회언어학적 요소에 따른 경어법 선택과 함께 비규범적 측면의 경어법의 선택이 복합적으로 작용하기 때문에 중국인 학습자들로 놓고 말할 때 대화 상대나 대화 상황에 따라 적절한 선택을 하기란 결코 쉬운 일이 아니다.

경어법 교육은 어휘, 문법적인 측면의 기본지식과 화용론적인 측면에서의 언어사용 지식을 망라하여 가르쳐야 할 것이다.

어휘항목과 문법항목에서는 사용빈도, 난이도, 일반화 가능성, 학습자 기대 문법, 분포 범위, 한습의 용이성 등을 고려하여 선정하고 배열해야 한다.[6] 특히 모어화자의 언어생활에서 사용 빈도가 높은 경어법 항목을 먼저 제시해야 한다. 의

---

4) 허봉자(2008), 고려대학교 박사학위 논문, p.166.

5) 김정호(2007)는 경어법 사용 과정을 다음과 같이 정리하고 있다. "첫번째 단계에서 화자는 자신의 개별적인 시회적 조건과 경어법에 대한 지식을 융합하여 언어적 체계를 지닌다. 여기에는 참여자 개별요소가 영향을 주게 된다. 추상적인 경어법의 체계를 가진 화자가 구체적인 대화 상황에 놓이게 되면 두 번째 단계로 자신과 다른 대화 참여자의 관계를 고려하여 어떤 경어법을 사용할 것인지 잠정적으로 결정하게 된다. 이때 앞에서 언급한 요소가 선택에 작용한다. 세 번째로 잠정적으로 결정한 경어법의 등급을 그대로 사용할 것인지, 아니면 달리 고려해야 할 상황이 있는지 살펴보게 된다. 즉 참여자 요소가 아닌 상황적 요소에 의해 경어법 선택을 바꿔야 하는가에 대해 결정하는 것이다. 마지막으로 발화된 경어법의 등급이 정확한지 확인하고, 이를 조정하는 과정을 겪게 된다."

6) 허봉자(2008)는, 김유정(1998), 김제열(2001), 성기철(2002), 이해영(2003) 등을 참조한 후 지적하였다.

사소통의 기능이라고 하는 언어의 특질로 보나, 언어는 본질적으로 사회적 행위이며 사회와 유리된 언어란 있을 수 없다는 점으로 보나 현실 생활에 사용빈도가 가장 높은 항목을 먼저 교육해야 한다.[7]

어휘항목 교육에서는 경어와 비경어, 한국어 어휘와 중국어 어휘를 대조하여 제시하는 것이 좋다.

문법항목 교육에서는 조사에 의한 경어법 표현, 선어말 어미, 어말어미에 의한 경어법 표현, 문형에 의한 경어법 표현, 어기에 의한 경어법 표현 등으로 나누어 제시하는 것이 좋다.

문화적, 사회적 요인으로 인한 경어법 교육에서는 정중(庄重)성, 공식(正式)성, 상담(商議)성, 친밀(親密)성, 그리고 친소, 연령, 친족, 성, 계층 등 요소를 고려하여 제시하는 것이 좋다.

초급단계에서는 문법형태에 의한 경어법 교육보다는 어휘를 통한 경어법 교육에 중점을 두는 것이 좋다. 외국어로 한국어를 접하는 학습자들은 초급단계에 형택적, 통사적인 정확성을 우선으로 생각하게 된다. 즉 존경을 나타내는 어휘의 선정과 사용, 조사와 어미의 선정과 사용에 더욱 주력하기 때문이다.

중급단계에서는 어휘적, 통사적으로 오류가 적고 표현이 적절하도록 하는 것을 목표로 해야 한다.

고급단계에서는 경어법의 발화가 어휘적, 통사적으로 오류가 없을 뿐만 아니라 사회적으로, 문화적으로 적절하도록 하는 것을 목표로 해야 한다.

한국과 다른 문화권에서 경어법을 학습하는 학습자들은 비문법적이고 화용적으로 적절한 발화는 오류로 인식하지만, 문법적으로 정확하지만 화용적으로 부적절한 발화는 오류로 인식하지 못하는 경우가 대부분이다. 이는 학습자가 문화적, 사회언어학적 능력이 필요한 화용적 의미를 지니는 발화에 대해서는 민감하지 못하다는 것을 의미한다.

현재 사용되고 있는 대부분 교재의 내용들을 살펴보면, 대화 텍스트들이 모두 대화 참여자의 관계를 친족과 비친족, 윗사람과 아랫사람, 상급과 하급, 선생님과 학생, 직원과 손님 등 틀에 맞추어 낯선 관계로 설정하였기 때문에 참여자의 나이, 친밀도 등의 사회적 요소와 대화상황 요소[8]는 충분히 고려되지 않고 있다. 대화 참여자의 사회적 관계만으로는 경어법에 관여하는 복잡하고 다양한 사회적

---

7) 허봉자(2008), 고려대학교 박사학위 논문 p.175.

8) 김정호(2004)는 경어법 선택에 영향을 미치는 요소를 '참여자 요소', '상황 요소', '전략적 요소'로 나누고 '상황 요소'는 규범적 측면으로, '전략적 요소'는 비규범적 측면으로 나누었다.

요소를 이해하고 습득하기 어렵다. 한국어 경어법의 자연스러운 쓰임을 위해서는 대화 참여자 간의 친소여부도 중요한 요인이 될 것이며, 대화 상황의 격식성 여부 역시 고려되어야 할 요인이다.

경어법 선택에 영향을 미치는 사회언어학적 요소는 대화 참여자 요소, 대화 상황적 요소, 전략적 요소로 나눌 수 있다. 대화 참여자 요소는 대화 참여자와 개별적 혹은 관계적 특성, 상황적 요소는 대화 참여자와 관계없이 대화 상황의 특성을 가리킨다. 또한 전략적 요소는 화자의 의도에 따른 보편적이 아닌 경어법의 쓰임을 말한다.

4. 결론

본 연구는 중국인 한국어 학습자들에 대한 한국어 경어법 교육방안에 초점을 맞추어 논의하였다. 경어법이 체계화되어 있지 않은 중국어사용자가 경어법이 특히 발달되어 있고 정교하게 세분되어 있는 한국어를 배우는 과정에 어려움을 느끼는 경어법을 어떤 내용으로, 어떤 방법으로 가르칠 것인가 하는 점에 대해 주로 고민해 보았다.

본 연구는 경어법에 관한 선행연구들을 검토하고 경어법의 개념과 기능에 대한 논의를 바탕으로 한국어 경어법 교육 방안에 대해 제안하였다. 우선 경어법 교육의 필요성과 목표를 제시하고, 경어법 교육의 내용과 경어법 교육의 방법에 대하여 기술하였다. 다른 문화권에서 새로운 언어인 한국어를 배우고 있는 중국인 학습자들에게 있어서 경어법이라는 복잡한 지식을 전면적으로 습득한다는 것은 어려운 일이므로 모든 경어법 표현 항목을 가르친다는 것은 불가능함을 지적하고, 학습자들의 흥미유발과 대화현장에서의 실용성을 고려한 맞춤형 경어법 내용을 가르친다면 그 실용효과가 더욱 높을 것이라는 점을 지적하였다.

현재 중국의 대학교 학부과정에서 사용되고 있는 대부분 교재의 내용을 살펴보면, 대화 텍스트들이 모두 대화 참여자의 관계를 친족과 비친족, 윗사람과 아랫사람, 상급과 하급, 선생님과 학생, 직원과 손님 등 틀에 맞추어 설정하였기 때문에 참여자의 나이, 친밀도 등의 사회적 요소와 대화상황 요소는 충분히 고려되지 않고 있다는 점과 대화 참여자의 사회적 관계만으로는 경어법에 관여하는 복잡하고 다양한 사회적 요소를 이해하고 습득하기 어렵다는 점을 지적하고 한국어 경어법의 자연스러운 쓰임을 위해서는 대화 참여자 간의 친소여부도 중요한 요인이 될 것이며, 대화 상황의 격식성 여부 역시 고려되어야 할 요인이라고 지적하였다.

경어법 교육의 전반 체계와 과정에 대해 자세하게 제시하지 못했다는 아쉬움이 있지만, 본 연구가 중국인 한국어 학습자들의 경어법 습득에 다소 도움이 될 수 있기를 기대해 본다.

참고문헌

김정숙(2003), 「통합 교육을 위한 한국어 교수요목 설계 방안 연구」, 『한국어 교육』 제9권 1호, 국제한국어교육학회.

김정호(2004), 「국어 높임법에 대한 체계적인 사회언어학적 접근」, 『겨레어문학』 제33집.

박영순(2003), 「한국어교육으로서의 문화 교육에 대하여」, 『이중언어학』 제23호.

박영순(2007), 『한국어 화용론』, 박이정

송학성(2000), 「중국인을 위한 한국어 경어법 교육방법 연구」, 경희대대학원 석사학위논문.

이언경(2005), 「한국어 교육에서 청자 대우법 연구」, 연세대 대학원 석사학위논문.

이해영(2006), 「한국어교육에서의 대우표현 연구」, 국어학 47, 국어학회.

임선미(2007), 「중국어와 한국어의 경어표현 대비연구」, 한국학논집, 한양대 한국학연구소.

허봉자(2008), 『중국어권 학습자를 위한 한국어 경어법 교육 연구』, 박이정.

Leech, G. (1983), *Semantics*. Harmondworth: Penguin Books.

※ 이 논문은 『韩国语言文化学』(2012. 12.)에 수록된 「한국어 경어법 교육 연구」의 내용을 정리한 것임.

문영자(文英子)
扬州大学外国语学院韩国语系
中国江苏省扬州市大学南路88号
전자우편: yzmoon2000@hanmail.net

비교문화적 화용론과 한국어 교육

이해영 (이화여자대학교)

1. 화용 교육의 필요성

한국인 모어 화자들은 외국인 학습자들의 잘못된 한국어 발음이나 억양, 또는 어휘나 문법, 화용적 오류 중 어느 것을 더 문제로 생각할 것인가? 일반적으로 한국어 모어 화자들은 외국인의 어색한 발음이나 억양, 어휘나 문법의 선택보다 화용적 문제에 더욱 민감하게 반응한다. 화용적 문제는 단지 언어 지식의 부족으로 이해되기보다는 개인의 인성에 대한 오해까지 유발할 수 있기 때문이다(이해영 2009:226).

그러나 문법이나 어휘, 발음과 비교해 볼 때, 화용적 현상은 한국어 교실 현장에서는 물론 한국어 교재에서도 적극적으로 다루어지지 않았다. 실제 대화에서 외국인 학습자가 화용적 문제에 부딪치고 의사소통에 어려움을 겪고 있음에도 불구하고, 화용적 현상이 명시적으로 교육되지 못 했던 것이다. 그 이유는 구체적으로 무엇을 어떻게 가르칠 수 있는지에 대한 정리가 덜 되어 있기 때문이다.

교실 현장에서 화용적 현상을 가르치기 위해서는 먼저 외국어 학습에서 강조되어야 하는 화용적 현상이 무엇인지 알아야 한다. 외국어 교실에서 화용적 현상은 철학적이고 논리적인 개념으로 설명되기보다는 현실적인 소통을 위한 실용적이고 기능적인 측면에서 다루어져야 한다. 문법에 대한 언어학적 연구 결과가 제2언어 교육을 위한 관점에서 교수·학습 항목으로 정리되었던 것처럼, 함축이나 전제, 화행, 공손성과 같은 화용론의 이론적 개념이 교수·학습이라는 실용적 관점에서 정리되어야 한다.

교실 현장에서 화용론을 다루는 유용한 개념은 비교문화적 화용론과 관련된다. 상이한 문화적 배경에서 자란 사람들은 생활양식, 사고방식과 가치관 등의 차이로 인해, 특정한 목표 언어 상황에서 어떤 언어적 행동을 보여야 하는지 판단하기 어렵고, 이로 인해 화용적 실패가 발생하게 된다. 비교문화적 화용론은 문화적 차이로 인해 발생하는 이와 같은 화용적 실패를 연구한다. 제2언어 학습자들은 이러한 화용적 실패로 인해 자신의 의사소통이 방해 받기를 원하지 않을 뿐만 아니라 대인 관계에 어려움이 초래되지 않기를 원한다. 제2언어 교실에서는 이러한 학습자의 요구를 충족시킬 수 있도록 화용적 현상을 설명할 수 있어야 한다.

본고에서는 제2언어 교실에서 교육에 필요한 화용론적 현상들을 다루기 위하여 비교문화적 화용론의 개념을 도입하여 그 정의와 특징을 고찰하고, 화용적 실패의 다양한 사례들을 살펴본다. 마지막으로 화용적 실패를 극복하기 위한 화용 교육의 방안을 제안함으로써 이 논문을 마무리하고자 한다.

2. 비교문화적 화용론의 정의와 특징

Kasper and Blum-Kulka(1993:3-13)는 비교문화적 화용론(Cross-cultural Pragmatics)을 각기 다른 문화적 배경을 가진 언어 사용자에 의해 수행되는 언어 행위에 대한 연구라고 설명한다.[1] 비교문화적 화용론에서는 대화 참여자들의 언어적, 문화적 차이로 인하여 의사소통적 전략이 잘못 사용되고 의사소통에 실패하는 예들을 기술하고 그 이유를 설명하는 데 주력해 왔다(LoCastro 2012:79). 즉, 화자의 가치, 믿음, 세계관으로부터 파생된 사회적 행위가 어떻게 언어적 형태로 변형되는지를 연구한다(LoCastro 2012:227).[2]

다음 대화의 예는 문화적 차이로 인하여 발생한 의사소통의 문제들을 보여준다. 아래 (1)과 (2)에서 중국인 한국어 학습자들에게 B의 발화는 어떻게 느껴질까? 어떤 점에서 어색하게 느껴지거나 적절성이 떨어진다고 생각되는가?

    (1) A: 토요일에 모임에 와라.

---

1) 비교문화적이란 용어는 서로 다른 문화 간, 교차문화적, 이문화간 등으로 해석될 수 있는 것으로 본고에서는 대화 참여자들이 의사소통에 대한 이해를 비교론적 관점에서 접근한다는 입장에서 비교문화적이라는 용어로 번역하여 사용한다.

2) 비교문화 화용론(Cross-Cultural Pragmatics)은 대조화용론(Contrastive Pragmatics)과 중간언어 화용론(Interlanguage Pragmatics) 2가지로 하위 구분되는데, 대조화용론은 화자들이 언어 행위에서 자신의 문화적 배경을 어떻게 반영하고 있는지를 이해하기 위해 언어와 문화를 비교하는 연구이고, 따라서 대조화용론에서는 대화 참여자를 학습자라기보다는 목표로 하는 언어 공동체의 구성원으로 여긴다. 중간언어 화용론은 제2언어 학습자들의 화용적 발달에 대한 연구라는 점에서 차이가 있다. (LoCastro 2003:226)

> B: 안 될 것 같아.
>
> A: 그러지 말고 오도록 해봐. 응?
>
> B: 알았어. 시간 되면 갈게.
>
> (2) A: 오후에 나 좀 도와줄래?
>
> B: 오후에는 수업이 있어서 안 될 것 같아.

위의 대화 (1)을 접한 중국인 초급 한국어 학습자들은[3] 한국인 B가 토요일 모임에 갈 수도 있을 것이라고 생각하겠지만, 한국인은 B가 안 가게 될 가능성이 높다고 생각할 것이다. 또한 (2)의 B의 발화를 들은 중국인 학생들은 '오후에 수업이 있는데 안 되는 것이 당연'하지 '안 될 것 같다'는 표현은 맞지 않는 표현이라고 생각하기 쉽다. 그러나 한국인들은 '수업이 있어서 안 돼'라는 말로 거절당하면 너무 직접적으로 거절했다고 생각할 것이다.

그러면 이번에는 다음의 예를 보자. K는 한국인이고 C는 중국인이다.

> (3) K: 이 과자 먹어 볼래? 맛있다.
>
> C: 아니, 저 안 먹어요. 고마워요, 언니.
>
> (4) K: 출출하지 않으세요? 뭐 좀 더 드려요?
>
> C: 아니요. 필요 없어요.

위의 (3)의 C의 말을 들은 한국인들은 '괜찮아요'라는 표현이 더 적절하다는 생각을 하게 될 것이다. 반면 중국인에게는 고맙다고 말했기 때문에 안 먹는다고 자신의 의견을 정확히 말하는 것은 문제가 되지 않았다. 직접적인 화용 전략을 사용하는 중국어와 달리 한국어는 간접적인 화용 전략을 선호하기 때문에, 한국인에게는 (3)에서 볼 수 있는 C의 발화는 어색하고 부적절하게 느껴질 수 있다. 마찬가지로 (4)에서도 C의 발화는 한국인 대화 상대자에게는 너무 직접적으로 느껴질 것이다.

이러한 문제가 바로 이문화간 의사소통에서 나타나는 전형적인 문제이다. 이를 해결하기 위해서는 상이한 문화적 배경을 가지고 있는 상대방의 언어 행위에 대한 이해가 필요하다. 이문화간 의사소통에 나타나는 현상들에 대한 연구는 문화 보편성(cultural universality)의 차원에서 연구하는 기존의 화용론 연구와 차

---

3) 한국어의 숙달도가 높아질수록 한국어 화용 전략은 한국어 모어화자의 것과 유사해지겠지만 숙달도가 낮고 한국인과의 상호작용이 적을수록 자신들의 모국어인 중국어의 특징이 더 많이 나타날 것이다.

이가 있다. 가령, 화용 습득에서 가장 활발하게 연구된 화행을 보면 Austin(1965)이나 Searle(1969)과 같은 연구자들은 화행 해석과 수행을 위한 보편 지식을 전제로 연구를 하고 있다. 반면, Blum-Kulka(1983)와 같은 비교문화적 화용론 연구자들은 언어적, 사회문화적, 그리고 화용적 지식이 화행의 이해에 필수적이라는 점에서 출발한다. 모든 문화는 그 규범과 가치를 반영하는 특유의 화행을 가지고 있으므로 문화 특수성(culture specific)이라는 관점에서의 화행 연구라고 할 수 있다(이재희 외 2011:138). 따라서 중국인을 대상으로 한 한국어 교육과 같은 외국어 교육에서는 문화 특수성을 기반으로 한 비교문화적 화용론의 연구와 교육이 필요하다.

3. 화용적 전이

전술하였듯이 Kasper and Blum-Kulka(1993: 3-13)는 비교문화적 화용론을 각기 다른 문화적 배경을 가진 언어 사용자에 의해 수행되는 언어 행위에 대한 연구로 정의하고 있다. 언어 사용은 기저에 사회문화적 가치, 신념, 문화적 가정, 그리고 사용자의 의사소통 전략을 반영한다는 것을 전제하며, 학습자가 자신의 문화적 배경이 다른 언어를 사용할 때는 자신의 모국어 화용 현상으로부터의 전이가 발생될 수 있다. 위에서 제시한 (3)과 (4)의 C의 발화는 바로 이러한 전이가 일어난 경우이다. 이러한 전이 현상은 숙달도의 발달, 상호작용의 정도에 따라서 변이가 일어나며 그러한 변이가 곧 습득으로 이어진다.[4] 따라서 화용적 전이(pragmatic transfer)는 학습자가 모국어의 화용적 지식을 목표어에 적용하는 것을 말한다. 화용적 적이는 긍정적 전이와 부정적 전이로 구분된다는 점에서 문법이나 어휘, 발음 영역에서의 전이와 같다.

Kasper(1992:208-209)는 Leech (1983:10-11)와 Thomas(1983:91-92)의 화용 언어학(Pragmalinguistics)과 사회 화용론(Sociopragmatics)의 개념을 기반으로 화용적 전이를 화용 언어적 전이(pragmalinguistic transfer)와 사회 화용적 전이(sociopragmatic transfer)로 분류하고 있다. 아래에서는 부정적인 전이로 나타나는 화용언어적 실패와 사회화용적 실패에 대하여 살펴보도록 하겠다.

---

4) 화용 습득, 화용 능력의 발달은 숙달도, 거주 기간 및 질적인 상호작용의 유무 등에 따라 영향을 받는다. 이와 관련하여 한국어 학습자의 간접표현 습득에 나타난 숙달도와 거주기간 변이의 영향에 대한 논의와 선행 연구 검토는 이해영(2013:218-220) 참조.

4. 화용언어적 실패와 사회화용적 실패[5]

이문화간 의사소통에서 발생될 수 있는 화용적 문제를 다음의 예를 통해서 생각해 보도록 한다. 아래 대화에서 문제가 되는 분분은 어떤 부분이고 왜 그런 문제가 발생되었을까?

> (5)　A: 이반 씨가 읽어 보시겠어요?
>
> 　　　B: 아니요.
>
> (6)　A: 교정 다 봤다. 잘 썼던데.
>
> 　　　B: 아, 언니 정말 미안해요.

(5)는 한국인 선생님 A와 이름이 '이반'이라는 러시아인 학생 B와의 대화이다. 예비 요청으로 표현된 한국인의 간접 요청을 러시아인 학생은 선택의문문으로 해석하여 답했다. '이반'의 이러한 대답은 예비 요청을 사용하지 않는 자신의 모국어 전략에 기대어 있다. (6)은 한국인 A와 일본인 B의 대화이다. 한국인 A는 일본인 친구 B의 한국어 작문을 교정해 주고 나서 B로부터 감사 인사가 아닌 사과표현을 들었다. 한국인에게는 발화자의 의도를 생각해 보게 하는 어색한 표현이지만 일본인에게는 자신의 모국어에 비추어 보았을 때 적절한 표현을 사용했기에 문제로 느껴지지 않았을 것이다.

위의 (5), (6)의 B의 발화에서 우리는 화용적 실패를 볼 수 있다.[6] 화용적 실패는 상황에 맞는 적절한 언어 행위를 생산하거나 이해하는 것에 문제가 발생한 것이라고 할 수 있다. 그러한 화용적 실패가 발생하는 것은 한 문화권에서 개인 간이나 소집단 간에서도 일어날 수 있지만, 서로 다른 문화적 배경을 가진 사람들의 대화에서 발생되는 화용적 실패는 의사소통적 실패로 이어질 수 있다. 이러한 이문화간 화용적 실패는 한상미(2006)에서도 지적된 바와 같이 사람들이 자신의 모국어가 바탕으로 하고 있는 문화적 관습이나 가치관에 기대어 발화하고 상

---

5) 이해영(2002:59-64)을 바탕으로 수정 및 보완되었다.

6) 화용적 실패를 문법적 오류와 달리 오류라는 표현을 쓰지 않기도 한다. Thomas(1983)는 문법은 규범적 규칙에 따라서 판단되므로 잘못된 규칙의 사용이 발생할 때 문법적 오류라는 용어의 사용은 적절할 수 있겠으나, 화용적 능력은 범주적 규칙성보다는 수용가능성이나 적절성으로 설명되므로 잘못된 사용에 대하여 오류보다는 화용적 실패(pragmatic failure)라는 용어를 제안하고 있다. 화용적인 문제는 틀렸다고 하기 어렵고 화자의 목적을 이룰 수 없다는 점에서 실패라고 할 수 있으며 화용적 원리(pragmatic principle)는 규범적인 것이 아니기 때문이다(이해영 2002:58).

대를 이해하려고 하기 때문에 발생된다.

화용적 실패를 다루고 있는 연구들은 비교문화적 연구가 필요하다는 것을 보여준다. 가령, 미국인에 비해 독일인은 명시적이고 내용 중심적으로 발화하는 차이를 보인다는 것(House 2000), 전화 응대에서의 분명하고 간결한 용건 중심의 독일어 구사법과 그리스식의 구사법(Pavlidou 2000), 이러한 연구들(Pohl 2004 재인용)과 함께, 영국 사람들은 'maybe'를 완화표현으로 사용한 데 반해, 독일어를 모국어로 사용하는 영어 학습자는 'maybe'를 문자적 의미로 사용하고 있는 것(Spencer-Oatey & Jiang 2003), 독일인이 브라질인에 비해 덜 감정적이고 더 간결하고 극적으로 말하며 자기 비판적이고 자신의 발화력을 약화시키는 태도를 보인다는 것(Schröder 2010), 또한 영어에 비해 러시아어는 'of course'에 대하여 다른 태도를 나타내며(Thomas 2006), 명시적 부호 사용에 있어서 뉴질랜드 원주민은 영국 이주민과 다른 선호도를 보인다는 것(Stubbe 1998)에 대해서 기술하고 있는 연구들은 상이한 문화적 배경을 가진 사람들의 화용적 실패를 분석하고 있다.

문화적 관습이나 가치관의 차이로 인하여 발생하는 이문화간 의사소통에 있어서 발생하는 화용적 실패는 한국어 학습자와 한국어 모어 화자 사이에서도 역시 발견된다. 가령, 한국인과 미국인의 사과에 대한 개념 인식과 정의에 대한 차이, 두 언어권의 사과 화행 기능의 차이, 한국인이 미국인에 비해 감사와 칭찬 표현을 적게 사용하는 것, 직접성에 대한 선호도의 차이로 인해 근거 대기를 한국인이 더 자주 사용하는 점(Byon 2004), 중국인 한국어 학습자가 한국인에 비해서 직접적인 전략을 사용한다는 것과 한국에서 한국어를 배운 학습자와 한국어가 실제로 구사되는 담화 현장에 놓이지 않았던 학습자 간에는 화용 전략 구사에 차이가 나타난다는 것(이해영 2006)에 대하여 논의한 연구들도 이문화간의 소통에서의 화용적 실패와 어려움을 다루고 있다.

Erickson(1984)은 이문화간의 의사소통에서 발생하는 화용적 실패를 전략이나 언어적 표현의 부적절한 사용, 사회적 규준에 대한 잘못된 오해, 상대의 말하는 태도나 성격, 능력과 지식에 대한 오해 등에 의해서 나타난다고 설명한다(LoCastro 2006:83 재인용). Erickson(1984)의 화용적 실패의 세 가지 중 다음의 두 가지, 화용언어적 실패(pragmalinguistic failure)와 사회화용적 실패(sociopragmatic failure)는 한국어 학습자의 화용적 실패의 원인을 설명하는 데 중요한 개념이다.

화용언어적 실패와 사회화용적 실패에 대하여 본격적으로 논의하기 전에 개념적 바탕이 되는 두 개의 분야, 화용언어학(Pragmalinguistics)과 사회화용론

(Sociopragmatics)에 대해서 살펴보도록 하겠다. 화용언어학과 사회화용론이라는 용어는 Leech(1983)의 개념으로 Thomas(1983)에서는 이를 받아들여 언어 학습에서 학습자의 화용적 실패를 설명하기 위한 개념으로 정리하였다. 실제로 어떤 현상이 화용언어적 현상이고 어떤 것이 사회화용적 현상에 속하는지를 명확하게 구분하기 어려운 경우도 있다. LoCastro(2006:90)는 이 두 가지 범주가 완전히 이분법적으로 나뉘어지는 것이 아니며 연속체를 이룬다고 보았다. 그러나 Kasper(1992:209)는 화용언어학적 차원은 맥락 혹은 텍스트 내부의 요인과 관련되며 사회화용적 차원은 맥락 외적 요인과 관련된다고 하면서 두 용어의 구별을 시도한다.

화용언어학은 언어학과 관련된 화용론 영역이라고 할 수 있다. 따라서 화용적 특성에 대한 언어적 분석과 설명에 관심을 둔다. 가령, 화용언어학에서는 화행 전략과 전략에 따라 선택되는 언어적 표현의 사용, 간접성 또는 관습적이고 상투적인 표현의 사용 그 자체에 관심을 갖는다. 위에서 제시된 (2)의 B가 직접적으로 거절하지 않고 추측 양태 표현을 사용하였음을 분석해낸다면 이는 화용적 현상을 언어학적으로 분석하는 화용언어학적 연구라고 할 수 있다.

반면에 사회화용론은 사회언어학과 관련된 화용론 영역이다. 사회화용론에서는 서로 다른 언어 문화적 공동체 간에 화용적 특성이 왜 다르게 나타나는지에 주목한다. 따라서 사회화용론의 관심사는 화용적 언어 표현에 있지 않고, 그 표현이 발화되는 기저에 관심을 둔다. 즉, 가치관이나 사고방식의 차이로 인해 발생하는 문화 특정적 현상이 사회화용론적 연구의 주요 관심사이다. 위의 (2)에서 B는 자신의 상황이 분명히 상대방의 요청 내용을 들어 줄 수 없는 상황인데도 직접적인 거절을 회피하고 있다. 이러한 방식의 거절 전략을 사용하는 것은 한국 사람들의 거절에 대한 태도를 반영하고 있다고 할 수 있는데, 언어 표현 자체보다는 그 표현이 사용되는 사화문화적 규범과 가치에 대한 관심이 있다면 이와 같은 설명의 태도는 사회화용적 관점을 반영한다고 할 수 있다.

화용언어적 특성이 사회화용적 특성보다 가르치기 쉽고, 더 중점을 두어야 하는 부분이라고 언급하고 있는 Thomas(1983:98−99)의 연구는 일리가 있다. 또한 Thomas(1983)에는 가치의 충돌이 일어나는 것은 철학자의 관심사이지 언어학자의 관심사가 아니므로 사회화용론을 언어 교육에서 비중 있게 다루지 말 것을 제안했다. 그러나 사회화용적 특성에 대한 이해가 없이는 화용언어적인 특성에 대한 궁극적인 설명도 어렵고, 결과적으로 학습이 원활하게 진행되기도 어렵다. 즉, 한국어의 간접 화행을 적절한 상황에서 발화하고 이해할 수 있기 위해서는 한국인의 사고방식과 문화 규범에 대한 이해가 필요하다.

Thomas(1983:101)에 의하면 화용언어적 실패(pragmalinguistic failure)는 학습자가 올바른 담화 행동을 수행하고자 했으나 잘못된 언어학적인 수단을 사용하게 될 때 발생하는 것이다. 즉, 화용언어적 실패는 화용언어적 자원의 결함으로 일어나는 문제 상황이라고 할 수 있다. 이와 달리 사회화용적 실패(sociopragmatics failure)의 원인은 부담의 정도에 따른 문화적 인식의 차이, 금기에 대한 문화적 인식의 차이, 사회적 관계(힘과 유대)에 대한 비교문화적 차이 즉, 인식의 차이, 가치 판단에 대한 사회문화적 차이 등에서 찾을 수 있다.

다음 (7)-(8)에 제시된 화용언어적 실패와 사회화용적 실패의 예를 보면 두 개념의 이해가 더욱 분명해진다. (7)-(8)의 예시와 설명은 이해영(2002:62-63)의 내용을 참고하여 정리하였다. (7)-(8)의 예는 일본인 학습자가 한국어를 학습할 때 발생되는 화용언어적 실패의 예이다. 어떤 측면에서 다음의 예가 화용언어적 실패로 해석될 수 있을까?

> (7) (일본인 A는 언어교육원에 가서 등록을 하려고 직원과 이야기를 하고 있다.)
>   A: 잘 부탁드리겠습니다.

(7)의 일본인 학생 A가 언어교육원에서 등록을 받는 직원에게 '잘 부탁한다'고 한 것은 일본어의 상투어(pragmatic routines)가 화용적으로 전이되었기 때문이다. 이밖에도 일본인 한국어 학습자가 친구에게 선물을 건네면서 '보잘것없는 건데'라고 한다든지, '신세 많이졌습니다'라는 표현을 자주 사용한다든지 고마움을 표할 상황에서 '미안합니다'라고 하는 것은 각각 일본어의 화용적 상투어(pragmatic routines)가 화용적 전이를 일으켰기 때문에 발생하는 화용언어적 실패의 예라고 할 수 있다.

다음은 일본인 학습자가 한국어를 학습할 때 발생되는 사회화용적 실패의 예이다. 사회화용적 실패는 단지 한국어가 일본어와 달라서 생기는 문제라기보다는 한국인의 사고방식이 일본인의 사고방식과 달라서 생기는 문제이다. 그러면 다음의 예들이 사회화용적 실패로 해석되는 근거는 무엇인가?

> (8) (일본인 A는 자신의 어머니에 대한 이야기를 한국인과 나누고 있다.)
>   A: 어머니는 매운 것을 못 먹어요. 그러니까 김치도 못 먹을 거예요.

(8)의 일본인 A는 자신의 어머니에 대한 이야기를 하는 가운데 '께'나 '잡수시다/드시다'를 사용하지 않은 것은 집단 내 사람을 집단 외의 사람 앞에서 낮춘다

는 일본인의 사회문화적 규범이 적용된 화용적 실패이다. 이러한 사고방식을 지닌 일본인들은 한국인이 자신의 부모나 직장의 상사를 타인 앞에서 높여 말하는 것을 꺼린다는 점에서 다르다. 학습자가 자신의 사회문화적 규범을 목표어 사용에도 적용하는 사례는 이미 (8)에서도 살펴본 바 있다. (8)의 일본인 B가 감사 표현 대신 선택한 '미안해요'는 그들의 L1에서 발견되는 'すみません'의 화용적 전이에서 그 원인을 찾을 수 있는데, 이와 같은 화용적 실패의 이유는 그들의 사고방식에서 찾을 수 있다. 즉, 상대방이 '나'에게 도움을 주는 상황에 대하여, 그들은 고맙다고 생각하기보다는 상대방에게 폐가 되거나 적어도 불편을 끼쳤기 때문에 미안하다고 생각하는 그들의 사고방식은 목표어인 한국어를 말할 때도 영향을 미친다.

이러한 화용적 실패를 극복하는 데에는 목표 언어 문화권에서의 거주 기간, 더 나아가서 질적인 상호작용과 같은 노출의 정도, 숙달도, 목표 문화권과의 거리 등에 의해서 시간 차이가 발생한다.[7] 학자들에 따라서는 거주 기간을 화용적 실패 극복에 중요한 열쇠로 보는 경우도 있고, 거주 기간보다는 문화적 차이를 주요한 요인으로 보는 경우도 있으나, 이정란(2011), 이해영(2013) 등의 결과는 숙달도의 영향이 무엇보다도 큰 것으로 보고 하고 있다. 이해영(2013:237)에서는 추측 양태 표현으로 구성된 간접 화행 표현의 습득에 있어 실험 결과 숙달도 변이가 중요 요소로 분석되었으나, 거주 기간과 상호작용의 질, 학습 항목이 중요한 변수로 작동한다고 보았다. 화용적 실패를 극복하고 화용 발달이 이루어지기 위해서는 거주가 아니라 목표 문화권에서 목표어로 상호작용이 활발하게 일어나는가가 중요하다. 아울러 이 논문에서는 그간의 간접 화행 습득 연구를 토대로, 상호작용이 일어나는 상태로 거주 기간이 2년 이상이 된 경우에서는 통계적 차이가 발견되지 않았다. 앞으로 화용적 실패를 극복하고 습득에 도달하는 중요한 시점이 언제인지에 대한 연구 결과를 얻을 수 있다면 교실에서 어떤 것을 가

---

7) Gass & Selinker(1994:84-86)에서는 오류 분석 이후 습득론 연구에 있어서 다시 모국어의 영향을 높이 평가하는 연구 사례들을 제시하고 있다. 여기서는 학습자의 오류를 수집하고 분석하는 기존의 연구들에서 벗어나 가령, 차별적 학습 속도(differential learning rates), 다른 경로(different paths)의 문법 발달, 특정 표현들의 과잉 생성이 일어나는 현상과 원인을 분석하고 있다. 흥미로운 것은 1970년대 후반 모국어의 역할에 대한 관심이 유사성과 차이점이 아닌 언제, 어떤 조건하에서 일어나는가에 대한 관심으로 전환되면서 Kellerman(1979)은 L1과 L2의 거리에 대한 학습자의 인식의 중요성을 언급하였는데, 학습자가 목표어를 모국어와 동일하게 여길수록 전이가 증가하였다는 연구 결과를 내놓았다. 모국어의 영향에 대한 일련의 연구 중 하나인 Kellerman(1979)의 이와 같은 연구는 화용 습득이나 화용 발달 연구에 있어서 문화적 거리 인식이 화용 발달에 영향을 줄 수 있다는 점에서 학습자의 화용적 실패를 분석하는 연구의 경향과도 일맥상통한다.

르칠지에 대한 항목 선정과 교육의 우선 순위를 결정하는 데 도움이 될 것이다. 물론 시기는 상투어적 표현인지, 간접 화행인지, 공손 표현인지 등 화용 항목별로 차이가 있을 것이다.

5. 교실 교육에의 적용

한국어 숙달도가 높은 한국어 학습자들도 한국어로 이야기할 때, 예의 바르고 무례하지 않으면서 자신의 의도한 바를 잘 전달하는 데에는 여전히 어려움을 느낀다고 한다. 그럼에도 불구하고 문법이나 어휘를 배우는 수업보다는 말하기 수업에 대하여 매우 부정적인 견해를 보인다. 이는 한국어 말하기 수업이 고급으로 갈수록 강조되어야 할 화용적 쓰임새에 대한 교수가 충분히 이루어지지 못했다는 것에서 원인을 찾을 수 있을 것이다. 학습자들은 교실 학습을 통해서는 체계적인 한국어의 화용적 특성들을 알 수 없으며, 오로지 '좋은 학습자'들만이 자신들의 전략의 일종으로써 모국어의 화용적 특성에 기대어 한국어를 발화하고 이해하는 학습 전략을 세우게 되는데 이것이 문제라고 할 수 있다.

그렇다면 화용 교육을 위해서 어떤 항목들을 가르칠 것인가? 학습자들은 언어 보편적 현상으로 보이는 것에서조차 어려움을 느낀다. 사회문화적인 규범과 가치의 차이로 인해 발생되는 화용적 오류는 더욱 체계적인 학습이 요구된다. 이러한 비교문화적 화용적 특질(cross-cultural pragmatic feature)을 학습자가 스스로 터득하기를 기대하는 것은 무리다.

한국어 화용 교육은 화용 능력을 구성하고 있는 항목들에 대한 학습으로 이루어지되, 비교문화적 관점에서 진행되어야 할 것이다. 이를 위해 학습자의 모국어권별로 다루어지는 것이 이상적이다. 중국인 학습자의 화용언어적 실패나 사회화용적 실패는 중국어와 중국문화로부터 설명되어야 하기 때문이다. 이해영(2002:66)가 제시한 학습 항목은 간접 화행, 담화표지(dicourse markers), 담화의 개시, 유지, 화제 전환, 순서 교대, 청자반응신호(backchannels) 등 의 사소통 행위의 사용전략(strategies), 화용적 상투어(pragmatic routines) 등이다. 그러나 교실 현장에서 화용적 쓰임새를 적절히 반영하지 못 했다는 윤은미(2004:141)의 지적처럼, 화용적 교재에서는 앞서 언급한 학습 항목은 골고루 다루어지고 있지 않았으며, 주로 화용적 상투어, 간접 화행이나 담화 표지의 몇몇이 대화문에 제시되는 경우가 주를 이루고 있다. 뿐만 아니라 대부분의 교재가 범용성을 추구하고 있어서인지 학습자의 특정 모국어와의 비교문화적 관점에서의 언급이나 제시는 부족하다.

다음은 대학 기관에서 개발된 교재의 일부로, 식별될 수 있는 정보를 수정하여 게시하였다. 어떤 부분에서 문제가 있다고 분석되는지 살펴보도록 한다.

> (9) A: <u>그런데 이 세탁기의 가격을 할인된 가격으로 다시 정확하게 써 붙여야겠군요. 다른 손님이 저와 같은 경우가 되지 않기 위해서는요.</u>
>
> B: 네. 제가 곧 담당자께 말씀 드리지요.
>
> (10) A: 수미 씨, 피곤하세요?
>
> B: 네, 요즘 몸이 많이 약해졌어요.
>
> A: 그럼, 운동을 좀 해 보세요.
>
> B: 저도 그렇게 하고 싶지만, 너무 바빠요.
>
> A: <u>아무리 바빠도 운동은 해야 해요. 건강이 제일 중요해요.</u>
>
> (11) A: 축구 보는 것을 좋아하세요?
>
> B: 네, 왜요?
>
> A: 그럼, 내일 같이 축구 보러 가요.
>
> B: <u>미안해요. 내일은 다른 친구하고 영화 보기로 했어요.</u>
>
> A: 그럼, 다음에 같이 갑시다.
>
> B: 네, 다음에 갈 때 꼭 알려 주세요.

위의 예에서 공통적으로 느껴지는 것은 밑줄 친 (9)와 (10)의 A발화, (11)의 B의 발화가 무례하게 들린다는 것이다. 이해영(2009:216)의 외국인의 한국어 거절 화행에 대한 한국인의 반응 연구 결과를 보면, 한국인은 외국인의 거절 화행에서 발견되는 문법적 오류에는 민감하게 반응하지 않았는데 한국어 학습자의 거절 화행의 언어적 표현보다는 그 내용에 따라 다른 반응을 보였다. 즉, 거절 내용이 불가피하고 공적인 이유로 거절하는 경우는 비록 단정적이고 직접적으로 거절을 하더라도 이해해 주는 반면, 개인적인 선호도나 기호와 관련하여 거절을 하거나 훈계조로 거절을 하는 경우는 문제가 있다고 느끼고 불쾌감을 크게 느끼고 있는 것으로 나타났다. 거절할 때 불가피한 이유를 대는 사람에 대해서는 평범하고 무난한 성격을 가졌다고 했지만, 개인적인 선호를 말한 경우나 훈계를 포함한 거절의 경우는 배려심이 없고 비사교적이며 예의가 없고 냉정한 성격, 또한 주제넘은 성격으로까지 보고 있다. (9)와 (10)에서 제시된 A의 발화는 학습자의 발화는 아니지만 한국어의 사회문화적 규범과 가치관을 준수하지 못하여 발생된 화용적 실패 사례라고 할 수 있다.

(11)의 B의 경우 일본인 학습자들이 많이 사용하는 전략으로 분석되는데 '미안하다'라는 화용적 상투어를 사용한 후 단정적인 거절 내용이 제시되었다. 단정적이고 분명한 거절 표현을 사용함으로써 화용언어적 실패를 보이는 예는 중국인 학습자들의 설문지에서도 자주 목격된다. 그러나 한국어 모어화자들은 분명한 거절 표현을 사용하지 않고 우회적인 표현을 선택한다. 이는 위에서 설명된 (3), (4)와 같은 현상이다.

따라서 위의 (9)-(11)의 대화가 교재에 제시되는 것은 한국어의 사회화용적 특징이나 화용언어적 특징을 반영하지 못한 예를 가르치게 된다는 점에서 문제가 있다고 할 수 있다. 교육을 위해서는 교재가 충분한 화용 학습 내용을 담고 있어야 한다. 더욱이 원어민 교사가 부족한 해외의 한국어 교육 현장의 경우는 화용적으로 적절한 한국어 담화 제공에 있어서 최상의 입력은 역시 교재다. 잘 만들어진 교재는 훌륭한 입력의 기능만을 하지 않는다. 교사와 학습자의 자발적인 교수-학습을 진작시키는 역할까지 한다. 교사는 교실 기법에 대한 직접적 제시나 간접적 암시를 제공받게 되며, 학습자는 학습 전략을 얻는 데 도움을 받게 될 것이다.

교실에서의 화용 학습 방법은 이해영(2002:67-68)에서 제시한 바 있다. 궁극적인 목표는 한국어 학습자의 메타언어적 의식 상향이다. 가령, 학습자들은 교실 활동을 통해 문제에 대해 토론하고 화용 의식(awareness)을 고양하는 등의 학습 활동을 통해서 화용적으로 부적절한 발화에 민감해질 수 있다. 한국어 화용적 특성은 교수된 경우 교수되지 않은 경우에 비해 그 효과가 높았고, 명시적 교수(입력과 연습에 더하여 화용적 특성에 대한 기술, 설명)가 함축적(비명시적) 교수(입력과 연습만 있고 메타화용적 구성요소 학습이 없었던 경우)보다 효과적이다(Kasper 1997:2-4).

구체적으로 보면, 대화 안에서 학습 목표인 화용적 특성을 찾아보는 활동이나, 두 사람의 대화에서 한 사람의 대화를 지운 스크립트 보고 빈칸을 채우는 활동, 드라마나 녹음테이프를 들으면서 스크립트 보고 분석하는 활동을 통해서 화용적 특성을 식별해 냄으로써 화용 의식 상향에 이를 수 있게 될 것이다. 이런 방법은 교실 활동으로도 진행될 수도 있지만 학습자들이 숙제로 비디오나 소설 등의 자료를 수집하는 방식으로 진행될 수도 있다. 또한 교실에서 발견된 화용적 특징들에 대해서 중국의 문화와 비교하고 화용적 적절성에 대해서 토론해 보는 메타언어적 활동을 실시할 수 있고, 역할극으로 진행될 수도 있다.

참고문헌

윤은미(2004), 「한국인과 한국어 학습자의 거절화행에 나타난 공손전략 비교연구—체면보호를 위한 언어적 장치를 중심으로—」, 『외국어로서의 한국어교육』 29, 연세대학교 언어연구교육원 한국어학당, 117–145.

이정란(2011), 「한국어 학습자의 양태 표현 습득에 나타난 문법 능력과 화용 능력의 발달 관계 연구」, 이화여자대학교 박사학위논문.

이재희 외(2011), 『영어 교육을 위한 화용론』, 서울: 한국문화사.

이해영(2002), 「비교문화적 화용론에 기초한 한국어의 화용교육」, 『이중언어학』 21, 이중언어학회, 46–70.

이해영(2006), 「현지에서의 한국어 교육이 화행실현에 미치는 영향」, 『이중언어학』 32, 이중언어학회, 261–290.

이해영(2009), 「외국인의 한국어 거절 화행에 대한 한국인의 반응 연구」, 『한국어교육』 20(2), 국제한국어교육학회, 203–228.

이해영(2013), 「태국인 학습자의 한국어 추측 표현 이해 연구」, 『이중언어학』 53, 이중언어학회, 217–239.

한상미(2006), 『한국어 학습자의 의사소통 문제 연구』, 서울: 커뮤니케이션북스.

Austin, J. L.(1962), *How to Do Things with Words*. Oxford: Clarendon Press.

Blum–Kulka, S.(1983), Interpreting and performing speech act in a second language: A cross cultural study of Hebrew and English. In N. Wolfson and E. Judd(Eds.), *Sociolinguistic and language acquisition*(pp. 36–55). Rowley, MA: Newbury House.

Blum–Kulka, S. & Olshtain, E.(1984), Request and Apologies: A Cross–Cultural Study of Speech Act Realization Patterns, *Applied Linguistics*, Vol 5 No.3

Byon, A. S.(2004), Sociopragmatic analysis of Korean requests: pedagogical settings, *Journal of Pragmatics*, Vol 36 No.9

Erickson, F.(1984), Rhetoric, anecdote, and rhapsody: Coherence strategies in a conversation among black American adolescents. In D. Tannen (Ed.), *Coherence in spoken and written discourse* (pp. 81–154). Norwood, NJ:Ablex.

Gass, S. M., & Selinker, L.(박의재, 이정원 옮김)(1994), *Second language acquisition: An introductory course*. Hillsdale, NJ: Lawrence Erlbaum Associates.

House, J.(2000), Understanding misunderstanding: A pragmatic–discourse approach to anaysing mismanaged rapport in talk across cultures. In H. Spencer–Oatey (Ed.), *Culturally speaking–Managing rapport through talk across cultures* (pp. 146–164). London: Continuum.

Kasper, G.(1997), Can pragmatic competence be taught? Retrieved October 23, 2001, from Second Language Teaching and Curriculum Center Web site. (http://www.lll.hawaii.edu/nflrc/NetWorks/NW6.)

Kasper, G.(1992), Pragmatic transfer, *Second Language Research* Vol 8

Kasper, G., & Blum-Kulka, S. (Eds.).(1993), *Interlanguage pragmatics*. New York: Oxford University Press.

Leech, G.(1989), *The Principles of Pragmatics*. Longman.

LoCastro, V.(2006), *An Introduction to Pragmatics: Socail Action for Language Teachers*. The University of Michigan Press.

LoCastro, V.(2012), *Pragmatics for Language Educators*. London: Routledge.

Pavlidou, T. S.(2000), Telephone conversations in Greek and German: Attending to the relationship aspect of communication. In H. Spencer-Oatey (Ed.), *Culturally speaking — Managing rapport through talk across cultures* (pp. 122-142). London: Continuum.

Pohl, G.(2004), Cross-cultural pragmatic failure and implication for language teaching, *SLLT*, Vol 4

Schröder, U.(2010), Speech styles and functions of speech from a cross-cultural perspective, *Journal of Pragmatics*, Vol 42 No.1

Searle, J. R.(1969), *Speech Acts: An Essay in the Philosophy of Language*. Cambridge: Cambridge University Press.

Spencer-Oatey, H. & Jiang, W.(2003), Explaining cross-cultural pragmatic findings: moving from politeness maxims to sociopragmatic interactional principles (SIPs), *Journal of Pragmatics*, Vol 35 No.10

Stubbe, M.(1998), Are you listening? Cultural influences on the use of supportive verbal feedback in conversation, *Journal of Pragmatics*, Vol 29 No.3

Thomas, J.(1983), Cross-Cultural Pragmatic Failure, *Applied Linguistics*, Vol 4

Thomas, J.(2006), Cross-cultural pragmatic failure, In Kingsley Bolton, Braj B. Kachru(Eds.). *World Englishes: critical concepts in linguistics*, Routledge.

이해영(李海瑛)

이화여자대학교 국제대학원 한국학과
서울 서대문구 이화여대길 52, 120-750
전자우편: youngewha@ewha.ac.kr

중국 유학생의 한국 대학 생활 적응 결정 요인 분석

김중섭·최재수 (경희대학교)

본 연구는 한국 거주 중국 유학생들의 유학생활 적응에 대한 관심이 요구됨에 따라 이들의 대학 생활의 적응을 결정짓는 요인들을 분류 및 분석하고 이를 설명하는 모형을 제시하는 데 목적이 있다. 대학 생활 적응 결정 요인으로 문화 간 커뮤니케이션 능력(Inter-cultural Communication Competence)과 문화적응(Acculturation) 두 가지 상위 변인을 설정하였고, 이들에 영향을 미치는 다양한 하위 변인들을 규정하고 관련 연구 성과를 정리하였다. 이러한 연구결과를 바탕으로 중국 유학생들을 지원하기 위한 프로그램 개설, 한국인 학생들과의 교류 확대를 제언하였으며, 효율적인 제도 운영을 위한 탐색적 요구조사의 결과를 반영하였다.

1. 서론 및 연구배경

1) 중국인 유학생 인구의 급증

2000년대 초반까지만 해도 한국을 찾는 유학생은 얼마 되지 않았다. 그러나 2001년에 비로소 1만 명을 넘어선 유학생 인구는 2005년 2만 명을 돌파한 이후 급증세를 보였으며 2010년 기준으로 유학생은 8만 3,842명으로 2001년에 비교하여 9년 만에 8배가 증가하였다(교육과학기술부 2011). 이와 같은 급증세는 정부의 예상을 크게 웃도는 수치로 2004년 한국 정부는 2010년까지 5만 명의 유학생을 유치히는 것을 목표로 하는 '스터디 코리아 프로젝트(Study Korea Project)'를 발표했으나, 2008년 기준으로 6만 명 이상의 유학생을 유치하여 목표를 조기 달성하였다. 이에 따라 한국 정부는 기존의 계획을 수정하여 2012년까지 유학생 10만 명 유치를 목표로 하는 '글로벌 교육 서비스 활성화 방안'을 2010년에 발표하였다. 이와 같은 폭발적인 유학생 인구의 증가로 말미암아 한국은 기존의 유학을 '보내는' 국가에서 '받아들이는' 국가로 발돋움할 수 있었으며, OECD(2010)는 뉴질랜드와 함께 한국을 금세기 들어 유학생 유치 부문에서 가장 뛰어난 성과를 보인 대표적인 국가로

꼽게 되었다.

유학생 인구의 증가는 분명 전세계적인 현상으로 1975년 전세계적으로 약 80만 명에 불과하던 유학생이 2009년 370만 명으로 증가하였다. 증가속도 또한 근래에 들어 가속화되어 1975년에서 1995년 동안 20년 사이에 90만 명이 증가한 반면, 2000년에서 2009년 10년간 160만 명이나 급증하였다. 세계적인 유학의 흐름은 이전에 비해 대규모의 인구 이동이 이루어지고 있다는 점과 제 3세계와 같은 지구촌의 주변부에서 구미로 이동하는 중심화 경향이 보고 된다. 이러한 현상은 세계화라는 보편적인 흐름에 의해 진행되어 온 측면이 있으나, 보다 직접적인 요인으로는 중국과 인도와 같은 개발도상국의 경제발전이라는 외적 요인에 의한 동기가 크다고 하겠다.

한국의 경우, 유학생의 양적 증가의 이면에는 중국 특수가 있었음을 부정할 수 없다. 1992년 한·중수교, 1994년 한·중문화교류협정 체결 이후 양국 간의 경제교류는 문화교류와 인적교류로 확대되어, 국내 교육시장에서는 중국 유학생 유치가 대학의 주요 산업으로 자리매김하고 있는 추세다. 2010년 기준으로 한국에 체류하고 있는 약 8,3000명의 외국인 유학생 중에서 중국 유학생이 78.1%를 차지하여(법무부 2009), 2001년에 중국 유학생이 3,221명으로 전체 유학생 집단에서 27.7%의 비율만을 보인 데 비교하면 단기간에 엄청난 급성장을 보였음을 알 수 있다. 또한 기존의 가장 많은 비율을 차지하였던 일본 유학생 집단이 주로 단기 어학과정에 집중되어 있었음을 고려한다면, 정규 학위과정에 속하여 장기 체류의 양상을 보이는 중국 유학생 집단은 국내 대학의 중요한 수입원이 되고 있다(이희성 2012).

현재 점차적으로 저출산 문제에 봉착한 한국의 대학들은 재정난을 타개하기 위한 방책으로 적극적인 유학생 유치 정책을 견지하고 있으며, 중국 유학생은 이들의 전략적인 대상이 되어 왔다. 중국인 유학생 집단 또한 일본이나 미국, 호주 등 기존의 '유학 강국'에 비해 비교적 싼 학비, 그리고 상대적으로 간단한 수속 절차와 같은 외생적인 요인(정수영·장수미 2010)과 지리적 근접성에서 비롯된 역사문화적 동질성과 한류 열풍과 같은 잠재적인 요인(진미경·조유경 2011)을 고려하여 한국을 선호하는 경향을 보여 왔다.

외국인 유학생 유치는 단순히 대학의 생존전략의 차원에서 바라볼 문제라기보다는 한국 학생들에게 다문화 접촉 경험을 증대시킬 수 있다는 교육적인 가치를 지니고 있으며, 한국의 국제적 인지적 상승과 친한파 양성이라는 부가적인 효과까지 기대할 수 있는 중요한 사업으로 이러한 다양한 목적을 달성하기 위해서 교육 서비스의 대상이 되는 유학생 집단의 교육 및 생활 만족도는 반드시 고려되어야 할 중요한 요인이 된다.

2) 중국인 유학생의 반한 감정

유학생 인구의 폭발적인 성장에도 불구하고 유학생 유치 후발 주자인 한국인 학습과 거주 여건, 사회적인 인식 등에서 부족한 면이 많아, 이로 인한 유학생활의 만족도는 기존의 '유학 강국'에 비해 낮은 편이다. 한국과 일본에 체류 중국 유학생을 대상으로 진행된 설문조사에서 일본 체류 유학생의 교육과정 만족도가 한국 체류 유학생에 비해 높았으며, 중국에 있는 지인에게 거주국 유학을 권장하지 않겠다는 응답자의 비율도 일본은 8.5%인데 비해 한국은 23.3%를 기록했다(김우종 2011).

이를 통해 예상할 수 있듯이 한국에 대해 좋은 인상을 갖고 온 중국인 유학생들이 한국 사회에서 겪는 문화간 소통 및 생활 불만족으로 인해 오히려 '반한정서'를 갖게 되는 경우도 발생하고 있다. 경제인문사회연구소에서 중국인 유학생 1,220명을 대상으로 실시한 설문조사에서 약 40%의 중국이 유학생이 반한감정을 가지고 있으며, 그 사유로 '중국인 차별 및 무시', '한국 언론의 왜곡보도', '역사인식의 차이', '미국, 일본의 선호' 등을 꼽고 있다(이두원 2011). 즉, 문화 간 커뮤니케이션 (Inter-cultural Communication Competence: ICC) 과정에서의 어려움으로 인해 많은 중국인 유학생들이 지한파·친한파로 양성되기는커녕 오히려 반한정서를 가지고 귀국하게 되는 사례가 적지 않다고 하겠다(이수범·장성준 2011).

중국 유학생들의 유학국 선택에 있어 한국은 문화적 친화성과 비용 및 한류와 같은 긍정적인 요인들을 지니고 있다고 할 수 있으나, 유학국을 택하는 일반적인 동기로 꼽히는 '전문지식의 추구', '직업적 성공', '자아성장 욕구'의 충족은 유학 만족도를 결정 짓는 근본적인 척도이다(김선아 2010). 그러나 유학생들이 타국에서 적응하는 과정에는 언어적 장벽, 학업의 어려움, 재정적 어려움, 인종 및 민족적 차별과 사회적 지지의 감소가 결부되어 유학생 집단을 긴장하게 만들어 현지 사회 및 대학 적응에 부정적인 영향을 낳는다. 따라서 유학생은 심리적 안녕감에의 위협을 줄 수 있는 상황에 처해있다고 할 수 있으며, 이는 곧 우울, 향수병, 고립감, 그리고 외로움으로 이어질 수 있다(Dao, Lee & Chang 2007). 지속적인 불안과 우울 등의 부정적 심리적 상태는 결과적으로 유학 실패를 예측할 수 있으며, 이를 촉진시키는 매개 변인으로 '문화 간 커뮤니케이션(Inter-cultural Communication Competence: ICC)' 및 '문화적응(Acculturation)'에서의 어려움이 보고되고 있다(진미경·조유진 2011; 이수범·장성준 2011; 박경우·여은호 2010).

한국 거주 유학생의 양적 증가는 한국 대학의 자체적인 경쟁력이라는 내재적인 요인에 의해 촉발된 현상이 아니라는 점을 유념할 필요가 있다. 오히려 전세계적인 유학인구 증가 및 개도국의 경제 성장 등의 외재적인 요인과 한국-중국 간의 지리적·문화적 근접성과 같은 잠재 요인들이 맞물려 촉진된 현상으로 보아야 한다. 한국 내 유학생의 폭발적인 증가세에 대한 정부의 예측이 실패했듯이, 대학 현장에서의 유학생 관리에 대한 체계적인 지원 및 관리는 아직 미비한 실정이다. 교육과학기술부가 2009년 발표한 유학생 관리 부실대학 제재 방안에서 언급된 바와 같이, 그동안 외국인 유학생이 매년 급증하여 왔지만 대학에서의 학사운영과 복지정책은 미흡하게 운영됨으로써 중도탈락 비율이 적지 않음이 지적되었다(정지숙·김정민 2012).

이에 본 연구에서는 중국 유학생 한국 생활을 예측하는 요인으로서 '문화 간 커뮤니케이션'과 '문화적응'을 설정하고, 이 두 가지 요인을 결정 짓는 변인들을 분류하였다. 또한 이들 변인들과 문화 간 커뮤니케이션과 문화적응 간의 관계를 설명하는 모형을 설정하고자 하였다. 이를 통하여 재한 중국인 유학생 집단에게 실질적인 도움이 될 수 있는 프로그램 설계에 있어 참고할 만한 척도로서 기능할 수 있을 것이다.

2. 문화 간 커뮤니케이션 능력 (Inter-Cultural Communication Competence: ICC)

다양한 지역의 문화들이 공존하는 현대사회에서 중요하게 부각되는 개념은 문화 간 커뮤니케이션 능력(Inter-cultural Communication Competence: ICC)이다. 문화 간 커뮤니케이션 능력에 포함되는 요인들에 대한 범주는 학자마다 견해가 다르지만, 공통적으로 문화 간 커뮤니케이션 능력을 통해 문화적 차별성에서 도출되는 문제점들을 극복 가능한 보조역할을 수행하여 다른 문화를 받아들이는 이들에게 적응 능력을 제공한다는데 동의한다(이수범 2010). 앞장에서 살펴본 바와 같이 반한 정서와 유학 만족도를 저해하는 주요 요인으로 낮은 문화 간 커뮤니케이션 능력이 지적되었고, 이는 결과적으로 유학생 집단의 지속적이 우울 및 불안 상태를 유도한다. 이러한 점에서 국내 체류 중인 유학생들의 한국 사회의 적응에 어떤 영향을 미치는가를 살펴보는데 문화 간 커뮤니케이션 능력 개념을 적용하여 살펴볼 필요가 있다.

문화 간 커뮤니케이션은 한 문화권에서 다른 문화권으로 이주하여 자국의 문화와 이주해온 문화 간의 차이로 인해 발생하는 커뮤니케이션 상황을 의미한다(이수범 2009). 주로 개인의 성격과 집단의 편차에 집중하여 오던 문화 간 커뮤니케이션

연구는 커뮤니케이션 영역을 인간의 행동 영역을 기준으로 인지적(cognitive), 정의적(affective), 행동적(behavioral) 영역으로 나누어 살펴보기 시작하였다.

인지적 영역은 생소한 환경을 인식하고 적응 가능케 하는 개인의 지식적 능력을 지칭한다(Langer 1989). 이에 따르면 문화 간 접촉과정에서 발생할 수 있는 익숙하지 못한 상황에 대한 적응은 이주자 자신이 그 상황을 인지하고 새로운 정보를 받아들일 수 있는 준비가 갖춰져 있어야 가능함을 지적할 수 있다. 두 번째로 정의적 영역은 개인의 기질과 관련된 영역으로 자신의 것과는 다른 문화적, 개인적 성향에 대해 가지는 정서적 반응을 총칭한다(Ting-Toomey 1993). 마지막 행동적 영역은 상대의 성향과 욕구에 맞추어 자신을 조율하려는 노력과 능력을 포함하는 행위적 성향을 말한다(Ting-Toomey 1993).

아라사라트남(Arasaratnam 2006)은 문화 간 커뮤니케이션 능력 개념에 대한 확장된 정의가 필요함에 따라 지속적인 사회 변화를 설명 모형에 포함시켜 개인적 경험의 차원뿐만이 아니라 집단적 사회문화적 요인이 포함된 모형을 설정하였다. 여기서 1차적 변인으로 동기(motivation)와 경험(experience), 감정이입(empathy), 다른 문화에 대한 태도(global attitude), 커뮤니케이션의 집중(ability to listen/pay attention)등이 구성되어 있다. 아라사라트남(2010)은 자신의 모형의 변인을 새롭게 정의하여 기존의 모형에서 측정하지 못했던 개인적 차원인 감정적 측면을 포함하고 이에 대한 영향을 살펴보았다. 이를 반영하여 '자극선호(sensation-seeking)'가 포함된 모형이 제안되었고, '자극선호'는 문화 간 커뮤니케이션 상황에서 개인의 인지적 특징인 자극을 중시함으로서, 적극적으로 문화 간 커뮤니케이션에 참가하는 특징으로 설명된다(Arasaratnam & Banerjee 2010).

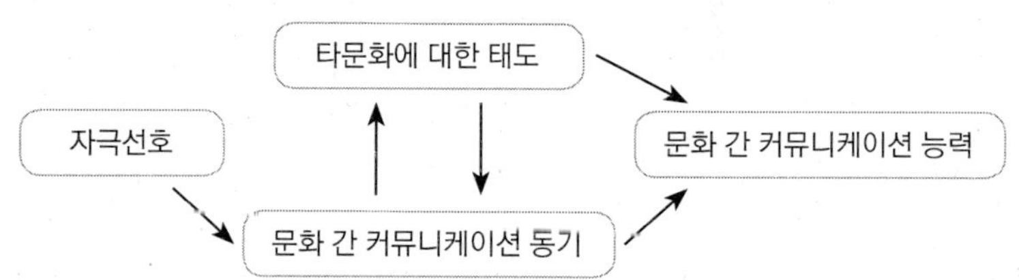

[그림 1] 아라사라트남 & 베너지의 문화 간 커뮤니케이션 능력 모델

아라사라트남과 그의 동료들은 새로운 변인의 추가에도 불구하고 제시된 모형이 완벽하지 않으며, 문화적·개인적 변인을 고려하여 확장되어야 함을 언급하였다. 이와 관련하여 이수범·김동우(2009)는 체류기간과 언어능력(한국어 능력)을 고려하여 중국인 유학생 집단의 문화간 커뮤니케이션 능력을 예측하였고 그 결과는 다음

과 같다.

아래의 도표에서 볼 수 있듯이 체류기간은 한국어 능력을 유의미하게 예측하고 있으며, 높은 한국어 능력은 한국 매스미디어 이용과 높은 상관관계를 보이고 있다. 이는 매스미디어 이용은 언어 능력 상승에 영향을 미치나, 이 또한 어느 정도 이상의 언어 능력이 담보되어야 매스미디어 이용을 시작할 수 있음을 의미한다. 마지막으로 한국어 능력은 문화 간 커뮤니케이션을 예측하는 중요한 매개변인으로, 문화 간 커뮤니케이션을 위한 최소 조건으로 해당 문화의 언어사용의 중요성을 역설하고 있다.

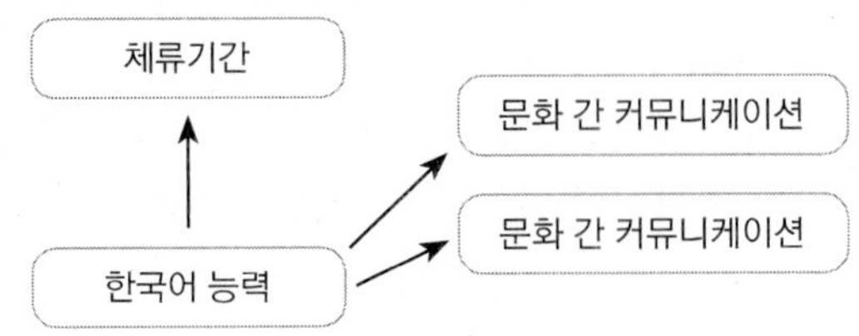

[그림 2] 이수범, 김동우의 문화 간 커뮤니케이션 능력 모델

이밖에도 박경우·여은호(2010)에서는 중국 유학생이 한국에서의 문화 간 커뮤니케이션에 영향을 미치는 중요 변인으로 느끼는 요인들을 면접법을 통해 정리하였는데, 이는 다음과 같다. 우선 한국인으로부터 진실한 태도와 예의 바름, 중국인에 대한 배려를 요구하였고, 다음으로 대화에 있어서의 신중한 주제 선택, 적절한 언어 구사, 대화 목적에 대한 공감을 필요로 하였다. 또한 중국 유학생이 생각하는 문화 간 커뮤니케이션에서의 방해 요인으로는 중국 문화에 대한 이해 부족, 대화 주제 선정 및 언어 습관에서의 부적절함, 한국 특유의 민족주의적 공동체 문화, 감성적 대화 방식 및 엄격한 상하관계에서 비롯되는 불편함, 술 문화와 중국과는 다른 학사 제도를 꼽았다.

3. 문화적응(Acculturation)

문화적응은 개인적 차원에서의 적응과 사회적 차원에서의 적응을 포괄하는 개념으로, 다양한 요인들에 의해 결정된다. 문화적응이란 상이한 문화적 배경을 가진 개인이나 집단이 만났을 때 문화적 변화를 겪어가는 과정을 의미하며(Berry,

2003), 문화적응 과정에서의 문화적 변화는 언어의 습득뿐만이 아니라 의식주 습관, 대중문화 소비행태, 자문화 및 타문화 사람들과의 소통 빈도 등의 변화를 동반하는 게 일반적이다(Birman 1998). 따라서 문화적응의 성공 정도는 거주하는 문화권의 구성원, 대중문화, 언어 등과 같은 여러 가지 요인들과 얼마나 친숙해지는가에 달려 있다고 하겠다.

일반적으로 타 문화에서 온 소수 집단이 사회 전체의 문화에 미치는 영향력은 미미하기 때문에 소수집단에 속한 이들은 자신들이 체류하는 사회의 문화를 체득해야 한다는 강한 압박을 받게 되는데, 이로 인해 체류 지역의 문화를 중심으로 일방향적인 동화(assimilation)에 대한 전제를 바탕으로 커뮤니케이션 및 문화적응 문제를 바라보게 된다(Gudykunst & Kim 1997). 이러한 전제로 인해 한국 사회가 중국의 문화를 이해하고 받아들인다는 인식보다는 중국 유학생들이 한국의 문화를 알고 적응해야 한다는 일방적인 동화작용으로서의 문화적응 개념이 무의식중에 발현하게 되는 것이다. 그러나 Berry(1997)의 이주자의 문화적응 전략을 정리한 모형에 따르면 자국 고유의 문화를 거부하고 거주지역의 문화를 일방적으로 택하는 '동화(assimilation) 전략'은 유학생 및 이주자 집단의 문화 적응 스트레스를 촉진하는 부정적 영향력을 낳는다고 한다.

〈표 1〉 Berry의 문화 적응 전략

	거주 문화 수용	고유 문화 유지
통합 전략	○	○
주변화 전략	×	×
	동화 전략	분리 전략

베리(Berry 1997)는 다차원적인 문화적응과정 개념을 수용하여 이주민들이 새로운 문화에 적응할 때 취하는 태도나 행동을 두 차원으로 구성하여 분류하였다. 베리는 우선 문화적응과정에서 개인이 겪는 스트레스에 대한 단계적 태도를 접촉(contact)과 갈등(conflict), 적응(adaptation) 등으로 구분하여 문화적응의 유형이 결정될 수 있다고 제안하였다. 그리고 이러한 과정을 개인의 유형에 따라 개개인의 문화적응 방식을 통합(integration), 동화(assimilation), 분리(separation), 주변화(marginalization)로 구분하였다.

베리가 제안한 2차원적인 문화 적응 전략 중에서 주변화 전략(marginalization)을 택하는 집단의 경우, 입국 초기 단계에서는 다른 적응 전략을 택한 집단과 비교하여 문화적응 스트레스에 유의미한 편차가 없었으나, 6개월 이상의 장기 체류가 될 경우 다른 집단에 비해 높은 스트레스를 겪게 된다(송원영·리난 2011). 이는 주변화 전략을 택한 집단은 주류 사회로부터 가해지는 편견에 대한 지각이 예민하여 문화 스트레스를 극대화한다고 해석된다(이수범·장성준 2011). 중국인 유학생을 대상으로 진행된 선행연구(임춘희 2009)에서도 대학생활 스트레스의 가장 큰 요인으로 '유학생 분리' 및 '중국에 대한 편견과 고정관념'을 지적하고 있는 것과 일맥상통하여 주변화 전략의 부정적인 영향력을 가늠할 수 있다.

그런데 유학생 집단의 인구통계학적 범위가 넓기 때문에 문화 적응 전략과 문화 스트레스 간의 상관관계를 분석하는 데 있어 이를 고려해야 할 필요가 있다. 예컨대 일본 유학생 집단의 경우에는 여학생이 남학생보다 문화적응에 있어 우수한 결과를 보였는 데 비해, 중국 유학생 집단은 성별에 따른 유의미한 차이가 나타나지 않음이 보고되었다(서선자·금맹자 2012). 혹은 여성의 문화적응이 열등한 수행을 보인다고 보고하는 경우도 있다(반육홍·이선영 2012). 또한 같은 중국인 유학생이라고 해도 미국에 거주하는 집단과 한국에 거주하는 집단 간에는 유의미한 수준으로 문화 적응 스트레스의 차이가 발생하여, 한국 거주 집단의 스트레스가 낮았다(정수영·장수미 2010). 그리고 한국어를 잘하고 생활비 및 용돈이 넉넉한 집단일수록 문화 적응 스트레스가 낮았는데, 낮은 스트레스에도 불구하고 오히려 음주 횟수는 많았다. 이러한 성향은 음주행위를 스트레스 해소의 수단이 아니라 공적 교류의 매개체로 인식하는 중국 특유의 음주관이 반영된 결과로 해석될 수 있다.

또한 조선족 유학생 집단과 한족 유학생 집단 간의 문화 적응 전략과 적응 스트레스 간의 차이점에도 유의미한 차이가 발견되었다. 조선족 학생은 한국사회와 유사한 문화적 배경을 가지고 있으며, 이에 따라 한국인으로부터 받는 기대심리에도 차이가 있기 때문이다. 평균적인 스트레스의 양을 측정하였을 경우, 조선족의 스트레스가 한족을 압도하였는데 이것은 조선족이 한국인으로부터 같은 민족으로 동등하게 대우받으려는 심리가 좌절되는 경험이 있기 때문으로 해석될 수 있다. 그럼에도 불구하고 거주국의 주류를 형성하는 한국인들은 조선족 집단에게 중국 문화를 포기하고 한국 문화에 적극적으로 편입될 것을 요구하기 때문에 조선족 유학생 집단은 고유 문화를 포기하고 거주 문화를 수용하는 '동화 전략(assimilation)'을 사용해야 가장 낮은 문화 적응 스트레스를 겪는 것으로 나타났다. 한족 학생의 경우, 한국 문화 편입에 대한 스트레스가 없기 때문에 고유 문화를 유지하면서 거주국 문화를 받아들이는 '통합(integration)' 전략을 사용할 때 가장 낮은 스트레스를 보고하였다. 이러한 결과는 한국인의 내집단 편애적 성향에서 비롯된 것으로, 같은 중국인 집단이라고 해도 이들의 민족적 구성에 따라 상이한 척도를 적용하는 주류 사회의 기대심리를 반영하고 있다고 하겠다.

문화적응 스트레스는 대학 수준의 유학생뿐만이 아니라 국제학교 학생 및 탈북자 집단에서도 유의미하게 우울과 신체화를 촉진하여 생활 만족도를 저하시킨다고 알려져 있어, 특수 집단을 위한 교육 정책 및 서비스를 입안하는데 있어 중요하게 다루어져야 하는 변인이라고 하겠다(김민선 외 2010). 그렇다면 문화적응 스트레스를 예측케 하는 다양한 변인들에 대해서 알아볼 필요가 있을 것이다. 우선 우수한 한국어 능력과 잦은 매스 미디어 이용은 문화적응에 긍정적인 영향을 미침이 확인되었다(이수범·김동우 2009). 특히 한국어 숙달도가 충분하지 않은 상태에서 한국인들과 교류하는 것이 심리적 부담으로 작용할 수 있는데, 매스 미디어를 이용한 언어 습득은 유학생 집단이 연습 과정에서 실수를 하여도 심리적 부담이 없기 때문에 권장할 만하다.

다음으로 언급할 수 있는 요인은 체류기간이다. 체류기간이 길어짐에 따라 문화적응도가 높아짐은 당연하다고 하겠으나, 체류기간의 정도에 따라 느끼는 문화 스트레스의 유형에 편차가 있으므로 구체적으로 알아볼 필요가 있다(남순현 2010). 학부 과정에 재학 중인 중국인 유학생 집단을 기준으로 1학년에 재학 중인 집단은 한국어 공부와 음식에서 스트레스를 많이 느끼며 이를 극복하기 위한 전략으로 주변화 전략에 의존하며 문제가 있을 시 가족에게 도움을 요청하여 해결한다고 한다. 2학년은 학과 공부와 행사에서 스트레스를 느끼며 현지 문화를 거부하고 고유 문화를 고수하려는 분리 전략에 의존하는 경향이 강하며, 문제가 있을 시 중국 친구들에게 도움을 요청한다. 3학년 학생들은 구체적인 생활문제 및 진로에 대한 고민에서 스트레스를 받으며 2학년 학생들과 마찬가지로 분리 전략에 의존, 문제가 있을 시에도 중국 친구에게 도움을 구하는 경우가 많다. 이에 비해 4학년 학생들은 한국인과 중국인의 의식구조의 차이에서 스트레스를 느끼며 이에 대한 해결 전략으로 한-중 문화 유지를 전제로 하는 통합 전략에 의존한다. 또한 문제가 생길 시에는 스스로 해결하는 경우가 많다고 보고된다.

자아성향 요인 또한 문화적응에 유의미하게 영향을 미치는 변인으로 언급된다. 중국 유학생의 자아 성향이 독립적일 경우에는 오히려 높은 문화 적응 스트레스를 겪으며, 집단 의존적인 성향을 보일 때 낮은 스트레스를 호소하는 사례가 많다는 보고가 있다(반육홍·이선영 2012). 이것은 주변 집단, 대체로 중국인 또래 집단에서 얻을 수 있는 사회적 지지를 통해 문화 적응 스트레스를 유의미하게 감쇄할 수 있다는 연구와도 일치한다(김정아·김인경 2011). 그러나 이와는 반대의 결과를 제시하는 연구사례가 있는데(두흔·박재황 2013), 여기서는 개인의 선택과 책임을 중시하는 Glasser의 내외부통제성 이론(선택이론: choice theory)을 검정하였고 능동적인 자아를 가진 유학생일수록 낮은 문화 적응 스트레스를 보인다고 하였다. 이렇게 삶에 있어 능동적인 자아는 스트레스를 받으면 환경과 타인을 탓하지 않고, 타인에 대한 변화를 요구하기 보다는 수용적이고 이해적인 태도를 취하기 때문에 질이 높은 대인관계를 형성할 수 있으며 사회적 지지를 쉽게 얻어낼 수 있다고 설명한다. 개인의 낙관성도 문화적응에 영향을 미치는 자아성향 중 하나로 언급된다(김후조, 손은정, 2011). 낙관적인 성격은 문화적응 스트레스를 상쇄하는 보호요인으로 분류되며, 이는 스트레스에 대한 이론적 모형 중 '완충모형'을 지지한다.

4. 결론 및 교육적 제언

본 연구에서는 중국인 유학생 집단의 유학생활 만족도를 결정 짓는 요인으로 문화 간 커뮤니케이션 능력(Inter-cultural Communication Competence)과 문화적응(Acculturation)을 설정하였고, 이 두 가지 요인들에 영향을 미치는 다양한 변인들을 살펴 보았다. 이를 통하여 후속 연구에서 참조할 만한 주요 변인들을 정리할 수 있었으며, 교육현장에서 중국인 유학생 집단의 상담에 참고할 수 있는 기준을 마련하였다.

문화 간 커뮤니케이션에서의 문제와 문화적응 스트레스는 개인 내적 특성과 관계없이 겪는 보편적인 과정이므로 학생 상담 과정에 참고해야 할 것이다. 이를 해소하기 위해 유사한 어려움을 겪는 유학생끼리의 모임, 조직을 활성화하여 생활 및 학사 상의 구체적인 문제를 해결하는 데 도움을 줄 수 있도록 정책을 마련해야 할 것이다. 예를 들어, 동문 초청 행사나 유학생 학생회를 조직하는 것도 하나의 방법이 될 수 있을 것이며, 한국-중국 학생이 짝을 이루어 행정 서비스를 받을 수 있도록 도움을 주는 것도 좋은 방법이 될 수 있다.

중국인 유학생들이 선호하는 상담 프로그램의 형식은 전문자 집단과의 상담이며, 횟수는 매주 1회, 회당 3시간씩 총 10과정의 상담 프로그램을 원한다는 기존의 연구결과(정지숙·김정민 2012)를 고려한다면 중국 유학생을 위한 전문 상담가 집단을 운용하는 것도 하나의 방편이 될 수 있을 것이다.

참고문헌

정지수·김정민(2012), 「재한 중국인 유학생의 문화 심리학적 적응을 위한 프로그램 개발 요구
　　도 조사 연구」, 『아동가족연구』 11권.

김민선·석분옥·박금란·서영석(2010), 「중국인 유학생들의 문화적응 스트레스와 우울 및 신체
　　화의 관계: 부적응적 완벽주의와 적응적 완벽주의의 중재효과 검증」, 『한국심리학회지:
　　일반』 29권, 4호, 725-745쪽.

김정아·김인경(2011), 「중국 유학생의 문화적응 스트레스, 사회적 지지, 자기 효능감」, 『한국 간
　　호교육학회지』 17권, 1호, 52-61쪽.

김종백·탁현주(2011), 「교사의 다문화 교육인식과 다문화가정 학생의 학교적응과의 관계: 교
　　사-학생 관계의 매개효과를 중심으로」, 『청소년학연구』 18권, 10호, 161-185쪽.

김현옥·추상엽·임성문(2014), 「유학생의 문화 적응전략, 민족 유형과 심리적 안녕감」, 『우울의
　　관계』 20권, 1호, 1-18쪽.

김후조·손은정(2011), 「중국 유학생의 문화적응 스트레스, 자아 탄력성 및 낙관성이 우울에 미
　　치는 영향」, 『청소년 시설환경』 9권 3호.

남순현(2010), 「중국 유학생이 학년별 학교 생활 적응 유형분석 및 문화 적응전략과 문화정체감
　　이 학교 생활적응에 미치는 영향」, *The Korean Journal of Education*. 24권, 4호, 977-
　　998쪽.

두흔·박재황(2013), 「중국인 유학생의 Glasser 내외부통제성이 문화적응 스트레스와 대학생활
　　적응도에 미치는 영향- 인구통계학적 변인을 통제변인으로」, 『상담학연구』 14권, 4호,
　　2067-2083쪽.

박경우·여은호(2010), 「재한 중국 유학생들의 한국사회에서의 소통 인식에 관한 연구」, *Speech
　　& Communication*. 14권. 64-94쪽.

반육홍·이선영(2012), 「중국인 유학생의 한국 문화 불확실성에 관한 연구: 불확실성 감소 요인
　　과 문화 적응과의 관계를 중심으로」, *Speech & Communication*, 17권, 140-167쪽.

서선자·금명자(2012), 「재한 일본 유학생의 특성에 따른 문화적응 유형과 대학생활적응과의 관
　　계」, 『인간이해』 33권, 1호, 35-47쪽.

송원영·리난(2008), 「재한 중국인 유학생의 문화 적응유형에 따른 유학 초기 심리적 적응의 차
　　이」, 5권, 2호, 159-173쪽.

이두원(2011), 「한-중 대학생의 문화 간 커뮤니케이션 수행 능력에 대한 탐색연구: 호스트와 체
　　류자 관계를 중심으로」, 『커뮤니케이션학 연구· 일반』 19권, 2호, 5-25쪽.

이수범·김동우(2009), 「중국 유학생의 문화적응에 영향을 미치는 요인에 대한 연구」, *Speech
　　& Communication*, 11권, 47-79쪽.

이수범·장성준(2011), 「중국 유학생들의 문화 간 커뮤니케이션 능력에 영향을 미치는 요인에
　　관한 연구」, 『언론과학연구』 11권, 1호, 258-289쪽.

이희성(2012), 「중국유학생에 대한 공중외교 커뮤니케이션 전략에 관한 연구: U-curve 이론의
　　단계별 전략 고찰」, 『언론과학연구』 12권, 2호, 451-477쪽.

윤명숙·김남희(2013), 「중국 유학생의 문화적응 및 생활 스트레스와 부모 및 친구애착이 생활

만족도에 미치는 영향」, 『청소년학연구』 20권, 8호, 21-47쪽.

임춘희(2009), 「중국인 유학생의 대학생활문화에서의 스트레스와 적응」, 『한국생활과학회지』 18권, 1호.

정수영·장수미(2010), 「중국 유학생의 문화적응 스트레스가 우울과 음주문제에 미치는 영향」, 『정신보건과 사회성』 34권, 4호, 399-421쪽.

진미경·조유경(2011), 「중국 유학생의 문화적응 스트레스가 불안과 우울에 미치는 영향」, 『한국놀이치료학회지』 14권, 4호, 77-89쪽.

Dao, T. K., Lee, D., & Chang, H. L. 2007. Accultulation Level, Perceived English Fluency, Perceived Social Support Level, and Depression among Taiwanese International Students, *College Student Journal*, 41(2), 287-295.

김중섭(金重燮)

경희대학교 국어국문학과
서울특별시 동대문구 경희대로 26
전자우편: jskim@khu.ac.kr

최재수(崔材洙)

경희대학교 국제교육원
서울특별시 동대문구 경희대로 26 국제교육원
전자우편: jaesu@khu.ac.kr

구어 문법 기반 한국어 듣기 교재의 지향성 論議

崔正洵 (배재대학교)

1. 서론

　듣기는 언어의 네 가지 기능(말하기, 듣기, 읽기, 쓰기) 중 음성 언어를 이해하는 의사소통과 관련된다. 수업 시간에 교사의 설명을 듣고 이해하거나 일상 대화에서 상대방의 말을 이해하고 그에 맞는 반응(행동, 응답 등)을 준비하는 일련의 활동들이 모두 듣기에서 이루어진다. 그리고 이러한 이해를 통해 내재화된 언어적 정보로 우리는 언어적 표현을 하게 된다. 전통적인 교수법에서도 유아의 언어 습득 절차에서 듣기를 통한 충분한 입력이 보장된 후 이어서 말하기라는 표현 기능이 습득되는 것으로 전제했고, 여전히 침묵기를 전제한 듣기 기능의 선습득·선학습은 강조되고 있다.

　듣기 교재의 개발이라는 주제를 떠올릴 때 제일 먼저 고려할 것은 한국어가 '낯선 언어'이기에 '문법'에 대한 의존율이 높을 수밖에 없다는 점이다. 그리고 문법이라고 할 때 '듣기'라는 수용적 기능을 위해서는 '구어'의 특성을 고려해야 할 것이고, 당연히 문법도 보다 구체화하여 '구어 문법'을 염두에 두어야 할 것이다.[1]

　'듣기'라는 기능은 '청자가 화자로부터 음성 언어를 매개로 하여 정보를 전달받고 이를 이해하여 처리하는 과정'이라 정의할 수 있는데 이해하고 처리하는 과정에는 언어적이고 비언어적인 대응까지 포함될 것이다. 들은 후 그에 대해 적절한 반응을 하지 못하면 제대로 들었다고 할 수 없기 때문이다. 이런 점을 전제한다면 '듣기'라는 기능은 매우 포괄적이어서, 구어를 통해 정보를 수용하는 것 외에 듣기 과정을 통해 얻게 된 다양한 언어적 정보들을 내재화하여 다시 대응을

---

1) 처음 학술대회 주최 측으로부터 요청받은 발표 제목은 '문법 기반 한국어 말하기-듣기 교재 개발 방안 연구'였다. 그러나 본문에서 언급하는 몇 가지 이유로 '문법'은 '구어 문법'으로 구체화했고, 구어를 기반으로 하는 두 기능 중 '듣기'만을 대상으로 하는 교재 개발 방안을 논의하기로 했다.

할 때 활용할 수 있도록 하는 역할까지도 포함해야 한다.

우리는 잘 알지 못하는 내용을 (모국어로) 들을 때나 대상 외국어의 숙련도가 충분하지 않을 때 그 외국어로 된 말을 들을 때 어려움을 느낀다. 특히 외국어 듣기에서의 어려움은 일차적으로 언어적 형태에 익숙하지 않아서일 수 있고, 배경 지식의 부족 등에서 올 수도 있다. 본고의 초점은 이렇게 '익숙하지 않은 구어'에 있다. 주지하는 바와 같이 그간 한국어 교육에서 구어 기반의 듣기에 관한 연구는 그리 많지 않고, 교재 역시 듣기만을 위한 독립형 교재는 별로 없었다. 기관에서 출판한 많은 교재들은 '의사소통 능력' 향상을 목적으로 하고 있으며, 네 기능 통합형 교재가 대다수였다. 당연히 '듣기'는 통합 교재 안에 일부로서 구성되었을 뿐 단독형 교재는 거의 없었다.[2]

또한 한국어 듣기 교재 개발과 관련한 연구는 2000년대 중반 들어 본격화 되었으나 연구 주제는 매우 제한적이어서 한국어 듣기 교재 개발 전반적인 연구나 교재 분석, 학습 목적별 듣기 교재 개발이나 매체 활용 듣기 교수법 등에 관한 연구 정도가 주를 이루었다.[3] 본고가 대상으로 삼은 구어 기반의 교재 개발이나 연구 등은 더욱 제한적이었다. 즉 듣기 텍스트 개발 등에 있어서 구어적 특성을 반영하거나 듣기 수업 중 학습자들이 구어 사용 환경에 충분히 노출될 수 있도록 교재를 개발하는 등의 노력은 거의 없었다고 해도 과언은 아닐 것이다. 그간 몇 몇 논의에서 구어 기반의 접근이 필요하다는 언급은 있었지만 '규범성' 등의 보수적 관점에서의 제약으로 크게 다루어지지 않았을 수도 있다. 그러나 실제 사용 환경에서의 실재(實在)하는 한국어와 교재 한국어의 불일치로 인한 학습자의 혼란, 즉 교실에서 배우고 자신이 구어로 구사하는 한국어가 일반 한국인의 그것들과 달라서 갖게 되는 괴리감[4]은 학습자들로 하여금 좌절감을 갖게 할 수도 있기 때문에 이를 극복하기 위한 노력은 현시점에서는 늦은 감조차 있다. 한국어 학습자들이 구어적 담화 맥락 속에 놓일 때 유독 힘들어 하고, 자신이 구사하는 한국어가 원어민 한국인의 그것과 서로 다르다고 느끼면서 갖게 되는 '결핍감'은 '한

---

2) 한국어 듣기만을 독자적으로 다룬 교재는 『한국언어문화듣기집』(백봉자·최정순·지현숙 저, 하우, 2002.) 외 10여 종에 불과하다. 이 외의 자세한 정보는 최정순(2012ㅁ: 306)의 내용을 참고할 수 있다.

3) 이에 대한 정보는 최정순(2012ㅁ:306)의 내용을 참고할 수 있다.

4) 본고의 논의 역시 '저는 1년 동안 정말 열심히 한국어를 공부했고, 주변 사람들로부터도 한국어를 제법 잘한다는 평가를 받고 있는데 제가 사용하는 한국어는 왜 아직도 한국인의 그것과 다른지, 왜 여전히 한국인들과 대화할 때 알아듣기 어려운지 궁금하다'는 학습자들의 불만 토로에서 출발한다.

국어 구어 문법'과 관련된 것이다. '구어'에 충분히 노출되고 입력이 쌓이면서 학습자는 구어 듣기/구어 수용에 익숙해질 것이고, 이는 당연히 구어 산출(구어적 말하기)을 담보하게 될 것이다. 즉, '구어적 듣기'가 '구어적 말하기'를 가능하게 할 것이기에 구어적 특성을 충분히, 그리고 적절하게 담고 있는 듣기 교재는 '말하기를 위한 입력 제공자'로서의 기능을 하게 될 것이다. 이에 본고에서는 '구어적 특성'을 잘 반영한 구어 문법 기반의 듣기 교재 개발을 위한 내용 구성과 교재 개발 방안을 도출하여 제시하는 것을 주목적으로 할 것이다.

2. 한국어 듣기 교재가 지향해야 할 점들

구어 문법 기반의 듣기 교재 개발 방안 연구라는 본고의 목적을 달성하기 위해 몇 가지 사항들을 사전에 논의할 필요가 있다. 첫째는 한국어교육의 목적과 관련하여 궁극적으로 도달해야 할 도착점으로 '문화 간 의사소통 능력'의 신장을 전제하고자 한다. 졸고(2012ㄱ)에서도 언급한 바와 같이 한국어교육의 목적은 '한국어를 통한 의사소통 능력의 신장', 즉 언어사용 능력의 제고에만 국한되지 않아야 하며, 인간적 성숙과 자율적 학습 능력을 갖춘 사회 구성원으로서의 성장을 전제해야 한다. 둘째로는 서론에서도 언급한 바와 같이 네 개의 주요 기능 중 듣기 교육에 대한 연구가 상대적으로 많지 않고, 듣기의 중요성을 강조하는 다양한 주장이 제기되는데도 정작 수 천여 종의 교재 중 듣기 독립 교재가 별로 없다는 점에서 그간의 듣기 교재 개발 관련 선행 연구들을 검토하여 듣기 교재 개발에 대한 논의를 다른 각도에서 시도해야 한다는 것이다. 특히 그간의 수동적 기능으로서의 입장이 아닌 의미의 구축이나 생성 등을 전제하는 듣기의 적극적, 능동적 기능으로의 개념의 전환이 필요하다. 더불어 구어 산출 능력의 향상을 위해서는 구어 문법 기반의 듣기 수용 능력의 신장이 우선되어야 한다는 점이 듣기 교재에도 반영되어야 한다. 마지막으로 듣기라는 기능이 구어를 매개로 하는 기능임에도 구어 문법 기반의 교재 개발 등이 시도되지 않은 점을 반성하여 구어 문법 기반의 듣기 교재가 만들어져야 할 것이라는 사실을 강조하고 싶다. 이를 위해 본 연구는 구어의 특성을 살피고 구어 문법의 범주적 특징 및 성격을 제안할 것이다.

1) 의사소통능력과 문화 간 의사소통능력

기능 교육은 교수법과 밀접한 관련을 갖는다고 볼 수 있다. 졸고(2012ㄱ)에서도 언급한 바와 같이 근래의 한국어교육이 '의사소통적 접근법(Communicative Language Teaching: CLT)'을 수용하면서 언어 기반의 의사소통능력 신장에 초점을 맞추었고, 보편적이고 일반적인 내용의 목표언어 및 목표 문화의 교수-학습에 치중해 왔다고 해도 과언이 아닐 것이다. 부분적으로는 학습자 개인의 경험이나 의견, 모문화가 활용되기는 했지만 동등한 지위에서의 각 학습자들의 다양한 모문화(母文化)들이 소개되고 기반이 되어 소통하는 단계까지는 도달하지 못한 채 가치중립적인 목표 문화가 주로 기반이 되었다. 이러한 입장은 교재에도 반영되어 국내에서 개발된 많은 한국어 교재들은 다양한 학습 목적을 지닌 다양한 학습자들 모두를 대상으로 하는 '범용적인 교재'가 될 수밖에 없었으며, '아무도 대상이 되지 못하는 죽은 교재'가 되어 버렸다.

외국어 교실은 개별 학습자들 각각의 개별 문화가 공존하고, 동등한 지위를 보장 받으며 서로가 문화를 통해 소통하는 장이 되어야 한다. 특히 구어를 매개로 하는 듣기의 교수-학습은 단순히 어휘나 문법의 학습을 주로 하여 '전달 내용' 및 '전달 방식'을 외면할 것이 아니라, 실제적이며, 문화를 기반으로 하며, 구어 문법의 특성을 충분히 담은 다선적, 다층적 구조로 진행되어야 한다. 한국어 듣기 교재는 구어적 특성이 충분히 반영되도록 개발되어야 하며, 이들 구어적 특성은 실제적 사용 환경을 전제할 때 가장 적절하게 제시될 수 있을 것이다. 실제적 사용 환경은 결국 교실 안이든 밖이든 문화적 맥락이 전제되고 그 안에서의 자연스러운 소통이 발생할 때 제공될 수 있다.

결국 기존의 CLT가 언어적 기반의 의사소통 능력의 신장이었다면 앞으로 우리가 관심을 갖고 발전시켜 나가야 할 듣기 교재 개발을 위한 접근법은 새로운 방법론을 기반으로 이루어져야 한다고 생각한다. 이를 위해 필자는 '문화 간 의사소통 능력'의 신장을 위한 방법론에 초점을 맞추고자 한다.[5] 이제는 언어에만 국한된 교수가 아니라 '문화'도 다루어야 하는데 다만 교수 대상으로서의 '일방향의 문화'가 아니라 상호간 의사소통을 전제로 하는 '문화 간 의사소통'의 개념으로 다루어져야 하기 때문이다.

---

5) 그간의 '언어적 기반의 의사소통능력(linguistic communicative competence)' 언어사용자가 갖추어야 할 능력으로서 '명사적 의미'로 이해될 수 있다면 본고에서는 '문화 간 의사소통'에 대하여 'Communicating across cultures'라는 동사적 의미로 전제하고자 한다. 이는 표현 그대로 실제 소통 장면에서 서로의 문화가 동시적으로 전제되며 배려되고 존중받으면서 소통해야 한다는 의미다. 이 '문화간 의사소통능력'에 대한 원론적 개념이나 논의는 최정순(2012ㄱ, ㄷ) 또는 유수연(2008:100), 이경우·김경희(2007:29-42), 권순희(2010:38-39) 등을 참조할 수 있다.

2) 통합적 듣기, 구어 문법의 이해 기능으로서의 듣기

현재도 대다수의 한국어 교육기관들은 네 가지 기능을 분리해서 교수하고 있는 것처럼 보인다. 그럼에도 교재는 기능을 통합한 형태를 띤 것이 많아 묘한 불일치를 보이면서 한국어교육을 진행해 왔다. 이 자체를 문제 삼는 본고의 논점에서 벗어나므로 여기에서는 문화 간 의사소통 능력의 신장을 위해서 기능의 통합을 전제로 하는 한국어교육의 필요성을 소략하여 언급하고 본격적으로 듣기 교재 개발에 대한 논의를 진행하도록 하겠다.[6]

듣기의 중요성은 Brook(1964)에서 듣기 활동이 말하기의 두 배, 읽기의 네 배, 쓰기의 다섯 배에 달한다든지, 듣기 기능이 다른 기능으로의 전이 능력이 가장 크다는 주장(Lundeteen 1971), 어린이의 언어습득 단계에서 가장 먼저 시작하는 활동이라든지, 실제 의사소통 상황에서 곤란 현상을 겪는 경우는 '말할 수 없는 것'보다 '들을 수 없는 것(듣고 이해할 수 없는 것)'이라는 Rivers(1973, 1981)의 언급 등을 보면 충분히 알 수 있다.

이러한 중요성에 기반을 두어 듣기 수업의 목표는 시대적, 교수법의 변천에 따라 같이 변해왔다. 전통적인 듣기 수업에서는 정보처리 이론을 따라 소리의 식별, 단선적 이해 중심, 청취 내용의 언어적, 개념적 내용 확인을 주요 목적으로 삼았으며, 청각 인상의 지속과 청해력을 배양하는, 그래서 단기 기억된 사실의 재현과 반복, 지속된 내용의 적층적 이해를 강조했다. 그러나 학습 동기화에 대한 고려, 청취 내용의 기계적 반복이 가져오는 학습효과에 대한 의문, 상호작용적인 듣기의 모색, 일방적인 반응(기계적인 반응)을 강조하는 경향에서의 탈피 필요성 대두 등을 등장하면서 듣기 수업은 변화하게 된다. 즉, 현대의 듣기 수업은 학습자의 동기 강화, 듣기 자료 구성에서의 잉여성 개념의 도입에 따른 구체적 상황 제시의 필요와 질문 대답을 통한 이해의 유도, 과제 중심의 목적성 있는 듣기, 학습자의 직접적이고 적극적인 탐색과정 중시, 학습자간 상호작용을 통한 이해 및 대응 능력 강화를 특징으로 한다.

듣기는 James Asher(1977)의 진신반응교수법(Total Physical Response: TPR)에서 처음으로 언어 학습 및 교수의 주요 부분으로 조명을 받게 되었다[7]. 이후 침묵기(Silent Period) 개념의 도입, Stephen Krashen(1985)의 이해 가능 입

---

6) 일견 상호모순처럼 보이는 진술이지만 본 논의에서 '듣기 교재의 개발'이라는 표현의 사용은 교재 형태가 통합형이든 독립형이든 교재 개발 전반이 아닌 '지문 개발' 부분에만 초점을 맞출 것이므로 모순되지는 않을 것이다.

7) 권오량 외 번역(2008:347) 재인용.

력(comprehensible input) 개념의 제안, 나아가 입력 정보를 체화(intake)하는 것의 중요성 강조 등으로 발전하면서 듣기 과정에 관한 연구로 확대되었고, 듣기 연구는 활발해졌다. 이 과정에서 맥락적 특징들의 효과를 언급하는 연구라든지, 음운적, 통사적, 의미적, 화용적 지식만이 아니라 실제 언어사용에서 듣기와 관련된 비언어적 요소 역시 초점을 받게 된다. 따라서 듣기 수업과 관련된 관심사는 청자의 역할이나 태도, 듣기에 영향을 미치는 요인들, 실제적 듣기(실생활에서의 듣기) 듣기 수업의 효율적 운영을 위한 상호활동유형 개발이나 수업 설계 원리, 듣기 교수(기)법, 교재 개발 및 평가 등 다양했다.

본고는 이상과 같은 폭넓고 다양한 듣기 관련 연구 분야 중에서 듣기 교재 개발에 집중하고자 한다. 특히 위에서 언급한 내용 중 '실제적 듣기', '교재' 두 분야에 대해 논의하고자 하는데 '실제성'은 오히려 교재 개발의 원리 중의 하나로 다루어질 수 있을 것이다.

교재의 기능은 이미 알다시피 교수—학습의 내용을 결정해 주고, 자료를 제공하며, 방법을 제시하고, 동기 유발, 평가 자료 제공 등으로 기술되곤 했다. 일반적이고 당연한 기술이지만 본고가 관심을 갖는 것은 '교수—학습을 위한 자료 제공'이다. 듣기 교재가 독립적이든 통합적이든 교재가 있다면 무엇이든 교수—학습을 위한 자료를 제공할 것인데 어떤 '자료'를 제공할 것인가가 더 중요하다.

교재가 갖는 교수—학습을 위한 자료는 기본적으로 '텍스트/듣기용 지문'일 것이고, 그 지문을 통해 지문 내에 제공되는 내용, 즉 정보적 지식과 어휘, 문법 등 언어 구조적 지식 등이 주요 자료가 될 것이다. 그리고 지문을 듣기 위해 필요한 듣기 기술 및 전략 등이 포함될 수 있다. 그리고 이들은 그간의 듣기 교재 및 듣기 능력 향상 등을 위한 주요 연구 대상이었다고 볼 수 있다. 지난 10여 년 간의 듣기 관련 연구 경향을 보면 수업 방안이나 전략, 기능 통합 교육 및 매체 활용 등 교육 방법에 관한 연구가 제일 많았고, 그 다음이 교재, 듣기 자료 개발, 교재 분석 등 교육 자료 관련 연구가 그 뒤를 잇고, 학습자의 학습 목적과 숙련도에 따른 연구가 있었다.

그러나 듣기 교육에서 '교수—학습을 위한 자료'에 위의 내용들 외 '구어 문법 관련 정보'를 포함해야 한다는 주장을 하고 싶다. 이유는 간단하다. 지현숙(2006) 이후 한국어교육에서는 꾸준히 구어, 구어 문법, 구어 문법 능력 등에 대한 언급이 있었고, 구어 교육에 대한 필요성이나 당위성을 주장하는 논의가 지속적으로 발표되었다. 그러나 구체적으로 구어 문법의 어떤 부분이 어떻게 교육되어야 하는지 방법론에 대한 논의는 없는 듯하다.

본고를 통해 필자는 그 구어의 교육이 말하기의 표현적 기능을 교육하는 장에서는 다루어질 수 없으며, 당연히 이해적 기능의 듣기에서 '입력'으로 선 제시되고 적층되면서 이해 능력의 폭을 넓히고, 넓어진 이해를 바탕으로 향후 사용적 능력으로 전이되는 방법론을 제안하고자 하는 것이다.

3) 문어 문법과 구어 문법의 구분

우선 구어와 문어에 대해 몇 가지 생각해 보자. 왜냐하면 그간의 대다수의 교재, 심지어는 말하기-듣기와 관련된 논의에서조차 '구어'에 대해서는 거의 다루지 않았거나 '문어'를 당연하게 전제했을 뿐이기 때문이다. M. A. K. Halliday(1985), 노대규(1996)[8] 등의 논의에서 언급된 내용들을 정리하면 다음과 같다.[9]

말해진(지는) 것은 쓸 수 있다. 문어는 사실 이러한 전제에서 출발하고, 문어의 체계 혹은 문법은 언중의 합의를 전제로 규범화되고 기술되고 교육되어 왔다. 그런데 문제의 제기는 첫 번째 전제에서 비롯된다. 문어가 말로 표현된 것, 구어를 모두 다 일치시킬 수 있을까?

분명 아니다. 문어로는 억양, 악센트, 길이, 세기의 정도, 소리의 성질, 휴지, 머뭇거림 등을, 더 나아가 A라는 사람이 하는 말과 B라는 사람이 하는 말임을 구분할 수 있는 특성들을 표현할 수 없다. 안 하는 것인가, 못하는 것인가 우린 고민해 볼 필요가 있다.

문어에 반해 구어는 위에서 말한 대로 운율적 특징 및 다양한 소리의 특징이나 성질 등을 구분해 주는 특징이 있다. 심지어는 비언어적인 요소들도 발화/말하기에는 수반되는데 그런 장치들을 문어로는 표현할 수 없다. 표현할 수 없다는 것은 달리 말해 문어가 이러한 구어적 특성들을 무시하는 것이라 할 수 있다. 구어의 실현에 관련하는, 그러나 문어가 표현하지 않는/못하는 구어의 독자적인 특

---

8) 노대규(1996)에서는 구어와 문어의 어휘 의미론적, 문장 의미론적, 통어론적, 음운론적인 특성을 상세하게 다루고 있다. 물론 이들 외에도 이해영(2002), 문금현(2000), J. Richards(1983), P. Ur(1984), H. D. Brown(2001) 등의 논의도 있지만 본고에서는 더 이상 상세히 다루지 않을 것이다.

9) 최연희(2000:15-17)에서 제공된 것을 부분적으로 번역하여 제시한다. 구어는 비형식적이며 구체적이며 주저함이 있고, 통사적 복잡성에서 보다 단순하며, 덜 구조화되었고 편집되지 않은 언어, 문장은 비문법적이며 비완성적이다. 어휘적 복잡성이나 밀집도(density)에서도 덜 밀집적이고, 어휘 자체는 비형식적 어휘 고빈도 어휘가 많이 나타나며, 본질적으로 대화적이며 발화순서에 특징 지워 지며, 준비를 하지 않고 즉시적이지만 예측 못할 정도는 아니다. 강세, 고저, 표정 및 제스처 등의 의미 전달을 돕는 장치를 활용하며, 문맥 의존적이고 명시적인 청자의 존재 및 즉시적인 피드백이 제공되고 예측된다. 반복과 잉여정보가 많으며 일시적이고, on-line 기반의 전달과 산출 시간이 짧다는 특성을 갖는다.

징들은 다음과 같다.

<표 1> 구어의 독자적 특징[10]

지위	언어적		비언어적
기술 내용	한국어의 체계적 기술 내용 (문법적/음운적 특징)	한국어의 비체계적 기술 내용 (구어 실현에 수반되는 소리 및 몸짓 변이형들)	개별적 특징 (개인의 차별성을 보여주는, 그러나 조절 통제할 수 없는 특징)
학술적 명칭	운율적(Prosodic) 특징	준언어학적(Paralinguistic) 특징	개별 지표적 특성(indexical feature)
주요 유형들	문장 억양, 강세, 장단, 연접 /휴지 만들기 등[11]	소리의 색깔, 빠르기, 크기, 얼 굴 표정 및 몸짓 등	소리 높낮이의 범위 (소프라노-베이스) 음향, 강도 등

이들 특징들은 앞에서도 언급한 바와 같이 문어로는 표현될 수 없지만 실제 언어 사용에서는 매우 중요하다. 운율적 특징의 경우 다른 용어로 '초분절음운 (Suprasegmental)'이라 하는 것처럼 단선적(linear), 분절적(segmental) 성향을 갖는 문어적 문법 개념에서는 표현하기 어렵기 때문에 '벗어난'의 의미를 붙인 것이다.

문어에서 구어적 특징을 표현하지 못하는 약점을 만회하려는 노력은 제한적으로 있었는데 '구두점'의 도입이 그것이다. 한국어의 경우도 구두점의 사용 및 띄어쓰기 등은 20세기에 와서다. 영어의 경우 '형태소-낱말-구-절-문장'의 구분을 갖는데 이들 경계를 구분하는 기능 및 마침표, 물음표, 느낌표 등을 통해 문장의 기능을 표시할 수 있었으며, 따옴표의 도입은 구어 표현의 기회가 되기도 했다.

---

10) M. A. K. Halliday(1985)에서 제시한 자료를 필자가 한국어에 맞게 부분적으로 수정 보완한 것이다.

11) 이들 강세, 억양, 장단이라는 운소 중 '장단'의 경우는 현대 국어에서 크게 변별적이지 않으므로 한국어교육 현장에서는 중요한 교육 대상이 될 필요는 없다. '강세' 역시 의미의 변별을 가져 오지 않으므로 일반적 강세 유형, 예를 들어 2음절 단어의 경우 첫음절이 주로 크고 강하게 발음된다든지, 3음절 이상의 경우 첫음절이 받침이 없는 단모음일 경우 두 번째 음절이 크고 강하게 발음된다는 정도로 다루어지면 충분할 것이다. 예를 들어, '학교, 친구, 서점' 등은 첫음절이 강하고 크게 발음되지만 그 반대로 발음해도 의미에는 차이가 없다. '대학교, 자동차, 기다리다, 고속도로' 등의 단어들은 두 번째 음절이 크고 강하게 발음된다. '억양'의 경우는 언어 일반적인 특성, 판정 의문문은 문장 끝이 올라가는 상승조로, 명령문은 문장 끝이 급격히 떨어지는 하강조로 발음되는 특성을 보인다. 이들 강세나 억양 등은 의미 전달의 정확성보다는 발화의 자연스러움을 위해 초급단계부터 교수되어야 한다.

또 하나 구어와 문어의 차이를 인정해야 하는 이유는 구어가 갖는 몇 가지 특징은 언어특수적일 수 있기 때문이다. 즉, 문어 문법을 기술함에 있어서는 많은 언어들이 체계적인 공통점을 공유하는데, 구어의 경우는 그렇지 않는 경우가 종종 있다. M. A. K. Halliday(1985)에서도 예를 들어 지적한 바와 같이 '강조'의 표현이 영어에서는 강세로 이루어지지만 한국어의 경우는 강세보다는 보조사로 실현된다.[12]

_I_ am supporting the opinion. vs. 나_야_말로 그 의견을 지지하고 있다.

구어 문법에 대한 논의는 지현숙(2006)을 참조할 수 있다. 지현숙(2006:52-70)에서는 구어, 구어 문법, 구어 문법 능력을 다음과 같이 정의했다. 우선 '구어(spoken language)'는 음성으로 나타내는 말이자 주로 일상생활에서 쓰이는 입말로[13], '구어 능력(spoken language ability)은 구어를 사용하여 대화자와 성공적으로 의사소통을 해내기 위한 독립적이고 내재적인 능력'으로 개념화했디. 그리고 '구어 문법 능력(spoken grammar ability)는 '구어 능력'에 도구성을 부여한, 즉 구어 능력을 구체적인 의사소통 기능에 따라 사용할 수 있도록 전화시켜 발휘하게 하는 도구적 장치'로 정의했다. 결국 본고에서 듣기 교재에 반영되어 입력이 되고 체화(intake)될 대상으로서의 구어를 강조하는 것은 이와 같은 실제적 사용 능력을, 도구적이고 기능적으로 활용될 도구로서의 역할을 하는 것이 구어이기 때문이다.

3. 구어 문법 기반 듣기 교재의 교육 내용

1) 듣기 교재의 기능과 특징

교재의 기능은 이미 앞에서도 간략히 언급한 바 있듯이 다양하다. 교재는 교수자 및 학습자와 더불어 교육에서 가장 중요한 의미를 지닌다. 특히 교재는 교수-학습의 도구가 되며, 학습자와 교수자의 연결고리가 되며, 무엇보다 중요한

---

12) M. A. K. Halliday(1985)에서는 영어는 강세로, 베트남어나 독일어는 첨사(particles)로 표현된다고 예시되어 있지만 논의의 편이를 위해 한국어로 예시한 것이다.

13) 민현식(1993)에서는 구어체 구어, 문어체 구어, 구어체 문어, 문어체 문어로 구분한 바 있다. 본고에서 대상으로 하는 것은 구어체 구어다.

것은 그 교재 안에는 교육과정의 설계 과정 전체에서 보이는 주요 요소들―교육 목적과 목표, 그에 바탕한 교육방법론과 언어교육에 대한 신념과 철학, 그리고 교수요목의 설계를 통해 제공된 내용항목들과 적절한 배열 등―이 담겨져 있다는 점이다. 이는 민현식(2000) 등의 여러 연구에서도 잘 드러난다.[14]

들기는 다양한 방식으로 정의될 수 있겠지만 근래 듣기에 대한 정의는 단순히 소리를 듣고 식별하고 의미를 구축해서 이해하는 단선적 과정이 아닌 목적이 있는 행위로 받아들여지고 있다. 즉 듣기는 또 다른 산출적 기능과 밀접하게 연결된다 하겠다. 듣고 이해하는 과정에서 적극적으로 자신의 스키마를 활용해서 의미를 만들어 가며, 비언어적인 부분까지도 활용하며 능동적인 청자가 되기를 기대한다. 따라서 듣기는 읽기와 더불어 더 이상 수동적인 기능이 아니며 능동적인 기능으로 이해되어야 한다. 여기에서 한 걸음 더 나아가면 듣기 교재, 듣기 과정에서 기대하는 교수―학습 내용에 구어적 장치 및 표현들이 효율적으로 배열, 포함될 수 있다면 듣기 교재의 기능은 좀 더 넓어질 것이고 듣기 수업에서 다루고 기대할 수 있는 학습 효과도 더욱 커질 것이다. Brown & Yule(1983)에서 '친교적 이야기(interactional talk)'와 '정보교류적 이야기(transactional talk)'라는 용어가 도입되고 이후 듣기, 혹은 말하기 기능 교육에서 이들의 구분은 중요한 역할을 한다.

듣기나 읽기는 청자나 독자가 무엇을 듣게 될지, 무엇을 읽게 될지 전혀 예측할 수 없고 따라서 미리 들어보는 연습을 할 수 없다. 물론 그렇기 때문에 일정 수준의 숙련도에 도달할 때까지 순차적이고 적층적으로 듣기 전략이나 듣기 능력을 향상해야 한다. 그러나 말하기나 쓰기는 절대적으로 화자나 저자의 몫이다. 미리 연습할 수도 있다. 그런데 이 연습의 '대상'이 화자(저자)에게 사전에 입력되지 않거나 학습되지 않아 존재하지 않는다면, 보다 구체적으로 '구어적 특성'에 노출되거나 심지어 학습되지 않았다면 '실제성 있는 구어 사용'은 불가능하거나 많은 어려움이 있을 것이다. 여기서 듣기 교재의 기능의 하나로 '말하기를 위한 입력 제공자'를 추가하고, 이를 위한 자료들을 항목화하고 선정하고 적절한 배열을 하는 과정을 거쳐 교재 개발에 반영하는 작업이 이루어져야 할 것이다. 결국 본고가 제안하는 듣기 교재의 기능과 특징은 기존의 듣기 교재가 갖는 기능과 특

---

14) 민현식(2000:5)에서는 교재에 대해 '교육을 누가 무엇을 누구에게 가르치는 행위로 볼 때, 바로 이 '무엇'을 담고 있는 총체물'로 정의하고 있다. 서종학·이미향(2007:13-14)에서도 교재는 '교육 목표를 달성하기 위해 선정된 교육과정으로 이루어지 교육내용을 교육철학과 함께 교사와 학습자에게 제공하는 물리적 실체로, 교육 정책을 추구해 나가는 총체적 도구'라고 정의하고 있다.

징에 더하여 구어적 특성들을 최대한 반영하여 충분한 입력을 제공하고 노출환경을 만들어 구어 담화의 이해와 구어 사용 능력을 갖출 수 있게 해주는 것이다.

2) 교육 대상이 될 만한 구어 문법의 내용들

구어 문법의 교수 대상이 될 만한 내용들에 대해 노대규(1996:39-339), 지현숙(2006:52-70)에서 제시한 구어의 음운론적인 특성, 어휘적, 통사적 특성을 기반으로 대략적인 내용 선정을 시도해 보고자 한다.[15]

(1) 음운론적인 특성과 내용들

음운론적으로 구어는 우선 운율적 요소들을 들 수 있다. 한국어의 경우 장단은 실제 교육현장에서 다루어지지 않지만 악센트나 억양은 중요한 요소이고 실제 구어 산출에서 적절한 의사 전달을 위해서는 매우 중요한 기능을 담당하는 요소다. 그 외 중요한 특징이 생략 현상(Deletion)이다. 단어 내부 생략은 의문사 '무엇', '것'에서의 자음 생략, 그리고 모음 생략은 소위 고모음축약이라 불리는 '마음-맘, 다음-담, 싸움-쌈, 내일-낼' 등을 들 수 있다. 음절의 생략은 '그런데-근데, 그러면-그럼' 등을 들 수 있다. 이처럼 문어적 표현에서는 축약이나 생략되지 않는 형태들이 구어에서는 거의 필수적으로 탈락한다. 나아가 '너를-널, 너는-넌' 등에서의 조사 '는,를'의 생략, '돈을 세어 보세요-돈을 세 보세요, 좀 떼어 줄래?-좀 떼 줄래?'처럼 용언 어간의 끝음절이 'ㅔ/ㅐ'인 경우 어미 '-ㅓ'의 생략 등 굉장히 다양한 축약/탈락을 보여주고 있다. 그 외 한국어교육현장에서 다룰 대상인가에 대한 논의는 있겠지만 '꺼내다-끄내다, 예쁘다-이쁘다, 혜택-헤택'과 같은 단어 차원에서의 음운 변동, '어디로-어디루, 나하고-나하구, 하나도-하나두, 언제 가냐고-언제 가냐구, 밥 먹고-밥 먹구, 아무리 좋아도-좋아두, 가더라-가드라'와 같은 조사나 어미의 음운 변동 등이 대상이 될 수는 있다. 이들 구어적 표현들은 주변에서 쉽게 발견할 수 있고, 한국어 학습자들도 자주 노출될 수 있는 대상들이다. 사용이 아닌 이해의 차원에서 일차적으로 교육이 필요할 수 있고, 어느 정도의 제한은 있겠지만 굳이 사용을 자제시킬 것도 아닐 것이다.

(2) 어휘적 특성과 내용들

어휘 의미론적으로는 일단 각주9)에서도 짧게 언급했듯이 비형식적 어휘, 고

---

15) 본문에 예시되는 많은 예들은 노대규(1996), 지현숙(2006)에서 가져온 것임을 밝힌다.

빈도 어휘가 많이 나타난다는 특징이 있다. 예를 들어 '땅값-토지 가격, 책방-서점' 등, 그리고 수사의 사용 '열다섯-십오', '죽다-사망하다, 많다-풍부하다'등의 용언, 구어에 많이 쓰이는 부사와 문어에 많이 쓰이는 부사 구분, '랑-하고-과/와'와 같은 접속 조사의 사용, '-어서/니까;-(으)므로', '-려고;-고자'의 선택 사용의 정도를 언급할 수 있다. 그 외 실제적 구어 실현에서 많이 나타나는 감탄사 혹은 소위 '보충어(filler)'류들의 사용, 즉 '음, 저, 에, 있잖아, (제가)요 (어제)요, (그런데) 말입니다'와 같은 표현들, 축소사인 '요-이, 고-그' 등의 표현, 욕설이나 은어, 유아어, 금기어, '비냉, 물냉'과 같은 두 자짜리 축약어 등이 구어적 특징을 보이는 어휘적 대상인데 역시 마찬가지로 모두는 아니어도 이해 및 사용을 전제할 수 있는 내용은 분명 존재한다.

(3) 통사 의미적 특성과 내용들

한국어는 문장을 통한 의미 표현에서 구어와 문어가 서로 다르다. 동일한 의미를 구어에서는 비유적 표현이 가능하지만 문어적 표현에서는 어색한 경우가 많아 비유적 표현을 자제하는 경향이 있다. 예를 들어, 다음과 같다.

(가) 그 사람은 매사에 칼이야. ↔ 그 사람은 매사에 정확해.

(나) 언어학을 공부하려면 촘스키를 읽어야지. ↔ 언어학을 공부하려면 촘스키가 쓴 책이나 논문을 읽어야지.

또한 간접적, 직접적 표현에서의 차이를 들 수 있다.

(다) A. 어머니, 저 내일 친구들하고 등산을 다녀올게요.

B. 나는 네가 안 갔으면 좋겠다.(간접 명령) / 너는 가지 마라.(직접 명령)

(라) A. 나 오늘 너네 집에 놀러가도 돼?

B. 나 지금 바쁜데. / 지금 오지 말고 나중에 와.

(마) A. 김 과장, 퇴근합시다.

B. 목이 좀 컬컬한데요. / 우리 한 잔 합시다.

면대면 의사소통에서 구어는 문어와 반복적 표현도 다르다.

(바) 경치가 참 좋다, 좋아.

(사) 너, 너, 왜 그러니? 왜 그래?

이상과 같이 구어의 실현은 문어의 그것과는 매우 다르다. 위에서 예시된 것들만 봐도 단순히 이해 차원에서의 교육에 그칠 것이 아니라 사용 상황까지 전제해야 함이 분명하다. 이 경우 응집장치 등과 같은 면대면 대화쌍으로 이루어진 담화적 특성에 대한 것들 역시 함께 다루어져야 한다.[16] 즉, 결국 앞에서도 언급한 바와 같이 '구어 문법 교육', 구어의 이해와 사용을 전제할 경우, 듣기 교재의 개발 단계에서 고려되고 포함되어야 할 요소는 당연히 이들 구어적 표현이나 특성들일 것이다.

3) 구어 문법 기반 한국어 듣기 교재 개발을 위한 원리

구어 문법 기반의 듣기 교재 개발을 위한 원리는 다음과 같이 몇 가지로 제안될 수 있다. 물론 그간의 듣기 교재 개발 방안에 대한 여러 논의들[17]에서 제안된 원리들은 본고의 논의 대상에서 제외할 것이다. 많은 원리들을 상당 부분 수용할 수도 있다. 다만 구어 문법에 대한 고려가 그간의 듣기 교재 개발 원리에서 별로 다루이지지 않았기에 구어 분법 관련 원리를 제시하는 데에 초점을 두고자 한다.

(1) 듣기 교재에 제공되는 텍스트는 맥락의존적이어야 한다.

우리는 한국 사회를 '고맥락(high-context) 문화 사회'라고 한다. 즉, 어떠한 말의 단어 뜻을 그대로 이해하기보다(화자가 명확히 말하는 것보다) 그 문맥에 맞추어 청자가 스스로 알아서 (맥락에 맞춰서) 해야 하는 경우를 말한다. 고맥락 문화권의 사람들을 이야기를 할 때 상대방이 이미 자신이 이야기하고자 하는 것을 알고 있다고 믿기 때문에 구체적으로 이야기할 필요가 없다고 생각한다. 말을 듣는 사람도 상대방의 말을 문자 그대로 이해하지 않는다. 예를 들어, 회사에서 상사가 "알아서 잘 해라."라고 이야기하면, 듣는 사람은 '알아서' 정말 잘 해야 하는 것이고, 명절에 부모님께서 "절대 오지 마라."라고 이야기했어도 절대(꼭) 명절에 집에 가야 하는 것이다. 눈치와 직관을 발휘하고 행간을 잘 읽어서 말하는 사람의 의도를 파악해야 민이 성공적인 의사소통을 한 셈이다. 교재 안의 텍스트 (대화)는 상황 맥락과 사회 맥락 중심으로 대화 안에 정보를 많이 포함하지 않더라도 그 상황(장소, 시간 등)과 사회문화적인 의미를 파악하여 대화 내용을 이해

---

16) 학술대회 발표 원고에서는 다루지 못했는데 '면대면 담화적 특징'을 본고에서는 추가하였다. 지정 토론을 통해 소중한 도움 말씀을 해 주신 안경화 선생님께 감사드린다.

17) 이미혜(2005:200-201)에서는 듣기 자료 구성의 원칙을 세 가지(다양한 구어 유형 포함, 실제적 자료 구성, 자료 유형에 맞는 과제 활동 제시)로 들고 있다.

할 수 있게 될 것이다. 이를 위해 속담 및 비유적인 표현, 한국 사회에서의 표현이 반드시 들어가야 한다.

(2) 듣기 교재에 제공되는 텍스트는 인간 관계적이어야 한다.

'인간 관계적'인 텍스트는 인간과 인간, 또는 인간과 집단과의 관계가 다양하게 반영되어야 하며, 다양한 인간관계에서의 구어 특성이 반영되어야 한다. 인간 관계는 크게 아는 사이와 모르는 사이로 분류될 수 있다. 아는 사이에서도 각별하고 가까운 사이, 가깝지는 않지만 그냥 알고 지내는 사이가 있고, 모르는 사이도 처음 만나서 대화하고 점점 알아가는 사이와 한 번만 만나게 되는 사이가 있을 것이다. 친숙한 관계부터 친숙하지 않은 관계까지 다양한 관계 속에서 이루어지는 대화들이 실제적으로 제시되어야 한다.

(3) 듣기 교재에 제공되는 텍스트는 상호 문화적이어야 한다.

'상호 문화적'이란 말은 '문화 상호적'이란 말로 쓰일 수도 있다. 문화 사이의 동등한 교류, 즉 둘 또는 그 이상의 문화들 간의 대등한 관계에서의 주고받음을 의미한다. 타문화와 자신의 모국 문화 사이의 다름을 미리 알고 상호교류를 통해 그 차이를 알고 확인하며, 흥미를 느낄 수 있는 자료를 중심으로 연습/훈련할 수 있도록 텍스트가 구성되어야 한다. 앞 각주에서도 언급한 바와 같이 문화 간 의사소통을 동사적으로 해석한 것 역시 능력으로써 갖추어야 할 것이 아니라 훈련이나 연습을 통해 익숙해지게 하고, 그래서 실제적 소통 상황에서 자연스럽고 당연하게 서로를 존중하고 배려하는 행위로 이해하고자 함이었다.[18]

(4) 듣기 교재에 제공되는 텍스트는 면대면 구어담화적 특성이 반영되어야 한다.[19]

교재에 제공되는 텍스트는 자연스러운 많은 요소들이 배제된 '모델적' 대화이

---

18) 발표 때는 이 부분의 설명에 덧붙여 '언어폭력'이란 용어를 사용했었다. 정현숙(2007:201-202)에서 언급한 내용으로 언어폭력은 상대방 문화에 대한 무지 때문에 발생한다고 보았다. 예를 들어, 조선족 중국인한테 '한국과 중국이 축구하면 어느 팀을 응원해요?'라는 질문이나, 결혼이주여성을 대상으로 이미 한국국적을 취득한 한국인임에도 '어느 나라 사람이에요?'라고 묻는 행위는 다분히 폭력적일 수 있다.

19) 최정순(2012ㄹ)에서도 조심스럽게 언급한 '규범성'의 문제와도 연결될 수 있다. 자국인을 대상으로 하는 규범인 만큼 동일하게 외국인 학습자의 학습에도 적용해야 하는지의 문제, 규범성 및 보수성에서 조금 벗어날 수 있으면 구어적 특성을 실제적인 현실 한국어를 교재에 보다 더 반영할 수 있지 않을까 하는 고민을 해 본다.

긴 하지만, 일반 실제 상황에서의 대화와 거의 동일한 법칙과 기능 하에 이루어져야 한다. 특히, 면대면 구어담화적 특성이 반영되어야 할 것이다. 예를 들어, 한국인들이 구어를 통해 자신의 의견을 표현할 때 전면에 드러내기보다 뒷부분에 가서 자신의 의견을 제시하는 귀납적인 표현 방식을 선호한다고 본다면 그런 방식으로 자료가 구성되어야 한다. 또한, 축약, 탈락, 생략 등의 음운적 특성, 보충어의 사용, 온전하지 못한(불완전한) 문장, 말 겹치기(중간에 끼어들기, 말 끊기 포함), 침묵 등의 구어 문법 현상이 포함되어야 한다. A−B의 대화 순서가 지켜지지 않더라도 상대자의 침묵이나 말 겹치기, 대화의 반복 등을 제공하면 실제성을 지킬 수 있다.

(5) 듣기 교재에 제공되는 텍스트는 적용성이 높아야 한다.

듣기 내용과 정보의 사용 목적이 학습자의 생활에 적합하고, 교실 밖에서의 생활에 전이될 수 있는 구어 자료가 되어야 한다. 자료가 적합해야 학습자가 주의를 집중하여 듣게 된다. 실제성을 위해 배경에서 들리는 잡음 등이 필요하며, 말하기 속도의 자연스러움, 억양 및 발음의 자연스러움 등이 수반되어야 한다. 그리고 다양한 시청각 자료를 활용하여 과업 중심적으로 제시되어야 함은 물론이다. 물론 구어 말하기를 연습하고 훈련할 수 있도록 입력 역할을 수행한다는 의미에서도 적용성이 높아야 한다.

4. 결론과 제언

본고는 구어 문법 기반의 한국어 듣기 교재의 교육 내용을 어떻게 구성할 것인가에 대한 연구를 목적으로 시작되었다. 유학 등의 목적으로 체류자가 증가하면서 한국어의 학습 기간 역시 길어지고 있고, 이는 한국어 교육에서의 또 다른 진보를 요구하게 된다. 한동안 소외되었던 발음교육의 문제라든지, 한국인과 같은 구어 구사 능력에 대한 관심이 그것의 시작일 것이다.

기존의 교재 개발이나 교실 구사 언어가 '문어 문법'에 초점을 두고 있었다면, 앞에서 언급한 발음 교육이나 한국인과 같은 구어 구사 능력의 신장은 교실 수업에서, 또는 교재 개발의 근간이 '구어 문법 기반'이어야 한다. 본고는 이러한 논의를 위한 제언이 성격이 강하며, 작게는 구어를 매개로 하는 말하기와 듣기 수업에서의 변화를 위한 구어 문법 기반 듣기 교재의 개발, 그리고 이를 토대로 하는 구어적 담화 교육의 필요성을 강조하고자 하였다.

구어 듣기 입력의 역할로서의 듣기 교재, 이를 위한 구어 문법의 내용 항목으로 다루어질 수 있는 것들을 제안했으며, 구어 기반의 듣기 교재 개발을 위한 원리를 제안하였다. 아직 구어 문법 체계의 정립이 충분하게 이루어지지 않았고, 구어 교육을 위한 교육과정이나 교수요목에 관한 논의 역시 충분하지 않기에 원리의 제안 등이 논리적인 약점을 지닐 수 있다. 하지만 논의의 시작점은 되리라 믿고 제안한 원리를 정리하여 결론으로 삼고자 한다.

첫째, 듣기 교재에 제공되는 텍스트는 맥락 의존적이어야 한다.

둘째, 듣기 교재에 제공되는 텍스트는 인간 관계적이어야 한다.

셋째, 듣기 교재에 제공되는 텍스트는 상호 문화적이어야 한다.

넷째, 구어 기반의 듣기 교재에 제공되는 텍스트는 면대면 구어담화적 특성이 반영되어야 한다.

다섯째, 듣기 교재에 제공되는 텍스트는 적용성이 높아야 한다.

그리고 결론에 덧붙여 다양해진 다수의 한국어 학습자들을 생각하면서 언어적 능력만이 아닌 학습자들의 언어와 문화를 배려하고 존중할 수 있도록 하는 '문화 간 의사소통 능력' 배양 역시 필요함을 강조하고자 한다. 물론 이 능력은 외국인 학습자만이 아닌 한국어 교수자를 포함한 한국인 모두가 갖추어야 할 능력이자 태도이며, 구체적 실천임은 당연하다.

참고문헌

강한나(2009), 「강의듣기를 위한 학문 목적 한국어 교재 개발 방안: 교양공통과목 강의듣기를 중심으로」, 연세대학교 교육대학원 석사학위논문.

권오량 외(2010), 『원리에 의한 교수』(제3판), ㈜피어슨에듀케이션코리아.

권순희(2010), 「다문화시대 문화간 의사소통 능력 향상을 위한 교육 자료」, 『국어교육학 연구』 38, 서울대학교 국어교육연구소, pp.33-70.

김수은(2010), 「문화 간 의사소통 능력(Intercultural Communicative Competence) 배양을 위한 한국어문화 수업 개발 연구」, 『한국언어문화교육학회 학술대회 자료집』, 한국언어문화교육학회, pp.81-90.

김숙현 외(2007), 『한국인과 문화간 커뮤니케이션』, 서울: 커뮤니케이션북스.

마쯔자키 마히루(2008), 「일본에서의 한국어 듣기 교재 분석 연구: 듣기 자료의 담화 유형 및 듣기 활동 분석을 중심으로」, 『언어연구』 25-1, 경희대학교 언어연구소, pp.127-147.

문금현(2000), 「구어 텍스트를 활용한 한국어 어휘 교육」, 『한국어교육』 11-2, 국제한국어교육학회, pp.21-61.

민현식(2000), 「한국어 교재의 실태 및 대안」, 『국어교육연구』 7, 서울대학교 국어교육연구소,

　　　　pp.5-60.

박성주(2008), 「여성결혼이민자를 위한 한국어 듣기 교재 개발 방안」, 한양대학교 교육대학원
　　　　석사학위논문.

서종학·이미향(2007), 『한국어 교재론』, 서울: 한국문화사.

손가선(2010), 「중국 대학에서의 직업 목적 한국어 듣기 교재 개발 방안 연구」, 배재대학교 일반
　　　　대학원 석사학위논문.

양명희·김정남(2011), 『한국어 듣기교육론』, 서울: 신구문화사.

유기환(1986), 「외국어로서의 한국어 교재론 : 듣기 교재를 중심으로」, 연세대학교 석사학위논문.

윤혜숙(2010), 「한국어 중급 듣기 교재 개발 방안」, 부산대학교 대학원 석사학위논문.

이은정(2005), 「한국어 듣기 교재 개발 방안 연구」, 한국외국어대학교 교육대학원 석사학위논문.

이경우·김경희(2007), 『문화간 의사소통의 이해』, 서울: 한국문화사.

이도수(2004), 「문화 간 의사소통능력을 위한 영어교육」, 『영미어문학연구』 20-2, 영미어문학
　　　　회 pp.119-143.

이미향(2010), 「학습자의 문화 간 의사소통능력 향상을 위한 한국어 교재 고찰」, 『이중언어학』
　　　　42, pp.135-165.

장효우(2012), 「한국어 듣기 교재 개발 방안 연구」, 부산외국어대학교 대학원 석사학위논문.

정선화(2009), 「구어적 특성을 반영한 듣기교재 구성에 관한 연구」, 『어문논집』 40, 중앙어문학
　　　　회, pp.67-99.

정희연(2009), 「학문 목적 한국어 강의 듣기 교재 개발 연구 : 노트 필기 전략 교육을 중심으
　　　　로」, 배재대학교 일반대학원 석사학위논문.

지현숙(2006), 『한국어 구어문법과 평가 Ⅰ -이론편-』, 서울: 한국문화사.

지현숙(2009), 「실세계 접근을 통한 학문 목적 한국어 듣기 교재의 설계 방안」, 『우리어문연구』
　　　　33, 우리어문학회, pp.583-614.

최은지(2007), 「한국어 듣기 교재 내 음성 자료 속도의 실제성」, 『한국어 교육』 18-1, 국제한국
　　　　어교육학회, pp.401-427.

최정순(2012ㄱ), 「한국어교육의 현재와 미래」, 『제119차 한국국어교육학회 전국학술발표대회
　　　　(2012년 상반기) 학술대회 <한국어 교수법의 이론과 실제> 발표 자료집』, 한국국어교
　　　　육학회, pp.1-10.

최정순(2012ㄴ), 「한국에서의 한국어교육 실태와 과제」, 『몽골 국립대학교 70주년 기념 한-몽
　　　　국제학술대회 한국 국어교육학회 제1차 국제학술대회 <한국과 몽골의 지국이 교류과
　　　　한국어 교육> 발표 자료집』, 몽골 국립대학교 한국학과 한국 국어 교육학회, pp.13-24.

최정순(2012ㄷ), 「한국어 의사소통적 접근법의 대안으로서의 문화 간 의사소통적 접근법에 관
　　　　한 일고찰」, 『기념중한건교 20주년 학회 성립 10주년 한국어교육국제학술대회 자료집』,
　　　　중국한국(조선)어교육연구학회, pp.141-150.

최정순(2012ㄹ), 「한국어 발음 교육의 현황과 과제」, 『한국언어문화교육학회 제7차 하계 국제학
　　　　술대회 자료집』, 한국언어문화교육학회, pp.31-47.

최정순(2012ㅁ), 「구어 문법 기반 한국어 듣기 교재 개발을 위한 제언」, 『서울대학교 국어교육
　　　　연구소 제14회 국제학술대회 자료집』, 서울대학교 국어교육연구소, pp.305-321.

한국방송통신대학교 평생교육원 편(2005), 『외국어로서의 한국어교육학』, 「한국어 기능 교육론 2」, 한국방송통신대학교출판부.

Brooks, N(1964), *Language and language learning: theory and practice*, NY: Harcourt.

Morley. J(1991), Listening Comprehension in Second Language Instruction, In Celce-Murcia, Marianne(ed). *Teaching English as a Second or Foreign Language*,(2nd ed) MA: Heinle&Heinle Publishers.

William Littlewood(1981), *Communicative Language Teaching*, Cambridge University Press, 안미란 역(2007), 『의사소통적 교수법』, 서울: 한국문화사.

※ 이 논문은 서울대학교 국어교육연구소 발행 『국어교육연구』 제30집(2012. 12.)에 수록된 논문임.

최정순(崔正洵)

배재대학교 한국어문학과
대전광역시 서구 배재로 155-40(도마동), 302-735
전자우편: jschoe@pcu.ac.kr

한국어교육에서의 사자성어에 대하여
한국어능력시험과 교재를 중심으로

유춘희 (북경공업대학교)

1. 머리말

본 논문은 한국어능력시험(TOPIK)과 한국어교재에 출현된 사자성어[1]를 중심으로 한국어교육에서의 사자성어에 대해 논의해 보고자 한다.

사자성어는 선인들의 경험과 지혜가 담긴 사회적 소산으로서 四字로 이루어져 있고 사회적 약속으로 굳어져 있는 언어표현 형식이다. 사자성어는 선인들의 심오한 삶의 지혜와 유구한 역사성과 민족성을 지니고 있으므로 사자성어의 사용은 깊은 의미를 쉽고 간략하게 전달할 수 있고 언어의 표현력을 풍부히 할 수 있어 한국어교육에서도 홀시할 수 없는 부분이다.

한국어능력시험은 한국어를 모국어로 하지 않는 외국인 및 재외동포들에게 한국어 학습 방향을 제시하고, 한국어 보급을 확대하며, 그들의 한국어 사용능력을 측정하여 그 결과를 유학, 취업 등에 활용케 하는 데 그 목적이 있다.[2] 한국교육과정평가원에서는 또 "한국어 교육 기관의 연수, 교육과정 및 교육평가 방법을 표준화하는 것"(2005)이라는 목적을 추가하고 있다. 결국 한국어능력시험은 한국어 학습자와 한국어 교육 종사자들에게 국가에서 공인하는 한국어 숙달도 평가와 교육평가라는 점에서 큰 의미를 지니게 된다.

한국어교육을 위한 교재개발은 한국과 중국에서 이미 많은 성과를 거두었다고 할 수 있다. 특히 여러 대학교들에서 개발한 한국어교재는 일반인뿐만 아니라 대학교육을 목적으로 초급부터 고급까지 개발되어 있어서 한국어를 배우는 학습자들에

---

1) 사자성어는 중국어 성어의 기본 형식이다. 상무인서관에서 출간한 『한어성어소사전』(1972)에는 3,013개의 성어가 있다. 그중 사자성어가 2,891개로 96%를 차지하고, 비사자성어가 122개로 4%를 차지한다.

2) http://www.topik.or.kr 참조. 이는 한국어 능력 시험을 운영하기 위하여 개설한 홈페이지이다.

게 큰 도움을 주고 있다.

본 논문에서는 한국어능력시험 고급[3] 제 1회에서 33회까지와 한국의 5개 대학교, 중국의 5개 대학교에서 편찬한 교재 10종 31권에 수록된 사자성어를 분석한다. 이로써 사자성어 교육현황을 살펴보고 문제점과 개선 방안을 검토하여 고급 한국어를 공부하고 있거나 한국어능력시험을 준비하고 있는 중국인 학습자 및 가르치는 교사들에게 도움이 되고자 한다.

2. 한국어 사자성어의 특성

세종대왕이 한글을 창제하기 전까지 한자는 한국의 주요 표기 수단이었고 한글 창제 이후에도 한자어는 여전히 한국어 어휘 체계에서 중요한 위치를 차지하고 있다. 한국 사자성어는 중국 사자성어와 깊은 관계를 맺고 있기 때문에 중국 사자성어의 특성을 가지는 동시에 한국어 사자성어만의 독특한 성격을 띠게 된다. 그 주요 특성을 간단히 귀납하면 다음과 같다.

첫째, 한국 사자성어는 대부분 중국 사자성어에서 유래되었기 때문에 많은 사자성어가 중국어와 동형동의를 이룬다.

둘째, 일부 중국 사자성어는 한국어에 들어오면서 한국의 자연환경, 사회 환경과 한국어의 특성에 맞게 형태가 변하였다. 그리하여 의미는 같지만 형태가 다른 이형동의 사자성어가 있다.

셋째, 중국에서 전해온 일부 사자성어는 한국어에 와서 의미의 일부 혹은 전부가 바뀌어서 동형이의 사자성어를 이룬다.

넷째, 일부 한국 사자성어는 한국 속담을 한자어로 옮긴 것이다. 이 종류의 사자성어는 중국어에는 없는 한국 고유의 사자성어이다. 예를 들면 '제 논에 물 대기'가 '아전인수(我田引水)'로, '까마귀 날자, 배 떨어진다'가 '오비이락(鳥飛梨落)'으로 된 것을 볼 수 있다.

다섯째, 한국어 사자성어는 기존 한자를 많이 빌려 쓰지만 한국에서 만든 한자를 쓰는 경우도 있다. 예를 들면, '문전옥답(門前沃畓)'에서 '畓'자는 '水'와 '田'자가 합쳐서 만들어진 글자로 '논'을 뜻하는데 이는 중국에 없는 한국 한자이다.

여섯째, 대부분 사자성어는 한자어로 이루어지지만 일부 한국에서 만든 사자성

---

3) 사자성어와 관련된 문제는 오직 고급에서만 출제되고 있다.

어는 고유어와 한자어가 혼용된 경우도 있다. 예를 들면 '기절초풍(氣絶-風)', '안성맞춤(安城--)' 등이다.

이러한 특성으로 말미암아 한국 사자성어는 형태와 의미에서 중국 사자성어와 동형동의, 이형동의, 동형이의를 이루며, 그 외에도 한국에서 만든 자생 사자성어가 있다.

1) 동형동의 사자성어

동형동의 사자성어는 한·중 사자성어의 형태와 의미가 완전히 같은 것을 말한다. 같은 한자문화권에 속하는 한국과 중국은 예로부터 밀접한 관계를 이어왔으므로 한국으로 전해온 대부분 중국 사자성어는 형태와 의미가 변하지 않고 한국에서 널리 사용되었다. 예를 들면, '일거양득(一擧兩得)-一擧兩得', '다다익선(多多益善)-多多益善', '속수무책(束手無策)-束手無策' 등이다.

한·중 공동으로 사용하는 모든 사자성이 중 동형동의형 사자성어는 78.1%의 높은 비율을 보인다(全榮敏, 2009). 중국 사자성어에 익숙한 중국인을 대상으로 하는 한국어 교육에서 동형동의 사자성어는 쉽게 습득할 수 있는 부분이라고 하겠다.

2) 이형동의 사자성어

이형동의 사자성어는 한·중 사자성어가 형태는 다르지만 의미가 같은 것을 말한다. 이는 중국 사자성어를 받아들일 때 한국의 자연환경, 사회관습, 의식주행, 한국어의 특성 등에 맞게 변형된 경우라고 볼 수 있다.

한·중 이형동의 사자성어의 산생은 주로 다음과 같은 원인으로 이루어졌다고 할 수 있다.

첫째, 어휘 구성 특성의 차이로 형태가 조절된 것이 있다. 표의문자인 중국어는 단음절로도 의사표현이 가능하지만 표음문자인 한국어는 많은 경우 한 글자로 뜻을 충분히 나타내기 어려우므로 난음절어가 적다. 이러한 특성 때문에 중국어의 단음절이 한국어에서는 2음절로 바뀌는 경우가 있다. 예를 들면, 중국의 사자성어 '雨后春笋(우후춘순)'은 한국어에서 '우후죽순(雨后竹筍)'으로 되었다. '순(笋)'자만으로는 의미전달이 확실하지 못하기 때문에 익숙히 알고 있는 '죽순'으로 표현한 것이 아닐까 싶다.

둘째, 한국어와 중국어의 서술 구조 차이로 인해 구조형태가 바뀐 것이 있다. 한국어는 '주어-목적어-서술어'의 서술 구조를 이루지만 중국어는 '주어-서술어-목적어'의 구조를 가진다. 중국어는 네 글자로도 충분히 온전한 문장을 만들 수 있기 때문에 중국 사자성어에는 '주어-서술어-목적어' 구조의 사자성어들이 적지 않다. 그러나 언어 특성상 한국어는 四字로 '주어-목적어-서술어' 구조를 이루기 어렵다. 이런 경우 중국 사자성어들이 한국어에서 명사화된 경우가 있다. 예를 들면, 중국 사자성어 '塞翁失馬(새옹실마)'는 한국어에서 '새옹지마(塞翁之馬)'로 명사형이 되었다. 또 중국어의 '서술어-목적어' 구조의 사자성어 '不得要領(부득요령)'이 한국어에서는 '목적어-서술어' 구조로 바뀌어 '요령부득(要領不得)'으로 된 것을 볼 수 있다.

셋째, 한·중 자연환경이나 의식주의 차이로 인해 대상이 바뀐 것이 있다. 예를 들면, 중국 사자성어 '走馬看花(주마간화)'는 산지가 많은 한국에 와서 '주마간산(走馬看山)'으로 바뀌었다. 중국어의 '如坐針氈(여좌침전)'은 한국어에서 '여좌침석(如坐針席)'으로 바뀌었는데, 모포(氈)보다는 방석(席)이 한국인들에게 더 친숙하지 않았을까 한다.

이형동의 사자성어 중에는 같은 음이지만 의미가 비슷한 다른 글자를 쓰는 경우도 있다. 예를 들면, '호사다마(好事多魔)'는 중국어에서 '好事多磨'로 쓴다. '魔'와 '磨'는 동음자로서 의미가 다르지만 이 사자성어 전체가 나타내는 의미는 같다고 할 수 있다. '수수방관(袖手傍觀)'도 중국어에서는 '袖手旁觀'으로 '傍'과 '旁'은 형태는 다르지만 한자독음이 같고 이 성어들의 의미도 같다.

이형동의 사자성어는 형태가 다르지만 의미는 같으므로 중국인 학습자들에게 형태 차이만 확실히 가르치면 의미 이해에 큰 어려움이 없을 것이다.

3) 동형이의 사자성어

중국의 사자성어는 한국에 들어오면서 형태와 의미를 그대로 가지고 들어온 것이 대부분이지만 일부는 시대의 변천에 따라 중국어에서, 혹은 한국어에서 그 의미가 더해졌거나, 줄어들었거나, 완전히 다르게 해석되는 것이 있다.

첫째, 어느 한 언어에서 더 많은 의미를 가지고 있는 경우이다. 예를 들면, 한국어에서 '유암화명(柳暗花明)'은 버들은 무성하여 그윽이 어둡고 꽃은 활짝 피어 밝다는 뜻으로, 봄 경치의 아름다움을 이르는 말이다. 중국어에서 '柳暗花明'은 ①버드나무가 휘늘어지고 꽃이 흐드러지게 피어 눈부시게 아름다운 풍경을 형용하고, ②어려운 상황 속에서 희망을 보았음을 비유한다.[4] 중국어에서 더 넓은 의미를 가지고 있다. 또 한국어에서 '고장난명(孤掌難鳴)'은 ①외손뼉만으로는 소리가 울리지 아니한다는 뜻으로, 혼자의 힘만으로 어떤 일을 이루기 어려움을 이르는 말. ②맞서

---

4) 形容柳树成荫, 繁花似锦的春天景象. 也比喻在困难中遇到转机。

는 사람이 없으면 싸움이 일어나지 아니함을 이르는 말이다. 중국어에서 '孤掌難鳴' 은 한 손바닥만으로는 소리를 내지 못한다는 뜻으로, 혼자의 힘이 약해 일을 이루지 못함을 이르는 말이다.[5] 한국어에서 더 넓은 의미를 가진 것이다.

둘째, 의미가 완전히 다른 경우이다. 예를 들면, 한국어에서 '설니홍조(雪泥鴻爪)'는 눈 위에 난 기러기의 발자국이 눈이 녹으면 없어진다는 뜻으로, 인생의 자취가 눈 녹듯이 사라져 무상함을 비유하는데, 중국어에서 '雪泥鴻爪'는 눈 위를 걸어가면 발자국을 남긴다는 의미로 지난 일의 흔적을 비유한다. 한국어에서 '망양보뢰(亡羊補牢)'는 이미 어떤 일을 실패한 뒤에 뉘우쳐도 아무 소용이 없음을 이르는 말이다. 중국어의 '亡羊補牢'는 양을 잃은 후에라도 서둘러 우리를 고치면 그래도 늦지 않다는 뜻으로, 손실을 입거나 문제가 발생한 후에라도 서둘러 보완하여 유사한 상황이 다시는 발생하지 않도록 해야 함을 비유한다.

동형이의 사자성어는 전체 한국어 사자성어에서 2%정도밖에 안 된다. 하지만 사용빈도가 높고, 중국인 학습자들은 중국 사자성어의 의미로만 이해할 수 있으므로 교육에서 주의를 요하는 부분이다.

4) 한국에서 자생한 사자성어

다른 나라에는 없는 한국에서 만들어진 사자성어는 독창적인 사자성어라고 할 수 있다. 이 부류의 사자성어는 한국의 역사 사실에서 온 것, 한국 고유의 풍속과 속담을 사자성어로 만든 것이거나 불교 용어에서 나온 것, 중국의 역사이야기, 신화전설, 문학작품 등에서 가져온 것들도 있다.

첫째, 한국의 역사 사실 혹은 한국 고유의 풍속과 속담 등에서 만들어진 사자성어이다. 성어는 한 민족의 역사배경, 자연환경, 경제생활, 문화전통, 풍속습관, 사유방식 등과 밀접한 관계가 있으므로 짙은 민족적 색채를 띠게 된다. 그러므로 한국에서 자생한 사자성어도 아주 한국적이다. 예를 들면, 역사 사실에서 온 '함흥차사(咸興差使)', 지리적 특성을 지닌 '한강투석(漢江投石)', 한국 속담에서 온 '등하불명(灯下不明)'(속담-등잔 밑이 어둡다.) 등이다.

둘째, 불교에서 온 사자성어이다. 불교는 기원 4-5세기부터 중국을 거쳐 한국에 들어와서 한국인들의 사상관념과 언어행위에까지 큰 영향을 주었다. 예를 들면, '이판사판(理判事判)'은 불교에서 승려들을 수행시키는 이판승(理判僧)과 행정을 담당하는 사판승(事判僧)의 권력분쟁을 가리키는데, 사자성어로서는 "막다른 데 이르러 어찌할 수 없게 된 지경"을 뜻한다.

---

5) 一個巴掌難以拍響, 比喩力量孤單, 難以成事。

셋째, 중국의 역사이야기, 신화전설, 문학작품들에서 가져온 사자성어가 있다. 예를 들면, 신화전설에서 온 '월궁상아(月宮嫦娥)', 문학작품에서 온 독수공방(獨守空房)[6], 식자우환(識字憂患)[7] 등이다. 이들은 비교적 고정적인 단어결합이거나 세련된 문구로서 중국어에서는 사자성어로 인식하지 않지만 한국어에서 사자성어로 쓰고 있다.

한국에서 자생한 한국만의 사자성어는 외국인 학습자들에게 매우 생소한 것이다. 한국의 역사지리, 풍속습관, 문화전통 등에 대한 이해가 병행되어야만 이들 사자성어를 제대로 이해하고 정확히 쓸 수 있을 것이다.

3. 한국어능력시험에서 본 사자성어

중한 수교 이후 양국 간의 교류가 날로 빈번해짐에 따라 한국 기업에 취직하고 한국에서 유학하는 중국인들이 증가하고 있다. 따라서 한국어 학습자의 언어 활용 능력을 평가하는 한국어능력시험의 중요성도 날로 부각되고 있다.

한국어능력시험 시행 초기인 1999년 제3회에서 중국 지역 응시자는 224명이었지만 2010년 제 17회-20회에 참가한 중국 응시자는 34,616명[8]으로 대폭 증가하였다(김정숙 2011:6). 그동안 시험에 참가한 국가별 응시자 현황을 보면, 2006년부터는 한국을 제외하고 중국 지역 응시자가 가장 높은 비율을 차지한다.

한국어능력시험에 참가하는 응시자들의 등급별 분포를 보면 능력시험 실시 초기에는 초급 응시자들이 대부분이었으나 지금은 중고급 응시자들이 주류를 이룬다. 제18회 능력시험 응시자 중 초급 응시자는 19.8% 밖에 안 된 반면 중급 응시자는 51.2%, 고급 응시자는 38%[9]로 증가하였다(김정숙 2011:6). 이런 상황은 학습자들의 한국어 실력이 제고되어 높은 등급을 희망하는 학습자가 많은 만큼 고급 언어

---

6) 《古诗十九首·青青河畔草》：“青青河畔草, 郁郁园中柳。…… 昔为娼家女, 今为荡子夫。荡子行不归, 空床独难守。”

7) 《蘇軾詩集·石蒼舒醉墨堂》六卷：“人生識字憂患始, 姓名粗記可以休。……”

8) 김정숙에 의하면 2010년의 17-20회 능력시험에 참가한 총 응시자 수는 92,594명이다. 중국 지역 응시자가 전체 응시자의 3분의 1이상을 차지하고 있음을 알 수 있다. 그러나 여기에는 한국에서 능력시험에 참가한 중국인 응시자가 포함되지 않았으므로 실제 중국인 응시자 수는 이보다 훨씬 더 많을 것으로 예상된다.

9) 응시자가 두 등급에 중복 응시하여 생긴 현상으로 보인다.

지식 교육도 중시되어야 함을 말한다.

사자성어는 함축성이 강하고 표현력이 풍부하기 때문에 언중들의 사랑을 받으면서 일상생활에서 널리 쓰이고 있다. 그러므로 한국어를 배우는 외국인들에게도 사자성어를 익히고 사용하는 것이 좀 더 고급적인 언어를 구사하는 데서 필수적인 것으로 된다. 따라서 한국어능력시험에서도 사자성어는 하나의 평가 항목으로서 고급 어휘·문법뿐만 아니라 읽기·쓰기·듣기 등 여러 분야에 나타나고 있다.

1) 능력시험에서의 사자성어 출제 방식

33회까지의 한국어능력시험의 문항구성은 주로 어휘·문법, 쓰기, 읽기, 듣기인데 사자성어는 시험 전반에 걸쳐 나타나고 있다.

첫째, 사자성어 평가 문항으로서 어휘·문법 부분에서 단독 출제된다. 예를 들면 제32회 고급에서는 어휘·문법 문항 21번이 사자성어 활용문제였다.

예1.

> 요즘 공인의 개인적 의사 표현에 대한 (㉠)이 한창이다. 어떤 이는 공인에게도 표현의 자유가 있어서 자신의 생각을 자유롭게 밝힐 권리가 있기 때문에 남들이 상관할 바가 아니라고 주장한다. ……
>
> 21. ㉠에 알맞은 것을 고르십시오.(3점)
>   ① 갑론을박   ② 감언이설   ③ 동문서답   ④ 과유불급

둘째, 읽기, 쓰기 등 기타 평가에서도 이해해야 할 어휘로 출현된다. 예를 들면, 제32회 읽기 문항에는 다음과 같이 사자성어가 나타난다.

예2.

> [55~57] 다음 글을 읽고 물음에 대답하십시오.(각 3점)
>
> …… 현대무용의 창시자들은 논리성을 중요시하여 그동안 발레 작품에서 소재로 삼던 **허무맹랑**한 동화 이야기를 배격했다.……

여기에서 사자성어 '허무맹랑'은 문제풀이에 직접 관여되지는 않았지만 이 사자성어를 모르면 전체 문장의 이해에 어려움이 있고 결국은 문제풀이에 영향을 받게 될 것이다.

2) 능력시험 중 사자성어의 부류

제1회부터 33회까지 한국어능력시험 고급에 나온 개별 사자성어는 133개에 달한다. 그것을 형태와 의미에 따라 분류하면, 동형동의 사자성어 57개(42.9%), 동형이의 사자성어 6개(4.5%), 이형동의 사자성어 50개(37.6%)이고, 한국에서 자생한 사자성어 20개(15%)가 있다.

(1) 능력시험 문제 중 동형동의 사자성어

동형동의 사자성어는 능력시험에서 가장 많이 출현된 사자성어이다. 그중 21개의 사자성어가 2번 이상 중복 출현하였는데 이는 동형동의 사자성어의 38.2%를 차지한다.

<표 1> 고급 한국어능력시험 중 동형동의 사자성어(57개)

각득기소(各得其所)	동상이몽(同床異夢)4	인산인해(人山人海)
간담상조(肝膽相照)	두문불출(杜門不出)	일거양득(一擧兩得)3
거안사위(居安思危)	무궁무진(無窮無盡)	일사천리(一瀉千里)
고산유수(高山流水)	반신반의(半信半疑)2	일석이조(一石二鳥)2
고진감래(苦盡甘來)2[10]	백발백중(百發百中)	일자천금(一字千金)
과유불급(過猶不及)3	불가사의(不可思議)2	일편단심(一片丹心)2
구사일생(九死一生)2	불치하문(不恥下問)	일희일비(一喜一悲)2
금상첨화(錦上添花)2	불편부당(不偏不黨)	임기응변(臨機應變)2
기사회생(起死回生)	사필귀정(事必歸正)	자급자족(自給自足)
노심초사(勞心焦思)	삼고초려(三顧草廬)	자유자재(自由自在)3
다다익선(多多益善)2	선견지명(先見之明)	전전긍긍(戰戰兢兢)2
다정다감(多情多感)	설상가상(雪上加霜)	전화위복(轉禍爲福)2
단도직입(單刀直入)	속수무책(束手無策)	좌정관천(坐井觀天)
단장취의(斷章取義)	수적성천(水積成川)	주객전도(主客顚倒)
대동소이(大同小異)2	약육강식(弱肉强食)	천차만별(千差萬別)2
동공이곡(同工異曲)	오장육부(五臟六腑)	천편일률(千篇一律)3
동병상련(同病相憐)	외유내강(外柔內剛)	청천벽력(靑天霹靂)
동분서주(東奔西走)2	유명무실(有名無實)3	춘하추동(春夏秋冬)
	이심전심(以心傳心)4	희노애락(喜怒哀樂)

---

10) 사자성어 뒤의 숫자는 빈도를 나타낸다. 숫자가 붙지 않은 것은 빈도 1이다.

능력시험에서 출제된 예를 보이면 다음과 같다.

예3.

> 　아픈 주사가 덜 아픈 주사보다 치료 효과가 크다거나 아픈 사람에게 소금물을 주사해도 환자의 증세가 호전되었다는 말에 (　㉠　)하는 사람들이 많다. ……(제25회)
>
> 21. ㉠에 알맞은 것을 고르십시오.(3점)
> 　　① 반신반의　　② 기고만장　　③ 기절초풍　　④ 동문서답

　여기에서 정답은 '반신반의'인데, 이 같은 동형동의 사자성어는 앞뒤 문장을 잘 이해하면 쉽게 대답할 수 있다.

(2) 능력시험 문제 중 이형동의 사자성어

고급 한국어능력시험에는 이형동의 사자성어도 동형동의 못지 않게 많이 출현한다.

〈표 2〉고급 한국어능력시험 중 이형동의 사자성어(50개)

감언이설(甘言利說)5	상부상조(相扶相助)	자타공인(自他共認)
갑론을박(甲論乙駁)2	새옹지마(塞翁之馬)	자화자찬(自畫自讚)
거두절미(去頭截尾)	소탐대실(小貪大失)	전무후무(前無後無)
군계일학(群鷄一鶴)	수수방관(袖手傍觀)	좌충우돌(左衝右突)
궁여지책(窮餘之策)	심사숙고(深思熟考)2	주마간산(走馬看山)
기고만장(氣高萬丈)	십중팔구(十中八九)2	죽마고우(竹馬故友)
다사다난(多事多難)	안고수비(眼高手卑)	중심성성(衆心成城)
다재다능(多才多能)	애지중지(愛之重之)2	천양지차(天壤之差)
동고동락(同苦同樂)2	어부지리(漁父之利)	천우신조(天佑神助)2
동문서답(東問西答)5	여좌침석(如坐針席)	탁상공론(卓上空論)
막상막하(莫上莫下)3	역지사지(易地思之)2	풍전등화(風前燈火)
명존실무(名存實無)	우여곡절(迂餘曲折)	학수고대(鶴首苦待)
백절불굴(百折不屈)	우유부단(優柔不斷)	행방불명(行方不明)
본말전도(本末顚倒)	우후죽순(雨後竹筍)	허심탄회(虛心坦懷)
부지기수(不知其數)	유유자적(悠悠自適)2	호사다마(好事多魔)
부화뇌동(附和雷同)	자수성가(自手成家)5	화중지병(畫中之餠)
비일비재(非一非再)2	자승자박(自繩自縛)2	

능력시험에 출현된 이형동의 사자성어는 그 수가 많고, '감언이설', '동문서답', '자수성가' 등은 5차나 출제되어 높은 빈도를 보이고 있다.

다음은 고급 능력시험에 나온 이형동의 사자성어의 예이다.

예4.

> …… 투자의 책임은 전적으로 본인에게 있다. 투자금을 잃은 후에 (　ⓛ　)에 넘어갔다고 후회해봐야 이미 때는 늦은 것이다.(제28회)
>
> 22. ⓛ에 알맞은 것을 고르십시오.(3점)
>　　① 동문서답　② 갑론을박　③ 감언이설　④ 중언부언

중국인 학습자들에게 이형동의 사자성어는 동형동의 사자성어보다 어렵다. 하지만 한국어능력시험에서 이형동의가 차지하는 비율은 동형동의 사자성어에 못지 않으므로 한국어교육에서 마땅히 중시를 받아야 할 부분이라고 하겠다.

(3) 능력시험 문제 중 동형이의 사자성어

고급 능력시험에 출현된 동형이의 사자성어는 6개밖에 안된다.

〈표 3〉 고급 한국어능력시험 중 동형이의 사자성어(6개)

고명사의(顧名思義)	금지옥엽(金枝玉葉)	낙화유수(落花流水)
대경소괴(大驚小怪)	설니홍조(雪泥鴻爪)	난형난제(難兄難弟)2

고급 능력시험에 나온 동형이의 사자성어의 예를 보이면 다음과 같다.

예5.

> [25~27] 다음 글을 읽고 물음에 답하십시오.(제11회)
>
> "ⓥ 초등학교 때 단짝이었던 한우정씨를 찾습니다. 이민 온 지 벌써 16년이란 긴 시간이 (　　) 그 친구만큼은 잊혀지지가 않네요."
>
> 25. ⓥ과 비슷한 말을 고르십시오.(3점)
>　　① 죽마고우　② 홍익인간　③ 난형난제　④ 금지옥엽

이 문제에서 정답은 이형동의 사자성어 '죽마고우'지만 동형이의 사자성어 '난형난제', '금지옥엽'이나 한국 자생 사자성어 '홍익인간'에 대한 이해가 없으면 정답을 맞추기 어려울 것이다. 동형이의 사자성어는 전체 사자성어에서 차지하는 비율이 아주 적지만 상용 사자성어는 반드시 교육시킬 필요가 있다.

(4) 능력시험 문제 중 한국 자생 사자성어

한국 자생 사자성어는 고급 한국어능력시험에 20개가 출현하여 14.9%를 차지하였다.

〈표 4〉 고급 한국어능력시험 중 한국 자생 사자성어(20개)

금시초문(今時初聞)2	부전자전(父傳子傳)	중언부언(重言復言)2
기절초풍(氣絶-風)	삼일천하(三日天下)	차일피일(此日彼日)
남남북녀(南男北女)	십시일반(十匙一飯)	천방지축(天方地軸)
등하불명(燈下不明)	아전인수(我田引水)	초록동색(草綠同色)
만장일치(滿場一致)	어불성설(語不成說)	허무맹랑(虛無孟浪)
무사안일(無事安逸)	우왕좌왕(右往左往)2	홍익인간(弘益人間)2
백수건달(白手乾達)	좌지우지(左之右之)	

고급 능력시험에 나온 한국 자생 사자성어의 예를 보이면 다음과 같다.

예6.

> 예방접종은 병을 막기 위해 일부러 몸에 그 병원균을 넣어주는 것이라서 얼핏 보면 병으로 병을 예방한다는 것이 (㉠)로 느껴질 수 있다. ……(제26회)
>
> 21. ㉠에 알맞은 것을 고르십시오.(3점)
> ① 감언이설   ② 소탐대실   ③ 좌충우돌   ④ 어불성설

여기에서 정답 '어불성설'은 "말이 조금도 사리에 맞지 아니함"으로써 중국어에는 없는 것이다. 한국 자생 사자성어는 학습자들에게 제일 어려운 사자성어라고 할 수 있는데 형태에만 의거해서는 그 뜻을 쉽게 이해하기 어려우므로 평소의 학습과 축적이 필요한 부분이다.

4. 한국어교재에서 본 사자성어

이 절에서는 한국어 교육기관의 사자성어 교육 현황을 알아보고자 한국과 중국의 10개 대학기관 교재에 수록된 사자성어를 한국어능력시험에 출제된 사자성어와 비교하여 그 문제점을 알아본다.

1) 한국에서 편찬한 교재의 사자성어

한국에서 편찬한 교재[11]에 수록된 사자성어 수는 다음과 같다.

<표 5> 한국 교재의 사자성어

대학교	교재명	교재등급	사자성어	교재등급	사자성어	합계
건국대학교	한국어	3-4	8	5-6	42	50
경희대학교	한국어	중급 I, II	5	고급 I, II	9	14
서울대학교	한국어	3-4	3			3
성균관대학교	배우기 쉬운 한국어	3-4	3	5-6	12	15
연세대학교	한국어		4		59	63

이 중 건국대학교 교재는 사자성어의 양도 많을 뿐더러 본문에 나타난 사자성어를 다시 간단한 문장이나 대화 형식으로 설명하였다. 적절한 예문을 제시하여 학습자의 이해를 돕도록 한 것이 좋았다. 경희대학교 교재에서는 일부 사자성어를 출처를 밝히고 어떤 과정을 거쳐 형성되었는지 고전을 통해 설명하였다. 오늘날 의미가 조금 바뀌어 사용되고 있는 점도 설명하였는데 학습자들에게 정확한 의미사용을 제시할 수 있어서 좋았다.

한국 교재의 사자성어 제시에서 나타나는 문제들은 주로 다음과 같다.

첫째, 수록된 사자성어 수가 일정하지 않다. 많게는 63개의 사자성어를 제시한 교재가 있는가 하면 3개밖에 제시하지 않은 교재도 있다. 그러므로 교재들 간에 중복되는 사자성어가 매우 적다. 가장 많이 출현한 사자성어는 빈도 3인 '남녀노소', '유비무환', '현모양처'이고, 빈도 2인 사자성어는 23개뿐이다.

---

11) 한국에서 편찬한 교재는 다음과 같다.
　경희대학교 국제교육원(2003), 『한국어 중급』 I, II, 『한국어 고급』 I, II. 경희대학교 출판부.
　성균관대학교 성균관어학원(2004), 『배우기 쉬운 한국어』 3, 4, 5, 6. 성균관대학교 출판부.
　연세대학교 한국어학당(2005), 『한국어』 5, 6. 연세대학교 출판부.
　서울대학교 언어교육원(2007), 『한국어』 3, 4. 문진미디어.
　건국대학교 언어교육원(2008), 『한국어』 4, 5, 6. 건국대학교 출판부.

⟨표 6⟩ 한국 교재의 빈도2 이상 사자성어

빈도 3	빈도 2	
남녀노소(男女老少)	각양각색(各樣各色)	왈가왈부(曰可曰否)
유비무환(有備無患)	격세지감(隔世之感)	일거양득(一擧兩得)
현모양처(賢母良妻)	고진감래(苦盡甘來)	일석이조(一石二鳥)
	관혼상제(冠婚喪祭)	일장일단(一長一短)
	동분서주(東奔西走)	자급자족(自給自足)
	물물교환(物物交換)	전화위복(轉禍爲福)
	비일비재(非一非再)	천신만고(千辛萬苦)
	설상가상(雪上加霜)	측은지심(惻隱之心)
	솔선수범(率先垂範)	칠전팔기(七顚八起)
	승승장구(乘勝長驅)	학수고대(鶴首苦待)
	신신당부(申申當付)	후회막급(後悔莫及)
	애지중지(愛之重之)	

둘째, 제시 방법은 교재마다 차이가 좀 있지만 사자성어의 의미 설명 없이 원문에서 출현되고 대응하는 한자를 제시하지 않은 경우가 많았다.

셋째, 대부분 교재에서 사자성어 관련 연습을 설정하지 않았다.

넷째, 한국어능력시험과 한국 교재의 사자성어를 비교한 결과 능력시험과 한국 교재에 모두 출현한 사자성어는 41개뿐이다. 능력시험에 출현한 사자성어 133개의 30.8%밖에 안 된다.

⟨표 7⟩ 한국어능력시험과 한국 교재에 공동으로 출현된 사자성어(41개)

감언이설(甘言利說)	속수무책(束手無策)	일석이조(一石二鳥)
고진감래(苦盡甘來)	수수방관(袖手傍觀)	임기응변(臨機應變)
과유불급(過猶不及)	심사숙고(深思熟考)	자급자족(自給自足)
궁여지책(窮餘之策)	십시일반(十匙一飯)	자수성가(自手成家)
다정다감(多情多感)	십중팔구(十中八九)	전전긍긍(戰戰兢兢)
동고동락(同苦同樂)	이전인수(我田引水)	전화위복(轉禍爲福)
동병상련(同病相憐)	애지중지(愛之重之)	죽마고우(竹馬故友)
동분서주(東奔西走)	어부지리(漁父之利)	천우신조(天佑神助)
막상막하(莫上莫下)	역지사지(易地思之)	천편일률(千篇一律)
무궁무진(無窮無盡)	외유내강(外柔內剛)	학수고대(鶴首苦待)
부전자전(父傳子傳)	우여곡절(迂餘曲折)	허심탄회(虛心坦懷)
비일비재(非一非再)	우왕좌왕(右往左往)	홍익인간(弘益人間)
새옹지마(塞翁之馬)	우유부단(優柔不斷)	희노애락(喜怒哀樂)
설상가상(雪上加霜)	일거양득(一擧兩得)	

<표 7>에 의하면 한국어능력시험에 3차나 출제된 '동상이몽(同床异夢)', '유명무실(有名無實)', '이심전심(以心傳心)' 등은 교재에 수록되지 않았다.

2) 중국에서 편찬한 교재의 사자성어

중국에서 편찬한 교재[12]에 수록된 사자성어의 수는 다음과 같다.

〈표 8〉 중국 교재의 사자성어

대학교	교재명	교재등급	사자성어	교재등급	사자성어	합계
광동외어외무대학교	중급한국어 교정	중급 상, 하	58			58
산동대학교(위해)	대학한국어	3-4	5	5-6	5	10
상해해양대학교	한국어	중급 상, 하	14	고급 상, 하	66	80
연변대학교	한국어	기초 3-4	6	고급 1-2	15	21
천진사범대학교	신편고급한국어			고급 상, 하	116	116

이 교재들 중 사자성어를 의도적으로 제시한 교재는 『신편고급한국어』라고 할 수 있다. 이 교재에서는 '한자성어와 성구속담'이란 연습을 주어 사자성어를 알맞은 자리에 써넣게 함으로써 학습자의 이해를 돕도록 한 것이 좋았다. 그러나 의미 해석이 없고 정확한 사용도 설명하지 않은 점이 아쉽다.

중국 교재의 사자성어 제시에도 한국 교재와 비슷한 문제들이 있었다.

첫째, 제시된 사자성어 수가 일정하지 않다. 많은 것은 116개인데 적은 것은 10개밖에 안된다. 교재들 간에 중복되는 사자성어로 가장 많이 출현한 사자성어는 빈도 4인 '이심전심', 빈도 3인 '애지중지', '작심삼일'이고, 빈도 2인 사자성어도 20개뿐이다.

---

12) 연변대학교(2008, 2012), 『기초한국어』 3, 4, 『고급한국어』 1, 2. 흑룡강조선민족출판사.
　　산동대학교(위해분교)(2009), 『대학한국어』 3, 4, 5, 6. 북경대학출판사.
　　상해해양대학교(2009, 2010), 『중급한국어』 상, 하. 『고급한국어』 상, 하. 연변대학출판사.
　　천진사범대학교(2014), 『신편고급한국어』 상, 하. 북경대학출판사.
　　광동외어외무대학교(2010), 『중급한국어교정』 상, 하. 세계도서출판사.
　　이 교재는 고급이 편찬되지 않았지만 중급에서 많은 사자성어가 제시되었으므로 분석대상으로 삼았다.

<표 9> 중국 교재의 빈도2 이상 사자성어

빈도 4	빈도 2	
이심전심(以心傳心)	고식지계(姑息之計)	안성맞춤(安城--)
	노심초사(勞心焦思)	우이독경(牛耳讀經)
	동문서답(東問西答)	일편단심(一片丹心)
빈도 3	물아일체(物我一體)	주마간산(走馬看山)
	박장대소(拍掌大笑)	죽마고우(竹馬故友)
	산전수전(山戰水戰)	천방지축(天方地軸)
애지중지(愛之重之)	설상가상(雪上加霜)	천자만홍(千紫萬紅)
작심삼일(作心三日)	속수무책(束手無策)	포복절도(抱腹絶倒)
	심사숙고(深思熟考)	현모양처(賢母良妻)
	십중팔구(十中八九)	희로애락(喜怒哀樂)

　둘째, 대부분 교재들에서는 사자성어를 중국어로 직역만 하고 그것이 동형이의
인지, 이형동의인지, 아니면 한국에서 자생한 사자성어인지에 대한 설명이 없으며
활용 특성도 주어지지 않았다. 동형동의 사자성어는 큰 문제가 없겠으나 한국어에
서 그 의미가 전이되었거나 한국에서 만들어진 사자성어라면 중국인 학습자들이
쉽게 이해하기 어려울 것이다.

　셋째, 사자성어를 제시함에 있어서 사자성어 개념이 분명하지 못한 점도 보인다.
표준국어대사전에 표제어로 오르지 않은 단어들도 일부 교재에서는 사자성어로 제
시하였다.

　넷째, 대부분 교재에서 사자성어 관련 연습을 설정하지 않았다.

　다섯째, 능력시험과 중국 교재에 모두 출현한 사자성어는 59개로서 능력시험에
출현한 사자성어 133개의 44.4%를 차지한다. 능력시험과 교재 사이에도 큰 차이가
있음을 볼 수 있다.

5. 맺음말

　이상에서 한국어능력시험과 한국어교재에 출현한 사자성어를 살펴보고 그 문제
점을 분석하였다. 한국어 교육기관에서 편찬한 교재에서 사자성어를 제시하는 방
법과 제시 수량이 상당히 다르고, 연습도 충분히 진행되지 못함을 알 수 있었다. 이
는 학습자들이 무엇을 기준으로 사자성어를 배울 것이며 한국어 수준을 검증하는

능력시험에는 어떻게 대처할 것인지에 대한 고려가 부족했음을 볼 수 있다.

향후 효과적인 사자성어 교육을 위해서는 다음과 같은 면에서 더 주의를 기울여야 하지 않을까 생각한다.

첫째, 한국어학습자를 위한 사자성어 목록을 작성하여 학습자들이 중점적으로 학습하도록 하는 것이 바람직하다. 지금까지 한국국립국어원에서 제정한 '기본어휘 목록', 한국교육과정평가원에서 작성한 '한국어능력시험 어휘 목록' 등에는 사자성어가 수록되지 않았다. 그러므로 한국어능력시험에서도 출제자들이 주관에 의해 사자성어를 출제할 수밖에 없을 것이다. 실제로 능력시험에 출제된 사자성어를 국립국어원 말뭉치에서 빈도를 추출한 결과 빈도 10이하의 사자성어가 28개나 되어 출현 사자성의 21%를 차지하였으며 '동산재기', '일자천금', '명존실무', '여좌침석', '중심성성' 등은 말뭉치에서도 찾을 수 없었다. 따라서 학습자들이 사자성어를 학습하거나 교육기관에서 교재를 편찬할 때 의거할 수 있는 기준 목록이 필요하다.[13]

둘째, 교재에서 사자성어를 제시할 때 한자를 병행시키고, 특히 동형이의, 이형동의, 한국 자생 사자성어는 교재에서 직역하지 말고 중국어 사자성어와의 차이 혹은 그만의 의미를 설명해줄 필요가 있다.

셋째, 사자성어의 활용에 대한 교육이 필요하다.

사자성어는 표준국어대사전에서도 대부분 명사로 수록하였듯이 명사의 성격이 짙다. 그러므로 문장 내에서 여러 가지 문장 성분으로 활용된다.

> 예7. "요즘 공인의 개인적 의사 표현에 대한 (갑론을박)이 한창이다." (능력시험 제32회) ――주어
>
> 예8. "이렇게 수많은 (우여곡절)을 거친 한국 수중고고학이 이제는 상당한 수준에 올랐음은 모두가 인정하는 바이다." (능력시험 제20회) ――목적어
>
> 예9. "투자금을 잃은 후에 (감언이설)에 넘어갔다고 후회해봐야 이미 때는 늦은 것이다." (능력시험 제28회) ――부사어
>
> 예10. "여기에 그 성과를 함께 나누기까지 한다면 (금상첨화)일 것이다." (능력시험 제26회) ――서술어

보다시피 사자성어는 문장 속에서 주어, 목적어, 부사어, 술어 등 여러 가지 문장 성분으로 쓰인다.

---

13) 중국에서는 외국인을 위한 《漢語水平詞匯和漢字等級大綱》에서 성구도 甲級, 乙級, 丙級, 丁級로 제정하고 있다.

일부 사자성어는 동사나 형용사의 어근으로서 접미사 '하다', '되다'와 결합하여 새로운 단어를 형성할 수 있다.

> 예11. "신화를 대할 때는 (허무맹랑)한 이야기로 치부하기보다는 인간 이해의 실마리가 될 수 있는 상징적 의미를 찾도록 노력해야 한다." (능력시험 제 19회) -- "하다"와 함께 형용사로 되었다.
>
> 예12. "아픈 주사가 덜 아픈 주사보다 치료 효과가 크다거나 아픈 사람에게 소금물을 주사해도 환자의 증세가 호전되었다는 말에 (반신반의)하는 사람들이 많다." (능력시험 제25회)-- "하다"와 함께 타동사로 되었다.
>
> 예13. "주말이 되면서 지구당 폐지설은 유야무야(有耶无野)됐다." (한국 중앙일보 1993.08. 해설) -- "되다"와 함께 자동사로 되었다.

사자성어의 형태나 의미에만 집중하지 말고 그 활용에도 주의가 필요함을 알 수 있다.

넷째, 교재에서 사자성어와 관련된 여러 가지 연습문제를 설계하여 학습자들이 사자성어를 정확히 활용할 수 있도록 해야 한다.

다섯째, 교육현장에서 가르치는 교사들의 중시가 필요하다. 교재에서 모든 사자성어를 의미, 활용까지 제시하기는 어렵다. 그러므로 교사들의 중시와 적절한 교수 방법 등이 더 말할 나위 없이 중요하다.

중국인 학습자들에게 사자성어는 쉬우면서도 어려운 것이라고 할 수 있다. 그러므로 사자성어 교육을 어떻게 효과적으로 진행할 것인지에 대한 더 깊이 있는 연구가 기대된다.

참고문헌

金相圭(2009), 「韓國自創成語研究」, 浙江大學碩士學位論文.

김정숙(2011), 「시행결과를 통해 본 한국어능력시험의 발전 양상 연구」, 『이중언어학』 제46호, 이중언어학회.

김중섭(2010), 「한국어 중급 어휘목록 개발 연구」, 한국교육과정평가원.

朴愛華(2012), 「漢字在韓語漢字詞中的發展變化研究」, 南開大學博士學位論文.

李美智(2013), 「漢韓同形同義成語對比研究」, 華東師范大學碩士論文.

이영희(2008), 「외국인을 위한 한자어교육연구」, 숙명여자대학교 박사학위논문.

全榮敏(2009), 「中韓四字成語比較研究」, 山東大學碩士學位論文.

전은주(2008), 「한국어 능력 시험 평가 문항의 내용타당도 분석」, 『국어교육학연구』 제31집, 국어교육학회.

周小兵 程燕(2013), 「漢語敎材中成語的系統考察」, 『漢語學習』, 2013年 第6期, 97–104.

※ 이 논문은 『教育研究论丛』(CBNU Journal of Educational Research) (2015년 제36권 제1호)
에 실려 있음.

유춘희(俞春喜)
북경공업대학교 외국어대학 한국어학과
北京市平樂園100號
전자우편: ycx2003@hanmail.net

중국 한국어학과에서의 한국문학 교육내용 및 교육방식 고찰

윤윤진 (길림대학교)

1. 문제의 제기

중국에서의 한국어교육은 이미 상당한 수준에 와 있다. 이것은 한국어학과가 설립된 대학수가 양적으로 대폭 증가되었다는 데도 있지만 한국어교육도 이미 상당한 정도에서 고차원의 교육이 전면적으로 진행되고 있다는 것을 의미하기도 한다. 그런데 그와는 반대로 한국문학교육을 비롯하여 기타 인문영역에서의 교육은 미진한 상태에 처해 있음은 부인할 수 없는 실정이다. 한국문학관련 학과목이 설정되어 있지 않거나 설정되어 있더라도 몇몇 작가나 작품을 선정하여 강의하는 것으로써 전반적인 문학교육을 대처하는 것도 적지 않은 대학교 한국어학과 문학교육의 실태임이 틀림 없다. 이러한 문제가 나타나게 된 데는 물론 여러 가지 원인이 있는데 한국어학과는 한국어만 배우는 학과라는 학생측의 협소한 이해나 인식도 중요하지만 한국어학과에 적당한 문학교수나 문학을 제격으로 가르칠 수 있는 교수가 없거나 부족, 문학교육에 대한 홀시 등등도 그 원인으로 지적될 수 있다. 그러나 이보다 더 긴요한 것은 학과에 한국문학전공자 있다고 하더라도 문학에서 무엇을 어떻게 가르쳐야 할지 하는 문제에 대한 올바른 이해가 없어서 생기는 문제도 적지 않다. 필자는 몇 년 전부터 한국어학과에서의 한국어교육이 한국기업에 인력이나 제공해 주는 저차원에 만족한 것이 아니라 한국과 한국문화를 이해하고 한국문화를 중국에, 중국문화를 한국에 소개, 전파할 수 있고 더 나아가서는 한국학연구에 매진할 수 있는 고차원의 인재를 양성해야 한다고 역설하여 왔다.[1] 우리 한국어 학과에서 고차원의 인재를 양성하자면 우리의 교육과정을 조절, 수정하는 외에 이미 개설되어 있는 학과목들을 어떤 범위에서 어떻게 가르치는가 하는 문제도 상당히 중요한 문제로 다가

---

1) 윤윤진(2012), 「한국어학과에서 한국문학교육을 진행할 필요성과 그 현황 및 해결방안」, 중국 한국(조선)어교육연구학회편. 『중국의 한국어교육의 회고와 전망』, 한국문화사 참조.

선다. 한국문학은 이미 많은 학교들에서 한국어학과 필수학과목으로 지정되어 있는 것으로 안다. 한국문학은 한국어학생들에게 한국어교육을 진행함과 함께 한국문화, 즉 한국인들의 행위방식, 사유방식, 미의식을 비롯하여 많은 인문지식을 배울 수 있는 좋은 학과목이다. 따라서 이 한 과목을 잘 강의하여도 한국어교육과 한국문화교육이라는 다른 학과목이 대처할 수 없는 일거양득의 좋은 효과를 거둘 수 있다. 그런데 지금 많은 교수들은 학생들이 한국문학교육에 취미를 가지지 않고 있다는 이유로 이 교육을 홀시하거나 몇몇 작품 해설로 이 교육을 대처하는 경우가 있다. 이것은 한국어교육자로서, 더욱이는 한국문학교육자로서는 바람직한 태도가 아니며 책임지는 태도는 더구나 아니다. 우리는 교육자로서 우리 한국어학과는 언어학과인 것이 아니라 한국 언어문학학과라는 학과적인 성격을 분명히 할 필요가 없다. 상당한 한국문학지식이 없거나 소지하지 못한 학생을 우리는 한국어학과의 우수한 학생이라고 할 수 없다. 따라서 한국문학교육의 필요성이 제기되는데 필자는 한국문학교육도 큰 틀에서 말하면 한국어교육과 마찬가지인데 여기에서 가장 중요한 것은 무엇을 어떻게 가르치는가 하는 문제와 교육방식의 문제, 교수의 문학수양과 문학에 대한 이해 등등 많은 문제가 있다고 생각한다. 이러한 상황에 근거하여 필자는 우리 한국어과 학생들에게 한국문학교육을 어떻게 진행할 것인가 하는 문제를 둘러싸고 자기의 소견을 제기함으로써 중국의 한국문학교육에 일정한 도움을 주고자 한다.

2. 문학교육의 내용

문학교육의 내용은 크게 문학이란 이 특정한 학과적인 성격에 의해 규정되는데 문학을 일반적으로 말하면 세계와 작가, 작가와 작품, 작품과 독자, 독자와 세계란 크게 네 개 부분으로 구성된 순환계통이라고 할 때, 이 계통 속에서 각 부분은 상응한 부분과 이원관계를 형성한다. 이것을 도표로 보여주면 다음과 같다.[2]

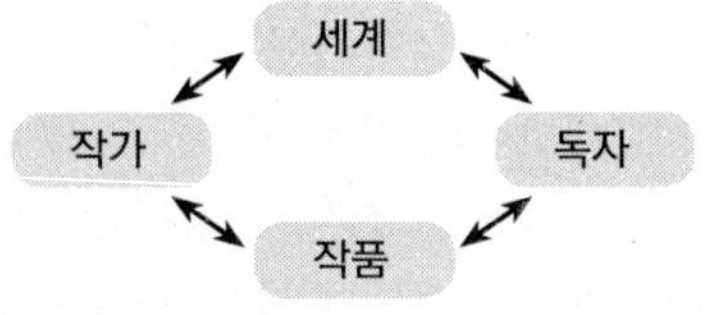

---

2) 이것은 미국의 문학평론가 M. H 애브램스는 『거울과 등잔불』에서 문학의 운행패턴 중의 4개 요소, 작품, 작가, 우주와 관중의 관계를 3각형형태로 표시했는데 이것을 중국인 학자 유약우(劉若愚)선생이 이러한 도표를 만들어 설명했는데 본문에서는 그것을 인용했다.

이 도표를 요약하여 간단하게 설명하면 세계(사회)는 작가들에게 창작의 영감과 동력을 부여함으로써 문학창작의 원천으로 작용하며 작가는 세계(사회)에서 받은 영감, 또는 인식을 작품화하여 독자들에게 선물하기에 작품은 세계의 반영이라고 할 수 있으며 독자들은 작품을 통하여 세계에 대한 작가의 인식을 요해하고 다시 세계를 개조하거나 세계에 부응하는 독자적인 선택을 하게 되며 그 반대로 즉 시계바늘 방향으로 보면 독자들은 세계에 대한 자기의 독자적인 이해에 따라 작품을 이해하거나 접수하게 되며 작품에는 세계에 대한 작가의 독특한 심미적인 인식이 투영되어 있으며 작가들은 세계를 자기의 심미관에 따라 인식한다. 이것은 문학과 세계(사회)의 가장 기본적인 역학구조로서 세계와 작가, 작가와 작품, 세계와 작품, 세계와 독자, 작가와 독자, 작품과 독자 사이의 관계를 연구하는 문학의 일반이론은 여기에서 산생한다. 이를테면 작가는 세계를 어떻게 인식하고 있으며 그것을 어떻게 작품 속에 반영하였는가? 문학작품은 세계와 어떠한 관계를 가지며 작품은 독자들에게 어떠한 영향을 주고 있으며 독자들은 문학작품을 어떻게 접수하고 있는가 하는 등등의 문제는 이러한 이론연구과정에서 완성된다. 우리가 지금 늘 보게 되는 문학이론은 대체로 문학과 사회, 작가의 창작과정, 작품의 구성, 독자들의 문학비평 등 몇 개 부분으로 구성되고 있는 것은 바로 이 때문인 것이다. 그런데 우리의 한국어 학과는 전문적인 문학인재를 양성하기 위한 학과가 아니고 대부분 학생들의 지망도 문학연구가 아니다. 따라서 우리 한국어학과에서는 이러한 복잡한 문학의 일반이론을 상세하게 거론할 필요가 없다. 그러나 필경은 언어문학전공인 것만큼 이러한 문학의 가장 일반적인 이론은 요약적으로 학생들에게 전수할 필요가 있을지도 모른다.

문학의 일반적인 지식을 떠나 문학을 국가별문학에 한정하여 말할 때, 한 나라의 문학연구는 대분하면 크게 문학사 연구, 작가작품연구, 문학이론과 비평연구 이세 가지라고 할 수 있으며 그 가운데서 문학사 연구는 또 세분하여 문학의 역사적인 발전과 사회현실과의 관계, 문학내용과 형식의 역사적인 변화와 발전, 신문학내용과 형식의 출현, 시대별 전후 시기 문학의 발전과 계승관계, 문학사상에 나타난 사조. 유파 등등으로 나눌 수 있으며, 작가연구는 모 작가의 창작생애연구, 모 작품의 창작과정연구, 그 생애와 모 작품의 관련연구, 작가의 각 단계별 창작 양상, 창작 스찔과 그 변화연구 등등으로 나누어 볼 수 있고, 작품연구는 본체적인 연구로서 작품의 구조연구, 작품언어연구, 모 작품의 제재, 주제, 인물, 슈제트 및 각종 모티브 연구 등등으로 나눌 수 있고 문학비평연구는 또 문학이론과 여러 가지 문학범주에 대한 연구, 문학비평의 표준, 그 표준을 이용한 구체적인 작품에 대한 비평 등등으로 나눌 수 있다. 이것을 도표로 보여주면 다음과 같다.

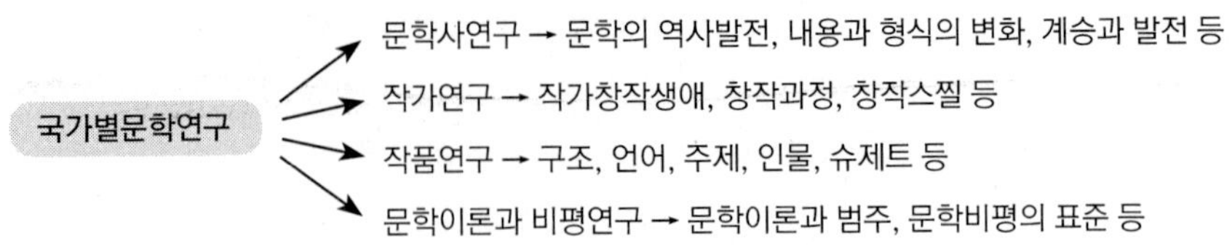

한국문학의 경우도 국가별 문학에 속하는 것만큼 대개는 상기 연구범위를 벗어날 수 없다. 따라서 한국문학교육과 교수에 있어서 먼저 교육목표를 정하는 것이 우선 순위라고 할 수 있다. 교육목표가 정해져야 만이 교육내용이 정해질 수 있으며 교육내용이 정해져야 어떻게 교수할 것인가가 정해지기 때문이다.

대저 한국문학의 교육목표는 한국문학전공자 양성에 따른 한국문학사, 작가작품 등 전반에 대한 상세한 교과과정, 상식적으로 한국문학을 장악하게 할 목적으로 문학사중에서 중요한 작가나 작품에 대한 중점적인 교과과정, 한국문학사요약에 따른 부분적인 작가, 작품에 대한 소개정도의 교과과정, 또는 소설, 시와 같이 장르별에 따른 교과과정, 고려시기 문학, 조선조시기 문학과 같은 문학사 단계별 교과과정, 문학사 따로, 작가, 작품 따로와 같은 교과과정 등등이 있을 수 있는데 여기에서 어떠한 교과과정을 선택하는가는 한국문학의 교육목표, 또는 교육목적에 의해 결정된다고 할 수 있다. 목하 중국의 한국어학과에서는 대개 한국문학사와 한국문학작품선독(강독)과 같은 학과목이 설정되어 있는 상황이다. 이것은 학생들에게 한국문학을 상식적으로 장악하게끔 하자는 취지에서 설정된 것이라고 할 수 있다. 그렇다면 우리의 교육목표와 목적은 분명하다고 할 수 있는데 이 목표와 목적이 분명하여 무엇을 배워줄 것인가 하는 문제가 해결된다면 다음의 문제는 어떻게 배워줄 것인가 하는 교수방식의 문제이다. 말하자면 무엇을 배워줄 것인가 하는 문제는 교육목표와 관련된 문제이고 어떻게 배워줄 것인가 하는 문제는 교수방식의 문제로서 서로 다른 차원의 문제라는 것을 우리는 알아야 한다.

무엇을 배워 줄 것인가? 이것은 우리 모든 문학전공자들이 고민하는 문제의 하나이다. 필자는 목전 상황에서 우리는 한국어학과의 학생양성목표에 따라 한국문학사요약에 따른 부분적인 작가, 작품에 대한 소개정도의 교과과정이 가장 적합하다고 인정한다.[3] 왜냐하면 이 교과과정은 내용상 간략하게나마 한국문학의 발전노정을 소개해 줄 수 있고 그 가운데서 중요한 역할을 한 중요한 작가, 작품을 소개하여 학생들이 한국문학과 그 발전에 대해 피상적인 이해라도 가질 수 있게 해 줄 수

---

3) 물론 일부 대학교들에서는 자체의 특징에 근거하여 다른 교과과정을 선택할 수 있지만 목전 중국의 한국어교육의 상황으로 미루어 보아 대부분 학교에서 이 교과과정을 선택하는 것이 가장 바람직하다고 필자는 인정한다.

있기 때문이며, 또 우리의 교수진으로 미루어 보아 이 정도의 강의는 큰 무리가 없이 진행할 수 있기 때문이다.

무엇을 배워 줄 것인가 하는 문제에서 또 짚고 넘어가야 할 것은 교과 내용이 정해진 다음에도 그 내용에서 반드시 짚고 넘어가야 할 문제, 다시 말하면 요점을 틀어줘어야 하는 문제이다. 이를테면 <구지가>를 강의한다고 할 때, <구지가>의 내력, 내용, 구성뿐만 아니라 그것이 원시가요로 되는 이유, 어떤 몇 가지 이유로 우리는 <구지가>를 원시가요라고 하는가 하는 문제와 그것이 후세 가요와 어떤 관련이 있는가 하는 문제를 반드시 짚어주어야 한다. 뿐만 아니라 우리는 여기에서 <구지가>가 원시가요로 되는 이유를 짚어주는 것은 작품해설에 해당되는 부분이고 후세 가요와의 연관성은 문학사적인 발전에서 <구지가>를 이야기하는 것으로서 위에 도표에서 표시한 것처럼 서로 치중점이 다르다는 것을 알아야 하며 자신의 교육목표에 따라 어느 부분에 역점을 두고 수업을 조직할 것인가를 고민해야 한다.

3. 문학교육의 방식문제

무엇을 배워줄 것인가 하는 문제가 해결되면 이어지는 문제는 어떻게 배워줄 것인가 하는 문제이다. 사실 이것은 교수방식과 관련된 문제로서 여기에는 꼭 그렇다고 할 만한 표준과 답안이 없다. 여기에서는 학생들의 수준이나 자질 및 흥미 같은 객관적인 문제도 있지만 담당교수의 자질과 문학수양도 상당한 작용을 할 뿐만 아니라 교수방식도 한 몫을 하기 때문이다. 그럼 문학교육을 어떠한 방식으로 진행해야 할 것인가? 이 문제는 담당교수의 상황에 따라 다를 수가 있고 무엇을 배워주는가에 따라 달라질 수 있다. 그런데 목전 국내 많은 한국어 학과에서 "한국문학사"와 "한국문학작품선독(강독)"이란 학과목을 개설하고 있기에 이 두 학과정을 둘러싸고 논의를 진행하고자 한다.

1) "한국문학사"의 경우

한국문학사는 학생들에게 한국문학의 역사적인 발전을 전수하기 위한 학과목이다. 따라서 이 교과목에서의 핵심은 역사적인 발전이라고 할 수 있는데 담당교수는 무엇을 강의하든 이 핵심적인 포인트를 떠나지 말아야 하며 교수초점을 역사적 발전이란 맥락에서 작가와 작품 및 문학현상을 해석해 주어야 한다. 이렇게 하기 위해서는 여러 가지 기술적인 문제가 뒤따르겠지만 주로 아래와 같은 몇 가지 점에 유의하여야 한다.

첫째, 한국문학사는 한국문학이 걸어온 역사적인 발자취이다. 따라서 여기에서는 모 작가나 작품이 한국문학의 역사적인 발전에 어떠한 기여가 있는가가 포인트이며 시기별, 작가별 모두 그러한 문학이 전개되게 된 사회적인 요인과 문학적인 요인이 있다. 이러한 요인들이 바로 문학사 수업에서의 가장 기본지식이고 지식 놀리지(knowledge, 중국어로는 知識点이라고도 함)이다. 교과 수업은 바로 이러한 기본지식과 지식 놀리지를 둘러싸고 진행되어야 한다.

그 예로 <구지가>의 경우를 보기로 하자. <구지가>의 강의에서 가장 중요한 포인트는 한국문학사에 현전하는 가장 오랜 작품이라는 점과 작품이 원시시대에서 계급사회로 전환하는 과도기적인 작품이라는 점과 그 작품에서 표현된 일부 예술수법들이 후세 한국문학에 준 영향 등으로 잡을 수 있다. 이외 이 작품에는 작품의 주제나 형성시기를 둘러싸고 진행되는 학계의 논의와 같은 문제는 학부과정생들의 경우에는 약할 수도 있다.

둘째, 학생들에게 한꺼번에 너무 많은 지식을 수여하고자 하지 말고 적당한 선에서 한국문학의 발전에 중요한 작용을 한 문학사상의 가장 기본적이고 기초적인 지식을 전수하는데 초점을 두어야 한다. 문학사 수업에서 우리는 늘 작가와 작품을 이야기하게 되는데 이 역시 상기 문학의 역사적인 발전이란 맥락에서 진행되어야 한다. 이를테면 고려시기로부터 많은 작가들이 등장하게 되는데 문학사강의에서 이러한 작가들을 모두 취급할 것이 아니라 그중에서도 고려문학의 발전에 있어서 중요한 역할을 한 작가들을 적당하게 선정하여 강의를 조직하여야 하며 그러한 작가를 취급한다 하더라도 그의 모든 생애와 작품전반을 소개할 것이 아니라 역시 상기 역사적인 기여란 원칙과 그 작가의 창작적인 특점을 가장 잘 반영한 작품을 선정하는 것이 바람직하다. 그 예로 고려 한시의 경우, 이규보는 고려 한시문학의 대가로서 한시문학작품이 상당히 많지만 민족서사시라는 문학사의 발전과 고려문학의 역사라는 측면에서 볼 때, <동명왕편>[4]은 간과할 수 없는 것이므로 이러한 측면에 교수 초점을 두고 강의를 조직해야 하며 이제현의 경우도 한시 작품이 아주 많지만 중국에서 창작한 한시가 가장 특점이 있으며 특히 고려 작가들이 어려워했던 이제현의 사를 중점적으로 소개하는 것이 바람직하다.

---

4) <동명왕편>은 민족서사시란 측면에서 강조하여야 한다. 서사시는 보통 민족이 형성되거나 민족의식의 고양기에 나타나는 문학 장르인데 서구문학에서는 게르만인들의 <힐드브란테의 노래>, 앵글로 색슨족들의 <베오울포의 노래>와 프랑스의 <롤랑의 노래>, 스페인의 <씨드의 노래>, 독일의 <니벨룽겐의 노래>, 러시아의 <이고르왕 원정기> 등등이 이러한 범주에 속한다.

셋째, 문학의 발전에서 새롭게 나타난 장르나 내용 및 기타 문제에 대해서는 반드시 강조하여 지적하여야 한다. 문학의 발전이란 측면에서 보면 새 시기 문학은 언제나 그 전시기 문학을 계승하는 반면 장르를 비롯하여 새로운 것이 나타나기 마련이다. 이 경우, 그러한 작품 내용에 대한 해설보다는 그 새로운 측면에 초점을 맞추고 수업을 조직하여야 한다. 이를테면 <공무도하가>의 경우, 작품의 새로운 점은 <구지가>와의 비교 속에서만 설명 가능한데 여기에서 가장 중요한 것은 <공무도하가>와 <구지가>의 가장 큰 구별은 개인적인 정서가 깃들어 있다는 점이다. 만일 <구지가>가 어느 한 집단의 이익을 대표하는 노래라고 한다면 <공무도하가>는 어느 한 개인의 정서를 서정적으로 노래하였다는 점이다. 그 시기에 있어서 이것은 집단으로부터 개인으로의 이행을 말하는데 여기에 이 두 노래의 핵심적인 내용이 있다. 즉 하나는 원시사회의 집단적인 생활의 반영인 반면 다른 하나는 원시 집단적인 생활보다는 개인의 이익과 정서가 더 중요시되는 사회생활을 반영한다는데 그 초점이 있는 것이다.[5] 이것은 상기 이규보, 이제현의 경우에도 적용되며 그 뒤에 논하게 되는 김시습이나 기타 자가나 장르의 경우에도 석용된다고 할 수 있다.

넷째, 교육자가 취미를 가지는 부분이나 익숙한 부분에 연연하지 말고 학생들에게 전반적인 지식을 전수하기에 역점을 두어야 한다. 교육자는 모두 자기가 취미를 가지는 부분이나 장르, 혹은 작가가 있으며 또 자기가 익숙한 부분이 있다. 한국문학사 수업은 학생들에게 한국문학의 발전이란 거시적인 지식을 주자는데 그 목적이 있다. 따라서 어느 작가나 작품에 얼마만큼 시간을 할애할 것인가 하는 문제는 한국문학의 전반적인 발전 맥락이라는 측면에서 정해져야 한다. 그 예로 김시습을 들 수 있는데 교수가 소설 전공자라고 하여 여기에 연연할 것이 아니라 김시습은 한국 고전소설이란 이 새로운 장르의 출현과 그 과정에서의 공로를 주로 이야기해야 하며 김시습이나 그 작품집에 연연해서는 안 된다.

다섯째, 비교문학 방법론의 도입을 만능으로 생각해서는 안 된다. 중국에서의 한국문학교육에 있어서 적당하게 문학비교의 방식도 이용할 필요가 있으며[6] 경우에

---

5) 이러한 내용은 고대 그리스 호메로스의 서사시 <일리아드>에서도 나타나고 있는데 이것은 고대 그리스사회의 일대 전변을 반영하는 것이다. 이와 같은 논리로 한국의 <구지가>와 <공무도하가>는 원시사회로부터 계급사회의 이행이라는 중대한 역사적인 발전을 보여주고 있는 것이다. 이것이 한국문학사에서 우리가 이 두 작품을 대서특필하는 이유다.

6) 목하 중국의 한국문학교육에서 비교문학방법론을 이용해야 한다는 주장이 제기되고 있는데 이것은 당연한 것이다. 현재 중국에서 한국문학교육에 있어서 비교문학의 방법론은 적당하게 이용하는 경우가 적지 않다. 특히는 실제적인 교수 현장에서 문학교육담당자들은 중국문학과의 비교 속에서 중국인 학생들에게 한국문학을 이해시키기 위해 노력하고 있는 실정이다. 그런데 여기에서 제기되는 문제도 있는데 비교문학을 단순한 문학의 비교로 이해하고 있는 경우도

따라서는 이러한 방식이 예상외의 효과를 거둘 수도 있다. 그런데 문학비교의 방법론을 이용한다 하여 그 범위를 지나치게 확대해 나간다면 문제는 더 어려워져 우리가 예상치도 못 했던 문제가 나타날 수도 있으며 너무 학구적인 측면으로 나아간다면 학생들의 권태를 유발할 소지도 가지고 있다. 따라서 이러한 방법도 좋은 교수방법의 하나이지만 그것은 능사가 아니므로 적당하게 도수를 장악할 필요가 있다.

2) "한국문학작품선독(강독)"의 경우

"한국문학작품선독(강독)"은 학습자들에게 한국문학지식을 전수하기 위해 설정된 학과목이다. 따라서 "한국문학사"와는 달리 이 교과목에서의 교수요점은 구체적인 작가, 작품을 중심으로 한 한국문학지식이라고 할 수 있다. 담당교수는 여기에서 누구의 무슨 작품을 강의하든 이 핵심적인 포인트를 떠나지 말아야 하며 교수초점을 구체적인 작가, 작품의 전수라는 입장에서 교수를 조직하여야 한다. 이렇게 하기 위해서는 여러 가지 기술적인 문제가 뒤따르겠지만 주로 아래와 같은 몇 가지 문제에 유의할 필요가 있다.

첫째, 작품선정을 잘 해야 한다. 수천 년의 문학발전과정에서 한국문학사에는 수많은 우수한 작품들이 나타났다. 그런데 한 학기, 많아야 두 학기로 배정된 한국문학작품강독시간에 이 많은 작품을 모두 강의할 수는 없다. 따라서 여기에는 작품선택의 문제가 뒤따르는데 그 원칙은 아래에 이야기할 문제와도 관련된 문제이기도 한데 교수목적에 따라 작품이 선정되어야 한다. 작품선정에는 문학의 역사적인 발전에서 중요한 위상에 있는 작품의 선정, 작가의 창작에서 중요한 위상에 있는 작품, 문학유파나 문학사조와 깊은 관련이 있는 작품, 한국적인 특색을 가장 잘 반영한 작품, 시대적인 분위기가 짙은 작품 등 여러 가지 원칙이 있을 수 있는데 어떤 작품을 선정하는가 하는 것은 교수목적에 따라 결정해야지 담당자의 개인적인 애호에 따라 임의로 선정해서는 안 된다. 지금 중국에는 많은 한국문학작품집들이 있다. 이것은 모두 일정한 원칙에 따라 편찬자가 편찬한 것인데 그 편찬목적을 잘 파악하고 적절한 작품을 선정해 수업을 조직해야 한다.[7]

있다. 사실 비교문학은 문학비교가 아니다. 비교문학의 일차성적인 목적은 세계문학의 차원에서 국가별 문학을 바라보는 것이다. 우리는 비교문학의 이러한 가장 중차대한 문제를 소외시키고 문학비교와 혼동시켜서는 절대 안 된다. 따라서 비교문학이란 용어 사용시에 적절한 해석이 필요하다고 생각한다. 유관 비교문학이론에 관련된 문제는 윤윤진·김관웅 저 『비교문학개론』, 연변대학출판사, 1997년 9월판 참조.

7) 그리고 작품 선정 시, 작품발표시간의 전후 순서보다는 작품언어의 상대적인 난이도 순으로 선정하여 강의하는 것이 바람직하다.

둘째, 교수목적을 분명히 해야 한다. 앞에서 문학사는 문학의 발전과정을 전수하기 위한 학과목이라고 이야기한 적이 있다. 문학사의 교수목적이 문학의 발전과정을 전수하기 위한 것이라고 한다면 "한국문학작품선독(강독)"이란 학과목은 한국문학의 작가, 작품 중심으로 한국 문학 관련지식을 전수하기 위한 것이다. 따라서 작품의 선정도 그렇지만 구체적인 교수조직에 있어서도 이러한 측면에서 교수가 조직되어야 하며 학생들을 그러한 측면에서 작품을 이해할 수 있도록 유도하여야 한다. 그 예로 이광수의 <무정>을 강의한다고 할 때, 이 작품은 문학사의 입장에서 보아도, 또 이광수의 창작에 있어서도, 문학의 시대적인 측면에서 보아도 모두 상당히 중요한 작품임이 틀림없다. 그런데 이 작품을 해설할 때, 어느 측면에 포인트를 주고 강조할 것인가 하는 문제는 상기 교수 목적에 의해 결정해야 한다. 그런데 일반적으로 말해 문학작품강독의 경우는 문학사적인 측면보다는 기타 다른 측면에 포인트를 두고 수업을 조직하는 것이 바람직하지 않을까 한다. 이를 테면 김동인의 작품을 강의한다고 할 때, 어떠한 목적에서 학생들에게 김동인을 전수할 것인기를 먼저 징하고 작품을 선성해야 한다. 좀 더 구체적으로 말한다면 김동인의 문학사적인 위상을 전수하고자 할 때는 근대 사실주의문학의 확립과 계몽성의 탈피, 있는 그대로의 묘사와 인간의 고뇌, 현대시제로부터 과거시제로의 전환, 3인칭의 사용, 전보문 같은 언어사용면에서의 특징, 주관적인 표현방식으로부터 오는 여러 가지 창작방식의 사용 등 문제에 초점을 맞추고 적절한 작품을 선정해야 한다.

셋째, 언어교육적인 측면에 너무 연연하지 말고 문학적인 지식 전수에 초점을 맞추어야 한다. 앞에서 우리는 문학작품강독과의 교수목적은 문학지식전수라고 한 적이 있다. 따라서 이러한 교수목적에 따라 작품 강독 시 문학적인 측면에서 학생들에게 작품을 이해시키도록 노력해야지 문학작품을 통해 작품에 사용된 언어를 습득시키려고 한다면 교수목적에 도달할 수 없게 된다. 물론 문학작품을 통해 학생들은 언어를 습득할 수 있고 담당교수도 그러한 각도에서 수업을 조직할 수도 있다. 그러나 이것은 문학작품강독과목의 주된 목적을 떠난 지엽적인 측면에서의 수업으로 흐를 수 있는 소지가 충분히 있으므로 수업 조직 시 유의해야 힐 부분이다. 그 예로 이효석의 <메밀꽃 필 무렵>을 텍스트로 선정하였다고 가정할 때, 작품에 나오는 비속어, 방언, 비규범화된 언어 등등보다는 작품의 주제, 인물들의 성격과 상호관계, 작품을 통해 표현되고 있는 작가의 의도, 창작배경, 창작에 사용된 자연주의적인 예술 수법 등등 측면에서 수업을 조직하여야 한다.

넷째, 여전히 한국문학의 가장 기본적인 지식을 전수하는데 치중하고 구체적인 작품의 경우는 예술적인 측면에 비중을 두는 것이 바람직하다. 현재 4급 전공 시험에서 한국문학부분이 차지하는 비중이 얼마 되지 않지만 앞으로 8급 시험에서는 적당하게 증가될 추세이다. 그러나 이러한 시험에서 논술이나 간술 문제와 같은 것보다는 가장 기본적인 지식이 선택제의 형식으로 출제될 전망이다. 이러한 시험에 부응하자면 문학작품의 사상내용보다는 예술적인 특징을 기초로 한 기본적인 지식 전수가 필요하다고 하겠다.

다섯째, 작가보다는 작품중심으로 교수를 조직하는 것이 바람직하다. 이 학과목은 작가 중심으로 진행할 수도 있다. 그런데 작가의 경우, 작품이 한 두 편이 아니기에 우리 목하 한국어학과의 시간배정에 적절하지 않다. 따라서 작품 중심으로 작품 소개 중 작가를 간단히 소개하는 방식으로 진행하는 것이 좋을 듯싶고[8] 이에 결부하여 문학의 가장 기본적인 일반지식도 적당하게 곁들어 가면서 강의를 조직하는 것이 바람직하다.

4. "한국문학사"와 "한국문학작품선(강독)" 교수요목

어떻게 배워줄 것인가 하는 문제에 있어서 교수요목의 작성도 상당한 구실을 한다. 상기 교수방식과 마찬가지로 여기에도 꼭 그렇다고 할 만한 표준 답안이 없다. 따라서 교수에서 반드시 이러한 부분들을 꼭 이런 식으로 해야 한다는 것보다는 이런 부분들은 꼭 전수되어야 할 내용들이라는 것을 대략적으로 제시하는 것으로 이 부분을 대처하기로 한다.

1) "한국문학사"의 경우

앞에서 언급한 바와 같이 "한국문학사" 학과목의 교수목적은 한국문학의 사적인 발전이고 교과목의 교수 요점은 한국문학의 역사적인 발전이다. 따라서 전반적인 교수는 이 중심을 둘러싸고 진행되어야 하는데 교수내용을 귀납해 보면 아래와 같은 몇 가지 부분으로 구성된다고 할 수 있다.

첫째, 한국문학의 역사적인 발전과 밀접한 관련이 있는 작가나 작품의 경우

한국문학사상에는 이러한 작가나 작품들이 적지 않은데 한시문학의 발전에서 보면 최치원이 가장 중요한 위상에 있고 한문소설이란 측면에서 보면 김시습의 <금오신화>, 국문시가의 발전으로 보면 <구지가>, <공무도하가> 및 향가나 시조들이

중요하고 국문소설의 경우는 <춘향전>을 비롯한 판소리 소설이 중점이다.

그 예로 <구지가>의 경우를 보기로 하자.

<구지가>의 강의에서 가장 중요한 포인트는 앞에서 말한 바와 같이 한국문학사에 현전하는 가장 오랜 작품이라는 점과 작품이 원시시대에서 계급사회로 전환하는 과도기적인 작품이라는 점과 그 작품에서 표현된 일부 예술수법들이 후세 한국문학에 준 영향 등으로 잡을 수 있는데 수업요목을 구체적으로 짜보면 다음과 같이 될 수가 있다.

　　<구지가>

　　(1) <구지가>원문과 역문 소개 및 출처

　　(2) <구지가>의 내원소개

　　(3) <구지가>의 내용:

　　　　❶ 기원 1세기 좌우에 문자화

　　　　❷ 원시시대의 집단적인 이익과 생활패턴의 반영

　　　　❸ 한 집단의 보편적이 정서

　　　　❹ 무속문화를 상기시키는 주술적인 요소

　　　　❺ 이에 따른 과도기적인 성격

　　(4) <구지가>의 예술적인 특징

　　　　❶ 가장 원시적인 4언 4구체 형태

　　　　❷ 주술적인 요소

　　　　❸ 직설적인 설법

　　　　❹ 단순반복

　　(5) <구지가>의 문학사적 의의

　　　　❶ 당시 사회생활에 대한 인식작용

　　　　❷ 원시적인 시 형태에 대한 인식작용

　　　　❸ 후세문학에 대한 영향

※ 상술한 수업을 통해 <구지가>의 원시시가로서의 특징을 부각시키고 후세 문학과의 관련을 이야기하면서 그것이 한국문학의 발전사상에서 가지는 의의를 이해시킴.

둘째, 한시와 국문시가의 발전에서 반드시 알아야 할 작가나 작품의 경우

이러한 작가와 작품으로는 신라 시기의 한시와 최치원, 고려시기의 이규보, 이제현 등 작가와 신라향가, 고려가요 등등을 들 수 있다. 고려가요의 경우를 실례를 들어보면 다음과 같다.

고려 가요

(1) 고려 민족의식의 산생과 고려 가요의 산생

(2) 고려 가요의 전개 양상

(3) 고려 가요 원문소개와 해설

(4) 고려 가요의 특징

    ❶ 민족적인 정서

    ❷ 서정의 솔직함과 대담함

    ❸ 사랑과 이별 중심

    ❹ 민중성과 세속성

    ❺ 다분절 형식과 3.4조 시가 형태

(5) 고려 가요의 문학사적 의의

    ❶ 고려 사회생활에 대한 인식작용

    ❷ 고려 민족의식의 고양과 후세에 준 영향

    ❸ 고려 국문시가 형태 및 후세에 준 영향

셋째, 문학사상 처음 나타났거나 장르적 특징이 뚜렷한 작품의 경우

문학사상에는 부단히 새로운 문학 장르가 나타난다. 문학의 발전이란 측면에서 보면 새 시기 문학은 언제나 그 전시기 문학을 계승하는 반면 장르를 비롯하여 새로운 것이 나타나기 마련이다. 이 경우, 그러한 작품 내용에 대한 해설보다는 그 새로운 측면에 초점을 맞추고 수업을 조직하여야 한다. 향가, 시조 등 장르가 이 부분에 해당되는데 서정시 <공무도하가>를 예로 이야기해보면 다음과 같다.

<공무도하가>

(1) <공무도하가>원문과 역문 소개 및 출처

(2) <구지가>의 내원과 작가소개

(3) <구지가>의 내용:

    ❶ 남편을 잃은 한 여인의 개인적인 감정을 노래(<구지가>와 완전히 다름)

    ❷ 일부일처제를 중심으로 하는 가족제도의 출현

    ❸ 한 집단의 보편적이 정서보다는 개인적인 감정이 중요시

    ❹ 이에 따른 과도기적이고 시대적인 성격

(4) <공무도하가>의 문학사적 의의

    ❶ <구지가>와의 관련

    ❷ 형태상 후세 향가나 고려 가요와의 관련

이외에도 문학사적 강의에서는 여러 가지 방법들을 사용할 수 있는데 도표나 그래프의 방식을 이용하는 것도 바람직한데 가장 관건적인 것은 학생들에게 문학사적인 발전 맥락을 이해시키는 것이라고 할 수 있다.

2) "한국문학작품강독"의 경우

"한국문학작품강독"학과목의 교수목적은 학습자들에게 한국문학지식을 전수하기 위한 것이다. 따라서 "한국문학사"와는 달리 이 교과목에서의 교수요점은 구체적인 작품을 중심으로 한 한국문학지식이다. 그러므로 담당교수는 여기에서 교수초점을 구체적인 작가, 작품의 전수에 맞추고 아래와 같은 절차로 교수를 진행할 수 있다.

<탈출기>
(1) 작가 소개와 창작과정
   ❶ 최서해의 생애
   ❷ 최서해의 창작과 그 경향성
(2) <탈출기>의 내용 해설
   ❶ <탈출기>와 작가의 간도생활체험
   ❷ 간도 이주, 탈가의 이유
   ❸ 작품의 사상내용
   ❹ 작품의 이원 갈등구조
(3) <탈출기>의 예술 특징
   ❶ 서한체 소설과 그 특징
   ❷ <탈출기>에서 사용된 창작방법
   ❸ <탈출기>의 서술방법
   ❹ 작품의 언어와 작가의 창작특징

이 외에도 수업과정에 문학의 일반적인 지식과 한국문학지식, 이를 테면 "신경향파" 등등 지식 및 소설이란 무엇이며 소설을 어떻게 읽을 것인가? 시란 무엇이며 시를 어떻게 읽을 것인가? 하는 문제를 곁들면서 수업을 진행하고 해당 영상자료를 이용하여 학생들에게 더 깊이 있게 각인시키는 것도 아주 바람직한 방법이다. 한마디로 이 수업에는 고정된 격식과 틀이 없다. 따라서 담당교수가 어떻게 학습자들의 학습적극성을 동원하여 이 학과목을 잘 배울 수 있게 하겠는가가 문제의 포인트라고 하겠다.

5. 마무리

이상에서 우리는 중국한국어학과에서의 한국문학교육내용 및 교육방식에 대해 간략하게 고찰해 보았다. 목전 중국의 한국어학과들에 한국문학관련 학과목이 주로 "한국문학사"와 "한국문학작품선(강독)"이 설정되어 있는 상황에 비추어 이 두 학과목을 중심으로 문학교육내용과 교육방식에 대해 살펴보았는데 그 주된 내용은 전자 즉 "한국문학사"의 경우, 교수초점이 한국문학의 역사적인 발전이기에 이러한 측면에서 교수를 조직하고 교수요목을 짜야하며 후자, 즉 "한국문학작품선(강독)"의 경우는 한국문학지식의 전수라는데 초점을 맞추고 강의를 진행하되 작품선정, 교수방식 등 면에서 다양한 형식으로 교수를 진행해야 한다는 것이다. 그러나 교수방식 자체가 많은 탐구해야 할 부분이 많은 것만큼 여기에도 적지 않은 문제가 있다. 이러한 문제는 앞으로의 더 깊이 있는 연구와 실천을 기대할 수밖에 없다.

참고문헌

김병민(1984), 『조선문학사(근현대부분)』, 연길: 연변대학출판사.

김병욱 외(2005), 『우리소설 어떻게 읽을 것인가』, 서울: 고시연구원.

김인환 외(1996), 『문학의 새로운 이해』, 서울: 문학과지성사.

문일환(1997), 『조선고전문학사』, 북경: 민족출판사.

윤윤진·지수용·권혁률 편(2005), 『한국문학작품선』, 상해: 상해교통대학출판사.

윤윤진·지수용·정봉희·권혁률(2008), 『한국문학사』, 상해: 상해교통대학출판사.

조동일 외(1994), 『한국문학강의』, 서울: 길벗.

조윤제(1960), 『국문학개설』, 서울: 동국문화사.

중국한국어교육연구학회편(2012), 『중국의 한국어교육의 회고와 전망』, 서울: 한국문화사.

허휘훈·채미화(2003), 『조선고전문학사』, 연길: 연변대학출판사.

황송문(1996), 『문장강독』, 서울: 도서출판 세훈.

황송문(1999), 『현대시작법』, 서울: 국학자료원.

※ 이 논문은 중국한국(조선)어교육연구학회 『한국(조선)어교육연구』(2013년 제8호)에 실려 있음.

윤윤진(尹允鎭)
吉林大學校外國語學院韓國語學科
吉林省長春市前進大街2699號 (130012)
전자우편: yinyz@jlu.edu.cn

화용론 시각에서 본 한국 문학작품 분석과 교육 방법 연구
- 황순원의 단편소설 〈소나기〉를 중심으로

黃賢玉 (復旦大學)

1. 문학과 언어학의 만남의 교육현장

　한국어 교육의 고급 단계에는 한국문학 작품에 대한 교육이 한층 더 각광을 받게 되면서 한국문학 작품에 대한 교육 비중이 높아간다. 따라서 문학작품 분석 방법과 교육 방법에 대한 통합적 논의가 더욱 필요하게 된다.

　문학작품 속의 언어 표현은 발화 장면이나 상황과 같은 언어 외적인 특성에 의해서 다양한 의미로 해석될 수 있는데, 이를 화용론적 시각에서 조명한다면 문학작품 분석에 대한 언어학적 해석의 가능성을 보여줄 수 있을 것으로 기대된다.

　일반적으로 화용론은 언어형식과 맥락과의 관계 속에서 발화 사용의 원리와 의미를 연구하는 언어학의 한 분야를 말하고 있지만 관심 영역의 범위에 따라 오늘날에는 문학 화용론, 범문화적 화용론으로 더욱 그 영역을 넓혀가고 있다.

　문학과 언어학의 만남의 공간인 한국어교육 현장에서 화용론적 시각에서 황순원의 단편소설 〈소나기〉를 중점적으로 검토함으로써 문학작품 분석과 교육에서의 또 하나의 방법론을 모색해 보고자 한다.

2. 문학작품 분석에서의 화용론적 접근 방법

　화용론의 연구 영역은 화자 의미, 맥락 의미, 발화 이상의 의미, 상대적 거리의 표현 등으로 구성되는데, 여기에서는 화용론의 주요 이론인 직시, 발화행위, 함축 이 세 가지 측면에서 문학작품 〈소나기〉에 대한 화용론적인 접근을 시도하고

자 한다.[1]

2.1. 직시(直示, deixis) 이론

언어표현 가운데서 화자가 말을 하면서 어떤 대상을 직접 지시하는 그런 일을 직시라고 하고 직시의 목적을 달성하기 위해 사용되는 언어적 형태를 직시 표현이라고 한다.

직시 표현은 화자 중심으로 이루어지고 직시의 중심은 발화 당사자인 화자와 화자의 시간, 공간, 존재 지점, 사회적 지위 등으로 구성됨으로써 이를 이어 받아 직시의 유형은 인칭 직시, 시간 직시, 장소 직시, 담화 직시, 사회 직시 등 다섯 가지로 나눌 수 있다.

결국 직시의 중심에 화자가 있고 직시의 구성도 화자 중심으로 이루어진다고 할 수 있다.

2.2. 발화행위(發話行爲, speech act) 이론

발화행위 이론은 언어 곧 발화를 행위의 측면에서 보고 이를 체계화하고자 시도하는 이론을 말하는데, 흔히 화행이론 또는 화행론이라고도 부른다.

발화행위 이론은 언어를 발화행위의 측면에서 고찰하게 되는데, 발화행위는 다음과 같은 세 가지 발화행위를 수행하고 있다(강보유 2004:109).

> (1) 언표적 행위(言表的行爲 locutionary act): 무엇인가를 말하는 단순 발화행위로서 표면구조로 나타나는 글자 그대로의 뜻을 전한다.
> (2) 언표내적 행위(言表內的行爲 illocutionary act): 말을 하는 동시에 무엇인가를 실천하는 행위로서 표면구조의 뜻과는 다른 어떤 수행력을 가지는 행위를 말한다.
> (3) 언향적 행위(言響的行爲 perlocutionary act): 화자가 하는 말이 청자나 다른 사람에게 어떤 반향을 일으키는 행위를 말한다.

이 세 가지 발화행위 가운데서 발화행위 이론이 가장 관심을 가지는 부분이 바로 언표내적 행위인데, 여기에서는 언표적 행위와 언표내적 행위 차이를 문장의미와 발화의미 차이로 보면서 언표내적 행위에 의한 발화의미에 관심을 가진다.

---

1) 화용론의 이론적 구명은 윤평현(2008:323-415)을 주로 참조하였음을 밝힌다.

발화행위는 또 직접 발화행위(direct speech act)와 간접 발화행위(indirect speech act)로 구분된다. 직접 발화행위는 문장의 형태 즉 종결어미의 형태와 기능이 일치되는 경우의 발화행위를 말하고 간접 발화행위는 문장의 형태와 다른 언표내적 행위를 말하는데, 문장형태에 나타나지 않은 하나의 행동이 실제 수행력과는 달리 간접적으로 수행되는 발화행위를 말한다.

2.3. 함축(含蓄, implicature) 이론

화자가 발화 문장의 명시적인 의미 이상의 다른 의미를 그 발화 속에 넣어서 말을 할 때의 그 추가된 의미를 함축이라고 한다. 함축 의미는 대화 속의 화자와 청자가 서로 협력한다는 가정과 추론 속에서 얻어진다.

대화는 화자와 청자의 협력의 행위이기 때문에 대화가 원만하게 이루어지려면 대화 참여자인 화자와 청자가 지켜야 할 원칙이 있는데, 이것을 협력의 원리(cooperative principle)라고 한다.

협력 원리에는 아래와 같은 네 가지 하위 원칙이 있다(임지룡 1993:352).

   (1) 질의 원칙: 당신이 제공하는 정보가 참이 되도록 하라.
     (ㄱ) 거짓이라고 믿는 것은 말하지 말라.
     (ㄴ) 적절한 증거가 없는 것은 말하지 말라.

   (2) 양의 원칙:
     (ㄱ) 현재 대화상의 목적에 요구되는 만큼의 정보를 제공하라.
     (ㄴ) 요구되는 것 이상의 정보를 제공하지 말라.

   (3) 관계의 원칙: 관련성 있게 하라.

   (4) 태도의 원칙: 분명하게 하라.
     (ㄱ) 모호한 표현을 피하라.
     (ㄴ) 중의성을 피하라.
     (ㄷ) 간결하게 하라.
     (ㄹ) 순서를 지키라.

일반적으로 이상의 협력의 원리가 준수되지 않을 때는 의사소통이 원활하게 이루어지지 못한다. 그러나 화자가 의도적으로 협력의 원리를 깨뜨림으로써 청자가 함축된 의미를 추리하게 되는데, 이것을 대화적 함축이라고 한다.

3. 문학작품에 대한 화용론적 분석

3.1. 작품 속에서의 직시 표현

여기에서는 직시 표현 가운에서도 작품 〈소나기〉에서 가장 전형적인 인칭 직시와 시간 직시에 대해서 상세히 살펴보기로 한다.

1) 인칭 직시 표현

인칭 직시는 대화와 관련 있는 사람들의 역할을 기호화하여 화자가 그 대상을 직접 지시하는 것을 말한다. 인칭 직시는 1인칭, 2인칭, 3인칭 직시 표현으로 구분되는데, 일반적으로 인칭대명사에 의해 실현된다.

작품 〈소나기〉에서의 인칭 직시 표현은 대화문(對話文)과 지문(地文)으로 나누어 살펴볼 수 있다.

먼저, 53개 대화문에서의 인칭대명사의 인칭 직시 표현을 보면 다음과 같다.

(1) "얘."
(2) "얘, 이게 무슨 조개지?"

예문 (1, 2)에서는 2인칭 직시 표현으로 2인칭 대명사가 아닌 감탄사 "얘"를 사용하고 있음을 볼 수 있다.

(3) "너, 저 산 너머에 가 본 일 있니?"
(4) "우리 가보지 않으련? 시골 오니까 혼자서 심심해 못 견디겠다."
(5) "도라지꽃이 이렇게 예쁜 줄은 몰랐네. 난 보랏빛이 좋아! …… 근데 이 양산
    같이 생긴 노란 꽃이 머지?"
(6) "꼭 등꽃 같네. 서울 우리 학교에 큰 등나무가 있었단다. 저 꽃을 보니까 등
    나무 밑에서 놀든 동무들 생각이 난다."
(7) "내 생각해 냈다. 그날 도랑을 건너면서 내가 업힌 일이 있지? 그때 네 등에
    서 옮은 물이다."
(8) "저, 오늘 아침에 우리 집에서 대추를 땄다. 낼 제사 지낼려구…"
(9) "맛봐라, 우리 증조할아버지가 심었다는데 아주 달다."
(10) "그리구 저, 우리 이번에 제사 지내구 나서 좀 있다 집을 내주게 됐다."
(11) "왜 그런지 난 이사 가는 게 싫어졌다. 어른들이 하는 일이니 어쩔 수 없

지만……"

예문 (3-11)을 보면, 소녀와 소년의 대화에서 1인칭 대명사 '나(내)'와 '우리'의 직시 표현은 아홉 번으로 많이 나타나고 2인칭 대명사 '너(네)'의 직시 표현은 두 번 나타났다. '우리' 인칭 직시 표현에서 예문 (4)에서만이 화자(소녀)와 청자(소년)가 포함된 '우리'이고 나머지 예문에서는 청자(소년)가 배제된 화자(소녀)만의 '우리'로 표현되고 있다.

이로부터 작품 〈소나기〉는 소녀가 1인칭 직시 표현을 많이 씀으로써 자기 생각을 소녀에게 스스럼없이 발로하는 일방적인 대화 방식으로 전개되고 있음을 알 수 있다.

(12) "너희 예서 뭣들 하느냐?"
(13) "임마, 그래두 이게 실속이 있다."

예문 (12)는 농부가 소녀와 소년을 보고 하는 2인칭 직시 대화이고, 예문 (13)은 아버지가 소년을 보고 하는 2인칭 직시 대화이다.

다음 지문에서의 인칭 직시 표현을 보면 다음과 같다.

작품 〈소나기〉 지문에서는 등장인물의 인칭 직시 표현으로 인칭대명사가 아닌, 3인칭의 범칭(泛稱)을 사용하고 있는 것이 특징적이라 할 수 있다.

작품 속의 주인공 이름을 어떤 특칭(特稱) 대신 '소녀'와 '소년'이라는 범칭으로 인칭 직시 표현을 사용함으로써 마치 '나(독자)'의 이야기와 같은 인상을 주면서 지난날의 경험을 상기시킨다. 즉 독자와의 공감대를 형성함으로써 독자들로 하여금 동심 세계로 돌아가게 하는 데 성공한다. 이런 범칭의 직시 표현은 소설 속의 주인공과 '나(독자)'와의 거리를 좁힘으로써 직접 체험해 보고 싶은 독자의 욕망과 대리만족의 효과를 배로 높이는 역할을 하고 있다

작품 〈소나기〉는 서술방식에서는 텍스트 안에서 '소녀', '소년'이라는 범칭을 사용함으로써 객관적인 서술방식을 취하고 있지만 독자와의 소통방식에서는 텍스트 밖의 독자를 작품 속에 끌어들임으로써 독자 의사를 대변해 주고 있다. 즉 독자로 하여금 텍스트 안의 소녀와 소년으로 들어가서 주인공으로서의 행위자가 되게 함으로써 공감대를 형성한다.[2]

---

2) 조기원(1982:21), 韓孝淵(1991:87)에서는 황순원의 소설 작품에서 등장인물의 이름이 거의 없음을 작가의 용의주도한 계산에서 비롯된 것이라고 지적하면서 '이름 아닌 이름'으로 작품의 이

그 외 작품 속의 등장인물들인 소년의 '아버지'와 '어머니' 그리고 소나기가 닥쳐옴을 알려주는 '농부'도 범칭의 인칭 직시 표현을 쓰고 있다.

그러나 등장인물은 아니지만 지칭의 대상으로 오른 소녀의 증조부 '윤초시'와 호두밭 주인 '덕쇠할아버지'만은 특별 지칭으로 비직시 표현을 쓰고 있다.

2) 시간 직시 표현

시간 직시는 화자가 사건이 일어난 시간을 기호화하여 그 시간을 직접 가리키는 것을 말한다. 시간 직시는 화자의 발화시(發話時)와 청자의 수신시(受信時)로 구분된다.

소설의 해설 부분인 지문의 종지형(終止形)은 대부분 과거 시제로 표현되는 것이 일반적이지만(박갑수 1994:91) 작품 〈소나기〉에서는 현재 시제로 표현된 지문이 21% 이상으로 높은 비중을 차지하고 있다.

특히 작품 〈소나기〉는 과거 시제 사이에 현재 시제를 씀으로써 독자로 하여금 텍스트 안으로 끌어들여 현장감을 느끼게 한다.

> (14) ㄱ. 그러다가 소녀가 물 속에서 무엇을 하나 집어낸다.
>   ㄴ. 하얀 조약돌이었다.
>   ㄷ. 그리고는 홀 일어나 팔짝팔짝 징검다리를 뛰어 건너간다.
>   ㄹ. 다 건너가더니만 홱 이리로 돌아서며, "이 바보."
>   ㅁ. 조약돌이 날아왔다.

예문 (14)는 개울가에서 처음 만난 소녀와 소년의 첫 대화의 장면이다. 예문 (14 ㄱ, ㄷ, ㄹ)에서는 직시의 중심을 화자(필자)의 발화시에 두면서 현재 시제를 사용하고, 예문 (14 ㄴ, ㅁ)에서는 직시의 중심을 청자(독자)의 수신시로 이동하면서 과거 시제를 사용하고 있다. 즉 예문 (14 ㄱ, ㄷ, ㄹ)에서는 직시의 중심을 화자의 발화시에 둠으로써 현재 시제로 소녀 행위의 현실성을 부각시키고 있고, 예문 (14 ㄴ, ㅁ)에서는 직시의 중심을 청자의 수신시에 둠으로써 과거 시제로 소년의 관망적 시각에서 소녀 행위의 결과를 객관적으로 관찰하게 하고 확인시키고 있다.

작품 〈소나기〉는 이렇게 하나의 사건 서술에서 발화시와 수신시를 동시에 번갈아 사용함으로써 화자와 청자가 호흡을 같이하는 묘미(妙味)를 맛보게 한다.

미지를 더욱 선명하게 살리고 있다고 평가하였다.

3.2. 작품 속에서의 발화행위 표현

작품의 제목 '소나기'에서 전반 작품의 언표내적 의미를 예상하게 된다. '소나기'란 갑자기 세차게 쏟아지다가 곧 그치는 비를 말하는데, 흔히 번개, 천둥, 강풍을 동반하게 된다. '소나기'의 이런 언표적 행위의 직접 의미로부터 갑자기 왔다가 갑자기 사라질 것이라는 언표내적 행위의 발화의미가 연상되면서 소녀와 소년의 짧은 만남과 애틋한 연정이 갑작스런 이별에 닥칠 것임을 작품 제목 자체가 벌써부터 예고해 주고 있다.

한국의 지리적 환경조건으로 볼 때, 소나기가 내린 뒤 끝에는 꼭 무지개가 지게 마련이지만 작품에서는 불행과 비극의 암시로 희망의 상징인 무지개를 의도적으로 등장시키지 않은 것으로 보인다.

작품 〈소나기〉는 애초부터 소녀와 소년이 만날 수밖에 없는 공간으로 '개울가'와 '징검다리'를 무대 배경으로 등장시키고 있다.

작품 〈소나기〉에서는 언표내적 의미로 쓰인 갈꽃, 허수아비, 수숫단, 황금빛 들판, 단풍잎, 대추(알), 호두알, 쪽빛 하늘 등 많은 자연물로 가을이 점점 익어감을 추가적으로 표현하고 있다.

그리움의 상징물로 등장하는 '조약돌'은 소녀와 소년을 이어주는 매개물 기능을 하는데, 하얀 조약돌은 또 소녀의 하얀 피부를 연상시키기에는 너무나 족하다 할 것이다.

소년에게 대추를 주는 소녀의 행동은 또 그 보답으로 호두알을 주려는 소년의 언표내적 행위로 이어지면서 사랑의 선물 교환으로 승화된다.

3.3. 작품 속에서의 함축 표현

단편소설로서의 작품 〈소나기〉는 발화행위 수행에 있어서의 함축은 지문과 대화문에서 각각 나타나고 있다.

작품 〈소나기〉에서 소녀가 소년에게 하는 첫 마디가 "이 바보."이다. 이 은유적 표현은 질의 원칙을 위반한 것으로 '바보 같이 어수룩하게 행동함'을 야유, 풍자하는 언표내적 의미로 받아들여진다.

(15) 다음 날부터 늦게 개울가로 나왔다. 소녀의 그림자가 뵈지 않았다. 다행이었다. 그러나 이상한 일이었다. 소녀의 그림자가 뵈지 않는 날이 계속될수록 소년의 가슴 한 구석에는 어딘가 허전함이 자리 잡는 것이었다. 주머니 속 조약돌을 주무르는 버릇이 생겼다.

소녀의 그림자가 보이지 않는 것이 '다행이었다.'라는 역설적인 표현은 협력 원리에서의 관계 격률 위반으로 볼 만하다. 자유롭게 건널 수 있어 좋았고, 만날까 두려웠던 심정의 발로이다. 뵈지 않는 허전함으로 시작된 소녀에 대한 관심과 호감 어린 복합 심리가 언표내적 의미로 노출되면서 주머니 속 조약돌을 주무르는 수행 행위(버릇)를 동반하게 된다.

아래 예문 (16)은 소녀와 소년이 나눈 마지막 대화의 대목이다.

> (16) 갈림길에서 소녀는,
> "저 오늘 아침에 우리 집에서 대추를 땄다. 낼 제사 지내려고……."
> 대추 한 줌을 내어 준다.
> 소년은 주춤한다.
> "맛봐라, 우리 증조할아버지가 심었다는데 아주 달다."
> 소년은 두 손을 오그려 내밀며,
> " 참 알두 굵다!"
> "그리구 저, 우리 이번에 제사 지내구 나서 좀 있다 집을 내주게 됐다."
> ……
> "왜 그런지 난 이사 가는 게 싫어졌다. 어른들이 하는 일이니 어쩔 수 없지만……."

소년은 소녀가 주는 대추를 받으면서 관계의 원칙에 위배되는 "참 알두 굵다!"라는 감탄의 표현을 쓴다. 소녀는 또 제사를 지내면 곧 이사를 가게 된다는 것을 암시해 주기 위해 묻지도 않는 제사의 말을 잉여적으로 꺼낸다. 이렇게 소녀와 소년의 대화는 대화 격률(maxim) 준수로부터 대화 격률 위배로 발전하면서 갈라지기 아쉽다는 자기의 심정을 언표내적 의미로 전달하고 있다.

강보유(2004:107−122)에 따르면, 소녀와 소년의 대화는 점차 서로 친숙해지면서 직접 발화행위로부터 언표내적 의미를 전달하는 간접 발화행위로 발전하고 아버지와 어머니의 대화는 처음부터 간접 발화행위와 함께 비약이 많은 것이 특징이다.

이상에서 우리는 발화행위와 함축이 문학작품 속에서 어떻게 역할하고 있는지를 살펴보았는데 발화행위와 대화 함축이 각기 독자적으로 쓰인다기보다는 서로 융합되어 역할하고 있음을 알 수 있다.

4. 문학작품 교육 방안

문학작품에 대한 화용론적인 분석을 통한 문학작품 교육 방안은 구체적으로 다음과 같다.

작품 〈소나기〉에 대한 화용론적 분석에서 논의된 내용들로 문항을 만든 후 수업 전에 학생들에게 전달하는 교육 방안을 모색하는 것이다. 즉 학생들로 하여금 문항을 통해 먼저 사색하게 함으로써 보다 쉽고 빠르게 문학작품과의 접근을 유도하는 것인데, 다음과 같이 문항들을 설계할 수 있다.

4.1. 직시 표현에서 사고할 문항

첫째, 대화문의 인칭 직시 표현에서 '나/우리' 사용빈도가 높은 것은 무엇을 말해주는가? 인칭대명사의 용법을 관찰해 보자.

둘째, 지문의 인칭 직시 표현으로 주인공 이름을 왜 '소녀'와 '소년'으로 달았을까? 작품 속에서의 범칭과 특칭은 어떤 다른 효과를 주는지를 생각해 보자.

셋째, 시간 직시 표현으로 지문에서 왜 과거 시제와 현재 시제를 번갈아 사용했을까? 작품 속에서의 시제 표현에 대해 자세히 관찰해 보자.

4.2. 발화행위 표현에서 사고할 문항

첫째, 소설의 제목을 왜 '소나기'로 달았을까?
　　　소나기 끝에 왜 무지개는 없을까를 생각해 보자.

둘째, '가을'의 언표내적 의미로 어떤 낱말들이 사용되었는가?

셋째, 대추와 호두알의 언표내적 의미는 무엇인가?

넷째, 만남의 공간으로 왜 개울가와 징검다리를 배경으로 했을까?

4.3. 함축 표현에서 사고할 문항

첫째, 작품 속에서의 '바보'는 무엇을 함축하는가?

둘째, 소녀와 소년의 대화는 왜 대화 격률 준수로부터 대화 격률 위배로 발전할까? 직접 발화행위로부터 간접 발화행위로의 변화를 생각해 보자.

셋째, 작품 속에서 아버지와 어머니의 대화는 왜 간접 발화행위로 실현될까?
　　　어린이의 대화와 어른의 대화 그리고 초면(初面) 대화와 숙면(熟面) 대화의 다른 점을 예상해 보자.

5. 기대 효과

화용론적 시각에서 문학작품을 분석한다면 문학작품 교육에 있어서 다음과 같은 기대 효과를 예상해 볼 수 있다.

인칭 직시 표현에서는 인칭대명사와 일반명사의 화용론적인 지칭 기능을 엿볼 수 있고, 시간 직시 표현에서는 과거 시제와 현재 시제의 혼용을 통해 과거 사건에 대한 현장감을 생동하게 느낄 수 있다.

발화행위 표현과 함축 표현에서는 발화 이상의 언표내적 의미를 전달하게 되는데, 발화행위 표현에서는 간접 발화행위를 통해 연상 의미를 전달하고, 함축 표현에서는 협력 원리에 대한 대화 격률 위배를 통해 추가된 의미를 전달하고 있음을 알 수 있다.

문법적으로 단순하게 인칭, 시칭이라고 막연하게 설명하기보다는 화용론적 시각에서 직시 표현으로 접근하는 것이 보다 더 효율적일 수 있다.

문학작품 속의 발화 의미는 문장 의미의 그 이상임을 발화행위 표현과 함축 표현으로 접근하는 것이 작품 이해에 큰 도움을 줄 수 있다.

결과적으로 화용론 시각에서의 접근 방법으로 설계한 문항들로 문학작품 교육을 한다면 쉽고 빠르게 문학작품을 이해할 수 있는 길을 넓혀 줄 것으로 기대된다.

참고문헌

강보유(2004), 「문학작품의 대화문에 대한 화행의미론적 분석」, 『중국에서의 한국어 교육』 V, 태학사.

김상선(2001), 「서정의 극치 ─황순원의 〈소나기〉를 중심으로─」, 『한글 사랑』(15)

김종택(1982), 『국어화용론』, 형설출판사.

김종회(2001), 「순수성과 서정성의 문학, 또는 문학적 완전주의 ─황순원의 작품 세계와 완결성의 미학」, 『문학과 교육』(16).

김태자(1987), 『발화분석의 화행의미론적 연구』, 탑출판사.

김태자(1989), 「간접화행과 대화적 함축」, 『국어학』(18), 국어학회.

김태자(1992), 「담화분석과 그 과정」, 『국어국문학』(107), 국어국문학회.

노대규(1977), 「'소나기'의 文體論的 考察」, 『연세어문학』(9·10), 연세대국어국문학과.

박갑수 편저(1994), 『국어문체론』, 대한교과서(주).

박영순(2007), 『한국어 화용론』, 도서출판 박이정.

박종갑(1998), 「발화 의미론」, 『의미론 연구의 새 방향』, 도서출판 박이정.

송경숙(2003), 『담화 화용론』, 한국문화사.

申東奎(1985), 「모티브의 机能과 意味化 −「소나기」를 對象으로 한 試論的 分析−」, 서강대학교 대학원 석사학위논문.

윤평현(2008), 『국어의미론』, 도서출판 역락.

이원표(2001), 『담화분석』, 한국문화사.

임종수(2000), 「황순원 소설의 문체 고찰」, 『현대소설연구』 제13호.

임지룡(1993), 『국어 의미론』, 탑출판사.

임환모(1994), 「황순원 단편소설의 인물 성격화 방법에 대한 연구」, 『현대소설연구』 창간호.

전미리(1986), 『黃順元 단편 소설 연구 −작품「별」, 「소나기」, 「학」을 中心으로』, 서울여자대학교 대학원 석사학위논문.

정병일(1984), 「소설 지도에 대하여 −「소나기」를 중심으로−」, 『배달말가르침』 (8).

조기원(1982), 「現代短篇小說의 文体論的 硏究 − 金東里와 黃順元을 中心으로−」, 고려대학교 교육대학원 석사학위논문.

조용란·박경숙, 「黃順元의 「소나기」에 나타난 '비'의 意味」, 『仁荷工業專門大學 論文集 20』.

韓孝淵(1991), 「黃順元 作品의 文體論的 硏究 −短篇小說을 中心으로−」, 고려대학교 교육대학원 석사학위논문.

황현옥·강보유(2001), 「한국어 문법교육에서의 화용론의 접근 방법 모색 (상·하)」, 『중국조선어문』 5−6호.

※ 이 논문은 『한국어교육연구』(2012년 제8호 67−84쪽)에 수록된 글임.

황현옥(黃賢玉)

復旦大學
上海市邯鄲路220號 (200433)
전자우편: xyhuang8@fudan.edu.cn

외국어로서의 한국어 교육에서
오류란 무엇인가?

-학자들의 견해를 중심으로

全永根·梁健玲 (廣東外語外貿大學校)

1. 문제의 제기

언어 교육이 학습자 중심의 교육으로 발전하면서 학습자가 무엇을 어렵게 생각하고 또 무엇이 많이 틀리는지, 그리고 왜 틀리는지 그 이유에 대한 연구는 언어 교육자(연구자)들의 관심사로 되고 있으며, 따라서 학습자 오류(error) 연구는 중요한 연구 분야로 주목받고 있다.

Corder는 "학습자는 목표어의 규칙을 습득해야 하고, 우리는 학습자의 모국어 규칙과 목표어 규칙 간의 차이점을 알고자 하며 학습자가 아직 더 배워야 하는 것을 발견하고자 한다. 이를 통해 적절하고 교정적인 행동을 취하고, 보다 일반적으로는 이러한 지식을 교수요목과 교재를 고안하는데 접목시키기 위하여 주어진 학습자 집단에서 학습해야 할 중요한 학습 과제들을 확인한다."[1]고 지적하고 있다. 그만큼 학습자 오류 연구가 언어 교육에서의 중요성을 확인할 수 있다.

학습자 오류 연구의 정의 중의 하나는 교육적 정의로, 오류의 본질에 대한 정확한 이해가 필요하다고 보는 것이다.[2] 오류의 본질을 잘 파악해야 정확한 오류 연구가 이루어지게 되고 오류 근절을 위해 체계적인 방법을 모색할 수 있기 때문이다. 이는 오류 분석의 선행 작업이 되며 오류 연구의 기초적인 인식이 된다. 오류 분석 전에 오류란 무엇인지에 대하여 정확한 인식이 있어야만 오류 분석의 결

---

1) Corder, 신승용 외 역(2011), 『중간언어와 오류분석』, 박이정, pp.100−101.

2) 학습자 오류의 연구에는 두 가지 정의가 있다. 하나는 교육적 정의로, 오류를 근절하는 체계적인 방법을 찾기에 앞서 오류의 본질에 대한 정확한 이해가 필요하다고 보는 것이다. 다른 하나는 이론적인 정의로, 학습자 오류에 대한 연구가 학습자 언어에 대한 체계적인 연구의 일부라고 주장한다(위의 책, p.4.).

과도 유용한, 가치 있는 결과가 되기 때문이다.

한국어 학습자 오류에 관한 연구에서 많은 학자들이 오류에 관한 자기의 견해를 피력하고 있으며 각자의 기준으로 오류문을 추출하여 연구하고 있음을 우리는 알 수 있다. 오류에 관한 학자들의 견해는 여러 가지로 나타나고 있지만 대동소이한 면이 있다.

그럼 오류란 무엇인가? 본고에서는 학자들의 견해를 중심으로 오류의 판정, 오류와 실수(mistake), 중간언어(interlanguage)와의 관계에 관한 학자들의 견해를 종합해 보고 필자의 견해도 밝히고자 한다. 필자는 중국인 학습자들을 대상으로 한국어 교육을 진행하여 왔음으로 본고에서는 주로 중국인 학습자들의 오류 자료에서 예문을 추출하여 논거로 제시하려고 한다.

2. 오류란 무엇인가?

1) 오류에 대한 태도

Corder[3]는 학습자 자신에게 오류는 필요 불가결이라고 하면서 오류의 생성을 학습자가 언어를 학습하기 위해 사용하는 하나의 장치이며, 오류는 학습자가 자신이 학습하고 있는 언어의 본질에 대한 스스로의 가설을 시험하고 있는 한 방식이라고 보고 있다.

때문에 우리는 학습자의 오류와 오류에 대한 교정의 문제를 피상적으로 다루어서는 안 되며 학습자의 오류를 성가시고 시끄러운 문제처럼 가볍게 처리해서도 안 된다. 학습자의 오류는 학습자가 언어를 배우는 과정에서 나타나는 부득이한 부산물로서 학습자가 자기가 가지고 있는 지식으로 목표어에 대해 새롭게 인식·이해하고 목표어의 새로운 규칙을 내재화하는 과정에서 나타나는 필연적인 현상이다. 새롭게 형성한 목표어에 대한 이해를 시험을 통해 확인하고 확인하는 과정에서 부단히 자기의 이해를 충족시키면서 목표어의 규칙을 하나하나 정확하게 내재화하고 있다.

교사는 학습자 오류에 관심을 가져야 하며 오류 분석을 효과적인 교수−학습 방안을 고안하는 아주 중요한 방법론으로 생각해야 한다. 또한 학습자 오류 교정은 교사의 가장 중요한 업무 중의 하나이고 학습자가 가장 신속하게 목표어의 정

---

3) 위의 책, p.26.

확한 형식을 습득하도록 교정적 처치를 해주어야 한다.

2) 오류에 대한 판정

오류분석은 1965년경부터 시작되었으며, 그 대표적 연구자로는 Remy Porquier, S.P. Corder, Jack C. Richards 등을 들 수 있다.

이 가운데서 Porquier[4]은 오류분석의 목적을 다음과 같이 두 가지로 요약하고 있다. 첫째는 외국어 학습에서 오류에 나타난 어려움을 더욱 잘 이해할 수 있다. 둘째는 주어진 상황에서 학습자들이 저지르는 오류를 통해 미래에 겪게 될 어려움을 예상할 수 있다. Porquier에 의하면 오류는 "모든 학습에서 발생하며, 또한 학습자 내부에서 작용하고 있는 어떠한 체계를 표시할 수 있을 만큼 관찰, 분석, 분류가 가능한 것이기 때문에, 학습 방법의 개선과 학습의 효율화를 위해서 학습자의 오류를 연구, 검토하는 작업이 필요하다."고 하였는데, 이것을 '오류분석'이라고 한다.

그렇다면 오류란 무엇인가?

오류에 대하여 학자들은 주로 문법성, 체계성과 반복성을 강조하고 있다.

(1) 문법성:

Herder는 오류란 기준이 되는 어떤 규범에서 벗어나거나 들어맞지 않는 것으로 정의 내리고 있는데[5] 이는 문법성을 강조한 것이다.

Selinker(1972)는 중간언어를 설명하면서 학습자의 잠재적 심리 구조에 존재하는 하나의 중요한 체계로 화석화(fossilization)라는 개념을 도입하고 있다. 화석화된 언어현상이란 학습자의 연령이나 학습량에 관계없이 학습자가 목표어의 언어 항목, 규칙, 그리고 하위 체계를 불완전한 상태로 계속 유지하는 현상이라고 설명하고 화석화된 언어 구조가 바로 오류라고 하였다.[6]

이정희[7]에서는 화석화된 언어구조를 오류라고 보았을 때 학습 기간 중에 끊임

---

4) 송학성(2000), 「중국인을 위한 한국어 경어법 교육방법 연구」, 경희대학교 교육대학원, 석사학위논문, pp.31-32에서 재인용.

5) 김미옥(1994), 「한국어 학습에 나타난 오류 분석」, 『한국어교육』, 국제한국어교육학회, p.234에서 재인용.

6) S. M. Gass and L. Selinker(1994), *Second Language Acquisition*, Lawrence Erlbaum Associates, Inc. (김금숙(2007), pp.10-11에서 재인용.)

7) 이정희(2005), 『한국어 학습자의 오류 연구』, 박이정, p.62, p.69.

없이 나타나는 다양한 오류 현상과 형태들을 설명할 수 없다는 문제가 있다고 주장하고 있다. 그러면서 오류 식별의 기준을 문법성과 용인가능성을 두 축으로 삼았다. 문법성은 문법적으로 오류가 없는 것을 말한다. 즉 의미적으로나 형태적으로 완성된 형식을 갖추었을 때 문법성을 가지고 있다고 할 수 있다. 용인가능성은 그 언어가 사용되는 사회문화 구조 안에서의 사회적 용인가능성을 의미한다. 따라서 문법성과 용인가능성의 두 가지 요건에 맞지 않을 때 오류로 보았다.

이서현[8]에 따르면 오류의 여부를 판정하는 기준은 모어화자들 간에도 직관에 따라 다를 수 있으므로 오류 문장을 추출해 내는 객관적인 기준을 마련하기가 쉽지 않다고 하면서 오류를 판정하는 가장 기본적인 틀은 '문법성'과 '적합성'인데 이 중에서 그 어느 하나의 기준이라도 위배되는 것은 오류로 봐야 한다고 했다.

(2) 체계성과 반복성:

Miller(1966)는 언어수행상의 오류에 대해서는 '실수'라는 용어를 사용하고 '오류'라는 용어는 현재까지의 학습자의 언어 지식(과도기적 언어능력)을 재구성할 수 있는 체계적인 오류를 지시하는 것으로 사용했다.[9]

Corder에 의하면 오류란 학습자가 체계적으로 범하는 잘못으로서 오류에는 학습자의 언어지식이 구조화되어 나타난다고 하였다.[10]

Duskova(1969)는 오류는 학습자가 지식에 결함이 있어서 생겼거나 부적합한 습관 형성에서 생겨났든지 간에 체계적이고 반복적이어야 한다고 기술하였다.[11]

이상에서의 논의들을 보면 오류는 일단 목표어의 규범에 맞느냐 맞지 않느냐, 목표어에서 허용 가능하냐 가능하지 않느냐, 표현이 적합하냐 적합하지 않느냐에 따라 판정을 해야 함이 기본적인 견해이다. 그리고 이러한 오류들이 체계적이

---

8) 이서현(2009), 「한국어 학습자의 조사·어미 사용에 나타난 오류 유형 분석」, 단국대학교 교육대학원 석사논문, p.7.

9) Miller(2011), G. A. *"Language and Psychology"* in lenneberg, 1966.(Corder, 신승용 외역, p.26에서 재인용.)

10) Corder, S. Pit(1967), "The Significance of Leaner's Errors", *International Review of Applied Linguistics* Vol. 5 No.4, pp.161-170. (Reprinted in S. Pit. Corder, *Error Analysis and Interlanguage.* New York: Oxford University Press, 1985.(이은경 1999, p.5에서 재인용.)

11) Duskova(1967), L. "On Sources of Errors in Foreign Language Learning", *International Review of Applied Linguistics* Vol. 7. pp.25-36.(김미옥 1944, p.234에서 재인용.)

고 반복적으로 나타나는가가 또 하나의 기준이다.

그렇다면 문법적으로 맞지 않은 것을 다 오류로 본다면 무작위적인 틀린 사용은 어떻게 처리해야 하는가? 문법적으로는 틀렸는데 반복적으로 나타나지 않는다면 어떻게 해야 하는가의 문제가 있다.

필자는 이상의 견해에 뭔가가 부족하다는 느낌이 든다. 학습자들은 목표어의 사용에서 무작위적인 틀린 사용도 있고 학습자 나름대로의 근거와 이유를 가지고 목표어를 사용했지만 그것이 목표어 규범을 벗어날 수도 있다. 그 사용은 부당할 수도 있고 정당할 수도 있는데 정당하다면 오류로 보아야 할 것이다. 여기서 정당하다는 말은 학습자가 가지고 있는 목표어의 지식으로, 나름대로는 충분한 이유와 근거를 가지고 목표어를 사용했는데 그 어떤 오류를 만들어냈다는 말이다. 부당하다는 말은 목표어의 잘못된 사용을 학습자 자체도 왜 그렇게 사용했는지 해석할 수 없을만큼 이유를 제시할 수 없다는 말이다. 학습자들은 정말로 어처구니없는, 말도 안 되는 이유로 오류를 만들어 낼 때도 있다. 이와 같이 어떤 것을 오류로 보아야 하느냐는 쉬운 일이 아니다.

중국인 학습자들의 단문 짓기에서 추출한 아래의 예문을 보자.

[예문1]
가: 내일 우리 어머님은 새신임니다. 그래서 우리 어머님한테 잘 다듬해야 합니다.

$\qquad$ (2005121)[12]

나: 약속을 꼭 제시간 먹습니다. $\qquad$ (2005123)

다: 나에게 그동안 두말할 나위가 없이 대한 것으로 정말 감사합니다.

$\qquad$ (2007458)

위의 예문들은 학습자가 도대체 뭘 말하려고 했는지 우리는 그 이유를 밝혀내기가 참 어려운 문장들이다. 물론 우리는 그 중의 어떤 오류들은 모국어의 간섭인지 목표어 내의 간섭인지 혹은 정보의 부족에서인지를 대체적으로 짐작할 수는 있지만 학습자의 정확한 뜻을 알아내기는 힘들며, 또한 어떤 오류는 정말 오류로 보아야 하는지도 의심된다. 이런 무작위적인 틀린 사용은 사용 근거나 틀린 원인을 밝혀내기가 어렵기 때문에 오류로 보기가 어려우며 본장의 4절에 제시한 Selinker가 주장하는 기원을 찾을 수 없는 중간언어에 포함된다고 본다.

---

12) (2005:121)은 2005는 광동외어외무대학교 한국어학과 05학번 학생임을 의미하고 그 다음의 1은 1학기, 21은 그 학년에서의 학번을 의미한다.

[예문2]

가. 보통 사람들은 주말이 있는 것을 갖게 살아 간다.　　　　　(2009237)

　　一般人都擁有自己的周末生活.

나. 가족의 어려운 경우를 생각해서 그는 공부를 방기(√포기)했어요.

　　　　　　　　　　　　　　　　　　　　　　　　　　　　(2005225)

　　他考慮到家境放棄了學習.

다. 객지에서 일하기 때문에 부모님의 몸(√건강)이 늘 궁금합 (√걱정됩)니다.

　　　　　　　　　　　　　　　　　　　　　　　　　　　　(2005226)

　　因爲在外工作經常擔心父母的身體.

　위의 예문2(가)는 얼핏 보아서는 학습자가 왜 이렇게 썼는지 이해하기 어려울 정도로 오류가 많은 문장이다. 예문에서 '보통 사람들'에서의 '보통'은 중국어의 '一般人'에서 왔다고 볼 수 있다. 중국어에 '一般'은 한국어로 일반적으로 '보통'으로 번역되기 때문에 '보통 사람'이라고 표현한 것이다. 그리고 '있는 것'의 '있다'와 '갖게'에서의 '갖다'는 중국어의 '擁有'에서 왔다고 할 수 있다.

　이러고 보면 위에서 설명한 오류는 모두 모국어의 영향에 의한 오류임을 알 수 있다. 그렇다면 '있는 것'에서의 '는 것'과 '갖게'에서의 '-게'는 어떻게 설명해야 할까?

　'갖다'는 타동사로서 앞에 일반적으로 체언이 오게 된다. 그래서 학생들은 '주말이 있다'를 명사화하여 '주말이 있는 것'으로 표현한 것이다. '갖게'에서의 '-게'는 뒤에 오는 용언을 수식하려는 생각에서 '형용사의 어간에 붙어 뒤에 오는 동사를 수식'하는 부사형 어미 '-게'를 사용한 것으로 판단된다. 부사형 어미 '-게'의 부정적 전이가 작용한 것이다.

　예문2(가)의 오류들은 무작위적인 틀린 사용이 아니고 한국어 매 하나하나의 사용에서 학습자는 자기 나름대로의 근거와 이유를 가지고 사용했음을 알 수 있다. 그 원인은 주로 모국어 영향에 의한 오류와 목표어 내의 간섭에 인한 오류이다.

　예문2(나)에서 '포기'라는 말을 '방기'라고 표현했는데 '방기'라는 말은 중국어 '放棄'를 그냥 그대로 음독하여 나온 말이다. 물론 '방기'와 같은 어느 한 어휘가 반복적으로 오류에서 나오는 것이 아니라 중국인 학습자들이 이와 같이 중국어를 음독으로 번역하여 '하다'를 붙여 어휘로 사용하는 경우는 흔히 볼 수 있다.

　예문2(다)는 '객지에서 늘 부모님의 건강이 걱정된다'는 말을 예문과 같이 표현한 것이다. 예문에서 '부모님의 몸이 궁금하다'라는 표현을 쓰고 있는데 중국어로 대응되는 말은 '擔心父母的身體.'가 된다. 중국어 '身體'는 한국어로 '신체' 혹은 '몸'으로 변역이 가능하기에 '건강'을 써야 할 자리에 '몸'을 쓴 것이고 '擔心'은 '궁금하다'로 표현하지 말고 '걱정되다' 혹은 '근심되다'로 표현해야 한다. '궁금하다'로 표현한 원인은 '궁금하다'[13] 중국어에 대응되는 뜻 가운데에 '擔心'이라는 뜻이 있기 때문이다. '그들은 아들의 안위를 궁금해한다.'는 중국어로 '他們很擔心兒子的安危.'로 번역된다. 때문에 중국인 학습자들은 '궁금하다'를 '擔心'으로도 이해하고 있다. '몸'이라고 표현한 것은 모국어의 영향을 받은 것이고 '궁금하다'로 표현한 것은 교육 자료의 영향을 받은 것으로 추정된다.

이상에서 필자는 원인을 밝혀낼 수 있으면 다 오류로 보아야 한다는 견해이다. 학습자들의 무작위적인 한국어의 잘못된 사용은 원인을 밝혀내기 어렵기 때문에 오류로 처리하지 말아야 하고 위의 예문2에서처럼 한자어를 그냥 그대로 음독하여 '하다'와 결합시키는 현상이나 중국어와 한국어를 대응시켜 사용하는 현상들은 그 어느 한 어휘나 어느 한 문법에서 반복적으로 나타난다고 말할 수 없지만 그 원인을 확실하게 밝혀낼 수 있기 때문에 오류로 보아야 한다. 물론 이러한 현상들은 반복적으로 나타나는 것은 사실이다.

필자가 '원인을 밝혀낼 수 있으면 오류로 봐야 한다'를 강조하는 또 하나의 원인은 학습자들의 어떤 표현들은 오류 선정에서 문법성, 체계성, 반복성의 기준을 다 고려한다고 할 때 오류로 처리하지 않을 가능성이 있을 수 있기 때문이다.

3) 오류와 실수

Corder[14]는 실수는 언어 학습과정에서 별로 중요하지 않지만 무엇이 학습자의 실수인지, 그리고 무엇이 학습자의 오류인지를 결정하는 문제는 어려운 일 가운데 하나이며, 오류에 대한 훨씬 더 정교화된 많은 연구와 분석을 필요로 한다고 하였다. 앞에서 언급했듯이 Duskova도 오류에 대해 정의 내리면서 '실수가 아닌 오류라면' 학습자가 지식에 결함이 있어서 생겼거나 부적합한 습관 형성에서 생겨났든지 간에 체계적이고 반복적이어야 한다고 기술하였다. 이를 통해서도 오류 분석에 앞서 실수와 오류의 구분이 불가피하다는 점을 확인할 수 있다.

Corder[15]는 Miller(1966)의 견해를 빌어 규칙성과 불규칙성을 기준으로 언어

---

13) 劉沛霖 主編(2007:199–200)의 한중대사전에서 '궁금하다'를 '①納悶, 疑惑 ②擔心焦慮'로 해석하고 있으며 예문으로 '집안일이 궁금하다. (擔心家裏的事)'를 들고 있다. daum 중국어 사전에서도 '궁금하다'를 '想知道, 惦念, 惦著, 擔心, 掛念, 念叨'로 해석하고 있다.

14) Corder, 신승용 외역(2011), 『중간언어와 오류분석』, 박이정, p.26

15) Miller, G. A(1996). Language and Psychology in Lenneberg. [Corder, 신승용 외역(2011),

수행상에 나타나는 잘못을 실수, 잠재능력에서 저질러진 잘못을 오류로 구분한다. 그는 실수는 착오나 신체적 조건하에서 또는 우연히 일어나는 잘못으로 화자가 즉시 알 수 있고 체계적인 것이 되지 못한다고 지적하고 있다. 그러면서 제2언어 학습자는 제1언어 또는 제2언어를 수행할 때 유사한 외적·내적 상태의 지배를 받기 때문에 발화 실수(또는 작문 실수)를 보이지 않을 거라고 기대하는 것은 적절하지 않으며 따라서 발화 실수처럼 우연한 환경에서 발생한 오류와 현재까지의 기저의 언어 지식을 드러내는 우리가 과도기적 언어능력이라 부를 수 있는— 오류를 구분해야만 하고 언어수행상의 오류는 비체계적인 데 반해, 언어능력상의 오류는 체계적인 것이 특징이라고 했다.

Hussin은 실언(slip of the tongue), 실수, 오류에 대한 정의를 다음과 같이 밝히고 있다. 첫째, 실언은 학습자가 언어 생성 후 자신의 잘못을 즉시 깨닫고 본인 스스로 올바른 형식으로 교정할 수 있으며, 이는 기억의 일탈이나 피곤한 육체적·감정적 상태에 따라 일시적으로 나타난다. 둘째, 실수는 학습자에게 자신의 실수를 알려 주면 그것을 인지할 수는 있으나, 자신의 실수를 반드시 스스로 교정할 수 있는 것은 아니며, 어떤 부분이 잘못되었는지는 스스로 인지할 수 있다. 셋째, 오류는 학습자에게 잘못된 부분을 알려주어도 학습자는 무엇이 잘못되었는지 알지 못하며 스스로 교정도 할 수 없다.[16] 여기에서 '실언'은 Corder가 말하는 '실수' 같고 '실수'와 '오류'는 Corder가 말하는 오류 같다.

이상에서 우리는 오류는 체계적이고 학습자가 사용하고 있는 언어체계를 보여주는 것으로서 학습자에게 잘못된 부분을 알려주어도 학습자는 무엇이 잘못되었는지 알지 못하며 스스로 교정도 할 수 없는 것임을 알 수 있다. 또한 실수는 언어 수행 상에 나타나는 비체계적인 것이며 학습자 스스로가 인지할 수 있고 교정할 수 있는 것임을 알 수 있다.

4) 오류와 중간언어

중간언어라는 용어는 Selinker가 처음 사용했는데 위에서 언급한 것처럼 화석화된 언어 구조를 오류라고 하였다. 이후 많은 학자들이 중간언어의 개념에 또 다른 명칭을 붙이게 되었다. Nemser(1971)의 '근사체계(근접체계, approximative system)', Corder(1967,1971)의 '과도적 능력(전이적 언어능력, transitional

---

p.23, 재인용.]

16) 박소영(2008), 「중국인 학습자의 한국어 조사 사용 오류 분석과 교수 방안」, 성신여자대학교 교육대학원, p.23. 재인용.

competence), '특이한 방언(idiosyncratic dialect)'가 있고, 그밖에도 Faerch, Haastrop & Phillipson(1984)의 '학습자 언어(learner language)' 등이 있다.[17]

중간언어라는 용어는 학습자가 목표어와 학습자가 알고 있는 다른 언어 대부분은 자신의 모국어 양 쪽의 체계적인 특성을 보여준 것이다. 다시 말해 학습자의 체계는 섞여 있는 것이거나 또는 중간적인 것이라는 것이다. '근접체계'라는 용어는 목표어 체계를 향한 학습자 언어의 목표 지향의 발전을 강조한 것이고 '전이적 언어능력'은 학습자가 지속적으로 발전하고 있는 어떤 지식을 가지고 있다는 점을 강조한 것이다. 이러한 용어들은 조금씩 초점을 달리 하지만, 일반적으로 자주 쓰이는 용어는 중간언어이며 학자들이 보는 견해는 거의 같은 것이다.[18] 즉 중간 언어란 외국어 학습자가 언어학습 과정에서 만들어 사용하는 불안정한 상태의 목표 언어를 말한다. 목표 언어에 접근해 가는 과정에서 학습자에 따라 나타나는 개인적이고 특수한 언어체계인 것이다.

Selinker의 중간언어 가설에 따르면 중간언어는 수많은 요소로 구성되어 있는데, 이 중 적지 않은 부분이 모국어와 목표어에서 온 것이라고 할 수 있다. 한편 모국어나 목표어 어느 것에서도 그 기원을 찾을 수 없는 중간언어의 요소 들도 있다. 중요한 것은 학습자가 자신의 구문을 이용하여 내재화된 체계를 형성한다는 것이다.[19] 다시 말해서 중간언어는 기원을 찾을 수 있는 요소와 기원을 찾을 수 없는 요소를 포함한다는 것이다.

박경자[20]에 따르면 중간언어는 모국어와 제2언어의 중간체계로서 두 언어의 특징을 공유하며, 오류를 포함하고 있다는 것이다. 즉 중간언어 체계는 독립된 것이 아니라 모국어와 목표어 사이에서 모국어 또는 목표어의 어떤 규칙들과 결합되어 있다는 것이다.

이상 학자들의 견해를 종합해보면 중간언어는 학습자가 언어학습 과정에서 목표언어에 접근해 가는 중간 단계에서 나름대로 만들어 사용하는 불안정한 상태의 목표 언어이다. 중간언어는 모국어나 목표어에서 그 기원을 찾을 수도 있

---

17) Nemser, W., Approximative systems of foreign language learners, *International Review of Applied Linguistics*, Vol 9 No.2, 1971, pp.115−123; Corder, S. Pit. The Significance of Leaner's Errors, *International Review of Applied Linguistics* Vol. 5 No.4, 1967, pp.161−170; Gass, S.M. and Selinker, L. *Second Language Acquisition*, Lawrence Erlbaum Associates, Inc. 1994. pp1−640.[이정희(2005), p.61, 재인용.]

18) Corder, 신승용 외역(2011), 『중간언어와 오류분석』, 박이정, p.116.

19) 이정희(2002), 『한국어 학습자의 표현 오류 연구』, 경희대학교, 박사학위논문, p.37.재인용.

20) 박경자·강복남·장복명 공저(1994), 『언어 교수학』, 박영사. [김미영(2006), p.10. 재인용.]

고, 모국어나 목표어 어느 것에서도 그 기원을 찾을 수 없는 중간언어의 요소들도 있다. 오류는 중간언어에 포함되어 있으며 기원을 찾을 수 있고 원인을 밝힐 수 있는 중간언어이다.

3. 오류에 대한 견해

이상에서 학자들의 견해를 중심으로 한국어 교육에서 오류의 판정, 오류와 실수, 중간언어와의 관계에 관한 학자들의 견해를 종합해 보고 필자의 견해도 밝히고자 하였다. 그것을 종합하면 다음과 같다.

1. 외국어 학습자 자신에게 있어서 오류는 필요 불가결이다. 때문에 교사는 학습자 오류에 관심을 가져야 하며 오류 분석을 효과적인 교수-학습 방안을 고안하는 아주 중요한 방법론으로 생각해야 한다.

2. 오류의 판정에서 일단 문법성과 용인가능성을 고려해야 하고 또한 그 오류가 체계적이고 반복적인가도 고려하여야 하지만 오류의 원인을 밝혀낼 수 있으면 오류로 보아야 한다.

3. 오류와 실수의 관계에서, 오류는 학습자 자신이 판단할 수도 없고 또 교정할 수도 없으나 실수는 스스로 인지하여 교정할 수 있다.

4. 중간언어는 학습자가 언어학습 과정에서 목표언어에 접근해 가는 중간 단계에서 나름대로 만들어 사용하는 불안정한 상태의 목표 언어이며 모국어나 목표어에서 그 기원을 찾을 수도 있고 찾지 못할 수도 있으며 오류는 중간언어에 포함되어 있으며 기원을 찾을 수 있고 원인을 밝힐 수 있는 중간언어이다.

결론적으로 말한다면 필자는 외국어 교육에서의 오류는 기원을 찾을 수 있고 원인을 밝힐 수 있는 중간언어라는 것이다. 혹자는 기원을 찾을 수 없는 중간언어(실수까지)도 광의적 의미에서 오류에 포함시키겠지만 필자는 기원을 찾을 수 없는 중간언어는 그 본질을 파악하지 못한 상황에서 오류로 보지 않는 것이 적절하다고 생각한다. 실수는 그냥 실수일 뿐이고 중간언어에 포함되지 않는다.

아쉬운 점이라면 본고에서 기원을 찾을 수 없는 중간언어의 본질을 파악하지 못한 점이며, 이를 이후의 연구과제로 남겨둔 점이다.

참고문헌

가. 책

박경자·강복남·장복명 공저(2011), 『언어 교수학』, 박영사, pp.1-440.

이정희(2005), 『한국어 학습자의 오류 연구』, 박이정, pp.1-325.

劉沛霖主編(2007), 韓漢大詞典, 商務印書館, pp.1-1992.

Corder, 신승용 외역(2011), 『중간언어와 오류 분석』, 박이정, pp.1-195.

Corder, S. Pit(1967), The Significance of Learner's Errors, *International Review of Applied Linguistics*. Vol. 5 No.4, pp.161-170.

Duskova, L.(1969), On sources of Errors in Foreign Language Learning, *International Review of Applied Linguistics*. Vol. 7, pp.25-36.

Miller, G.A.(1966), Language and Psychology in *lenneberg*, pp.1-312.

Nemser, W.(1971), "Approximative systems of foreign language learners", *International Review of Applied Linguistics*, Vol.9 No.2, pp.115-123.

Gass, S.M. and Selinker, L.(1994), *Second Language Acquisition*, Lawrence Erlbaum Associates, Inc, pp.1-640. (한국어판, 박의재, 이정원 역(1999). 『제2언어 습득론』, 한신문화사, pp.1-476.)

나. 논문

김금숙(2007), 「한국어 시제 오류 분석과 교수 방안 연구」, 충남대학교 대학원 석사학위논문, pp.1-96.

김미영(2006), 「한국어 학습자의 격조사 오류 분석 연구」, 충남대학교 대학원, 석사학위논문, pp.1-88.

김미옥(1994), 「한국어 학습에 나타난 오류 분석」, 『한국말 교육』 5, 국제한국어 교육학회, pp.233-244.

박소영(2008), 「중국인 학습자의 한국어 조사 사용 오류 분석과 교수 방안」, 성신여자대학교 교육대학원, pp.1-83.

송학성(2000), 「중국인을 위한 한국어 경어법 교육방법 연구」, 경희대학교 교육대학원, 석사학위논문, pp.1-89.

이서현(1999), 「한국어 학습자의 조사·어미 사용에 나타난 오류 유형 분석」, 단국대학교 교육대학원, 석사학위논문, pp.1-94.

이은경(1999), 「한국어 학습자의 조사 사용에 나타난 오류 분석」, 연세대학교, 석사학위논문, pp.1-87.

이정희(2002), 「한국어 학습자의 표현 오류 연구」, 경희대학교, 박사학위논문, pp.1-243.

임보라(2008), 「중학생의 작문에 나타난 어미 사용 양상 및 오류 분석과 교육방안」, 한양대학교 교육대학원 석사학위논문, pp.1-120.

※ 이 논문은 강남대학교 인문과학연구소에서 발간하는 학술지 『인문과학논집』제23집(2012. 6.)에 수록된 논문임. 本文为2014年广东省应用型人才培养示范基地项目(项目编号:106-GK131085,

负责人：全永根）、2014年广东省教改项目（项目编号：106-GK131107，负责人：全永根）的阶段性成果之一。

전영근(全永根)·양건령(梁健玲)

광동외어외무대학교 동방언어문화학원 한국어과
중국 광주시 백운대로 북2호, 510420
전자우편: quanyonggen@hanmail.net

한국어 교육을 위한 한·중 2인칭 대명사 화용적 의미의 대조 분석

왕단 (북경대학)

1. 2인칭 대명사의 교육적 의미

대명사(pronoun)는 명사가 쓰일 자리에 그 명사를 대신하여 쓰인 단어들을 가리킨다.(이익섭·채완, 2001: 144) 인칭 대명사는 사람을 가리키는 대명사로서 인대명사 또는 사람대이름씨라고 부르기도 한다.(남기심·고영근, 2001: 80) 인칭 대명사는 일반적으로 화자를 나타내는 1인칭 대명사, 청자를 나타내는 2인칭 대명사, 그리고 화자와 청자를 모두 제외한, 이야기나 대화에 등장하는 대상을 나타내는 3인칭 대명사로 나눌 수 있다. 사람은 누구나 일정한 사회관계 속에서 남들과의 의사소통을 통해 사회생활을 영위한다. 이를 통해 볼 때 사람을 지칭하는 인칭 대명사가 의사소통 과정에서 행하는 역할이 얼마나 중요한지를 알 수 있다.

한국어와 중국어는 각자 서로 다른 언어 계통에 속해 있는 언어이지만 세 개의 인칭으로 구성된 인칭 대명사 체계를 지니고 있다는 점에서 언어의 보편적인 특징을 띠고 있고, 인칭 대명사의 체계와 기능 면에서도 유사점이 많다. 하지만 각자의 독특한 문화에 따른 특이성을 띠고 있기에, 인칭 대명사의 선택과 사용에 있어서는 차별성을 지니고 있다. 한·중 두 언어 인칭 대명사의 대조 연구는 서로의 내재적인 연계성과 언어의 이질성을 찾아냄으로써 문화 간 의사소통 과정에서 생기는 오해를 최대한으로 줄여 언어 사용의 목적을 달성하게 하는 중요한 기초 연구이다. 따라서 중국어권 학습자를 위한 한국어 대명사 교육에 있어서 매우 유익한 시도라고 할 수 있다.

이런 중요성에 비추어 볼 때 지금까지의 한국어 인칭 대명사 연구는 다각적인 접근과 방법으로 진행되어 왔으나 한·중 두 언어 인칭 대명사의 대조 연구는 그리 활발하게 이루어지지 못했음을 알 수 있다. 최근 들어 이 분야의 연구는 주로 왕금하(2007), 劉姸艶(2011), 吳鳳艶(2011), 등염추(2012) 등 한국에서 유학중인 중국인 유학생들에 의해 이루어진 바 있다. 이는 한국어 대명사 연구에 새로운 힘을 얹어 주는, 참으로 고무적인 일이 아닐 수 없다. 하지만 이들 연구의 대부분은 1, 2, 3인칭과 재귀 대명사를 모두 포함한 한 · 중 인칭 대명사의 전체를 다룬 연구이다. 인칭 대명사 중의 어느 한 가지만을 심도 있게 연구한 성과는 그리 만족스럽지 못하다. 또한 대부분의 대조 연구는 인칭 대명사의 어휘, 문법적인 기능을 중심으로 다루었고 화용적 기능의 대조 연구는 齊曉峰(2008)의 논문에서 다룬 것이 전부이다. 한 · 중 인칭 대명사의 대조 연구가 한국어 교육에서 시사하는 바가 지대함에도 불구하고, 지금까지의 한국어 교육 연구 성과를 보면 동사, 형용사, 부사 등 각 품사별 교육 방안에 대한 연구, 개별 품사의 세부적인 내용의 교육에 대한 연구 등이 아주 다양하게 진행되어 왔지만, 대명사 교육에 관한 연구 성과는 아직까지 전무한 상태라고 해도 과언이 아닐 정도로 미미하다. 그 이유를 따져 보면 대명사는 명사처럼 수적으로 풍부하지 않고, 동사, 형용사처럼 그 의미와 용법이 복잡하지 않아 인칭 대명사에 대한 특별한 연구가 행해지지 않아도 학습자들이 정확하게 이해하고, 사용할 수 있을 것이라는 연구자나 교육자들의 고정 관념에서 기인한 것이라고 판단된다.

하지만 인칭 대명사의 형식적 측면의 용이성 뒤에는 그 사용상의 복잡성과 이해상의 난해성이 숨겨져 있다고 말할 수 있다. 다른 한국어 교육 내용과 마찬가지로 학습자들이 인칭 대명사를 이해하거나 사용할 때 자주 직면하는 문제가 있다. 그중의 대표적인 문제는 주로 '한 · 중 두 언어 인칭 대명사의 대응 문제', '문맥에 맞는 적절한 인칭 대명사의 선택 문제', '문맥 속에서의 인칭 대명사의 의미 파악 문제', '한 문장 안의 인칭 대명사와 그 뒤에 오는 조사, 그리고 문장의 종결어미와의 호응 문제' 등이다. 특히 2인칭 대명사에 대하여 '한국어 2인칭 대명사는 중국어보다 훨씬 많은데 왜 정작 쓰려고 할 때에는 쓸 게 없는가?', '당신이라는 말이 왜 부부 간에도 쓰이고 존대어로도 쓰이고 싸울 때에도 쓰이는가, 그 정체가 도대체 무엇인가?' 등과 같은 질문이 교육 현장에서 자주 들려온다. 한국어 교육의 목적이 의사소통 능력의 신장이라고 볼 때, 의사소통에서 빼놓을 수 없는 인칭 대명사의 정확한 이해와 사용이 학습자에게 얼마나 중요한지를 실감하게 된다.

본 연구는 중국어권 학습자를 위한 효과적인 인칭 대명사 교육의 일환으로 시도된 것이다. 학습자들이 어려워하는 2인칭 대명사를 연구 대상으로 삼고 한국어와 중국어 2인칭 대명사의 대응 관계를 정리해 보고 한 · 중 2인칭 대명사의 화용적 의미에 대한 대조 분석을 실시하고자 한다.[1]

---

1) 본 연구에 이용될 자료는 각각 다음과 같다. 중국어 자료는 주로 '北京大學漢語語言學研究中

2. 한·중 2인칭 대명사의 대응 관계

2인칭 대명사는 청자에 대용될 수 있는 대명사이다. 한국어 2인칭의 체계에 대한 학자들의 의견이 분분한데, 그 중의 대표적인 몇 가지 견해를 정리하면 다음과 같다.[2]

> 이기문(1978): 그대, 자네, 당신
>
> 남기심·고영근(1985): 너, 자네, 당신, 댁, 노형, 어른, 그대, 귀형, 귀하; 너희, 여러분
>
> 이필영(1987): 너, 자네, 당신, 거기(그쪽, 그편), 댁
>
> 이익섭·임홍빈(1990): 너, 자네, 당신, 그대
>
> 이익섭·이상억·채완(1997): 너, 자네, 당신, 댁, 어르신; 너희
>
> 이익섭(2005); 서정수(2006): 너, 자네, 당신, 그대, 댁, 귀하; 너희
>
> 이관규(2007): 너, 당신, 그대, 댁, 귀형, 귀하, 노형, 선생(님), 자네, 어른, 어르신; 너희, 여러분
>
> 이주행(1992); 이석주·이주행(2007); 고영근·구본관(2008): 너, 자네, 그대, 당신; 너희

이상의 논의를 통하여 우리는 2인칭 대명사의 체계가 학자별로 아주 다양하게 설정되어 있다는 사실을 알 수 있다. 이 중에서 '노형, 귀형, 귀하, 댁, 어른' 등과 같은 현대 한국어에서 보편적으로 사용되지 않거나 단일한 용법으로 인해 특정한 의미 기능을 수행하지 못하는 대명사는 논외로 하고, 문법적 기준 또는 화용적 기준, 그리고 한국어 교육의 실제성에 의거할 때 보편적으로 쓰이는 '너, 자네, 그대, 당신; 너희, 여러분'[3]을 한국어 2인칭 대명사로 간추리고자 한다.

이에 비해 중국어의 2인칭 대명사는 주로 단수 형식인 '你, 您'과 복수 형식인

心CCL語料庫'와 12종의 중국어 사전을 수록한 中華在線詞典을 이용할 것이고, 한국어 자료는 주로 '21세기 세종계획말뭉치'와 조선말 대사전, 우리말 큰 사전, 표준국어대사전, 금성 국어사전, 어원사전 등을 수록한 '통합사전검색기(Syndictionary)'를 이용할 것이다.

2) 이 부분의 내용은 지금까지 행해진 인칭 대명사에 관련된 연구 성과를 기초로 하여 정리한 것이다. 그 출처를 일일이 밝혀야 하나, 지면 관계상 생략하기로 한다.

3) 한국어의 '여러분'이 2인칭 대명사 체계에 속하는지에 대해 학자들의 견해가 분분하다. 하지만, 본 연구에서는 학문 목적의 한국어 교육에서의 중요도를 고려하여 '여러분'을 2인칭 대명사 체계에 넣고자 한다. 이 주장은 학교 문법과 같은 맥락이라 할 수 있다.

'你們'으로 구성되어 2인칭 대명사의 체계는 비교적 단순하다고 할 수 있다. 그럼 한·중 두 언어 2인칭 대명사의 대응 관계는 도대체 어떤 양상을 보이고 있는지 구체적인 실례를 통해 두 언어 2인칭 대명사의 대응 관계를 간단히 논의해 보고자 한다.

'너'는 한국어 2인칭 대명사 중의 가장 대표적인 것으로서 교과서에서나 '한중사전'에서는 흔히 중국어 '你'로 번역된다. '너'는 같은 또래의 어린 아이들 사이, 또는 연장자가 나이가 젊은 청자에게 말할 때 쓰인다. 그리고 격식을 차릴 필요가 없는 가까운 사이라면 연령과 관계없이 '너'로 대칭할 수 있다. 예를 들면,

(1) 최경지, 너 아직 잠이 덜 깼구나.

　　너, 이렇게 예쁜 날개 본 적 있니?

　　넌 하라는 공부는 안하고 게임만 하니?

한국어 '너'는 친구나 아랫사람을 가리키는 중국어 '你'와의 대응 관계가 기본적으로 성립된다. 하지만 중국어 '你'의 사용 범위는 한국어의 '너'보다 훨씬 넓으면서도 사용 제약은 '너'보다 적게 받는다. 다시 말해서 중국어의 2인칭 단수는 '你'와 '您'으로 양분화되어 있어 청자를 특별히 존대하여 '您'을 사용하지 않는 경우라면 모두 '你'로 대칭할 수 있다. 심지어 초면의 사람에게도 사용할 수 있다. 따라서 '너'와 '你'의 대응 관계는 '너 ⇒ 你'가 성립되지만 '你 ⇒ 너'는 성립되지 않으니 '你 ≧ 너'로 도식화할 수 있다.

(2) 你今年多大了? (넌 올해 몇 살이니?)[4]

　　這台電視是他留下來給你的。(이 텔레비전은 그가 자네에게 남겨 준 것일세.)

　　你明天來嗎? (내일 오세요?)

　　見到你很高興。(만나서 반갑습니다.)

'너'로 대칭하던 가까운 사이에서도 최소한의 예의와 격식을 갖추어 주게 되면 '자네'로 칭하게 된다. '자네'는 청자의 나이가 성년 이상의 남성으로서, 자기보다 연하나 동년배의 장성한 남자 친구나 동료들에게 어느 정도의 예의와 격식을 갖추어 주고자 할 때 가장 무난하게 사용할 수 있다. 그리고 청자가 여성일 경우에는 '자네'의 사용에 제한이 따르며, 이때에는 보통 심리적 부담을 느끼지 않는 혈

---

4) 예문 뒤에 ( ) 안에 있는 내용은 예문에 대한 번역문이다.

연관계 혹은 스승과 제자 관계를 전제로 한다. 예를 들면,

> (3) 자네에게 뭔가 전해 줘야겠다는 생각이 들어서 전화한 거야.
> 그렇지. 자네 말이 옳네.
> 큰일은 바로 자네 같은 사람이 해야 하네. 물러서지 말게.

'그대'는 문어체적인 인칭 대명사인데 주로 시 작품에서 '너'보다 다소 높인 뜻으로 쓰이며 연인들의 편지에서도 많이 나타난다. 예를 들면,

> (4) 영철 군! 그대는 언제나 나의 친우이다.
> 친구여, 그대는 영원한 내 벗이라네.
> 이 세상에 오직 하나인 내 순례여. 그대는 어떻게 이렇게도 내 피를 끓게
> 하는가….

'당신'은 문어체와 구어체에서 모두 쓰일 수 있는 대명사인데, 시나 편지 그리고 광고에서 상대방을 높일 때 많이 쓰이고, 구어체에서는 부부 사이에 흔히 사용된다. 하오체로 약간의 손윗사람, 그리고 그리 친하지 않은 동년배의 사람 등 대우해야 하는 사람에게도 쓰일 수 있다. '당신'은 '너'나 '자네'에 비해서는 예의와 격식을 갖춘 형태이지만 결코 존칭이라고 단정하기는 어렵다. 예를 들면,

> (5) 당신은 세련되면서도 겸손하게 말씀해 주셨습니다.
> 당신의 능력을 보여 주세요.
> 목포에서 전시장을 열었다가 당신 소식 듣고 올라오는 길이래.
> 당신은 가슴 뛰는 일을 하기 위해 이곳에 태어났다.

이상의 논의를 통하여 우리는 '자네, 그대, 당신'은 모두 상대방을 예우하는 예사 높임말로 쓰인다는 사실을 알 수 있다. 하지만 이들 대명사는 모두 제한적인 경우에 존칭으로 사용되기 때문에 존칭으로서의 기능이 불안정하며 보편성이 없다. 따라서 이들 대명사는 중국어에서 항상 존칭으로 사용되는 '您'과의 대응은 부분적일 뿐이지 서로 대응한다고 말하기는 어렵다. 중국어 대명사와의 대응 관계를 따져보면 오히려 '你'에 더 가깝다.

> (6) 자네가 나를 불렀나? (*你叫我了嗎?*)

가령 삶이 <u>그대</u>를 속일지라도, 슬퍼하지 마라! (*假如生活欺騙了你, 請不要悲傷!*)

난 <u>당신</u>을 사랑합니다. (*我愛你。*)

그러면 한국어에서 화자가 자신보다 연세가 많거나 지위가 높은 청자를 지칭할 때 무엇으로 표현할까? 즉 중국어 '您'으로 지칭하는 대상은 한국어에서 어떻게 나타나는가? 이것은 바로 중국어권 학습자들이 한국어 2인칭 대명사를 사용할 때 가장 어렵게 생각하는 부분이기도 하다. 하지만 한국어에서는 '상대방의 지위가 높아질수록 대명사를 쓰지 않고 오히려 '아버지(아빠), 어머니(엄마), 선생님' 등의 명사로 대용하는 일이 많기 때문에 아주 높임인 합쇼체에서 대명사는 다른 상대높임법에 비하여 덜 갖추어져 있다'(남기심 · 고영근, 1985: 79)는 특징을 학습자에게 알려 주면 그들의 궁금증을 쉽게 풀 수 있을 것 같다. 여기서 사용되는 명사는 지시 대상의 직위, 이름, 신분관계 등으로써 지시 대상을 표시하는 표현인데 대용 표현 혹은 직접 표현이라고 한다.[5] '선생님, 아저씨, 사장님, 이사님, 할아버지, 김철수 씨' 등이 바로 그 예들이다. 다음과 같은 예문 중의 밑줄 친 부분은 모두 화자보다 나이가 많거나 지위가 높은 사람이나 존경할 만한 사람이기 때문에 중국어의 '您'과 대응하고, 그래서 모두 '您'으로 대역할 수 있다.

(7) 아뇨, 선생님. 언젠가는 <u>선생님</u>을 만나서 여쭤보고 싶었어요.

아직은 비밀입니다. 이 <u>선생님</u>만 가만히 알고 계십시오.

만약 <u>아저씨</u>에게 누군가 눈송이를 준다면 그걸로 뭘 하겠어요?

친구 분과 그 가족을 위해 <u>과장님</u>께서 대단히 큰 도움을 주신 겁니다.

이런 대용 표현의 사용은 윗사람을 지칭할 때뿐만 아니라 화자와 청자가 친밀한 사이일 때에도 그 위력을 널리 발휘하고 있다. 그리고 청자의 신분이나 이름을 전혀 모르는 낯선 사람에게도 사용하여 높임말을 실현하고 있다. 이럴 때 청자의 연령이나 사회적 신분을 짐작하여 '선생님, 아저씨, 사장님' 등을 쓰는 것이다. 예를 들면,

(8) <u>아저씨</u>께서 먼저 가시지요.

<u>선생님</u>은 성함이 어떻게 되십니까?

---

5) 장석진(1974)에서는 '대용 표현'이라 하고, 이필영(1987)에서는 '직접 표현'이라 하며(이필영 1987:219), 김상미(1995)에서는 이를 '명사대용어'라고 한다.

바로 이런 특징이 있기 때문에 한국어 2인칭 대명사의 사용 빈도는 중국어에 비하여 훨씬 낮다는 결론을 내릴 수 있다. 이 결론의 적절성을 증명하기 위해 필자는 한국 문학 작품 두 편과 그 번역본 중의 2인칭 대명사 출현 빈도에 대해 조사해 보았는데, 다음과 같은 결과는 이상의 결론을 다시 한 번 확인해 주었다.

〈표 1〉 '삶을 바꾼 만남'(발췌) 중 한·중 대명사 출현 빈도

한국어		중국어	
대명사	출현 빈도	대명사	출현 빈도
그대	2	你	35
당신	10	你們	1
합계		합계	
12		36	

〈표 2〉 '타인의 방'(최인호) 중 한·중 대명사 출현 빈도

한국어		중국어	
대명사	출현 빈도	대명사	출현 빈도
너	7	你	47
		您	8
합계		합계	
7		55	

이어서 복수 표현인 '너희'와 '여러분'에 대한 중국어와의 대응 관계를 검토해 보자. '너희'는 청자가 친구나 아랫사람일 때 그 사람들이나 청자들을 포함한 여러 사람들을 가리키는 복수형 2인칭 대명사이다.[6] '너'와 '你'의 대응 관계와 마찬가지로 '너희 ⇒ 你們'은 성립된다. 예를 들면,

   (9) <u>너희</u>는 모두 착한 어린이로구나. (*<u>你們</u>都是好孩子。*)
   <u>너희</u>끼리만 놀지 말고 같이 놀아라. (*不要光<u>你們</u>自己玩, 大家一起玩。*)

하지만 중국어 '你們'은 청자의 신분이나 나이 등을 그다지 따지지 않고, 청자가 두 사람 이상일 때 널리 사용되고 있다. 심지어 청자가 윗사람들이나 초면의 사람들이라도 사용이 가능하다. 따라서 중국어 '你們'의 사용 범위가 한국어 '너

---

6) 복수형 '너희' 뒤에 복수 접미사 '-들'을 덧붙여서 '너희들'이 되는데 쓰임에 있어서는 '너희'와 별다른 차이가 없다.

희'보다 훨씬 더 넓고 2인칭 대명사 '자네, 당신'의 복수형 '자네들, 당신들', 심지어 '여러분'과 대응할 때도 있으니 '너희'와의 대응 관계는 '你們 ≧ 너희'처럼 도식화할 수 있다. 몇 가지 예를 들면 다음과 같다.

(10) 我給你們介紹一下這里的环境。(저는 <u>여러분께</u> 이곳의 환경을 소개해 드리겠습니다.)
你們的帮助對我很重要。(<u>자네들</u>의 도움은 내게 아주 중요하오.)
你們是從哪儿來的啊? (어디서 오셨습니까?)

한편 한국어의 '여러분'은 청자가 여러 사람일 때 그 사람들을 높여 이르는 2인칭 대명사이다. 중국어의 2인칭 복수형 '你們'은 '여러분'과 서로 대응할 때도 있지만[7] 이런 대응은 언제나 모두 가능한 것이 아니다. 중국어에는 공식적인 자리나 존경할 지칭 대상이 2인 이상일 경우 '你們'보다는 '您二位, 您三位'라고 하고 지칭 대상이 4인 이상일 경우 '您几位, 各位, 諸位' 등과 같은 대용 표현을 사용할 때가 있으나 '你們'처럼 보편화되어 있지는 않다.[8] 예를 들면,

(11) <u>여러분께서는</u> 중국 문화에 대해 얼마나 알고 계시나요? (*諸位對中國文化了解多少呢?*)
<u>여러분</u>의 의견을 듣고 싶습니다. (*想听听<u>各位/諸位</u>的想法。*)

이상의 논의를 통하여 우리는 다음과 같은 사실을 알 수 있다.
1. 한국어 2인칭 대명사의 수량은 중국어에 비해 압도적으로 많다.
2. 학습자들이 대응 관계로 인식하고 있는 '너 – 你', '너희 – 你們' 등의 대응 관계가 언제나 모두 성립되는 것이 아니라 많은 경우에 제한적이거나 불안정한 것이다.
3. 한국어 단수 2인칭 대명사는 풍부하나 극존칭은 없다. 대화할 상내방을 예우할 때나 친한 사이일 경우 2인칭 대명사 대신 대용 표현을 사용하는 경향이 있다. 반면, 중국어 2인칭 대명사의 사용 빈도는 한국어보다 높다.
4. 이상의 논의를 기초로 하여 한·중 2인칭 대명사의 대응 관계는 다음과 같

---

7) 중국에서는 邢福義, 徐仲華 등 많은 학자들이 '你們'을 '您'의 복수형이라고 주장하고 있다.(왕금하 2007:33)

8) 문어체에서는 '您'의 복수형인 '您們'을 사용하는 경우가 간혹 있으나 구어체에서는 이런 표현을 거의 안 쓴다.

이 정리할 수 있다.

〈표 3〉 한·중 2인칭 대명사의 대응 관계[9]

	한국어		중국어	
	단수	복수	단수	복수
예사말	너	너희(너희들)		
공대말	자네 그대 당신	자네들 그대들 당신들	你	你們
	대용 표현	여러분	您	您__位[*] 诸位/各位[*]

3. 한·중 2인칭 대명사 화용적 의미의 대조 분석

인칭 대명사는 화자, 청자, 기타 담화 참여자 및 사물, 그리고 발화 환경 등의 여러 여건에 따라 변화할 뿐 아니라 대화자들 간의 연령, 성별, 사회적 지위, 화자와 청자 간의 심리적, 정서적 거리 등의 변수에 따라 달라진다. 따라서 대명사에 대한 연구는 문법론적 층위에 국한해서는 안 되고, 통사와 의미 관계를 넘어 화용론에서 다루어져야 한다. 따라서 이 부분에서는 '청자 존칭 체계', '대용 표현', '인칭 대체', '성별, 연령 제약' 등의 측면에서 한·중 2인칭 대명사의 화용적 의미를 대조 분석하고자 한다.

1) 청자 존칭 체계의 대조

2인칭 대명사는 청자 지시어의 기능뿐만 아니라 화자, 청자 간의 사회적 지시 정보도 함께 나타낸다. 많은 언어의 2인칭 대명사는 화자와 청자의 사회적 지위, 연령 등에 따라 T/V[10]대명사(Brown & Gilman 1960)[11] 체계를 갖고 담화 상황과

---

9) 중국어권 학습자들의 한·중 2인칭 대명사 대응 관계의 전모를 보여 주기 위해 대명사 체계에 속해 있지 않은 일부 대용 표현도 부호 "*"를 표기하여 함께 기입했다.

10) T/V 중의 T와 V는 각각 존칭(respect and politeness)과 통칭(familiarity and informality)을 가리키는 총칭적인 상징 기호로서 라틴어 tu/vos의 머리글자를 따서 만들어진 말이다.

11) S. C. Levinson(1983)(이익환·권경원 역)에서 재인용.

청자와 화자의 관계에 따라 사회적 지시 기능을 한다.

한국어의 2인칭 대명사는 화자, 청자 사이의 친족 관계와 사회적 관계 등의 담화 상황에 따라 형태가 복잡하고 다양하게 나타난다. 뿐만 아니라 화계(speech level)와 공대 표현(honorific expression)과도 밀접한 관계를 갖는다.(김상미 1995:100) 2장의 논의를 통하여 우리는 한국어 2인칭 대명사 체계를 이루는 '너, 자네, 그대, 당신' 등으로 청자를 지칭할 때 화자의 청자에 대한 심리적 부담감, 화자와 청자의 격식 등의 화용적 요소에 따라 서로 다른 존칭 관계를 나타낸다는 것을 알 수 있다. 그리고 이들 대명사는 조사나 어미와의 호응 문제도 간과할 수 없다는 점을 알 수 있다.

(12) (부모가 아들에게) <u>넌</u> 학교 언제 가니?

　　　(교수가 제자에게) <u>자네는</u> 내년에 유학 갈 계획인가?

　　　(아내가 남편에게) <u>당신은</u> 저녁 때 몇 시에 돌아와요?

중국어 2인칭 대명사는 존칭 표현이 없는 1, 3인칭 대명사와 달리 평칭 '你'와 경칭 '您'의 구별이 있으므로 한국어 2인칭 대명사와의 공통점을 갖고 있다. 한편 2장에서 논의한 바와 같이 한국어 2인칭 대명사는 계층 구분이 보다 더 세분화, 서열화되어 사용하는 데 여러 가지 제약이 있는 반면, 중국어 2인칭 대명사 '你'와 '您'의 차이는 비교적 명료하다. 즉 문어나 구어에서 제한 없이 아랫사람이 윗사람을 지칭할 때 '您'을 사용하여 공손한 태도를 표현한다. 그 외의 경우에는 모두 '你'를 사용한다. 하지만 일상 대화에서 지위가 높거나 연세가 많은 사람이 손아래 사람이나 자기보다 지위가 낮은 사람에게 '您'을 사용하는 경우가 있는데, 이럴 때 '您'은 더 이상 공대말이 아니라 청자를 풍자하거나 비꼬는 표현이다. 이처럼 비록 문법적으로는 맞지 않지만, 문맥상 크게 문제가 없는 사례는 한국어에서도 찾을 수 있다. 예를 들면,

(13) (윗사람이 아랫사람에게) 我哪敢批評<u>您</u>啊！(*제가 감히 <u>당신을</u> 비판하겠습니까?*)

　　　(윗사람이 아랫사람에게) <u>당신</u> 정말 위대하십니다.

　　　(윗사람이 아랫사람에게) <u>당신</u> 뭐야? 뭔데 그렇게 말을 함부로 하는 거야?

이상의 예문을 통하여 우리는 문장이 문법적으로 맞는 것과 그것이 의미 있는 발화가 되는 것과는 별개의 것이라는 사실을 확인할 수 있다. 그리고 대명사를

선택할 때 일반적인 용법과 현저하게 어긋나면 화자에게 어떤 감정이나 태도의
변화가 분명히 있다는 것을 의미한다. 그리고 초면에 만날 때에는 친하지 않으
니 서로 예우를 해 주었다가 나중에 친구나 애인이 된 다음에 같은 청자일지라도
보다 더 편한 대명사의 사용으로 서로의 거리를 좁히면서 친함을 나타낸다. 이와
마찬가지로 존경도가 높아짐에 따라 친밀도가 낮아지는 상황도 일상 발화에서
종종 발견할 수 있다. 이러한 대명사로 표현하는 친소 관계는 중국어와 한국어에
모두 존재한다. 그중의 한 가지 상황을 예로 들면 다음과 같다.

> (14) (초면에) 很榮幸見到您, 請多關照。(선생님을 뵙게 된 것을 영광이라고
> 생각합니다. 잘 부탁드립니다.)
> (친해 진 후에) 你還記得我們初次見面嗎? (넌 우린 처음 만났을 때 기억
> 나니?)

2) 대용 표현 현상의 대조

2장에서 짚어본 바와 같이 한국어에서는 상위 청자를 예우할 때 대명사 대신
대용 표현을 사용한다. 그리고 청자가 꼭 예우해야 할 대상이 아니더라도 초면이
나 다른 격식을 갖추어야 할 경우라면 역시 대명사 대신 대용 표현으로 지칭한
다. 이럴 때 '너, 자네, 그대, 당신'과 같은 대명사를 사용하면 무례한 표현이 되어
화용상 비문이 될 뿐만 아니라 청자에게 불쾌감을 줄 수 있다. 다음 예를 들어 보
자.

> (15) (제자가 교수에게) 이따가 학교에 가서 선생님(*너, *자네, *당신)께 말씀
> 드리겠습니다.
> (직원이 사장에게) (사장님(*너, *자네, *당신)께서는) 내일 몇 시에 행사
> 장으로 오실 거예요?
> (동년배이지만 그리 친하지 않은 동료에게) 김 선생님(*너, *자네, *당신)
> 생각은 어때요?
> (동년배이지만 초면의 사람에게) (선생님께서는)(*너, *자네, *당신) 어디
> 서 오셨어요?

중국어에도 대용 표현으로 2인칭을 대체하는 현상이 있기는 하나 예우할 대
상에 대해 대명사 '您'을 사용하여 지칭할 수 있으니 한국어처럼 대용 표현을 보

편적으로 사용하지 않는다. 설사 대용 표현을 사용한다고 하더라도 일반적으로 청자가 윗사람보다 어린 사람일 경우에 많이 사용하여 청자에 대한 위로나 친절한 태도를 나타낸다. 이럴 때 '你'로 교체하면 꾸짖는 태도가 되어 두 문장의 화용적 효과가 달라진다. 예를 들면,

> (16) <u>宝宝</u>听話, <u>宝宝</u>不哭。(아가야, 말 잘 들어라. 울지 마.)
>
> <u>你</u>听話, <u>你</u>别哭。(넌 말 잘 들어라. 울지 마.)

그리고 중국어와 한국어의 또 한 가지 차이점은 중국어에는 명사 대용어 뒤에 2인칭 대명사가 붙어 '대용어+대명사'의 형식으로 사용하는 언어 습관이 있는데 이러한 구조는 그대로 한국어로 직역하면 비문이 된다. 예를 들면,

> (17) 我送<u>爺爺您</u>回去吧。(저는 할아버지(+[*]너, [*]자네, [*]그대, [?]당신)를 모시고
> 돌아갈게요.)

3) 인칭 대체 현상의 대조

의사소통 과정에서 일정한 화용적 목적을 달성하기 위해 인칭 대명사의 일반적인 사용 규칙에 맞지 않는, 인칭 대명사가 서로 대체하는 현상이 일어나는데, 이 현상은 화용적 입장에서 이해해야 한다. 2인칭 대명사를 놓고 볼 때 다른 인칭 대명사로 2인칭 대명사를 대체하거나 2인칭 대명사로 다른 인칭을 대체하는 현상, 그리고 단수 인칭 대명사와 복수 인칭 대명사 간의 변환 현상이 일어날 수가 있다. 특정한 상황에서 화자의 청자 지시어에 대한 특별한 선택은 화자의 청자에 대한 태도, 화자와 청자 간의 감정, 인간관계 그리고 사회관계 등에 의하여 결정된다.

우선 다음과 같은 예를 통하여 중국어의 인칭 대명사 대체 현상과 한국어와의 대조 양상을 살펴보고자 한나.

> (18)
>
> ▶ 1인칭 복수 → 2인칭 단수:
>
> 가: (교수가 제자에게) 你要記住, <u>我們</u>(＝你)是學生, <u>我們</u>(你)的任務是學習。
> (너는 자신이([?]우리가) 학생이고 자신들의([?]우리들의) 임무가 공부라는
> 것을 기억해야 한다.)

나: (엄마가 아이에게) 好孩子, 咱們(=你)別哭, 媽媽去去就來。

  (아가야, 너(*우리) 울지 마. 엄마 금방 갔다 올게.)

  ▶ 1인칭 복수 → 2인칭 복수:

다: 咱們這儿有今天上午開門嗎?

  (여기는(*우리 여기는) 오늘 오전에 문 열어요?)

▶ 3인칭 단수 → 2인칭 단수:

라: 有的人(=你)以爲全世界就他自己聰明呢。

  (어떤 사람은(*너는) 세상에서 자기만 똑똑한 줄 알아.)

▶ 2인칭 단수 → 1인칭 단수:

마: 這个人性格太內向了, 不管你(=我)怎么問, 他就是不開口。

  (이 사람은 성격이 너무 내성적이다. (내가)(*네가) 아무리 캐물어도 그는
  입을 열지 않아.)

▶ 2인칭 단수 → 1인칭 복수:

바: 這个人很難相處。你(=我們)對他好他却說太虛僞。

  (그 사람은 정말 사귀기가 어렵네. 우리(*너)는 그를 잘 대하지만, 그는 오
  히려 너무 허위스럽다고 말한다.)

▶ 2인칭 단수 → 2인칭 복수:

사: 你(=你們)大國敢不仁, 我小國也敢不義!

  (너희(*너) 대국이 감히 무도하면 우리 소국도 불의하겠다.)

아: 市長明天將訪問你校(=你們學校)。

  (시장님께서는 내일 귀 대학(*네 대학)을 방문할 예정입니다.)

▶ 2인칭 복수 → 3인칭 단수:

자: (교사가 쓴 학생 평가서에서) 你(=該生)這个學期取得了很大的進步。

  (너는(이 학생은) 이번 학기에 큰 발전을 얻었다.)

▶ 2인칭 복수 → 2인칭 단수:

차: 你們(=你)怎么能這樣對待顧客?

  (너희는(너는) 어찌 이렇게 손님을 대했느냐?)

▶ 2인칭 단수 → 불특정 대상:

카: 大家你一言我一語地開始說了起來。

  (모두들 너 한 마디 나 한 마디씩 얘기를 나누기 시작했다.)

타: 你要想取得成功, 你就必須要盡最大的努力。

  (당신은 성공하려면 최선을 다해야 한다.)

파: 祝你平安, 讓那快樂圍繞在你身邊。

　　　(평안하세요. 즐거움이 *당신* 곁에 가득하기를.)
　하: 大家*你*看看我, 我看看*你*, 誰都不說話。
　　　(사람들은 서로 보면서 아무 말도 안 했어.)

　지면 관계상 이상의 예문에 대해 일일이 설명하지 못하는 대신, 아래에 그중의 몇 문장만을 예로 들어 인칭 대체 현상이 가져온 특수한 화용적 효과를 분석해 보기로 한다. 예문 '가', '나'는 2인칭 대명사 대신 1인칭 복수로 청자를 지칭함으로써 친절한 분위기를 조성하여 화자의 청자에 대한 기대와 사랑을 표현한다. 이런 표현은 비격식체에서 윗사람이나 상사, 그리고 부모가 아랫사람, 부하, 자식에게 많이 사용한다. 그리고 예문 '라'는 빗대어 욕하는 말인데 직설적으로 남을 비난하는 것보다 긴장된 분위기를 완화시키는 화용적 효과를 얻을 수 있다. 예문 '카'는 분명히 청자 한 사람을 질책하는 말이지만 '你' 대신 '你們'을 사용하면 역시 상대방의 부담감을 덜어 줌으로써 비난하는 강도가 낮아지는 역할을 한다.

　한편 이상의 예문에 대한 한국어 대조문과 중국어 원문과의 대조를 통하여 우리는 중국어가 한국어보다 이러한 인칭 대체 현상이 더 빈번하게 일어나 아주 미묘한 심리적 변화를 보다 더 생동감 있게 표현해 준다는 사실을 쉽게 알 수 있다. 하지만 이와 동시에 한국어에는 중국어 인칭 대명사 대체 현상에 없는 현상도 존재한다. 즉 장소 대명사로 인칭 대명사를 지칭하는 것이다. 다시 말하면 한국어에서는 장소를 나타내는 대명사가 2인칭 대명사의 자리에 사용되어 인칭 대명사를 대신할 수 있지만 중국어에서는 장소 대명사가 2인칭 대명사를 대신하여 사용할 수 없다. 예를 들어,

　(19) 저는 <u>그쪽</u> 생각이 어떤지 알고 싶어요. (*我想知道你(*那邊)的想法。*)

　유표성 이론(markedness theory)에 따르면 이상의 인칭 대명사 간의 활용과 같은 인칭 대명사 단수, 복수 간의 환용(換用)은 모두 유표적(marked) 용법에 속한다. 인칭 대명사가 지시하는 대상을 명확하게 알려면 문맥과 기타 관련 요소를 고려해야 할 뿐만 아니라 발화 상황의 아주 미묘한 세부적인 요소까지 고려해야 하기 때문에 중국어나 한국어 2인칭 대명사는 정도의 차이가 있지만 그 유표적 용법은 모두 복잡한 편이다. 따라서 대명사에 대한 정확한 이해가 없이 중국어 표현을 글자 그대로 한국어로 번역하거나 중국어의 대명사 용법을 한국어로 과잉 일반화시키면 잘못 이해할 우려가 있다.

4) 생략 현상의 대조

한국어 2인칭 대명사의 생략 현상은 두 가지 맥락에서 이해할 수 있다. 우선 공손한 태도를 나타내는 경우, 즉 담화 상에서 상대방에 대해 공손한 태도를 표현하기 위해 2인칭 대명사를 생략하는 것인데, 특히 처음 만나는 사람이나 그리 친하지 않은 사람 간의 대화에서 이 용법은 아주 보편적이다. 하지만 중국어에서는 이럴 경우 공손성을 띤 '您'을 많이 사용한다. 예를 들면,

> (20) (도움을 준 사람에게) 폐를 많이 끼쳤습니다. 정말 감사합니다. (*給您添麻煩了, 謝謝您。*)
>
> (초면의 사람에게) 처음 뵙겠습니다. 반갑습니다. (*初次見面, 見到您很高興。*)

그리고 또 한 가지 상황은 담화 맥락을 보면 담화 대상이 상대방밖에 없어서 굳이 2인칭 대명사를 사용하지 않아도 문맥상 이해에 지장이 안 될 때 2인칭 대명사의 생략이 가능하다. 이럴 경우, 중국어도 한국어와는 큰 차이가 없다. 예를 들면,

> (21) 오늘 너무 늦었어. (너는) 내일 와. (*今天太晚了, (你)明天再來吧。*)

5) 성별, 연령 제약의 대조

중국어 2인칭 대명사는 성별, 연령의 제약 없이 남녀노소를 막론하고 존비 관계나 심리적 거리감 등의 구체적인 발화 상황에 따라 선택하여 쓰는 반면, 한국어 2인칭 대명사는 성별과 연령에 따라 여러 가지 제약이 따른다.

'너'는 기본적으로 연장자가 청자를 아랫사람으로 인식하고 쓰는 2인칭 대명사이다. 그리고 화자와 청자가 허물없는 친구 또는 선, 후배 사이거나 부자, 형제의 사이와 같이 아주 가까울 때도 쓴다. 청자가 성년 미만의 사람이라면 가까운 사람에 대해서뿐만 아니라 처음 만나는 사람에 대해서도 쓴다(이필영 1987:219). 한편, 남성 사회에서는 '너'를 대칭적으로 사용하던 사이에서도 결혼기를 넘어서거나, 또는 쌍방 간에 성취한 사회적 지위 변화에 따라 어떤 격식 내지 거리감을 느낀 나머지 '자네'로 바꾸어 호칭하게 된다(송병학 1982, 7). '자네'의 사용 전제는 청자가 성년 이상의 사람이어야 한다. 이상의 경우 외에 오랜만에 만났거나 그리 친하지 않은 친구나 후배, 그리고 사위나 아들의 친구 등 가깝지만 심리적 부담감이 다소 있고, 최소한의 예의와 격식을 갖추어야 할 대상을 대칭할 때 '자네'를

사용한다. 한편, 청자가 여성인 경우에는 '자네'의 사용이 매우 한정되며, 이때 화자와 청자 사이에는 혈연관계나 스승과 제자 관계와 같이 심리적 부담을 느끼지 않을 만큼의 관계를 전제로 하고 있다. 만약 부부 간에 아내가 자기 남편을 '자네'라고 칭하면 아내가 남편을 멸시하는 경멸한 태도가 보인다. '당신'은 '너'나 '자네'에 비해서는 예의와 격식을 갖추거나 심리적 부담감이 비교적 클 때 사용하는 대명사인데 청자의 연령은 대략 30세 이상이어야 자연스럽다.

2인칭 대명사의 연령과 성별 제약은 이런 제약을 전혀 받지 않은 중국어를 모국어로 하는 중국어권 학습자에게 있어서 아주 생소한 내용이고 이해하거나 적절하게 사용하는 데 어려움이 따르기 마련이다.

4. 한국어 인칭 대명사 교육에의 시사점

대명사는 한국어의 품사 중에 어휘 수가 가장 적은 품사라고 말할 수 있다. 게다가 그 형태 변화도 극히 적고, 용법도 비교적 간단하다는 이유로 쉬운 교육 내용으로 취급되어 왔고 결과적으로 교육자와 연구자의 관심을 끌지 못한 것이 사실이다. 하지만 인칭 대명사는 형식적으로는 단순해 보이지만 실질적인 선택이나 사용에 있어서 발화 상황이나 화자, 청자와의 관계를 고려해야 할 뿐만 아니라 심지어 화자, 청자의 연령과 성별까지 간과할 수가 없으므로 아주 복잡하고도 어려운 학습 내용이다. 이런 의미에서 볼 때 중국인 학습자들이 어려워하는 2인칭 대명사를 연구 대상으로 하고 화용적인 측면에서 한, 중 두 언어 2인칭 대명사를 대조 분석한 본 연구는 관련 연구가 부족한 오늘날 학계의 현실을 감안해 볼 때, 문제 제기 자체로 충분한 의의를 부여할 만하다. 그리고 본 연구를 통하여 한국어 인칭 대명사 교육에 다음과 같은 시사점을 제시할 수 있다.

1. 한국어 인칭 대명사 교육이 소홀히 다루어지고 있는 현실을 김인하여 인칭 대명사 교육의 중요성을 교육자나 연구자에게 인식시킬 필요성이 있다.

2. 한 · 중 인칭 대명사의 대조 분석을 통하여 얻은 결과에 의거하여 학습자의 학습 난이도를 예측하고, 학습자의 대명사 사용 오류를 철저히 분석해야 한다.

3. 한 · 중 인칭 대명사의 대응 관계를 기초로 하여 교과서나 학습 사전 등의 대명사 어휘 정보를 다시 검토하여 이전의 정확하지 않은 뜻풀이나 용법 설명을 수정하고 학습자에게 정확하고도 충분한 인칭 대명사 정보를 제공하는 데 힘을 써야 한다.

4. 한국어 인칭 대명사의 화용론적 복잡성으로 인해 학습이 어렵다는 사실을 염두에 두고, 실질적으로 가르칠 때에는 의미 있는 발화에서 가르치는 방안을 모색해야 한다.

본 연구는 한·중 두 언어의 대조 분석과 실제 한국어 교육을 접목시키기 위한 목적에서 시도되었음에도 불구하고 지면 제한과 본 연구자의 역량 부족으로 인해 그 구체적인 적용 방법을 제시하지 못한 채, 2인칭 대명사의 부분적인 내용만을 다루었다는 한계를 갖고 있다. 그리고 화용론적 이론에 대한 본인의 이해 정도가 미약한 탓에 연구자 개인의 주관적 견해에 치우친 점도 없지 않다. 이 점에 대해서는 향후 심도 있는 관련 연구를 통해 채울 것을 약속드린다.

참고문헌

강연임(1996), 「2인칭대명사의 화용적 의미기능에 대하여」, 『어문연구』 28, 5-17.

김상미(1995), 「인칭지시어(Personaldeixis)의 화용적 의미분석」, *Echo* 7, 87-108.

남기심·고영근(1985), 『표준 국어문법론』, 탑출판사.

등염추(2012), 「한·중 인칭대명사의 대비 연구」, 충남대학교 석사학위논문.

배양서(1989), 「2인칭 대명사의 사회학적 의미」, 『언어』 10, 충남대학교 어학연구소.

송병학(1982), 「이인칭 대명사의 의미 분석」, 『언어』 3, 충남대학교 어학연구소, 119-138.

심성호(2011), 「한국어·중국어 인칭대명사의 대응관계」, 『중국어문학』 57, 349-372.

오봉염(2011), 「한·중 1인칭 대명사의 대조 연구」, 전북대학교 석사학위논문.

왕금하(2007), 「한국어와 중국어 인칭대명사 대조연구」, 신라대학교 석사학위논문.

유연염(2010), 「한·중 인칭 대명사 대비 연구」, 충남대학교 석사학위논문.

이익섭(1986), 『국어학개설』, 학연사.

이익섭·채완(1999), 『국어문법론강의』, 학연사.

이필영(1987), 「현대국어의 1, 2인칭 표현에 대하여」, 『관악어문연구』 12, 209-229.

정무주(1991), 「지시표현의 화용적 의미분석」, 경북대학교 박사학위논문.

정영환(1997), 「직시적 표현의 화용적 의미해석」, 경성대학교 박사학위논문.

제효봉(2008), 「화용적 측면에서 본 중·한 2인칭대명사 대비분석」, 『중국조선어문』, 155, 28-34.

杜小紅(2003), <人稱指示語的非常規選擇及其語用探析>, 《山東外語敎學》 2003-2: 25-27.

何自然(2011), 《新編語用學槪論》, 北京大學出版社.

黃國文(1999), <言語交際中的指示人稱代詞>, 《四川外語學院學報》 1999-1, 47-49.

江鳳(2009), <英漢第二人稱指示語的語用對比探討>, 《荊楚理工學院學報》 24-12, 52-54.

蔣烨(2011), <漢語第一人稱指示語的語用指示功能>, 《中國語文學誌》 37: 627-640.

權文香(2011), <朝漢語第二人稱指示對比>, 延邊大學碩士學位論文.

孫飛鳳(2006), <英漢人称代詞社交指示功能的語用對比研究>,《集美大學學報》2006-1: 175-
176.
余維(1998), <親疏尊輕的理論框架与人称指示的語用對比分析>,《外國語》1 998-4: 63-68.

Jacob L. Mey(1993),『화용론』, 이성범 역, 한신문화사.
Levinson, S. C.(1983),『화용론』, 이익환·권경원 역, 한신문화사.

※ 이 논문은『선청어문』41(서울대학교 국어교육과, 2014)에서 게재된「한국어 교육을 위한 한 중
2인칭 대명사 대조 분석 -화용적 의미의 대조 분석을 중심으로」를 재정리한 것임.

왕단(王丹)

북경대학교 한국어학부
中國 北京市 海澱區 頤和園路5號 (100871)
전자우편: wangdan@hanmail.net

후기

세월여류(歲月如流)라고 빠른 것이 세월인가 보다. 대학 교단에 처음으로 오른 것이 1975년 1월이니 이미 40년 세월을 대학에서 교직 생활을 한 셈이다. 순리대로라면 40년을 대학 교단에서 보냈으니 많은 전문 인재 양성은 물론 대작 몇 부쯤은 펴냈어야 할 것이나 나는 원체 노둔한 데다가 게으르기까지 하여 글다운 글 몇 편 써내지 못했고 후대 양성에서도 아무런 업적도 남기지 못했다. 나는 인생을 이렇게 허무하게 살아왔는데도 사랑하는 제자들은 나의 대학 교직 40주년을 기념해서 논문집을 간행하겠다면서 '후기'를 써 달라는 청탁까지 해 왔다.

정작 필을 들고 살아온 인생, 특히는 대학가에서의 40년을 돌이켜 보니 좀 더 나은 삶을 살지 못했음을 후회하고 나와 만난 모든 사람들에게 좀 더 많은 것을 베풀어 주지 못한 미안한 마음을 전하는 것으로 '후기'를 갈음할 수밖에 없다는 생각이 든다.

우선 제자들에게 미안하고 죄스럽다는 말 전하고 싶다. 대학 교수의 주요 직책은 학문을 가르치는 것이다. 그런데 나는 학문이나 학식에서 대학 교수의 자격을 충분의 갖추고 대학 교단에 오른 것은 아니었다. 한창 공부를 해야 할 나이에는 문화대혁명의 풍파로 빈하중농의 재교육을 받아야 했고, 대학 공부는 학교에서가 아니라 주로 연변의 농촌 마을을 전전(轉轉)하면서 마쳤으며, 대학 교단에 올라서도 사회주의 공작대의 일원으로, 5.7간부학교의 학생으로 의연히 농촌 생활과 인연을 끊을 수 없었다. 이리하여 나는 학문(學問)이란 두 글자의 참된 함의가 무엇인지도 모르면서 대학 강의를 시작했다. 중국어의 誤人子弟(오인자제)란 말이 나와 같은 사람들의 행실을 비난하고자 만들어진 말인 것 같다. 나는 정년을 할 그 시각까지도 내가 가르치는 학문의 깊이를 잘 모르면서 강의를 했다. 나의 강의를 들었거나 한두 마디의 조언이라도 들은 모든 제자들에게 참으로 미안하고 죄스럽다는 말 밖에는 할 말이 없다.

다음으로 나를 배움의 길, 학문의 길로 이끌어 주신 은사님들께 감사하다는 말씀과 함께 죄송하다는 말씀을 드리고 싶다. 학도의 가장 큰 행복은 훌륭한 스승을 모실 수 있는 것이다. 훌륭한 스승의 가르침이 없이는 그 어떤 학문도 홀로 갈고 닦을 수는 없다. 그래서 대학 교육이 필요한 것이 아니겠는가? 내가 대학원 과정을 무난히 마치고 석·박사 학위를 취득하게 된 것도, 학문에 눈을 뜨기 시작한 것도 모두 최윤갑, 정판룡, 김영황, 김민수, 고영근 등 교수님들을 비롯한 국내외에 계시는 명망이 높으신 교수님들을 은사로 모시고 가르침을 받을 수 있었기 때문이다. 은사님들은 늘 뜨거운 인간애와 사심 없는 인격, 엄격한 학구적 태도와 멈출 줄 모르는 탐구 정신으로 나를 학문 연구의 길로 이끌어주셨다. 그런데 정년을 맞는 이 날까지 글다운 글 몇 편 써내지 못해 은사님들께 죄송하다는 말씀 밖에 드릴 수 없는 자신이 너무도 한스럽다.

그 다음으로 나의 지인 친구들에게 고마운 마음 전하고 싶다. 대학 교직 생활은 어떻게 보면 학문과의 고독한 싸움이라 할 수 있다. 힘겹거나 고독할 때, 소주 한 잔이라도 함께 나누면서 서로의 마음을 나눌 수 있는 친구가 있다는 것이 얼마나 행복한 일인지는 누구나 잘 알 것이다. 천성이 본체 우직해서 대인 관계를 잘 처리하지 못하는 나한테도 이런 지인 친구 몇 사람이 있다는 것이 얼마나 다행한 일인지 모르겠다. 나의 친구들은 그 어디에서나 내 일이라면 언제나 발 벗고 나서 도와준다. 이번 기념 논문집 출간도 비록 제자들에 의해 발기되기는 했지만 나의 친구들, 특히 한국에 있는 친구들의 참여와 도움이 컸다는 것을 나는 잘 안다. 이런 친구들이 있음으로 해서 나의 교직 생활은 외롭지도 않았고 힘겹지도 않았다. 그런데 친구들한테서 받은 것에 비해 준 것이 너무 적어 늘 마음에 걸린다. 앞으로는 늘 미안한 마음으로 더 많이 보답하면서 살아야겠다.

마지막으로 가족들한테도 한마디 해야 할 것 같다. 대학 교직 생활 40년 동안, 같은 대학 연구소에서 사업하는 아내 한 사람이 집안 살림과 자식 교양 전부를 떠맡고 모든 고난을 묵묵히 감수하면서 꿋꿋이 이겨냈다. 두 아들 녀석도 어머님의 사랑 속에서 그간 잘 성장하여 어엿한 사회인이 되어 주어서 더없이 자랑스럽다. 그리고 넉넉함보다는 부족함이 더 많은 우리 가정을 택해준 두 며늘 아기도 참 고맙다. 우리 가족의 귀염둥이 빈빈이와 문빈이 녀석 또한 예쁘게 잘 커줘서 너무나도 행복하다. 참으로 감사한 일이다.

누군가가 나한테 정년 후 무엇을 할 것이냐 물은 적이 있는데 나는 본체 농민의 아들로 태어나서 그런지 학문 연구보다는 농사일이 더 적성에 맞는 것 같다. 이제부터는 친구들, 그리고 제자들의 글이나 읽으면서 척박하게 메마른 내 땅이나 좀 더 기름지게 살찌우며 여생을 보낼까 한다.

끝으로 이 기념 논문집을 출간하기 위해 노심초사한 강보유 교수를 비롯한 간행위원회와 복단대학교 한국어학과 여러 선생님들, 그리고 경제적 여건이 어려움에도 불구하고 쾌히 출판을 맡아주신 도서출판 하우 박민우 사장님을 비롯한 임직원 여러분들께 깊이 감사드린다.

2015년 5월 숭명도에서

강은국